探究真谛

上海广播电视论文选
第十一辑

上海市广播电视协会　编

文汇出版社

封面题词	龚学平
主　　编	林罗华
执行主编	肖林云
编　　委 （按姓氏笔画排序）	王克耀　许志伟　张骏德　吴　林 肖林云　林罗华　赵复铭

踔厉奋发向未来
同频共振新时代

　　新的一辑《探究真谛——上海广播电视论文选》又问世了！这已是上海市广播电视协会主编的第十一辑论文选。从2013年开始首辑编撰，到今年的第十一辑，可谓是一年一个脚印，一年一个台阶。今年的第十一辑则是站在了过往十年的台阶上，从"一"起步，又开始了新的征程！

　　今年是党的二十大召开后的第一年，也是二十大提出的全面推进中国式现代化建设的奋进之年。我们的论文征稿工作也呈现奋发之势，自启事发出后，广电人踊跃投稿，至截稿日共收到来稿108篇，数量之多前所未有。大家结合自身工作，紧跟时代前进的脚步，把握科技发展的最新潮流，思考在新媒体迅猛发展、传统媒体加速创新融合的新形势下，如何发挥主流媒体作用，体现社会责任与担当。

　　习近平总书记在二十大报告中要求"加强全媒体传播体系建设，塑造主流舆论新格局"。最终入选的70篇论文，也从不同的侧面反映了对这一要求的思考和实践。

　　从2014年8月中央全面深化改革领导小组第四次会议审议通过《关于推动传统媒体和新兴媒体融合发展的指导意见》算起，"媒体融合"至今已九年。如今媒体融合已经从增量扩张变为内涵拓展，呈现出技术融合力度更大、亮点更多、动能更足、传播力更强的态势，这些特点也体现在了本辑论文选中。透过论文，可以发现大家对于媒体融合的思考更加深刻，实践也更趋多元。今年的论文中，不少作者都瞄准了方兴未艾的人工智能，对这一蓬勃发展的新科技对媒体传播所带来的影响做了预判，分析了AI的应用前景，提出了应对的措施。这些勤于思考善于总结的论文，对于谋划未来的广电发展路径也会起到积极的作用。

　　当下新技术新应用层出不穷、迭代周期越来越短，面对媒体格局、传播环境、受众对象的深刻变化，广播电视发展面临众多前所未有的新情况新问题，迫切需要全行业不断把握新形势、研究新情况、解决新问题、推动新发展。为此,我们要坚持以习近平新时代中国特色社会主义思想为指导,全面贯彻落实党的二十大精神,牢牢把握正确的政治方向、舆论导向、价值取向和审美趣向,围绕中心、服务大局,在推进中国式现代化进程中扎实做好新时代广播电视学术研究和理论建设工作,破解广播电视面临的挑战困境,"雄关漫道真如铁,而今迈步从头越"!

在本辑论文选出版之际,我谨代表论文选编委会向致力于广电事业改革发展并辛勤耕耘的同行们表示崇高的敬意!对论文选的全体作者和参与论文收集选编的全体工作人员表示衷心感谢!

让我们踔厉奋发向未来,同频共振新时代!

上海市广播电视协会会长　林罗华

2023 年 6 月

目　录

视听传播篇

融 媒 建 设 篇

新 媒 探 究 篇

综合专题篇

视听传播篇

网络时代主流媒体舆情应对策略思考

诸培璋

提　要： 网络时代主流媒体舆情应对面临新的机遇和挑战。习近平总书记在 2022 年 10 月 16 日中国共产党第 20 次全国代表大会上的报告中，针对意识形态与新闻舆论工作强调："加强全媒体传播体系建设，塑造主流舆论新格局。健全网络综合治理体系，推动形成良好网络生态。"强调了网络传播时代我国主流媒体加强正确舆论导向、科学舆情应对的必要性与重要意义。本文试就网络时代我国主流媒体舆情应对策略阐述：一、打好传统媒体与新媒体融合传播"组合拳"；二、主流媒体要勇于担当舆论引导的主力军；三、舆论引导正确、快速、妥善解决问题是根本；四、舆论引导对话胜于对峙，态度决定一切；五、建设具有高度政治鉴别力、新闻反应力、舆论引导力的新闻队伍等方面，逐一思考与探讨。结束语：必须坚持党管宣传、党管媒体不动摇。

关键词： 网络时代　主流媒体　舆情应对策略

引　言

我国正朝着网络强国的战略目标大踏步迈进。据中国互联网络信息中心(CNNIC)发布的第 51 次《中国互联网络发展状况统计报告》，截至 2022 年 12 月，我国网民规模达 10.67 亿，较 2021 年 12 月增长 3 549 万，互联网普及率达75.6％，其中手机网民规模为 10.65 亿，网民中使用手机上网的比例为 99.8％。

信息化发展为中华民族带来了千载难逢的机遇，同时也对我们主流媒体怎样加强网上正面宣传、维护网络安全提出了新的课题。习近平总书记明确指出："没有网络安全就没有国家安全；过不了互联网这一关，就过不了长期执政这一关。"

随着全媒体的发展，信息传播已经不是传统媒体时代那种情况了。网络时代信息来源广泛，制作发布信息简便，可以随时发布新闻，信息传播主体呈"全员媒体""大众化"趋势，可以说信息内容所体现的价值取向多样性，而且是快速瞬间传播，大容量信息和开放性的信息传播渠道，改变了传统媒体时代信息传播的渠道和方式。信息无处不在、无所不及、无人不用，舆论生态、媒体格局、传播方式发生深刻变化，新闻舆论面临新的挑战。尤其是在报道突发性事件和持续发展的新闻事件方面，互联网媒体的"刷新"更换功能比传统媒体简便快捷得多。

考察网络舆情传播特性和突发性事件成因，我们不难发现，主流媒体正确舆论引导在突发性事件的形成、发展和解决中扮演着重要的角色，坚持正确的舆论导向对于突发性事件的应对和处置至关重要。那么，网络时代主流媒体应对舆情需有哪些策略？笔者有如下思考。

一、打好传统媒体与新媒体融合传播"组合拳"

网络时代，社会矛盾、舆论环境、媒体格局、传播方式都发生了深刻变化。中国进入中国特色社会主义新时代，"我国社会主要矛盾已经转化为人民日益增长的美好生活需要和不平衡不充分的发展之间的矛盾"。人民日益增长的美好生活需要，包括物质的、精神的，也包括对新闻信息供给提出新的更高要求。大众传播方式，长期是"一对众"的传播，现在出现分众化、差异化、个性化、甚至"一对一"的传播。因此传统主流媒体不能墨守成规、故步自封，而要走好融媒体发展之路，打好传统媒体与新媒体融合传播"组合拳"。

信息社会的发展使新兴媒体的影响越来越大。新闻客户端和各类社交媒体成为很多干部群众特别是年轻人的第一信息源，而且每个人都可能成为信息源。以前是"人找信息"，现在是"信息找人"。

网络已成为一把"双刃剑"，一张图、一段视频经由全媒体几个小时就能形成爆发式传播，对舆论场造成很大影响。这种影响力，用好了造福国家和人民，用不好就可能带来难以预见的危害。所以，传统主流媒体要主动进网用网，敢用网络善用网络，要旗帜鲜明坚持正确的政治方向、舆论导向、价值取向。

对于突发事件的报道，要打好传统媒体与新媒体融合传播的"组合拳"。我们要积极推动传统媒体与新媒体融合，要深度融合，转型发展，积极推进全媒体战略，使主流媒体具有更大传播力、引导力、影响力、公信力，形成网上网下同心圆,使全体人民在理想信念、价值理念、道德观念上紧紧团结在一起,让正能量更强劲、主旋律更响亮。

传统媒体与新媒体融合发展,优势互补,"要坚持一体化发展方向,加快从相加阶段迈向相融阶段,通过流程优化、平台再造,实现各种媒介资源、生产要素有效整合,实现信息内容、技术应用、平台终端、管理手段共融互通,催化融合质变,放大一体效能,打造一批具有强大影响力、竞争力的新型主流媒体"。

近几年,在各项重大和突发事件的宣传报道工作中,上海广播电视台各电视频道、广播频率等传统媒体与看看新闻 Knews、ShanghaiEye、阿基米德等新媒体"组合"出击,融合传播,影响广泛,效果显著。2021 年聚焦建党百年主题主线,上海广播电视台推出了《理想照耀中国——庆祝建党百年"双 100"系列融媒报道》《永远跟党走》黄浦江主题光影秀短视频、《百年大党正青春——庆祝中国共产党成立 100 周年上海广播 100 位主持人 100 小时融媒体特别直播》《诞生地——不能忘却的纪念》等一大批具有穿透力、感染力和舆论引导力的主题报道、新媒体产品、重要直播和纪录片;"ShanghaiEye 魔都眼"和 ICS 上海外语频道发挥在国际传播领域积累的专业优势,推出"世界看两会"全球智库高端系列短视频、《与世界对话:世界眼中的中国共产党》《CPC 小百科 The Party Behind China's Change》等,向海外受众展现国际社会对中国和中国共产党的积极评价,多维立体、声势浩大,共同形成浓墨重彩、声势响亮的舆论热潮。

二、主流媒体要勇于担当舆论引导的主力军

相对网络媒体而言,主流媒体在面对各类舆情时,要勇于担当舆论引导的主力军。必须加强网上正面宣传,推进网上宣传理念、内容、形式、方法、手段等创新,使正面宣传质量和水平不断有明显提高,更好凝聚社会共识,巩固全党全国人民团结奋斗的共同思想基础。同时,决不能让互联网成为传播有害信息、造谣生事的平台。

对于突发性事件的报道,主流媒体必须快字当头,准确为本,快报事实,慎报原因。在网络时代,新媒体已经成为民意表达、舆论监督的重要渠道。可以说,在网络时代,人人都可以是记者,一台台电脑,一部部手机都是媒介平台,这些"即时播报"的自媒体,生成舆论的速度比以前更快,快到以分秒计算。"你不说,世界永远不知"的时代已经一去不复返。舆情未起时,就好像一座荒芜的山头,准确、权威的信息不及时传播,虚假、歪曲的信息就会搞乱人心;积极正确的思想舆论不发展壮大,消极、错误的言论观点就会肆虐泛滥。真消息先到位,先占领山头高地,假消息便没有了立足之地。先声夺人,分秒必争抢发新闻,才能赢得

主动。在2022年新冠肺炎疫情防控期间,上海广播电视台就尤为注重对舆情的收集和有针对性的采访报道,以记者实地探访、独家报道、现场连线等形式,疏导好负面舆情、及时澄清谣言,聚焦广大市民普遍关注的舆论焦点问题做好引导。如2022年4月初网传上海金山"婴幼儿隔离点"的视频当时引发大量转发关注和议论,记者第一时间前往上海市公卫中心儿科病房,推出独家报道《市公卫中心儿科病房真实情况如何?记者实地探访》,通过实地拍摄采访的真实画面进行辟谣,与此同时还用好上海市卫健委关于孩子隔离治疗家长能否陪护的新闻发布会问答实况,进一步稳定民心民意、回应舆论关切。针对"外地送来蔬菜等物资无人对接任其坏掉"谣言,记者前往松江调查及时辟谣,说明这是上海一家民营蔬菜企业从外地协调入沪的保供物资,正协调加快运输;同时记者还全程跟踪从蔬菜基地、转运、装载物资车辆安排、分装派送的所有环节,展现上海正千方百计打通生活物资配送到户的努力。

习近平总书记强调:主流媒体有责任"及时提供更多真实客观、观点鲜明的信息内容,牢牢掌握舆论场主动权和主导权。主流媒体要敢于引导,善于疏导,原则问题要旗帜鲜明、立场坚定,一点都不能含糊"。

有人提出,突发事件的新闻发布应遵循"黄金两小时法则",就是要努力争取两小时之内就召开新闻发布会,第一时间抢占信息传播第一落点,受众会以此形成第一印象,才能快速消除公众的猜疑和恐慌。当然,由于事件的不断发展变化,加上人的认知有一定的局限性,有些深层次问题准确性可能一时难于把握,所以要慎报原因,吃不准的事情不要忙于下结论,更不能凭经验做猜测推断,否则会陷入被动局面。信息准确,细节真实,力争不给公众留下疑点,才能做到客观公正,才能取信于民。舆情应对"准确"是本,权威来自准确。关键的数据,一定要准确、准确、再准确,来不得半点的马虎,行文不能留下疑点,不能给公众造成理解上的困惑。

主流媒体要勇于直面群众关切的问题,重视群众的期盼;行动上凡是群众关心、并可能影响群众利益的,要力所能及地及时回应、给予答复,要不断提高各类舆情应对能力,坚持快报事实、慎报原因,善于运用各种媒体引导社情民意。

三、舆论引导正确、快速、妥善解决问题是根本

舆论引导正确,就要明辨是非,澄清谬误,坚持真实,传播真理。而妥善解决矛盾问题是根本。

首先需要厘清的是,舆论引导并非凭空一边倒,而是以基本事实作为前提的。这对我们的社会管理观念和手段提出了很高的要求。社会管理能力与舆论

引导能力是相辅相成的，某种意义上，后者应纳入前者的能力范畴内。

有一种看法认为，许多问题是媒体为抓眼球，片面、甚至是错误报道引起的。应当承认，个别媒体、个别记者，尤其是小报、小刊、网络存在为抓眼球夸大事实的情况，有的报道会有偏差，甚至虚假，但大部分报道，尤其是主流媒体的报道是有根有据的。即使是网络舆论，虽然情绪激动，常常是非理性的情绪宣泄，并不能代表社会主流声音，但究其根本是民意的集中表达和反映，是不容忽视的社会情绪"晴雨表"。总的来说，突发性事件快速正确处置是根本，是内因，媒体报道、舆情引导是外因，是第二性的。毛泽东在1937年8月《矛盾论》中指出："唯物辩证法认为外因是变化的条件，内因是变化的根据，外因通过内因而起作用。鸡蛋因得适当的温度而变化为鸡子，但温度不能使石头变为鸡子，因为二者的根据是不同的。"只有解决内因，即及时、正确、妥善处置突发事件，舆情和社会情绪自会平息；当然舆情应对积极有效，反过来可以促进事件的快速解决。但无论如何，突发事件处置是第一性的，第一位的，舆情应对是第二位的。舆情应对和事件处置是互为表里的关系，它们之间会相互影响，相互促进，但究其根本，事件处置是内因，是根本。从根上来说，实情决定舆情，线下决定线上，网下决定网上。如果没有具有前瞻性的社会管理理念，没有对事件正确的处置，仅凭空洞的表态，媒体再解释，舆情也难以平息，甚至会反弹升级，加大事件处置难度。所以从根上搞定才能稳定，现场摆平才有水平。

四、舆论引导对话胜于对峙，态度决定一切

态度决定一切，放下架子，主动沟通，平等对话，有利于事件平息和解决，反之会使矛盾升级。经验表明，对话胜于对峙。舆情处置者只有放下架子，主动与媒体沟通，诚恳接受受众和媒体的批评监督，积极与受众交流，全面客观，原原本本公开信息，才能消除谣传和猜测。用诚恳的态度回应诉求才能赢得信任和支持，才能有效引导舆情，妥善解决问题。需要特别指出的是，诚恳的态度不是事件发生后，处置过程中装出来的，不是新闻发布会上秀给大家看的，必须靠平时的积累，必须时时处处坚持"以人民为中心"，平时就要真正重视群众的期盼，关注群众的呼声，即心里要装着群众的利益和尊严，而不是平时高高在上，漠视群众的关切，不把生命、小众的诉求当回事，关键的时候就会无意识地发出雷人的言论，做出雷人的事。

与此相对应的，媒体从业人员更要放下架子，脱掉所谓的"无冕之冠"，主动"走基层、转作风、改文风"。实际上记者本身就是基层工作者，只不过比一般基层工作者多一点点话语权而已，有什么理由高高在上呢？中宣部倡导的媒体从

业人员"走、转、改"活动非常重要,很有必要,并且是一项长期的任务。媒体从业人员要"手握鼠标,心怀天下",要重视网络舆情,微博信息,但不应片面迎合,而应用好两条腿,深入基层,走进群众,了解群众的关切,聚焦群众的期盼,重视群众的利益,维护群众的尊严。

2022年3月上海疫情防控期间,广大市民就医、配药、转运、生活保障等各类求助和意见建议持续增加,上海广播电视台融媒体中心"新闻坊同心抗疫服务平台"3月28日火速上线,短短一个多月就接到市民求助信息、反映问题、实际建议5万多条。记者和各部门反复沟通协调,通过各种渠道积极介入、主动服务,实质性推动各项建议和措施的实行,回应民生关切、直抵人心民情。针对"肾衰竭病人隔离期间急需用药"的诉求,记者联系多区警力、跨江接力,最终将救命药送到病人手中;接到"尿毒症患者因核酸异常血透遇阻"的求助,记者迅速与院方沟通并持续跟进,及时发回医院将尽快安排患者血透治疗的最新消息;聚焦"85岁老人氧气瓶断供多日"的紧急求助,记者一连多天持续追踪,最终直击上海氧气生产配送在市经信委等多部门合力推动下全面恢复。通过"新闻坊同心抗疫服务平台",前后共有超过8 000条信息先后转递到市应急处理通道、卫健委等相关部门以及街镇、区属协调推进,其中约1 800人次问题得到有效推进解决,另有超过1 300条具有建议性的意见也已转递相关部门,有力发挥出主流媒体的群工部、通联部功能。

五、建设具有高度政治鉴别力、新闻反应力、舆论引导力的新闻队伍

网络时代主流媒体应对舆情的重要组织基础,就是要建设一支高素质的新闻工作者队伍。这支队伍必须深刻领悟"两个确立"的决定性意义,增强"四个意识"、坚定"四个自信"、做到"两个维护";必须严守政治纪律和政治规矩,严守宣传纪律,令行禁止,守土有责、守土尽责;必须站稳政治立场,坚定宣传党的理论和路线方针政策,坚定宣传中央和上海市委重大工作部署,自觉践行马克思主义新闻观和社会主义核心价值观,自觉践行新闻职业道德;必须拉得出、打得响,能打硬仗、恶仗、攻坚仗。根据新闻工作的特性,高素质队伍建设的重点应该放在三种能力——政治鉴别力、新闻反应力、舆论引导力的培养和磨炼上。

政治鉴别力、新闻反应力、舆论引导力这"三种能力"来自对党的理论、路线、方针、政策的深刻理解,来自对专业知识的精深掌握和对岗位技能的娴熟把握,来自对做好新闻宣传所需各方面知识信息的广博积累。要达到这个境界,学习是最有效的途径。要把思想政治理论学习放在首位,深入学习贯彻习近平新时

代中国特色社会主义思想。在此基础上,要坚持"贴近实际、贴近生活、贴近群众",深入社会经济、政治、文化生活和人民群众的日常生活中去,体验民情,服务群众,在"走基层、转作风、改文风"的活动中磨炼这"三种能力",在"脚力、眼力、脑力、笔力"教育实践中磨炼这"三种能力",在重大宣传战役中磨炼这"三种能力"。要学会在大局下思考,在大局下行动,对于某一事件要不要报、从什么角度报、什么时间报、什么范围报,都要站在党和政府的立场上分析和判断。

结语:坚持党管宣传、党管媒体不动摇

习近平总书记在党的二十大报告中明确要求:"牢牢掌握党对意识形态工作领导权,全面落实意识形态工作责任制,巩固壮大奋进新时代的主流思想舆论。"要确保实现新时代这项目标任务,必须坚持党管宣传、党管媒体不动摇。

我们坚持党管宣传、党管媒体不动摇,必须加强党对新闻舆论工作的全面领导。作为党和政府主办的主流媒体,是党和政府的宣传阵地,必须姓党,必须抓在党的手里,必须成为党和人民的喉舌。无论时代如何发展、媒体格局如何变化,党管宣传、党管媒体的原则和制度不能变。主流媒体的所有工作,必须体现党的意志、反映党的主张,必须维护党中央权威、维护党的团结,做到爱党、护党、为党。新闻媒体的党政领导班子,必须靠前指挥,遇重大和突发事件报道,必须到采编播一线直接指挥和把关,确保正确的政治方向和舆论导向。

我们坚持党管宣传、党管媒体不动摇,必须牢牢坚持正确舆论导向。舆论导向正确,就能凝聚人心、汇聚力量,推动事业发展;舆论导向错误,就会动摇人心、瓦解斗志,危害党和人民事业。必须坚持团结稳定鼓劲、正面宣传为主的基本方针。要牢记真实性是新闻的生命,要根据事实描述事实,搞清楚是个别真实还是总体真实,既要准确报道个别事实,又要从宏观上把握和反映事件的全貌,把握好新闻宣传工作时度效。正如习近平总书记所强调的:"新闻舆论工作各个方面、各个环节都要坚持正确舆论导向。……时政新闻要讲导向,娱乐类、社会类新闻也要讲导向。"新闻传播属性和意识形态属性是新闻的双重属性。前者是一般属性,后者是特殊属性。新闻是对事实的报道,同时又是观念的产物,虽然事实并没有价值特征,但新闻在报道事实时必然包含着对事实的评价,反映价值观的差异。同样一个事件,不同的媒体,报道可能很不相同。新闻把报道者的倾向寓于对事实的客观报道之中,这就需要新闻工作者有高度的政治鉴别力、新闻反应力、舆论引导力。

在新时代,主流媒体必须围绕中心、服务大局,要胸怀大局、把握大势、着眼大事,做到因势而谋、应势而动、顺势而为,自觉承担起完成好举旗帜、聚民心、育

新人、兴文化、展形象的使命任务。

参考文献：

［1］《习近平谈治国理政》第三卷［M］，外文出版社 2020 年 6 月第 1 版，第 317 页。

［2］《习近平在中国共产党第十九次全国代表大会上的报告》［M］，人民出版社 2017 年版，第 11 页。

［3］《习近平谈治国理政》第三卷［M］，外文出版社 2020 年 6 月第 1 版，第 317—318 页。

［4］《习近平谈治国理政》第三卷［M］，外文出版社 2020 年 6 月第 1 版，第 319 页。

［5］《毛泽东选集》第一卷［M］，人民出版社出版发行，1991 年 6 月第 2 版，第 302—303 页。

［6］《习近平谈治国理政》第二卷［M］，外文出版社 2017 年 11 月第 1 版，第 332—333 页。

作者简介：

诸培璋，曾任上海广播电视台融媒体中心党委书记，现任上海文广演艺（集团）有限公司党委书记。

新媒体时代主流媒体争夺叙事主动权的策略探究

——以《走出荣耀》系列作品成功破圈为例

潘德祥　邹佳骐　王　茜　姜　涛　董路翔　黄思宇

提　要： 2021年东京奥运会期间，一条名为《陈芋汐和她的207C》的5分钟短视频突然火爆网络，在网友不间断的点赞和转发后，数小时内在多个平台的播放量就已经过亿。以此为先导，主创团队随后在电视、网络等不同平台梯次推出的大型体育纪录片《走出荣耀》及相关的长短视频、幕后故事等作品也成功破圈，收获了巨大传媒声量，走出了一条纪录片产品在多媒体平台融合传播的全新道路。回顾分析这一成功案例，发现与其说是作品传递了"00后不躺平"的正能量，毋宁说这一作品与整个奥运报道组成的数据库，成功激活了受众心中的主流价值叙事。这一传播(激活)机制，为今后主流媒体争夺话语权提供了全新的思路。本文专为新媒体时代主流媒体争夺叙事主动权的策略问题做一探究。

关键词： 主流媒体　数据库　产品矩阵　叙事主动权　策略探究

引　言

在新媒体时代，网络成为信息传播的主要渠道，信息极大丰富，受众的选择权相应增加。传统的"传-受"单向流动模式被颠覆，传统主流媒体的声音被淹没，以渠道垄断为支撑的话语权体系被解构。如何争夺话语权，成为传统主流媒体向融媒体转型的必答题。

习近平总书记 2016 年 2 月 19 日在党的新闻舆论工作座谈会上指出：随着形势发展，党的新闻舆论工作必须创新理念、内容、体裁、形式、方法、手段、业态、体制、机制，增强针对性和实效性。要适应分众化、差异化传播趋势，加快构建舆论引导新格局。这为新媒体时代主流媒体争夺叙事主动权的策略问题指明了方向。

2021 年东京奥运会期间，上海广播电视台制作的纪录片《走出荣耀》系列作品火爆网络，点击量突破 5.7 亿，"00 后不躺平"的正能量广泛传播，成为主流媒体突破圈层、重夺舆论高地的典型案例。

下文将以新媒体传播的"数据库理论"为框架，从系列作品的内容、形式到传播策略对它的成功破圈做一全面分析。在此基础上，文章将进一步讨论新媒体时代主流媒体的优势及重夺话语权的策略。

一、一条主流爆款短视频的诞生

本案是以纪录片为主要载体的中国运动员征战 2021 年东京奥运会融合传播实例。系列产品包含网端播放的纪录片、短视频、微信推文、客户端新闻和电视端播出的纪录片、新闻、访谈等十余种。其中，爆款微纪录片独家呈现了新晋奥运跳水冠军陈芋汐职业生涯早期（2017 年）在上海队试训的一段经历。片中，陈芋汐在教练的激励和指导下，努力克服恐惧，反复尝试高难度动作，终于取得突破。让观众一窥奥运冠军是怎样炼成的。

系列产品推出后，上海年轻运动员"00 后不躺平"的形象迅速火爆网络。广大网友纷纷点赞评论，"冠军都是一步步成长起来的，没有谁天生就是冠军""为年轻的新一代点赞，你们将是中国的骄傲！"包括《人民日报》和央视在内的多家主流媒体纷纷转发，并主动设置正能量议题，塑造了中国奥运军团征战东京奥运会的光辉形象。陈芋汐短视频在 SMG 全媒矩阵中多轮传播收获了巨大的传媒声量和极高的传播美誉度。

微纪录片《陈芋汐与她的 207C》来源于上海广播电视台与上海市体育局合作，于 2016 年启动的大型体育纪录片项目《走出荣耀》。该项目着眼于东京奥运会备战周期，在五年时间里用镜头记录了数十位（组）体育人为梦想付出的或悲或喜的故事。陈芋汐的相关素材，在整个项目中只是极小的一个片段。

2017 年，纪录片《走出荣耀》摄制组到上海跳水队取材。彼时刚到队试训的陈芋汐并不被教练看好。但秉持走出荣耀，走进真实体育人，而不是单纯追逐冠军的理念，和对新一代运动员成长经历的关注，导演还是对刻苦训练中的陈芋汐做了数月的跟踪拍摄。

2021年东京奥运会开幕前一个月,纪录片摄制组向上海市体育局及其下属各运动队教练、领队了解了各被拍摄对象的备战状态,掌握了陈芋汐有很大希望夺得金牌这一关键信息。

随后,节目组一方面全力进行节目的剪辑与制作工作,另一方面在上海广播电视台"全媒融合""先网后台"战略指引下,与SMG旗下融媒体中心、五星体育、东方卫视等多个部门取得联系,做好了产品预分发,并沟通了推送计划。同时,主动将网端新闻素材分发给了其他兄弟媒体单位。

2021年7月27日,陈芋汐参加女子十米跳台比赛当天,节目组兵分两路,一组前往陈芋汐家中,记录其父母观赛及赛后的相关情况;另一组紧盯赛况,在确认陈芋汐顺利夺冠后,按计划由SMG纪录片中心的微信公众号在微信视频端首发5分钟完整版视频,SMG网络新闻平台看看新闻网首发由完整版剪辑而来的"小陈芋汐的拼搏""百折不挠""再来"等适配竖屏播放的短视频。随后所有长短视频在抖音、快手、微博等各大平台梯次推送,并同步登陆合作方上海市体育局的官方政务号。在一个小时内完成第一轮推送,视频产品在各大社交媒体和视频平台持续刷屏,形成第一波观看高潮。

第二轮推送以SMG头部微信号《新闻坊》的内容推送为先导,随后节目在东方卫视、新闻综合、五星体育各档电视新闻节目及《新闻透视》《夜线约见》等电视新闻栏目中依次播出,其间还邀请陈芋汐的父母、她的启蒙教练、节目组导演做客看看新闻网和五星体育多档节目进行访谈,继续提高节目的关注度。据不完全统计,当天晚间最高峰时仅抖音平台就有超过一千万人在同时观看相关视频。

第三轮推送通过《人民日报》、新华网、央视等中央主流媒体在微博端转发节目视频,并设置话题"00后不躺平",带动上海及全国大量官微的转发和点赞,并迅速将话题推上微博热搜。三轮推送过后,话题《陈芋汐》《走出荣耀》的播放量都突破两亿,《陈芋汐与她的207C》作为预告片播出后,何时能看到正片成了网友们议论热点。

第四轮的推送围绕节目正片的播出展开。项目组在27日晚间连夜将当天拍摄的陈芋汐父母在家观看女儿比赛及赛后相关内容进行剪辑,补充到预先准备好的长纪录片中,作为大型体育纪录片《走出荣耀》奥运篇的第一集,于28日晚间8点,在SMG网络视频平台BesTV首播,并在7月30日,随《走出荣耀》奥运篇整体登陆东方卫视,形成奥运期间的一个收视热点和话题中心。

最终,短视频《陈芋汐和她的207C》带动《走出荣耀》系列纪录片全网突破5亿播放量,其中抖音2.7亿,快手1345万,微博话题量2235万,让这个体育纪录片项目成功破圈。

二、数据库、叙事与话语权之战

在 2001 年出版的《新媒体的语言》中，俄罗斯当代媒介理论家列夫·马诺维奇提出了新媒体传播中的"数据库"理论。"数据库"理论指出，在新媒体时代，受众面对的无穷多的信息，构成了一个庞大的数据库（马诺维奇，2020：85）。这些信息可以是文字报道、视频、图片等媒体作品，也可以是他人的评论、点赞，等等。受众选择性地、按照一定的顺序浏览其中的一部分信息，就可能形成自己的叙事。

所谓叙事，即是在一系列的看似无序的项目（事件、数据点）中创造出一个因果轨迹（马诺维奇，2020：299）。这种因果关系，就是受众对世界和自身的认知。理论上，通过数据点的排列组合，存在着无穷多种叙事的可能性。当一个事件发生后，不同受众通过浏览不同的信息，可能对事件形成完全不同甚至对立的认知（叙事）。每一种叙事的背后，又蕴含着不同的价值观，且相互之间是竞争关系。

在计算机时代，数据库成为创意过程的中心（马诺维奇：2020：301）。因此，新媒体时代的话语权竞争，本质上是在数据库中，不同的叙事被形成的可能性大小的比拼。新媒体中的"互动性"，也并不单纯体现受众在单个作品中进行点击、拖动这类操作，而是更本质地体现在受众可以能动地输入信息形成自己的叙事，并通过不同的方法（如点赞、转发、评论、自创作品等）将这种叙事返回给数据库这一过程上。

主流媒体对话语权的争夺，就是要着眼全局，在适当的时机推出适当的作品，使得数据库的时间、空间分布得到优化，让受众通过浏览这个数据库形成主流叙事的可能性增加，从而使主流叙事在竞争中胜出。这对新时代的主流媒体提出了全新的要求。

传统电视纪录片的制作中，通过前期调研和策划，潜移默化中创作者往往会将节目的选题、主题甚至全片的大体结构大体确定，拍摄只需要按部就班。这样做的最大的好处是风险和成本都可控，也确保出片率和一定的制作水准，但缺点是成片往往会出现观点先行，内容流于说教。更糟糕的是有时也会让真实"削足适履"，反而给人一种"假"的印象。真实，恰恰是非虚构作品的生命。《走出荣耀》作为一个制作周期长达四年的纪录片项目，项目组一开始就尝试使用一种全新的纪录片摄制模式，从积极构建自身数据库入手，推动项目的摄制工作展开。

传统体育节目在对象选择上多数偏向比赛的冠军和明星运动员，在拍摄中又主要聚焦在他们的高光时刻和夺冠瞬间。经过长年累月的报道和宣传，体育人的公众形象越来越接近战无不胜的斗战胜佛,而不是和大众一样拥有悲欢离合的人。过度程序化的报道和不够立体的人物形象,一方面疏远了观众和体育人的距离,使体育人的故事难以打动人。另一方面也限制了报道的范围,让公众难以了解更多为了梦想默默努力的人。

所以《走出荣耀》项目在策划之初,就提出要摒弃简单追逐明星和流量的做法。关注荣耀的金字塔尖,更要关注金字塔的塔身,甚至塔基。用四年时间记录一批不同年龄、不同阶段的体育人的成长;用他们或喜或悲的故事唤起更多人的共情,换回更多的理解与感动;透过体育,更见人间之事。

为了适应这一创作理念,项目组主要按照如下三个维度来建构自身数据库。

首先,拍摄对象的真实世界信息。这一条主要是关注拍摄对象的生活、工作信息,家庭背景,与周围人物的关系,等等。但与传统的前期调研不同,这一项工作贯穿项目始终,并且以文字、图片、录音、录像等形式收入数据库。拍摄对象的数目也要超过项目成片的需求。

其次,是人物、故事素材,也就是传统意义上的实拍。项目组提出了"无预设(剧本)拍摄",只做客观记录,和"长期跟踪拍摄"两条重要的创作原则。因此,素材量远大于基于某一选题或者思路所需。相当一部分素材与主线人物故事无直接关联,但也因为种种令人感兴趣的原因被记录下来,收入数据库。其中相当一部分的素材是有成长性的,例如围绕跨栏运动员秦伟搏的拍摄,截至节目播发,仍未停止,随着他的不断成长,另一个"陈芋汐"可能就在不远的将来;又如徐家汇体育公园的拍摄,也极有可能在它建成之际引发观看热潮。

最后,是真实世界舆论场信息。这一部分主要是关注与拍摄的对象、项目相关的已有的作品、消息,尤其是受众的点赞、评论、转发、二次创作等信息。这部分信息虽然量比较小但是对后期的选题和制作思路有决定性的作用,因此也是数据库的关键组成部分。

总结来说,基于数据库的创作是先尽可能广泛收集数据,再根据舆论场的传播需求打造自身的作品(产品),并适时投放。在这种理念和方法的支持下,陈芋汐这一作品及其巨大的成功才成为可能。

在《陈芋汐》一片拍摄过程中,到上海跳水队取材的分集导演并没有事先想定的剧本,甚至没有选定固定的拍摄对象。当来试训的陈芋汐连续试跳失败,并被教练训斥这一幕发生的时候,现场极具张力的情绪让导演职业本能式地记录下了这段影像,并在后续进行了数次跟拍。值得一提的是,类似影像在摄制组关于上海跳水队的素材中并不罕见,对于小队员的跟拍也进行了很多次,这些内容都被存放于节目的数据库中。

当2021年初,得知陈芋汐已确认将代表国家队出战东京奥运会,项目组从数据库中找到了这段素材,进行了剪辑和制作,这就有了《陈芋汐和她的207C》。同样的在 2022 年 2 月 6 日,中国女足在主教练水庆霞带领下再次夺得亚洲杯后,项目组第一时间全网推送的另一个爆款短视频《女足小将》和两天以后在东方卫视推出以该短视频的完整版为第一集的新一季《走出荣耀》也是这个数据库的成功尝试。

三、掌握稀缺性　错位竞争出圈

在数据库理论框架下,《陈芋汐》系列作品本身构成了一个小型的数据库。围绕着陈芋汐的不同时期、不同场景,来自不同采访者、拍摄者的信息,像拼图一样被分散在十余种作品中。同时,这些系列作品和奥运会期间大量的新闻报道和其他媒体产品构成一个更为宏大的数据库,一个受众"可导航的空间"(车琳,2017)。它们共同构成了受众"认知"陈芋汐的可能性。

《陈芋汐》微纪录片中,主创回避了两种传统的新闻价值取向:一种是去情绪化,追求理性、客观和中性;另一种是去负面化,不管是负面事实还是负面情绪。所以相对于勇气,片中突出了陈芋汐对高度和难度的恐惧;相对于成功,片中突出了陈芋汐试跳的失败。而且,通过大胆地运用长镜头和留白,在 5 分钟的短片中,解说词仅不到 400 字,将试训现场紧张、严肃的气氛和情绪张力充分传递给观众。

但是,恰恰是这条情绪多、信息少的短片,在整个宏大的奥运数据库中,成为了一块非常稀缺的拼图,引发了广泛的传阅和传播。

这种稀缺,首先是因为传统报道习惯导致的运动员早期影像本身的稀缺;更重要的是在高亢、充满英雄叙事的奥运舆论场(数据库)中,负面情绪表达的结构性稀缺。

具体来说,陈芋汐早期的试跳失败和她夺冠时的高超技巧形成了第一对强烈反差(通常会担忧这样的素材让冠军"出丑",破坏冠军的形象);在面对高空坠落的恐惧和观众对冠军无所畏惧、无往不胜的固有认知构成了第二对反差。因为失败,因为恐惧,陈芋汐和普通人的距离被前所未有地拉近,陈芋汐获得了受众广泛的认同,成为了"平民中的英雄"。

从传播的过程和效果来看,《陈芋汐》短片第一个情绪触发点(也是转发触发点),是视频中小芋汐高空坠落的疼痛和恐惧,所引发的对小运动员的怜爱,是一种感性认知,"看得心疼"是人民日报微博客户端在转发这条视频时的第一反应。

这个短片中普通的小陈芋汐和奥运冠军领奖台上的陈芋汐放在一起,即使短片中并没有在陈芋汐试训期间的失败与她奥运夺冠之间的建立因果联系（叙事），比如机械地加入"失败是成功之母"之类的解说词，受众依然自行补上了"没有谁天生就是冠军"（见于微博留言）这块意义拼图。也就是说，受众理解了这条短片的意义，认同了片中所包含的主流价值观——"拼搏"。这种理解是基于联想和理性，也是自发的。而且，受众不仅理解和认同了这一主流叙事，还主动地点赞、评论、转发，形成了第二轮传播的高潮，这才有了"00后不躺平"这一正能量话题的广泛传播。这也是新媒体时代的"传-受"互动的典型特征。

对比来看，击败陈芋汐拿下奥运会单人10米台冠军的全红婵，因为"最年轻冠军"的天才标签和"家境贫寒"的身世标签，与互联网上最活跃的群体拉开了明显的距离，相当程度上成了猎奇和负面心理投射的对象。围绕她夺冠前后的变化和各种奖励的争论掀起了很大风波，甚至有媒体打出《保护全红婵》这样的标题。她的奋斗历程反而成了大家最不关心的部分。如果仅仅看流量和热度，全红婵甚至还在陈芋汐之上，但是就传播效果而言，是负面大于正面的。

虽然就单片而言，《陈芋汐》在传统评价体系下是碎片化、情绪化的作品，但就整个系列作品来说，它又是平衡、完整的。从传播效果来说，系列作品在奥运舆论场中实实在在地传播了"00后不躺平"的正能量，刷新了社会公众对00后、对年轻体育人的观感，引发了普遍性共鸣。这是以往多少条完整平衡的报道都没能办到的。

这一成就的背后，是《陈芋汐》系列作品小数据库与奥运舆论场大数据库在空间上的契合，即首先从负面情绪和负面事实切入，让陈芋汐获得全民认同；再者，结合她夺冠的报道，让"00后不躺平"的精神和"冠军都是一步步成长起来的"主流叙事成功胜出，成为主流媒体重夺话语权的典范。

四、把握时与势　接续发力突围

除了数据库中的空间因素，不同的数据点上线的时间（或曰推送时机）也就是数据点分布的时间因素同样重要。

推送时机，本质上是传播策略的重要一环。回顾《走出荣耀》立项以来的播出工作，融合传播始终是项目组工作的重中之重。贯穿系列作品融合传播的一条主线，是在时间上与正在发生的重大体育赛事（全民事件）呼应，注重时效性。同时，借助作品小数据库与事件大数据库的积极互动，实现作品的广泛传播（全民热点）。

2017年全运年，项目组用已有素材制作了七个30秒公益广告《为拼搏喝彩》,在全运会期间投放到上海各个公益广告平台,不仅为上海体育健儿加油,也让更多人关注全运会和上海体育。

2019年初,再次利用拍摄素材剪辑了《一姐》《冠军》《亚军》《女足小将》《少体校》等五部一分半钟的短视频,在多个平台对节目做推介、为节目造势。

2020年底,适逢上海马拉松举办,项目组推出了序章《马拉松》分集,并初次尝试短视频先行、长短视频结合、线上线下联动的融合传播模式,帮助该片收获东方卫视周五黄金时段0.45高收视率,创造了近年来东方卫视纪录片品类的收视纪录。

2021年七八月间,又在东京奥运会期间重磅推出了包含《陈芋汐》短视频在内的系列纪录片奥运篇,其中两个分集在相应项目比赛完赛后的当天播出。

另一条主线,就是注重自身数据库多样性(异质性)和产品矩阵的构建。从外在表现看,就是主动将作品碎片化。本质上,是以传统的大而全作品为基础,浓缩、精简、拆分、重组出适配不同传播渠道平台受众特征和适应不同受众消费习惯的多个版本。做到受众在哪里,产品就在哪里的全媒人群覆盖。同时,能够依据传播形势的发展分批精准投放,不断推高传播热度和流量。

同样以《陈芋汐》及《走出荣耀》奥运篇系列产品为例。到东京奥运会前,项目组已经预备了非常完备的产品线。《陈芋汐》系列作品中既有网播纪录片、短视频、微信推文、客户端新闻,又有台播纪录片、新闻、访谈等十余种;核心短视频经过二次剪辑,衍生出了适配不同平台受众特性的多个版本,如微信版本时长4分50秒,抖音版本仅1分55秒,东方卫视版本则有20分钟;大量的信息分散在这十余种、几十个作品中,有差别,又有重叠,吸引受众"寻宝"式收看、反复观看,从而推高全网播放量、强化传播效果。

另外,项目组制订了周密的播发预案,并在奥运开赛前一周完成了相关产品的预分发。陈芋汐夺冠后,按计划协调她的父母、启蒙教练和分集导演一同登上上海新闻综合频道《夜线约见》栏目,与观众见面;结合更充足的历史资料画面、陈芋汐父母赛后的采访、教练的采访,制作了20分钟时长的完整视频。在推送开始后,实时监视传播动态,调整投放时点。由于观看热潮高涨,20分钟长视频版本实际早于原计划两天推出,形成多轮传播热潮。

中国女足时隔16年重回亚洲之巅,项目组立刻推出了关注小年龄女足运动员成长的短片《女足小将》,收获百万级播放量;随后,节目45分钟版本调整版面提前两周登陆东方卫视,斩获同时段收视率第一(CVB数据)。以"团结拼搏""永不言弃"为代表的女足精神得到广泛传播。

《走出荣耀》项目组在内容制作和传播方式上大胆创新实践,最终实现了《陈芋汐》和奥运篇系列产品的现象级传播,也为《走出荣耀》这个全新IP的成功打下了坚实的基础。

五、突破传统　爆款成必然

数据库理论在有着强大的潜能的同时，也伴随着挑战。在新媒体时代，数据库理论上可以包含的数据量是无限的。但是，受到制作成本、周期及客观条件的制约，任何一个项目组所能够占有的数据又是有限的。如何把握好数据库的质、量平衡，提升项目的成功率就成了实际操作过程中的核心问题。

在《走出荣耀》项目的执行过程中，致胜的一招是把舆论场信息纳入了项目制作的过程中，杜绝了闭门造车。受众的点赞、评论、转发帮助项目组了解到哪些是普通老百姓需要的内容。百姓想看什么，项目组就去拍什么。避免了作品成为体育圈甚至纪录片圈内部的自娱自乐。如：2019年，"马拉松热"开始席卷全国，围绕网民关于"普通人能不能跑马拉松"的争论，项目组设计了一场社会观察试验，招募不同经验、背景的跑者作为观察对象，用镜头记录他们备战、征战马拉松的全过程，以跟拍素材为主干做成了90分钟的纪实电影——项目序章《马拉松》。该作品创下了东方卫视的纪录片收视高峰。

电子竞技纳入体育范畴，中国电竞队伍也屡夺得世界冠军，"电竞和游戏的区别到底在哪里？""该不该让孩子去打电竞"也成了网络的热议话题，带着这些网友普遍关心的问题，项目组走进一支普通电竞战队，用一年的时间记录了一群普通年轻人的电竞之路，用真实的人物故事带观众直观地了解电竞。

另一方面，《走出荣耀》项目关注感性和情绪性的内容。先动之以情，才能后晓之以理。对于陈芋汐核心现场的抓取，就是源自这种对情绪的本能关注。同时，项目组也十分重视各分集导演在现场自身的情绪体验，这对节目调性的把握起到了重要作用。这也成为札记、推文等周边产品的重要内容来源，与正片相互配合，相得益彰。

《走出荣耀》项目中，通过对重点人物的长期跟踪、对自身数据库的长期积累，使得项目组拥有了充足的"弹药"，可以产出各种类型的作品；通过与舆论场的互动、关注情绪性内容，又能积极回应社会关切和精准满足受众的精神和信息需要，这就使得产出《陈芋汐》《马拉松》《女足小将》这样的爆款作品成为必然。这种必然性，又反过来成为主流媒体重夺话语权的契机。

结语：争夺新媒体时代主流话语权

通过《走出荣耀》项目的全面分析，可以得出结论：主流媒体在新媒体时代，依然有力量。但这种力量,只有在正确运用的时候,才能转化为现实中的主流话语权。

主流媒体之所以成为主流,是因为它坚持着主流的价值观。主流价值观的背后,是社会公众的最大公约数。因此,在任何时代,主流作品都在受众当中有着强大的群众基础。

其次,对主流价值观的坚持,离不开主流作品对真实性的追求。真实的作品,永远比虚构的来得更有撼动人心的力量。这是主流媒体特有的强大精神指引。

最后,我国的传媒体制使得主流媒体更加注重社会效益,不趋利。这就使得自身数据库的长期性、多元化建构成为可能。这为主流媒体争夺话语权提供了强大的物质基础。而传统媒体在新媒体时代的式微,重要的原因在于无法垄断渠道的前提下,传统的精品思路已不再适应新媒体时代的传播需求。将制作力量过度集中于单体作品,打造精品力作,使得自身数据库狭小,结果往往独木不成林。再好的作品,只要受众没有看到,就没有传播效果。单体作品机会成本和风险极高。

传统生产模式重制作,轻传播,往往忽视作品与更大的数据库(舆论场)的互动,结果主流叙事可能引发观众反感,反而削弱主流媒体话语权。

因此,在新媒体时代主流媒体对话语权的争夺,必须着眼于数据库,在自身数据库建构中坚持长期积累,在与大数据库(舆论场)的互动中做到精准发力。唯其如此,才能让真实的、有营养的、经得起推敲的作品为受众所选中,让主流叙事在竞争中胜出。这可能是《走出荣耀》系列作品获得成功,对主流媒体重夺主导地位的最大启示。

参考文献:

[1] 习近平.坚持正确方向创新方法手段　提高新闻舆论传播力,引自 http://www.xinhuanet.com//politics/2016-02/19/c_1118102868.htm

[2] 列夫·马诺维奇,车琳译.新媒体的语言,贵州人民出版社,2020.

[3] 车琳.马诺维奇的数据库理论,北京电影学院学报,2017(1):70-78.

作者简介:

潘德祥、邹佳骐、王茜、姜涛、董路翔、黄思宇,上海广播电视台纪录片中心潘德祥工作室成员。

对短视频重大主题报道创新实践的思考

——以"建党百年""我们的新时代"系列短视频为例

刘婷婷

提　要： 2021 年、2022 年重大主题报道节点不断，特别是 2021 年 7 月围绕中国共产党成立 100 周年、2022 年 9 月迎接中国共产党第二十次代表大会的召开，举世瞩目、意义深远。上海广播电视台在这两项重大主题宣传中，提前策划，整体布局，精心制作了"建党百年""我们的新时代"两个系列的短视频作品，在广播、电视、新媒体领域进行了广泛传播，传统端覆盖范围广，新媒体端传播数据可观，并获得上级部门的表扬，其中多部作品获得各级奖项。

在全媒体蓬勃发展的媒体环境中，面对短视频重大主题报道这类厚重的选题，如何用解构—重构的思维进行短视频的创作，在顺应全媒体环境中如何表达出受众愿意听、喜欢听的信息内容？在创作过程中，编辑角色应该有怎么样的策划思路才能产生有共鸣、有价值、有认同的传播？本文通过对"建党百年"和"我们的新时代"系列短视频创新实践的思考，力图提炼出关于重大主题报道短视频策划的创新路径与方法。

关键词： 重大主题报道　新媒体　短视频　创新路径与方法

引　言

重大主题报道是涵盖于重大主题宣传体系下主流媒体的报道形式或报道活

动,主要"围绕党和国家的重大战略、重点工作、重要事件"。重大主题报道是主流媒体彰显专业能力,体现职责使命的重要平台,报道内容的及时发布、权威解读、全媒体传播以及适应互联网传播的创新性、差异性、社交性的传播趋势,是近年来重大主题报道的新特点。2021年7月围绕中国共产党成立100周年、2022年9月迎接中国共产党第二十次代表大会胜利召开是近期媒体在重大主题宣传工作中的重点任务。

随着媒介形态变化和传播方式变迁,媒体融合形态下的全媒体传播已成为当下主流媒体创新实践的重要方式,也推动了主流媒体做大做强主流舆论的进程。上海广播电视台近年来积极贯彻习近平总书记关于媒体融合发展的战略思想,在这两项重大主题宣传中通过顶层设计、全台布局,实现了媒体融合传播在重大主题报道的全面实践。其中,由总编室牵头组织创作出了"建党百年"和"我们的新时代"系列短视频传播效果突出,新媒体端传播超过200万,并获得了广电总局阅评表扬和媒体内部嘉奖,其中多部作品获得国家级、市级评选奖项。

一、重大主题报道创新策划的解构与重构

中国共产党成立100周年、迎接中国共产党第二十次代表大会的胜利召开这两项重大主题报道对于主流媒体而言,不仅是政治任务,更是媒体行动的创新契机。上海广播电视台在布局台集团重大创作项目的同时,对新媒体端的短视频产品也十分重视。短视频不仅体现媒体在顺应网络趋势、用户需求与行业发展等方面,从单一的内容报道转向多重的交互体验的补充,更是媒体以技术赋能、创新表达,实现高质量融媒传播的高效实践。项目确定后,全台范围启动,集结全台优秀创作团队、智库专家提出了各有侧重、各具特色的短视频内容策划。

1. 选择人物的个体与群像,体现历史的厚度和人民创造历史的寓意

在解构"建党百年"和"中共二十大"的重大主题时,如何体现中国共产党一百年伟大征程,如何描绘以习近平同志为核心的党中央团结带领全党全国各族人民在新时代走过的十年非凡历程?我们的解构选择了"人物"落点。从宏观角度,是体现人民的群像、党员的群像;从微观角度,是凸显个体,凸显具体的人,产生人与历史的链接。

比如短视频《百年涓滴》,片长1分20秒,从开篇的"我的身边,有这样一群人"介绍了一群平凡的党员:普陀区环卫工人成慧、上海地铁工程师陆鑫源、复旦大学附属中山医院医生钟鸣、杨浦区中学教师于漪、上海援藏干部钟扬、黄浦区旧改工作者彭伟⋯⋯他们在各行各业不同岗位上,坚持在细微处,以个体的觉

醒,推动各自领域向前、向上、向好一点;对于整个社会,经过一百年的积累已经汇聚撼天动地的力量——使中国以中国特色社会主义蓬勃发展的磅礴伟力呈现在世界面前。这些个体连同片尾的新时代先进党员的群像,凸显他们有一个共同的身份——中国共产党党员。到片尾"平凡的点滴,铸就不平凡的百年"通过人物群像,描绘全体党员的整体性,又有体现单个党员的代表性,体现"涓滴之力汇聚成磅礴伟力"之意,体现党性与人民性的统一,立意深远,恢宏大气。在总局公益短片的选拔中,该片被选入库,供全国广播电视媒体下载播出。再比如,在迎接党的二十大"我们的新时代"主题中短视频《手》,通过不同场景中每个工作岗位上一双双外貌不同的手,做着各式各样的工作手势,从孩童到老人,全景式展现中国人民在奋力创造属于这个时代的美好新生活的群像,展现人民对美好生活的向往。

在选择个体人物上,典型性、代表性是重要的考量。如《党100年,我也100岁了》一片中,寻找到了跟党同岁的百岁党员虞鸣非,讲述她的人生故事,跟党的发展、祖国命运紧紧相连的生动故事,通过革命战争时期、新中国建设时期、改革开放时期等重要历史进程,见证百岁老人从战火岁月到如今幸福的晚年生活,并用自己党员的身份影响一家三代党员的人生故事。老人用耳熟能详的金句"一个党员就像一颗太阳,照到哪里哪里亮"贯穿全片,语言生动,亲切感人,特别具有感染力。

2. 用新闻故事的真实与细节,体现时代性和话题性

从新闻事件、新闻人物中挖掘真实故事、情节、细节也是凸显重大宣传主题和升华主题的有益方法。比如,短片《我是共产党员吴敏霞》选取了奥运跳水冠军吴敏霞退役转型的人生故事。她从一名普通的上海女孩成长为世界冠军,对党有真挚而朴素的感情,成长为中国获得最多奥运金牌的女运动员。该片从她退役后的转型生活讲起,通过冠军退役后的平凡的事例和贴近生活的语言,比如疫情期间如何服务大众开展居家健身、比如如何指导小队员开展训练,凸显出吴敏霞作为中共党员,弘扬运动员优良作风和传递正能量,培育新人传承下一代的努力。片尾以"我是共产党员吴敏霞"结尾,有力点题,突出主题,给受众树立从虚到实的共产党员的形象。这篇作品没有丰富的史实,没有用她夺冠时刻的历史资料,但是通过新闻现场的故事、细节,丰富了"建党百年"短视频的不同侧面。

3. 兼顾历史的回顾与现实的落点

在建党百年的选题中,找准党史"第一落点"与现实的回应,激发人们穿越历

史的厚重,通过身边"第二落点"将100年的概念清晰化,突出亲切感。比如"建党百年"系列之一《他们正青春》,"第一落点"是党的第一代领导人青年时代在上海生活战斗时,只有20多岁,"第二落点"是提醒当下青年人从前辈身上汲取力量,追溯他们前行的脚步,记住前辈的初心之源。

再比如中共二十大期间播出的《他们的呼唤在新时代回响》,"第一落点"是我国著名科学家钱学森、童弟周期盼祖国科技强大的语录,"第二落点"是新时代取得的科技成就,用老一辈著名科学家的殷切嘱托,实现中国科研工作者跨越时空的对话,体现了新一代的科学工作者交出不凡的"科技强国"答卷。

4. 构建城市关联,寻找重大选题的上海特质

在"建党百年"重大选题中,在与上海城市产生关联,第一层次的构想就是上海是中国共产党的诞生地,比如由纪录片《诞生地》改编而成的短视频,从上海与建党的历史关联角度,突出上海作为"诞生地"的历史起点和渊源,落点扎实,但相对而言易雷同。比如与上海城市关联的第二层理解,短视频《英雄的容颜》一片中,通过龙华烈士纪念馆英雄烈士墙的名字,请画家根据史料对英烈进行画像,从湖南老家邀请英烈后代来上海相认的故事。这样的媒体行动,将英雄人物与湖南、上海的属地链接,寻找出了上海城市的关联点。

再比如"我们的新时代"系列中的《苏河新岸线》一片,围绕上海"一江一河"的"苏州河"改造工程,通过沪语、音乐、百姓的生活场景串联起新时代的上海苏河两岸人民生活翻天覆地的变化,反映苏州河沿岸上海人民的幸福生活。

二、表达方式创新,形成记忆点

1. 画面

短视频在短时间内抓住受众,画面是极为重要的元素。《致敬百年》一片通过过去百年间经典历史摄影作品、影像作品与百年后今日影像的分屏对比、动态结合,从"站起来""富起来""强起来"三个维度,层层递进,"站起来"画面对比的是展现经历党的诞生、全国军民浴火奋战后,中国迎来新生;"富起来"立足于人民,从教育、生活、科技、农业、商业、人民精神面貌不同层次展现在党的领导下,中国人民物质生活的不断提升和精神生活的不断丰富;"强起来"聚焦中国不断提升的国际影响力,从中国的铁路、大桥、卫星等大国重器的创造到中国在国际舞台上所获的荣誉,展现中国新时代的伟大崛起。

附图：

2. 声音

从音乐、现场声、影视声等各种声音语言增加作品立体感。比如财经媒体在建党百年时，选取了财经领域的"十四五"规划与 OKR 概念（Objectives and Key Results，即目标与关键成果），将国家的目标——"十四五"规划与公司管理的 OKR 概念结合起来，从孩童的发问、家长的回答来引入，用节奏明快的 RAP 音乐和填词，回顾国家每个五年规划（计划）取得的成就，又有主旋律，又有网感和贴近性。

3. 技术

作为新媒体传播平台的作品，短视频先天性的需要具备更丰富的技术表现形态，近年来基于新媒体端的虚拟现实 VR 作品、多元互动的 H5 作品等等。在实践中，由于 VR 新闻拍摄难度大、制作周期长、成本高，国内 VR 新闻的制作主要集中于主流媒体，对于人力、财力、技术有限的中小新闻机构而言，VR 新闻可以尝试，但不可能成为常态化的运作模式。而轻便巧妙的 H5 则应用更为广泛。比如第一财经制作的《薪火·红色金融（1921—1949）特别专题》中的"薪火·博物馆"H5，以"红色金融路线"为脉络，对广东海丰、湖南浏阳、陕西延安、山西忻州、福建龙岩、江西瑞金、河北石家庄、北京、上海等 9 省 10 地，通过文字、影像、历史照片等点击互动，带领受众在虚拟场景中真切感受红色金融 28 年风雨历程，当时的经济社会状况及红色金融在此过程中承担的功能和作用，浏览量达到10 万，获得中国新闻奖重大主题报道三等奖。

三、重大主题报道短视频创作中的编辑角色创新

基于互联网终端使用属性的短视频与传统广播电视播出的新闻短片、专题存在诸多不同，比如传播信息的碎片化，迎合移动端的接受习惯，在短时间内抓紧受众，往往不能长篇大论；比如个性化的表达。互联网语言的年轻态和平易

化;再比如社交化的传播方式,从内容上有强烈的受众反馈,或者产生共鸣或产生评论,在社交平台上体现分享和互动的特点。基于以上特点,编辑在重大主题报道中的角色创新十分重要,主要体现在:

1. 策划媒体行动的整体性、全面性和互补性

在重大主题宣传的新闻宣传上,媒体单位要形成声势,要有整体性布局和全面的创作板块的协同,比如形式上要涵盖新闻报道、新闻专题、纪录片、文艺节目、晚会,等等;从时间节点上,要有预热,有高潮,有尾声;从传播端来说,要考虑传统媒体、新媒体的全媒体传播。

2. 强策划,重制作,全流程管理工作机制的建立

形成科学完善的工作流程、工作机制,对策划重大主题报道及新媒体产品的发布传播起到事半功倍的作用。从媒体单位顶层设计,召集媒体采编、媒资、声效、音乐等方面的专业人才,形成专业团队,打通资源,提升专业咨询服务和头脑风暴团队,减少创意雷同和资源内耗。

3. 构建传统媒体与新媒体一体化的全媒体矩阵传播,形成传播场域

全媒体时代,以移动端优先,全媒体矩阵的传播阵营,成为重大主题报道的标配。从编辑角度而言,如何在这样的媒体行动中,掌控短视频发布的节奏和数量;媒体制作内容的发布并非一股脑全盘托出,而是应该围绕新闻事件、新闻热点,有编辑思路。在内容上,也可以与多家媒体形成互动、联动,形成大型媒体行动。

4. 统一视觉元素

对系列作品的色调、角标、片头、片尾做统一视觉包装,在传播过程中体现策划的整体性和系列作品的辨识度。

四、不足与思考

1. 声效、画面不够极致

视觉语言的艺术表达上,尤其是新闻作品运用典型的声音、画面素材极为重要;比如对国歌、党旗的运用要遵循相关法律法规;比如对红旗飘扬的画面、甚至国旗飘扬的声效,是否能体现宏大磅礴的效果,都可以追求得更极致,从而给受众更强的感染力。

2. 在创意上,选取角度雷同度高

比如"建党百年"的选题,主创们第一时间都想到了故居、旧址、党史解读等,思路近乎雷同。这种情况应该增加媒体单位的宏观调控机制,各媒体应该结合自身优势、自身新闻热点,选择立意高、角度小,形成作品的记忆点。

3. 技术使用的"度"把握不够好

画面技术方面为主题服务,一些作品为表现历史穿梭的时光,频繁使用技术手段和穿越手段显得过于炫技,忽视历史讲述本身。

4. 还应多创作适合外宣的短视频作品

重大主题报道中,如何策划新颖的外宣作品,选择合适的外宣角度,讲述现当代中国的故事,还须加强。比如"我们的新时代"回顾非凡十年的奋斗历程,通过老外讲故事,行走探访等形式,回应国际热点话题,树立中国形象,构建老外听得懂、听得进的中国故事,扩大中国的朋友圈,这方面还须努力。

结　语

本文通过对"建党百年""我们的新时代"两个重大主题报道系列短视频的创作,总结归纳出了短视频作品在创作过程中对重大主题的解构方法与创新路径,寻找重大主题的人民性、新闻性、故事性,寻找重大主题中历史第一落点与现实第二落点的联系、寻找新闻事件与重大主题的关联、构建与城市的关联等方面寻找创作创新方法,同时再从编辑角度对重大主题报道的整体安排、合理布局、编辑思路和工作机制形成解决整体思路。最后,在实践层面对作品的不足提出思考,为后续的重大主题报道的短视频创作提供有益的经验和工作保障。

参考文献:
[1] 田丽.新媒体时代的重大主题宣传探析[J].青年记者,2020(04).
[2] 张超,丁园园.新闻业的沉浸偏向:VR新闻生产的变革、问题与思路[J].中国出版,2016(17):38-41.
[3] 李军.中国新闻奖获奖作品点评:市场化媒体为何拿走了重大主题奖? 2022.11.28. https://mp.weixin.qq.com/s/zDyUU3SYe6ooKx3ymX5zGA

作者简介:
刘婷婷,上海广播电视台总编室主任编辑、宣传主管。

论融媒时代新闻编排的策划意识、受众意识和情绪表达

——从《990早新闻》近年所获中国新闻奖版面谈起

钱　捷

提　要： 融媒时代，尤其是短视频风头正劲的当下，无论官媒还是自媒体都正在视频号上持续发力。对于每天端着手机、被算法掌控的受众来说，传统媒体、广播新闻的编排是否还有意义？本文力图通过理论分析和工作实践来给出答案，证实新闻编排工作对于当下的大众传播仍然具有重要意义和积极作用，并结合实操案例来说明新闻编排工作中应当予以充分重视的策划意识、受众意识以及情绪表达相关技巧。

关键词： 融媒时代　新闻编排　策划意识　受众意识　情绪表达

引　言

作为上海广播电视台最重要的节目之一，《990早新闻》版面近四年来三度获得中国新闻奖，及若干上海新闻奖、上海广播电视奖等。

笔者作为《990早新闻》负责人，在工作实践中持续提炼总结新闻编排的理论知识、技能技巧，拟以实操经验和切身体会，分析融媒体时代背景下，广播新闻编排工作的价值、作用以及具体编排思路和技巧，并结合实例来探讨新闻编排工作中应当予以充分重视的策划意识、受众意识以及情绪表达相关技巧。

一、全媒体环境下的新闻编排应加强整体策划意识

现如今，信息资源数量之多、来源之广泛、传播速度之迅捷，大大超乎受众、甚至媒体工作者的想象，但泥沙俱下、标题党泛滥、新"黄色新闻"霸屏等问题也广为诟病。许多人拿着手机、刷着短视频，两三个小时眨眼就过去了，回头想想看过什么，留下的、记住的似乎并不多。

传统媒体与移动互联网络媒体对新闻资源争夺的日趋激烈似乎并没有带来受众所期待的信息多元化和报道形式多样化，相反，人们面对的是新闻报道可能更趋同质化的倾向：听广播、看电视，上网、浏览 App 或是刷视频号，得到的往往是同一新闻事件、同一角度、同一画面甚至写作手法近似的报道。

如何抓住热点、做好策划？新闻编排所起到的作用，首先就是为受众更好地筛选信息，进而发挥单个信息之间的联系和互补效应，力争主次分明、层次清晰、详略得当，实现一档新闻节目的整体优化、成组编排、通篇布局，最终显现整体大于局部总和的传播效果。

以第三十二届中国新闻奖二等奖作品《2021 年 5 月 23 日上海新闻广播 990 早新闻》为例：当天编排以科技兴国、人才强国作为一小时早新闻的主线，头条一组"上海科技节开幕、科学家走红毯"的消息和报道，反映全社会弘扬科学精神的主题；接下来是"共和国痛别两位院士"的专题聚焦，追忆刚刚去世的袁隆平和吴孟超两位科学巨擘的家国情怀；再之后编排动态新闻"我国火星探索之旅又传捷报"，成为"科技兴国"的又一例证。这组新闻编排中，编辑将动态新闻和背景报道穿插编排，时事消息结合新闻评论，有点有面、丰富生动，节奏松紧适度、可听性十分强。这样的编排跳脱了数条单个新闻的简单拼凑，根据内容主题、思想立意进行有机结合，展现了这套新闻节目鲜明的主线和清晰的层次。

当天，有关科技节开幕和送别两位院士的相关新闻，上海几乎所有媒体都按要求做了报道，最终这档《990 早新闻》的编排因其独运匠心，从各家媒体中脱颖而出，获得了中国新闻奖二等奖。

好的新闻编排是整档节目的灵魂，编辑先期加强整体策划的目的就是为了通过对一则则"散装"新闻的有机组合，让它们以整体面貌来面对受众。

新闻编排可以说是一项创造性的脑力劳动，它考验的是编辑驾驭当天新闻内容全局和策划组织报道的整合能力。如果说新闻记者追求的是新闻事实的"客观记录和报道"，那么新闻编辑着眼的就是新闻编排过程中的"主观意识和反映"。

再以第三十届中国新闻奖二等奖获奖作品《990 早新闻：上海立法实施垃圾分类第一天》为例，上海于 2019 年 7 月 1 日起正式实施《生活垃圾管理条例》，当

天早上的《990早新闻》精心策划，聚焦生活垃圾全程分类首日的落实情况，反映上海市民接受"大考"的决心和过程。这套新闻编排突出第一时间、现场直击：从清晨开始，就安排多路记者到居民社区、车站机场、商家餐厅等现场，与居民、执勤人员、收运人员、顾客等交谈，把所见所闻同步呈现给受众的同时，也体现了新闻媒体参与助力社会治理的积极意义，另外还对市民关心的问题做出了很好的回应，既有思辨性，又做到了有效引导。

新闻编排要加强前期策划，务求要考虑时效精准、诉求到位、表达清晰、听觉效果完美。编辑在面对手边的海量信息资源时，报道什么样的主题、选取什么样的内容、稿件怎样做删改、采取现场直播还是先期录音的报道形式，都需要提前决定、精心策划。

可以说，一档新闻节目的编排成功与否，很大程度上就取决于策划是否得当，而策划的重头工作是要突出重点、有主次之分、更要有创新思维。

以第二十九届中国新闻奖三等奖获奖作品《990早新闻（20180803）：迎战台风云雀》为例，当天恰逢台风云雀于早新闻时段7点前后正面登陆上海，编辑打破领导人新闻在前的常规编排思路，将台风云雀的最新动态、记者连线作为头条。头版要闻部分全部安排了与台风相关的最新资讯和应对行动，而与台风相对无关的时政消息则被编排到整体版面的第二部分播出。

再以今年最新获得2022年度上海广播电视奖一等奖的作品《2022年6月1日990早新闻：上海全面恢复正常生产生活秩序》为例，2022年6月1日对上海乃至全国民众都是极具标志性的一天，经过两个多月与新冠肺炎疫情的艰苦鏖战，"大上海保卫战"取得重大阶段性成果：上海当天开始全面恢复正常生产生活秩序。如何第一时间展现走出家门的市民状态、怎样在第一现场报道城市复苏的生机？当天《990早新闻》精心策划编排：通过记者昨夜今晨在市区越江隧桥、地铁站厅、居民小区出入口、城区菜场等全市各处的现场直播采访，同步报道上海全市交通恢复运行、企业加快复工复产、小区居民正常出入的生活场景。这组编排全面深入、同时也不乏客观理性地传递了重回上海的人气和烟火气，以及全市民众想念已久的工作和生活场景。

当天早新闻的编排同样突出"新闻贴近性"原则，通过大量一手的现场报道，将市民百姓恢复正常生产生活的新闻放在整个版面的突出位置，在早间时段第一时间、全景式地展现上海如何恢复生机，体现了"以人民为中心"的新闻价值取向。

二、新闻编排要时刻坚定受众意识

习近平总书记2016年在会见中国记协第九届理事会全体代表和中国新闻

奖、长江韬奋奖获奖代表并发表重要讲话时,向新闻工作者提出了"四向四做"的殷切希望:坚持正确政治方向,做政治坚定的新闻工作者;坚持正确舆论导向,做引领时代的新闻工作者;坚持正确新闻志向,做业务精湛的新闻工作者;坚持正确工作取向,做作风优良的新闻工作者。

作为传统媒体的新闻编辑,在新的历史时期和形势下,如何在融媒环境中发扬好广播媒体传播速度快、时效性强、传播范围广等先发优势,其根本在于以受众为中心。

坚持接地气、本土化原则是首要、也是必须,贴近性和现场感依旧是广播媒体的最大优势,也是让新闻编排更亲近受众的第一要义。

仍以前述中国新闻奖作品《990早新闻(20180803):迎战台风云雀》为例:这是《990早新闻》首次在一小时节目中采用全直播状态播出,即时向听众直播变化多端、捉摸不定的云雀台风在早高峰时段正面袭击上海、特别是上海全市上下有序应对的实况,是一次打破节目播出常规的创新性新闻操作。

当班编辑在早新闻开始前的半小时,即早上6点半左右,根据台风的最新路径和走向,决定启动《990早新闻》首次一小时全直播。由于气象台和防汛指挥部不断传来消息,台风云雀登陆时间和地点又始终捉摸不定、变化多端,常规的录播新闻已经无法跟上气象台发布最新消息的节奏,当天的早新闻提要、尤其是第一条提要的准确写法,也史无前例地直到7点开播前2分钟才最终确定。

在当天一小时直播的新闻编排中,新闻内容持续更新、并与台风不断比拼速度:节目除了在开场要闻部分详细报道台风最新情况之外,由于各方消息密集传来,编辑在直播行进过程中还适时决定,一小时节目的后半段再次启动台风小专题,将云雀的最新路径变化及时滚动播出,这在《990早新闻》以往的编排操作中非常罕见。根据新闻事件正在进行当中的动态演变,不断调整播出内容和编排方式,也反映了编辑灵活有序的应变能力。

当天《990早新闻》刚一结束,上海市文广局《声屏监测》当即发出表扬,指出"今天《990早新闻》用一半以上的时长报道全市党政领导和各界人士抗击台风的情况,其中广播连线创纪录地达九次之多,特别是7点48分启动第二次比较集中的报道:'云雀'多变将在一二小时内在杭州湾向西移动,于南汇、嘉兴一带登陆。这个变化立即通过广播让全市人民知晓。这一小时广播节目既反映了全市人民抗击台风的精神状态,也体现了广播记者一如既往的拼搏精神和应急处变的能力,真不容易"!

事实上,新闻事件的发生往往不以节目制作者的意志为转移,即便是预先知道、或者安排好的活动或事件,也可能会出现意料之外的情况。当天的这套新闻编排正是最大限度地体现了受众意识:编辑调动一切资源,千方百计为受众提供第一手的气象资讯服务。而从收听角度讲,这种编排也突破了传统的思维方式,波浪式、递进式地进行新闻编排,对受众而言会持续产生兴奋点,以吸引他们对节目保持关注,这也顺应了广播媒体超强的时效性优势,做到了对正在发生的新闻事件完全同步的直播报道。

再以中国新闻奖作品《990早新闻:上海立法实施垃圾分类第一天》为例,上海是全国第一个立法实施垃圾分类的城市。2019年7月1日,实施垃圾分类的法律正式实施的首日,全市参与、全民动员、全国瞩目。《990早新闻》最早以直播形式,聚焦上海生活垃圾分类迈入法治时代的第一现场。此刻,从受众角度出发,他们最关心的是什么? 最想要了解的信息又有哪些? 当天《990早新闻》的编排就围绕这些问题来展开:清晨,小区居民扔垃圾是否按规定执行? 社区志愿者怎样为条例实施尽心尽责? 清运垃圾是否有混装、混运情况? 执法人员如何既秉公执法、又做到柔性管理?

当天节目播出后,来自索福瑞的收听数据印证了这套编排所受到的关注度:播出当天,该时段收听率达1.87%,市场份额超16%,仅广播端覆盖受众就超30万人。从新媒体客户端来看,阿基米德App《990早新闻》社区当天听众和网友留言增长近十倍,产生了良好的社会效应。值得一提的是,当天这档早新闻,不仅时效性和新闻性强,而且实事求是,不回避问题。如有上班族留言希望增设延时投放点,还有听众关心垃圾清运后会不会不分类等,编辑、记者都及时在早新闻直播中连线权威人士予以解答。这种及时调整新闻编排内容的操作,快速与受众产生直接互动,同时化解疑虑和矛盾,推进垃圾分类工作抓实办好。可以说,这是一档充满了受众意识的新闻编排,也体现了新闻人乐于思考、勤于采访、善于表达的职业素养和社会担当。

三、用好新闻编排的情绪价值传导技巧

通常意义认为,新闻用事实来说话,但这并不代表新闻采编者没有表达观点的方式和途径:如果说记者的观点隐藏在对其所报道的新闻事件或选取的案例当中,那么编辑的观点则往往蕴含在对稿件的选择和对版面的编排当中。

北京电台原副总编辑张勉之曾经提出"'有我'与'无我'"的概念,指出记者在采访报道时要尽量摆脱个人主观色彩,而作为把关人和新闻议程设置者的编辑则要在众多与"我"无关的新闻中寻找节目主线,将编辑理念贯穿于节目始终,使整个节目最终呈现"有我"的个性与魅力。

新闻编排是一门媒介艺术,如何把文字消息、录音报道、记者连线和新闻评论等等众多不同体裁的稿件组合排列、有机搭配,再通过合理的调度节奏,不断

对受众进行有益的听觉刺激,让他们持续处在兴奋状态,保持收听和获取信息,这些都是编辑在新闻编排工作开始前就必须要做好的功课。

以上海广播电视奖一等奖作品《2022年6月1日990早新闻:上海全面恢复正常生产生活秩序》为例,这一天对上海这座城市意义非凡:"大上海保卫战"取得阶段性重大成果,人群开始有序出入,大小商铺渐生烟火,办公楼宇键盘声起,通勤车流疾驶徐行。事实上,包括笔者在内、参与编排当天早新闻的每一名主创都已在电台封控了两个月左右,大家与这座城市共情、更与每一位市民共情。在这样的心境下,当天主创团队希望在这套新闻编排中,通过第一时间展现重回上海的人气和烟火气,传递出更深层次的情感:珍惜当下、相信未来!

当天早新闻的头条编排精心策划:没有按惯常操作用领导活动或是市委市政府发表的《致全市人民感谢信》作为开场,而是用了宗明副市长在发布会上公布的一组数据:"全市单日新增本土阳性感染者人数降到两位数,封控区总人数降到20万以下,防范区总人数达到2 200万以上。"这凸显了全面恢复全市正常生产生活秩序所需要达到的目标,也彰显了对于这座超大型城市而言,这样的目标实属不易。

当天编排选用的几组记者连线也传递出编辑明确的用意:昨夜今晨在越江隧桥、地铁站厅的连线代表了城市的重启;居民小区出入口的连线展现了生活的复苏;城区菜场等商业设施的连线,寓意烟火气的回归。这些其实司空见惯的场景正如编辑配发的评论所说:"如果把时光倒回两个多月前,谁都不会觉得今天的生活场景有什么特别,但对经历了艰苦卓绝抗击疫情的城市和身处其中的人们来说,谁都能明白我们为城市重启和生活恢复所付出的代价,这平凡的背后是无数了不起的普通人,和太多不平凡的努力。"这样的情绪表达和情感渲染无疑在这组编排中起到了重要的推动作用。

在展现城市道路交通恢复的报道中,有一处细节耐人寻味:人们在零点之后前往外滩,按响汽车喇叭,有采访对象说:"喇叭声一下子释放了所有情绪!"还有人说:"现在堵车感觉心情要好一点,堵一点有生机了呀!"可以说,当天的早新闻编排正是通过这一个个现场、一处处生动的细节,串珠成链,记录下了"上海解封"这一历史时刻人们复杂的心绪。

在这一刻,更重要的是唤起人们对未来的信心,因此当天编排中,也不惜将篇幅留给对未来的举旗定向,深入阐述市委市政府关于疫情防控的中心工作:全力推动正常生产生活秩序全面恢复,尽最大努力把疫情耽误的时间、造成的损失抢回来。

当班编辑有幸在相对短暂的一小时早新闻里,记录下了城市从伤痛中缓慢爬起的一瞬,也通过对客观发生在身边的新闻进行编排组合,传递出了编辑所希望带给受众的种种情绪价值。事实上,当天凌晨,笔者在编排这套稿件的同时,自己也激动到几度落泪。

作为传递情绪价值的另一种有效途径,配发评论是《990 早新闻》近年来持续进行的有益探索,在相关新闻之后推出《晨间快评》专栏,配套编排成节目中既有关联、又相互独立的专栏,对典型新闻事件进行评论,以 500 字左右的篇幅,直击热点、关注民生,以春风化雨、见微知著的广播语言开展舆论引导。

在《2021 年 5 月 23 日上海新闻广播 990 早新闻》这套编排中,结合头条一组"上海科技节开幕、科学家走红毯"的消息和报道,以及"共和国痛别两位院士袁隆平和吴孟超"的专题新闻,编辑配发《晨间快评》指出,充满笑容的红毯和充满哀伤的送行发生在同一天,个中传递的意涵是相通的,"提醒我们谁是最该被记住的人,谁是这个社会最值得崇敬的人"。这种编排手法,也在纯新闻报道之后,进一步提升了整档新闻节目的情感氛围。

在《2022 年 6 月 1 日 990 早新闻:上海全面恢复正常生产生活秩序》这套编排中,全面深入、同时不乏客观地传递了重回上海的人气、烟火气,编辑同样配发晨间快评《守护平凡生活,需要不平凡努力》,温暖而有力、冷静而理性地指出:"人们为城市重启和生活恢复所付出的代价,这平凡的背后是无数了不起的普通人,和太多不平凡的努力。城市有序放开之后,我们更加清楚这座城市的使命和每个人的担当——疫情要防住、经济要稳住、发展要安全。"

在新闻编排中加入评论体现了新闻编辑观察、思考和分析、总结问题的能力,撰写原创的评论不仅是编辑独立判断、把握导向能力的真实反映,也有助于整档节目独特风格的形成,更能增加新闻编排的"温度",从而起到画龙点睛的作用。

结 语

融媒体时代,作为传统媒体的广播新闻,传播优势或许减弱,但通过积极有效的新闻编排,加强整体策划意识、时刻坚定受众意识、增加新闻编排的"温度",依旧可以争夺新闻的第二落点。

从技术层面来说,新闻编排的头条选择要先声夺人,提要撰写要提炼精髓、吸引受众注意力,同时符合广播媒体所特有的语言规律;编排过程中则要注重节奏的把控,整档节目既要有波澜起伏、也应急缓相间、更要张弛有度,在突出重点的同时,也还尽量扩大一档新闻节目的信息含量。

《信息时代的新闻价值观》作者,同时也是普利策新闻奖得主杰克·富勒指出:"每一种媒介都有自身的优势和劣势,它也会将这些强加在所携带的信息上。

新媒介通常并不会消灭旧媒介,它们只是将旧媒介推向它们具有相对优势的领域。"

面对融媒时代、各种新媒体的持续冲击,上海人民广播电台《990 早新闻》的收听率、云听点击量、专家听评等多项指标近几年来持续保持上海第一,《990 早新闻》的版面近四年来更是三度收获中国新闻奖,及若干上海新闻奖、上海广播电视奖的奖项,达到了前所未有的历史高峰。

媒介新技术的持续革新和发展,让传统广播在拥抱互联网之后,原本时效性强、传播方便、覆盖广泛、互动灵活等优势更为明显。新闻工作者只有在日常新闻编排的实践工作中不断尝新、求变,才能让广播新闻在形式上有所突破、在内容上更趋优化,进而在融媒时代的新闻演变和竞争格局中继续保持发展先机。

参考文献:

［1］景兵:《浅议广播新闻节目编排的创新》[J],《中国编辑》2008 年 5 月。

［2］崔永东:《浅析如何编排好一档广播新闻节目》[J],《新闻研究导刊》2019 年 4 月。

作者简介:

钱捷,上海广播电视台首席编辑。

借框架理论探析短视频新闻评论

——以"话说"栏目为例

周仲洋

本文提要：近年来，传统广播媒体纷纷入驻短视频平台，"短视频＋新闻评论"通过视觉直观的节目形式和全新的媒体融合样态，激活了内容生产力、舆论引导力和社会影响力。本文以上海人民广播电台话匣子视频号"话说"栏目为研究对象，运用框架理论作为支撑，探索传统主流媒体在短视频平台上的话语建构问题，以期为传统广播媒体的新媒体转型发展提供思路。

关键词："话说"　框架理论　短视频新闻评论

引　言

在新媒体时代，随着传统广播媒体开始寻求在社交平台融合转型，短视频新闻评论成为一种新型的评论方式。它借助于短视频媒介的传播优势，凭借可视化呈现、故事化叙事和交互式传播等组合优势，改变着传统主流媒体的话语体系。

上海人民广播电台上海新闻广播在 2022 年推出"话说"栏目，由新闻主播采取网络化的语言表达，结合视频、图片、字幕等新媒体手段，述评热点新闻事件，表现出与传统新闻评论节目完全不同的新样态。本文选取了"话说"栏目 2022 年推出后的 100 期视频作为研究对象，从框架理论视角出发，探讨短视频新闻评论"话说"是如何被呈现的？构建了怎样的新闻叙事框架？如何获得良好的传播效果？短视频新闻评论在创新实践中具有哪些特点？

一、理论探讨与研究方法

1. 理论文献探讨

1955 年，贝特森提出"框架"这一经典概念。经过不断发展，框架理论逐渐成为新闻传播学科的经典理论工具。

最早将框架理论引入新闻传播学领域的是塔奇曼，他在 1978 年发表的《做新闻：一项关于现实建构的研究》中认为"新闻是建构的事实"，他把新闻看作是一个框架，关注新闻生产实践的惯例，考察大众传媒是如何建构社会现实的。

为了实证考察新闻文本框架，坦卡德提出了"框架清单"分析法，并发展出 11 项"框架机制清单"，具体为：标题、副标题、图片、图片说明、导语、消息来源、引语的选择、引语的强调、标识语、数据图表和结论。

关于新闻框架类型的研究。瑟曼特克和沃肯伯格结合众多学者的研究，依据新闻价值提炼出 5 种通用框架：冲突框架、人情味框架、责任框架、道德框架和经济后果框架。

2. 研究方法设计

由于对短视频新闻评论的研究不仅仅只是研究短视频新闻评论的文本方面，还要考虑短视频的构成要素，因此，笔者将结合短视频和新闻评论的相关构成要素来整合样本的类目。根据短视频新闻评论"话说"的实际报道情况，主要分为：评论主题、评论倾向、视频时长、表现形式。

由于新闻叙事框架在实际运用过程中会发生一些变化，结合样本的实际情况，笔者将"话说"的叙事框架大致分为：冲突框架、人情味框架、责任归因框架、典型引导框架等。

二、"话说"的生产框架分析

短视频新闻评论经过新闻生产者的选择与加工得以生成。新闻生产者在组织发布新闻事实，输出观点时，会对信息进行选择和加工，形成符合自身媒体特性的叙事框架，而采用的各种要素类目，构成了新闻报道在生产中的框架。接下来将通过上文提到的类目建构，分析"话说"在建构叙事框架前，搭建了怎样的生产框架。

1. 评论主题：民生议题为主，回应网络热点

从新闻评论涉及的新闻事实主题，我们可以看出内容生产者视野涵盖的范围，可以发现"话说"栏目议程设置的重心与偏好，又弱化了哪一部分的议题。

表 1

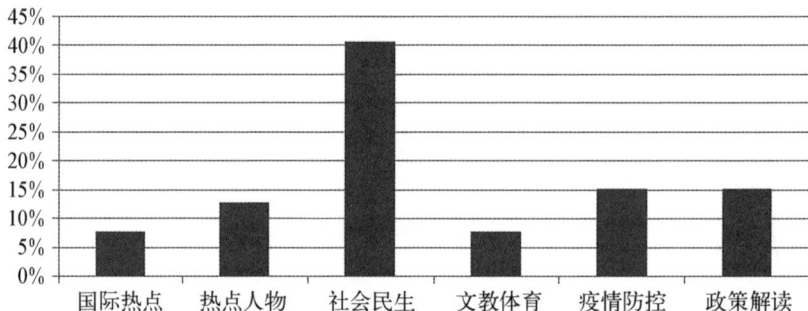

从表 1 可以发现，"话说"虽然由上海人民广播电台要闻部团队打造，但关注的主题更偏向民生新闻，尤其是对网上形成的热点话题，"话说"节目会迅速发声，引导舆论。例如，2022 年 9 月 28 日一期"男子救女童时，因触碰臀部被网暴"的视频，阐释了危急时刻挽救生命为先，不应用"避嫌"抬高见义勇为的成本。这样的主题与传统广播端 990 早新闻《晨间快评》栏目围绕市委中心工作的评论相区别，拓展了传统广播媒体观点输出的范围。

由于 2022 年新冠肺炎疫情形势依然复杂严峻，大上海保卫战打响，议题中自然少不了和疫情防控相关的内容。但是，"话说"所关注的主题更多是疫情引发的社会问题，例如 6 月 6 日的"老人乘车无法扫场所码"、7 月 19 日关注了"疫情过后，菜市场何时能开放"、7 月 22 日的"曾经的新冠肺炎阳性求职者如何不被歧视"，等等，这些议题将疫情防控政策与时下的社会热点结合起来，关注民生，回应热点，发挥了评论"轻骑兵"的作用。

2. 评论倾向：强调批判与反思，引发观点共鸣

新闻评论带有强烈的观点倾向性，或是正面宣传的点赞倡导，或是负面批判的总结反思，也有从正反两方面的阐释或客观解释。本文按照"正面""批判""中性"三个组别对"话说"样本进行分类：

从表 2 可以发现，"话说"的观点倾向表达非常明显，"批判"和"正面"占据了绝大比例。站在媒体内容生产者的角度，鲜明的立场有助于快速形成自己的风格；从受众的角度出发，有观点的表达更加容易引发共鸣。

表 2

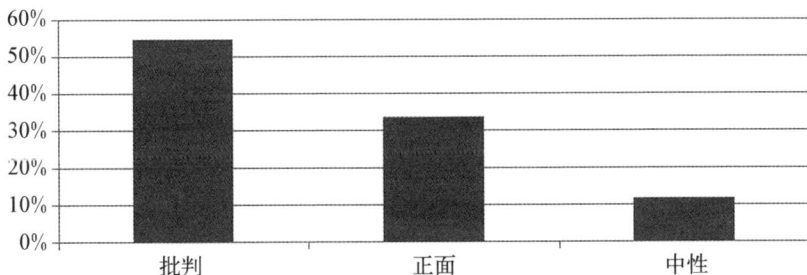

"话说"更加偏向于批判与反思的观点输出,例如,7 月 28 日的"疫情常态化后,小区边门为何不开?"并没有站在严格要求疫情防控的角度,而是从如何平衡疫情和常态化生活的角度进行反思;9 月 13 日对于"脱口秀演员在节目中的段子引发股市涨停"的评论,没有停留在分析节目样态,分享段子的层面,而是从更深层次提出:"一家负责任的上市公司,和一个成熟的资本市场,不应该因为一个段子一惊一乍。"可以看出,只要存在反思的空间,"话说"都会尽量从"批判"的角度进行评论。那些"正面"的视频更多出自一些对英雄人物的评价,而为数不多的"中性"视频则以政策解读、国际问题的解释为主。

3. 视频时长:迎合碎片化观看需求

既然是短视频新闻评论,多长时间算"短"?这一直是内容生产者在思考的问题。根据选取的"话说"视频样本,可以分为"1 分钟以内"、"1—2 分钟"、"2 分钟以上"三组类别:

表 3

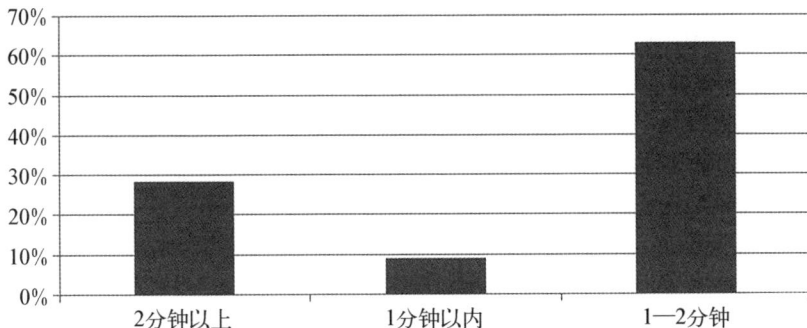

"话说"的主创团队始终秉持将视频"做短做精"的原则,但由于"话说"以述评的形式为主,阐述新闻事件的基本事实依然需要花去一些时间,特别是遇到新

闻事实较为复杂时。例如,9月9日的《英国女王伊丽莎白二世逝世　近百年传奇人生谢幕》的视频长达5分29秒。统计发现,"话说"的大部分视频时长集中在1—2分钟,这些视频往往用三分之一篇幅叙述新闻事件,三分之二篇幅展开评论,详略分布得当,迎合了当下受众对于信息碎片化的需求,能够抓住受众的注意力,平衡其耐心。1分钟以内的视频数量较少,但拥有较好的完播率,这类视频往往是近期最热门的新闻事件,公众提前已经足够了解,给了主播开门见山表达观点的空间。

4. 表现形式:运用丰富剪辑手段,变枯燥为生动

短视频新闻评论由于画面以主播的讲述为主,一旦观点不能吸引人,往往给人枯燥感。短视频应当擅长利用丰富的图形符号、文本符号和视觉符号,借助于"剪映"等时下流行的剪辑软件,"话说"在短视频新闻评论当中,会根据内容来添加相应的视频或图片,以便进行解释说明,在长时段的讲述中用特效来增加视觉效应。

"话说"用得最多的是"主播视频＋字幕＋画中画＋特效表情符号和音效",而在《英国女王伊丽莎白二世逝世　近百年传奇人生谢幕》这种时长较长的视频中还加入了"配乐"的形式。字幕在"话说"里,可分为普通字幕和花字幕。花字幕除了能够变换颜色和特效外,最重要的是字幕会随着视频内容的重要性而变换大小,帮助受众抓住重点。除此之外,字幕当中会适当增加一些表情符号,以便拉近年轻化的受众,增加新闻评论的趣味性。

三、"话说"的叙事框架分析

叙事框架涉及新闻文本的处理和建构。在实际的新闻报道中,同一篇新闻评论可能会使用不同的叙事框架,在叙事框架的使用上会发生交叉情况。但从总体来看,叙事框架还是会主要偏向于其中的一种,笔者选取文本中最为主要的叙事框架来进行划分。由于研究的样本较多,无法一一进行分析,只选取2022年浏览次数破万的样本,这样能够帮助分析短视频新闻评论采取何种叙事框架能够取得较好的传播效果。

1. 冲突框架

冲突框架是指"新闻聚焦于事件的冲突方面,以报道的方式聚焦于冲突双方,强调冲突双方不同观点或立场的冲突性质"。冲突框架强调对抗关系,"一般强调新闻报道中所涉及的个人、群体、组织,也包括不同国家、文化之间的冲突与

对抗"。"话说"中使用冲突对抗框架的较多,语气以批判为主。

例如 9 月 22 日的视频《退休教授直播课吸烟被举报——"无烟上海"需要较真儿》浏览次数突破 10 万,为 2022 年全年最高。摘取部分文本如下:

> 退休哲学教授王德峰是一位充满争议的人物。之前在复旦大学给学生上课那会儿,他基本上都是烟不离手。但由于他讲课时激情洋溢,见解深刻,所以学生们对他都很买账。
>
> 围绕直播授课能不能抽烟,网友之间展开了大讨论,"这直播间到底算不算公共场合?""你确定隔着屏幕闻到烟味啦?""没有了香烟,老王的哲学就失去了灵魂"。
>
> 就像有些网友说的,"规矩就是规矩,连抽烟都控制不了,学问怎么能做到知行合一"? 对教授来说,学术地位带不来课堂上的特权。而对粉丝们来讲,也千万别把吸烟和哲学画上等号。认可上课吸烟这种非常规行为,给不了你对粉圈外的优越感。相反,吸二手烟可真是会伤身的。

可以发现,这样的评论对象本身带有冲突性,主播一开始评论时,并没有直接开始批判,而是将网友的不同观点展示出来,营造一种公共讨论的场域。但是,作为主流媒体应当发挥舆论引导作用,同时要符合"话说"栏目"观天下,有态度"的评论风格,文本在评论的部分表达了鲜明的立场:"规矩就是规矩,连抽烟都控制不了,学问怎么能做到知行合一?""无烟上海"需要较真儿! 这篇评论在明确反对的声音后,反而激起了更激烈的讨论,视频下的点赞、转发、评论多达上千条。达到这样的传播效果,一方面是新闻话题本身的冲突框架属性,另一方面也是主播的评论文本进一步强化了这种冲突框架,充分展示正反两方面声音,让真理越辩越明。

2. 人情味框架

人情味框架在新闻报道的呈现中,常借用故事和情感的手法来表现,用以拉近双方之间的距离以及接近受众的心理需求。因此,人情味框架的选择,常用来挖掘人物故事。"话说"采取人情味框架的视频往往是展现平凡人背后的不平凡,或是一些典型人物鲜为人知的故事,通常采用平民视角和正面积极的态度,寻找受众和新闻事件的共情点。以 9 月 9 日《英国女王伊丽莎白二世逝世 近百年传奇人生谢幕》这期视频为例,体现了非常典型的人情味框架叙事技巧。摘取部分文本如下:

> 对女王个人而言,长寿也意味着要不停体会失去的痛苦:从亲人、爱人,到闺蜜、朋友……她出席过无数次葬礼。女王第一次送别至亲是在

1952 年。其父亲乔治六世患癌症不治去世,当时她只有 25 岁。除了告别珍视的亲人,女王忠实的朋友——柯基也逐渐淡出她的生活。从 2015 年起,因为担心自己无法陪新生的柯基幼犬走完一生,女王决定不再饲养新的柯基。

这期"话说"首先通过一段视频回顾了英国女王伊丽莎白二世的传奇人生,这也是其他视频号推送的常规操作。但是接下来,主播用了上文中的两段细节:"至亲的离去"和"柯基犬的告别",充满人情味地展现了英国女王的平凡一面,这些情感也是普通人能够感同身受的。这些或许成为这期视频较高浏览量的因素。

3. 责任归因框架

责任归因框架常围绕着危机事件展开,能够有效防范和化解网络舆情风险,帮助公众建立对事件新的认知。责任归因框架下的报道一般涉及时事热点和政治政策,对发生违背社会秩序和道德的事件进行责任归属。"归因是个体对特定事件或行为的结果的原因的认知,是个体基于信息处理对特定现象或结果做出因果解释的过程。"以 8 月 3 日这篇《餐馆卖拍黄瓜被罚 黄瓜可不可以随便拍?》的评论为例:

> 当人们看到有餐馆因为"拍黄瓜"而被罚款时,有人觉得可笑,有人觉得相关部门小题大做,有人同情被罚的餐馆:疫情中的餐饮业已经吃了不少苦头,却要因为一盘"拍黄瓜"遭此重罚。
> 但是记者的报道已经阐明了一切:罚的不是"拍黄瓜",而是"没有拍黄瓜的资质"。既然冷热食物的制售有清晰的标准,既然《食品经营许可证》上有明确的规定,那就要违法必究。否则,今天的"冷热不分"将会换来明天更大的苦头;今天对监管部门"小题大做"的质疑,明天会变成对"不作为"的投诉。

这期"话说"采用了一条清晰的"矛盾冲突——解释回应"的路径,在市场监管部门遭到网友质疑,"是否对中小餐饮企业处罚过当"时,主播对冷热食物制售的不同标准进行科普,进而表明观点:既然有法可依,就要违法必究。"话说"采用责任归因叙事框架,第一时间进行解释与反思,能够有效修复政府形象,搭建与公众沟通的桥梁,纾解不满与焦虑情绪。

4. 典型引导框架

典型引导框架用来报道典型人物和事迹,它与"人情味框架"的区别在于,更加偏向正面宣传,向大家塑造鲜活形象,并利用典型人物的事迹与经验引领、示范、带动人们,向社会弘扬正能量与正确的价值观。以 10 月 1 日这篇《银比金艰,女篮拿下世界杯亚军》为例,摘取部分文本如下:

> 虽然,61 与 83 的比分还显示着与冠军美国队的差距,但奋力拼搏的女篮姑娘已经追平了女篮历史最好成绩。虽然是枚银牌,但银比金艰。
>
> 疫情三年,我们经历了太多艰难困苦,但国庆第一天的中国女篮,春节期间的中国女足,还有世锦赛一路凯歌的中国女排,中国三大球的姑娘们用成绩告诉我们,只要大家团结一致,秉承永不放弃、坚韧不拔的精神,就能走向未来,走向成功。

"话说"中虽然采用典型引导框架的视频不多,但是仅有的几篇都取得了不错的传播效果。这一方面是由于事件本身引人关注,另一方面也是因为主播评论的点,传递出了震撼人心的力量。而且通常"话说"在进行这类叙事框架进行评论时,逻辑往往会从典型人物或事迹,上升到普遍精神层面。例如这篇女篮的评论,从解读中国女篮这枚银牌的分量,又联系到中国女足和中国女排,同样展现出永不放弃、坚韧不拔的精神。

结 语

在短视频爆炸的时代,"话说"顺应媒体融合发展趋势,将短视频和新闻评论结合起来,基于互联网思维,从受众的角度出发,寻求观点的共鸣。

"话说"从 2022 年下半年推出至今,已经有许多经验和不足值得总结。从生产框架来分析,首先,选题的确立至关重要。从统计数据来看,涉及民生议题,具有热点时效性,同时又能够引发公共讨论的选题能够获得更好的传播效果。而带有反思的批判性议题,往往比正面的舆论引导更能够吸引受众参与讨论。同时,短视频新闻评论的时长,一般以 1 分半左右为宜,一旦超过 2 分钟,完播率就会受到影响,除非话题本身或观点内容足够吸引人。

从叙事框架来分析,无论是冲突框架、人情味框架,还是责任归因框架、典型引导框架,在论述过程中,从"话说"的文本结构来研究,主要以就事论事为主。媒体对于公共事件的报道,有学者将其分为三个层面来考察:"标注功能,强调问题的严重性;归因功能,找到问题的罪魁祸首;表意功能,以统一图式将一系列看似不相关的事件联系起来,赋予新的意义。"这其中,表意功能的发挥更有助于新闻评论立意的提升,回应时代之问。"话说"目前还很少能够以点带面,归纳同类型议题进而引出更深、更高层次的议题,这可以成为今后提升改进的方向。

由于受到样本分类的合理性,样本数量有限,研究时长不足等方面因素的影响,本文的研究还存在各种疏漏。未来的研究可以扩大样本量,运用多学科理论进行深入研究。

参考文献:

[1]［美］盖伊·塔奇曼.做新闻[M].麻争旗、刘笑盈、徐杨译.北京:华夏出版社,2008:30.

[2] Tankard, James., Handerson, Laura, Sillberman, Jackie, Bliss, Kriss., & Ghanem, Salma. Media Frames: Approaches to Conceptualization and Measurement[Z]. Paper presented to the annual meeting of the Association for Education in Journalism and Mass Communication, Boston, Massachusetts, 1991.

[3] Semetko, Holli. & Valkenburg, Patti. Framing European Politics: A Content Analysis of Press and Television News[J]. Journal of Communication, 2000, 50(1), pp.93 - 109.

[4] 周素珍,余建清.社会冲突事件报道中的新闻框架及其运用[J].东南传播,2009(10):13 - 15.

[5] 郭勇.重大事件报道中的冲突框架研究——以人民网为例[J].今传媒,2015(01):34 - 36.

[6] 文宏,李风山.信息与情绪:事故灾难中公众责任归因的类型学分析——以无锡高架桥坍塌为例[J].北京行政学院学报,2021(06):92 - 99.

[7]［美］戴维·A.斯诺、岁伯特·D.本福特:《主框架和抗议周期》,《社会运动理论前沿》,第156—157页。

作者简介:
周仲洋,上海人民广播电台广播新闻中心要闻部编辑。

以编辑策略的守正创新实现广播民生节目的整体跃升

——以上海人民广播电台《直通990》节目为例

陈靓靓

提　要：在日新月异的融媒时代，以"小切口、大视野、高站位"的时代表达，荣获第32届中国新闻奖新闻专栏类一等奖的上海人民广播电台《直通990》节目，立足上海超大城市阶段性特征，以编辑策略的守正创新，将党的民生政策融入悉心梳理聚合的鲜活案例，让发展成果惠及广大人民群众，通过独到精准的编辑思维凸显主流媒体的政治高度、内容温度及传播热度。本文以该节目为例，探索广播新闻媒体服务中心工作，参与社会治理，推进城市建设、城市治理的实践路径。

关键词：新闻感知力　编排策略　话题延展性

引　言

党的二十大报告指出，必须坚持在发展中保障和改善民生，深入群众、深入基层，采取更多惠民生、暖民心举措，着力解决好人民群众急难愁盼问题，提高公共服务水平，增强均衡性和可及性，不断实现人民对美好生活的向往。新时代广播民生节目必须把握时代脉搏，鲜明报道基调，明晰职责定位，推动解决实际问题，更好发挥主流媒体义不容辞的时代使命和责任担当。

一、新时代广播民生节目的新使命、新定位

广播新闻媒体在媒介生态变革中，已步入融媒深度融合发展的关键期。如今，

手机词汇、网络评论、音视频动态等使得人人既为信息接收者,亦是发布者。民生资讯传播速率高效畅达,却也极易带来信源的权威性和可信度缺失或虚假信息泛滥,个体观察立场迥异导致言论被带偏、舆情遭引流等突出问题。新形势下,广播民生节目应在畅通社情民意、正确引导舆论、构建和谐社会等方面统一思想,凝聚力量,积极作为,强化新闻媒体的话语场和社会功能,扬清激浊传正声。

上海人民广播电台《直通990》节目是一档从"民"之诉求出发,倾听民声、解读政策、纾解民忧的广播民生节目。在每天长达三小时的直播节目中,编辑广接听众热线,上午9—10点解读民生政策、剖析民生热点,下午1—3点则力邀权威专家为听众答疑解惑。新时代传媒架构中,基于传统电波输出端,广播民生节目以"互联网+"思维的形式与方法在多元化的媒介平台中实现民生信息的规划与传播,业已成为民生节目升级迭代的时代新命题。

二、广播民生节目的编排策略

1. 在广纳民意中发力:以选题垂类再造意识为节目筑牢根基

广播民生节目的热线电话,作为获取新闻素材的重要渠道,借助分布于新闻现场的广大受众及时获取节目线索,特别是极具时效性的独家资讯。《直通990》节目编辑在电话的受理筛选中,注重民本、民生的价值取向,将对百姓生活现状和生命个体的关怀与尊重,列为重要报道对象和领域。如一些黏性老年粉丝,相比在网络上发言他们更喜欢拨打热线电话,尤其是听力差、语速慢的高龄老人,编辑要在读秒的节目推进中迅速厘清脉络,确认问题,一时表述不清或沟通遇阻,编辑即将电话内容归集为文字存档到"电话银行库",力争做到"有问必答,难题有解",尝试从更广泛深刻的角度和层面来诠释民生。

有了"电话银行库"的积累,自然需要"嘉宾智囊团"的鼎力支持。基于听众民生领域的各项诉求,编辑迅即打通"电话银行库"与"嘉宾智囊团"之间的直通链路。《直通990》节目深耕民生领域十数年,积累了超过5 000位嘉宾的智囊资源,横跨民政、法律、医疗健康、社区工作、志愿服务等数十个民生项关联领域,他们为节目解读政策、答疑释惑,为节目的权威性与实用性提供了有力支撑。

立足上海超大城市的独特地域秉性和民生热点切换,广播民生节目的编辑须不断提升民生选题垂类再造能力:在保持为民服务的基础上,依靠专业素养练就的敏锐新闻感知力和过硬文字加工能力,高效撰写出选题策划案;通过深挖本土新闻,抓准叙事主体,预见事实走向,挖掘新闻事实潜在的社会价值,为民生热点聚焦筑牢根基,让广播民生节目更接地气、聚人气、赢民心,使其保持旺盛生命力及竞争力。

2. 在询政问计上发力：以民生事件的解构聚合能力为节目打通堵点

广播民生节目作为党和政府联系受众并与之强效互动的优质平台，第一时间汇集城市生活的热点、疑点、堵点，将关系国计民生的政策法规进行普适性解构，在具体案例中宣传政府政策、反馈百姓建议，提高政策知晓度和覆盖面。同时，针对网络中各种误读误区，广播民生节目有的放矢，及时纠偏，消解不良言论和负面情绪，如一股清流浸润城市肌理。

层层筛选入围的民生选题在颇具匠心的编排方式下，被一波波放送于节目，每"抖"一个"料"都引起一番激烈的讨论，节目黏合力陡增。这需要广播民生节目编辑以深谙听众心理为前提把控话题节奏、创新叙事语言，不断夯实关注度、制造兴奋点，并结合主持人和嘉宾所擅长领域及语言风格，通盘考量、量身定制，以期达到更好的传播效果。以 2023 年 1 月 31 日 13 点到 15 点的《直通 990》节目为例，节目嘉宾为一位参与节目多年的资深律师，专业知识扎实，讲解深入浅出，当日版面汇总如下：

表 1

序号	类别	内　　容	呈　现　效　果
1	案例分析	热心助人却令爱犬死于非命！损失谁来承担？	第一小时头条：这一话题是近期的新闻热点，律师通过《上海市养犬条例》《民法典》等法条进行深入浅出的分析，从法、理、情三方面分析，同时也激发听众的共鸣，从而避免这样事件的发生。
2	法律咨询	魏女士的邻居以各种理由不肯归还 2 万元借款，问律师有什么办法把钱讨回来？	二条：继续讨论和法律有关的案例，面对邻居借钱不还，我们该如何拿起法律武器为自己维权？
3	生活求助	郑女士提问马桶箱哪里有卖？	经过前面两个比较严肃的讨论分析，第三条内容编排的相对轻松，老年人求购马桶箱。这类不起眼的问题，却能强烈激发热心听众的参与。
4	反馈	钟女士听见广播后给节目组打来电话支招，方凳子可以改造成马桶箱。	果不其然，当天热心听众立刻打来电话出主意帮忙，有告诉地址的，有提建议的，其中一位听众不仅要赠送马桶箱，家中还有
5	反馈	董阿姨说石门二路 152 号有卖，可以去那里看看。	一张护理床可以给需要的听众，需要护理

续　表

序号	类别	内　容	呈　现　效　果
6	反馈	邵女士说家住浦东家里有一个马桶箱愿意送给她，同时家里还有一张闲置的护理床。	床的听众也立刻来电，短短几分钟，马桶箱和护理床都找到了新主人，而这正是我们节目的魅力。
7	反馈	马女士说家里老人正好有需求，需要护理床。	
8	记者连线	上海升温，最高气温可达15摄氏度附近。下半周冷空气再度来袭。连线记者。	第二小时，一开始安排了听众最关心的天气的最新资讯连线。
9	案例分析	污水倒灌，一楼住户被淹，楼上四户人家需要承担怎样的责任？物业有责任吗？	《污水倒灌，住户被淹，楼上的居民需要承担责任吗？》这也是个民生问题，身边可能经常会有这样的事情发生，如果您身边发生这样的问题该如何处理，找物业？找居委会？如何协调好这个问题，又涉及邻里关系，一旦处理不好容易激发更大的矛盾。
10	生活求助	袁女士来电想要帮儿子找工作，儿子复旦大学毕业，40多岁，本身是高职机电一体化专业，后来自考到复旦国际金融。之前一直在闵行工作，希望可以到五角场这边找工作。	在这一波讨论后，安排了找工作的求助，袁女士帮儿子咨询求职，主持人和律师分别从各自的角度给出了建议。
11	法律咨询	苗女士补缴社保问题，1993年在上海结婚，2008年户口迁到上海，工作33年，其间有一段时间公司没有缴纳社保，她到法院上诉后一审胜诉，法院判单位补缴1995—2008年社保，但单位不履行，导致退休无法办理。	再接下去是苗女士退休办理时遇到法律问题咨询。
12	法律咨询	刘先生是一位盲人，房产2003年给了外孙，希望他能照顾，当初没有立下字据，现在感觉外孙对自己不好，问律师能否把赠予的房子要回来？	最后一个热线电话安排了一个家庭纠纷问题，律师给出建议。
13	生活一点通	冬季≠0紫外线，也要小心被晒黑！	《生活一点通》小板块，一起来说说冬季防晒的技巧。

张弛有度,设计高潮。本期节目前两条均为涉法律事件解读。头条《助人为乐,爱犬却死于非命》是近期社会热点。律师通过《上海市养犬条例》《民法典》等法条有理有据的分析,表示对狗主人适当补偿合情合法。节目以精准的法律知识破解难题,使普法不生硬;以有温度的逻辑辨析引发共鸣,让好人不心寒,以案释法,以诚沟通。经过严肃且严谨的热点讨论后,编辑适时调控节目节奏,一个由老年人求购马桶箱引发的互助大家帮迅即出现。多位热心听众立刻打来电话帮忙,整个节目气氛活跃起来。有告知地址的,有提建议的,其中一位听众不仅要赠送马桶箱,家中还有一张护理床可以给需要的听众,而需要护理床的听众也马上来电。短短几分钟,马桶箱和护理床都找到了新主人,一场以电波架起的爱心接力就此上演。在节目编辑的统筹协调下,陌生听众互通有无,传递温暖。

热点详解,贴近生活。另一个焦点案例为《污水倒灌,住户被淹,楼上的居民需要承担责任吗?》。经节目的深度解析,一度看似一触即发的邻里矛盾就这样找到了各方均可接受的出口。之后的节目中谈及袁女士帮儿子咨询求职;苗女士退休办理时遇到的法律问题等。此外,节目中还嵌入《生活一点通》板块聊聊冬季防晒的技巧和记者最新连线介绍天气状况。

做一个有情怀的广播民生节目编辑,为民排忧解难,打通民生堵点。带着感情接听电话、编排版面,努力做到大事重点办,小事认真办,能办的事马上办,难办的事想法办。让听众从《直通 990》节目中感受到党和政府的温暖、城市的温度,这正是节目守望初心、坚持不懈的动力源泉。

3. 在话题延展上发力:从单向受众传播转向搭建公共话题平台

广播民生节目编辑的策划能力表现在对新闻信息的选择甄别上,也体现在以点带面,对民生话题的延展能力方面。目前信息传播的工具和方式很多,信息时效性较强,且任何一个事件都可以衍生出与之相关成千上万条的信息数据,从海量的信息中,快速并且有针对性地甄选出与节目核心相关的、高质量的素材是编辑策划必须具备的能力。日前,《直通 990》播出了一则案例,一养老顾问接待了一对七十多岁的老夫妻,他们的独生子患有精神分裂症。老夫妻听说有机构可通过资产托管,负责儿子今后的养老照料,可四处打听未果。

在老龄化问题凸显的上海,这一事件极具代表性。《直通 990——代表委员关注案例》特别节目中,节目编辑邀请到上海市政协委员、律师、养老顾问共同参与。由一事一例拓展民生事件的广度和深度:上海能否尝试建立养老托养长效机制?养老资产托管机构能否提供安全有效的为老服务?相关的法律政策有哪些需要完善的地方?民生话题的拓展张力使节目从单纯的消息报道转向大民生事件解读,从单向受众传播转向搭建公共话题平台。

再比如,有位盲人听众求助,呼吁公交站台增加语音报站功能,方便视障人士出行。在 2023 年 3 月 7 日的节目中播出后,3 月 11 日《直通 990——代表委员关注案例》节目中,针对这个案例节目编辑策划了深度跟进延展讨论,邀请上海市人大代表、律师参与节目,讨论这个建议可行性如何? 能否兼顾环境噪声管理? 如何找到解决此类问题的新方法? 与此同时,听众参与热情高涨,十几位听友打进热线。陈女士认为视障人士数量不少,公交报站点是需要的。李先生说盲人一直有出行需求,希望公交车到站可以报送车号,音量不需要很大。随着讨论深入,激发了更多市民的参与热情。蔡女士说,公交车上下车的台阶对老年人来说有点高,希望公交车站台的台阶有缓冲。俞女士希望公交站站台线路牌可以降低些,老年人向上看有些不便……《直通 990》已然成为代表委员广纳民意的重要渠道,一些好的建议将形成提案,被带到上海两会、全国两会。通过节目架起一座畅通的问政桥梁,以绵薄之力推进城市治理提质增效。

在众多利益诉求与矛盾纠缠中,《直通 990》主动践行社会参与,动员各方力量,以多维度,多视角的融媒体编辑思路为城市公共领域管理者与普通百姓之间连起共情纽带,塑造出一个平等、客观、正向的交流渠道。

三、扎实内功,躬身一线,助力广播民生节目驶向新蓝海

1. 以点、面、评的组合拳,打造有质感的民生主题策划

数字技术、网络技术、传输技术的大量应用,强化了受众作为传播个体处理信息的能力,从某种意义上来说,整个信息传播呈现碎片化语境。传播环境与渠道的改变倒逼传播方式的变革。广播民生节目编辑要学会换位思考,对节目内容再审视,再挖掘,适度打破宏大叙事风格,使节目契合受众审美标准,引领城市民生生态。在单位时间内融入节奏明快,信息量丰富多元的"碎片化"内容,形成"碎片化"矩阵。把看似孤立的民生问题以逻辑串连形成主题单元,使听众在较短时间内获取完整信息,打造与主流媒体品格和气质相一致的精品民生节目,更符合当代传播规律。

以 2023 年 4 月 7 日 13 到 14 点《直通 990》版面为例。

本期节目民生新政、医保卡等多板块采用"新闻事例＋政策解读＋政务观察员＋主播短评"的方式集纳式编排播出,有效避免了单个新闻事例"鸡零狗碎",单个政策解读"空洞苍白",单个主播短评"言之无物"的弊端。"点、面、评"的组合拳使节目形成了集广度、深度、温度于一体的独特气质。策划先行、主题引导,以小切口的民生事件切入,剖析问题矛盾、问政相关部门,激发受众参与节目的积极性。优质的主题策划是广播民生节目的生命之源。

表 2

序号	类别	内 容	呈 现 效 果
1	新政解读	新政 1. 2023 年上海市民文化节开幕,众多精品展等上演。这些精彩的活动,你最期待哪个? 新政 2. 近日,市民政局会同有关部门,制定出台了加强本市婚介服务机构监管的指导意见,一起来解读一下。	头条:邀请政务观察员和主持人一起对本周新政进行梳理和解读。
2	反馈	付先生昨天给节目组打来电话,说自己是重残无业,之前医保看病的钱都报销了,但去年以及今年好几次看病的钱都没有能够报销,不知道是哪里出了问题。节目组跟相关部门进行了联系,邀请奉贤区四团镇负责人连线找出问题的症结,及时解决问题,帮助求助人。	二条:紧接着把前一天留下来的问题在节目中呈现,付先生所说的医保报销问题是由于医保系统出现了问题导致,现在系统已经恢复,付先生的问题得到解决,当地部门也在节目中做了说明。 新媒体阿基米德端表现不俗,迅速收到听众的反馈:"为 990 直通点赞""为直通 990 一件又一件为民办事点赞""医保这种事对小市民来说就是大事!""这件事充分说明了990 的神通广大!"……
3	生活求助	朱女士替朋友问,陪朋友在上海工作,江苏医保卡丢了,上海能不能补办?	
4	生活求助	成先生替自己的夫人问,单位是要 55 岁退休,因为家庭原因,52 岁辞职,现在到社保中心为什么不能办理退休?	三、四、五以快问快答的方式,请嘉宾回答听众的咨询问题。
5	生活求助	陈先生 73 岁,住浦江镇,一级盲人,今年申请长护险没有成功,想要知道怎么办?	
6	生活一点通	随着年龄的增长,我们的机体功能无法与年轻时相提并论,身体逐渐进入"转折期",很多人出现病痛等不适。很多大病缠身的人,都是"吃"出来的。比如,吃盐过多;吃肉太多;不按时吃饭等。	最后安排《生活一点通》小板块,轻松收尾。

近年来,《直通 990》不断创新节目生产模式,在清单式跟进、项目化运作中

动态调整。如《居村委的故事》融媒体专题新闻行动，《劳模来了》《我们读书吧》《最美家庭》等主题策划以广阔思路彰显节目特色，以融媒推送扩大宣传覆盖面。

2. 以寓理于事的润物无声，正确引导社会舆论，引领城市风尚

广播民生节目编辑要坚持新闻工作原则，承担起为人民服务的重要责任，要第一时间了解公众所急所盼的问题，并将其作为核心，将社会现实情况真实反映出来。这就需要编辑能够形成现代工作理念，既是"内容把关者"，更要当好"社会评论者"，对新闻事件做出客观评判，充分彰显新时代广播媒体的影响力，正确引导社会舆论。

2023 年 4 月 4 日《直通 990》节目 13 点到 14 点的版面如下：

表 3

序号	类别	内　　容	呈 现 效 果
1	记者连线	"有春天——2022—2023 四季主题插画展"对公众开放。	第一小时头条：首先安排记者连线，主持人、嘉宾和记者稍做讨论。
2	法律咨询	严女士的公公留下一 40 多平方米的宅基地，后来去世了，公公的哥哥要求把土地证的名字改成哥哥的，四姐弟来分，私下签订了一份协议，如果动迁，钱我们三个子女是否有份额？	今天的嘉宾是位律师，擅长法律问题的解答，第一小时安排了四个法律咨询，涵盖房产继承、打赏主播、抚养权争夺等问题，主持人循循善诱，律师精辟分析，听众在阿基米德 App 上反馈，每个案例都很精彩。
3	法律咨询	徐女士的儿子 50 岁，去年一年给主播打赏了 60 万，我该如何劝导？	
4	法律咨询	杨女士的儿子儿媳离婚了，小孩现在和他妈妈在一起，他妈妈后来改嫁了，去年就不和我们联系了，想问抚养权怎么办？以后还能见到孩子吗？	编辑不露痕迹的编排，不仅达到了预期效果，同时主持人感觉到丝滑，嘉宾感觉到兴奋，听众陶醉其中，欲罢不能。所以不要小看民生节目的编排，不同的编辑思路，不同的编辑手法，不同的播出效果，当然这需要主持人、嘉宾完美的配合下，才能创作出来源于生活，又高于生活的"艺术品"。
5	法律咨询	陈先生家里有一套父母留下的房子，父母去世，房产证上是只有二弟和父母的名字，二弟没有经过兄弟姐妹的同意把房子卖掉了，现在妹妹气不过，想要一点钱，想要知道妹妹能不能打官司要到钱。	

本期节目关注养老孝亲、网络打赏等多个看似零碎的热点话题。关注民生话题不是堆砌琐碎事，也不是单纯还原新闻事实，而应是通过对家长里短的报道赋予其一定的情感、意义和判断，倡导一种社会秩序、社会道德和社会风尚以期推动全民共建社会规范体系。要发掘其背后蕴含的道德伦理、审美情趣、价值追求，以事说理，寓理于事。这样方能坚持正确的舆论导向，体现上海这座超大城市的海派底蕴和人文情怀，彰显中华民族传统文化精神。这是新闻工作者的崇高责任，也是广播民生节目的重要工作原则。

3. 以俯下身、沉下心的工作作风，同心共情讲述鲜活的民生事例

基层是人民群众生产生活的第一线，那里有鲜活的实践，是广播民生节目生长的沃土。节目编辑只有经常走进基层，才能深刻地明白"为了谁，依靠谁，我是谁"。坐在电台都是问题，走入基层都是办法。广播民生节目编辑应善于观察，深入调研，脚踏实地，形成自己的民生资源素材库。2022年《直通990》携手上海市民政局，推出"居村委的故事"大型新闻行动，走进曾经被誉为上海"最美花园小区"——东苑半岛花园小区，这个建成于2000年的小区在后续的发展过程中问题层出不穷，甚至一度导致居民纷纷搬离。如今这个小区"容光焕发"，改变背后蕴藏着怎样的奥秘？

在随后的新闻一线调研中，节目又走进虹口区凉城新村街道水电居民区，聚焦嵌入式养老服务；走进长宁区仙霞路街道大金更居民区，探访社区综合为老服务中心……2023年《直通990》节目和上海市民政局共同推出"居村委的故事"新一季走基层活动，把10位最美社区工作者请进直播间，走进他们的工作一线，了解"小巷总理"的酸甜苦辣。

以全媒体音视频直播的方式，无论是请进来，还是走下去，聆听各方声音，畅谈建设美好家园的"方法论"，共同分享思考背后的"启示录"，讲述上海各居村委践行"人民城市"重要理念的建设成果、暖心故事、动人事迹，深度呈现基层治理成果。民生节目编辑只有脚勤、手勤、口勤、心勤，深入一线才能展现来自基层的新气象、新风貌，讲述沾泥土、带露珠、冒热气的民生故事。

结　语

综上所述，为了进一步巩固受众基础，全面提高受众黏性与忠诚度，广播新闻编辑必须与时俱进，紧跟时代发展的步伐；重新审视自身定位，对未来媒体发展趋势做出大胆、科学的判断；利用互联网技术的优势，取长补短；通过深度的新闻内容、新颖的节目风格来打造特色品牌，以更好地适应这个全新的媒体生态环境。

参考文献：

［1］《探析广播节目的碎片化编排策略》作者：张燕；《传媒研究》2020 年第 6 期：58 - 59。

［2］《转型期民生新闻节目编排的创新——以天津广播电视台〈都市报道 60 分〉为例》作者：罗小波；Contemporary TV 总第 322 期 DOI：10.16531/j.cnki.1000 - 8977.2015.12.102。

［3］《浅析互联网时代广播新闻编辑优化转型路径》作者：沈萌；《记者摇篮》，2022 年 10 月，第 162—164 页。

［4］《"方寸之地"要"精耕"》作者：魏永刚《新闻战线》2000 年第 2 期：45 - 46。

［5］《融媒体视角下的广播电台编辑策划能力分析》作者：殷晓惠；《记者摇篮》2020 年第 11 期：136—137。

作者简介：

陈靓靓，上海人民广播电台《直通 990》编辑。

探究舆论监督报道对基层治理的推动作用

吴浩亮

提　要：基层治理,既是国家治理的"最后一公里",也是人民群众感知公共服务效能和温度的"神经末梢"。十九届四中全会通过的《坚持和完善中国特色社会主义制度、推进国家治理体系和治理能力现代化若干重大问题的决定》中提出"建立以内容建设为根本、先进技术为支撑、创新管理为保障的全媒体传播体系"。这标志着媒体融合发展成为国家治理体系和治理能力现代化的重要组成部分。作为媒体融合中重要的一环,舆论监督报道时往往需要深入群众,发现问题、提出问题、解决问题。适当的舆论监督报道恰好可以成为连接群众与基层管理者的纽带,既能为基层管理者提供群众最真实的想法,也可以及时发现政策执行过程中的疏漏,还能维护社会的公平正义。

关键词：舆论监督　基层治理　治理能力　贴近群众

引　言

2021年2月4日,习近平总书记在贵州省贵阳市观山湖区金元社区考察调研时指出"基层强则国家强,基层安则天下安,必须抓好基层治理现代化这项基础性工作"。同年7月,《中共中央国务院关于加强基层治理体系和治理能力现代化建设的意见》发布,就加强基层治理体系和治理能力现代化建设的指导思想、工作原则、主要目标、重点任务、组织保障等做了前瞻性布局、全局性谋划、系统性部署。

其中特别强调"以人民为中心创新基层治理"。基层治理,既是国家治理的"最后一公里",也是人民群众感知公共服务效能和温度的"神经末梢"。在推进基层治理现代化建设的过程中,必须坚持以人民为中心的发展思想,回答好"我是谁、为了谁、依靠谁"的问题。

要做好国家治理的"最后一公里",就需要将基本公共服务不断向基层下沉,让群众就近办事、方便办事;把社会治理重心向基层下移,社区治理体系建设不断加强;让公民道德建设不断加强,风清气正的社会格局日益呈现。

要做到这些,就必须不断贴近群众,把工作做实做细。

而在舆论阵地,以"走基层、转作风、改文风"为核心内容的"走转改"活动,是党的宣传事业与新闻规律高度结合的战略举措,也是新闻战线落实意识形态责任制、建立健全正确舆论导向体制机制的制度安排,是新型传播格局下提升媒体传播力、引导力、影响力、公信力的重要途径。

可以看到,无论是"创新基层治理",还是"走转改",尤其强调"基层",强调走到群众中间去,强调最贴近群众的第一线工作的重要性。

因此,无论是媒体作为"党的喉舌",还是政府的社会治理工作,两者都有"贴近群众"这个相同点。

从事物发展规律来看,任何事物都没有十全十美,基层政府的工作虽然时时刻刻为群众着想,但难免也有所疏漏。作为新闻媒体,一直以来也被赋予媒体监督的职责,通过一篇篇报道,将问题摆出来,这不是让基层管理者出丑,而是更好地查缺补漏,推动工作的进一步完善。工作中的一个个问题被发现、被解决后,最终受益者还是群众。所以适度的"舆论监督"本身也是对基层治理的一种有力推动和补充。

一、探究舆论监督在基层治理中的作用

舆论监督,是马克思主义新闻学的重要概念。一般指新闻媒体运用新闻手段监督公权力机构及其决策人物的行为。是社会民主、公民参政议政的必要环节,有利于维护社会秩序和保护公共利益,促进公权力部门改进工作、避免错误。亦指新闻媒体批评与监督社会不良现象的行为。

1. 舆论监督报道对新政策有"查缺补漏"作用

近年来,社会经济水平一直在高速发展,因此许多政策、措施也根据经济形势的不同与时俱进,不断推陈出新。但是,有些政策的出台,往往由市级部门进行多方位调研后实施,调研工作中有可能会存在对一定人群、现象的疏漏,而有些行业的发展更是日新月异，政策的修改和补充概率加大，新政策的推演、设想往往在实际操作中，需要根据客观情况进行一定调整。另外，有些政策的变化，也触及了原有获得者的利益，他们往往会研究政策漏洞，加以利用，为自己谋取利益。

因此，政策上任何一点的不完善，传导到基层，就会给群众的公平性带来损害。而在此时，适当的舆论监督，则可以通过记者的视角发现问题、调查问题、解决问题，为基层治理者提供一定的提醒与参考，通过舆论监督，让这些政策的盲点得以曝光，有利于有关部门尽早完善政策。

2021 年的《上海楼市新政后　开发商暗箱违规现象调查》系列报道，就是在贴近群众，走进群众时发现了问题，最终通过记者挖掘、调查、取证、报道，提醒了房管部门对政策的更改，最终维护了广大群众的利益。

当年，上海为了控制房价，出台了"沪十条"等针对一手房的限价措施。上有政策、下有对策，开发商为了利益最大化，尽快回笼资金等需求，根据"计分制"等设计了一系列暗箱操作行为，力求将非目标客户排除在外。针对开发商的这种行为，笔者根据市民报料、行业观察等信息，以暗访的形式进行了一系列的调查报道。

尤其是系列报道中的首篇，记者得到市民报料："上海院子"楼盘当天认筹，可开发商隐匿了认筹地点。于是，记者在信息不对称的情况下，前往楼盘进行挖掘式报道。现场发现售楼处紧闭后，通过周边知情人士侧面证实当天认筹无误，在进行了一段曲折的寻找过程后，最终以采访杨浦区房管局的方法，摸出了认筹地点，才发现杨浦的楼盘认筹点在浦东商务楼的夹层内。现场，记者又以出镜的方式，将这个入口极其隐蔽的夹层，淋漓尽致地展现在观众面前。之后，记者进入认筹点，并且采访到了开发商和杨浦房管局人员，最终使得开发商隐匿认筹点的预谋破产。

最终，首篇报道后 4 天，沪上房管部门即对政策做了补充，要求上市销售项目，认购时间由原来的 5 天延长至 7 天；至少在认购前 3 天，在"网上房地产"公示该项目认购地点、认购时间等。

可以看到，本市房管部门在制定政策的时候，就是为了"房住不炒"这个大方针，也是为了最广大群众的切身利益做的政策优化。但这些政策出台后，却遭到了部分房产开发商"钻空子"，如果不是记者调查，恐怕有关部门很难及时发现这种"暗箱操作"手法。

这种舆论监督就好比是基层政府的"眼睛"，通过第一线记者走访报道，用媒体的"眼睛"从群众中发现线索；这种舆论监督也好比基层政府的"手"，通过第一线调查取证，抽丝剥茧般找到问题的根源；这种舆论监督更是基层政府的"大脑"，通过揭露问题，让老百姓"民有所呼，我有所应"。诸如以上案例，房管部门最终根据报道内容开会研究，调整了政策，补上了漏洞，也反向推动了基层治理能力的进一步提升。

2. 舆论监督报道能让管理者更好地掌握政策实际落实情况和变化

基层治理中，政府、行业管理部门，往往扮演的是"高屋建瓴"的角色，制定适应社会现实发展的政策。不过有时候这种政策制定后，随着时间发展，新事物的出现已经大大超出了原有政策的条条框框，但凡有关部门知道相关情况，就会做出最优调整。但往往有关部门，很难第一时间发现问题，解决群众的呼声。而此时一位深入群众的记者，往往就可以成为基层同管理者之间的纽带，起到上传下达的作用。这也利于管理者及时调整措施，适应新的发展需要。

如疫情期间，有关部门要求上海公交车司机，必须佩戴 N95 口罩上岗。这个规定是对驾驶员及乘客的保护，从政策制定层面来说，体现了有关部门认真的疫情管理措施。但是，随着疫情逐步减缓，为了进一步保护每天与来往乘客打交道的公交车司机，该政策一时并没有取消。然而，一位公交车司机每天需要工作12 个小时，其中除了喝茶、抽烟、吃饭等时间外，其余时间必须佩戴 N95 口罩。这对于年纪较长或者有一定心脑血管患病风险的驾驶员来说，呼吸压力的确较大。那在疫情允许的情况下，何时可以将 N95 口罩替换成医用外科口罩呢？

6 月下旬，一起突发事件引发的一条新闻报道，就及时将基层驾驶员的心声和实际情况通过媒体转达给了有关部门：当时，浦东的一位公交车驾驶员，突发心脑血管疾病，驾车冲入了河道。这虽然是一起突发事件，但是记者却就此问题展开了调查——长期佩戴 N95 口罩是否会给驾驶员的心肺功能增加负担呢？根据 6 月 29 日《新闻坊》的报道《记者调查："心梗"司机驾车入河　高温下长时间佩戴 N95 口罩引担忧》可以看到，记者调查期间随机深入公交车基层班组。在中山公园的公交枢纽站台，记者通过"暗访"得到了驾驶员最真实的想法和心声，他们认为每天佩戴如此长时间 N95 口罩，的确吃不消。而其后无论对乘客，还是调度员的采访中，大家一致认为应该给驾驶员"松绑"。得到了最基层的想法和实际情况后，记者也查询了 N95 口罩的佩戴要求，显示连续佩戴不超过 4 小时，显然，从医学角度看，长时间佩戴的确会影响驾驶员的呼吸。最终，通过这条报道的播出，7 月 5 日上海市交通委疫情防控工作领导小组办公室就下达了 2022 年第 41 号文，将医用外科口罩，列入了公交、出租、地铁等公共交通行业与乘客直接接触的从业人员工作期间的防护要求之中。有关部门无疑通过媒体的桥梁，倾听到了驾驶员的心声。

在这个案例中，媒体的报道无疑就是一个"传声筒"，连接起广大基层公交驾驶员与主管部门，让管理者通过记者的报道，了解到了基层的心声，了解到了前线工作的实情，也为他们及时进行政策调整，提供了有力的参考。

3. 舆论监督报道能维护社会的公平正义

基层治理中，难免有"上有政策，下有对策"的行为。尤其在追逐利益及可预见高额回报的时候，就会有人铤而走险。往往这些"对策"由于涉及诸多利益链，并不被非本行业人群知晓。而此时，媒体则可以从舆论监督角度，通过线索挖掘、证据收集、逻辑论证等各种方式方法，将这类问题予以曝光，而曝光后则会引起有关部门的重视，或者封堵漏洞，或者研究对策，总之可以使得这些阻碍社会公平正义的行为得以纠正。

比如，去年上海电视台播出的《楼市调查：规避限购的"猫腻"为何畅通无阻？》系列报道，就是其中比较典型的例子。

2022年8月，《新闻坊》微信公众号平台接到市民举报，上海三家房产自媒体公众号实际控制人项某，利用熟悉房产政策优势，发现本市房管部门无法查询外地结婚证真伪的现状，办理外地假结婚证，绕开上海一手房限购政策购买了浦东两套豪宅。

调查期间，由于投诉人不愿配合采访，记者在信息有限的情况下，多次联系浦东房地产交易中心，但对方不愿配合采访；经记者屡次劝导，交易中心才开展调查。最终发现，项某的确办了贵州假结婚证，一手房认购成功。房产交易中心报案后警方介入调查。

与此同时，为了坐实假结婚证无法核查的相关漏洞，记者历时两个月，多次联系浦东规资局、浦东建交委、浦东房地产交易中心，在多次遭受"闭门羹"和冷处理的情况下，研究吃透政策文件和行业规则，设计采访整体逻辑架构，以分段"装配式"采访模式，结合运用劝导、暗访、对比等手段，最终让有关部门亲口说出，存在一手房限购执行层面漏洞：需自证婚姻状况，却无法审核外地结婚证真伪。

除此之外，记者还发现网上存在房产自媒体推荐"满分代持"：与房产计分满分人真结婚，假借高积分购买一手豪宅。记者与中介前期沟通后，将自己包装为购房人，进行实地暗访，探明了其运作模式（婚介方式）打政策擦边球的实证。

应该说，受限购影响，上海一手房与二手房产生了价格倒挂现象，不少已被限购但资金充足的购房人，为了能够赚取数百万甚至上千万元的差价，不断探寻已有政策漏洞；那些房产自媒体由于熟悉政策，更是钻各种空子：利用上海房管部门与外地民政部门大数据不联网的现状；另外包括通过真结婚方式，套取借用他人高积分买房，这两者就是不被大众知道的最大的两个漏洞。

该报道过后，"项某"个人将受到法律制裁，市场上类似的行为，也因报道播出后，房管部门采取了更为严厉的审核措施而被遏制。同样，"满分代持"这条扰乱房地产市场的利益链，也被记者全面起底遭到制裁。

应该说，记者的报道将直接推动上海市房地产补充政策的出台，类似的漏洞将被堵上；也严厉打击了那些利用政策漏洞，谋取高额利益的人；同时，还推动了房产自媒体的大整治。对落实中央房住不炒大方针，净化上海市一手房市场起到了正面且积极的作用。

4. 舆论监督报道能化解群众误解，将负面情绪向正面理解转化

群众工作中，经常会遇到一些涉及一部分群体利益的事情，比如在家门口建了一个"垃圾箱房"。从理论上说，任何一个居民生活中都必须有类似的垃圾压缩站，但该设施放到谁的身边都不被欢迎。往往一个垃圾站离某栋楼比较近，这栋楼的居民一下子就成为了利益共同体，群访反对。这些诉求只是考虑到个人感受，却忽视了合规和集体利益的因素，更没有理性考虑到真正的实际影响。

这类舆论监督报道，往往由这些涉事群众提出，但在报道过程中，通过全面采访、周密的逻辑、政策查找、实地探访等，可以很好地化解群众的不理解，往往通过报道，反而推动了群众与管理者之间的互相理解，成了一条有力的纽带与润滑剂。

其实，舆论监督报道除了以上四大作用外，还有诸如：统一各单位对同一政策的实际操作；解答群众疑问；开放式问题的讨论等多种作用。

二、探究舆论监督在基层治理中的站位

十九届四中全会通过的《坚持和完善中国特色社会主义制度、推进国家治理体系和治理能力现代化若干重大问题的决定》中提出"建立以内容建设为根本、先进技术为支撑、创新管理为保障的全媒体传播体系"。这标志着媒体融合发展成为国家治理体系和治理能力现代化的重要组成部分，体现了党和政府对新时期、新传播格局中媒体功能延伸的新要求、新期待，更是新定位，也就是发展的新坐标。

因此，媒体融合发展中不可或缺的舆论监督报道，在其融合发展的过程中，更应该从以下几个方向，努力使自身为基层治理提供帮助。

1. 做好"党的喉舌"

舆论监督报道,要切实为社会基层治理发挥作用,首先就应该明确自身站位,明确舆论监督的目的是什么。是解决问题而非"拱火",不能为了博取眼球,获得高的关注度,故意添油加醋扩大事端。任何舆论监督的时候,都要想一想,记者并不是为了曝光而曝光,而是应该为基层治理提供解决问题的方法。有时候对有关部门的适度监督,也是为了让其更好地为群众服务,变得更加完善。

2. 做好群众的纽带

舆论监督报道,要想为基层治理发挥作用,就应该是润滑剂,是群众与管理者的润滑剂。正如上面所述,在很多层面上,管理者往往很想听取群众的呼声,但难免精力有限,人力有限,此时就需要深入群众的记者们发挥纽带作用,将群众和基层管理者的连接通道架设起来。

3. 做好协同工作

每个阶段,国家都会有相应的大政方针,基层治理也是根据大的政策而定,这个时候舆论监督报道就应该与信访部门、12345 市民服务热线等政府设立的反映问题的渠道做好协同,一起来发掘一段时间可能出现的社会治理中的疏漏,有哪些一时无法推进,需要媒体进行报道推动解决问题。只有紧紧跟着大政方针的步伐,寻找到一个时期内的主要问题症结,才能更好地成为基层治理的有益补充。

结 语

总之,在媒体融合大背景下,传播的手段、形式越来越丰富,舆论监督报道的呈现模式、载体等也出现了较大的变化,但万变不离其宗,只有坚持紧紧围绕党的方针政策开展舆论监督与说理调解工作;坚持倾听群众呼声,全心全意为人民利益服务;坚持为社会基层治理发挥正面引导作用,才能够让舆论监督报道真正与基层治理相互融合推动,产生更大更佳的社会效益。

参考文献:

[1] 推进新时代基层治理现代化建设的纲领性文件——中央组织部、民政部负责人就印发《中共中央国务院关于加强基层治理体系和治理能力现代化建设的意见》答记者问[N].《人民日报》,2021 - 07 - 13.

［2］刘寅.说好基层话：新时代"走转改"的常态化创新——以河南广播电视台为例［N］.人民网,2018-9-28.

［3］宋炳明.筑大视听发展格局,与新时代同频共振［J］.SMG发布.

作者简介：

吴浩亮,上海广播电视台（SMG）融媒体中心首席记者。

主旋律历史题材纪录片创作如何做到"叫好又叫座"

——以《大上海》《激荡中国》为例

陆熠欣

提 要：融媒体时代的到来，改变了纪录片创作的生态，也由此对主旋律历史题材纪录片的创作带来挑战。如何既保证节目品质，又吸引广泛关注，也就是"叫好又叫座"，这是此类纪录片创作面临的一个共性课题。本文试图分析《大上海》和《激荡中国》两部纪录片在内容创作上的特点，并通过分析得出，此类纪录片内容品质和受众关注热度的"双丰收"，是建立在人物形象的树立、历史细节的打造、特色资料的运用和创新形式的突破等特点，以及这些特点的互相作用、交相辉映之上的。本文就如何提高主旋律历史题材纪录片的创作质量、获得广大受众欢迎，做一专论。

关键词：纪录片　主旋律　融媒体时代　"叫好又叫座"

引 言

融媒体时代的到来，极大地改变了纪录片创作的生态。

一方面，新平台的兴起与多屏的互动，让纪录片不再依赖于影院或电视频道进行发布，催生了更多的创作热情，"新媒体对纪录片生产总量贡献不断加大，成为影响纪录片播出格局的最大变量"。而另一方面，"媒体的传输介质有了突破性的发展，打破了传统媒体时代的圈界，受众可以通过多种媒体，比如 IPTV 终端和电脑、手机上的各种移动 App，灵活地选择自己喜欢的纪录片观看"，融媒体的发展与受众欣赏趣味的多元互相激发,客观上分散了受众的注意力,如何输出能够引起情感共鸣的内容,从而在不同平台上吸引受众观看互动,也对纪录片创作提出了新的挑战。

作为其中重要的一个类别,主旋律历史题材纪录片的创作生产也不能置身其外。"纪录片在传播主流价值、记录时代变化、留存国家记忆等方面,有着不可替代的作用。"基于此,主旋律历史题材纪录片作品对创作品质的极致追求是毋庸置疑的;与此同时,又往往因题材重大,在风格上游移腾挪空间有限。在这种情形下,如何既保证节目品质,又吸引广泛关注,也就是"既叫好又叫座",便成为此类纪录片创作的一个共性课题。

近几年是主旋律历史题材纪录片创作的"大年",围绕党的十九大、改革开放四十周年、新中国成立七十周年、全面建成小康社会等重大时间节点,一批纪录片优秀作品诞生,准确真实地记录了时代的变迁。其中,上海广播电视台创作的系列纪录片《大上海》和《激荡中国》均在 2019 年推出,成为当年主旋律历史题材纪录片的力作。

可以说,两部作品都在节目品质和受众关注度方面赢得了"双丰收"。本文即拟从内容创作的角度对这两部作品进行分析,从而对融媒体时代主旋律历史题材纪录片创作如何能够做到内容品质与受众关注热度的"双向奔赴"这一课题,尝试探索一点共性规律。

一、树立生动立体的人物形象,"以人说史"

《大上海》虽是一部展现城市发展历史的纪录片,但"以人说史"是团队找到的创作方法论——故事从人的视角出发,通过亲历者或者历史学家的讲述,来构建整座城市的历史。例如第一集《上海的开埠》,实际上通过传教士郭实猎——上海道台吴健彰——"洋枪队"华尔——犹太商人沙逊家族——商人哈同的人物线索,将整集串联了起来。

其中,德国籍传教士郭实猎的故事,让不少观众眼前一亮。《大上海》摄制组查找大量海内外一手史料后发现,郭实猎是最早将上海介绍给西方的人之一,而这个人物在以往的纪录片中从未被深入挖掘过。凭借证据确凿、逻辑严谨的资料,《大上海》把郭实猎带到观众面前,还原了这位自称"爱汉者"、却又提倡"通过武力"打开中国之门的西方传教士的"多面人生",也借此引出上海开埠背后的复杂历史成因。

对于人物故事的精心选择,时时处处体现在《大上海》的创作中。又如,在淞沪会战的篇章中,除了一些耳熟能详的人物和故事,《大上海》还选择了著名爱国教育家马相伯来展开讲述。当时已经 97 岁高龄的马相伯,由于钱都捐给了学校,囊中羞涩无钱支援前线,他就上街写字、写对联卖钱,由此筹措抗日资金。这样的人物和故事,既平实又感人,对今天的年轻人触动是非常深的,是他们对似乎已经熟悉的历史建立"更有温度的了解"的过程。

而《激荡中国》的创作思路与《大上海》可以说是不谋而合。这部以新中国成立以来的经济发展历程为主题的纪录片,在讲述一个个变革故事的同时,也同样通过对一个个具体人物的描写,来构建颇具代表性的时代人物群像。

《激荡中国》对人物的描写更偏向于白描的手法,力求用笔画简单但劲道十足的勾勒,让人物形象跃然屏幕。例如在介绍深圳特区建设时,纪录片描写了这样一个情节:主动向中央建言、建设蛇口工业区并担任负责人的袁庚,面对外界关于特区是"租界经济"的一些声音,在 1984 年邓小平同志前往视察时,特地在工业区门口竖起了"时间就是金钱,效率就是生命"的醒目标语,并在汇报工作时专门向邓小平同志询问:"不知这个提法对不对?"现场一百多人顿时屏住了呼吸,只见邓小平同志短促有力地回答:"很好,很好。"这样一个情节,没有刻意渲染、反复堆砌,却也力道千钧,刻画出邓小平同志高瞻远瞩的革命家形象和袁庚锐意进取的改革先锋形象。

"把历史背景置后,把历史人物前移来表现,这些推动历史前进的小人物,是有血有肉、有温度和脉搏的个体。"注重人物和细节的相似创作理念,让《大上海》和《激荡中国》这两部纪录片在年轻观众心中都产生了共鸣。

二、挖掘与展示历史细节,凸显主题思想

主旋律历史题材纪录片常常需要面临这样的问题:有太多的历史可讲述,究竟该如何展示、如何挖掘、如何挑选历史节点和人物,从而保证节目品质和打动更多观众?这是此类纪录片面临的共性难题。

《大上海》和《激荡中国》都选择了从历史的细节入手,通过持之以恒的挖掘和别开生面的挑选展示来破题。

例如,在讲述上海共产主义运动历史的时候,《大上海》提到了陈独秀长子、中国共产党早期领导人陈延年的就义。片中这样表述:"行刑前,敌人喝令他跪下,他不从,敌人强把他按下,但刚一松手,他一跃而起。敌人恼羞成怒,再一次将他强按在地,陈延年牺牲在乱刀之下……"这段解说虽简短而细腻,配以雨水冲刷烈士陵园纪念碑的画面,令人十分动容。

《大上海》一片中,呈现了许多这样的细节。例如买办唐廷枢乘坐外国商船时,船主对中国人的饮水严格限制,而同船的羊群却可饱饮。这一个细节就将当

时中国的落后与受到列强的歧视展露人前。再比如,讲到中国近代出版印刷的起步时,创作团队从文献出发,展现当时的印刷机是靠耕牛牵拉来运转的,这样的细节在令人莞尔的同时,也留下了深刻的印象。这些鲜为人知的细节,必定是创作团队通过对史料锲而不舍的挖掘得来的。

《大上海》和《激荡中国》选择的故事,有些是大历史叙述所不能绕过的,但是创作团队在此之外,仍努力通过不同维度,精挑细选一些既生动又具代表性的细节,以小见大,既突出主题,又自带观赏性。

例如,《激荡中国》在介绍改革开放初期零售业变革时,选取了郑州亚细亚商场的细节影像。20世纪80年代末,国营商业仍一统天下,脸难看、事难办,亚细亚商场借助现场演出、鞠躬问候、售后配送等一系列顾客至上的服务,使其成为了国营企业中的重要存在。通过影像资料,今天的观众也可以直观感受亚细亚商场当年是如何风光无两:商场中的客流密度堪比如今黄金周的热门景区,今天的商场里人们早已熟视无睹的喷泉、自动扶梯、迎宾导购,在当时不啻是营造了一个独特的景点。

"细节是电视纪录片打动人、感染人、给受众留下印象的法宝,细节是电视纪录片的灵魂""对于受众而言,往往能够产生强烈的震撼效果的是细节",更多习惯于视频消费的年轻观众,乐于在这些历史细节的呈现中,感受他们没有经历以及正在经历的时代。

三、准确使用历史文献,展示时代特征

资料文献历来是历史题材主旋律纪录片内容创作的重要组成部分。准确使用具有时代特征的影像、声音及历史文献,对于提高这类题材纪录片的品质和吸引力都有重要意义。

《大上海》共分8集,其中7集的主要内容都是历史的回溯,资料影像和文献的支撑显得尤为重要。观众在《大上海》这部纪录片中看到了1833年出版、深刻影响近代上海历史的《阿美士德号货船来华航行报告书》;看到了近代中国最早出版的中文期刊《东西洋考每月统记传》;还看到了迄今为止被发现的最早描绘十六铺繁盛景象的图画资料,通过这幅现存上海市历史博物馆的《丹楼远眺》,人们可以发现,"其实上海很早就贸易兴盛,不是传说中小渔村的样子"。

这些独家呈现的、具有强烈时代特征的资料,或展露人物心迹,或描绘现场细节,既与片中的人物形象、历史细节呼应,丰富了影像表达的内容,同时也极大地增强了纪录片的实证感和可信度,非常符合融媒体时代观众排斥说教、追求新鲜、喜爱传播自己未见或未曾体验过的新奇事物的特点。

纪录片《激荡中国》也非常注重资料的使用。和《大上海》略有不同的是,这部纪录片表现的时代距离今天的年轻人相对更近一些。因此主创团队非常重视在今天人们习以为常的情境中寻找线索,通过资料回溯它们是如何一路走来的,从而引发观众、尤其是年轻观众的情感共鸣。例如在《数字宝藏》一集中,导演选取了一段1999年72小时网络生存挑战的视频,当时的网络条件使得其中的大部分参与者都没有成功。这对于今天的年轻人来说是不可想象的,很多年轻观众正是通过这样的资料,了解了当下生活的一路走来的轨迹。

除了文献和影像以外,声音也是既能凸显节目品质,又能迅速拉近与观众距离的表达手段。《激荡中国》创作团队在配乐方面动足脑筋。不同于传统的历史题材主旋律纪录片,《激荡中国》虽立题为用影像回顾新中国壮丽70年,却鲜少采用宏大磅礴的背景音乐。创作团队一面参考叙事节奏采用与所述时代相贴合的经典歌曲,如《我们走在大路上》《乡恋》《金梭和银梭》等时代金曲;又一面主打音乐的抒情特性,强化纪录片所想要传递的"平凡人书写伟大故事"的思想情感。在播放反馈中,不同年龄的观众都表达了"看着看着,忍不住就跟着唱了起来"的观感。

四、探索与创新表现形式,增强观赏价值

主旋律历史题材纪录片由于往往会涉及大量历史资料,如何让历史变得鲜活生动,符合今天年轻受众的观看习惯,在表现手法上也需要寻求积极的创新。

《大上海》全片各集都富有创意地使用了沙画的表现形式。主创团队邀请中国沙画师高洁原参与创作,或介绍上海城市发展的沿革,或讲述不为人知的历史故事,或刻画主要人物的肖像;上海租界的演变、轮船招商局的商战、《新青年》杂志的创刊、抗战时的工厂内迁、解放军进上海、陆家嘴开发公司办公室等场景和故事,都以沙画的形式呈现。这种创新的表现形式,不仅丰富了影像,也为观众带来了全新的观赏体验,甚至有年轻观众表示自己收看纪录片时一直在期待,看这一集沙画什么时候出现,又讲述了一个怎样的故事。

而《激荡中国》则在每一集结束前,都采用"相册大事记"的表现形式,概要呈现各集正片中没有展开提及,但对当集主题又具有重要影响的重要事件、重要人物,这些或静止或流动的影像,以主题曲为配合,在每集片尾都形成了一条小MV。

这些新的表现形式,既是整个作品重要的组成部分,同时又能单独成篇,顺应融媒体时代小屏受众对内容篇幅短、密度高、情绪足、形式新的观赏需求,增强了作品在短视频平台和社交平台的互动性,在作品的二次传播中发挥了重要作用。

综上所述,可以说《大上海》和《激荡中国》这两部纪录片是建立在人物形象的树立、历史细节的打造、特色资料的运用和创新形式的突破等特点,以及这些特点的互相作用、相辅相成之上的;也正因为这些特点,这两部纪录片在内容品质与受众关注热度两方面都赢得了"双丰收"。

作为一部完整记录上海发展历史进程的主旋律纪录片,《大上海》受到一大批文史学者的广泛赞誉,认为这部作品"是成功的城市文化和城市形象传播样本,展现出全新的海派气质"。与此同时,这部作品也赢得了普通观众的青睐,播出期间,微博话题阅读量高达 2 975.8 万,节目相关短视频的播放量突破 5 000万,"感动"与"震撼"成为这部作品网络评语的主要关键词。

而 20 集纪录片《激荡中国》不仅入选广电总局"庆祝新中国成立 70 周年优秀网络原创节目目录",而且在 2019 年 10 月 1 日至 7 日国庆长假中,网络视频热度在纪录片中排名全国第一。值得一提的是,该片在社交媒体上引发强烈反响,在微博话题中形成了超过 6 000 万次阅读,讨论话题 6 000 多个,多条短视频播放量超过了 100 万次。

结　语

"对现实的记录、情感的挖掘、人性的感召⋯⋯是新时代国产纪录片在社会价值方面的恒定表达",主旋律历史题材纪录片的价值毋庸置疑。本文主要从内容创作的角度,分析主旋律历史题材纪录片如何在融媒体时代力求做到内容品质与受众关注热度的"双高"。不难看出,无论时代如何变化,立体的形象和生动的故事,始终是这类题材纪录片创作的立身之本,既是品质的要求,也是热度的基础。人物刻画丰满了、故事讲述细腻了,主旋律历史题材纪录片本身才能立得住,也才能更容易走进受众的内心,从而引发更多的关注。同时,在形式上也应追求与时俱进,不断推陈出新,以新锐的方式来吸引受众,特别是青年受众的兴趣和关注。这些都是主旋律历史题材纪录片在融媒体时代的内容创作中需要格外重视的。

当然,本文仅是以《大上海》和《激荡中国》两部作品为样本,尝试探索了一些共性规律。随着融媒体时代的到来,伴随纪录片创作本身的蓬勃发展和技术进步带来的创新,相信主旋律历史题材纪录片还会有更多的发展空间,也会有更多创作规律得到发掘与总结。

参考文献:

[1]张同道、胡智锋:《2020 年中国纪录片发展研究报告》,《现代传播》,2021 年第 8 期,第110 页。

［2］刘邦春：《融媒体大环境下纪录片的涅槃之路》,《记者摇篮》,2020.3,第 140 页。

［3］张斌：《平台优势下的价值凸显与动能释放——2019 年中国纪录片产业发展新动向》,
《传媒聚焦》,2020.1,第 23 页。

［4］简工博、曹赟娴：《"大上海"是贬义词吗? 看完这部有魔力的片子,或许会有不同理解》
上观新闻,2019.10.21。

［5］简工博、曹赟娴：《"大上海"是贬义词吗? 看完这部有魔力的片子,或许会有不同理解》
上观新闻,2019.10.21。

［6］王富祥：《电视纪录片故事化情节中的细节艺术》,《西部广播电视》,2016 年第 19 期,第
129 页。

［7］8 集主题分别是：《上海的开埠》《中国工业的发轫》《东西汇流》《红色革命的策源地》《生
死抗争》《人民的上海》《艰难起飞》《创新品质》。

［8］吴翔：《纪录片〈大上海〉挖掘尘封的历史 上海之海 多大多深?》《新民晚报》2018.7.8。

［9］《纪录片〈大上海〉：百年来上海何以生生不息》澎湃新闻 2019.10.23。

［10］张祯希：《上海纪录片"一号工程"成了网红》,《文汇报》2019.10.15。

［11］但敏、欧阳宏生：《迈向主流叙事的"大国情怀"——2019 年中国纪录片创作综述》,《中
国广播电视学刊》,2020 年第 2 期,第 37 页。

作者简介：

陆熠欣,上海第一财经传媒有限公司旗舰新媒体中心视频部副主任。

新时代主旋律历史纪录片的情感表达探索研究

金 莹

提 要： 近年来，随着纪录片受众的不断扩大和市场需求的增加，主旋律历史纪录片也经历了一系列转型。本文探讨新时代下主旋律历史纪录片的情感表达问题。纪录片创作者对于各种情感表达创新手法的运用，让情感表达成为呈现纪录片主题的重要手段之一。通过情感表达，主旋律历史纪录片可以更好地传递出自己的主题和思想，让观众能够更深入地理解其背后所蕴含的价值。纪录片创作者们需要在不断摸索和实践中，找到更加符合受众需求的情感表达方式，从而创造出更加优秀的纪录片作品，传递出更加有力的情感。

关键词： 主旋律　历史纪录片　叙事研究　情感表达　纪录片创作

引 言

新时代背景下，主旋律历史纪录片如何做好价值引领，是一项重要课题。主旋律历史纪录片是我国纪录片的一个特殊分支，创作内容的历史感、创作手法上的文献性是其区别于其他电视作品的根本所在，具有意识形态宣传与政治理念传播的作用。

随着新媒体时代的到来与市场经济的发展，我国主旋律历史纪录片也在积极探寻转型之路以适应市场变化。"弘扬主旋律、提倡多样化，在这种指导思想下，主流意识形态成为纪录片表现的主要内容，常常以无意识的形式影响观众。"在新的社会文化语境下，我国主旋律历史纪录片承担着"讲好中国故事、传播好中国声音"的时代新使命,也对纪录片创作者提出了更高的要求。

一、新时代下主旋律历史纪录片的整体转型探索

在当前新媒体语境下,主旋律历史纪录片的创作从叙事角度、影像审美、人物形象、情感表达、表现手法等方面都出现了较大变化。纪录片创作者在各个类型的创新表达,使得纪录片艺术形式更加多元化,也形成了符合当下时代的新的审美风格。

1. 从宏大叙事转为聚焦细节的微观叙事

以往的主旋律历史纪录片因要体现国家意识形态,又主要由官方媒体为主体开展制作与播出,因此往往具有较为宏大的叙述气势与广阔的历史视野。但是,平铺直叙又单一定式的宏大主题叙事在新时代审美下已经被逐渐摒弃,取而代之的是根植真实生活的、更聚焦细节的微观个体叙事。

纪录片创作者通过对个体的记录,提炼出从个体生发又具有集体共性的精神气质,从而使纪录片既因为真实记录的影像而具有信服力,同时又因其引申的社会思考而具有了广度和深度。这样的表现手法在近年来被越来越多地运用在历史纪录片制作中。以主旋律历史纪录片《诞生地》为例,作为一部庆祝中国共产党成立100周年的主旋律历史纪录片,该片全景展示了几十位在新中国成立前为中国共产党的奋斗、壮大做出贡献的英雄人物,其中不乏为党为人民献出生命的烈士。但该片并没有全景展示这些英雄人物的人生长卷,也没有用高深宏大的解说词作为叙述主体直接给出结论和观点,而是抓取这些人物最具代表性的一瞬间,从细节入手,从一个人的细枝末节的感受出发,将微观的瞬间升华至具有一定高度的精神理念,继而继续阐发出主题,而不是直接告诉观众宏大主题,这样的叙事方式给观众带来了更好的审美体验和更投入的观影感受。

2. 从完美人物形象设置转为充满故事的个体形象

从纪录片的人物塑造来看,新时代的历史纪录片更加注重人物精神内核的发掘,并把人物刻画得更为细致。在之前的主旋律历史纪录片中,人物往往呈现的是"完美状态",也即一个高高在上的存在。然而,这样的设置往往也会造成人物与观众的距离感,很难让观众共情,也较难推动故事的发展。

在剧情类电影的人物设置中,主人公的弱点、缺点、不足、甚至秘密,都成为实现人物转变的重要抓手,也成为推动故事叙述的重要组成部分。故事主角正因为有缺点,才能让观众共情,并最终在电影结尾实现人物的转变,让观众获得

满足感。最近几年,历史纪录片创作也出现了很多类似的人物设置。例如在为纪念上海解放 70 周年所创作的主旋律系列纪录片《上海解放一年间》中,第二集《白与黑》讲述了刚解放时,上海经济面临严峻压力,中国共产党人如何在这样的环境下运用智慧打击投机倒把,并将上海的经济转入正轨的故事。这集纪录片的开场主人公一反常规做法,并非展现的是什么英雄人物,而是介绍了一位解放前在国民党旧银行体系里担任职员的普通人。解放军进城的时候,他所在的银行关门了,他由此失业。心情低落的他无所事事,于是去电影院看了场电影。正是从这样一个心情低落郁闷的年轻人出发,纪录片由此带出当时整个上海经济的"低落惨状"以及百废待兴的局面。该片正是借着这个不完美的普通人物,开始了低开高走的叙事策略。人物的低落状态既反映了当时民生的凋零,又为之后陈云、陈毅等人力挽狂澜、大刀阔斧的经济手段做了铺垫。试想,如果片子一开始按照传统的做法高举高打,反而不能显示出新旧时代的对比,更不能衬托出共产党人的智慧。而这样让人耳目一新的人物设置让主旋律历史纪录片具有更多的人文关怀与情感渲染的力量,也更符合当下观众对于真实故事的需求和欣赏水平。

3. 从自上而下的宣传说教转为更自然的情感表达

从以上两个转变可以看到,新时代主旋律历史纪录片的转型目标是让观众更好地投入片子的叙事,拥有更好的观看体验,也引发更多的情感共鸣。所以,情感表达也成为新时代主旋律历史纪录片的重中之重。传统的自上而下的宣传说教已经难以连接现在的观众。一部追求高级叙事的纪录片作品,其所宣扬的精神内核必定是通过润物细无声的情感表达方式传递给观众的,甚至是让观众在无意识之中自己体会到这些情感的。如果观众能敏感地察觉到"这是在说教",创作者的传播目的其实也同时被阻断了。

二、情感表达在主旋律历史纪录片中的具体运用手法

现阶段,主旋律历史纪录片面临的挑战是如何让观众引发情感共鸣。在以往的实践中,纪录片会借助视听语言的变化来传递情感信息,例如在音乐、画面、配音、字幕等方面烘托情感元素,让情感递增。也有纪录片会呈现人物形象的情感深度与复杂性,通过对主角的生活经历、内心世界、情感波动等方面进行细致刻画,让观众更加贴近人物,感同身受。

当情感表达在新时代主旋律历史纪录片的传播中担任越来越重要的地位,一些新的表达手段也被运用在这个类别的纪录片中。在近几年涌现的新的主旋

律历史纪录片中,大致有如下几种新的情感表达的表现手法。

1. 打破单一时空叙事,多维度建立与观众的情感连接

历史纪录片叙事以往只呈现"一时一地一事",强调在场感。但现在,各种打破时空的叙事也出现在主旋律历史纪录片中。由此,纪录片的叙事层次可以更丰满,情感也更丰沛。这类纪录片通过向受众分享历史经验,重温历史记忆,积极塑造人民的历史认同。而且,这样新的叙事并非简单的"真实再现",即让现在的人扮演过去的人,以此弥补影像的不足和缺失的细节。为了更好地呈现人物情感,打破时空更多意味着古今两个时空在同一个情感层面上相遇、融合、放大,以求情感浓度达到最大限度地极致呈现,让观众在情感上获得更为深刻和真实的体验。

以主旋律历史纪录片《诞生地》为例,在第五集讲述为党的事业牺牲的烈士时,主创团队讲述了"龙华二十四烈士"中年纪最小的烈士——欧阳立安。传统的做法是,利用影像资料或者真实再现的手段,带领观众回到欧阳立安牺牲时的情景之中,体会烈士牺牲时的悲壮。然而,这样的手法因已经被反复使用,其实已经很难让观众共情。这部纪录片的主创团队创新地使用了另一种方法:邀请欧阳立安的侄女来到龙华烈士陵园的烈士殉难地,请她以后辈的身份对已经牺牲的伯父讲述从未有机会说出口的心里话。当欧阳立安的侄女说着说着,最后泣不成声时,情感表达达到了极致。此时,摄像机并没有关机,而是保持距离静静地观察,镜头也没有马上快速切换到下一场景。就这样,观众跟着片中人物一起感受这痛失亲人的痛苦,也体会到了烈士牺牲的悲壮。观众的感同身受完全是由情感体验得来的,这也是情感表达在纪录片创作中的特殊地位。

在这个场景中,欧阳立安牺牲的 1931 年与中国共产党成立 100 周年的 2021 年这两个时空被连在了一起,两代人的家族记忆也由此产生了情感的连接,共产党人前赴后继、抛头颅洒热血的牺牲精神得到了淋漓尽致的展现。这个段落完美展现了习近平总书记在庆祝中国共产党成立 100 周年大会上的发言:"一百年前,中国共产党的先驱们创建了中国共产党,形成了坚持真理、坚守理想,践行初心、担当使命,不怕牺牲、英勇斗争,对党忠诚、不负人民的伟大建党精神,这是中国共产党的精神之源。"主旋律历史纪录片正是借由情感表达的力量,升华了主题。

2. 利用经典戏剧结构调动观众情绪

近几年因为媒体融合,剧情类电影的许多创作方法也渐渐运用在纪录片制作中。剧情类电影常用的经典戏剧结构,也成为纪录片结构借鉴的对象之一。

经典戏剧结构中最典型的是因果式线性结构。因果式线性结构严格遵循着戏剧性叙述的规律，通过一个首尾相连、圆满完整的故事来强化事件之间因果关联，最核心的动力就是故事性。这样的戏剧结构分为开始、发展、结局三个阶段。在开始阶段时设下悬念；在发展阶段时，主人公不断遭遇各种阻碍，从而引发观众的关注；在结局阶段，主人公克服重重困难，最终迎来胜利，观众也由此获得内心的满足。这样的结构模式因其能最大限度地调动观众的情绪，让观众随着主人公的进展不断体验希望、担心、迫切、紧张等情绪，所以在商业类剧情类电影中大量应用。随着纪录片对于故事性内容的增强，这一经典结构也在纪录片中开始使用。

在主旋律历史纪录片《上海解放一年间》中有一场高潮戏：以陈毅为代表的解放后上海新一届领导班子面对扰乱市场秩序的银元黑市，决定对黑市集中地——旧上海证券交易所出重拳打击。这个事件曾经在之前多部涉及上海解放初期的历史纪录片中出现过。然而，因为缺乏影像资料，大多以解说词一句话带过，难以展开。这个惊心动魄的故事就这样因为资料的缺失，而难以让观众了解其真实经过。

但在纪录片《上海解放一年间》中，主创不仅找到了多位参与当年行动的90多岁高龄的亲历者，而且在旧上海证券交易所的现址——一家大型商用楼里，利用手持镜头穿梭在各个路线中，模拟出了当年的行动路径，并用经典戏剧结构贯穿了整个过程。这场戏就分为开始、发展、结局三个阶段。开始阶段时，观众随着几名亲历者的讲述开始担心行动是否能成功；发展阶段时，亲历者不断遭遇新的困难，但之后又克服了困难，观众随着进程而心情起伏，配乐的使用也加剧了这个场景的紧张气氛；在结局阶段，共产党人终于一举摧毁这个黑市，人民币在上海站稳脚跟，观众迎来了期待的结局而获得精神上的满足。可以说，纪录片的每一分钟都操纵着观众的情绪，让他们跟着行动的进展而投入情感，也在结局中体会到共产党人平复经济危机的智慧与行动力。

总之，主旋律历史纪录片可以通过巧妙的叙事设计和剪辑技巧，创造出令人瞩目的反转和高潮场面，从而引起观众的强烈情感，突破以往简单传递信息的层面，达到创新叙事方式的转变。

3. 以亲历者及后人的情感体验代替传统采访，复原历史场景

在纪录片中，采访是至关重要的一项内容，既提供了一手资料让细节更丰满，又起到了调节纪录片叙事节奏的作用。主旋律历史纪录片通常采用亲历者或者后人的采访来让观众知晓历史细节，并且理解和感受历史事件的影响。

然而，大量的传统采访虽然是必备内容，但除非被采访嘉宾能呈现非常精彩

的陈述,不然已经很难调动观众的情绪并引发情感共鸣了。如今,观众已经能用VR、AR等新的技术手段拥有完全耳目一新的观片体验。对没有新技术加持的传统历史纪录片来说,通过对人物内心世界的描写和情感反应的展示,可以让观众更深入地体验人物的情感世界,产生共鸣和情感投射。其中的重中之重,就是观众的"体验感"。

所以,很多纪录片除了对亲历者或后代进行采访,还会设置很多环节,让他们拥有一些特殊的体验,从而引发情感共鸣和表达。在主旋律历史纪录片《诞生地》中,罗亦农的孙女作为龙华烈士陵园的参观者,参观了其中关于其爷爷罗亦农的相关陈列和介绍。在提到罗亦农最后的牺牲片段时,讲解员深情的讲述让罗亦农的孙女落泪,也让观众拥有了受访者一样的情感体验。而在这样的情感段落之后,再辅以嘉宾的采访,进一步阐释她在现场为何会落泪感动的原因,就比单纯的直接采访更具感染力,也拥有更多情感表达的空间。

综上所述,新的情感表达手段可以帮助观众更深刻地理解和体验主题,激发观众的情感共鸣,也可以增加纪录片的可信度。当观众感受到被采访者的情感时,他们会认为这个故事是真实的,因为人们很难假装出真正的情感。

三、情感表达对于主旋律历史纪录片主题传递的作用

情感表达对于主旋律历史纪录片的主题传递来说非常重要。具体而言,情感表达对纪录片主题传递有以下几点作用:

1. 延展主题背后的时空,更好地关照现实

历史纪录片主题往往会关照现实。情感表达可以让观众通过情感共鸣,更好地从历史的叙述中回到现实的时空。例如,一部讲述牺牲的英雄人物的片子,可以让观众更珍惜现在来之不易的生活,缅怀英雄人物所做出的贡献。

2. 丰富主题脉络,让主题更生动

如果纪录片只是简单地列举事实和数据,那么观众可能会感到沉闷和无聊。通过情感表达,主题可以更加生动有趣,并吸引观众的注意力,也能更好地理解主题的深层含义,引发思考。

3. 升华主题思想,展现主题的真实性

真实性是纪录片的根基,那真实情感就是吸引观众的精神内核。以"真"起步,从"实"落脚,真挚情感需要纪实手法逐一表达,才能以情为纽带,链接片中人

物与片外观众,实现感情的同声相应。虽然伴随科学技术的进步与观众接受角度的变化,纪录片不断在创新,但纪实仍是纪录片最重要的风格与美学特色。归根结底,真实不仅是纪录片的灵魂,更是它的底线。真实的情感表达正是体现纪录片真实性的最有力的手段。

结　语

　　新时代我国主旋律历史纪录片通过微观化叙事,人物形象设置、故事化推进等手段走出了一条特色鲜明的创新路径,开创了大气沉稳、亲切可信的风格,也摆脱了过去激情有余而理性不足、博大有余而深刻不够、理性有余而情感不足的状况。情感表达成为此类型纪录片的最重要组成部分,情理交融的艺术化表现、多时空多维度的呈现和讲述、经典戏剧结构的运用等方法被引入到主旋律历史纪录片中。在坚守意识形态的前提下,主旋律历史纪录片在情感表达上的深入探索能引发创作层面的提升,从而更好地实现价值导向效果。

参考文献:

[1] 王宇明.新时代中国主旋律纪录片的创作转型与路径探索.当代电视,2020(8):59 - 62.

[2] 徐明慧.电影戏剧叙事结构研究.今古文创,2021(40):42 - 43.

[3] 吴连磊.纪实-戏剧-技术:主旋律题材纪录片的多重影像美学表达.电影文学,2022(17):66 - 70.

作者简介:

金莹,上海广播电视台纪录片中心冯迪韡-谢申照工作室导演。

如何在国际传播语境中讲好中华文化的故事

——以系列微纪录片《凝固的诗·探秘中国民居之美》为例

陈瑞霖

提　要： 增强国际话语权,讲好中国故事、传播好中国声音,尤其是传播好中华文化,是我国加强国际传播能力建设的重要内容。对外传播中华文化,需要注意哪些问题?用什么样的载体来"包装"中华文化,面向海外受众讲述的故事才能产生"山川异域,风月同天"的传播效果?本文以作者参与主创的系列微纪录片《凝固的诗·探秘中国民居之美》为例,论述国际传播语境中如何更好地讲述中华文化的故事。

关键词： 国际传播　中华文化　微纪录片　中国民居

引　言

2021 年 5 月 31 日,习近平总书记在中央政治局第三十次集体学习时强调:"要更好推动中华文化走出去,以文载道、以文传声、以文化人,向世界阐释推介更多具有中国特色、体现中国精神、蕴藏中国智慧的优秀文化。"当今世界正经历百年未有之大变局,世界范围内各种文化交流、交融、交锋更加频繁。面对复杂的国际环境,建成社会主义文化强国,是当代中国面临的重大课题。

对于当代中国来说,讲好中国故事,做好国际传播,让世界读懂中国,只有从中国发展背后的历史文化原因入手,做好中华文化的国际传播,才能更有说服力,也才能让中国的国际形象更加丰满,更加亲切。

2021年10月，上海广播电视台融媒体中心的对外传播项目——系列微纪录片《凝固的诗·探秘中国民居之美》正式开机。该作品的创作思路是用中国传统的民居建筑吟诵"诗"的艺术美感与文化内涵，让世界了解中国传统建筑的技艺，了解中国文化，从而感受中国人骨子里的坚守、责任和情怀，用影像讲述新时代中华文化与美学价值的新故事。

中华文化蕴藏于民居建筑之中，更蕴藏于它的创造者——生活在其中的人。因此，以建筑为载体传播中华文化，很好地解决了"讲故事"的问题，即作品不仅可以展示中国传统民居建筑作为"凝固的诗"的形式之美，更重要的是以其使用者为中心，充分发掘中国民居厚重的时间感和烟火气。

系列微纪录片聚焦了中华大地上具有代表性的特色民居，选取了河南陕州地坑院、上海石库门、傣家竹楼、贵州苗寨、福建土楼、皖南古村落、四川船型古镇、腾冲和顺侨文化古镇、山西晋商大院、苏州园林式住宅等特色民居。但是，建筑不会说话，文化自身也是无形的存在。那么，《凝固的诗·探秘中国民居之美》是如何进行表达的？在中华文化传播的过程当中，面向异质文明的受众群体，使用怎样的传播策略和技巧、讲什么样的故事才能产生"山川异域，风月同天"的效果呢？

一、中华文化对外传播的策略和技巧

对外传播中华文化需要注意哪些问题？创作的过程中有哪些策略和技巧？在《凝固的诗·探秘中国民居之美》的创意策划阶段和文本打磨阶段，主创团队提炼出几条对外传播的方法论，以指导内容的创作。

（一）讲究文化传播主客体间的平等

文化传播要注意传播主体和客体在地位上的平等性。这就意味着传播主体不应明显占据话语主导权，双方应以一种平等交流的姿态展开对话，彼此尊重，乐于倾听。因此，在文化的国际传播中，我们应当做到"对己方文化不炫耀，对他方文化不贬损"，保持一种"平和超然的心态"，把文化传播的目的定位在"使对方了解进而理解，而非要求对方认同和接受"。

这就要求我们在创作的过程中摆正心态，在语态上尽量"平视"，在内容方面想方设法拉近彼此的心理距离。在《凝固的诗·探秘中国民居之美》的拍摄过程中，主创团队尽量避免和当地政府及宣传部门正面接触，而是独立策划、独立拍摄，将镜头聚焦于中国传统民居里的普通人，记录的也是他们的普通生活。这种做法使得创作者远离官方的话语体系，更多地从观众的角度去判断内容的价值，让海外观众的观看过程成为一种"民间文化交流"的体验。

（二）善于利用视听语言的传播优势

在文化的国际传播中，文化背景的差异和语言文字的隔阂始终是内容传播的固有屏障。实验心理学家 Treiche 通过大量的实验证实：人类获取的信息83％来自视觉，11％来自听觉，两者相加高达94％。可见，在跨文化传播的语境下，视听语言的传播优势尤为明显。

在《凝固的诗·探秘中国民居之美》中，绿水青山的自然环境，古朴静谧的村落，充满民族特色的服饰，屋内的陈设及生活用具，以及人物的动作、行为、表情、眼神、手势、身段、服饰、妆容等，不仅是主创对"美"的视觉化呈现，同时也传递着信息。这种无国界的视听语言既能把丰富的情绪、态度和观点都呈现出来，为不同国家、民族的观众所理解，又能避免语言传递信息时，由于翻译的不够精确和文化背景的差异而带来的理解偏差甚至于误解。

（三）为文化的表达选择合适的载体

文化就像空气，看不见也摸不着，但又无处不在。因此，文化的表达需要一个"容器"，即借助相应的载体来进行传播，不同的载体也决定了不同的内容和创作方向。

纵观近年来国内文化类节目的题材，基本围绕着如下几个方面展开：（1）文学、书画、音乐、电影等艺术形式；（2）建筑、文物和历史遗迹；（3）传统节日及民俗；（4）传统手工艺和美食；（5）语言或方言。围绕着这些题材，诸如《我在故宫修文物》《舌尖上的中国》《中国诗词大会》《汉字英雄》《唐宫夜宴》等文化类纪录片或综艺节目都取得了令人瞩目的影响力。

《凝固的诗·探秘中国民居之美》以中国传统的民居建筑为创作对象，与之对应的文化载体也围绕着民居建筑展开：建筑本身及其工艺技法，建筑所处的村落、街镇以及自然环境，包括建筑中的人和物——目之所及，皆可成为文化的载体。这些可观可感的载体，强化了内容的真实性，降低了跨文化传播的理解成本，将蕴含其中的传统文化内容和背后的精神内涵潜移默化地传递给受众。

（四）注重国民形象的塑造

本国文化对外传播的效果，很大程度上取决这种文化自身以及国民形象对海外受众是否具有吸引力。中国传统文化的自身魅力不言而喻,因此作为变量的后者,其影响因素更为关键。中国国民的国际形象需要与文化自身相配,才能让更多人对中国有好印象。这就对我们作品中主人公的人物形象提出了相应的要求。

同时,对外传播的亲和力和可信度也是由主人公的形象、语态以及环境所决定的。结合前文所述"主客体间的平等"这一原则,在主人公的选择上也要尽可能地接地气,通过普通人的故事和视角来传达创作者的意图;同时,需要注意人物形象与场景的贴合度,保证作品的合理性和可信度。

在《凝固的诗·探秘中国民居之美》中,主人公最常见的身份是民居的使用者,即居民;其他的人物形象诸如农民、建筑师、画家、民间艺人、民宿经营者、创业青年,等等,也都是能够承载"文化"这一母题的平民形象。国民形象的塑造既要与环境相协调,同时也要与对外传播的诉求相匹配。

基于以上四点,《凝固的诗·探秘中国民居之美》结合中国的实际情况以及中华文化在海外传播的现状,着重从三个维度去讲好中华文化对外传播的故事。

二、讲好中华文化对外传播的"三个故事"

(一)讲好中国传统文化的故事

2019 年 8 月 19 日,习近平总书记在敦煌研究院座谈时说:"中华文明 5 000 多年绵延不断、经久不衰,在长期演进过程中,形成了中国人看待世界、看待社会、看待人生的独特价值体系、文化内涵和精神品质,这是我们区别于其他国家和民族的根本特征,也铸就了中华民族博采众长的文化自信。"

1. 让对方看到中国传统文化的美

作为文化遗产,我国的传统艺术门类十分丰富。绘画、书法、音乐、舞蹈、戏曲、园林、建筑、雕塑,等等,饱含了五千年文明古国深厚的文化底蕴。中国传统文化之美以其浓郁的本土气息、厚重的艺术内涵和生动的历史印记,越来越受到全世界的欣赏,成为了人类共同的文化瑰宝。

在《凝固的诗·探秘中国民居之美》系列微纪录片的创作过程中,首要呈现的就是中国传统民居的建筑之"美"和文化之"美"。讲述园林式民居的《游园"今"梦》这一集,以昆曲《牡丹亭》选段开场,将观众引入园林式民居的意境。尽管片头唱段只有短短十五秒钟,胭脂、流苏、簪花、提灯、水榭等带有显著中国传统文化烙印的物件一一亮相。而通过展现主人公王惠康对废弃园林倾注心血的修缮,苏州园林"宅园合一,可赏、可游、可居"的特色如画卷般徐徐展开,园林式住宅所蕴含的中华哲学、历史、人文习俗也随之呈现。一座园林式住宅,不仅浓缩了江南的人文历史传统、地方风俗,也展现了中国文化的精髓之所在。

在整个《凝固的诗·探秘中国民居之美》系列中,通过航拍、延时摄影、微距摄影等拍摄手法,建筑本身所蕴含的传统文化之美得以通过视觉表现手法传达给观众,主人公们对非物质文化遗产的传承也与这些传统建筑一脉相承。以传统文化之"美"吸引海外受众深入地了解中华文化的精神内核,这"先声夺人"的第一步至关重要。

2. 对外传播中国传统价值观

中国文化博大精深,文化形式丰富多样,但所有的文化形式的核心是一样的,那就是拥有共同的价值观。传统的中国文化是一个以伦理为核心的文化体系。中国人崇尚以儒家"仁爱"思想为核心的道德规范体系,讲求"和谐有序",倡导"仁义礼智信",追求"修身齐家治国平天下"的道德修养和人生境界。

《老屋新生》以"中国木雕第一楼"开篇,展现了徽派建筑"三雕"技艺中木雕的风格特点、文化底蕴和精湛工艺。这些木雕作品的主题,也蕴含着丰富的中华传统文化和典故,诸如"二十四孝""孟母三迁""岳母刺字",等等。以传统民居建筑为载体,对外传播中国传统的价值观,不仅生动形象,同时也意味深长:这些元素不仅是居住在其中的孩子们的启蒙读物,同时也以"凝固的诗"的形式记载了居住在这里的人们千百年来笃信的价值观体系,承载了更多的向海内外游客传播中华传统文化价值观的使命。

纪录片的创作,价值观是核心。习近平总书记指出,优秀传统文化中"以爱国主义为核心的民族精神和以改革创新为核心的时代精神",以及"讲仁爱、重民本、守诚信、崇正义、尚和合、求大同的时代价值",尤其值得我们不断深挖,准确把握,汲取营养,古为今用。在纪录片的创作中,在中华传统文化的对外传播实践中,都应该牢牢记住这一条。

3. 让对方了解和理解

"中华文明以海纳百川、开放包容的广阔胸襟,不断吸收借鉴域外优秀文明成果。"这种文化和精神对于人类文明的发展是重要的推动力,对于当代世界的和平发展也是具有推动作用的关键力量。要让对方了解和理解中国传统文化,就要重视中华传统文化与世界各种文明交流互鉴的历史过程,展现中华文明包容、开放、和平的基本特征。

"传统的宗室祠堂搭配罗马式圆形拱门,缅甸白玉制成的狮子镇守门前,飞檐翘角的图书馆嵌入了英格兰风情的格子窗,中式的合院点缀着欧式的铁艺栅栏和阳台。"《"驮"回来的家》一集中,腾冲和顺古镇是中外文化交流互鉴的典型。开篇所呈现的建筑上的"洋为中用"为后续展现侨乡居民吸收融合外来先进的思想、文化奠定了基础,体现了中华民族一以贯之的各美其美、美美与共的文化哲学和思想情怀。

传统文化的对外传播,从来都不是单向的、灌输式,而是双向的、互动式的。为了让对方能够了解和理解,就要着重从对方角度考虑,善于从受众的角度和话语体系去建构传播内容、考虑传播策略,在知己知彼中增强优秀传统文化的传播效果。让中国故事"出海",传播中华传统文化之美,传播者是否具备这样的立意和情怀,会直接影响到传播的效果和影响力。

(二)重点关注中国乡村的故事

乡村是中国文化的重要载体,对乡村文化的传承与传播是当代中国文化传播的重要创新点。改革开放以来,城市飞速发展,对外传播的聚焦点集中在城市,乡村在一定程度上被忽视,或者被视为落后的存在。但事实上,经过40多年的市场经济与西方文化洗礼,城市中保留的传统文化、民族文化受到很大冲击;而广袤的乡村地区最大限度地保留了传统习俗、民族习性,反而能够以最原生态的样貌展示中华文化的历史传承。

1. 挖掘中国乡村厚重的历史底蕴

在神州大地上,大量的村落有着数百年,甚至上千年的历史,一代代人在同一片土地上繁衍生息,形成了各自独特的村落历史,尤其是许多民间非遗艺术,具有很强的传播力。

《向下生长》选取了具有仰韶文化特征的河南陕州地坑院作为拍摄案例。"见树不见村,进村不见房,入户不见门,闻声不见人。"这是地平线下的古村落,也是民居史上的活化石,距今已有4 000年的历史。地坑院的建筑形式国内罕见,放眼世界也堪称建筑奇观。"向下生长"的地坑院是中原百姓智慧的结晶,更是中原乡村文化的载体。除了展示建筑特色和居民的日常生活,导演还有意识地加入了有3 000年历史的非物质文化遗产——陕州剪纸的表演场景,将中原地区农村春节的热闹推向高潮,"建筑—人—文化"三者融为一体。

2. 用好中国乡村自然风光对海外观众天然的吸引力

山水之美、田园之美、生态之美是中国乡村对外传播特有的内容,美好的自然风光具有跨越国界、跨越种族的吸引力。

《与自然共生》这一集以傣家竹楼为主题。从历史上看,西双版纳处于传统中国政治—文化—地理的边缘地带;在现代文明版图中,这里既是容易被核心文化疏离的遥远空间,也是充满美丽想象的另类文化之域。本片的主人公之一,是居住在西双版纳雨林深处的瑞士人博哲若。他在西双版纳生活了近20年,亲手建造了五幢傣家竹楼。一个金发碧眼的老外长年居住在中国西南边陲的热带雨林之中,从选角的角度来说,本片已经成功了一半。随后,导演又进一步展现了他融入中国少数民族的日常生活,并且熟练地介绍中国传统建筑营造技法的场景,向海外观众传达了中国传统建筑和中国乡村文化深入人心的魅力。

可见,要讲好中国乡村的故事,也并非是一味地展现乡村的原生态,而应该力求把这片土地的"边界"打开:我们的文化"走出去"的同时,也要把站在外面观望的人"请进来",向海外观众呈现一个开放、多元、包容的新时代的中国乡村的形象。

3. 着重展现中国乡村朴素的价值观

中华之美,不止于山水,更显于文化。中华文化价值观起源于乡村,根植于乡村,也留存于乡村,安土重迁、诚实守信、追求和谐、注重内省的民族文化基因都可以在乡村中找到,并成为当地的生活方式,在普通人的身上保留下来。这些都是对外文化传播的生动素材。

苗族人聚居的村落称为苗寨,而吊脚楼是苗寨最典型的民居形式。通过辛勤的劳动,盖一栋属于自己的吊脚楼是许多当地男子一生的追求。《枋柱之上》以苗家人"立房"的盛大仪式开篇,将这种朴素的情怀开门见山地展现给观众。朱大荣努力打工盖房子、潘元定带着女友回到家乡的吊脚楼创业,表现的都是苗家儿女热爱家乡、热爱生活的情怀。

在创作的过程中,我们不能想当然地觉得诸如"一生只为一套房"的观念是过时的、守旧的,导演需要基于自己的观察分析、结合中国乡村的实际情况,通过镜头语言和文本解读,从这种朴素的价值观当中提炼出当代中国农村可亲、可敬的一面,赋予这些观念以合理性,以更好地服务于主题。

(三)用"传统+现代"的视角理解中国当代家庭的故事

中华民族历来重视家庭建设、家风传承,家庭文化也是中华民族文化的具体展示。"尊老爱幼、妻贤夫安,母慈子孝、兄友弟恭,耕读传家、勤俭持家,知书达礼、遵纪守法,家和万事兴等中华民族传统家庭美德,铭记在中国人的心灵中,融入中国人的血脉中,是支撑中华民族生生不息、薪火相传的重要精神力量,是家庭文明建设的宝贵精神财富。"

1. 家庭是文化传承的最小单元

中华民族历史上,从诸葛亮诫子格言、颜氏家训、朱子家训到毛泽东、周恩来、朱德等老一辈革命家,都高度重视家风建设,形成了中华民族生生不息的独特文化传承。家风承载的是民族文化精神和价值观,具有极强的历史生命力,是极好的对外传播内容。

在《华夏民居第一宅》一集中,山西静升王氏的族谱是一条关键线索。族谱又称家谱、宗谱,是记载一个家族的世系繁衍及重要人物事迹、具有平民特色的特殊文献。通过族谱,能够了解当时的历史面貌、时代精神、社会风尚,了解在那个历史背景下人们的生产、生活情况。中国的族谱一般都包含了家规族训,对于规范家风和教育子弟有着积极的意义。

《家族之城》讲述的福建土楼,对于中国家庭日常生活的展现则更为极致。本片以83岁老人江存忠的叙述为主线,介绍了"承启楼"这座"家族之城"的建筑历史、内外景观,以及江氏数代人在此居住的烟火生活、绵绵亲情。后半部分则从"侨福楼"初代楼主93岁老人江珍林的视角,讲述了他们兄弟四人当年为了理想抱负各奔东西,但骨子里依然对故土充满眷恋,人到暮年渴望落叶归根的朴素情怀。"侨福楼"之于他们兄弟四人及子孙后代而言,不仅仅是物理意义上的"祖屋",更是江氏家族的精神符号。

家是最小国,国是千万家。每一个家庭的前途命运都是和国家、民族的前途命运紧密相连的,4.9亿中国家庭既在建设自己的"小家",也在建设自己的国家。讲好中国家庭的故事,其实就是讲好中国的故事。以家庭为视角,对中华文化中长幼有序、家庭和睦、勤俭持家、知书达理等美德,以及家风家训、家国情怀的有序传承等内容的呈现,都会显得更加生动且贴切。

2. 家庭是文化碰撞的"微缩景观"

随着中国经济、社会的全面发展,民众对民族文化的认同感与归属感越发强烈,尤其是"平视一代",他们对于中华文化与生俱来的自信本身就是值得传播的亮点。但不可否认的是,年轻一代思想更独立,眼界更开阔,与其父辈在人生观、世界观和价值观等方面的差异是客观存在的。年轻一代的想法更加国际化,因而由此产生的代际冲突也可以视作中国传统文化与当今世界思潮的另类磨合。

《游园"今"梦》的主角王惠康毕生的梦想是拥有一座园林式住宅,甚至为了自己的梦想卖掉了原本打算留给儿子结婚的湖畔大平层。尽管父子之间并没有因此产生争执,但儿子王之石却难以理解父母彻底回归传统生活方式的选择。王之石作为一名建筑设计师,他发自内心地欣赏园林式住宅的古典美感与精湛技法;作为儿子,他也会尽可能地尊重父母选择的生活方式。但是,代际观念的差异和冲突无可避免。本片的巧妙之处就在于,导演巧妙地利用这一客观存在的矛盾,反而强化了双方对于园林式住宅设计美感和文化底蕴的认同,同时也强化了父子之间相互理解、相互迁就的浓浓亲情。

讲好当代中国家庭的故事,关键在于打破海外观众对"中国式家庭"的刻板印象。要善于抓住代际的矛盾冲突,在相互尊重的前提下,着力展现年轻一代的自信谦和的品格、开放包容的胸襟,塑造中国人民乐于沟通、善于沟通的形象,为对外文化交流营造更加肥沃的土壤。

结 语

《凝固的诗·探秘中国民居之美》通过"平视"的语态,既以精练的篇幅展示了中国民居各类建筑的特点、风貌、风格及其建筑文化,又深入细腻地挖掘呈现了中国特色民居建筑背后的生动故事和文化意蕴,将人置于民居的中心,把"民"和"居"紧密结合起来,展现了民居之美与生活之美的浑然一体,也体现了中华文化的与时俱进、同世界文明的交流互鉴。

当今社会,无论在国际的话语体系中,还是我们的日常生活里,文化从来都是一种理性的教养,应该在客观的比较中发现异质文明之间的文化共识,彰显不同文化独特的价值特质。文化真正的意义是"文而化之,关乎人文,以化天下",这十二个字概括了文化的使命,只有沟通才有文化之间真正的相遇与交流,只有对话才有不同文明的理解与包容。

综上所述,任何一种文化如果仅仅站在本土的视角,在表达时往往会带有局限性。因此我们要善于在与异质文化相互的比较和欣赏中达成共识,而后在共识中唤醒价值。从民间的烟火气当中寻找灵感,从海外受众的兴趣中提炼传播亮点,是《凝固的诗·探秘中国民居之美》给中华文化对外传播工作的一点启发。

对于传播者而言,我们的工作应该用一种心平气和的态度,而不是充满对抗和冲突;要善于在日常的生活场景中进行文化的交流传播,利用传播的主客体都是普通人的前提条件,于无声处消解异质文明相遇时可能出现的对抗与冲突。作为媒体融合时代的广电从业者,我们需要做的是让冒着烟火气、沾着露水珠、透着人情味的作品,以其独特的中国故事、东方气韵和诗意气质,跨越价值观、意识形态和文化屏障,走进千家万户的大小屏幕,成为深受全世界观众喜欢和认可的内容。

参考文献：

［1］创造中华文化新的辉煌［N］.习近平.人民日报,2014-07-09.

［2］加强和改进国际传播工作　展示真实立体全面的中国［N］.人民日报,2021-06-02.

［3］习近平在敦煌研究院座谈时的讲话［J］.习近平.求是,2020(03).

［4］在会见第一届全国文明家庭代表时的讲话［J］.习近平.人民日报,2016-12-16.

［5］振兴乡村文化面临的挑战及实践路径.欧阳雪梅.毛泽东邓小平理论研究,2018(05).

［6］传统文化的现代性塑造与国际传播［J］.孟建.人民论坛,2022(02).

［7］创新构建中华文化对外传播话语体系［J］.殷乐,申哲.新闻战线,2022(06).

作者简介：

陈瑞霖,上海广播电视台融媒体中心深度报道部主编。

论新媒体语境下中国纪录片贯通中西文化的表现与对策

柳　遐

提　要： 本文梳理中国题材纪录片在国际主流市场从零到开局的脉络，以跨文化传播和国际市场营销的理论框架为基点，结合笔者多年来纪录片编导和纪录片栏目制片人的工作实践，从多方面深入探讨中国纪录片向国际市场进发时面临的问题及其产生的主要原因，以期在新媒体语境下，就中国纪录片的国际化对策提出一些可供参考的借鉴和经验。

关键词： 新媒体　中国纪录片　中西文化差异　表现与对策

引　言

随着中国改革开放后国际地位的提升，让世界了解中国，向世界展示中国的意愿越发强烈，纪录片以其对社会历史和现实的独特记录而成为展示政治经济、自然、历史等价值观和文化的最好方式之一。

从现实角度看，现阶段的中国也离不开对外宣传，电视纪录片这类具有直观效应的跨文化传播手段，以及真实的表达特点和人文关怀的思想特征，理应承担起这种跨文化交流的重要的职责。

中国题材纪录片和中国纪录片是两个具有不同内涵的指向，前者指内容是关于中国题材的纪录片，它们可以是我国拍摄的，也可以是外国记者在中国异地采访制作的；而后者是完全意义上的中国纪录片，是专指由中国纪录片人自己拍摄制作的纪录片。值得关注的是，过去30年国际电视媒体的考察显示，中国题材纪录片和中国纪录片,这两个原本我们以为几乎会被人看作等同概念,而不得不花力气加以解释区分的定义,在国际市场上却有着截然不同的表现:一方面是日益增长的对中国题材纪录片的需求以及越来越多的电视机构开始转向中国题材纪录片的生产;另一方面却是中国自己出品的纪录片在世界主流市场鲜有播出的声音和空间。这给我们提出了一个严峻的课题:中国纪录片要争取国际市场、走向国际平台,问题与对策在哪里? 而在寻找出路的同时,业界是否已有一些成功案例? 分析和解决好这些问题,对于我们中国纪录片长足的生存和发展具有重要的现实意义。

一、中国纪录片在今日世界荧屏的机遇与处境

世界纪录片的目光始终是紧紧跟随着中国每一段历史进程的,古老而神秘的中国因为这些纪录片的传播,也引起了国际普遍的关注。

1896 年,卢米埃尔兄弟派出了数百名摄影师奔赴世界各地拍片,其中一些摄影师就曾来华拍过纪录片,只是这些影片的名称和内容现在已难以考证。

1898 年,美国爱迪生电影公司的一名摄影师在周游世界过程中曾在香港和上海拍过一些素材,后来被编入《香港码头》《上海街景》等 6 部短纪录片中。

1908 年,在上海从事电影放映活动的意大利人劳罗也开始了拍片活动,他拍摄了《上海第一辆电车行驶》《上海租界各处风景》《强行剪辫》等片,而在北京拍摄的《西太后光绪帝大出丧》,则是记录了清王朝的两位最高统治者的盛大葬礼场面。

此后,法国百代电影公司、苏联、瑞典、荷兰、日本、意大利导演……都在中国拍摄了大量的影像和纪录片,留下了诸多珍贵的历史资料。而自 20 世纪 70 年代末期开始,越来越多的外国人来到中国拍摄纪录片。以普通中国人的生活为题材、在西方颇有影响的纪录片应该说是英国导演菲尔·阿格兰花费三年时间在云南拍摄的《云之南》和 BBC 出资制作的《龙之心》。

时至今日,纪录片已发展成了一种更为成熟的电视节目样式,形成了自己的独特形态和内涵。纪录片这种客观生活与主观认识保有较大空间距离的结构,既能将真实的生活物化成为一种可以复制、保存、传播的形态,留给人们一段活的历史,又能给观众提供一个创作者对生活的独特的、个性化的视角,供观众评价和欣赏。

改革开放以来,中国大地上发生的一切更是吸引着越来越多国家的纪录片人的目光。观众对于了解中国表现出越来越浓厚的兴趣,国际电视奖项也都对中国题材纪录片给予了参展参赛空间,中国题材的纪录片面临着重要的国际发

展机遇。

二、中国纪录片在国际市场上的处境

"应该说,纪实是电视传播发展到一定阶段的必然产物,在当代的电视传播活动中,它无疑是一种最具有魅力、最能打动人、最具有传播效果的传播方式。"中国题材纪录片有了这样的国际氛围和市场需求之后,我们的纪录片人是否就能像战士扛着自己的武器一样,携着自己的作品长驱直入、所向披靡了呢? 调查得到的情况是不容乐观的。

在美国四大网为代表的商业广播电视中,找不到一条中国摄制的纪录片,就连非盈利性的、以播出纪录片为长的美国公共电视网(PBS),在过去五年时间内,也没有播出过一个完全由中国纪录片人自己制作的节目。

在美国,电视观众只能在中文电视台看到中国纪录片编导的节目,即便如此,中文台租用的播出时段一般都要到午夜时分才有纪录片播出。仅从"午夜"和"中文台"这两个限定词,其播出面和影响力就可窥一斑。资料表明,纽约中文电视台长期以来更注重中文电视剧的购买和播出,从他们向国内电视台如上海广播电视台纪录片中心开出的纪录片片单来看,都是希望赠播为主,基本没有真正意义的签约购买。

这样的情境让纪录片外宣的处境尴尬。其实,国内不乏有在国内外具有相当影响力的优秀纪录片作品。早在 20 世纪 90 年代初就开始有一系列的中国制作纪录片崛起,并在国际电视节上崭露头角,王海兵、康健宁、高国栋、孙曾田、段锦川、梁碧波、郝跃骏,这些中国电视观众熟悉的名字,也让我们又一次回想起他们那些令人激动的纪录片作品。

然而,我们也不得不承认,30 多年里仅有几部作品的突出表现显然是不够的,一方面国际市场有着进一步的需求,另一方面更多的中国电视人在经历了长久的等待和考验后也渴望与世界对话,并尝试用自己的声音参与文化交流和国际竞争。我们的纪录片跨入国际平台,究竟是"一步之遥"还是"路漫漫,其修远兮"?

这一代纪录片人何其幸有,生逢其时,降临在一个中国纪录片可以走出国门大展宏图的年代;而这一代纪录片人又何其焦心,面临机遇却没有前人的经验可循。

著名纪录片编导、曾任上海电视节纪录片白玉兰奖的终评委梁碧波在对国外传媒文化感慨之余,积极呼吁当前应对纪录片进入海外市场要有重要的突破口。"一方面必须要熟悉西方影片运作程序和游戏规则,一方面不断提高中国纪录片自身的创作水平,让更多受众接受与认同。"这并非少数专业人士的焦虑和痛苦,更是中国纪录片发展历史时期的一个瓶颈,亟须思考应对与对策。

三、中国纪录片走向国际市场的障碍性因素

西方电视台每年会播出大量的纪录片,占据可观的市场份额。东西方之间由于相互语言、文化、制作等方面的差异,在很大程度上制约了中国纪录片在国际平台的拓展。

1. 刻板印象

长久以来,西方强势媒体所塑造的"中国刻板印象"严重影响了我国的国际形象,并使得国际受众对中国形成固定成见和"预存立场",不利于我国纪录片的突围。

1996 年《妖魔化背后的中国》一书的作者们为中国人认识西方媒体不公正报道找到了一个合适的符号。该书作者之一的李希光教授将这个"知名"概念概括为"妖魔化","指的是那些看过之后,让人在政治上、道德上、种族上和文化上产生厌恶和仇恨中华民族作为国家和民族存在的新闻报道和言论"。回顾美国媒体对中国的报道,长久以来都是带有偏见的,长期在这样言论的引导下,许多美国人认识的中国社会是不真实、不客观的,他们更愿意接受本国媒体,或者说只接受他们"预见立场"之内的关于中国贫穷落后的信息,面对中国的发展和强大,他们不相信也从根本上拒绝来自被报道国家的更真正的纪录片和资讯。这也是中国纪录片的外宣之路走得异常艰难的深层原因之一。

2. 意识形态

与刻板印象相对应的,是中国纪录片内部的意识形态问题。

由于美国社会在过去的一个世纪中未曾经历深刻的变革,美国的文化和思想在发展上表现出很强的连续性,某些早期美国社会对中国人落后、愚昧、腐朽的简单化看法有着很强的生命力,一直主宰着美国公众心目中的华人形象。而我们的一些纪录片从业人员在经历了沟通的努力和失败之后,开始研究其中的门道,结果却是不乏有人把迎合西方社会对中国的这种刻板印象作为敲门砖,竭尽展露中国未开化的一面,偶尔个别片子的得奖又使得这样的趋势有愈演愈烈之势。

相比中国电影的国际化进程,中国纪录片在选题上依然有年代和地域上的"边远"倾向。

3. 中西文化以及叙述方式上的差异

中西观众观念、文化背景的不同,会导致对纪录片感受方式的巨大差异。长期以来,我国纪录片面对的主要是国内观众,所以制作模式在很大程度上忽略了对时间、地理、方位、历史、背景等方面的交代,这在国内播放时观众尚可接受、理解,但对于不了解中国社会历史的国际观众来说,则构成了一道难以逾越的屏障,他们往往因为不了解纪录片的背景知识而不知其"所云",从而无法真正体会节目的真正内涵,甚至对某些内容产生误解,使得播放效果适得其反。

笔者曾经访问一位国家地理频道节目制作负责人,他的解释或许能帮助我们进一步意识到在认知角度和讲述方式上的差距。他说"国家地理"纪录片尽管是严格意义上的"非虚构影片",但它需要的是动感的和戏剧性的叙事手法。除了去捕捉从未表现过的故事,它还特别强调从新的视角去展现已知的故事。而中国纪录片制作者提交的选题和方案"过于学术化""娱乐性差",对事物的观察角度不够独特,因此未能入选。

4. 营销上缺乏专业的制片人和团队

获奖纪录片代表了一个国家和地区在不同时期纪录片创作的最高水平,然而中国得奖纪录片中除了少数几部外,绝大多数市场销售情况是"叫好不叫座"。不仅在国内市场无法与电视剧相提并论,即便在已经形成销售氛围的国际市场上,也因销售零散的局面,很难形成国际市场的规模效应。

探索频道、历史频道等一些国际专业纪录片频道形成以后,原来全球很多纪录片零散的状态结束了。从制片人到商业的流通环节的打通,纪录片便可围绕播出平台、按照制片管理方式和流程进行批量化生产,这种状态有效地把纪录片与播出回收系统相关联。

从理论上看,纪录片创作是一个非常复杂化的系统工程,不仅包括其纪实过程以及操作技巧,还包括人文理念、选题视角、规范过程乃至支持和阐释它的主题观念。制片人的理念与活动对提高纪录片的质量有非常重要的影响。

从实践看,研究制片人在纪录片运作过程中的活动,有助于在纪录片的制作过程中建立节目运作的严格的决策模型,减少在纪录片拍摄过程中的决策失误,使纪录片运作的决策过程变得程序化、规范化和科学化;此外,对于纪录片栏目的运营也具有非常重要的意义。"品牌栏目化、栏目商业化"是市场本身的内涵和文化积淀,只有一流的节目和优秀的制片人才能为观众带来观赏价值的最大化,形成真正的商业链,从而促进纪录片栏目的市场化。

专业的营销团队对电视节目的宣传及营销工作有着决定性的作用,研究制片人在纪录片运作过程中的活动,对于我国纪录片的创作以及管理运营都具有非常重要的意义。

四、中国纪录片走向国际市场的机遇和对策

上述障碍性因素制约了我国纪录片在国际平台的发展,亟须采取相应的对策来改变现况:

(一)转变观念,加强对国外受众的研究

以往我国电视节目的制作和对外传播是传者本位模式,着力宣传我国的意识形态,传播我国的文化,而忽视了对受众的关注,甚至对效果的考察。而纪录片对外传播的主要难点是触达和我们处于不同社会文化背景下的国际受众,其特点比本国受众要复杂得多,且传者和受者之间还存在意识形态、语言、文化、经济技术等重重障碍,受众反馈不易得,传播效果也就难以考察。在中国纪录片对外传播的过程中,文化价值的基本要素受到冲击,如真实性易受质疑(受众对国外媒体的信任度难以保证)、及时性受限制(地域、技术因素)、接近性缺位、异常性也在不同文化下有不同标准而难以定义。从我国对外传播的实际情况出发,影响国际受众信息选择的因素可突出表现为以下方面:

1. 受众的个人差异

这里涵盖了受众的自我形象和个性结构因素。美国学者雷蒙德·鲍尔曾在一篇题为《顽固的受传者》文章中说:"在可以获得的大量内容中,受传者中的每个成员特别注意选择那些同他的兴趣有关、同他的立场一致、同他的信仰吻合、并且支持他的价值观念的信息。"在对外传播中,国际受众的立场、心理、信仰、价值观等个性结构可能造成他们对中国问题存在一个"预存立场"。根据受众的个人差异论,这些个性会影响受众的选择性接受、理解和记忆。因此,我们的对外传媒不能简单地从自身的社会立场和视角入手,应先弄清国际受众的特点,了解、利用来自受众的各种先天性经验、态度和后天性立场,然后依照其兴趣、需要、信念等,"用纪录片持续讲好中国故事,让世界看到一个真实、立体、全面的中国"。

2. 受众的群体环境

群体环境包括受众所处的文化群体、组织群体、民族、国家、社会等各种群体

中的组织文化、组织规章、意识形态等。

根据受众的社会分类论,社会分化产生独特的行为方式。相同社会类型成员身份的人常常行为类似。相同身份的人常常会对同样的信息感兴趣,并做出相近的反应,采取不同于其他社会类型的行为方式。传播者可按照性别、年龄、地区、民族、职业、工资收入、宗教信仰、文化程度等方面的异同,将受众分为不同的社会类型,然后有针对性地采写、设计、制作、传播讯息,利用新媒体渠道,使不同的讯息流向不同的受众,以增强传播媒介的吸引力、提高大众传播的效果的。根据不同的文化背景、意识形态、经济基础等要素,对外传播的国际受众可细分为不同群体。

3. 国际传播大环境

不同于一般传播的受众,国际受众存在于国际传播的整体环境之中。在西方媒体的强势语境下,国际受众对中国的总体印象主要受西方主流媒体的影响。我国必须争取有利于中国的国际政治大环境,让全世界感知中国、尊重中国,才能为我国的对外传播创造良好环境。争取有利于中国的国际环境需要和我国的对外传播事业互相补充和推动。

4. 信息的有用性与可用性

受众本位的著名理论"使用与满足理论"认为,传播过程可以理解为受众在使用媒介满足自身需求的过程。受众具有社会和心理根源的要求,引起受众对大众传媒或其它信源的期望,导致媒介接触的不同形式,最后导致需求满足及其他结果。

就此,施拉姆有一个关于"自助餐厅"的比喻:受众参与传播,犹如在自助餐厅就餐,每个人都根据自己的口味及食欲来挑选,而媒介所传播的林林总总的信息就好比是自助餐厅里五花八门的饭菜。如何使国际受众产生对中国信息的需求是对外传播流程中一个关键环节。

除去信息的"有用性",信息的"可得性"也不可忽视。饭菜再好,如果离得太远,太难获取,受众也不易选择的。在对外传播中,传播渠道无疑是重要的一条,如果我们的电视、报纸、广播不能被广泛国际受众所看到听到,信息就是不可得的。新媒体语境下,我们应充分利用互联网技术优势,做好双语建设,使国际受众能够从多种渠道更迅捷、直接了解有意义的中国。

(二)提高纪录片创作制作队伍外语水平

从纪录片队伍的培养上,要进一步提高从业人员的基本文化素质;同时,面向国际市场，培养国际化的电视制作人员。既要在成熟的纪录片人中进一步培养他们的外语能力，同时还应该在外语专业人才中发掘和培养纪录片的从业人员。

凭借纪录片《归途列车》获得第33届新闻及纪录片艾美奖最佳纪录片奖以及阿姆斯特丹国际纪录片电影节伊文思奖等多项国外大奖的导演范立欣，毕业于英语专业。1998年，其先后在武汉电视台和中央电视台任新闻记者，2006年移居国外，后加入纪录片摄制公司 EyeSteelFilm。他在做记者期间，经常接触到农民工这个群体，已经让他有了为农民工拍摄纪录片的想法，后在熟练掌握外语并潜心了解了国际化纪录片语言表述之后，独立导演的处女作一举登上他本人的事业高峰，也给当时纪录片业界带来一片希望。

上海文广集团近年来崛起的一支外语专业纪录片队伍，从2012年拍摄《中国面临的挑战》（三季），到《东京审判》《行进中的中国》，表现都非常可圈可点。这支清一色由外语专业人才组成的纪录片队伍，不仅作品劲揽国内纪录片大奖，更荣获中国新闻奖的最高荣誉、美国艾美奖时事类单元大奖等，成为纪录片界的一匹黑马。这支外语纪录片特殊队伍还在新媒体平台上开设了 Shanghai Eye 专栏，运用外语的通道、针对人们碎片化的阅读时间，讲好中国的故事。

目前这支队伍还在不断壮大，讲述视角和技巧不断提升。2021年5月上海解放72周年之际，他们在纪实频道推出了六集《百年大党——老外讲故事》（Witness a New Dawn），以在沪西方人视角，包括外交官、新闻记者、医生、商人等代表人群，正面、客观、独家讲述我党接管上海、管理上海，经受住执政大城市初考验的故事。该片邀请具有东亚史学背景、已在上海生活20余年的美国人费嘉炯教授（Andrew Field）担任嘉宾主持，从而生动完成了这样一个原本认为是不可能实现的高难度选题。"外国人所见证到的，是中国共产党人建设人民城市的初心。"

（三）更新创作理念、改进制作技术

中国纪录片记录手法的演进，大体可分为两个阶段。一是中华人民共和国成立后到20世纪80年代中后期的画面加解说，二是90年代以来的观察式记录，尤其是《望长城》大获成功之后，更是奠定了直接电影在中国纪录片界的地位。但自此以后，直接电影似乎成了唯一的创作手法，大量跟腔派亦步亦趋，忘记了纪录片原本是有多种手法的。

转变现有的叙事方式与模式，转变制作节奏与观点，既要吸收国际先进的制作理念与制作方式，同时还要保持自身制作的特点与个性。比如，在制作技术上下功夫,在构图、声音等技术上借鉴国际通用表达,将选题和叙事方式的本地化与国际化密切联系;同时,要开发纪录片播出版之外供于再生产和销售的无字幕版和素材版,实现纪录片的市场效益。

中国的电视节目琳琅满目,但要使上海乃至于我国纪录片在国际市场占据一席之地,还要考虑到东西方文化的差异,为国际观众理解中国文化创造条件。同时制作方式也要符合国际的习惯,更要遵循国际标准,国际规范。

(四)加强中国纪录片的国际市场营销

中国的节目作为文化产品欲进入一个新的市场,市场营销非常必要。

产业化必定要体现媒体的服务功能,因此我们一定要转换角色,变"朝南坐"为"朝受者坐",在竞争中以优质产品和优质渠道取胜。传媒集团要真正实现走出去,实现"三跨一多",即:跨地区、跨行业、跨国际和多媒体发展。

投资预买是西方各台普遍采用的一种形式。在每年 12 月举行的荷兰阿姆斯特丹国际纪录片电影节上,有一项重要活动是 FORUM(论坛),吸引了众多的纪录片制作人。在 FORUM 现场,影片制作人用 5 分钟的时间向欧洲最重要的12 家电视台纪录片负责人当面陈述自己的计划,这几位负责人围坐在马蹄形桌边,当场讨论,当场定夺。当影片制作人的申请被某家电视台接受以后,就可签合同,获得投资开始拍摄。

由代理商向电视台推销影片是很多独立制作人走的路子。在市场经济的推动下,经过几十年的搏杀,全球早已形成了纪录片代理网络,而且具有举足轻重的影响。中国的纪录片团队也可针对性做出对策研究,直面国际纪录片市场,通过已较为成熟的代理人机制,向电视台营销我们的优秀纪录片作品。

2019 年 4 月 15 日,"上海广播电视台、上海文化广播影视集团有限公司纪录片中心"揭牌。新中心整合了上海纪实频道、融媒体中心、东方卫视中心、第一财经和版权资产中心等 SMG 纪录片精锐力量,旨在打造"立足上海、辐射长三角、面向全国"的纪录片内容生产高地,进一步提升海派纪录片在海内外纪录片领域的影响力。这标志着上海广电将正式致力打造融创结合、集全国性和全球性于一体的内容生产和运营平台,上海电视纪录片从此迈进了一个发展新纪元。

(五)加强国际交流与合作

国际交流主要是指加强与国外相关机构、相关人员的沟通和联系,既包括我们的制作同行,也包括从事电视节目国际营销的专门性公司,只要是对我们的纪录片走向国际是有所帮助的,我们都要尽力接触。

近年来,因为受疫情和国际上一些不利局势干扰,我国在纪录片领域的国际文化交流受到影响,后疫情时代,邀请国外的著名制片人参与我们的制作团队,共同拍摄,或者去国外参赛展播中国作品等,这一切以良好的国际交流为前提的互动,都应该会重新提上议事日程。我们的纪录片突围之路长且艰巨。

结　语

本文所研讨的问题是中国纪录片在新媒体语境下贯通中西文化的表现与对策。中国纪录片的国际化之路绝不会止步不前。回望一个世纪前,中国题材的纪录片还只能由外国人来华拍摄,今天随着我们中国纪录片的诞生、成长,国际市场上中国题材纪录片为外国垄断的历史正在逐渐被打破,相信凭借我们的智慧与努力,中国纪录片必将突破种种障碍,更进一步地走向世界,同时随着中国纪录片机制的进一步完善,中国纪录片也必将以更加成熟的姿态展现在世界观众面前。

2023年4月,上海广播电视台、上海文化广播影视集团有限公司党委副书记、台长、总裁宋炯明发表了题为《筑大视听发展格局　与新时代同频共振》的主题演讲,明确了十项重点打造任务。

我们要抓住契机,以上海纪录片人的专业主义与深谋远虑,担当起广电融合发展的破局使命,举"大视听"之伟力,为解答好"加强全媒体传播体系建设,塑造主流舆论新格局"的历史命题做出贡献,争取在国际电视市场和国际平台早日亮出属于自己的声音。

参考文献:
[1]"最早的历史记载……BBC出资制作的《龙之心》综合"中国网"资料。
[2]郑征予.《电视文化传播导论》(M).复旦大学出版社2003.
[3]叶家铮.《电视媒介研究》(M).北京广播学院出版社1997.
[4]《国际先驱导报》2003年9月15日。
[5]唐俊,张延利.《用纪录片持续讲好中国故事,让世界看到一个真实、立体、全面的中国》,2023年3月《广电时评》.
[6]"纪实人文频道"2021年5月26日公众号发布。

作者简介:
柳遐,上海广播电视台纪录片中心导演管理部主任。

试论重大革命题材电视剧创新表达的新特点

李　旸

提　要： 近年来，一大批优秀重大革命题材电视剧作品陆续登上荧屏，尤其在庆祝中华人民共和国成立 70 周年、迎接和庆祝中国共产党成立 100 周年、迎接和庆祝党的二十大胜利召开期间，《觉醒年代》《大浪淘沙》《跨过鸭绿江》《大决战》《破晓东方》等重大革命题材电视剧相继掀起观剧热潮，取得收视佳绩的同时也获得了广泛社会好评。这些优秀重大革命题材作品的热播对重温我们党和国家艰苦卓绝的革命历程、树立和滋养广大观众的爱国情感起到了重要的积极作用。从选题角度和内容策划、拍摄制作和审美表达，这些作品体现出新时代重大革命题材电视剧在创作层面的创新探索，并且逐渐形成一些新的创作特点，值得分析、思考与总结。

关键词： 重大革命题材　创新表达特点　题材开拓　多维叙事　人物塑造

引　言

2023 年 2 月 8 日，国家广播电视总局党组成员、副局长朱咏雷出席电视剧《破晓东方》研讨会时，就贯彻党的二十大精神，推进重大革命历史题材电视剧创作提出三方面意见：一是要牢固树立大历史观、大时代观，坚持正确的党史观，深入挖掘重大革命题材中的思想内涵和精神力量。二是要始终坚持以人民为中心的创作导向，注重革命历史中英雄人民的塑造，打造荡气回肠的革命史诗。三是要坚持守正创新，在叙事角度、创作方法、艺术手段上不断创新，增强作品的吸引力、感染力。

回顾近几年来重大革命电视题材涌现出的精品佳作,在创作过程中都进行了积极的创新探索,总体呈现出以下几个创新特点:一是积极开拓主题,寻求全新视角和切入点,不乏填补党史题材空白之作;二是在叙事手法和结构上不断尝试创新,围绕提升品质和传播效果探寻有效方法;三是在人物塑造、细节刻画、诗意表达方面大胆突破,力求增强作品的感染力和可看性。本文将通过对几部经典剧目创作实践的简要分析,探求重大革命题材近期创作与创新的主要特点。

重大革命历史题材电视剧是中国电视剧的重要题材类别,也是中国主流影视剧创作的重要组成部分。这类题材通常涉及重要历史事件和人物,具有重大意义,因此对作品内容和表达方式都有非常高的要求,具备非常高的创作和创新难度。

回顾近年来获得广泛好评的重大革命题材电视剧,成功的基础在于选题立意准确、宏大,牢牢把握了正确的历史观,而获得成功的密码则在于不断创新,从多个角度凸显重大革命题材电视剧的新视角、新手法、新审美。

一、题材开拓、角度创新,积极凸显现实意义

重大革命题材电视剧着力于反映中国共产党在各个历史时期的奋斗历程和伟大成就,在中国电视剧创作中发挥着重要的示范和导向作用。这类题材的创作基础是具备对中国革命有重大意义和贡献的真实人物和事件。真实且重大,这两个要素使得这类题材电视剧的选题范畴相对确定。在很长一段时间内,国内的重大革命历史题材影视作品在题材选择、视角选择以及人物设定上逐渐形成了较为固化的模式,比如题材在建国、建军、建党、重要战争等范围内,人物设定为伟人、元帅、将军等。这些历史事件和历史人物都是观众非常熟悉的,按部就班进行创作虽然比较安全,不会出错,但也很难产生更多亮点和共鸣,久而久之,使得这类题材的作品逐渐往"命题作文"的方向靠拢,失去了对观众的吸引力。

正因如此,避免选题重复、不断尝试题材开拓和角度创新,成为了重大革命题材创作面临的首要挑战。近几年涌现出多部优秀电视剧作品,都在题材开拓和角度创新方面,做出了积极有益的尝试。其中《觉醒年代》作为庆祝中国共产党成立100周年优秀电视剧展播剧目,获得了高数据、高口碑、高评价、高效益的"四高"优异成绩。

从题材开拓创新的角度来看,《觉醒年代》成功的一个重要因素在于它首次定位于思想启蒙、民众觉醒的角度去寻根溯源,跳出了传统革命题材电视剧的述史、叙事常规,没有单纯围绕革命者讲述,而是从社会全貌去展现马克思主义在中国的早期传播和中国共产党成立过程,特别是对当时广大青年、普通民众和中国社会的深刻影响,揭示了中国共产党的成立是中国历史和中国人民的必然选

择,可以说,这一主题立意的高远和视角创新性,为这部剧奠定了成功的基础。

电视剧《大浪淘沙》则将视角聚焦于早期中国共产党人的人生选择、命运走向和信仰的力量。剧情展现从 1919 年"五四运动"到 1945 年中共七大召开期间中国共产党人的奋斗史,最初走上革命道路的有志者们,最终因选择、信仰不同而走上完全不同的道路,有人血洒疆场,矢志不渝;有人坚守信念,百炼成钢;也有人背叛了初心和使命,走向革命的反面。从个人选择与命运走向切入主题,诠释只有将马克思主义和中国革命具体实践相结合才能救中国的道理,这在重大革命题材的创作中是较为新颖的角度,这样的视角对于引发和代入观众的思考,可以直观感受到中国革命的道路就是一个大浪淘沙的过程,对青年一代如何面对自己人生的信仰和选择,也具有强烈的共情力和当下性。

电视剧《破晓东方》也在题材开拓上进行了积极探索——首次着力于展现和诠释中国共产党在新中国成立后如何接管政权、管理城市,通过故事化、艺术化地展现丹阳整训、月浦血战、银元之战、米棉煤"两白一黑"之战、打击盗匪、清除敌特、解除"大轰炸"等历史事件,表现中国共产党从革命走向建设、从农村走向城市的这一历史进程中的能力和作为,加之典型人物的塑造和生动演绎,有力地回答了每逢历史关口"中国共产党为什么能、社会主义为什么行"的党性基因问题,从题材拓展角度,成为了一部填补党史剧空白的创新之作。这部剧首次全景式铺开中国共产党坚持"人民至上"的执政理念,在党的二十大胜利召开之际播出,既是对历史的回望和对革命先辈的致敬,也具备鲜明的当下性和现实意义。

二、叙事手法创新,探索多维叙事,丰富主题内涵

在题材开拓的基础上,重大革命题材电视剧叙事手法也不断尝试创新,尝试多时空、多层次的叙事结构,在清晰表现革命历史脉络的同时,通过多维叙事丰富主体的表达内涵。

电视剧《跨过鸭绿江》因其逻辑清晰、交叠推进的叙事手法,通过扎实的艺术探索和努力,把观众带回抗美援朝战争的历史情境,再现了中国人民团结一心、不畏强权、维护和平和保卫家国的精神。叙事手法上,剧情集中突出最具典型意义的事件和人物,使叙述有效性得到强化,以党中央的分析决策为主线,勾勒国际时局的变化及应对的策略;以朝鲜战场的进程为时间线,描述抗美援朝战争的大致过程;以多个国家的反应为辅助线,反衬中央决策的正确与朝鲜战场的变化;同时展现中国人民对抗美援朝战争的反应。尤其是,选择能够表现战争本质且独特的事件完成叙述,既有激烈的阵地攻防,也有长途埋伏的突然袭击,还有"不战而屈人之兵"等,极为生动地表现了战争形态的丰富性、多样性,使观众总

是处于审美的新鲜感受中。多线条有机推进,表现新中国建立之初进行抗美援朝战争的历史必然性与道德正义性,使作品具有了宏阔的视野与高远的品格。

而《大浪淘沙》则是使用了独特的双时空结构,通过当代青年大学生"陈启航"剪辑党史小视频的现实行动,与历史时空交叠推进,展现了五四运动、中共一大胜利召开以及中国共产党人的一系列革命实践和探索,从第一次国共合作、北伐战争、四一二反革命政变,到南昌起义、秋收起义、五次反围剿,再到长征、抗日战争……将中国共产党从诞生到逐渐成熟强大的历程娓娓道来,巧妙地把一个个散点历史事件聚拢、关联、高度凝练。剧中历史人物个体命运与历史事件的经纬交织,也使得这部电视剧在叙事和主题表达上有了一层新的内涵,从而使得这部剧风格上令人耳目一新。

《破晓东方》则坚持"大事不虚、小事不拘"的创作原则,用虚实结合的手法,形成了三层人物关系和叙事结构,从而首次实现全景式展现上海解放前后一年间惊心动魄的历史。

该剧三层人物关系中第一层是以中共中央五大书记为代表的领导层和以蒋介石、蒋经国为代表的国民党反动派高层;第二层是以邓小平、陈云、陈毅、粟裕、曾山、潘汉年、李士英、赵祖康等为代表的中共华东局、上海市政府领导干部;以黄炎培、荣毅仁、梅兰芳等为代表的民主人士、民族资本家、文艺界人士等;以汤恩伯、毛人凤、毛森为代表的国民党反动派中层;第三层则以虚构人物为主,既有上海市政府一线党员干部,也有不法资本家和投机分子代表和普通市民、工人、小商贩代表,此外还有潜伏在上海的国民党敌特分子。

表 1

真实人物	
中共中央	国民党
毛泽东、朱德、刘少奇、周恩来、任弼时	蒋介石、蒋经国

真实人物		
中共华东局、上海市政府	民主人士、民族资本家、文艺界	国民党
邓小平、陈云、陈毅、粟裕、曾山、潘汉年、李士英、赵祖康等	黄炎培、荣毅仁、梅兰芳等	汤恩伯、毛人凤、毛森

虚构人物		
陆修远、纪南音、陆士祺、米知礼、陶老板	赵丰年、林秉良	潘立忍、李清如

主要人物的三层结构

依托三层人物关系,从而形成了三个虚实结合的叙事层次:中共中央决策层:运筹帷幄、把握时局、英明决策;上海一线领导干部:坚决执行中央决策、全心全意为人民服务;平面虚构层:上下一心、共克时艰、迎接并参与建设新上海。导演高希希曾在采访中用"战略、战术、战事"来形容这三个结构层面。在每一个叙事层,都围绕真实历史背景和事件,讲述上海解放和建设初期遇到的重重敌我矛盾和深层次困难,真实的历史虚实和矛盾冲突构成叙事主体,在此基础上加入反特谍战元素,和平民生活场景与情节,三个层次比例适度、穿插巧妙,兼顾运筹帷幄、前线决策、民生烟火,首次全景式展现了上海解放前后这一段惊心动魄的历史。

三大叙事层次

中共中央决策层
运筹帷幄　把握时局　英明决策
上海一线领导干部 坚决执行中央决策、全心全意为人民服务
平民虚构层 上下一心、共克时艰、体现民心所向

三个层面比例适度、穿插巧妙,兼顾运筹帷幄、前线决策、民生烟火

三、兼顾典型人物刻画与群像塑造,恰当运用艺术手法提升审美表达

重大革命题材电视剧同时包含了重大革命历史和重要历史人物等要素,因此在创作上比起其他类型电视剧会多一些困难,艺术审美形式的可突破空间受到的限制也较多。艺术性过于浓厚就会在一定程度上消解主流话语,而意识形态性过于浓厚又会让作品充满说教色彩。同时,随着近年来题材空间的逐渐饱和,创作惯性的渐渐形成,重大革命历史题材创作的数量和质量都有下滑趋势,除了少数优秀作品之外,题材重复、人物脸谱化、主题概念化、桥段僵化、修辞造作、戏剧性设计庸俗等现象比较突出。

近年来的重大革命题材电视剧格外重视历史真实与艺术性的融合和探索,多部作品都积极探索兼顾典型人物和群像人物的塑造,从细节入手,通过对比、隐喻、抒情、写意等多种手法表达人物的精神气质和剧情主旨,提升作品的生动

性和艺术感染力。

以"三大战役"为主线的《大决战》全景式展现了辽沈、淮海、平津三大战役的历史,通过细致描摹和对比手法,不但让伟人的形象鲜活了起来,还充分体现出国、共两党主要领导人不同个性及立场。比如开篇1945年重庆谈判前召开的记者会,毛泽东与记者们侃侃而谈,认真解答记者们关于当前局势的提问,而蒋介石对于记者则简单粗暴,直接命令记者们"请各位把我讲的话记下来,尽快地发出去";毛泽东给百姓点烟、拉家常,尽显亲民爱民作风;而重庆谈判的宴会上,蒋介石却容不下一罐湖南辣椒酱,这些细节对比将革命者的精神面貌与独裁者、反动派的行径反差展现得淋漓尽致。

此外,《大决战》还以艺术化的手法对"小人物"进行生动塑造,解放军战士武雄关和妻子王翠云、国民党部队中保有善良底色的小兵乔三木等虚构人物,个个鲜活生动,他们在苦难中坚守、敢于自我牺牲,正是促成革命最终胜利的关键因素,他们的形象充分体现出了历史背后的人性群像,也反映出历史的选择和人心向背。

通过灵活多样的艺术手段和恰当的抒情写意手法表现典型历史事件,也是近期重大革命题材创作体现出的创新特点。《觉醒年代》在还原历史和视听语言的诗意化呈现等方面,就做到了非常成功的尝试。

剧中运用了许多隐喻镜头来提升作品的艺术性与可解读性。比如在表现1917年张勋复辟时,用昏暗的影调呈现张勋率领的"辫子军"进入北京城的场景,在"辫子军"前进的行列中,一位盲人二胡乐师带着一个小女孩逆向而行,女孩惶恐地痛哭而盲人乐师则兴高采烈地拉响二胡……这组镜头直观传达出对张勋复辟这一逆历史潮流之举的否定评价,女孩的哭与盲人老者的笑,则很容易让人联想到鲁迅笔下"救救孩子"与"麻木的看客"的深意。此外,画面中展现的集市上争相购买假辫子的市民、耍猴表演、头戴清朝官帽的骆驼等形象,都通过隐喻的手法直观表达着创作者的历史观即对张勋复辟的否定,以及对国人麻木、亟待觉醒的反思。

重大革命历史题材与中国传统文学有着天然的契合感,二者结合能够极大提升作品的诗意内涵。《觉醒年代》中还用了大量诗意的内容,在重大革命历史题材中纳入了"诗性内核"。比如在表现北京大学校长蔡元培力邀陈独秀赴北大任教的情节中,巧妙运用了"程门立雪""三顾茅庐""高山流水遇知音"等中国传统文学典故的形象化表达,非常利于观众理解和共鸣。在人物刻画方面,鲁迅写完《狂人日记》之后躺在地上的忘我沉醉、李大钊演讲《庶民的胜利》时的激情四射、陈独秀在狱中唱《定风波》的洒脱不羁,都表现了中国文人的风骨与革命者的气节,也增加了作品的浪漫色彩。值得一提的是,剧中的音乐和镜头运用,也提升了作品的审美意境,使观众容易产生虚实相生感,创新性地做到了影像构成和美学表达写实与写意的统一。

结　语

重大革命题材是国产电视剧创作领域中极其重要的类型,具有较高的创作难度。随着时代发展,广大观众对这类题材的需求与审美要求都在不断变化和提高,如何创新突破、如何提升品质和传承革命精神,是广大影视艺术工作者面临的新挑战。从优秀的作品中总结成功经验与创新做法,正是一个积极学习思考和开拓创作思路的有效路径。希望广大影视创作者通过不断的实践、探索和总结,为今后找准选题、讲好故事、拍出精品带来新的启发,激发更多的创新手法和表现方式,不断增强重大革命题材影视作品的感染力和影响力。

参考文献:

[1] 孙海悦.业界人士研讨重大革命历史题材电视剧《破晓东方》——丰富叙事表达　重温峥嵘岁月[N].《中国新闻出版广电报》2023年2月14日.

[2] 关玲、翟元堃.新时期中国重大革命历史题材电视剧的创作方法[J].《新闻爱好者》2022年第1期.

[3] 杜学文.重大革命历史题材的审美创新[N].《人民资讯》2021年2月5日.

[4] 陈吉.《破晓东方》:重大革命历史题材剧的新尝试与突破[N].《解放日报》2023年1月19日.

[5] 尹鸿、杨慧.历史与美学的统一:重大历史题材创作方法论探索——以《觉醒年代》为例[J].《中国电视》2021年第6期.

[6] 宋说.磅礴大手笔　生动小人物　《大决战》创新展现恢宏的历史画卷[N].《齐鲁晚报》2021年7月7日.

[7] 韩天棋、储钰琦.论党史题材电视剧的隐喻修辞[J].《中国电视》2023年第2期.

[8] 关玲、翟元堃.新时期中国重大革命历史题材电视剧的创作方法[J].《新闻爱好者》2022年第1期.

作者简介:

李旸,上海尚世影业有限公司、上海五岸传播有限公司副总经理。

文化节目的样式嬗变与创新表达

陈 宇

提 要: 目前,以传统文化为内容核心的电视节目创作逐渐成为荧屏主流,尤其以《典籍里的中国》《斯文江南》等节目为代表,将文化节目向影像级语汇发展,开创文化节目创新表达的新样式。本文立足于文化节目的类型演变,分析传统文化的创新表达方式,着力分析节目样态与观众、美学、技术等多个要素进行互动,从而达到为传统文化注入活力、为文化传承培育力量、向世界展示中华民族个性的传播效果。

关键词: 文化节目　创新表达　样式嬗变　斯文江南　典籍里的中国

引 言

中国传统文化源远流长,具备深入挖掘的潜力。随着观众文化水平与审美需求的不断提升,古典诗词、节日节气、尺牍序跋、礼乐书画等各个领域的文化,都存在深度挖掘的势能,而且有破圈发酵,形成文化现象的潜力。此外,传统文化类电视节目的发展还面临着政策支持和技术支持的发展机遇。

二十大报告中提到文化近 30 次,提出"坚持中国特色社会主义文化发展道路,增强文化自信""传承中华优秀传统文化,满足人民日益增长的精神文化需求"。如何将文化自信落到纸面,将成为未来五年媒体创作的关键问题。

一、文化类节目发展脉络及范式梳理

早在 20 世纪 80 年代,文化类电视节目在改革开放的大背景下进入了黄金发展期,诞生了诸如《文艺广角》《九州戏苑》等代表性节目。但这些节目始终未能将商业利益与文化价值有机地统一,所以在后续发展中逐渐被淘汰。

而后由于综艺节目的兴起,文化节目退守到专业性、宣教性的纪录片式的范畴里,成了只面向少数专业观众的小众节目。

其后,文化节目多以"竞答"为主要表现形式。例如《汉字听写大会》《中国成语大会》算是竞答比赛的初始形态。《中国诗词大会》作为该形式的集大成者,体现为人屏互动式的舞美效果,百人团、千人团的群体效应、一对多的赛制革新。节目也诞生了武亦姝等人气选手,但节目形式依然是着重于竞赛,而非文化内涵的传递,可谓是形式大于内容。

之后随着《朗读者》《见字如面》等节目的兴起,将中国书信文化所承载的文化符号进行解读,注重观点表达,成了这一时期文化节目的潮流。其内核是用声音赋予文字以灵魂,将个人经历置于时代背景之中,体悟文字中的文化传承。

2021年,由郑州歌舞剧院创排的女子群舞《唐宫夜宴》登上河南卫视的荧屏,舞者以河南安阳张盛墓出土的隋代乐舞俑为原型,创造出鲜活动人的舞蹈,并且叠置镶嵌入AR虚幻影像中,虚实结合的画中画,呈现出一台完美的美学与技术的艺术作品。即便已经过去两年,至今在微博上唐宫夜宴词条仍在热议中,总阅读数突破4亿,接近10万的讨论。它标志着传统文化节目与前沿技术的糅合,以及互联网矩阵式的传播可以最大限度地破圈掠地,使得原本宣教性的文化可以深入年轻群体,成为文化新表达的基石。

如果说前四类节目更多地是在于怀古,那么像央视的《典籍里的中国》、东方卫视的《斯文江南》则更多地放眼于追昔抚今,今古对照。这两档节目不约而同地以角色扮演的方式,呈现段落化剧情。以影像化的质感,放大故事的重点。以经典传统文化为内容依托,从经典的人物、故事、意象着手,借助集体记忆所营造的共意空间、象征符号展演所搭建的信仰框架,源源不断地为国家认同资源的累积提供着精神养料,成为一道最为独特的文化景观。

二、询唤历史典故　构筑民族自知

在民族—国家共同体的构建实践中,个体对自我角色、身份、族群归属的理性定位与判断,是国家认同生发的根本。中华民族作为四大文明古国唯一绵延不绝的文明,我们有着属于自己的文化符号与集体记忆。

所以一档优秀的文化节目,既要有高立意,更要能唤醒观众的民族自知。具体落实到节目制作上,就要紧紧围绕"文化自信"的核心,在寻章摘句之中,体现华夏文明的五千年实证和对世界文明的贡献。

中国经史子集掌故浩渺,作为集体记忆的一部分,有些以成语或固定词组的形式,成为我们日常生活中习以为常的语句。历史记忆亦是中华民族全体共享往事的过程与结果,具有时序的叙事性与意向的现实性特质,其以"历史"的形态呈现和流传过去的记忆,并依附于文人雅士的诗词歌赋之中,对群体"共同起源"的记忆与法统的正当性提供历史的确证。

这类节目中的佼佼者当属《典籍里的中国》与《斯文江南》两档节目。它们都向中国文化先贤致敬,并让古今现代的经典文本成为人们内心不朽的文化图腾。这两档节目在第一季成功的背景下,不约而同地在 2023 年前后推出了第二季。《典籍里的中国》每期长达一个半小时的节目里,会针对一部典籍精心筛选出具有代表性的历史人物、历史场景、历史故事来激活人们的记忆。第二季收官时,节目在微博上的话题总阅读量达到 36 亿,热搜达 64 次,评分 8.6 分,视频总播放量 2.3 亿次,呈现出不输于第一季的旺盛生命力。

《斯文江南》则结合现代戏剧的"围读"和中华传统吟诵,取材中华经典文本,并通过影视化演绎凸显文脉魅力。截至发稿前,第二季已播出近半,收视份额为 1.68%,在大型综艺节目扎堆的周五黄金档跻身前三,证明了小体量、高垂度的文化节目依然可以获得广大受众的青睐,观众的审美趣味与传统文化有着高度的耦合性。

三、以人物见史　以故事见志意

历史是由人所成就的。每个重要的历史节点上,总会有对应的人物,凝练整个民族的精神图腾。《典籍里的中国》与《斯文江南》均选择以历史名人作为切入口,演绎其生平,品读其著作,从而体悟其志意。

在《典籍里的中国》第一期《尚书》里,节目选取百岁"护书人"伏生为中心人物,通过其讲述书中故事、解读书中思想来呈现《尚书》作为"政书之祖,史书之源"的珍贵价值。第二期《天工开物》,则以该书的编写者宋应星为主角,并以宋应星的兄长宋应昇、友人涂绍煃为次要人物,以三人的珍贵友情为贯穿主线,讲述宋应星在六次科考落榜的失意逆境中,依靠兄长友人的支持与鼓励,把历年来游历大江南北所了解到的生产方式与工农技术一一记载下来,由此编成了世界上第一部全面系统地介绍农业和手工业生产技术的专书——《天工开物》。在第三期《史记》,以撰写者司马迁为核心人物,聚焦于司马迁"年十岁则诵古文"的幼年时期、"二十而南游江、淮"的青年时期、忍辱负重不忘父亲遗命的中老年时期的呈现,通过对三个不同阶段的戏剧化演绎来勾勒其"子承父志、著书立说"的跌宕人生。

《斯文江南》更注重人物之间的关联,其每期节目会遴选三四名历史名人,并通过文献考据勾连起人物的点阵图。如在九江篇,节目组将陶渊明与白居易放置在同一集里,并考据到陶渊明是白居易那个时代的文人共同的精神图腾。白居易不仅著有《效陶潜体诗十六首》,还在任江州司马期间就两次拜访陶渊明旧宅。两人更在精神上有着共鸣,如陶渊明《桃花源记》《归去来兮辞》表达出文人归隐田园的志趣,而白居易从中领悟"中隐"之道,赋诗《中隐》:"大隐住朝市,小隐入丘樊。丘樊太冷落,朝市太嚣喧。不如作中隐,隐在留司官……"在苏州篇,节目创造性地将历史人物唐伯虎与《红楼梦》小说女主角林黛玉做了呼应。如唐寅在《桃花庵歌》中吟诵"若将富贵比贫贱,一在平地一在天"。《红楼梦》中的林黛玉便有"若将人泪比桃花,泪自长流花自媚"的致敬。类似这样的引诗用典在文人之间司空见惯,因为在深层的文化结构底座上,他们之间确实有心灵的唱和基因在,或者某种两极的呼应。

这些历史人物或是文章的书写者,又或是理念的践行者,甚至是精神的传承者,他们作为每部经典的人格化符号,历经千年历史长河的涤荡与洗礼,已凝练成为中华民族的精神象征,镌刻与渗透着中华民族最独特的文化印迹与民族信仰。

如此"列传体"的节目样式,给予了文本之上的故事背景、人物弧光、情感羁縻等要素,让一维的文字有了三维的位面,赋予瀚藻之辞以沉思之事,让观众建立起文本—人物—思想—认同的立体构型,从而对国家、对民族生发崇敬心理与情感共鸣。

四、情景复现经典　奏响情感共鸣

从历史场景的再现来看,经由视觉符号与听觉符号双重编码所形成的经典场景为场内外观众构筑起了一个区隔于"日常空间"的"仪式空间",在"集体往事"的唤醒与重构中,观看者在共享往事的同时亦完成了共同情感与意义的确认。

在《典籍里的中国》的《史记》篇,通过戏剧展演对"炎黄联盟"这一历史故事进行了艺术化再现,激情澎湃的音乐与动情真挚的戏剧诠释相得益彰,将4 000多年前"炎黄合体、诸侯宾从、开创了民族融合、安定一统的上古治世"这一历史记忆进行了精华式询唤。又如《尚书》中,面对汉文帝赐予的鸠杖,已是耄耋之年的伏生热泪盈眶、动情呢喃着"皇帝陛下知道书的好处,百姓的好日子有望了"的场景,感人至深。

如果说《典籍里的中国》更偏向于舞台剧的呈现形式,那么《斯文江南》的"演读"就更接近于写意式的影视短片。在绍兴篇,影视棚里垂挂着书法条幅,李泽锋演绎飘逸洒脱的王羲之,一边吟诵《笔势论》,一边跳起豪迈磅礴的书法之舞,将王羲之书法的精微之处形象地通过肢体传达,与《笔势论》融为一体,该片段在短视频平台上广为流传;另外鲍国安老师饰演的王阳明,端坐太师椅上,将《瘗旅文》娓娓道来,呈现出王守仁心学之外的圣人仁心,带给观众全新思考。

此外,这两档文化节目不在于就古论古,而更注重古今对照,借古喻今。如在《典籍里的中国》,主持人撒贝宁化身为现代穿越的读书人,跨越时空与古人对话。第一期节目中,古代护书人伏生来到现代图书馆,看到《尚书》仍流传于后世,在离开前他深深回眸,说:"《尚书》有了你们的传承,我放心了!"满含对后世的嘱托,这一伴随着语言表达的非语言符号带动观众情绪达到了高潮。第三期节目中,现代读书人寻访《史记》作者司马迁,临别之际撒贝宁向司马迁说"请受炎黄子孙一拜",用郑重行礼的方式向古代伟人表达敬佩之情。

《斯文江南》节目第一期"绍兴风骨"里,相隔数百年的绍兴名家王阳明和鲁迅,在节目中"隔空对话"。节目组通过引用他们的著作,传达他们相似的教育理念——"不要压抑孩子的天性"。在王阳明的《训蒙大意》中有"今教童子,必使其趋向鼓舞,中心喜悦,则其进自不能已"。该智慧穿越百年,与而今"双减"政策不谋而合,节目组也通过王阳明的理念紧扣当下教育主题,引发公众的共鸣。

情景再现的手法在电视节目中并不鲜见,然而仅仅还原历史只是第一步,复现经典的过程,其实体现了创作者对于时间和空间自由地转换和组合的理念。由于观众处于"日常空间"中观测"仪式空间",对于观众而言他实质上经历两种时空的叠加状态,如果像《斯文江南》还设计了王阳明与鲁迅的跨时空对话,则观众实质处于三重空间的交叠,故事空间与现实空间产生共振,在遥远的历史符码与时代意义、民族精神相结合,打破时间界限,勾连起"虚实"和"古今"的双重关系,将"彼时彼刻"的历史空间与"此时此刻"的现实空间缝合并统一起来,搭建起文化认同的通道与桥梁。伏生所护的《尚书》历战火而不佚,传承成今世之馆藏《尚书》,许多观众留言表示为之泪目,从侧面反映了当历史时空与现实时空共振时,其背后蕴含的能量足以让人迅速共情。

五、科技加持内容 场域型塑意义

现代节目将空间的设计感和构造性置于了更高的位阶。空间不再是简单的舞台、景片、灯光、大屏的简单堆砌,而是节目内容开展的场域,是一系列表征符号的组合所带来的整体含义。它既是节目意义得以生成与传播的重要途径,也是节目审美意涵的集中显现。观众从节目所构筑的空间中感受节目的风格与内涵,并在此基础上读解节目编排的视听符号,由此参与到节目中去。因此,空间构型是一切节目文本得以生成的前提与基础,也是观众的心理空间能够形成的根本性条件。

目前,不少传统文化节目都不吝于用最新的科技来还原甚至突破场景,例如《诗画中国》以诗、画、音、舞、剧、曲等艺术形式为"纸",以 XR、CG、裸眼 3D、全息影像等科技手段为"墨",辅以电影级别的拍摄与制作,为每幅经典画作量身打造了可视、可听、可感的"写意空间"。2022 年的《开学第一课》通过 AR 技术 1∶1 在演播厅现场还原实验舱,还使用微距镜头展现水稻种子微观世界,延时拍摄再生稻动态生长,还原钻取冰芯、岩芯过程。

《典籍里的中国》也善于使用环幕投屏、AR、实时舞台跟踪等现代技术及仿真性道具的加持,通过"真实"再现历史场景,第一期《尚书》中,节目一开始,当撒贝宁讲到《尚书》于 1990 年被首次发现于敦煌莫高窟时,巨大的环幕投屏上立即再现出莫高窟"内藏典籍万卷"的震撼场景。此外实时跟踪技术的运用,通过一镜到底展现《天工开物》刊印出版的"真实"场景,观看者在跨时空"参与"典籍出版的过程中时,与宋应星发自内心的自豪之情产生了共振。

《斯文江南》第二季延续了其第一季时的江南园林的视觉设计风格,但是在实景棚的搭建上进行了升级。采用了移动式机械结构舞台装置。舞台采取"同轴双圈"结构,将古镇、雨巷、园林、亭台、水乡等江南视觉元素在舞台上错落归置、精妙设计排布。节目围谈板块可根据谈话内容和文本,实现"一步一景"的舞美排列组合,高浓度呈现江南文化的多元性。在九江篇中当讲述陶渊明时,众位嘉宾还在酒肆茶社间畅谈,与陶渊明饮酒侍茶的心性相契合;而当聊到白居易时背景却旋转至庄重宅院之前,体现了诗人文章合为时而著的品质。

通过创新的技术加持,在纪实性视觉修辞中为观看者制造出一种身临其境的现场感与真实感,可以重塑起对于个体、民族、国家"三位一体"的使命感。作为一种规范化、程序化、规模化的媒介景观与视觉奇观,以精神引领为核心的仪式性文化节目通过如约而至的集体符号性媒介表征实践活动,构建和影响着人们对现实环境的认知、激发着人们的群体意识、型塑着人们的政治信仰,强烈地作用于人们的心智体验和心理归属,从而为个人提供政治方向和属于一个更大共同体的感觉。

结　语

文化类节目的成功之处在于,能够从历史隧道里不断找到新的宝藏,让其蕴含的思想精华穿透数千年的历史时空,与观众达到精神上的共振,唤醒观众骨子里的家国情怀,华夏儿女对中华民族和祖国的热爱。能够很巧妙地让不同文化语境中的人群轻松接受,开拓文化传承和民族共鸣实现的新想象空间。

期待有越来越多的文化类节目创新垂直类型继续深而广泛地开拓,注入时代新活力,用观众喜闻乐见的方式不断在内容和文化上创新,讲好中国故事。

参考文献:

［1］传统文化节目的跨媒介叙事探察——以河南卫视《唐宫夜宴》为例;作者:钟龙辉;《台州学院学报》2022 年 10 月第 44 卷第 5 期。

［2］记忆·话语·情感_仪式性文化节目的国家认同构建——以《典籍里的中国》为例;作者:杨惠、戴海波;《淮阴师范学院学报》2022.2 第 44 卷。

［3］基于复调理论看《斯文江南》的"对话";作者:封惟仪;《今传媒》2022 年第 9 期。

作者简介:

陈宇,上海广播电视台东方卫视导演。

基于视频号直播的广播访谈节目创新策略

李　军

摘　要： 微信视频号自 2020 年初发展至今，其私域流量和公域流量的双循环模式推动新闻传播触达更多用户。其中，视频号直播作为广播媒体转型升级的手段之一，已成为各类媒体争相实践的新样态。本文以广播访谈视频号直播成功案例为研究对象，为广播访谈节目在深度融媒改革中的传播方式和内容表达上探索新方向、提供新途径。

关键词： 广播访谈节目　视频号直播　传播方式

引　言

近年来面对融合发展之势，广播媒体在内容表达和传播方式上不断守正创新，包括微信视频号直播在内的网络直播已成为广播媒体较为常见的融媒实践。各类慢直播、一镜到底、嘉宾访谈等直播形式和产品层出不穷，广播媒体努力采用传统广播和网络直播等多渠道并举的方式，全力打造可听又可看的广播节目。其中，微信视频号直播不仅拓展了主流媒体的传播渠道，又有效弥补了主流媒体与新媒体相比视频直播起步时间晚、传播效果欠佳的客观差距。

对于广播媒体访谈节目而言，面临着新媒体访谈节目、产品的巨大挑战，探究视频号直播对于广播访谈节目的发展有着重要意义和研究价值。广播媒体有必要借助微信视频号直播进行直播样态创新，实现再造流程、整合业务、锻炼队伍，进而在新闻宣传工作中发出新型主流媒体的最强音。

一、广播访谈节目创新直播样态的必要性

1. 广播媒体呈现受众规模收缩、黏性下降的现状

根据中国互联网络信息中心发布的第 50 次《中国互联网络发展状况统计报告》，截至 2022 年 6 月，我国网民规模为 10.51 亿，互联网普及率达 74.4%；网络直播用户规模已达 7.16 亿，较 2021 年 12 月增长 1 290 万，占网民整体的 68.1%。与之相对应的是，传统媒体的受众规模总量正在进一步收缩。同时，新媒体平台"播客"等具有访谈节目属性的网络产品形式新颖，有较强趣味性或独特审美价值，这些网络内容产品使得传统广播在移动人群中的黏性有所下降，传统广播面临较大的节目创新竞争压力。

2. 广播访谈节目受限于固定节目时间，把握时度效难度增大

传统广播媒体一般都有固定的节目时间表，在固定的时间段内，听众可以收听到固定的广播节目。对于当下正在发生的新闻事件或社会热点，大部分广播访谈节目无法做到第一时间上线，有的甚至要在第二天才能展开直播，新闻热点的反应速度慢。同时，传统广播访谈节目的二次创作和再分发能力欠缺，往往一期精彩节目只有一次传播过程，无法进一步扩大传播声势，取得更好的传播效果，这些薄弱点进一步削弱传统广播访谈节目的传播力和社会影响力。

3. 广播访谈节目对受众行为变换和情感诉求研究欠缺

传统广播访谈类节目的受众互动很大程度上依赖热线电话或自有平台留言。在网络直播平台上，互联网拉近了人与人的距离，网友可以直接对访谈内容或嘉宾观点点赞、评论和转发，无须通过拨打电话，也无须等待，形成了平等、高效的讨论空间。与互联网平台的特点相比，互动效率的低下，迫使广播必须思考：如何理解受众行为变换，呼应其情感诉求。

4. 广播访谈节目无法满足受众"场景感"需求

广播访谈直播往往让人"只闻其声不见其人"，但依靠声音难以营造鲜明、清晰的场景感。视频号直播通过网络技术手段，能够在各种不同的场景中随意切换，从公共空间到生活化、个性化的空间，稀释了受众的疏离感，增加了节目主题的视觉元素，进而使得受众在情感上形成共鸣，这是视频号直播受到社会大众广泛喜爱的原因之一。

二、视频号直播赋予传统广播访谈节目多元价值

1. 阵地价值

由于可在网络空间构建多元对话场与建言通道，更高效地提升舆论引导能力，微信视频号作为直播平台，已成为各类型新闻媒体抢占的舆论场。统计数据显示，有超过 1 500 万人通过视频号观看了孟晚舟归国的新闻直播；超过 1 000 万人观看了大象新闻直播的河南暴雨防汛救灾；1 500 多万人观看神舟十二号发射；3 600 万用户在视频号上，通过央视新闻的镜头见证了 2023 年的第一次日出。

当下，全国各级媒体和各地政务机构纷纷入驻视频号，通过视频号进行主流价值观和社会正能量的传播已达到前所未有的高度。除了直播，视频号上发布了大量有价值、权威性的视频类内容，可以说，占领视频号的舆论场新阵地，已成为主流媒体激活公共舆论流量池、放大主流价值声量的关键举措之一。

上海人民广播电台已连续 15 年举办《上海民生访谈》节目，上海各委办局负责人相继走进直播间，在节目中发布或解读最新民生政策，由于话题的民生关切度高而备受百姓关注。2023 年，该节目以贯彻落实党的二十大精神为主线，以"你我的期盼、上海的行动"为主题，在传播方式上，采用了广播和视频号同步音视频直播，并通过现场调研式采访和系列短视频产品，全力展现上海各部门大兴调查研究，讲求工作实效，直击痛点、破解难题的创新举措和时不我待、只争朝夕的奋斗精神，体现了主流媒体的使命价值。中国新闻奖名专栏节目《市民与社会》在 2022 年 4 月疫情防控期间于视频号上推出"致敬行动者"系列直播，构建网络多元对话场，共同探讨如何用好"在地志愿者"、构建基层共治体系、面对问题解决问题等公共议题，让公众看到真实丰富的基层情况，更通过对话凝聚共识，上下同心。在系列直播中，人大代表、政协委员、社会学者，与投资人、企业家、大学生、家庭主妇、一线志愿者一起讨论议题，寻找解决之道。参与讨论者都成为推动问题解决的行动者。他们用实践建言，不仅驱散抱怨与谣言，更为同心抗疫树立信心。系列直播还结合五四青年节、母亲节、全国助残日等节日主题，关注疫情下的青春奋斗者、独居老人、残障人士等，在重要时间节点讲好充满正能量的新闻故事，同样体现出主流媒体的责任和担当。

2. 流量价值

视频号直播可通过公域流量和私域流量的双循环，形成链式传播，极大提升了广大用户群体的可触达性。

根据微信官方公布的数据,微信及 WeChat 在 2022 年第四季度的月活跃用户数为 13.13 亿,继续保持着"第一国民 App"的地位。超大规模的用户数量,意味着流量红利。

中央广播电视总台《新闻联播》于 2022 年 2 月 11 日开启在视频号的首次直播,两天内分别收获了 63.8 万和 86 万人次的观看,第二周观看量为平均每天 100 万人次以上。央视新闻在微信视频号上发起的"庆祝中国共产党成立 100 周年大会"直播,观看人次达到 2 666 万、观看人数达到 1 666.5 万,刷新了直播观看人次、观看人数、分享次数三大新纪录。这些数据标志着视频号跻身千万级直播平台,成为主流视频分享、直播平台之一。《市民与社会》节目推出的"致敬行动者"系列直播,15 场视频直播,通过网络会议平台,连接身处不同场景的嘉宾 50 多位,创作短视频近 40 条,总点击转发量近千万。系列直播是疫情防控期间传统广播媒体的一次广播传统访谈向视频直播转变的"应急",没有日常流量积累的铺垫,却因内容扎实、话题热度高,结合符合微信生态和规律的自然流量吸附,最终实现了视听收看新场景、新热度的营造和提升。

3. 社交价值

基于微信生态的视频号拥有天然的社交属性。用户在视频号上观看直播时,可以边走边看,也能边看边聊,同时评论区功能可以让身处不同场景的两个用户,就正在直播的内容同步展开讨论。另外,朋友圈转发功能的设置,使观看视频号直播提升为可转发、可分享、可互动的社交体验。《新闻联播》视频号的成功,让这档 44 年的"老节目"变得更具年轻范、社交范,从而提升了《新闻联播》品牌的亲和力,塑造了其社交形象。《市民与社会》"致敬行动者"系列直播则通过视频号的社交功能,将更多用户的观点和评论融入直播过程中,成为节目直播中不可或缺的内容呈现,主持人、嘉宾、用户通过网络更自然地进入同一话语场域,不断交互和推进着观点的传达,最终有助于达成社会共识。《上海民生访谈》在 2023 年的节目中首次设置"青年观察员",青年记者走上街头,以视频街访的形式将市民对委办局的各种期待高效汇总,让更多市民为美好生活建言献策。直播进程中,广大网友的即时评论形成评论弹幕,成为主持人和访谈嘉宾重要的沟通内容,从而打造出了意见探讨的有效通路。

三、广播访谈节目视频号直播的创新策略

1. 重视议题设置、内容表达,以坚守新闻立台作为创新基础

广播访谈节目的创新直播应把握住舆论导向和主旋律,把主题思想和传

日的看作是创新基础,避免节目议题设置的"一厢情愿",要接地气,注重互联网传播特性,并特别强调被访谈人物的新闻性,以期获得更好的社会效益。

《上海民生访谈》节目在策划阶段,就通过上海发布、上海大调研等平台,收集网友对各委办局的期盼和想法。基于扎实的前期调研,创新性推出《走下去都是办法》视频直播板块,努力反映问题在一线发现、困难在一线解决、矛盾在一线化解。记者跟随委办局业务负责人深入基层一线,以实际工作中遭遇的堵点、淤点、难点问题为导向,在广播和视频号原生态直播报道政府部门研究问题、多方求解、由此及彼,想方设法化解难题的过程。节目进程中,各委办局负责人通过电波,对群众、企业急难愁盼问题开展协调处理,把调研成果转化为推动工作的实际成效。《市民与社会》"致敬行动者"系列直播的选题则紧扣社会热点和民生话题,同时努力寻找新闻当事人参与直播,努力挖掘访谈嘉宾身上的故事,传达多方观点。在一期关于聋哑人话题的多人对话中,聋哑人嘉宾用手语的方式和大家交流,其他嘉宾身处异地进行手语翻译和解读,让这一弱势群体的近况和想法得以在主流媒体上得到完整展现,让传统广播媒体连接到以前难以覆盖的少数人群。另外,视频号直播也可以把不同领域、不同身份的嘉宾拉入同一个公共对话场。在一场关于企业家信心的话题讨论中,受年轻人欢迎的 00 后综艺节目导演和各位女企业家一起,共话心声,实现了在社会环境不确定性因素集聚的情况下,稳民心、增信心。

2. 重视时度效,突破节目时间限制,提升快速反应应急能力

在社会热点出现后,节目组研判出其具有选题价值后,应立即组队展开策划,在直播时间、嘉宾确定、技术支持、场景搭建、包装设计上都要讲究"快准"。

面对舆论热点的瞬息万变,《市民与社会》"致敬行动者"系列直播快速反应,首先以视频号直播呈现节目访谈,在直播结束后,再精心剪辑和制作录音文件,供第二天广播端节目播出。在日常工作的流程排布上,节目组重视完善视频号直播技术流程和人员设置,积累丰富的嘉宾资源库,提升团队应急突发事件的能力。只有打通直播的生产流程闭环后,方可实现第一时间、第一落点,抢占舆论阵地和热点议题。

对于提前策划的访谈节目,也应同样高度重视节目的时度效,抓住节目开播前后的各类热点信息,及时调整、应对,安排采编力量,快速深入报道。2023 年《上海民生访谈》在征集意见期间,发现"社区长者食堂"话题关注度高,立刻调整选题方向,在直播节目中记者跟随市民政局为老服务处负责人走进社区长者食堂。通过调研发现:老人们提出希望能"拼菜"、晚餐打包回家和家人一起就餐等,用餐习惯挑战了食堂原有的服务模式。这些在节目中呈现的民意、民声都会

成为政府机关改进工作、完善流程的重要基础,从而让传播报道具有了极大的社会价值和用户关注度。

3. 重视视觉表达,最大程度助力直播的影响力和传播力提升

广播访谈节目的视频直播由于有了视频端呈现,在声音之外,更应强调视觉的表达。

视觉表达首先从预告海报开始,可以根据讨论主题、嘉宾领域等因素来设计海报。海报既是朋友圈的直播观看入口,更是直播链接的封面图。海报可以成为重要的分享和传播载体。

另外,通过网络会议等方式实现的视频直播,参与各方的场景选择也应在策划之初就进行细致讨论。嘉宾所处的环境、背景,以及可能出现的变化都应有所关注。如果访谈时嘉宾需要边走边说,动线设计的合理性和信号传输的稳定度都应列入提前考虑范围。

多层次、流畅、稳定的视觉表达,可最终让信息实现聚变,让节目场景更丰富,内容更多元。

4. 重视二次传播,以短视频分发实现优质内容产生裂变式传播

通过短视频分发,广播优质节目在视频号更有机会被用户转发、推荐给自己的好友,从而形成裂变式传播。

在《市民与社会》"致敬行动者"系列的一场直播中,节目嘉宾将自己的观点剪辑成短视频发布在个人视频号上。由于话题的热度高,迅速达到10w+的阅读量,并在数日后达到了千万级的播放量,从而让该期节目议题在互联网上呈现了极高关注度。《上海民生访谈》在新媒体平台发布的"上海绿牌蓝牌要合并?市经信委回应"短视频,结合访谈内容,用权威发布回击部分自媒体上的不实信息,播放量在系列节目结束前已超60万。此外,"第二波疫情还会来吗?上海市卫健委主任回应了""旧改基地'一棵紫藤树'的故事"等短视频,均取得不错的传播效果,点赞评论数持续上升。"调研现场"系列短视频将一线好经验、好做法归纳总结,为后续推广做了储备。

包括视频号个人账号在内,内容生产者可利用现有的各类新媒体平台与广播的视频号,构建出强关联的传播矩阵,最终实现流量裂变。

结　语

融媒体时代为传统广播媒体提供了多条新赛道,广播访谈节目想要拥有新

发展、产生新动能,必须大胆创新传播模式、扩大传播范围,如此才能在竞争激烈的媒体环境中获得持续的发展动力。

通过对成功案例的研究,"视频号直播＋短视频二次传播＋广播精修"的模式可实现广播访谈节目的全新生产流程。同时,广播访谈节目要增强传播力与影响力,议程设置要有合理性、嘉宾选择要突出专业性、话题安排注重差异性、传播平台追求多样性;另外,须强调"时度效",及视觉化表达的全程、深度介入。广播访谈节目向来内容丰富、观点纷呈,只要及时、合理、高效生产出精彩视频直播产品,就能成为融媒体时代传统主流媒体参与传媒市场激烈竞争的高流量产品、品牌产品、高影响力产品。传统广播媒体也可借助视频号直播的不断完善和推进,对传统广播节目的生产流程进行颠覆性变革,并通过相应人员的技能提升,完成整个团队能力的迭代,进而实现整个广播媒体机构的融媒深度改革。

参考文献:

［1］2021 年度视频号发展白皮书,2022 年 1 月,https：//www.shidengdata.com/viewpointarticle?id＝15355.

［2］中国经济网:《〈"在成长"2022 视频号年度小结〉发布》,2023 年 1 月,http：//www.ce.cn/cysc/tech/gd2012/202301/17/t20230117_38352400.shtml.

［3］施锋,李红妮.《〈新闻联播〉视频号直播对广电媒体融合发展的启示》,传媒,2022 年 10 月.

［4］王奕程,李伟.《"庆祝中国共产党成立 100 周年大会"直播——重大活动微信视频号直播的传播特征和运营方式》,中国记者,2021 年 8 月.

作者简介:

李军,上海交通广播总监。

共情传播视域下的医疗纪实片人物形象塑造分析

——以纪实片《生命时速·紧急救护120》为例

李 菁

提　要： 本文基于共情传播视角，分析纪实系列片《生命时速·紧急救护120》的人物形象塑造，使用文本分析和内容分析的方法，探讨纪录片创作者如何引导观众与纪录片中的人物产生共情、共鸣与共识，从而转化为日常行动，达到颂扬医德仁心、传播健康急救知识、引发社会关注与热议的效果。

关键词：《生命时速·紧急救护120》　共情传播　人物形象塑造分析

引　言

院前急救服务体系完善和先进与否，是衡量一座城市、一个国家社会安全保障与应急救援反应能力、急救医学水平的重要标志。《生命时速·紧急救护120》讲述上海"流动的急诊室"内外的故事，展现医患间、病人与亲友间的真情实感，深度还原急救现场，讴歌医者仁心，传播急救知识，引发社会话题热议，助推实现"健康中国"。由三大摄制组历经三个月贴身跟拍，随车实录3辆急救车、9位一线从业人员工作及生活日常，每日12小时蹲点120指挥中心，真实记录553个真实案例，从中挑选出72个精彩故事剪辑成片。

《生命时速·紧急救护120》作为全国首部大型院前医疗急救纪实片，由国家卫生健康委员会宣传司专业指导、中国人口文化促进会监制、上海市卫生健康委员会支持、市医疗急救中心协助拍摄。自2018年3月12日东方卫视首播以来,收视率多次稳居黄金时段全国第一,哔哩哔哩评分9.9分,豆瓣评分9.3分。先后获得2018年度国产纪录片及人才扶持项目优秀纪录片奖、2018年网络视听节目内容建设资金扶持重点推广项目、第十六届中国人口文化奖、第二十四届中国纪录片系列片十佳作品等多项国家级奖项。该系列片屡次重播,并于2020年1月作为广电总局紧急组织调配的优秀纪录片,免费支援湖北广播电视台播出。

一、问题的提出

医疗题材纪录片是指聚焦医患关系,以医疗事件或者人物为主要内容的纪录片。以纪实手法记录发生在救护车上的真实故事,诠释"流动急诊室,关怀人间世"的创制意涵,让观众意识到医疗题材纪录片对医疗空间的建构不仅仅局限于医疗或医院的某个具体空间,也承载着更为广阔的社会横断面。

要想发挥这种作用,不能仅停留在日常的跟踪拍摄,应当将共情传播理论作用于实际创制中,探索独特的美学价值。这就必然涉及医疗题材纪录片中人物形象的塑造、人物故事的建构问题——医疗纪录片如何在传播医疗健康知识的同时,刻画人物,使其与观众产生共情、共鸣与共识? 当观众与片中人物达成共情之后,又如何与院前急救产生情感连结? 这是本文着力探讨的问题,也是国内首部大型院前急救纪实片《生命时速·紧急救护120》创制之初力图解答的问题。

二、共情传播对纪实影像中人物塑造的理论基础

共情是指一个包含认知、情绪情感和行为的多重心理活动过程。众多社会心理学、媒介社会学的研究者认为"认知—情感—行动"构成一个共情过程的完整链条,共情的基础是个体与他人之间的情绪共享,是有意识地进行换位思考,来理解他人感受的过程。

无论是剧情片、纪实片还是真人秀节目的创制,让观众在故事中找到自己的影子,是激发共情的重要因素。原本尘封于大脑深处的认知情感被审美共情所激活。电视工作者在用影像塑造人物时应充分考虑片中人物与观众的共性经历,积极寻找情感契合点,这是激活"认知—情感—行动"的基础。

什么才是引发共情的必要条件呢?

一是能够激发群体共情的情境,就是在一定时空场域内展现的人、事、物,能够影响或决定接受者个体的情绪和认识判断。共情的表达是一种传播过程,往

往只需要一个事件、一个案例甚至一段视频或一句口号。

二是大规模的身体共在,使得相似的情感能够在特定人群中得以快速传播蔓延。当下互联网社群、弹幕等媒介的产生,使得虚拟的身体共在情境得以形成,这对于共情传播起到了重要作用。

导演团队在节目策划之初就尝试在纪实片《生命时速·紧急救护120》创制中将"认知—情感—行动"共情链路在主题立意、选题策划、真人选角、叙事视角等方面深度融合,从受众的个体情感演变为社会性的共通情感,使观众在潜移默化中增加和丰富了对院前急救的认识,调和当下社会中存在的医患矛盾氛围。

本文将基于共情传播视角,分析本片中的人物塑造,使用文本分析和内容分析的方法,对纪录片及其弹幕和评论文本进行剖析,以探讨纪录片创作者如何引导观众与纪录片中的人物产生共情、共鸣与共识,达到传播健康急救知识,颂扬医德人心,引发社会热议的效果。

三、从共情、共鸣到共识——《生命时速·紧急救护120》的人物形象塑造分析

(一)共情的起点:拍摄对象与案例的选择

1. 拍摄人物的选择——打造千里挑一的主角团队

人物的选择对于纪实片人物构建来说是第一步,也是最关键的一步,它对于纪实片的视点、意义的拓展与深化都起着非常重要的作用。就《生命时速·紧急救护120》而言,一名驾驶员,一名急救员,一名急救医生,构成一支院前急救小组,在医院医务人员接手之前担负现场救护的任务。

(1)如何千里挑一选出最合适的拍摄对象

相较于无法提前预判各类急救病患,急救小组的选拔与拍摄是可控的,导演组花费大半年的时间,从上海市2866名120一线从业人员中,根据业务素养、表达能力、个性魅力、亲和力等多维度综合考量,层层筛选出九位主人公,可谓真正意义上的千里挑一。心肺复苏成功率最高的吴昕医生、在急救一线时间最长最严苛的姚明医生、重灾区出勤率最高的郜素燕医生——三位急救医生承担整部纪实片的中心人物大框架。导演组也赋予三组搭档"默契兄弟连""男女好搭档""上阵父子兵"的角色定位。

(2)岗位不同、身份多样、个性迥异

工作时,他们是院前急救专业人员,是救死扶伤的"英雄",是抬抱病员的"搬

运工"，三组院前急救"金三角"通力配合，完成一次次干脆利落的救援；下班后，他们是普通人，是儿子、父亲、媳妇……岗位不同、身份多样、个性迥异。随着节目的播出，这些鲜活的人物形象一跃成为上海的"网红"：姚明医生被亲切称为"姚爹"；肖月龙被夸作"急救二代帅哥"；速度 140 迈的急救司机陆坚宗有了别名"狂飙老司机"；吴昕医生更是被广大网友誉为"上海女婿"。

2. 典型案例选取，引发社会热议，展现人文关怀

《生命时速·紧急救护 120》采用纪录片故事化的创作手法，在表现救死扶伤的人文关怀同时，探讨各类社会议题。每集 40 分钟的片长为观众呈现"一大两中三小"六个案例。导演组制定了选择案例的原则：

（1）传播急救知识，选取典型病例

在第一集《生命时速》中，53 岁的患者突发心梗，在转移途中室颤随时随地会再次发作，稍有疏忽便意味着死亡。此时，屏幕被分割成三块。一块是医疗舱中，吴昕医生随时留意病患各项生理体征的变化；一块是驾驶舱里，司机陆坚宗全神贯注加足马力；另一块则是救护车在路上疾驰的画面，镜头内的计时器以毫秒为单位，飞速跳动着。生死时速场景，让屏幕前的观众更能直观感受到急救时间的紧迫，了解突发心梗后正确的急救方式。

（2）反映医德仁心，选取情感案例

在第十一集《拿什么拯救你》中，当看到男子昏迷、大小便失禁、排泄物遍地时，姚明医生依然在恶臭环境下坚持抢救的震撼视觉画面，该集的评论区中，有网友留言——打篮球的姚明是个巨人，紧急救护中的姚明医生也是一位不折不扣的"巨人"。强烈视觉冲击充分展现中国急救人员"以人为本，生命至上"的职业观。

（3）展现人性关怀，选取社会热点

第六集《当明天来临》是聚焦上海老龄化话题。目前上海市 65 岁以上老年人占总人口的 23%。平均每 5 个人中就有一位老年人。独居老人的赡养问题、危重病人的心理建设、临终关怀、姑息治疗等，几乎每个话题都能引发社会热点讨论。急救小队在挽救生命同时所体现出的人文关怀，更加打动人心。

"老吾老以及人之老"，在对共情功能的研究中，有学者认为，共情有利于激发人们的自然身份和社会身份，让"我"变成"我们"，让人类成为整体。也有学者提出："群体共情有助于减少群际攻击性行为和群际冲突，改善群际关系。"可见，共情对个人与个人、个人与群体、群体与群体之间的关系具有促进作用。完整看完上下两集《当明天来临》的观众都会陷入沉默，思考未来当自己老去时，会是怎样的情景。小小的 120 急救车，承载着太多太重的分量。就像每集片头的文案那样："悲欢有时、聚散无期，唯爱与生命不可辜负。"

（二）共鸣：叙事视角的建构持续强化情感内涵

在特定情境中，人物的悲欢离合与事件的跌宕起伏，会引发共鸣。纪录片学者卡尔·普兰廷加认为："人物塑造是一种建构，因为用来表现人物的影像和声音不是中性、透明的，而是经过精心设计和选择的。"笔者认为培养观众对拍摄主人公的热衷或反感，也是纪录片导演塑造典型人物、推动叙事的主要方式之一，在《生命时速·紧急救护120》中导演组从急救人员、病患、病患家属，甚至周边群众等多个叙事视角，形成共情传播的共同体，并凭借互联网社交与播映平台激发出虚拟的身体共在讨论环境。

1. 急救人员形象的建构

本片中，吴昕医生组"兄弟连"默契配合对病危患者进行生死营救，让观众感受医者仁心。作为心肺复苏成功率最高的医生，吴昕在节目中创造了5秒插管成功、1秒静脉开通、8分钟心肺复苏成功等多个亮眼数据后被迅速圈粉，有网友在B站弹幕"表白"："吴医生太温油了""吴医生简直就是急救圈的'江直树'。"郜素燕医生组在环境恶劣的老旧楼房内安全抬抱年迈老人上车，一句简单重复的"阿婆，不要怕"暖人心扉……导演组除了展现三组急救人员的敬业工作状态，还走进九位主人公各自的生活，在一次次"家访"中，让急救人员多重身份的形象更为立体——在人物形象塑造上，他们既是白衣执甲的急救天使，会为了病人奔波、流汗，甚至流泪、愤怒。又是充满了烟火气的平常人，再忙也努力地把自己的生活经营好。例如忙到没空回家陪女儿的急救员张星，就通过微信视频远程看女儿弹钢琴；姚明医生搀扶着年迈的母亲走进老父亲的病房与他说悄悄话；当成功抢救回一个病人时，吴昕三人组会兴奋地去吃宵夜，以水代酒，干杯庆祝。这些急救医生的日常片段，拉近了急救群体与观众的"心理距离"，使老百姓感同身受，更愿意换位思考。

2. 患者形象的建构

节目中除了真实记录不少病患因缺乏正确的院前急救知识，乱打"120"、反复拨打"120"等种种令人啼笑皆非的场面外，每当拍摄完急救"大故事"，导演组都会跟进后续，展现"回访"片段，摄制组用镜头记录下感人瞬间，不仅是医疗救治结果的交代，更能直观感受到人物关系的改善，医患关系的促进。

第十集《当意外来临》中有位马路上骑摩托突然晕厥的中年男子，被吴昕医生组第一时间送至最近的医院，直到动完手术，他都不肯把实情告知家人。该集片尾"回访"片段，不仅展示这位中年男子术后康复情况，更是揭晓悬念——原来病患为了不让正在准备高考的儿子担心,一人承担了所有。顷刻,一位含辛茹苦、勇于担当的上海男人形象被立体鲜活地呈现出来。中国普通百姓隐忍善良的品行,自然获得大众的共鸣。

3. 病患家属形象的建构

对于病患家属的形象建构也能反映出许多社会特定议题。如在本片中患阿尔兹海默病的 94 岁杨老太,虽然已经失智 20 多年,但家中子女对其关怀备至,老人用什么药,病情有什么变化,每天的护理细节,都非常清楚,还花费巨资将卧室改成温馨病房,叫人动容。形成鲜明对比的是,急救员肖月龙有一次给癌症病患家属打了 31 通电话告知其父住院手术,对方竟一再拒绝接听。世间百态,令人嘘唏。这些真实故事通过摄制组的冷峻观察和客观记录,让旁观者不禁产生强烈触动与深刻反思。

4. 周边群众形象的建构

我们的镜头还对准许多热心的普通市民。在第七集《人在上海》里,外来打工者晕倒路边,上海阿姨伸出援手;住家保姆突发急病,雇主和邻居送医救治,这些"远亲不如近邻"的感人故事,汇聚起城市应有的温度。

(三) 共识:媒介善治下的传播效果

在这些与观众产生共鸣的人物与案例中,社会主流价值观与受众群体的情感互动紧密连接在一起。群体情感在此基础上得以发酵,使共情传播更加广泛、深刻而持久,主要体现在以下三个方面:

1. 推动医疗政策的优化调整

第二集《四万分之一》就是鉴于"大众对于紧急救护存在普遍的认知偏差,从而导致急救资源浪费"这一现象切入,通过生动的案例与公众取得共识——上海是目前全国急救车配备量最高的城市,但仍然面临着平均每四万人才拥有一辆救护车的现状。如何合理使用急救车,让数量有限的"救命车"能第一时间出现在最紧迫、最危急的急救现场,让观众对此达成共识,是该集内容的主旨。随着节目的热播,由上海市卫健委优先解决,开通全国第一条康复出院专线——962120,从而推动医疗政策的优化调整。

2. 提高上海市民的急救认知

上海市 120 调度中心告诉导演组,很多市民看了本片后,主动要求报名参加市民急救培训班和志愿者工作,大众对急救知识的关注程度大幅度提升,也为新时代背景下缓解医患矛盾提供更多元化的沟通渠道。第十二集《我们的故事》播出后,吴昕医生定期为市民授课、义务培训急救志愿者的消息不胫而走。各大高校、企事业单位纷纷邀请120医生到单位现场教学。上海人民广播电台《市民与社会》栏目为此开设直播专场。清华大学时代论坛也特别邀请吴昕医生及纪录片主创赴京互动讲座,台下观众除了清华学子,更有来自朝阳医院的医生,从保定、济南、深圳、上海等地专程赶来的普通市民。讲座从《生命时速·紧急救护120》纪录片拍摄出发,分享在急救过程中的所见所闻及真切感受,详细展示120是如何运作的,并现场传授急救知识;同时也回应观众对120急救工作存在的误解。在提问互动环节,有观众称该节目让自己意识到医生、患者、患者家属本来就是战友,不应是敌对关系。尤其是在最紧急时刻出现的急救一线工作人员,更应该得到尊重。

3. 引发社会热议和深刻思考

节目中所反映的社会养老、120资源被滥用等话题引发大量观众的热议,并通过各类网络热搜与社交平台的广泛讨论,取得社会共识。随着东方卫视、娱乐频道、IPTV百视通的同步推出,看看新闻App、爱奇艺、腾讯视频、优酷视频、哔哩哔哩等主流视频网站回看、点播,短视频网络播放总量破2 500万,单条视频播放量达600万,全网播放量超5 000万,主话题阅读量超1亿,120话题自然阅读量近9 000万。

"孝子卖房照顾痴呆母亲20年""如何将卧室改成温馨病房""别把120当出租车""非急救病人挤占急救资源怎么办"等话题屡次冲上热搜,引发广泛讨论。甚至许多年轻网友通过弹幕及向120急救中心官网留言,表达报考急救医学专业的决心。例如B站网友通过弹幕表达"我是医学生,看吴昕医生插管,我是跪着看的,静脉通路的建立,这技术是我学习的目标!"在第十一集《拿什么拯救你》的播放评论区里,网友提到急救人员拿着并不丰厚的工资,做着最辛苦最伟大的工作,没有怨言,甚至在警报响起的那一刻心中没有了自己,只为共同生活在一个世界的每一个素不相识的人,能够在生命挣扎的时刻,获得生的希望。还有豆瓣网友luster ma评价节目是反映社会、人性的力作,它的终极立意就是让自己去思考如何过好一生,如何沉着、乐观、睿智地去对抗病痛、挫折与死亡。

结语:对医疗题材纪实片在人物建构上的启示

医疗题材纪实片是健康传播的重要组成部分,起着颂扬医德仁心、弘扬人间真情与社会正能量、传播健康急救知识等多方面的社会效果。

探讨纪录片创作者如何引导观众与纪录片中的人物产生共情、共鸣与共识后发现：对社会情绪的洞察是共情的基础。正是影片中主人公强烈的个人魅力和戏剧性的真实故事，撑起多元且优质的每一集。在表现人物的过程中，导演组尝试用共性经历来打破屏内人物与屏外观众之间的壁垒，可以使观众与片中人物产生更多的情感联结，这也是一种价值观的传递，被社会主流价值所认可的故事主题更容易唤起受众的共情。以长视频网站哔哩哔哩的播映顺序为例，分别为第 1 集《生死时速》、第 2 集《四万分之一》、第 3 集《黄金时间》、第 4 集《对不起，我爱你》、第 5 集《生命的奇迹》、第 6 集《当明天来临（上）》、第 7 集《人在上海》、第 8 集《当明天来临（下）》、第 9 集《家有宝贝》、第 10 集《当意外来临》、第 11 集《拿什么拯救你》、第 12 集《我们的故事》。节目中的每集小标题精准概括了主题内容，观众在跟随画面丰富自身认知的同时，也为荧屏上正在上演的情境出现情绪起伏，并对主人公建立了解的过程中补足或打破其原有印象，在认知重塑中与人物产生共情，加大观众对本片的情感认可。

所以，作为纪录片创作团队用感性的情绪内容去带动观众的观看，还要通过改变叙事视角，让观众融入其中、置身事内，去领略主人公的魅力与故事，并不断设法给观众营造可共情的空间。如果一集节目中有尽可能多的共情点，那么节目很难不好看，同时也解决了垂类纪实题材容易同质化的弊端。

参考文献：

［1］王艺添、罗锋：《理性与情感：新时期医疗题材纪录片的主题表达与美学张力》，《现代视听》，2019 第 8 期。

［2］沈悦：《医疗类电视纪录片的成功之道》，《青年记者》，2019 年第 21 期。

［3］赵建国：《论共情传播》，《现代传播——中国传媒大学学报》2021 年第 6 期。

［4］郭蓓：《融合传播时代网络舆论引导与马克思主义新观之践行——基于共情理论的思考》，《现代传播——中国传媒大学学报》2019 年第 8 期。

［5］唐润华：《用共情传播促进民心相通》，《新闻与写作》2019 年第 7 期。

［6］卡尔·普兰廷加著，刘宇清、黄娟译：《纪录片中的人物塑造与角色参与》，《电影新作》，2021 年第 4 期。

作者简介：

李菁，上海广播电视台互联网节目中心主任助理、大型项目总制片人，纪实片《生命时速·紧急救护 120》《宠物医院》总导演。

浅析对新冠病毒感染实施"乙类乙管"后核酸亭相关报道的舆论失焦现象

代 灵

提 要：当下媒体深度融合转型，新闻报道的"网感"日益提升，舆论失焦随之成为新闻传播中的热点现象。本文以新冠疫情"乙类乙管"后，媒体对核酸亭的报道为例，尝试从报道导向、报道时效两个维度进行分析，探讨舆论失焦现象背后的成因，并提出相应解决方案。
关键词：新闻报道舆论失焦 舆论引导 新闻价值

引 言

以广播、电视、报纸、杂志为代表的传统媒体，正如火如荼地加速全媒体深度融合转型发展，近年来已经取得了有目共睹的成效，但与受众"渐行渐远"的担忧焦虑并未远离。事实上，对于网络直播、短视频等全媒体呈现形式的日渐看重，正挑战着传统媒体所擅长的敏锐洞察和深度探讨，间接影响了主流媒体对"内容为王"的追求。本文将通过分析特定背景下，"街头核酸亭何去何从"这一民生关切话题与上海主流媒体的回应表现，描述传统媒体转型中出现的舆论失焦现象，并尝试对打破这一困境提出建议。

一、舆论失焦的概念及本文采用的分析方法

"失焦"一词源于摄影，指的是因为无法聚焦，造成事物成像模糊。新闻传播

学者严利华等人在《突发事件中的舆论失焦现象及其启示》一文中,用"舆论失焦"现象指代由于网络发展,公众知情权、话语权提升,事件中舆论难以被一方主导,使得舆情演变的主体脉络呈现多极化发展,以致逐渐偏离事件的中心议题。

笔者认为,随着互联网技术进一步迭代,自媒体冲击不断,短视频等新兴传播媒介进一步分散了公众注意力,传统媒体在新新媒介的信息洪流中被裹挟前行,新闻报道的舆论失焦现象时有发生。主流媒体在报道时效、报道结论等环节存在不同程度的舆论失焦。选取特定时期,特定社会议题进行分析,将有助于理解不同舆论失焦现象背后的成因。

本文将着重分析新冠肺炎疫情"乙类乙管"施行后,核酸亭去留问题的舆论失焦。

2023年1月8日,我国正式对新冠病毒感染实施"乙类乙管",大量核酸检测采样亭随之完成历史使命。考虑到核酸亭布设时占用了大量道路、广场等城市公共空间,大量闲置后阻碍市民生活且影响市容,主流媒体应当对处置的及时性和合理性做出监督。

笔者对上海人民广播电台上海新闻广播话匣子、上海电视台看看新闻网、解放日报上观新闻、澎湃新闻、新民晚报新民网、新闻晨报周到上海、文汇报文汇网、劳动报、青年报、东方网这10家上海主流媒体发布的稿件进行梳理,选取1月8日至2月28日之间,发布2篇以上相关稿件并包含自采报道的媒体作为分析对象,从报道数量、报道发布时间两个维度,分析对核酸亭这一社会议题的报道情况。经筛选,符合条件的共有6家:上海新闻广播话匣子、上海电视台看看新闻网、解放日报上观新闻、新民晚报新民网、澎湃新闻、劳动报。本文中,这六家媒体被简称为"样本媒体"。

二、时效失焦:新闻价值大打折扣

马克思主义认为,价值这个普遍的概念是从人们对待满足他们需要的外界物的关系中产生的,是人们所利用的并表现为对人的需要的关系的物的属性,表示物的对人有用或令人愉快等属性。在新闻传播过程中,新闻价值是新闻报道与受众之间的关系,是新闻满足人们认识现实变动情况需要的属性。

新闻报道的时效性直接影响新闻价值,这要求主流媒体实时关注民生关切,从问题出发,用扎实的调查回应过程中的难点、堵点。从长远来看,媒体以"内容为王"对新闻价值不懈追求,不仅是媒体立身之本,也有助于凝聚共识,形成社会认知的"基本面"。

从市民实际感受来看,随着取消"全员检测",乘地铁无须出示检测阴性结果等政策实施,2022 年 12 月起,上海的核酸亭已经陆续闲置。在 1 月 8 日至 2 月 28 日期间,六家"样本媒体"的多篇报道也指出了闲置核酸亭给市民、市容带来的问题、影响,但没有致力于厘清责任、监督解决这些问题的报道。笔者认为,这种"视而不见"并非主观故意,是典型的舆论失焦现象。但由于对民生关切话题回应得不够及时,相关报道的新闻价值大打折扣。

从六家"样本媒体"刊发或转载核酸亭相关报道的时间可以看出,报道时间集中在三个时段:1 月 9 日至 1 月 10 日,1 月 17 日至 1 月 21 日,2 月 8 日至 2 月 16 日,其间偶有单篇转载稿件,可以说,媒体对这一问题的关注没有中断。

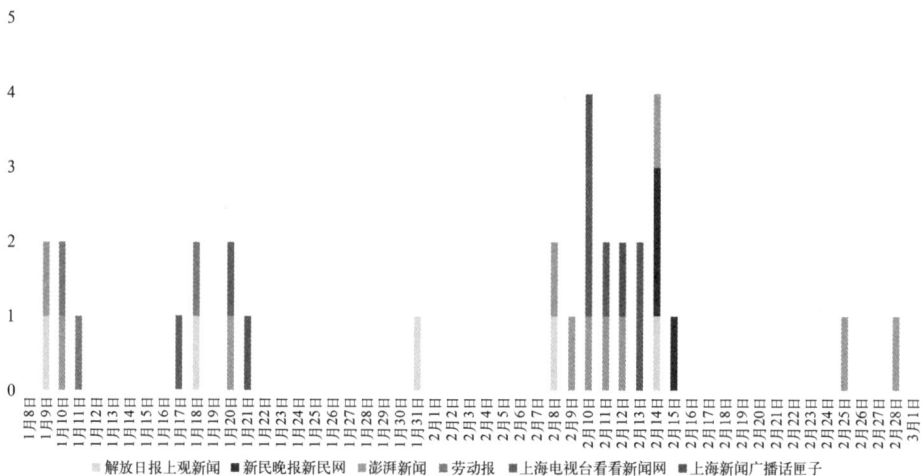

■解放日报上观新闻 ■新民晚报新民网 ■澎湃新闻 ■劳动报 ■上海电视台看看新闻网 ■上海新闻广播话匣子

拆解六家"样本媒体"的三轮报道会发现,在每一轮都是由某个具体事件或时间节点触发,在监督、批评上,媒体没有及时树立起鲜明的观点、态度。

1. 第一个时段,恰逢"2023 上海两会"召开,报道均为媒体自采稿件,包含图文常规报道和短视频两种形式,内容聚焦了代表、委员对于核酸亭再利用的建言献策,形成了新冠疫情"乙类乙管"后,第一波讨论核酸亭去留的报道。如 1 月 10 日澎湃新闻刊发《两会声音|闲置的核酸采样亭何去何从? 委员建议改为便民医疗点》,1 月 10 日劳动报刊发记者报道《"乙类乙管"后,上海 1.5 万个核酸检测亭如何处置? 市人大代表建议将其改造成健康诊疗站及便民驿站》。

这一轮报道更多聚焦在代表、委员对核酸亭再利用的畅想上,而由于两会期间记者及代表、委员均接受闭环管理,且上海刚刚度过感染高峰,市民网友更关注新冠感染后产生的健康问题,报道本身普遍没有在会场内外联动和公众互动上花费精力。不过,这一轮报道的发布时机、场景,客观上带给市民网友,甚至记者一种"信号":政府可能会大力挖掘核酸亭的再利用场景。

2. 第二个时段,上海主流媒体刊发的报道多为转载,主要聚焦苏州,人民日报、工人日报等央媒稿件是报道的主要来源。这一时期,除 1 月 20 日上海电视台看看新闻网选用了杨浦新闻的报道《路边核酸采样亭变身平安服务亭》外,其余案例均发生在外省市。如 1 月 17 日上海电视台看看新闻网转载《苏州:核酸采样亭"转型"变身新春市集摊位》,1 月 20 日澎湃新闻转载工人日报转载《此前高价采购如今仓库"吃灰",闲置的核酸亭如何"再就业"》。

央媒报道中,对全国多地经验做法的综合展示形成了示范作用。上海本地媒体积极介绍这些外地经验,本质上依旧在"关联自身",希望看到本地核酸亭的去向,挖掘出更多经验。但是这些经验在上海没有被大量复制,上海媒体找不到足够支撑舆论引导方向的案例,对于这一议题的讨论开始出现"舆论失焦"。

3. 第三个时段报道量最大,踩准了新冠疫情"乙类乙管"施行满月的时间点,主流媒体自采、转载都十分活跃。其中,自采稿件聚焦了上海核酸亭去留,转载稿件既关注了本地媒体的讨论,也关注了外省市相关动态。如 2 月 8 日解放日报上观新闻、澎湃新闻都转载了中国青年报报道《新冠"乙类乙管"满月记》,上海电视台看看新闻网在 2 月 11 日、13 日都聚焦了"核酸亭下岗后如何再就业"。

从内容上看,在这一时期,媒体依然在寻找更多改造成功的案例。但从各媒体采访到的案例来看,找到的案例极为有限。事实上,从上海新闻广播话匣子采访的报道《"再就业"没那么容易,上海的核酸亭何去何从?》中可以看到,人工、场地费用高昂,核酸检测机构的核酸亭无偿捐赠都无人接手,上海高度市场化的环境和国际化大都市的城市形象都有特殊性,改造核酸亭事实上在上海难以推行。

舆论失焦导致本地媒体忽略了更重要的问题:在市民家门口或小马路上,那些阻碍通行的核酸亭为什么还在?

三、导向失焦:核酸亭为啥老想"再就业"

在移动互联时代,传播速度和效率极大提升,碎片化、快节奏等特征让新闻更轻巧、灵活、直观,但也不利于受众对新闻面貌的整体把握,容易发生舆论引导错位,舆论失焦削弱了媒体凝聚社会共识的能力。

那么,以六家"样本媒体"为代表的主流媒体为何总想让核酸亭改造后"再就业"呢?笔者认为,此前报道中积累形成的惯性思维,其他省市相关报道形成的群体压力,当下的新闻生产状况等因素,对此都有影响。

1. 惯性思维的影响

惯性思维也被称为思维定式(Thinking Set),是由先前的活动而造成的一种对活动的特殊的心理准备状态或活动的倾向性。在环境不变的条件下,思维定式使人能够应用已掌握的方法迅速解决问题。而在情境发生变化时,它则会妨碍人采用新的方法。

1月10日前,媒体对核酸亭利用的关注已经持续一段时间。往前追溯三周左右的时间,上海正在经历第一波新冠感染高峰,许多核酸亭用作了"发热哨点""社区医院临时服务点",为缓解配药压力做出贡献。这些报道积累下的惯性思维,影响着记者的观察视角。

2. 群体压力的作用

群体压力指群体中的多数意见对成员中的个人意见或少数意见所产生的压力。在信息压力下,人们通常会认为多数人提供的信息,正确的概率要大于少数人。在全媒体深度融合发展的激烈竞争下,主流媒体也难以免俗。

从空间上看,外省市媒体对当地核酸亭巧思不断的改造利用,也对本地媒体形成了压力。例如,苏州率先利用核酸亭开设发热门诊的短视频获得了央视新闻、人民网的转载,此后苏州又用核酸亭摆起了年货摊,办起了人才招聘,不仅当地媒体充分宣传,外省媒体纷纷转发,相关短视频内容在抖音、小红书上也收获了较高热度。

上海本地媒体自然而然会去寻找相关案例,看看上海是不是有更好的做法。而群体压力的来源不止同行,如果翻看相关报道链接下市民网友的留言就会发现,里面包含了大量关于核酸亭改造的建议、创意,市民的热情参与进一步给予媒体压力。在某种程度上,报道方向进一步受到民意影响,新闻报道中,核酸亭在"改造再利用"的道路上越走越远,与现实生活的情况相背离,舆论失焦由此加剧。

3. 融合转型中生产流程变化带来的影响

报选题,是传统新闻机构的生产流程。选题会上,领导或是记者本人会把近期正在关注的报道议题拿出来讨论,这一传统促成了许多优秀报道,但在全媒体深度融合转型中,也有新的问题需要注意:报选题的方式、发稿节奏没有明显变化,但提交报道时的产品样态已经被颠覆,短视频、新媒体推文、传统报道多种类型的新闻产品,对应文字采写、摄影、录音、摄像等各种采编手段,过去广播记者专心录制声音素材,文字记者集中精力写好文章的生产流程已经一去不返,如今,不论供职于广电还是纸媒,记者要尽可能在采访中完成多重任务,力争实现"全景式"报道。

对此,有学者研究表明,真正的"全能记者"并不是传媒生产的常态,尤其是传媒机构庞大,生产任务复杂的广电传媒。记者压力的空前加大,出现的情况会是:为了完成报道任务,记者不得不选择某些新闻故事而舍弃某些新闻故事,将新闻安排在特定的叙事格式之中,强调某些细节而忽略某些细节,把事实的细节填充进一个预先设定的框架里。在预设的框架内提早做好充足采访准备,已经成为新媒体转型中的常态,而这种状态可能影响报道的真实、全面和准确。

例如,2月10日,上海广播电视台首档融媒体节目《民生一网通》聚焦了核酸亭何去何从,节目在上海电视台新闻综合频道和FM93.4上海新闻广播同步直播,节目内容经二次生产整合为含文字、图片、视频的综合稿件《曾经红极一时,如今将何去何从……上海核酸采样亭如何实现"华丽转身"?》在上海新闻广播微信公众号发布。

因为节目样态的需要,记者必须确保在采访的同时,有足够的拍摄场景,并且要与报道内容相契合。在这期采访中,我们看到了三类场景:

(1)复兴中路襄阳南路路口,"摆"在人行道当中的空置采样亭和通行受阻的市民;

(2)静安公园门口,已经张贴拆除告示的采样亭;

(3)成功改造的核酸亭:徐汇区斜土路街道用核酸亭改建的临时保安亭,杨浦区平凉路街道将27座核酸亭中的5座改造为"平安屋"。

与此同时,节目还需要邀请权威专家进行点评,提前沟通好点评的内容、方向,预设立场几乎不能避免。因为对一档日播节目来说,各项工作是同时开展,以最高效率运作,才能确保"不开天窗"安全播出。这是融媒体转型后的节目常态,从实际新闻生产状况看,高强度、多感官维度的内容输出,正持续对新闻工作者的专业能力发起挑战。

4. 各媒体报道内容同质化叠加自媒体冲击

移动优先的背景下,发稿速度是各媒体打造"爆款"的关键影响因素,这也带来全新挑战。尽管各媒体机构每天有大量记者在外采写原创稿件,恪守"内容为王"的行业传统,但从各新闻客户端的用户体验出发,报道内容同质化的现象十分明显。

随着各主流媒体纷纷建立起自有新闻客户端等平台,原创稿件不足以支撑用户"一屏观天下"的期待,于是在报道内容标明出处的前提下,平台会广泛抓取各家报道,或者综合多家报道形成更全面的稿件。

这样做的优点是出稿更方便、迅速,传播效果更好,但缺点也十分显著,各市级媒体平台新闻"只争快慢"难有"独家"。特别是各媒体的官方微信公众号,在粉丝数、阅读量考核压力下,内容碎片化、同质化、泛娱乐化的趋势尤为明显。

同时，上海各区都成立了融媒体中心，各个街镇都有官方微信公众号，成为市级媒体重要的新闻线索来源，进一步加剧信息同质化。在生产端，各区级融媒体中心及各个街镇的官方微信公众号，本身扮演着所属政府的"发言人"角色，肩负宣传使命，因此其稿件内容本身包含有大量对当地工作的正面宣传、经验介绍。市级媒体通过这类渠道筛选新闻线索或转载报道时，容易放大成果，忽视不足。反映在核酸亭去留的报道中，被选中的报道对象都是"幸存者"，这种"幸存者偏差"也影响着记者和公众的判断。

在客户端，基于用户喜好形成的"个性化"推送，看似热闹非凡，实际推送的单篇内容缺乏内在逻辑，"信息茧房"形成进一步加剧意见割裂、舆论失焦。

四、打破舆论失焦：融媒体报道，应更高质量回应民生关切

信息时代与网络环境加速了文化产业从单一到多元、从封闭到开放的转型改革。碰撞之中，传统媒体逐渐有了"网感"，焕发出全新面貌。而不论是抢速度，还是拼新颖，"内容为王"始终是全媒体深度融合的根本逻辑，本质上，仍是对民生关切的回应。

笔者认为，打破舆论失焦应当加强对新闻价值观的理解，从加强舆论监督力度、提升媒介素养能力、优化生产流程、考核要求等多方面着手。

新闻价值观是新闻观的核心，新闻观有多元表现，包括专业主义新闻观、商业偏向新闻观、宣传偏向新闻观等主流新闻观，以及未成体系的分散的民众个人新闻观和其他社会组织的新闻观。中国的主导新闻观是马克思主义新闻观。马克思主义新闻价值观的典型特征是"人民中心观"。

以"人民中心观"回应民生关切，首先应当发挥好舆论监督作用。同样关注上海 1.5 万核酸亭，如果提出的问题是"多少仍滞留街头与民争道"，相信调查的结论将大不相同。这要求媒体从业者时时保持警觉，能够及时打破思维惯性、顶住群体压力，敢于发出不同的声音。

当下，媒介素养的内涵和外延得到极大拓展，不仅指传统视域下的媒介使用素养，还应包括信息的接触素养、传播素养和批判性思考素养等。中国的媒体业将在"公共媒体"与"专业媒体"两个层面向上和向下继续延伸发展，最终形成稳定的哑铃型结构。相较于依靠独家视角、深度调查立足的"专业媒体"，"公共媒体"更贴近广大网友，媒体融合力度更大，也更容易出现舆论失焦现象。

事实上，越是舆论失焦频发，越说明优质独家报道稀缺。打破舆论失焦不仅需要提升从业人员的媒介素养，报选题等传统生产流程需要同步"转型"，从管理上深化团队融合生产。例如，根据调查情况决定是否需要配发短视频等产品，或

针对性策划重点话题开展"全景式报道"。新闻媒体的深度融合不能停留在传播渠道、呈现样态上,在生产流程上也应当深度融合。

新闻工作者既要用更新颖直观的报道形式服务公众,也要提升对纷杂信息的筛选整合能力,以时时不忘民生需求的责任感,带着问题去采访,用高质量回应民生关切这把"尺",把握报道的方向。

结　语

"内容为王"不是"流量为王",更不是"形式为王"。在全媒体深度融合发展的过程中,"内容为王"与报道的表现形式、流量热度绝不矛盾,但也应注意到,在互联网生态中三者间已经没有严格的因果关联。在这一背景下,主流媒体坚守"内容为王"需要有"坐冷板凳"的觉悟,打破舆论失焦或许非一日之功,但生产真正有价值的稀缺内容,并尽快在公众心目中树立起相应的"品牌形象",一定是全媒体深度融合转型的高质量发展策略。

参考文献:

[1] 严利华,陈捷琪.突发事件中的舆论失焦现象及其启示[J].决策与信息.2016(08):130-137.

[2] 董天策,杨雨蓉,季卿卿.融媒体时代新闻价值取向的演变[J].青年记者.2022(09):27-30.

[3] 杨娟.中国媒介生产融合研究[D].华东师范大学.2011(09).

[4] 郭琦."一带一路"倡议背景下我国文化企业"出海"知识产权风险关注及策略制定[J].中国出版.2023(01):49-54.

[5] 杨保军,王敏.论中国马克思主义新闻价值观的典型特征[J].山西大学学报(哲学社会科学版).2018(06):63-71.

[6] 薛健聪.媒体业世代更迭中的传播选择[J].青年记者.2016(18):17.

作者简介:
代灵,上海人民广播电台采访部记者。

论新形势下地面频道影视剧场的突围之路

——以 SMG 地面频道影视剧场为例

蔡亚军

提　要：在新媒体迅猛发展、传统媒体加速创新融合的新形势下，地面频道面临网络媒体和央、卫视强势竞争、市场资源减量提质、平台内容收紧规范等外部环境的巨大挑战，又遭逢自身机制改革、模式创新以及地面影视剧场的播出效益、资金、收视、运营等内生问题的困扰，生存和发展可谓步履维艰。本文试图就地面频道的内外部环境进行分析，结合 SMG 地面频道影视剧场近年来的编播实践，外观内省，以问题为导向，探索在媒体融合语境下地面频道影视剧场的破题突围路径。

关键词：媒体融合　地面剧场　竞争环境　编播实践　破题突围

引　言

2023 年，是媒体融合作为国家战略整体推进的第十年。近年来传媒产业既面临新冠肺炎疫情、世界政经局势等全球化问题的严峻挑战，也在"十四五"时期迎来整个产业深度融合与高质量发展的全新机遇。

在网络视听规模已达 10 亿、短视频和网络直播等相关的生产和消费作为一种生活方式已融于日常的当下，作为传统媒体的地面频道纷纷找寻出路，探讨媒体融合的新场景、新模式、新链路，努力参与到传媒舆论新格局的构筑之中。目前我国的影视剧市场正发生深刻变革，内容制播的结构化管理处于调整期，对于商业类内容的限定逐渐收紧规范，传统媒体播出内容受限，而短视频和网络直播长驱直入强势挤占长视频的空间,加上当前经济环境偏冷,影视剧内容消费并没有达到理想的效果,导致播出平台日趋艰难。在此形势下,传统媒体亟待在内容、传播和运营等多方面研究应对策略,地面频道影视剧场的生存和发展由此成为一个重要议题,对影视内容的选择和编排的效果也提出了更高的要求。本文旨在分析内外之困,探索创优之策,更围绕 SMG 地面频道影视剧场近年来的编播实践,外观内省,以问题为导向,找寻破题突围之路。

一、分析内外之困:无可逃避的现实

要探讨地面剧场的生存和发展,首先就得研究地面频道所置身的环境。毋庸讳言,近年来媒介渠道的加速分化极大地分散了传统媒体的注意力,地面频道首当其冲,尤其当地面频道在资金、内容、传播配置、运营方式等方面显露不足更加剧了恶性循环。因此,地面频道的困境是由环境之困引起并在内外场域共同作用下的结构性困境。目前地面频道面临的整体收视环境是,在新媒体强势崛起形势下传统媒体面临激烈竞争,自身内卷严重。据央视索福瑞《中国广播电视视听年鉴(2022)》的数据显示,全国电视观众人群收视时长呈现连续下降的态势,直到 2020 年才因为疫情有所反弹,但 2021 年再次下降,创近 7 年来新低。

2015—2021 年全国电视人均收视时长(分钟)

	2015 年	2016 年	2017 年	2018 年	2019 年	2020 年	2021 年
人均收视时长	156	152	139	129	124	132	118

数据来源:CSM 媒介研究

从 2014 年视频网站"元年"开始,全国影视剧制播领域就进入传统媒体和新媒体的高烈度竞争状态。随着网络、短视频、OTT(智能电视)的崛起,观众收视习惯改变、影视公司转型的趋势变得再不可逆,直接带来传统地面频道影视剧场无可回避的内外部竞争环境:

一是片源急剧萎缩,市场两极分化明显。主要表现在三方面——内容供给端剧源匮乏,渠道上"剧向网行",环境上央、卫视强力抢夺。近年来,受政策调控的影响,市面上秉持"三减"策略(政府严控审批总量、创作端内容瘦身"排水挤油"、播出端新剧数量减少),传统电视剧市场片源急剧萎缩,网剧发展趋势稳定,市场两极分化明显。据公开数据显示,自 2018 年以来,每年全国电视剧备案数、取得发行许可证剧目数均呈现断崖式下跌。2021全年,全国电视剧拍摄制作备案公示的剧目共计504部,相比2020年同期631部,减少24%。比疫情前2019年810部缩水近一半,2022年备案数472部,较2019年缩水四成多。2022年全年生产完成并获得《国产电视剧发行许可证》的剧目达160部5283集,分别比2021年减少18%和21%。而网剧备案数连年增长,2021年备案作品数量几乎是传统电视剧的两倍。两相对照,更显处于食物链最底端的地面频道严重"剧荒"。

二是央、卫视联手抗衡视频网站,地面拿剧"雪上加霜"。过去5年,五大卫视的购买力逐年下降。总台央视乘时而起,央视一套主播献礼、重大题材,央视八套则下场和省级卫视拼播。这样的组合,一定程度增加了传统媒体与网络博弈的筹码,但对于地面频道而言,却是雪上加霜。尤其央八的播出体量更大,按照片方优先满足头部平台审看、采购需求的顺序,地面剧场原先看中一部剧,要等五大卫视以及爱、优、腾、芒四大网站表态后,才能知道是否地面可以采购。现在优先级上又增加央视八套,甚至二轮、三轮卫视,导致地面剧场拿剧周期被无限延长,编排常常遭遇"断粮"窘境。

三是各地卫视疯狂挤压地面收视,数据异动频繁。上海作为样本大户地区,自然成为各地卫视争夺收视的主战场。今年以来,各地卫视在上海地面出现爆发式增长,外地一线卫视黄金档电视剧平均收视率较去年分别增长44.4%到172%不等,与此相对应的是本地新闻综合频道黄金剧场在开机率提升、惯常收视"小阳春"之际却收视低迷,法治、战争等多个契合人群的题材类型均不见起色,甚至出现单集首次跌破1.0的历史新低。回望即使是2022年封控隔离期间,开机率处于更高点时,外地卫视电视剧也从未出现如此集中收视冲高现象,在疫情全面解禁的当下,反而数据异动频频出现。

四是地面剧场背负多种诉求,影视版面夹缝中生存:地面剧场作为线性编播的传统媒体,版面有限,在关停并转、精办简办频道的形势下,无可避免地被赋予了宣传、创收、收视等多种诉求,经济效益和社会效益两者都不可偏废。近年连续的政治宣传大年,重量级的主旋律大剧都会占据央视卫视的黄金版面,地面剧场在此形势下只能选择次一档主旋律剧目或多轮剧目,用以回应主流宣传要求。片源供给不足和宣传刚需等综合因素进一步加剧了地面剧场的收视压力。因此,地面剧场的编排常常是兼顾各方因素之后的妥协和平衡,版面的局限和掣肘不言而喻。

五是地面剧场受众结构偏老年,两极分化明显:《中国广播电视视听年鉴(2022)》显示,上海本地频道在上海电视收视市场细分受众的收视竞争中,保持着在各类目标观众中的绝对竞争优势。相较于其在所有观众中的平均水平而言,更受到女性、中老年及中等学历、中等收入、无业和其他职业观众的喜爱。东方影视频道是一个老龄化的频道,目前 65 岁以上观众占比 56％,两极分化明显。学历上虽然依旧是初高中为主,但低学历观众占比逐渐提升;职业分类上,频道以无业和普通职员为主,两类占总人数的 89％。而另一方面,在上海地面,总台和外省卫视的优势受众形成鲜明的"差异互补",总台在男性、老年、中低学历和中高收入观众中具有相对竞争优势,外省卫视则更受女性、年轻和中低收入观众的青睐。

二、探讨创优之策:安身立命的战略战术

收视是地面频道的立身之本,尤其是东方影视频道这样一个以全天候播出影视剧类节目的、创收高度依赖时段广告的专业频道,不论是经济效益还是社会效益的达成都是以良好收视为前提的。近年来对收视的提升和维护一直是编播核心业务。2022 年 3 月推出的全新改版也是以收视和收益为导向策划推出的,重点是:全力强化黄金剧场,保持大体量、全类型、合家欢定位;精心打造晚间黄金电影带,每晚 8:30 一周打通;精细编排白天类型化剧场,晨间、情感、传奇三大类型化概念吸纳广告客户。以此为契机,围绕做精做强影视特色,打响收视保卫战,重点确定四个方向的战略战术:

1. 开源节流,强化片源核心竞争力。开拓选片渠道,扩大搜索范围,打破题材、类型、台网、轮次等局限,加入全国性影视行业联盟,强化购片话语权,拓展购片来源;坚持采编协同,全力争取首轮播映权和卫视二轮首播权等;持续梳理以往暂搁剧以及播出过的高收视剧,以谍抗战、年代情感等类型为重点,用各类型优质片源夯实频道收视基础。

2. 创新编排,提升影视版面凝聚力。在改版伊始就精心研判竞争环境和时势节点,精细编播,把好剧播好;适时采用新旧搭配、同题材连排、演员系列季播等高性价比排播方式带来联动效应;在开档时间、单集长度等细节上做好规划,错位竞合;在编排衔接、图文包装等各环节,让编排出效益;密切关注剧场走势,启动收视分析和追踪,灵活调整及时优化。

3. 做强电影,突显影视频道专业度。以影院进入黄金时段为契机,从片源、编排、宣推多方入手,强化影院的"专业、快速、好看、怀旧"特色,达成丰富节目类型,优化观众结构的目的。经典电影巧编排,院线电影快速跟,特色电影有点缀。通过周间周末题材类型相对固定设置,或"明星专题""经典系列"连播,快速达成收视共振。运营上联动公众号等小屏资源,开展点评点播等活动,打造立体式"电影阵地"。

4. 注重观众需求，多方互动强化频道黏性。针对年轻观众开展"你点我播"，2022年元旦的首次活动，经过观众票选出的《大侠霍元甲》收视2.4；针对主力观众，和集团技术部门合作进行T2O项目的开发，用简单的互动带动用户玩起来；在进社区、看片会的基础上，进一步以"观众茶话会"的形式将观众请进来，既调研需求，又增进理解，为新版面提供参考。

三、求索生存之道：立足现实的编播实践

谋而后动。在前述竞争形势内外交困的局面下，地面频道影视剧场在战略战术上确定了创新创优的方向和路径，更需要在实操层面落实到具体选片、编播实践上，在宣传、创收、收视等多方诉求中寻求价值感和平衡性，谋求生存发展的真正实现。

1. 提高政治站位，精心策划精细编播，在重要宣传节点强化地面剧场宣传声量

（1）策划推出"百部百集庆祝建党百年"优秀影视剧展播暨主题影视海报展。2021年，根据中宣部、广电总局要求，围绕建党百年主题主线，策划推出了以"光影史诗，百年传承"为主题的"百部百集庆祝建党百年"优秀影视剧展播，通过遴选优秀经典主旋律电影、电视剧在上海地面主要频道的长周期、大体量集中展播，同时配套推出主题海报展和观赏记忆微征集，整体生动宣传百年大党历经曲折的奋斗历程和丰功伟业，精彩传达一代代共产党人的初心使命和热血担当。活动三四月份策划，5月10日推出，到8月20日结束，历时三个多月，大小屏关联，线上线下互动，见人见事见精神见回忆，整体呈现为一个紧扣影视剧主业、发挥编播优势的"建党百年"综合性宣传行动，入选上海市"永远跟党走"群众性主题教育重点项目，成为2021年度全市136项民心工程之一。展播以"影院＋剧场"为宣传阵地，结合新闻综合频道和东方影视频道定位进行协同编排，打造百部百集影视内容播出体系。百部（电影）：内容涵盖反映我党百年光辉历程中的重要节点、重大事件、重大战争、重要人物等各类红色经典影片，如《开天辟地》《长征》《四渡赤水》《突破乌江》《走出西柏坡》《建党伟业》《开国大典》《永不消逝的电波》《红色娘子军》《林海雪原》《渡江侦察记》《地雷战》和《大决战》《大转折》《大进军》系列等，共计约100部电影作品。百集（电视剧）：从6月19日起，新闻综合频道播出《觉醒年代》（6月19日—7月3日）《绝密使命》（6月21日—7月9日）《营盘镇警事》（7月10日—7月24日），东方影视频道播出《山海情》（6月30日—7月8日）《大浪淘沙》（6月27日—7月3日）《光荣与使命（10月1

日—10 月 9 日）》等，共计百余集优秀电视剧等。同时联合东方明珠塔举办"我看光影　我攀高峰"建党百年主题电影电视剧海报展等。

（2）综合谋划二十大主题编排。2022 年，围绕二十大重要宣传期精心谋划版面，从总局推荐的优秀电视剧展播片单中精选 10 部，剧场影院相互配合，黄档非黄各有侧重，在东方影视频道和新闻综合频道全天各大剧场进行组合编排、持续展播，形成"礼赞新时代、奋进新征程"宣传声势。其中，东方影视频道以"烟火气、真实感、平凡人、功勋事"为关键词，宣传功勋楷模，讲述百姓故事，排播重大现实题材剧《功勋》。黄金影院以"看电影，学党史"进行主题集纳式编排，分为"人物篇""事件篇""战争篇"三个篇章，连续 30 天构筑晚间主题电影带。新闻综合频道聚焦运河故事，从运河治理看时代变迁与改革发展，连续排播央视热播大剧《运河边的人们》和年代传奇剧《运河风流》。同时全天滚动排播各类迎接二十大主题宣传片营造氛围。

2. 未雨绸缪，临危不乱，在疫情紧急之际两手抓两不误

"十四五"开局两年恰逢新冠肺炎疫情，影视剧中心第一时间响应，一手抓防控，一手抓业务，制订应急预案，落实错时上岗，居家和驻台员工协同作战，确保在封控不断、人员不足等复杂局面下编播工作不断不乱、安全有序。封控期间，中心多措并举灵活组织抗疫版面，想方设法多方筹措片源，包括盘活存量、精选新片，紧急梳理、争取总局协调剧 11 部共 463 集等；在 SMG 地面频道 6 个剧场 2 个影院等全天影视剧版面上强化优质影视剧节目供给力度，仅封控 2 个月就排播了电视剧近 50 部、电影 120 部；以"艺起前行"为主题引领，从 3 月 28 日到 7 月 6 日共推出五个阶段展播；同时结合居家心理，从疏导焦虑，引导社会正能量的角度，强化预排预审，严格把关剧场版面，通过整体撤换、局部删减等方式对含有敏感内容的编排剧目进行及时调整，在近三个月的疫情严峻期内，无一起播出事故和舆情发酵，收视数据持续高企；坚持编排提前 30 天，制作完成量提前 14 天，以制度化的设计确保了收视平稳、导向正确和播出安全。

3. 立足错位统筹，地面两大主力平台整体守护集团收视份额

多年以来，影视剧中心一直秉持"卫视优先，综 A 确保，影视配合"的编排原则，通过收视人群互补做大集团份额。这一竞合关系兼顾集团整体利益，东方影视频道起到了避免内耗、整体做强 SMG 影视剧影响力的贡献。"十四五"开局以来，影视剧中心仍在此编排原则下，全力确保新闻综合黄金剧场地面第一剧场地位，东方影视频道则在人群和题材定位上进行错位编排，以确保 SMG 收视份额最大化。

"十四五"开局之年,面对从制作到市场地面剧目持续萎缩的艰难局面,持续进行了各种尝试。一是细分网播剧类型,筛选预期能够覆盖传统收视群体的剧目;二是从制作公司的库存剧片单中挖掘弱一档作品;三是调整格式、整合片源,新旧强弱搭配,同题材季播等。

（1）新闻综合黄金剧场:扬长避短,不断调校题材定位。2021年,针对新闻综合黄金剧场体量小、开档晚的结构劣势,优质强情节剧资源稀缺、错位竞争难的内容劣势,围绕频道法治人群特点,选片聚焦法治、涉案类存量剧目,找到了《刑警队长》《爱的追踪》《营盘镇警事》《警中警》等电视剧,或偏生活情感,或通俗刺激,共性是涉案题材、警察故事,收效明显。同时注重拓展题材范围,将网播涉案、网播悬疑等都纳入考量,先后播出了《以父之名》《谋局》《黑白禁区》等作品,初步形成了网播剧目的选片、播出经验。优质的卫视二轮强情节剧是有力补充,比如协同采购抢下的年度名剧《巡回检察官》《叛逆者》,历经地面剧场多次复播,依旧口碑人气俱佳。

2022年,随着疫情防控形势的变化,为了体现新闻综合主频道政治站位,契合宣传口径,编播及时调整定位,编排了一系列主旋律作品,如《奔腾年代》《温暖的味道》《大决战》等提振观众精神。同时,也抓紧时机对题材做进一步突破尝试,编排了风格端正,兼顾男女受众的《父母爱情》《咱爸咱妈六十年》这类时间跨度大,但叙事切入点小,情感表达细腻的怀旧题材剧,收视高于预期。总体而言,新闻综合黄金剧场在收视表现上和上一年基本持平;在题材拓展上找到了谍抗战剧、刑侦剧以外具备播出价值的题材类型;特别是通过对主题性作品的细分和尝试,也逐渐摸索出既强化意识形态引领,又不忘人群喜好,能够兼顾收视和宣传的排播方向。

（2）东方影视频道:强化主题编排,紧扣主力人群。"十四五"以来,东方影视频道延续"主题编排"策略,从黄金档推出重量级情感剧系列季播,转向在长假期间、非黄时段着力开拓收视人群,黄金剧场则稳妥选择擅播的女性苦情命运题材,夯实收视基础。2022年东方影视频道晚间黄金时段、全天时段份额均稳居上海地面第二,黄金剧场近九成单剧收视超2021年剧场均值1.6,整体表现优异;黄金时段传统主力受众收视回温,特别是女性大幅提升,对购买主力人群吸附力强。与此同时,在特殊节点打造主题编排,已成为东方影视频道一大编播特色。暑期继续在上海电视艺术家协会的指导下,联合版资中心推进经典沪产剧的修复提质工作,并延续暑假下午剧场的经典沪产剧编排,收视同比提升17.02%,其中《济公外传》携手最新修复完成的《儿女情长》并列第三。国庆长假推出了女性情感剧集中编排,黄金剧场平均收视率2.56,同比提升146.15%。非黄时段同样表现出色,上午时段和下午时段均为近三年最高,民国传奇、新农村建设、武侠动作和当代刑侦等各种题材缤纷呈现,为观众的长假休闲提供了丰富的选择性。

（3）电影编播同步发力,打造具有本土特色、专业特点的影视频道。作为上海唯一一家专业影视频道,东方影视频道自2020年起大力打造特色影院,开拓片源,强化编排,培养了周末、深夜受众群。首先在编排上概念化、主题化,应时应景,强化了频道的丰富度和宣传效应。2021年,配合"百部百集展播"连续推出100部革命题材影片,获得良好反响。2022年在"二十大"宣传期,盘整、梳理了存量影片以及部分修复后的红色经典影片,以"看电影学党史"为主题概念进行集纳式编排,构筑晚间党史宣传主题电影带;上海市党代会期间,特别筹措了主题化影片《古田军号》《决胜时刻》和《1921》等;秦怡病逝当晚起紧急改播由其主演的《铁道游击队》和《女篮五号》经典影片;暑期连续两个月创新推出6大主题系列的概念化编排:"传奇英雄""爆笑喜剧""中国功夫""致敬最可爱的人""挚爱一生"以及"看电影读名著"系列;"七一""八一"等特殊节点,特别编排相关主题的应景影片。其次"晚间影院一条线"初见成效:收视和份额同比双增,中青年人群明显提升。2022年3月,影院从原先的三档合为一档"黄金影院",一周七部,每晚8:30左右。改版后"黄金影院"平均收视为0.48%,收视份额为7.08%;同比增长了71%,收视份额增长了63%。男女受众比例比较均衡,相比上年同时段,35—44岁观众比例有大幅提升。

据《中国广播电视视听年鉴（2022）》显示,在上海市电视收视市场全天各时段的收视竞争中,上海本地频道以绝对的优势保持领先,在单个频道的竞争中,上海电视台单频道竞争优势明显,市场份额排名前三均为上海本地频道,其中东方卫视名列榜首,新闻综合频道和东方影视频道分列第二和第三。

结语：明确突围之路——媒体融合语境下的外观内省、破题立新

习近平总书记在二十大报告中提出"加强全媒体传播体系建设",正是指统筹处理好各级各类媒体的关系,建立以内容建设为根本、先进技术为支撑、创新管理为保障的全媒体传播体系。落实到SMG,理想中的"全媒体综合文化产业集团",关键要素在于:加快推进媒体深度融合发展,有效整合各种媒介资源、生产要素,推动在信息内容、技术应用、平台终端、管理手段等方面共融互通,打造成为具有强大影响力、竞争力的新型主流媒体。核心能力有三:一是内容建设——推进内容生产供给侧结构性改革,完善高质量内容产出机制,推广互动式、服务式、场景式传播。二是技术引领——强化新一代信息技术支撑引领作用,支持主流媒体重塑采编流程、建设平台终端、优化管理手段、强化版权保护、打造媒体资源数据库、提升内容生产力、占据传播制高点。三是路径创新——在

媒体业态、传播方式和运营模式上锐意创新,强化用户连接,发挥制度优势和市场作用,增强主流媒体竞争力。

未来,SMG地面频道的影视剧选片编播格局仍需整体维稳,核心任务是以观众为中心,进一步挖掘讲好中国故事、传播好中国声音、展现可信可爱可敬中国形象的优质首轮剧、二轮剧和电影,用优质的影视作品弘扬社会主流价值观,传播社会正能量。面对紧缩的片源市场和日趋复杂的竞争环境,需要进一步统筹优化竞合关系,动态调整剧场影院结构,注意把控收视效果、成本控制和广告收益的平衡。围绕前述重点、难点、痛点问题,主要举措如下:

一是突出重点——采编为本,丰富片源:抓紧网转电政策契机,与总局密切对接,采编协同,快速决策,争取一批网络剧、网络电影在大屏的新闻综合频道黄金剧场和东方影视频道黄金影院播出,提升核心竞争力,夯实影视剧中心节目采编播基础盘。

二是攻克难点——经营为要,扩大渠道:在维稳时段广告基本面、拓展营收新赛道的基础上,进一步探索、用足用好台集团影视剧创投三方合作机制,依托剧中心政策优势和项目评估孵化优势,寻找市场上商业影视剧项目,共享投资收益。

三是解决痛点——融合为魂,革新机制:大力推进影视频道会员建设,将观众转化为用户,将用户转化为消费者,以"剧"委会为抓手,以带货栏目为驱动,大小屏互动,打造以频道为核心的影视文化生态圈和朋友圈,实现内容和价值的创新传播,实现更广泛的渠道可及。针对业务结构失衡、人员忙闲不均的现实痛点,部门调整以提升业务能效为宗旨进行拆分和撤并,人尽其才,瘦身握拳,专设运营部门,负责频道和公众号的运营、维护,联动编播、宣推、广告等各类资源,达成融合营销的推广力。

参考文献:

[1]《中国网络视听发展研究报告(2023)》,中国网络视听节目服务协会于2023年3月29日在第十届中国网络视听大会上发布。

[2] 何天平:《"关停并转"浪潮下地面频道的发展困境》[J],《青年记者》2022年第7期。

[3] 丁迈:《中国广播电视视听年鉴(2022)》[M],社会科学文献出版社2023年版。

[4]《2022剧集产业发展新态势》,国家广播电视总局发展研究中心课题组,执笔董潇潇,国家广电智库。

[5] 丁迈:《中国广播电视视听年鉴(2022)》[M],社会科学文献出版社2023年版。

[6]《"十四五"文化发展规划》,中共中央办公厅、国务院办公厅2022年8月16日印发。

作者简介:

蔡亚军,上海广播电视台影视剧中心地面剧编播总监。

智媒时代城市形象宣传短视频传播策略初探

钱国安　郭苗苗

提　要： 城市形象宣传，即城市形象传播，是通过各种方式使公众对某个城市的内在综合实力、外在风貌实况、未来发展前景形成具体认知的总体看法。城市形象宣传，对加强城市的文化建设、促进地方经济发展等方面起着积极的推动作用。目前，短视频的出现与发展已成为城市形象宣传的重要手段。本文探究智媒时代城市形象宣传短视频传播现状、传播特征及其存在问题，重点提出智媒时代城市形象宣传的优化策略建议。

关键词： 智媒时代　城市形象宣传　短视频　传播策略

引　言

　　智媒时代的技术发展推动了传播方式的改变，移动互联网、5G、大数据、云计算、物联网、人工智能、VR/AR、社会化媒体应用以及地理信息系统（GIS）等智能化技术日臻成熟。在此背景下，信息传播出现了受众的碎片化选择，传统媒体在广度和深度上用大量时段和篇幅对城市形象宣传的专题片、纪录片、大特写已得不到广大受众的青睐，短视频的出现与发展已成为城市形象宣传的重要手段。短视频即短片视频，是一种互联网内容传播方式，一般是在互联网新媒体上传播的时长在5分钟以内的视频；随着移动终端普及和网络提速短平快的大流量传播内容，逐渐获得各大平台、粉丝和资本的青睐。分析智媒时代城市形象宣传短视频传播现状，探究智媒时代城市形象宣传短视频传播的特征转变及其存在的问题,提出智媒时代城市形象宣传的优化策略建议显得尤为重要。

一、智媒时代城市形象宣传现状和优势特征

城市形象是指:城市自然环境、社会状况、建筑景观、公共设施、经济发展、历史文化、生活状态等公众对城市印象的总和。城市形象宣传是对城市形象最具魅力的传播。短视频脱胎于传统的电视新闻、电视专题和电视纪录片,它有着传统电视传播的所有元素和优点,但在传播手段上又不同于传统媒体,具有短、平、快的效率,音、画、字的效果,多媒体(包括传统电视媒体和所有新媒体)传播的最大覆盖面,是智媒时代城市形象宣传最快捷、最直观、最具感染力的传播手段。据中国互联网络信息中心所发布的《第 50 次中国互联网络发展状况统计报告》显示,截至 2022 年 6 月,我国短视频用户规模达 9.62 亿,占网民整体的91.5%。

1. 短视频城市形象宣传在城市标志性特征选取上,有着独特的优势

利用智媒时代的大数据、物联网及人工智能等技术,对城市关键词、城市印象、城市个性特征进行数据量化衡量,对城市意义与历史记忆做深度挖掘,找出精准关键信息,避免宣传选择的盲目性。2018 年 6 月《中国青岛　倾倒世界》宣传片,介绍了历经洗礼的青岛如今闪耀夺目光辉,不仅向世界展示了中国城市青岛的魅力与实力,并且迅速占领了朋友圈,新华网、人民日报、中国青年网等多家媒体平台,点击量超千万。

2. 短视频城市形象宣传在城市形象表达上,能调动多种手段提高可视效果

智媒体既有传统媒体实景实拍摄的选取,更能将抽象属性、数据信息实现生动的可视化,VR/AR 技术能够提升观者对于城市宣传片观看的亲历感。例如,城市科技化的表达有一定的困难,单一列举数据与科技成果容易造成视觉枯燥,但智媒时代技术能够有效地将科技成果与数据做可视化呈现,更加生动地演示数据提升与科技成果。深圳城市宣传片《深圳,全球企业沃土》,对深圳的"科技创新城市"特征的表达,宣传片利用大数据抓取城市不同区域互联网覆盖情况,以 3D 动画效果展现互联网、基因测序过程中的微分子活动、超材料模型、三维显示技术等科技成果,通过宣传片的整体演示呈现出深圳作为科技创新城市的实力。

3. 重视城市精神和文化情怀的感性化提炼

城市形象宣传对于城市精神与城市文化情感的表达十分重要,对于提升市民的城市认同感、凝聚力,提高城市知名度和美誉度具有重要影响。我国的城市宣传片起源于 20 世纪末山东威海拍摄的《中国-威海》城市宣传片,20 多年来,全国各大城市都进行了城市宣传片的拍摄与传播。上海的短视频《上海-创新之城》突出了上海海纳百川、大气谦和、睿智创新、追求卓越的城市精神;浙江绍兴的短视频《城市速写》,时长一分钟,围绕绍兴市民一天的生活展开,呈现出绍兴人闲适的生活状态及人文精神,并通过镜头与剪辑,自然地将绍兴市的经济、社会、历史、文化融入城市生活场景中加以展现,受到了业者的充分肯定。

二、短视频城市形象宣传的问题反思

1. 洞察不足、理解肤浅、元素雷同、缺乏个性,是短视频存在的主要问题

在城市化进程中,现代化建设成为各个城市建设的共同趋势。新建城市建筑的高度相似造成城市空间、城市景观的趋同,城市形象短视频宣传无法避免地出现了明显的相似性。在手段上:广角与航拍展现城市全景成为大多数短视频共同的选择;在内容上:高楼、高架桥、霓虹灯是各个城市宣传短视频的共同要素;在场景转换上:通过云海、高山、河湖、日出、花草等景观的延时摄影和空镜头进行衔接……各个城市宣传短视频的相似性掩盖了城市性格和城市特征,导致影像本身的趋同,难以区分不同城市之间的差异,减弱了城市宣传效果。还有许多城市宣传片出现了碎片化画面,看似拍摄出宏大的城市全景,但与之对应的是视觉内容的空洞与城市特征的模糊。城市宣传短视频的雷同、空洞看似是拍摄与表现问题,实质是对城市个性洞察不足、理解肤浅在作品上的反映,导致城市宣传短视频停留在外貌表象的宣传。

以青浦为例,在短视频出现的头几年存在着不同短视频之间差异性不明显、缺乏青浦城市文化的有效提炼,表现手法和内容趋同等;其次,模板化制作背后缺乏对于城市宣传的深入思考及前期调研,仅仅以镜头记录肤浅的物化成果,缺乏深入城市肌理的文化聚焦,导致脸谱式与符号化的表象呈现,如青浦《了不起的上海之门》短视频,以单一的表现手法,通过美景、美食素材罗列,配以简单直白的宣传推广式解说,使得该片呈现出模式化的宣传风格,缺乏内涵与底蕴,降低了短视频宣传的独特魅力。

2. 媒介变而手法不变,削弱了城市宣传短视频的视觉效果

在传播场景趋于虚拟化、个性化和移动化的智媒时代,场景已成为传播内容的核心要素,也是城市宣传短视频同传统城市宣传片所呈现的不同语境。传统电视媒介或户外媒介的呈现存在着传播手段单一,但屏幕大、可视距离远的特征;短视频则与其相反。传播设备的改变使得传播语境由一对多的信息传递,转变为"一对一"的交流,这就要求短视频语境必须拉近传播内容与观者的心理距离,使城市场景更具"临场感",短视频画面更加"生活化"。当前大多数城市形象宣传短视频与传统宣传片相比并没有较为明显的差异,依然停留在反复使用城市景观配音解说的阶段。在画面上,重复使用城市场景,如,传统媒体经常使用的打太极的老人、晨练的青年、儿童纯真的笑脸、川流不息的人群、传统戏曲舞台,等等;在手法上,与传统电视媒体一样注重全景与横屏播放。在智能手机习惯竖屏播放的今天,受众在手机屏幕上看到的宣传片画面仅占屏幕的三分之一,削弱了全屏手机的视觉效果。这一问题的存在主要是把传统电视宣传片拍摄方式用在了短视频拍摄中,忽略了手机屏幕的视觉习惯。

3. 制作跟不上需求,技术存在障碍

目前许多城市宣传片的传播渠道并不灵活,仍以电视或户外媒介传播为主,短视频播放仅仅是众多渠道之一,较少针对短视频传播进行独立的城市形象宣传片制作。以上海为例,据不完全统计,上海短视频用户数量已经达到千万,而每年专业团队制作的短视频估计不到千部,巨大的差异无法满足需求,使得针对目标群体的精准触达越发困难。在技术上,当前城市宣传短视频的精准传播依然具有一定的技术难题,大数据等技术的不足及算法黑箱等问题,使得内容的精准投放存在障碍。譬如,城市形象宣传、城市定位宣传、城市旅游宣传、城市功能宣传等不同主题的城市宣传短视频针对着不同的目标受众,需要有针对性地分发给不同的目标受众,要对受众进行量化、细分,而量化细分不足、投放缺乏针对性,造成城市形象短视频投放传播效率降低,浪费制作与投放的人力、财力、物力,达不到预期成果。

三、智媒时代城市形象宣传短视频传播策略思考

1. 精准定位,展示形象

城市宣传片无法将城市的方方面面予以展现,5 分钟以内时长的短视频需

要对主题定位、内容取舍有着严格的要求,针对不同的传播目的,选取城市不同侧面与特点加以展现。第一步要确立传播目的,定位目标受众,深入城市内核,把握城市肌理,充分调研和搜集城市形象尽可能多的前提下,再进行构思创作。

青浦融媒体中心的短视频《这就是青浦》细读了青浦的历史文化、地理环境等详细资料,挖掘历史文化底蕴,在受众已有的认知基础上给予最新的视觉体验,同时采集典型的标志性特征作为核心意象,围绕具体内容展开叙事,短视频集中展示了青浦源远流长、底蕴深厚、活力多姿的城市文化;通过全景式、沉浸式的镜头语言,穿越古今,探寻八方。短视频分别从"颜值""创新""速度""温暖""味道"五个角度,选取各行业、领域中的普通人物,用平凡视角讲述青浦城市发展进程中一个个动人的小故事,刻画了这个古老而现代,精致又开放、人文且智慧的城市生活百态,凸显了青浦"高颜值、最江南、创新核、温暖家"的城市发展意向。通过个体展示出青浦的城市形象、发展变化,让更多受众更直观的感受青浦这座充满活力的国际化枢纽门户城市,感悟魅力四射的江南水乡,短视频播出后,点击量突破了以往所有的城市宣传短视频,收到了很好效果。

2. 以小见大,求深忌全

城市宣传其目的归根结底是为了在受众心中留下一个美好的城市印象,短视频的特征决定了传播内容体量的短小精悍,因此需要通过大数据关键词抓取、人工智能技术利用,通过主题检索等方式,对城市宣传片主题进行差异化设计,聚焦某一特征元素进行深入表现。当然这一表现一定不是通过全景式展现来完成的,短视频不是宣传纪录片,无法对城市形象进行复刻式呈现,而要在"源于生活而高于生活"艺术创作原则下,对城市元素进行提炼,以全新的视角、深刻的认知、直抒胸臆地进行理念传播。如青浦融媒体中心制作的系列短视频《这就是青浦》《新青浦 向未来》,该短视频以直观的宣传片的形式加强受众对于青浦的记忆度,形成对青浦城市形象全新的深刻认知。短视频于 2022 年 11 月进博会举办前后推出,向全世界展示青浦担当战略使命,加快建设社会主义现代化国际大都市枢纽门户的内生动力;系列短视频上线后,即在境内外媒体上刷屏,并被迅速转发,首日浏览量突破 10 万＋,获得广大网友好评。

3. 重视感性回归,实现情感共鸣

城市形象宣传不仅仅是具体物象的集合,更是本地人的集体记忆,这些群体情感蕴藏的感染力不容小觑。对城市的宣传不仅仅要加强硬实力的表现,更需要通过群体的情感共鸣与经验回忆引发人们的情感共振,让并不了解一座城市的人们,通过城市宣传片感受到这座城市的文化情怀与感性魅力。智媒时代更加呼唤感性

的回归,而在情感表现中运用更深层次的数据支撑,以量化的数据形式、可感的实物形态挖掘受众的情感需求,尝试城市宣传的新风格,从而带给观众耳目一新的情怀体验,让受众留下更深刻的城市印象。以青浦《新青浦 向未来》系列短视频为例,在短视频创作中注重现代与古典、自然与人文的结合,重视对本土的文化遗存、建筑遗存、街道形态、乡土气息等选择,调动了本地人的集体记忆,把霓虹、高楼、路桥等全景要素作为背景处理,城市特质得到充分体现,现代与古典交织、自然与人文结合,实现了情感共鸣,为青浦城市宣传短视频增添了一抹亮色。

4. 精心制作,求新忌散

智媒时代,传播媒介不断延展、影像技术快速发展,使得图像呈现形式表现出多样化的发展趋势,为短视频城市形象宣传的精致化、创意化、细腻化、多角度展现提供了技术支持。当前,在短视频城市形象宣传片大量涌现的背景下,必须调动各种现代化手段,制作出新颖独特的短视频才能激发受众的观看兴趣,达到宣传城市的目的。在这一过程中,要防止视频节奏的平淡化、视觉呈现的模板化、碎片化。如:《新青浦 向未来》系列短视频创作中,有几集看似拍摄出宏大的城市全景,但与之对应的内容是视觉节奏的空洞与城市特征的模糊。值得一提的是,该系列短视频在摄制过程中,通过编导的各种"巧思"以及技术手段的配合,如立麦海采的形式,以看似随机偶然的采访,请市民"走向"话筒,自然真诚的倾诉着对青浦这座城市的情感。同时,在后期剪辑中,以活泼炫酷的转场特效,配以时尚动感的音乐、音效,弥补了内容呈现方面的不足,吸引了受众的眼球。

5. 增强交互视角,实现沉浸式体验

智媒时代人与城市的联系更为紧密,更具个性特征。短视频与受众之间呈现出交互趋势,因此短视频内容要以更为个性化的视角加以呈现,讲究短视频传播的场景选择。例如,抖音博主麦阿臻以AR眼镜的视角,生成元宇宙风格城市宣传片。在画面呈现中,城市景点与特产在主观视角中出现智能标签,用户如同戴着AR眼镜漫步在城市街头,实时了解所观察到的景物信息,再通过增强柳州、长沙、成都等城市未来感的体验,实现宣传目的,获得超过千万播放量的效果。这种依托计算机技术生成的虚拟影像,浓缩了城市历史、抽象了城市空间、深化了城市内涵,增强了短视频与受众之间的交互关系,实现了沉浸式体验,"真正实现了对城市全部内容的创造性表征"。

6. 深度调研,个性推荐,提升分发效率

短视频平台对于用户具有洞察能力,并且能够通过个性化推荐进行精准投

放。"智媒时代各种与人相关的物体数据,是人的行为、需求及状态等的一种外化或映射,物可以提高人的'可量化度'与'可跟踪性',通过物来了解人,将是未来用户研究的另一种途径,人机合一的媒介具有自我进化的能力,机器洞察人心的能力、人对机器的驾驭能力互为推进。"因此,依托人工智能等技术强化对于受众的调研,从而达到精准推介,提高分发效率。青浦融媒体通过对受众接触媒介习惯进行调研,对目标人群的需求加以洞察,结合短视频用户对于青浦的关注度,制作了青浦城市形象宣传的系列短视频,并在多渠道投放组合的配合下,实现了城市宣传短视频的个性化推荐,提升了城市宣传片的到达率,极大地增强了青浦城市形象宣传的点击率。

结　语

科学技术的飞速发展带来的并不仅仅是形式的延伸,更是理念与内涵的深层次、多元化的拓展。在智媒发展趋势下,人们越来越关注技术与形式,仿佛技术发展必然带来对情感与内容的淡化。但技术与情感并不冲突,城市宣传短视频在智媒化趋势中,更需要强化对于人文关怀的坚守、文化情怀的关照。技术发展能够通过精准定位增强城市形象的个性化体现,用还原与虚拟等技术形成现实与历史时空的交互体验,在精准推介、分发中满足受众的认知需求。智媒时代,城市形象宣传短视频更加需要注重对个性内容的关注,不断反思传播过程中的不足,通过深挖城市内涵、充分利用现代技术手段,促使人文意义回归,促进城市形象的个性化表现及有效传播。

参考文献:

[1] 谭筱玲,王小莉.虚拟影像在我国城市宣传片中的价值[J].青年记者,2019(21):63-64.
[2] 彭兰.智媒化:未来媒体浪潮——新媒体发展趋势报告(2016)[J].国际新闻界,2016,38(11):6-24.

作者简介:
钱国安,上海市青浦区融媒体中心采编中心主任。
郭苗苗,上海市青浦区融媒体中心专题部副主任。

浅析后疫情时代电视体育报道如何讲述中国故事

——以五星体育澳网报道为例

董 奕

本文提要： 随着新冠肺炎疫情逐步消退，国际赛事陆续回归，体育专业媒体重新走出国门报道重大比赛。本文以上海广播电视台五星体育传媒（简称五星体育）采访今年澳大利亚网球公开赛的实例出发，从报道理念、记录方式、新技术应用、媒介融合等方面，探讨走出疫情阴霾的电视体育报道，如何用国际化视角讲述中国故事。

关键词： 后疫情时代　澳网　中国故事

引　言

澳大利亚网球公开赛（简称澳网），是网球四大满贯赛事的开年大戏。自新冠肺炎疫情暴发后，时隔三年，五星体育再次派出报道团队前往墨尔本实地采访。本届澳网宣传语"The story starts here"，中文译为"故事从这里开始"。聚焦回归世界网球大舞台的中国选手，讲述墨尔本盛夏新一季中国故事，有变化，有突破，也留下了思考。

一、五星体育澳网报道的独特优势

1. 独家优势：澳网现场唯一中国大陆电视媒体

对于中国观众而言，2023 年澳网占据天时地利人和：赛程从 1 月 16 日至 29 日，贯穿农历新春假期，此乃天时；时差三个小时，国内观众收看赛事直播无须熬夜，此为地利；多达九名中国大陆选手亮相澳网单打正赛，此为人和。五星体育作为现场采访本届澳网唯一的中国大陆电视媒体，独家意义彰显。

随着疫情防控措施全面解除，据官方数据显示，2023 澳网入场球迷数总计902 312 人，正赛第一天就刷新历年首个比赛日入场观众纪录，达到 77 944 人。中国游客曾是澳网海外观众主力之一，组委会翘首以盼中国球迷重回看台，对于来自中国的五星体育也给予相当重视：全力协助报道团队办理各种证件；主动提供热门场次场内媒体坐席票；派专人记录报道组在澳网的工作场景。赛事官方的大力支持，为采访打下良好基础。

2. 内容优势：中国力量闪耀澳网　中国故事题材丰富

体育是彰显国家软实力的重要组成部分。在全球格局纷繁多变的当下，竞技体育作为超越国界、种族、宗教和政体的人类活动，更是具有凝聚万千的力量。因疫情"与世隔绝"一段时期后重新走出去，国际大赛的高曝光度与广泛关注度，成为向世界展示中国形象的绝佳窗口和对话沟通的重要平台。

五星体育本次报道主基调定为聚焦澳网赛场的中国选手和中国力量。九位球员出战单打正赛，形成集团军效应与强大号召力。尤其吴易昺、张之臻、商竣程三人的亮相，公开赛时代首次有三位中国大陆男选手的名字出现在大满贯签表上。澳网官方网站所列出的赛会五大值得关注事件中，"中国大陆男网崛起"占据一席之地。加上女双与混双，本届澳网赛场上中国球员的身影极为活跃。前方工作团队敲定重点关注其中四位中国选手，历时十天的采访期间，共计拍摄12 场比赛，1 次训练，制作 11 个独家专访，1 次远程采访，15 个主题报道，内容涉及比赛、天气、球市复苏、澳网赛场上的中国企业元素等。

二、从采访资源到技术支持　澳网报道的突破点

1. One on One 球员专访

五星体育今年首次申请到采访室里的全程 One on One（一对一）球员专访。多家媒体出席的官方新闻发布会（Press），记者们提问集思广益，极少冷场；而一对一采访的好处除了独家性，还在于话题具有延展性，被采访对象与记者畅所欲言，迸发火花。此外，一对一专访让球员和记者之间建立起良性互动，利于后续报道。

2. 整合利用各方资源

近年来中国选手成绩长足进步,ATP(男子职业网球协会)与 WTA(国际女子网球协会)对于中国市场的重视程度日益提升。两大网球组织均配备工作人员在巡回赛与大满贯期间,负责制作中国选手的视频音频采访提供给国内媒体,并安排媒体对球员远程采访。五星体育报道团队落地墨尔本当天,由于中国选手比赛已经结束,记者通过 WTA 提供的线上群访渠道视频采访了郑钦文。同时,澳网官方网站设有线上采访平台,记者提前申请进入网络采访室,与球员在线实时提问。疫情期间成为主角的线上采访方式没有退出历史舞台,而是充当起辅助者的角色。

今年澳网开赛前,CGTN(中国国际电视台)主持人王东作为五星体育特约记者,在线专访了几位关注度很高的球员,该系列访谈在体育新闻里播出,为赛事预热。开赛后,王东还曾专访前 ATP 副总裁格拉夫,从专业角度点评中国选手表现,展望即将回归的中国网球赛季。王东本人拥有多年网球赛事解说履历,并担任上海网球大师赛现场主持,他在网球圈内的资历、人脉以及娴熟的英语表达能力,对于五星体育网球报道起到良好的补充作用。

3. 新技术助力 Gsports 平台应运而生

2021 年 5 月上线的 Gsports 平台,由上海广播电视台技术中心专为五星体育研发,提供电视制播网与互联网内容素材的简单交互。该系统支持各类媒体格式的素材上传,内置境外加速传输功能,实现多平台一键分发。大赛期间,Gsports 平台大幅提高前方记者的文稿报片、听写唱词、素材传送效率。记者从澳网新闻中心发回的视频与成片,第一时间回到后方制作端,保证新闻及时播出与新媒体平台同步推送,同时实现了五星体育前方报道组素材与融媒体中心的互联互通。

三、澳网赛场中国故事的新讲法

本届澳网中国选手总体表现不乏亮点,但缺少大的突破。需要打破思维桎梏,成绩的背后,关于成长的故事更打动人心。

1. 聚焦个性鲜明的中国体育新生代

整体而言,竞技体育属于年轻人的天下。出战今年澳网的中国选手多为 95后,其中 00 后共有 4 位。这些后起之秀的成长经历,与体工队体系培养的老一代运动员截然不同。网球是一项职业化程度相当高的运动,球员从小接受专业培训,转入职业网坛后四处参赛挣积分奖金,提升排名。他们拥有专属教练和经纪人团队,能以流利英语接受外媒采访,熟练运用社交媒体与外界互动,眼界开阔,自信开朗,个性鲜明。

举个例子,杭州小伙吴易昺本届澳网止步单打首轮,但他的性格很讨人喜欢,信手拈来的小幽默,恰到好处的松弛感,常常引来记者鼓掌与现场观众欢呼。同时,伤愈复出的吴易昺一年内世界排名上升 1 800 多位,澳网过后不久就在达拉斯赢得中国内地男网首个 ATP 巡回赛冠军,用励志故事书写中国网球新历史。被球迷昵称为"阿昺"的他,既是一颗未来无限的网球新星,更是一名血肉丰满的 99 后青年。吴易昺的个人经历和个性魅力,成为非常好的报道切入点。

与之相呼应,网球小花郑钦文之前谈到名字的英语发音时,笑称念成"Queen Wen"(直译为女王文)或者"King Wen"(直译为国王文)都可以,新赛季愿望就是赢几个冠军。如此豪言非但不显张狂,反倒凭借这份自信和霸气圈粉无数。在韩馨蕴/张之臻的混双赛后,记者曾尝试类似快问快答的报道方式,心态放松的两位随性发挥,场面欢乐,感染力十足。回想李娜在网球界的巨大影响力,不仅源于收获两座大满贯奖杯,更在于她的人格魅力。2014 年澳网领奖台上李娜妙趣横生的发言,被不少国外媒体和球迷视作夺冠演讲的经典版本,如今新一代中国网球人传承了这种优秀特质。依托运动项目的职业化高属性,早早走出去的中国网球"Z 世代",用年轻人的活力率真与全世界同龄人达成价值认同,他们所发出的中国声音,自然而然进入受众内心。

2. 以情动人以小见大　避免千人一面

中国军团此次最大的惊喜来自朱琳,挑落希腊名将萨卡里,闯入 16 强并创个人最佳排名。赛后朱琳笑中含泪:"谢谢所有球迷来给我加油,希望你们过一个愉快的春节,没有除夕惨案,今天是喜剧。"由于以往比赛中起伏太大、容易被翻盘,朱琳在球迷中享有一个颇具槽点的外号——"朱编剧"。这一回,已是老将的她书写了职业生涯最佳剧本。记者在赛后第一时间与朱琳面对面,记录下她从澳网外场起步,一直到走入玛格丽特·考特球场享受欢迎仪式,九年来的心路历程。采访中朱琳夸奖球迷起绰号很有才,大大方方感谢男友兼教练的帮助,心愿就是继续赢下去,她的真挚坦诚打动了记者和观众。真情实感最能激发人性共鸣,运动员所表达的情感,自然流露的言谈举止,正是讲好中国故事的素材来源,传递体育蕴含的精神力量。

从澳网延伸开去。东京奥运会上,全红婵用水花消失术惊艳全世界,一片赞美声中传来不和谐声音:第一次出国比赛的小姑娘面对欢呼有些不知所措,以及起跳前的全神贯注,被少数外媒描述为"没有笑容,毫无感情的金牌机器"。西方媒体典型的双标评判,专攻选材和训练是否"科学,人性""一切只为了金牌",以此抨击中国体育的举国体制,抹黑中国运动员形象。从我们的报道立足点出发,除了宣传选手为国争光,挥洒汗水的正能量之外,也要展现他们作为普通人的天性与共情,而非不食人间烟火的运动机器。今年在上海举办的全国跳水冠军赛,五星体育报道视角除了对准全红婵和队友陈芋汐的"神仙打架",还记录下不少有意思的细节。采访时向队友求助,痛失冠军后趴在师兄谢思埸怀里哭鼻子,并用谢的衣服擦眼泪,让人又好笑又心疼。全红婵正在克服发育关,迈过去了又是一片新的天空。不完美有时也是一种美,经历波折最终战胜自我,令运动员的形象更为真实立体,有血有肉。

再来看北京冬奥会摘金夺银,场内场外都是焦点的谷爱凌。训练间隙吃韭菜盒子的"名场面"让人印象深刻,体现了大赛的紧张节奏和谷爱凌的勤奋努力,又表达出她对于中国美食的热爱,以及奥运冠军接地气的亲人形象。视频很快冲上热搜榜第一,阅读量瞬间达到 1.2 亿。外媒对于韭菜盒子到底是什么食物,英语如何表述做了很多讨论,用喜闻乐见的方式,巧妙地向全世界输出了以美食为代表的中国传统文化元素。体育大赛同时也是多元文化的碰撞,以小见大的韭菜盒子,堪称一次非常成功的对外价值传播。

当今暗流涌动的媒体环境下,我们要着力破除西方偏见,夺回国际话语权。报道过程中要呈现中国精神、中国价值,就要将抽象的价值观转化为具象的人物事件,为目标受众搭建移情的入口。将笔墨放在运动员拼搏奋进,挑战自我过程中那些具体鲜活的事例上,用真情实感的故事细节来唤醒观众的感同身受,避免千篇一律、千人一面的模式化报道,杜绝刻板生硬的说教方式。

3. 拓宽视野　挖掘被忽视的闪光点

今年前方报道组首次将视线投向青少年网球与轮椅网球赛场。小将周意躋身澳网男单青少年组四强,朱珍珍收获轮椅女双亚军,五星体育记者均现场见证。

青少年组报道着眼点在于初生牛犊之勇。从周意过目难忘的爆炸头发型谈起,到首登澳网舞台,兴奋于这么多人来看自己比赛,再到没有顾忌地喊出目标就是大满贯冠军和世界排名第一。"年轻什么都不怕,什么都敢想。这股勇气,正是未来陪伴他们度过漫长职业生涯,自律生活,为胜利百折不挠的初心",这是新闻结尾记者出像的点睛之笔。以周意为代表的年轻一代,是中国网球与中国体育的未来,也是中国故事里最富生机与希望的篇章。

朱珍珍让我们对于轮椅网球有了全新认识。报道组跟拍了她的单双打比赛和训练课,制作了两个人物小专题。体育面前人人平等,这是朱珍珍对于运动的理解,超越竞技层面,上升到人生价值高度。轮椅化作战车,为梦想坚持不懈,这就是中国残疾人运动员的精气神。

4. 直播连线报道新尝试

直播连线早已成为新闻版面里非常重要,乃至不可或缺的部分,是电视新闻生命力的体现。五星体育本次在澳网直播连线报道方面进行了一次新尝试:1月21日,张帅淘汰美国选手沃利奈斯,时隔7年再进女单16强,当天正好是她34岁生日。赛后记者邀请到球员本人,利用赛事转播单边信号(光缆)与后方演播室做了一档时长7分28秒的直播连线。赢球后的张帅侃侃而谈,话题涉及晋级过程,球迷送生日祝福,老将的坚持,在澳网过年的感受等。本档直播连线极为出彩,镜头前记者与张帅都很放松,没有采访提纲束缚,如同朋友般聊天,背景(单边出像点)又是澳网主场馆,现场感十足。前后方沟通到位,技术支持做好保障,记者的专业素养加上采访对象的配合,共同促成一档鲜活生动的直播连线报道。

5. 新媒体之澳网零距离

与三年前相比,五星体育澳网报道团队的一大转变,就是全力向新媒体、短视频方向转型。报道组由一位大赛采访经验丰富的首席记者,一名编辑新人加一位专职摄像所组成。该编辑本身是网球爱好者,角色定位为首次来到大满贯现场的球迷,记录澳网初体验和追星之旅。带上配置齐全的手机与自拍杆,负责为五星体育新媒体平台提供内容,包括短视频,澳网日记 vlog(视频日志)等。随着拍摄设备日趋轻量化,采访团队解放双手负重,得以随手拍,随时记录,带来更具现场感与更轻松的视频新闻。赛场花絮,球员采访,观众反应,赛地交通,一一进入随手拍范畴,视频分别在五星体育微博、公众号、视频号推出,零距离感受澳网魅力,阅读量与点击率稳步上升。1月29日澳网收官日,五星体育微博澳网相关话题阅读量达256万,为半月内单日最高。

据数据显示,短视频成为吸引我国网民"触网"的首要应用,用户规模达10.12亿,看新闻、学知识成为短视频用户的重要需求。短视频也成为五星体育迈向媒体融合的突破点,外采素材首先确保新媒体制作分发。不过,无论是传统媒体时代还是媒体融合时代,内容为王始终没有过时,"优质内容+有效传播"才能收获流量。一味挖掘爆款,盲目蹭热点和炮制热点,丢失了踏实的原创能力,不但难以长久,反而损伤媒体影响力与公信力。报道主阵地不能丢,核心资源不能丢,新闻专业精神更不能丢。

6. 携手融媒体中心　迈向更高平台

五星体育此番联手 SMG 融媒体中心,澳网前方报道组分别为《看东方》与《东方新闻》供片,包括张帅、郑钦文、朱琳等选手的赛况与赛后采访,题材以消息为主。此外,前方记者还在卫视新闻里进行直播连线。依托 SMG 集团资源优势与平台力量,将大满贯赛场上的中国故事,中国声音通过卫视平台对外传播。今后逢重大比赛,尤其拥有版权的赛事方面,五星体育将继续与融媒体中心合作,聚焦中国式现代化体育强国和全球著名体育城市建设,打造有影响力的传媒作品。

结　语

国际赛事全面复苏,体育专业媒体迎来了春天,澳网成为一个缩影。五星体育本次澳网报道给人以启迪,我们需要摒弃唯成绩论和金牌论,避免整齐划一的刻板报道,着力展现运动员积极向上的精神面貌,以及拥抱世界的开放心态。同时借助日新月异的媒介传播手段与新技术,拓宽视野和思路,站在放眼全球的高度,讲好赛场上的中国故事。

参考文献:

［1］数据引自澳大利亚网球公开赛官方网站：www.ausopen.com。

［2］李子曦、宋扬,《中国故事国际传播的策略创新——以北京冬奥会报道为例》——《青年记者》2022 年第 20 期第 74 页。

［3］数据引自《2023 年中国网络视听发展研究报告》,2023 年 3 月 29 日发布。

［4］何百林、王勇,《媒体融合改革中应避免的五大误区及对策研究》——《中国记者》2023 年第 3 期第 91 页。

作者简介:

董奕,上海广播电视台五星体育传媒有限公司采编中心主编。

浓缩的才是精华

——浅谈体育节目中慢镜头内容的作用

高 频

提 要： 在如今的移动互联网时代，各种类型的体育赛事转播和相关节目里，慢镜头回放与精彩集锦可谓是无处不在，已经成为广大受众最喜欢观看、评论、转发乃至二次创作的主题内容之一。本文从慢镜头的实际作用出发，以 2022 卡塔尔世界杯和近些年在上海举办的大型国际国内赛事为例，阐述与分析在体育赛事转播与相关节目中打造慢镜头内容的必要性与巨大价值。本文认为，在上海积极构建"国际体育赛事之都"的过程中，从鲜活而丰富的慢镜头语言这个细节上讲好上海故事，彰显上海的城市精神与内在软实力，促进上海的国际传播能力建设，最终有利于提升上海在国内外发展竞争中的话语力和吸引力。

关键词： 慢镜头　卡塔尔世界杯　国际体育赛事之都　城市精神　软实力

引 言

慢镜头（slo-motion），又称慢动作，是一种影视艺术手法，用高速摄像机甚至超高速摄像机加快拍摄频率，比如每秒拍摄 48 帧或 96 帧乃至 960 帧，放映时则按照人眼最适应的速率每秒 24 帧进行播放，那么就形成了比正常动作慢 2 倍 4 倍乃至 40 倍的慢镜头和超级慢镜头。苏联著名导演、蒙太奇理论创始人之一普多夫金称：慢镜头是"时间的特写"，是一种有意识地引导观众注意力的影视艺术方法。

过去几十年里，随着电视转播技术的不断进步，慢镜头已经成为体育类节目（赛事转播、新闻和专题报道、短视频等）的重要部分，它可以提供更精彩的画面语言、更丰富的信息内容、更浓郁的情感传递和更强烈的互动欲望，从而达到更广泛更有效的传播效果。在如今的移动互联网时代，无论是电视融媒体化的赛事转播与新闻专题报道，还是网络长视频与短视频的轰炸，各种形式的体育节目里，慢镜头回放和精彩集锦可谓是无处不在，已经成为广大观众特别是体育迷们最喜欢观看、评论、转发乃至二次创作的主题内容之一。

足球的射门、篮球的扣篮、隔网的扣杀、拳腿的碰撞……突破、拦截、犯规、冲突、冲刺、跨越、精准、疏误、技巧、机变、夸张的表情、迸发的情绪……所有的细节被放大、被重置，在慢镜头里展露无遗，带给人们巨大的视觉冲击；比赛的精华被浓缩在精彩的慢镜头集锦（slo-motion highlights）里，带给人们乐趣无穷的深刻回味。

本文将从慢镜头的实际作用出发，以 2022 卡塔尔世界杯和近些年在上海举办的大型国际国内赛事为例，阐述与分析慢镜头内容的必要性与巨大价值，进而论述以慢镜头语言细节讲好上海故事、彰显上海的城市精神与软实力，促进上海的国际传播能力建设，提升上海国际化竞争发展话语力与吸引力的重要性。

一、慢镜头是体育大赛转播的必备良品

从 20 世纪八九十年代以来，无论是奥运会、世界杯、欧洲杯、亚运会等大型体育盛宴，还是欧洲足球联赛、F1、NBA、NFL、网球、高尔夫等职业赛事，在赛事直播与新闻专题节目中，慢镜头内容的比重越来越大、地位也越来越重要，慢镜头制作的投入也越来越多。

以 2022 卡塔尔世界杯为例：每场比赛的官方标准转播机位数量多达 42台，比上届俄罗斯世界杯足足增加了 9 台之多；除了常规的固定与移动机位之外，赛事现场至少安排了 10 台高清和超高清摄像机专门为制作慢镜头服务，其中包含超级慢动作和极致慢动作（super-slo-motion & ultra-slo-motion），从而不仅为全球观看直播的观众实时捕捉精彩的慢镜头回放，而且部分超级慢动作机位的画面还提供给视频助理裁判和主裁判作为判罚的参考依据。

除了这些专属的慢动作摄像机，其他如长焦固定机位、摇臂、斯坦尼康和一些特殊机位，也都会在必要时，通过 EVS 慢镜头集成系统为观众提供其他最佳的现场比赛视角和精彩回放。卡塔尔世界杯的现场转播，就分别在球门后设置了可远程控制的鱼竿摇臂摄像机，这种机器能以更灵活的镜头运用为观众提供球门视角：射门进球的瞬间、门将的精彩扑救、门前的激烈拼抢等。这种特殊视

角的慢镜头回放与集锦，经常成为观众的最爱。

相比于 2018 年的俄罗斯世界杯，2022 卡塔尔世界杯的转播规格大大提高，视音频工作流的分辨率大大升级，从 1080/50P 的 HLG 工作流，提高到了 4K/50P 的 BT.2020 HDR 工作流，从而也保证了大量的高清晰度慢镜头回放与集锦的顺利呈现。

2022 卡塔尔世界杯决赛最终在卫冕冠军法国队与潘帕斯雄鹰阿根廷队之间展开，双方激战 120 分钟打成 3∶3，进入点球大战，阿根廷队 4 罚中的，而法国队罚丢 2 球，梅西率领的潘帕斯雄鹰以总比分 7∶5 笑到了最后。在这场激荡人心、史诗一般的大决战中，现场直播给出了 175 组慢镜头回放：射门 42 组，破门得分 16 组（每组回放 3—6 个角度），精彩扑救 13 组，犯规 35 组，拼抢 15 组，突破 9 组，越位 7 组，解围 6 组，争议 5 组，表情特写 21 组（球员、教练、现场球迷），庆祝 6 组。在中场休息和赛后候奖时段，现场转播还分别给出了 3 至 5 分钟的精彩慢镜头集锦（slo-motion highlights），颁奖后也即时给出了梅西高举金杯与全队热烈欢庆的慢镜头特写集锦。这些慢镜头的组合总时长将近 55 分钟，不仅令收视观众大饱眼福、享受层次丰富的观看体验，也为各类媒体机构提供了大量的新闻创作素材和数据信息。

另外值得一提的是，多个超级慢动作镜头和极致慢动作镜头机位（super-slo-motion& ultra-slo-motion）主要聚焦于决赛两大核心球员：阿根廷队的梅西和法国队的姆巴佩。作为潘帕斯雄鹰的队魂，35 岁高龄的梅西宝刀不老，120 分钟内贡献 2 次破门和 1 次间接助攻，并且在点球大战中稳健命中，最终率领阿根廷队成功登顶；而高卢雄鸡的年轻领袖姆巴佩虽然只有 23 岁，但他独中三元力挽狂澜，将对手拖到点球大战，并且首罚命中，真可谓是虽败犹荣。他们两人的突破、传球、拼抢、射门、得分、庆祝、情绪，甚至眼神……都成为现场直播慢镜头回放与精彩集锦中最多的内容，也是赛后众多媒体与自媒体二次创作以及网友转发评论的主要题材。

二、慢镜头的制作水准体现内在软实力

慢动作最大的作用是对镜头语言的一种提炼与升华。在体育赛事直播、新闻专题、集锦回放等节目里呈现制作精良、内容丰富的慢动作镜头语言，一可以使大家从各种有趣的新视角来观看和欣赏节目内容，二可以为节目影像营造气氛、凸显核心人物（比如运动明星、球队主帅等）的个性魅力及其内心活动，三还可以表明创作者的所感所想，进而创造出特定的赛场意境、表达出特定的人文思想。

2017 年 ATP1000 上海网球大师赛的决赛,迎来了国际网球赛事在申城举办十多年来的最高潮——费纳决:网坛两大天王费德勒与纳达尔首次在上海大师赛进行万众瞩目的巅峰对决。这也是网坛史上第 38 次费纳决,真可谓是吸引了全世界无数网球迷的关注,全球一百多家电视台和流媒体进行了直播。赛前滚动播放的 30 秒宣传片里,深呼吸的表情、滴落的汗水、势不可当的发球、截击后的怒吼、张开双臂的庆祝、回应球迷的笑容……这些用超高清慢镜头组合而成的特写集锦,把即将到来的两位网坛巨星对决,渲染得无以复加。赛中与赛后的慢镜头回放和集锦里,除了两大巨星的激烈对战和高光时刻,还有费德勒乘坐上海地铁和游览迪士尼,以及西里奇、迪米特洛夫等球员夜游黄浦江等精彩花絮。可以说,魅力上海通过网球大师们的精彩慢镜头在全球观众的心目中留下了美好印象,导摄团队的设计与构想得到了充分的体现。

无独有偶。除了网球大师赛,已经在上海举办了很多届的国际品牌赛事还有 F1、斯诺克大师赛、国际田联钻石联赛、环球马术冠军赛、国际马拉松赛(白金标赛事)等。在这些国际赛事的直播与全媒体传播过程中,大量的精彩慢镜头将众多体育明星的风采与魅力展露无遗(如 F1 的舒马赫、KIMI 莱库宁、汉密尔顿、阿隆索、维斯塔潘、周冠宇等,斯诺克的奥沙利文、丁俊晖、塞尔比等,田径的刘翔、博尔特……),同时也将他们与上海的故事以浓缩的特写娓娓道来,令全球粉丝们回味无穷……据不完全统计,除了国内的 B 站、抖音、爱奇艺、小红书、微博等各大社交媒体的数亿级传播,另外在全球最大的视频分享网站之一YouTube 上,关于上海六大国际赛事的短视频(特别是精彩慢镜头)播放量也已经达到几千万次。可以说,从慢镜头这个独特的细节上,展现出了海纳百川的"上海意境",促进了上海城市形象在全球的传播,也为上海打造国际体育赛事之都和全球卓越城市起到了一定的助推作用。

2019 年 10 月,上海成功举办了第 15 届世界武术锦标赛。赛事转播信号由SMG 两大专业团队五星体育与技术中心联合打造,以奥运级别的团队阵容与先进设备,5 天时间里,共计制作了 1052 场比赛(含个人与团体),分为中文解说、英文解说和国际声三路信号,通过卫星和网络进行全球同步直播。鉴于武术比赛的特殊性,现场转播采用了最新的"子弹时间"慢镜头拍摄与回放技术,绕场一周 72 个超高清相机镜头毫秒级同步、进行 360 度环绕拍摄,最终把"拳脚威猛、剑芒轻灵、刀劈昆仑、枪龙棍虎"等动作细节,通过大气磅礴的超高清慢镜头淋漓尽致地展现出来,美轮美奂的画面如同电影大片一样令人震撼,从而更加生动地讲好了武术世锦赛的精彩故事。由此创立的武术比赛信号转播与慢镜头制作的"上海标准",也将成为今后各类武术搏击赛事转播的经典标杆。

2020 年以来,由于新冠肺炎疫情席卷全球,上海的几大国际赛事也受到了很大影响而不得不摁下暂停键。不过,申城以顶级赛事驱动体育之都建设的新举措并未停止,2021 年的金秋十月,全新的品牌赛事——上海赛艇公开赛成功创办,并且以顶级的赛事转播再度诠释了上海的人文精神与生态文明。SMG 出动 3 辆大型高清转播车及 4G/5G 全网传送系统作为技术保障,整体赛事转播制作及全媒体新闻专题报道总计布局 30 多个机位,包括特设的"飞龙"悬索高速摄像机(抓拍最后 50 米冲刺)、4 架无人机(300 米左右高度作业区航拍)以及 6 架水上移动机位(部分赛艇、裁判船和工作救援艇),赛中间隔与赛后回放的慢镜头集锦内容极其丰富多彩:划桨、冲刺、飞溅的浪花、激昂的呼号、兴奋的表情、酷炫的手势、优美的河道、壮丽的景观、欢庆的观众……犹如展开了一幅美不胜收的景观体育长卷。整整两天的赛事,SMG 五星体育电视及官方新媒体号全程大直播,而且直播流内容同步提供给新华社、人民网、央视总台、澎湃、青年报、新闻晨报,看看 News、Bestv+、话匣子等主流媒体的官网、微信号及客户端,向海内外的体育爱好者传播放送。

2022 年 10 月 29 日至 30 日,SMG 东方卫视、五星体育并机直播第二届上海赛艇公开赛,中国上海"艇力重燃"。这是党的二十大胜利召开后,上海举办的首场赛事信号上星的重特大户外体育公开赛事,意义非凡,影响深远。SMG 五星体育赛前精心制作多个版本的大赛宣传片以及精华集锦回顾进行了全媒体投放,为大赛预热;赛事直播制作也继续保持了国际水准的高质量与高水平,其中有多达 20 个机位用于慢镜头回放,更多角度的慢镜头运用让赛事内容更加鲜活灵动,既有"天光云影湛蓝碧透,赛艇健儿劈波斩浪",又有"苏州河 6 湾 13 桥生态优美,水鸟珍禽栖息觅食",还有"沿线两岸热闹非凡,市民朋友热情观赛",可谓是生动诠释了"人民城市人民建,人民城市为人民"的重要理念。从某种程度上说,这些镜头展示的不仅仅是一项赛艇比赛,更是直观感受上海的城市新貌、亲身感悟生态文明思想理念的重要阵地。

在这幅生动诠释"习近平生态文明思想"的上海最美景观体育长卷的背后,是 SMG 五星体育与技术中心团队历经千锤百炼的淬火打磨,不仅让广大市民和海内外观众进一步领略到赛艇运动的魅力与苏州河之美,更是从内容丰富、情绪饱满的慢镜头语言细节上彰显了"海纳百川、追求卓越、开明睿智、大气谦和"的上海城市精神与内在软实力,从而积极凝聚城市能量、助力上海建设成为"国际一流的赛事之都",进而提升上海的"世界影响力能级"。

三、慢镜头内容呈现的三个原则:专业性、灵活度和节奏感

虽然说在如今的体育大赛转播与相关新闻专题节目里,慢镜头的呈现和

运用越来越多,但是,使用慢镜头的内容还是要讲究时机和节奏:在什么时候用?在哪里用?必须要在恰当的时机按照恰当的节奏去运用,其主要目的是为了增强场景效果、强化人物的情绪与动作、丰富节目内容的层次,而不是单纯地用来炫技。否则,不仅意义不大,甚至会画蛇添足。因此,无论是常规节目状态的赛事转播、新闻专题、集锦回放,还是新媒体互动式的特效宣传片、短视频轰炸,慢镜头内容的呈现都应该遵循三个基本原则:专业性、灵活度和节奏感。

专业性是第一位的,首先要让慢镜头语言能准确描述赛场内外的各种故事,在调度上能清晰解释事件重点、突出关键人物。其次,慢镜头语言设计巧妙、切换节奏变化灵活,会为赛事转播和节目二次创作增光添彩。最后,节奏恰当的输出专业性与灵活性兼具的慢镜头语言,则会大大增强体育比赛与相关节目的美学感受,展现出更加丰富的场内外元素。

2023 年 3 月 19 日至 25 日,全国跳水冠军赛暨巴黎奥运会/福冈世锦赛/杭州亚运会/成都大运会选拔赛在上海举办。SMG 五星体育负责全媒体大直播及全部赛事公用信号的制作,制作团队由参加过北京与东京奥运会转播的专业人员担纲主力。团队精心研究了近 10 多年来的游泳世锦赛以及北京、伦敦、东京三届奥运会的跳水赛事转播资料,进行了全方位的信号制作规划,制定了"五星标准"的奥运级别跳水专项制作手册。

除了奥运会标准的常规机位之外,五星体育团队在本届比赛增设了两台 6 倍速摄像机位,均配置 100 倍以上的高倍率镜头,为即时回放的慢镜头提供了更加丰富的内容与更加新颖的角度;而针对跳水比赛中极富看点的运动员入水画面,团队则动用了最新款的超高清水下钓竿摄像机(DiveCam)进行无缝捕捉,并且在慢镜头回放里将运动员入水后的高清晰度画面与入水前的翻腾动作十分流畅地衔接起来,令人赏心悦目;另外,为了更传神地捕捉运动员在比赛中的各种动作、表情等细节画面,游动机位使用了索尼的 SONY - FX3 电影机,以高清电影画面的质感去突出运动员主体,在高节奏比赛中去抓拍选手的矫健身姿和各种表情,最后以超级慢镜头的回放,充分展现了跳水运动的美感和运动员的情绪细节。

7 天的赛程,8 个奥运跳水项目,总计 23 场比赛,五星体育全程制作超过 70 个小时的赛事信号制播总量,其中慢镜头即时回放与 Highlights 精彩集锦的内容占比相当大,总计将近四分之一。赛事公用信号还传送提供给了中央广播电视总台所属的 CCTV5 和 CGTN 等机构,精彩的新闻专题和集锦回放内容也提供给了 SMG 东方卫视、融媒体中心、ICS 外语频道、看看新闻网,并通过 SMG 的 ShanghaiEye 账号登上 Instagram、YouTube、Twitter 等海外平台。此次全国跳水冠军赛的精彩转播制作和宣传报道得到了国家体育总局和上海市体育局领导高度好评,真可谓是"动作到位、表现完美、喜提满分"。

此外值得一提的是,3月19日比赛直播与集锦回放第一天上线五星体育官方新媒体平台(微电视、微信视频号、微博、抖音、快手),就快速突破百万级浏览量。赛期一周之内,五星体育新媒体端累计总点击流量近2800万,其中全部的短视频流量最终统计突破1000万。网友们纷纷点赞赛事转播极具美学意识,特别是即时慢镜头回放与Hightlights精彩集锦富有"专业性、灵活度和节奏感",充分挖掘出了跳水运动的专属美感与人文意境。

结　语

综上所述,正如很多网友所说:如今观看体育比赛和浏览体育视频,真可谓是"慢镜头无处不在,Hightlights(精彩集锦)回味无穷",令人十分过瘾。也正因为如此,无论是传统电视节目制作,还是新媒体视频放送,要真正适应现代化传播趋势、抓住受众的眼球乃至心灵,体育内容的打造必须精制各类良品,展现出令人回味无穷的经典时刻,彰显出真正深入人心的细节故事和人文情怀。

近十多年来,上海一直积极推进"国际一流体育赛事之都"的建设步伐,举办了诸多国际国内体育大赛,赛事转播制作水准与全媒体传播能力也在各方面不断优化,从而为广大市民和全球观众带来了许许多多的视觉盛宴,用鲜活而丰富的内容讲述了上海的魅力故事,不仅从细节上促进了上海的内在软实力和国际传播能力建设,而且最终有利于上海构建"中国气派与国际影响力"兼具的城市形象。

参考文献:

[1]彭吉象,《影视美学》,北京大学出版社,2002年3月出版。

[2]周玉龙,《从卡塔尔世界杯公共信号制作的六个方面解析体育赛事转播未来发展趋势》,体育与转播,2022年12月23日出版。

[3]姚勤毅,《上海武术世锦赛办出了"上海标准"和"上海水平"》,解放日报,2019年10月25日出版。

[4]中央宣传部/生态环境部联合编写,《习近平生态文明思想学习纲要》,学习出版社/人民出版社,2022年7月29日联合出版。

[5]秦东颖,《上海今年将举办121项国际国内大赛　目前正积极申办巴黎奥运会资格赛》,解放日报·上观新闻,2023年4月14日出版。

［6］徐剑,《聚焦上海,全力提升城市软实力——上海如何向世界展示具有中国气派的城市形象》,文汇报·客户端,2021 年 10 月 21 日出版。

作者简介:

高频,上海广播电视台五星体育传媒有限公司总编室资深编辑。

从"MIDA 导演计划"简谈纪录片 "联合制作"的实操运作

韩　蕾

提　要：上海纪实人文频道自 2006 年始创的"MIDA 纪录片导演计划",是中国第一个由主流媒体与独立制作人联合制作纪录片的长期项目,MIDA 纪录片接连在上海国际电视节、中国广州国际纪录片节、日本山形国际纪录片电影节、德国莱比锡纪录片与动画片国际电影节、加拿大 Hot Docs 国际纪录片节、中国台湾地区金马奖、韩国釜山国际电影节等多个深具国际影响力的节展上获得纪录片大奖;而 MIDA 纪录片中有一半以上是处女作(或长片处女作),甚至不乏大学生的毕业实习作品。MIDA 的运作模式不同于一般的"创投",是什么样的运作方式和创作理念,使 MIDA 纪录片一次又一次登上令人瞩目的国际领奖台? 本文就此做一个剖析。

关键词：MIDA 导演计划纪录片　联合制作　提案　国际电影节

引　言

　　时下,"创投"已在国内影视界遍地开花,无论是各大电影节、电视节,还是各种大会、论坛,"创投"环节都是对业内人士最具吸引力的"重头戏"。上海广播电视台纪实人文频道的"MIDA 纪录片导演计划"(前身为"真实中国·导演计划")早在 2006 年就开始创办,领风气之先,至今已有 16 年的历史,不仅是中国第一个由主流媒体与独立制作人联合制作纪录片的长期项目,同时始终坚守"海派纪录片"的优良传统,以国际化的创作理念和品质不断推出纪录片经典作品,接连在世界瞩目的国际电影节上获得纪录片大奖,成为中国纪录片界具有影响力和号召力的品牌项目。

近年来,随着影视界"创投"活动的兴起,越来越多投了钱的"买家"发现,曾抱有厚望的创投项目结果却不尽如人意,尤其是纪录片。是当初看走了眼,还是这种方式无法保证作品的完成度和品质?问题到底出在哪里?本文以"MIDA纪录片导演计划"的实际运作为例,谈一下对"创投"之后如何进行"联合制作"的初浅认识。

一、纪录片的"联合制作"与"创投"

目前国内影视界的创投活动,几乎都是"搭建平台"的模式,即创投的主办方,一方面邀请各家媒体平台及制片公司作为"买家",另一方面征集创意提案团队作为"卖家",为双方搭建筛选、交流合作意向的平台,主办方仅作为"中间人",并不直接参与项目的投资与合作。而"MIDA纪录片导演计划"可以说是"买家"自办的"创投专场",上海纪实人文频道对遴选出的优胜项目不仅直接参与投资,同时从创作前期便开始深度介入,全程监制,共同制作,真正采用了国际通行的"制播分离"与"制片人制"的运行模式,既是投资人,又是主创。

部分"买家"对纪录片"提案"(后也称"创投")存在一些误区,认为只要眼光好、运气好,能找到特别好的题材故事和高水准的制作团队,然后签约、投钱、把控预算,其他一切就可以全权交给制作团队,只等着制作方按期限提交成片——这种"放羊"式的"纯投钱"方式并不适合纪录片的"联合制作",国际主流媒体(如BBC、NHK、探索频道等)都不会采用这样的方式。

媒体平台与制作机构或独立制作人的合作模式,一般有三种:

1. "播映权"(即"项目采购"),媒体平台不参与版权投资,只支付在一定期限内公共播放纪录片的费用(对播放的平台、区域范围、次数都会有限定,同时可以约定根据平台播出的需要和标准进行有限的修改);

2. "委托制作",媒体平台全额投资纪录片的所有预算费用,将纪录片的具体制作委托给制作机构或独立制作人,全部版权及决策权归媒体平台所有;

3. "联合制作",媒体平台与制作机构或独立制作人共同投资,并按各自的版权份额分享相关权益,这是真正意义上的"版权合作"。

"联合制作"是国际纪录片界通用的制播分离的制作模式之一,由制作公司向媒体平台的专门部门投递创意提案,该部门经过筛选后,在审片季(通常每年两次)安排入围的制片人和导演与部门决策者面对面进行提案和答辩,并最终确定合作关系及投资份额。这种方式后来被引入电影节,成为"提案"(或"创投")

环节,所不同的是,媒体平台的"联合制作"是直接投资、监制和播出(即"甲方"),而电影节是"搭建平台"的"中间人"。

"联合制作"中,制作公司项目团队的形成有多种途径,有的是制作公司先行寻找感兴趣的提案和导演(电影节的提案环节中就有很多"买家"是来自制作公司的制片人),有的则是制作公司为已有的方案物色导演和制作团队,然后制作公司的制片人和达成合作的项目签约导演,一同向媒体平台寻求投资合作。如果是非常知名的、或者之前有过成功合作的导演,也有直接跟媒体平台达成合作的,但是仍然需要寻找一家制作公司参与其中。这就是制播分离模式下"联合制作"的达成。

在一个"联合制作"项目中,也可以同时有多家媒体平台、制作公司共同投资("联合出品"),除了电影节参评、院线放映、光盘出版等需要确定一个最终版本之外,有时各家媒体平台会按照各自的理念、风格和播出标准,完成各自的播出版。我们曾有一个国际联合制作的纪录片项目,BBC 剪辑完成了一个版本,NHK 认为与他们的叙事风格不同,于是又剪辑了一个 NHK 版,最后这部纪录片就有了三个版本(还有一个中国导演版)。

二、"MIDA 纪录片导演计划"与"海派纪录片"

"MIDA 纪录片导演计划",因其曾是上海国际电视节白玉兰纪录片单元中备受关注的主体活动之一而得名(MIDA 是 Magnolia International Documentary Awards 的缩写),作为中国率先采用制播分离模式进行"联合制作"的纪录片项目,MIDA 计划植根于"海派纪录片"底蕴深厚的土壤,同时以国际化的运作方式和创作理念,真实细腻地呈现中国的现实故事。

"与国际接轨",这是中国纪录片人自 20 世纪 90 年代初开始就孜孜以求的梦想,然而这个"轨"究竟在哪儿? 早在当时,以"客观记录"和"故事化叙事"的纪实影像风格、关注普通人命运、记录时代变迁的"海派纪录片"就回答了这一问题,并载入了中国纪录片史册的扉页——第一个以"纪录片"名义命名的电视栏目《纪录片编辑室》,成为中国最早的纪实风格的纪录片栏目,播出时甚至万人空巷,播出后家喻户晓,街谈巷议,盖过今日"爆款";30 年来,不仅让上海的观众念念不忘,更是被中国的纪录片同行津津乐道。上海的纪录片人习惯把这种类型称为"传统纪录片"——而只有上海才有这样的"传统"! 正是这些纪实风格的"传统纪录片",奠定了上海纪实人文频道的基因、气质与品格,使它成为上海的文化地标,同时也成为中国纪录片界的"旗舰";坚守和传承这一优良的基因与传统,是后来者义不容辞的责任。

然而，纪实类纪录片最重要的特点，是通过"客观记录"的手法，"故事化"地呈现真实的"过程"（人物的命运、事件发展的脉络），让观众通过独立的审视、判断和思考，得出自己结论。这就要求前期需要相当长的时间进行跟踪记录式的拍摄（有的甚至需要多年的跨度），后期由于素材量庞大，需要一定的时间进行深入细致的梳理和分析，进行二度创作——这就与要在较短周期内定期播出的"电视栏目化生存"形成了很大的矛盾，《纪录片编辑室》曾多次改版，一直在寻求突破瓶颈、可持续产出优秀"传统纪录片"的出路。

"MIDA 纪录片导演计划"便是一条可行之路。"海派"的特点之一就是始终在"国际化"的求索之路上走在前列，借鉴国际上同类纪录片运作的成功经验。2006 年，上海纪实人文频道在中国纪录片界率先打破"自产自销"的壁垒，引入国际化的制播分离模式，采用国际通用的 PITCH 方式（即"提案"，后也称"创投"），向体制外的制作机构和独立导演征集、遴选纪录片方案，并由《纪录片编辑室》负责"一对一"监制，全程指导策划、拍摄、剪辑、制作、参评、播映及发行。

中国的很多独立导演都擅长长期"嵌入式"的纪实跟拍，沉得下去，吃得起苦，数年坚守，非常人所能及；但是在主题挖掘、故事架构、艺术表达以及专业标准等方面相对薄弱，尤其在资金和播映渠道方面缺少资源。《纪录片编辑室》负责监制 MIDA 计划的导演，不仅深谙纪实类纪录片的创作要领，有着扎实的创作功底（"海派基因"），同时都获过国际奖项、与国际媒体有过深度合作的经验（"国际化理念"）。这种"强强联手"，正是 MIDA 纪录片能够不断冲击国内外重量级奖项的"秘诀"之一，同时也为"海派纪录片"的传承，探寻了一条可持续的、多元化的发展路径。

在合作模式上，MIDA 计划最初采用的是"委托制作"，不久后，为了充分尊重和保护导演的创作与权益，便主动改为"联合制作"。现阶段，随着纪录片制作成本的提高，"联合制作"已经成为各投资方普遍采用的合作方式，以分摊投资风险；而在十几年前就选择"联合制作"，是很有先见之明的。

三、纪录片"联合制作"的主要流程及一些相关问题

（一）项目征集与遴选：国际通用的 PITCH 方式

国际上的"联合制作"多是采用 PITCH（"提案"或称"创投"）的方式来遴选纪录片方案，即制作团队在规定的时间内阐述纪录片项目的主题方向、社会内涵、人物故事，介绍制作团队及制作计划（包括制作周期、预算及缺口），并通过片花、现场问答进一步展现项目的影像表达和创作特点。"提案"技巧是大学纪录

片专业的一门课程（MIDA 计划在提案之前会对入围项目进行提案阐述和片花制作的培训）。

随着中国纪录片的国际化，业内对 PITCH 方式已不再陌生。虽然时下纪录片提案十分热门，但作为"买家专场"的征集和遴选（如 MIDA 导演计划），需要注意一些问题：

1. PITCH 主题的设定，要给导演留出尽可能大的题材空间

很多提案征集都会设立一个主题，而对于纪录片来说，主题越具体，对题材的限定就会越狭小。最有质感的纪录片题材，往往是导演发自内心地热衷去关注的人和事，主题空间越大，题材就越丰富、越动人。

2. 通常情况下，选择已经启动前采和部分拍摄的项目

如果项目还只是在文案创意阶段，尚未到实地进行前采（田野调查）、并拍摄一部分素材，尚不足以证明项目的可行性，风险依然很大（即使是非常有名的导演）——这也是 PITCH 要求提供至少 3 分钟片花的原因之一。片花与问答，与其说是为了进一步了解项目内容，不如说是在观察导演把握题材与艺术呈现的能力和潜力。

3. 明确说明所征集纪录片的类型及叙事风格

由于国际媒体的专门部门或国际电影节都有各自的定位（这一点非常重要），所以所征集的方案往往有一些纪录片类型的限定。以市场为重点的法国阳光纪录片节，虽然提案的纪录片类型相对比较多元，但也是划分成不同的单元来分别进行的。近年来国内的提案活动有一种趋势，纪实风格的纪录电影、系列专题片、商业片、短视频、真人秀……各种类型同场提案（让国际决策人有些无所适从），这也许是为了引起国内互联网平台的兴趣。

为了有效沟通，"买家专场"的 PITCH 需要明确说明所征集纪录片的类型及叙事风格。比如 MIDA 纪录片，是采用长期记录跟拍的"纪实影像"风格创作的"纪录电影"（通常情况下全片没有解说词），通过关注普通人的命运，来记录时代的变迁。这也正是"海派纪录片"最显著的特点，同时这种类型也被国际观众和国际电影节所广泛接受。

4. 明确说明技术要求

很多独立导演会受到资金、团队、需要长时间留守拍摄地等条件的限制，常常是"一人一机"进行艰苦的跟踪拍摄，有时无法达到适应电视播出、甚至院线放

映的技术要求,所以需要事先明确一些技术指标(工业标准),因为很多纪实过程是无法"再拍一回"的。

这里需要特别强调的是,对于纪实类纪录片来说,有时候同期声比画面更重要,所以一定要配有独立的(摄像机系统之外的)录音音轨。

(二)前期策划与签约:题材深度与作品完成度的保证

"创投"之后不能"放羊",需要用一整套有效的流程控制,来监制制作的全程,以保证纪录片内涵的深度和全片的完成度,提升品质。

1. "三件套"

进入"联合制作"的第一步并不是签约,而是首先完成"三件套":拍摄大纲、拍摄时间表、预算表——这是一个比较艰苦的磨合过程。全部审核通过的"三件套"将在签约时作为合同的附件。

2. 授权书

签约之前还有一个极其重要的环节:拿到主要被拍摄对象允许拍摄和播出的授权书。这不仅是该纪录片能够顺利播出的必要保证,如果该项目未来将对国际发行,或计划参评电影节,授权书都是不可或缺的。在国际主流媒体播放纪录片,需要包括此授权书在内的一系列法律许可文件;而参评电影节需要申请电影公映许可证("龙标"),须提交授权书。在拿到授权书之后方可签约。

3. MIDA 纪录片的前期策划

MIDA 的"拍摄大纲",并非"拍摄脚本",而是前期策划阶段(已开启前采和部分拍摄)对题材的社会内涵、故事的发展脉络、人物的内心与命运的分析和梳理,以及对拍摄方向和各种可能性的预判。

MIDA 计划会与导演进行深入的讨论:该纪录片将揭示什么主题? 有几条线索在相互交织和影响? 谁才是这部纪录片真正的主角? 人物的处境和心理是怎样的? 冲突有哪些? 故事的发展脉络又会是怎样……这些问题都不是"明摆着的",而是需要在整个创作全程中不断去探寻、挖掘、提炼、修正、以上过程再循环的。前期策划阶段的分析和预判,直接关乎整体创作的走向和策略,关乎未来成片的社会内涵和艺术品质,同时也决定着是否最终签约、达成合作。

比如,为导演周浩摘得第一座金马奖的 MIDA 纪录片《棉花》,导演是想观察"中国的棉籽,最后如何成为美国零售店里的一条牛仔裤的? 讲述在绵延

5 000公里长的棉纺产业链上人们的故事,完成'中国制造'的整个接力过程"。(顺向思维)我们进一步地认为,《棉花》是现代版的《春蚕》(茅盾发表于 1932 年的小说),这是一条"倒挂"的产业链:美国零售店里的中国牛仔裤,价格比面料低、面料比棉纱低、棉纱比棉花低(逆向思维),所以这条产业链上,浸透着数以千万计的普通中国农民、工人、职员的血汗,凝结着他们要求不高、但却沉重的生活希望。

该片一经完成就入围釜山国际电影节,入选阿姆斯特丹国际纪录片节、哥德堡国际纪录片节等,并获得金马奖最佳纪录片。有些同行曾感到疑惑,该片不像周浩以往拍的高三生、吸毒者、派出所、120 救护车、书记、市长这类强叙事、强冲突的风格,都是平淡普通的日常生活,为什么能在这么多的电影节上引起强烈反响?直到欧美的一些政客宣布所谓制裁中国新疆棉花的政令,不少纪录片导演纷纷在朋友圈重提《棉花》,这部纪录片沉甸甸的社会内涵终于使国内同行感到震撼了。

还有一个项目,导演想用(不相干的)两户人家、三代人的故事,讲述一个老工业基地的变迁,每户人家又有五六个小家庭,不仅使社会变迁的"大主题"被淹没在了错综复杂的家长里短之中,而且连中国观众都很难分清这么多小家庭的人物关系,国际观众更是脸盲。将多条没有直接关系的故事线索放在同一部纪录片中,是很多中国导演的"习惯",MIDA 的一个"经常性任务"就是帮助导演"梳理"(砍)人物线索。

(三)拍摄:让镜头走进人物的内心世界

长期跟踪拍摄的纪实类纪录片,第一个难点在于,它是没有"模式"的。有时候上一部片子成功的经验,恰恰是下一部片子失败的原因——因为每个人都不同,所以每部纪录片的拍法也不同。拍这类纪录片需要非常丰富的临场经验,而MIDA 纪录片中有一半以上是处女作(或长片处女作),甚至不乏大学生的毕业实习作品。获得上海国际电视节、中国(广州)国际纪录片节、莱比锡国际纪录片与动画片节、加拿大 Hot Docs 国际纪录片节等多个电影节大奖的 MIDA 纪录片《造云的山》,最早是一部实习短片。

第二个难点在于,要让镜头真正走进人物的内心世界,这是一部纪录片成功的重要砝码。那些不太成功的纪录片,会让人感觉镜头与人物之间总是隔着一层,即使被拍摄者并没有拒绝你、向你隐瞒,你的镜头还是无法深入进去——说明人物与镜头之间还没有建立信任感,而你也没有真正地了解他、表达他。

在拍摄过程中,MIDA 计划的监制导演会与现场导演保持密切沟通,询问每天的拍摄内容和拍摄方式、事件的进展、人物的表现、遇到的问题、如何与被拍摄者沟通、明天的设想,等等,及时发现和解决导演在现场遇到的各种问题;如有必要,监制导演也可以到拍摄所在地,现场指导和解决问题。

MIDA 会要求制作团队每日记录"拍摄日志",并在每次拍摄暂告段落之后,上传所拍场景的素材节选,监制导演通过检查素材,及时发现拍摄中的各种问题,提醒导演加以注意,有些关键内容在可能的情况下进行补拍。

(四)剪辑:纪录片的电影叙事

进入剪辑阶段,导演需要提交"剪辑大纲"、完整的场记电子版及其他相关的文字、图片、视频资料,并完成"导演版"的初剪。之后 MIDA 计划将邀请导演一起做"精编版"("联合制作版")的剪辑。

MIDA 纪录片的叙事风格,实际上是纪录片的"电影叙事",或者说是"纪录电影",通俗地说,在叙事方式上是"以剧情片的形式讲述一个纪录片的故事";它还有一个直观的特点:没有解说词。

"纪录电影"的剪辑,既不同于一般的专题片,也不同于剧情片。它既没有解说词来介绍故事背景、推进情节发展、说明人物心理,也没有剧本来结构故事脉络、建立人物关系、形成矛盾冲突;而是单纯靠一次性纪实抓拍的素材来架构故事线,揭示人物的命运、性格和内心世界,艺术地表达深刻的社会内涵——这是世界上难度最大的剪辑,不仅要兼"编剧"和"剪辑"于一身,要有非常好的叙事能力和节奏感(艺术感觉与艺术表达),还要有一手东拼西凑天衣无缝的"绝活儿"——因为摄像机不是万能的,纪实拍摄本身十分艰苦、难度很大,并不是什么都能拍得到的;而且大部分是一次性拍摄,无法补拍;另外,有些非常关键的画面或同期声,只有到了剪辑台上才会发现,而在现场并没有察觉或意识到。

国际上"纪录电影"有专门的剪辑师,而且价格不菲;在中国大陆,能够剪辑纪录电影的剪辑师更是凤毛麟角。事实上,中国不乏出色的纪录片素材,但是受制于剪辑的瓶颈,很多优秀的纪录片止于"临门一脚";那些与大奖失之交臂的"好故事",问题往往是出在了剪辑上。MIDA 纪录片之所以能够接连在重量级的国际电影节上获奖,"杀手锏"之二,就是自身获过国际奖的监制导演会与导演一起用素材重新架构,剪辑出一部"电影叙事"风格的纪录片。

(五)制作及其他

剪辑完成之后,MIDA 计划将负责调色、混音、英文翻译、中英文字幕、DCP

等后期制作，并申请电影公映许可证，为后续的参评、播映、发行做准备。

纪录片的调色和混音，与影视剧的调色、混音有很大区别；无论是中文字幕还是英文字幕的制作，都存在着大部分导演意识不到的一些问题，会直接影响到参评及播映的效果。MIDA 计划在制作的全流程上都会严格把控。

需要特别强调的是，要重视音乐版权和字幕版权的问题。

四、前瞻："MIDA 纪录片导演计划"与国际化表达

从 20 世纪 90 年代初的"与国际接轨"，到当下的"用国际语言，讲中国故事"，纪录片的国际化表达是一代代纪录片人的不懈求索。那么纪录片的"国际语言"到底是什么？尤其在今天的国际语境之下，我们用什么方式向国际观众讲中国故事？"MIDA 纪录片导演计划"提交了一份答卷。

首先，纪录片的"国际语言"是一种客观表达。纪录片最重要的理念，是通过"客观"方式（纪实）来呈现一个真实"过程"（故事），让观众通过独立的审视、判断和思考，自己得出结论；而不是用"主观"方式（大量含有概括和数据的解说）把结论直接"加"给观众。表现手法的主观性与国际传播的效果往往成反比，主观成分越多，传播效果反而越差。其次，纪录片的"国际语言"是一种个体情感。在一个以个人视角进行观察的"个体故事"中，观众会被人物的命运、事件的变化所吸引、所打动，将自己的情感不知不觉地投入进去。MIDA 纪录片正是以这种用客观方式来表现个体情感和命运的"国际语言"，被国际观众和国际电影节所广泛接受。

结　语

屡获国内外大奖的"MIDA 纪录片导演计划"是"海派纪录片"的优良传统在今天的传承与发展，它将"海派纪录片"的精髓与国际化的创作理念及运作模式相融合，依托上海纪实人文频道这一深具影响力的播出平台和在纪录片业界的领衔实力，与擅长长期嵌入式跟拍的独立制作人强强合作，联手打造中国最好的纪录片，并形成可持续的运作机制，不仅吸引和凝聚了一批优秀的纪录片人才，也吸引了资本的目光，主动投入。实践证明，"MIDA 纪录片导演计划"是具有不断再生潜力和良好发展前景的有益探索。

附："MIDA 纪录片导演计划"部分获奖记录
　纪录片《雨果的假期》（导演：顾桃/MIDA 监制导演、剪辑：张伟杰）

国家广电总局扶持优秀国产纪录片项目优秀导演奖

第10届日本山形国际纪录片电影节"小川绅介奖"

第16届亚洲电视奖最佳纪录长片

纪录片《造云的山》（导演：朱宇/MIDA监制导演：郭静　剪辑：韩蕾）

国家广电总局扶持优秀国产纪录片项目优秀纪录片、优秀导演

第18届上海国际电视节"白玉兰纪录片奖"最佳导演奖、最佳摄影奖

中国(广州)国际纪录片节"金红棉奖"最佳导演奖

第55届德国莱比锡国际纪录片和动画片电影节主竞赛单元评委会奖

第20届加拿大Hot Docs国际纪录片电影节国际竞赛单元评委会奖

第35届莫斯科国际电影节"年度世界最杰出纪录片"特别展映

纪录片《棉花》（导演：周浩/MIDA监制导演：韩蕾　剪辑：Axelle、韩蕾）

第51届"金马奖"最佳纪录片

入围第19届釜山国际电影节"广角镜"竞赛单元

纪录片《拉一碗面》（导演：霍宁/MIDA监制导演、剪辑：韩蕾）

第24届釜山国际电影节最佳纪录片

入围第62届德国莱比锡国际纪录片和动画片电影节主竞赛单元及"青年之眼"电影奖提名

第16届意大利Biografilm国际电影节最佳新人导演奖

作者简介：

韩蕾，上海广播电视台纪实人文频道"MIDA纪录片导演计划"制片人、曾任《纪录片编辑室》制片人。

融 媒 建 设 篇

对于上海市区两级媒体深度融合的探索与思考

——基于《"人民之城"融媒联播》的实践

徐俊杰

提　要： 本文以上海广播电视台融媒体中心联合全市 16 家区融媒体中心推出的《"人民之城"融媒联播》的实践为例证，探讨在目前媒体融合发展的情况下，市区两级媒体在重大主题事件报道中深度联动，不断提升主流媒体的传播力、引导力、影响力、公信力的探索，和进一步推动媒体融合发展的策略思考。

关键词： 重大主题事件　市区媒体　深度融合探索与思考

引　言

2014 年 8 月，《关于推动传统媒体和新兴媒体融合发展的指导意见》在中央全面深化改革领导小组第四次会议通过，推动媒体深度融合发展在中国上升至国家战略。2019 年 1 月 25 日，习近平总书记阐述了全媒体时代的机遇挑战。2020 年 9 月，中共中央办公厅、国务院办公厅印发《关于加快媒体深度融合发展的意见》，中国媒体融合走向纵深发展的关键节点，全媒体体系建设驶入"快车道"，中央、省、市、区县四级媒体融合平台矩阵建设获得了体系化、多级式、重连接的重要进展。

在上海，作为全国广电行业中最早组建的省级融媒体中心，上海广播电视台（SMG）融媒体中心于 2016 年 6 月 7 日成立。而早在 2002 年，上海电视台就与全市 19 个区县有线电视中心（当年上海行政区划为 19 个区县）建立了合作关系,在全国广电系统中率先实践"市区融合",形成了独特的组织融合、信息采集融合模式和管理模式。2019 年 9 月,上海 16 家区融媒体中心全部挂牌成立,SMG 融媒体中心进一步把握国家战略先机,夯实与全市 16 家区融媒体中心的深度合作,进一步探索以内容建设为根本、先进技术为支撑、创新管理为保障的全媒体市区融合传播体系。

2019 年 11 月,习近平总书记在上海考察时首次提出"人民城市人民建　人民城市为人民"重要理念。2022 年 9 月 6 日—10 月 12 日,SMG 融媒体中心牵头,联合上海 16 家区级融媒体中心精心策划、重点打造推出《"人民城市"融媒联播》特别节目,遵循习总书记提出的"人民城市"重要理念,以"融媒直播＋系列短视频"作为核心产品,通过巡览上海 16 区"人民城市"建设成果,细看各区为民谋发展办实事的举措,力图用 16 块特色"拼图"汇聚勾勒出人民城市"上海样本"的全景图。

《"人民之城"融媒联播》既是在党的二十大前,对上海各区发展成就和城市风采的一次大巡礼,也是上海市区两级融媒体中心深度联动机制进行的一次集中大练兵,是各区融媒体中心自挂牌成立、迅猛发展三年来的建设成果的一次集中展示,是对媒体融合转型的一次深度检验。

本文着眼于《"人民之城"融媒联播》特别节目的第一手实践实证,观察媒体融合语境下,市区两级媒体在重大主题事件报道中深度联动的突围与创新;并经由理论、实践、数据做相互观照,探讨进一步的融合发展方向。

一、融合组合拳：统一板块＋个性化设计,形成"1＋X"丰富产品线

《"人民之城"融媒联播》定位"全景展现上海人民城市建设的火热实践",拆解这一目标,上海市区两级媒体合作,16 个区分别提炼各区的核心关键词,并以此为主题制作一场融媒直播。融媒直播以各区提炼的核心关键词延伸主题展开,节目架构以各区开场形象展示片、记者多点直播连线、书记"推荐官"介绍"样板间"、市民"立麦"海采、申苏雅"沉浸式看上海""夜瞰巡览"共六大核心板块组成。架构中的这些板块又独自形成不同系列的短视频专题,生动讲述上海"人民城市"建设故事。

如 9 月 6 日,《"人民之城"融媒联播》播出首期杨浦篇,主题定为"人民城市杨浦实践"。开场短片《这里是杨浦》通过大量的航拍镜头带领观众纵览百年杨浦的大变样。随后 SMG 虚拟新闻主播申苏雅通过虚实结合场景,"穿越"过去与现在,介绍杨浦的发展和特点。在节目中,时任杨浦区委书记谢坚钢化身

"推荐官"来到杨浦滨江，以独特的"书记视角"介绍人民城市建设的杨浦"样板间"，展现杨浦发展新面貌。SMG 融媒体中心和杨浦区融媒体中心的 5 路记者分赴杨浦区的 5 个点位出镜报道，从旧区改造、城市更新、养老托幼、十五分钟生活圈、文化生活新地标等不同侧面带领观众身临其境感受杨浦独具特色的"人民城市"建设亮点。在此前，节目组在杨浦的若干个城市地标设置了"立麦"，通过海采生活、工作在杨浦的市民讲述近几年的亲身体验，畅谈感受到的变化发展、生活工作的获得感、寄语城区的新期待等内容都被制作成短片在直播节目中播出；杨浦的城市地标户外大屏在夜晚为融媒直播亮灯助势，打出"人民城市　杨浦实践"的融媒直播主题关键词，由此制作的"夜瞰巡览"片也成为了融媒联播重要的预热造势。

　　"人民之城"·杨浦篇是《"人民之城"融媒联播》特别节目中颇具代表性的一集，节目遵循了策划中设定的"统一板块＋个性化设计"的基本架构。作为《"人民之城"融媒联播》的主体产品线，"1 场融媒直播＋多个系列短视频"产品线也在全方位、各环节中探索市区两级媒体融合创新的新方式，并通过多样的创新性表达以小切口呈现大主题，以小细节反映大变化，以小视角折射大时代，将上海诗意栖息的温度、社会治理的精度、城区发展的气度展现在市民百姓面前。

二、全方位融合：盘"活"、用"活"、击"活"　市区两级媒体深度联动优势互补

　　《"人民之城"融媒联播》特别节目充分调动上海市区两级媒体的各方资源、衔接各个环节，形成系统性的统筹执行流程。通过盘"活"核心资源、击"活"生产流程、用"活"视频语态，摸索两级媒体融合生产的创新模式，让报道既能站位高远、格局开阔，同时也能深深共情市民百姓的真情实感。

（一）创新模式：盘"活"核心资源，集中体现市区两级媒体融合和优势互补

　　《"人民之城"融媒联播》的主体产品线中，最有特色的是上海区委书记们首次以"推荐官"的形象，集体以视频导览的形式，推介本区人民城市建设的特色"样板间"。比如，虹口区委书记漫步江河之汇的北外滩、远眺世界会客厅，讲述中国式现代化的虹口实践；静安区委书记来到正在改造焕新的百年张园，勾画静安如何更好地成就卓越城区的愿景；嘉定区委书记坐着无人驾驶汽车亮相，展现智慧生活的"未来感"和"科技范"；长宁区委书记通过数字手段"穿越"体验未来

的数字生活，充分体现"数字长宁"的硕果累累；宝山区委书记来到科创园区，介绍"北转型"过程中宝山如何成为科研成果转化的活力场和政策创新的试验田；金山区委书记则走访了沪浙相邻的"田园五镇"，看跨省市党建引领下的乡村振兴和共同富裕实践区的建设成果。

区委书记们纷纷以亲民自然的"书记视角"带领大家看发展新面貌、百姓新福祉。各区区委宣传部、区府办、区融媒体中心及相关部门则通力合作，拿出最丰富的资源展现，通过可视感、数据感、科技感、对比感等具有创新性的表达和呈现方式，讲好各区人民城市"样板间"的故事。SMG 主创团队不仅在策划、文案、拍摄、剪辑全流程给予全方位指导，更是拿出了全方位的传播资源对这些系列短视频产品进行力推。区委书记推荐"样板间"系列产品，不仅在融媒直播中通过东方卫视等电视频道向全国播出，同时制作成中英文双语版通过 SMG 融媒体中心的上海外语频道 ICS、ShanghaiEye 魔都眼等大小屏外宣平台向海外传播。

"苏雅穿越看上海"是另一个别具特色的系列产品。SMG 主创团队利用虚拟 AI 等一系列前沿技术结合实景拍摄和资料运用，以虚拟新闻主播 IP——申苏雅的视角带领观众用"穿越"的方式介绍各区在全市的位置、发展脉络和规划蓝图。作为元宇宙战略布局中的"数字化身"，SMG 虚拟主播申苏雅在"Z 世代"中已广受欢迎，这组系列产品通过年轻化的视角、个性鲜明的形象和多元化的表现形式来介绍区情区貌，是 SMG 在重大主题事件报道中的又一次融合探索。

（二）深度赋能：击"活"生产流程，新闻队伍深度联动凝聚全系统融合力量

《"人民之城"融媒联播》是对上海市区两级融媒体中心深度联动机制的大练兵，项目不仅联动了上海市区两级媒体的核心新闻队伍，同时通过生产流程的击"活"，进一步拓展思路、激发动能。

策划方案和制作模式确定之后，SMG 主创团队负责人首先分赴 16 区开展调研沟通，和各区融媒体中心相关负责人共同梳理各区发展重点、建设目标和发展愿景，共同商议确定 16 场直播的直播基调，同时明确直播连线点位。框架敲定后，市区两级融媒体中心搭建起单场联络群，两级媒体的编导团队进一步提炼内容、直播踩点、梳理出镜、话题设置、设计串联，各项工作同步推进，大到书记推荐的形式、小到一个道具使用，反复沟通每一个细节。每场融媒直播前都会提前进行全系统演练，根据演练结果进而调整或再演练，16 场融媒直播的背后历经了 34 场全流程练兵。

在直播呈现上，《"人民之城"融媒联播》每场直播均由一位 SMG 新闻主播

和一位区融媒体中心新闻主播共同担纲主持,每一场的主播都经过精心挑选,兼顾主播气质、擅长领域以及两人的匹配度等,使得两级媒体的主播各有分工、又相得益彰。直播中的"多点位"直播连线环节也由市区两级融媒体中心的记者共同完成,其中区融媒体中心不仅派出了最精锐的记者队伍,熟谙相关内容的主播、"网红"等也跨界加盟。如"人民之城"·崇明篇中,在崇明环岛景观大堤上和大妈们跳着广场舞亮相的陈宇雯,以生动自然、充满信息量又有设计感的出镜报道让观众眼前一亮。据了解,陈宇雯是崇明区融媒体中心培养的新媒体方向的出镜记者,在"上海崇明"视频号等新媒体端以"崇明小姐姐"的人设被大家广为熟知,短视频播放量传播广泛,是近些年崇明区融媒体中心打造的传播崇明方言、崇明文化较为成功的案例。在"人民之城"·青浦篇中,在赵巷镇和睦村发回出镜报道的记者凌梦婕来自青浦区融媒体中心赵巷分中心,这也是本次融媒联播中实现的一次市区镇三级融媒体中心的联动合作。

由此,《"人民之城"融媒联播》凝聚起了全市新闻队伍的力量,通过"以战带训"的方式在重大主题直播报道的精品化合作中推动融合新闻生产机制重组、锻炼多方技能、提升业务水平。此外,上海市广播电视协会组织业内专家对《"人民之城"·融媒联播》中的作品进行评优,邀请专家进行作品评点、组织参与的采编人员进行业务交流,通过总结和交流进一步实现"深度赋能"。

(三)价值共创:用"活"视频语态,全方位提升主题报道的吸引力和感染力

《"人民之城"融媒联播》的选题重大硬朗、紧扣时代主题,同时要触发民众的真情实感,这就需要将重大主题"接地气"、硬新闻"软"处理,用内容的吸引力和感染力促发影响力和传播力。中国传媒大学曾祥敏教授认为:"软做"意指时政报道中凝练主题出发点,切中动态高潮点,找准人物故事点,寻求情感共鸣点,从而创新时政报道,并适应移动传播的现实环境。"软做"也指把重大主题化为日常化、生活化的事物,进入寻常百姓家。"软做"还指以可视化的方式直观呈现复杂信息,化繁为简,满足指尖移动交互。

策划之初,《"人民之城"融媒联播》立足创新重大主题报道样态,"接地气"的"软"处理不仅贯穿始终,而且在核心板块的设计和表现手法的侧重上还有所分工:除了上文已展开介绍的区委书记的"导览"视角和虚拟主播的"穿越"视角,开场形象展示片和夜瞰巡览片侧重航拍的"俯瞰"视角,通过每区各两条日夜不同视角的精美短片,以磅礴的气势展现城市发展全新风貌和形象,激发广大受众的共情与共鸣。"立麦海采·我想对你说"特色板块,市民作为亲历者来到各区

的"立麦"点位，以百姓视角畅谈五年来在这个区感受到的发展变化、工作生活的获得感、寄语发展新期待，一段段个性化的表达是市民的"亲历"视角，不仅进一步提升了亲切度，也从根本上体现了节目的"人民性"。在多个直播点上，市区融媒体中心的记者们作为探访者，走进老城厢、产业科技园、乡村、社区、剧场，深度观察城市经济、社会、文化、生态的改革发展，以记者的"观察"视角彰显城区发展的"气度"、社会治理的"精度"和人民诗意栖息的"温度"。

在执行过程中，市区两级融媒中心的采编人员进一步创新探索，力图通过可视感、数据感、对比感等方式在语态、形式、手段上多元尝试用"活"视频语态，吸引受众共情受众、进而提升传播力和影响力。在"人民之城"·奉贤篇中，开场短片"在这里遇见奉贤"用"微电影"的手法带给了观众"高度的可视性"，短片用"创新""绿色""幸福""江海""舞台""未来"六个篇章展现奉贤"未来新城"的样貌与愿景，每个篇章都围绕关键词，编导将实景拍摄、虚拟场景、后期特效等通过线索与元素的有机串联，使得每个篇章既有独立的叙事结构且各具特色又互相映衬共同服务大主题，作品一气呵成、节奏明快，通过连续不断的新颖视角和视听效果牢牢抓住观众。记者的出镜报道更是手段多元、"百花齐放"，从细微处入手、用"巧"手段，通过充满感染力的报道展现"人民城市"的吸引力："人民之城"·宝山篇中，记者龚昱置身罗泾镇的五个特色村，实地下田割稻品蟹、拍照打卡，通过鲜活的出镜体验报道带领观众感受丰收季节的别样风采；"人民之城"·普陀篇直播，恰逢苏州河旅游水上航线刚刚启航试运行，记者薛松的直播连线点就设在了船上，通过水陆两个视角与市民分享苏州河两岸贯通后公共空间品质提升的故事；作为全国第一条跨省地铁——上海轨交11号线把上海嘉定和江苏昆山连通了起来，为了展现"双城生活"的真实状态，记者印沁沁找到了一名"双城生活族"，跟拍记录她的通勤与生活，用真实案例的鲜活体验体现嘉定留住人才、凝聚人气的核心竞争力。SMG驻美记者站记者任美星则从纽约曼哈顿发回报道，与上海高线公园遥相呼应，为精细化管理增添国际化视野。

三、全渠道传播：海内外、大小屏精准发力，全景展现上海城市形象

《"人民之城"融媒联播》充分融合调动起市区两级媒体各自丰富的资源、平台和渠道，形成全媒体传播矩阵，同时通过大小屏及场景性融合传播实现海内外、现实与网络空间的全域覆盖，探索了融合传播的组合新实践。

大小屏融合传播：《"人民之城"融媒联播》的16场融媒联播及系列电视报道通过东方卫视、上视新闻综合频道、ICS上海外语频道、百视TV、百视通

IPTV、东方有线、上海移动电视并机直播和播出，大屏端触达受众人群超千亿。中英文版系列短视频、中英文版系列海报通过看看新闻 Knews 全媒体矩阵、新闻坊全媒体矩阵、上海 16 区融媒体全媒体矩阵同步推出，并由上海市委网信办组织上海各家媒体及头部互联网平台联合推送。

传播实效统计发现，《"人民之城"融媒联播》16 场直播、172 条短视频、48 张海报，在上海各家媒体平台传播的总浏览量达 5 700 万；"看看新闻 Knews"矩阵的直播和短信视频点击量超 2 500 万，"新闻坊"微信号和视频号的浏览量超 100 万，网友互动约 6.5 万；ICS 新媒体矩阵播发 80 余条（次），全网浏览量超 155 万，互动量近 1 万；百视通 IPTV 约 40 万用户播放 131 万次；上海移动电视通过全上海公交、地铁、楼宇共 6 万多个移动电视屏幕，日均触达受众 2 000 万人次。

场景性融合传播：除了通过大小屏融合传播，《"人民之城"融媒联播》期间（9 月 5 日—10 月 12 日），在上海黄浦江畔的外滩之窗、上海中心、白玉兰广场、五角场"小巨蛋"、爱琴海购物广场等全市各区多个地标建筑的户外大屏上，在黄金时段高频次滚动"人民城市"字幕亮屏助势，进一步通过场景性传播方式提升"人民之城"的传播力和影响力。

海内外社交传播：《"人民之城"融媒联播》善用社交媒体传播，特别是通过海外社交媒体的对外传播。《"人民之城"融媒联播》特别制作了英文版《"人民之城"——不负嘱托打造人民城市建设上海样本之 16 区巡礼》共 16 期短视频、16 幅主视觉海报和 45 条图文报道，通过 SMG 融媒体中心的外宣新媒体平台"ShanghaiEye 魔都眼"的 Facebook、Youtube、Twitter、Instagram 等海外社交媒体账号推送，海外总覆盖逾 515.5 万。众多在海外的华人、同胞、友人通过社交媒体为上海点赞、引发讨论，让"人民之城"的长尾效应进一步在海内外引发广泛关注和热烈反响。

通过联动丰富资源、驱动多元平台，《"人民之城"融媒联播》通过融"活"市区两级媒体的资源、渠道与平台，构建起了节点式的相互交织的全媒体网状传播矩阵。在这种传播机制中，矩阵中的媒体通力合作，通过不同媒介属性的不断发酵，在互联网空间引起舆论共鸣，让融媒联播的社会功效进一步凸显，在精心塑造及展现上海城市形象上做出了有益尝试。

结语：重大主题事件报道中市区融合探索的价值与启迪

不仅在传播力和影响力的成绩较为亮眼，《"人民之城"融媒联播》作为案例被国家广电总局纳入 2022 年第三季度全国优秀广播电视新闻作品，同时作为2022 年重大事件报道的融媒直播作品成为"看看新闻"客户端的核心竞争力之一,助力 SMG 在 CMS 媒介研究发布的 2022 年度省级台新闻融合传播指数中位列第二。

在重大主题事件的报道探索中,《"人民之城"融媒联播》开创了市区两级媒体融合报道的诸多"首次",在组织融合、信息采集融合和管理融合等诸多方面均有作为"样板间"的参考价值。对于上海广播电视台(SMG)而言,通过《"人民之城"融媒联播》进一步把握国家战略先机,夯实与全市 16 家区融媒体中心的深度合作,进一步探索以内容建设为根本、先进技术为支撑、创新管理为保障的全媒体市区融合传播体系。对于上海 16 家区媒体中心而言,《"人民之城"融媒联播》无疑是在重大主题事件报道的融合实战和创新实践,在紧扣国家重大主题事件中深挖地方独特资源,用"沾泥土、带露珠、冒热气"的新闻作品讲好发展故事、秀出中国故事的"地方表情"是一次重要尝试。在实践中,也暴露出区县融媒体中心发展状况的参差不齐,直接导致选题策划、内容生产、融合创新等各方面存在着差距,这也为区融媒体中心进一步的深度发展提出了新的思考,明确了努力方向与前进路径。

参考文献:

[1] 主任专访|SMG 融媒体中心:组织架构深层调整,三分之二员工纳入融媒生产【广电独家】2021.8.5.https://mp.weixin.qq.com/s/CENfRGnbrz191OK79WH9zQ.

[2] "进阶"的申芃雅何以成为虚拟新闻主播标杆?【传媒内参】2022-12.21.https://www.sohu.com/a/619752655_351788.

[3] 曾祥敏:稳中求变 深度探索——第 29 届中国新闻奖媒体融合奖评析兼论内容融合创新[J].新闻与写作,2019(11):29-36.

[4] "看看新闻 Knews"是上海广播电视台融媒体中心核心新媒体产品,是一个以"原创+视频聚合"为特性的视频新闻客户端、网站及第三方账号矩阵。

[5] 广电时评:25 件新闻作品获总局推优 https://mp.weixin.qq.com/s/X2j4-h55pvRBp0MGTooPxA.

[6] 收视中国:2022 省级新闻融合传播年度观察:格局加速重构 https://mp.weixin.qq.com/s/X2j4-h55pvRBp0MGTooPxA.

作者简介:
徐俊杰,上海广播电视台融媒体中心上视编播部副主任。

短视频新闻内容生产流程再造与创新策略研究

——以"看看新闻"官方抖音号为例

赵慧侠

提　要： 广电媒体向融媒体转型至今，形成了创建自有平台、与商业平台共舞两条路。那么在与商业平台共舞之时，如何保持自身新闻属性，做出特色，又不被商业平台的市场属性裹挟，真正在主流宣传阵地体现主流媒体责任与担当？东方卫视新闻团队转战抖音平台，一年之内成为上海最具影响力的主流媒体官号。本文以"看看新闻"官方抖音号为例，从内容生产流程再造到创新策略等多个维度进行梳理和思考。

关键词： 短视频　主流媒体　内容生产　创新策略

引　言

近年来，短视频已经成为人们日常生活中最为普遍的视听媒介形式。自2016年抖音、快手等短视频平台兴起以来，各传统行业纷纷尝试进行"短视频＋"内容生产。根据第51次《中国互联网络发展状况统计报告》，截至2022年12月，短视频用户规模首次突破10亿，用户使用率高达94.8％。这表明，随着用户规模的持续增长，短视频已经成为当前社会生活中最为重要的信息传播渠道之一。在这一背景下，新闻领域也开始向短视频平台进军。2018年，《人民日报》开通了抖音账号，2019年，《新闻联播》进驻抖音平台。此后，各地主流媒体纷纷自建渠道，开通短视频账号，以实现媒体的融合发展，短视频新闻这一新的新闻形式应运而生。

然而,由于媒介形态和传播方式的差异,短视频新闻不能简单地将电视新闻的内容搬到短视频平台上。相反,媒体团队需要根据所选择的短视频平台的特性来调整内容生产模式和更新运营策略。上海广播电视台融媒体中心旗下的抖音官号"看看新闻 Knews"就是这样一个在媒体转型中取得成功的典范。于2021 年 10 月正式转型的"看看新闻 Knews"以"天下事,看东方"为目标,迅速对时政要闻和重大突发新闻做出反应,及时发声,紧跟并深挖舆论热点话题。通过制作推出了一大批具有热度、观点和立场的短视频产品,"看看新闻 Knews"的粉丝数量从一年前的 100 万左右迅速增长到 2023 年 4 月的 1 700 万,从 2021 年12 月开始,"看看新闻"几乎每月都位居上海网信办主流媒体抖音影响力排行榜的第一名,甚至一度跻身全国 3 000 多家主流媒体官方账号前十。

笔者所在的东方卫视新闻团队是"看看新闻"抖音官号背后的主要内容团队。在 2021 年底抖音主流媒体官方账号竞争激烈的情况下,"看看新闻 Knews"是如何实现飞跃式发展的?他们在短视频平台上的成功经验是否可以为其他主流媒体在融合发展方面提供借鉴?基于一年多的实践经验,笔者梳理出一些主流新闻媒体在短视频平台发展中的方法和策略思考。

一、研读短视频平台逻辑　做好内容生产流程再造

短视频,是新媒体全球化的实践产物。新闻界通常是指:在互联网新媒体上传播的时长在 5 分钟以内的视频短片,其生产流程简单、制作门槛低、受众参与性强,因而短视频具有内容丰富、篇幅短小、传播速度快三大天然优势,其播放媒介以移动端和电脑端为主,改变了广大用户的信息获取方式,成为日常生活的重要组成部分,是当前新闻传播形态发展的一个重要方向。

如今主流的短视频平台是几大商业平台,"在商言商",要在这些商业平台上占据一席之地,先得研究这些平台的规则和"玩法",单向输出的年代已一去不复返,不研究受众的商业平台内容生产只会是死路一条。因此生产流程已经不能是单向的"我想要做什么",而是要双向思考,"人家要什么"和"我有什么",最后得出"我要做什么"。"我想要做什么"和"我要做什么",一字之差,却是逻辑的根本不同。

(一)寻找自身优势和目标平台需求的交叉点,精准打造"人设"

目前的几大商业短视频平台具有不同的传播特点、内容风格和受众偏好。在进军短视频领域之前,首先必须精准分析平台特点并完成媒体号的"人设画像",才能获得稳定增长、持久的粉丝量、流量。比如抖音和快手都致力于记录美

好生活,为普通用户提供展示空间,但由于运营者策略的不同,抖音更多地吸引了主流媒体进驻,具有更明显的媒体属性和新闻属性,而快手相对更加草根。微信视频号则主打社交、中等长度的视频,内容相对精致、高端。

笔者团队在进军商业短视频平台之前,第一项工作就是对不同短视频平台进行充分分析后,最终选择了具有较强新闻属性的抖音作为主攻目标。接着,团队对抖音平台上拥有超过一千万粉丝的主流媒体账号过去半年的内容构成进行了分析,发现正能量、萌宠、社会新闻等方面的内容竞争已成"红海",但涉及时政、军事、港澳台和地缘政治等"硬核"内容则相对匮乏,属于"蓝海",而这部分内容正是东方卫视新闻团队长期以来积累的能力和资源所在。因此,团队决定沿用东方卫视新闻"天下事,看东方"的标识,紧跟国内外时政热点,围绕地缘政治、社会热点公共事件等重点发力,打造关心国家大事,心忧天下的"中青年精英男"人设。在一年多的实践中,"看看新闻Knews"抖音号中地缘政治相关内容已经占到了发布量的五成以上,从俄乌冲突到佩洛西窜台,从中沙伊三国北京声明到台湾所谓"邦交国"接连断交等,每一个国内外"重磅"热点,团队都紧紧抓住,收获流量爆点。比如2022年2月底3月初俄乌冲突发生的第一个月,"看看新闻Knews"抖音号的日更量平均达到40条,一个月涨粉超过200万,总体流量超过十亿。目前官号后台的粉丝群体已经从初期的女性为主变成目前30—55岁中青年男性为主,完成了预设人设与粉丝群体的重合,进入粉丝稳定增长通道,在没有流量爆点的月增粉丝数稳定维持在80万—90万。

(二)与传统媒体流程切割,再造独立自主的生产流程

在媒体领域,不同的载体所需求的创作思维是不同的。大小屏幕作为传播媒介,具有各自独特的特点和传播方式,它们所涉及的观看环境、观众心理和传播方式均存在显著差异。大屏幕通常提供较大的视觉空间和沉浸式体验,而小屏幕则在有限的空间内追求快速、简洁、精确的信息传递。因此,在从事短视频新闻内容生产前,必须组建专门的核心团队,按照小屏幕的特点和需求,制定内容创作的标准和策略。想要做好短视频新闻,首先得尊重它,将之视为需要投入人力、物力、精力去打造的新的传播形态,而不是顺带做做。我们经常听到"一个人做新媒体"的故事,但这是不可复制的。相对大屏生产,小屏生产流程虽然相对精简,它可以剔除很多播出环节的工种,但核心内容团队的人员投入必不可少,它绝不是个人工作室或者小作坊就能长期坚持并做好的事情。

东方卫视新闻团队在参与抖音新媒体内容制作之初,就从有限的人手中筛选出三名专门负责新媒体制作的人员,并将他们从大屏幕制作中剥离出来,专心

投入短视频新闻制作。这些专岗人员在实践中逐渐摆脱过去的大屏幕制作思维,全身心地专攻新媒体制作,并通过深入研究和实践,不断积累经验和技能,以适应抖音平台上的短视频新闻制作要求。这种分离策略带来了显著的成效。首先,通过将核心人员从大屏幕制作中解脱出来,他们能够将全部精力和创造力投入到新媒体制作中,更好地理解和把握小屏幕传播的要素和规律。其次,这种分工方式有助于培养团队成员在特定媒介上的专业素养和创作能力。专门从事新媒体制作的人员可以深入研究和掌握该领域的最新趋势和技巧,确保在短视频新闻制作中形成独立的判断和高质量的创作。

(三)构建"短视频"+"新闻"双维叠加的内容生产标准

媒体融合是当前主流媒体转型的首要任务。然而,在实践过程中,媒体人,特别是电视人,常常困于将电视播出内容简单转换到新媒体上的"大小陷阱"。这种思维误区认为,通过对"大屏"内容的剪辑和调整,就可以适应"小屏",而忽视了大小屏内容是两种截然不同的传播媒介,它们在传播特点和形式上存在显著差异。因此,要想在小屏上占据一席之地时,必须要研究短视频新闻与电视新闻的独特性,打造独立于任何电视播出节目的新媒体产品。

首先,短视频新闻跟所有短视频一样,需要具备"短、精、特"三个金标准。关于"短"的长度,英国数字和新媒体专家内森·泰勒多年前的研究就表明,网络受众对视频的耐受力只有短短 18 秒,这一时间远远短于电视节目。因此,网络视频不仅需要时长较短,还需要在最初的 18 秒内通过精彩内容吸引用户。然而,这个当时让人觉得不可思议的标准,对于当下国内短视频生态来说却已过时。以目前的抖音平台为例,根据内部运营团队给出的建议,这个"吸睛"时间已经缩短为 7 秒。如果不能在 7 秒内吸引受众,根据平台的推送机制,即使内容精良且剪辑精细,也可能不会进入抖音的几何推送机制内,就无法获得高流量。然而,仅仅追求"短"是不够的,还必须精。这里的"精"并不是指内容或形式精致,而是指信息传递和传播效果的精准。它要求在理解传播新特点的基础上,以简短的形式充分表达新闻的核心内容,通过标题、画面等手段,省去任何冗余,直接切入主题。其次,短视频新闻要突出"特"。与大屏幕相比,小屏幕的展现方式有所不同。全景和大场景并不适合小屏幕,而特写和细节镜头能够更好地传递信息。这就是所谓的"特"的特点。在短视频中,通过精心选择和创作特写和细节镜头,可以更好地吸引受众。

除了以上三个所谓金标准外,根据笔者团队的制作经验,在短视频新闻中,还需要具备"原"和"动"两大加分项。网络受众更倾向于接受粗糙、未经加工的原始内容,而不同于电视受众习惯接受将事实、解读、分析、观点打包成一条的传播方式,因此短视频新闻最好采用"原始"素材,以"素人"的形象呈现,突出真实性和直观性。如一段爆炸现场的燃爆瞬间,一句表达者情感最饱满的实况,一个导弹发射的瞬间,等等。而且这个"原"相对于短视频新闻来说,还有一个特定的概念,是必须这个事件本身的,最新鲜,最直观的镜头、实况,而不是资料画面。经笔者团队一年多的实践,但凡是新鲜的,事件本身的画面,只要有,哪怕只有短短的一两秒,都能明显为流量加持。如果视频中全部是资料画面,除非一些没有职业操守的媒体故意移花接木、混淆视听,不然流量肯定落个"凉凉"的下场。

最后,想特别谈一下短视频新闻的"情"。对于新闻来说,"情"是需要审慎把握的点,短视频新闻亦如此,是必须守的"正"。在商业平台上,对于非新闻类的视频,情感共鸣是创作者获取流量的不二法则,因此经常穷其手段予以表达,极端情况下甚至会超出了法与情的边界。但对于短视频新闻来说,对于"情"不能造假是底线,但同时也不能过于煽情,把受众带偏,失去主流媒体舆论引导的责任。因此如何既精准传递情感,又不利用情感,靠煽情赚取流量,这个就需要创作者的功底和把握能力。笔者认为,最基础的原则就是要准确把握情感的点和分寸感。例如,2022 年 4 月发表的《上海,我们来了! 各地医疗队驰援上海》(网络点击量 6 416.7 万)一片,通过将各省市医疗队在一天时间内从全国各大机场火车站集结出发的镜头,以每个省市两个镜头的极短展示,通过选取不同角度的镜头,如挥手、标语、拥抱等等不同通过蒙太奇手法剪辑在 7 秒钟左右,把一方有难八方支援的情绪点集聚,从而形成了传播爆点,但也没有过分煽情的画面和实况,只是冷静地用画面陈述客观事实,一天之内,各省市医疗团队纷纷包机包车奔赴上海,施以援手。但是有些"情"即使有流量也是不能赚的。比如惨烈事故现场,家属悲痛欲绝的哭喊,社会普通民众之间的纠纷,这些往往能引发受众的愤慨之情获得不错的流量。但这样的"情",主流媒体就需要非常谨慎把握,笔者团队对于这方面的内容是极少报道,即便报道,表现上也会比较克制,不会通过放慢、反复等手段予以渲染。宣扬正面的"情",疏导负面的"绪",是主流媒体应有的责任担当。

二、短视频新闻内容生产的"守正创新"

(一)秉持新闻专业精神,发挥主流媒体优势

所谓守正创新,守的是"新闻"传播的正、舆论导向的正,创的是短视频的新、传播策略的新。进入新媒体,要忘记自己是电视工作者,但不能忘记自己还是一名新闻工作者,不论媒介形态如何变迁,新闻从业者的专业素养是主流媒体官号

在短视频汪洋大海中生存下来唯一的,也是最具竞争力的能力。比如在最为擅长的国际热点话题的"硬核"评论和解读方面,笔者团队制作并推出了具有热度、观点和立场的短视频产品。经常被置顶的流量担当主要涵盖时评和国际局势资讯,其中国际资讯主要关注地缘政治。例如《中国担当推动中东和解潮》和《佩洛西窜台,历史不会浓缩于一晚》等。"佩洛西窜台"一片通过对中国从军事到政治、经济、外交等方面层层递进的反制措施梳理,表达出中国政府捍卫中国主权和领土完整的坚定决心,彰显中国立场的同时,流量也达到了 2.3 亿。

同时,笔者团队在重要时间节点、重大历史事件上迅速反应,以合适的形式推出短视频,也极大地填补了平台内容空缺,受众反响极佳。如《十九届六中全会召开! 审议"史诗级"决议 吹响"强起来"又一次集结号》《50 年前的今天联大现场沸腾了》《习近平:中国全面履行入世承诺》等"硬核"短视频产品;再如北京 2022 年冬奥会,传播量总量达 3 亿,其中《习近平将出席北京 2022 年冬奥会开幕式并举行系列外事活动》单条传播量破 2 000 万,《谷爱凌回应"国籍"问题》一条,流量达 1 亿。可以说,在短视频新闻领域,团队凭借媒体专业人士对新闻热点的敏感性和谨慎性,紧密追踪舆论热点,坚持政治导向,并基于地域传播特色,发挥主流媒体的价值观引领作用。

除了发挥专业素养外,对于进军短视频平台的主流媒体来说,新闻真实是必须坚守的底线,不论何时,不能在追逐流量的同时迷失了自我,被流量反噬。如今网络上存在大量真假难辨的信息,需要新闻工作者秉持专业精神,小心求证,宁缺毋滥,不以流量为唯一标准。比如前不久一则所谓"中科电员工怒怼领导的微信聊天曝光"事件引发舆论关注,讨论度关注度都非常高,但是笔者团队因为迟迟联系不上这名自称"中科电员工"的发帖者,诸多细节存疑,因此放弃了这波流量。事实证明,此事后来迎来反转,发帖者身份造假,事件发生地造假,属一则实打实的"假新闻"。不被流量裹挟,不被热搜冲昏头脑,是主流媒体在短视频新闻制作上的底线,一刻不能忘。

(二) 发挥资源积累优势,以"旧库"补"新知"

在确定好选题之后如何将其更有意义地呈现,是对从业者的新闻处理能力与长期的新闻知识积累的一次考验。"看看新闻 Knews"抖音号就尽力在呈现现象的同时为受众解释该现象的成因与历史背景,以补充大众的信息盲区,启发受众进行深入思考。例如仅抖音平台的传播量就突破了 7 000 万的短视频《日本首相放狠话! 一天后俄罗斯导弹射向日本海》,其实当天的新闻讯息本来只是俄罗斯发射导弹,但因为一天前日本首相曾就日俄岛屿争端发表过相关言论,因此编辑在处理时将这一背景综合进来，由此扩大了受众理解资讯的维度；再如《美舰硬闯中俄火力禁区，俄罗斯不客气冲到美舰 60 米处》《日本新首相叫板中俄后，055 大驱日本海开炮命中目标》等多条获得极大市场反响的短视频都是在加了地缘政治的背景后，才让受众看到了新闻背后的新闻。

　　除此之外，团队还凭借着电视媒体长期积累的画面资源库，对其进行发掘与再利用，从而抓住热点话题，补充相关信息。例如 2021 年国庆期间，电影《长津湖》热映、票房破亿，61 年前的长津湖战役迅速成为舆论热点，团队立即着手从 SMG 媒资库的《往事》《档案》等纪录片中，挖掘长津湖战役相关内容，通过亲历者访谈、历史画面重现等角度还原解读历史，连续推出《1952 年从朝鲜回国　这位将军向"长津湖"含泪鞠躬》《长津湖战役当时有多冷？亲历者：耳朵鼻子一碰就掉》《美军史上最残酷！长津湖战役　中美军人都难忘怀》等多条短视频，并在各短视频平台迅速传播，访问量迅速破百万、互动过万，引起网友强烈共鸣和共情，如网友留言"没先烈的牺牲，就没我们现在的美好生活"也获千余赞。可见，爆款视频的出现并非偶然，凭借的是媒体人长期工作以来培养的信息处理效率与丰富的新闻资源累积。

（三）分门别类、"适小"改造——表现形式的融合与创新

　　以上总结了共通的新闻经验如何作用于短视频新闻的书写，那么基于主流媒体已打造成熟的节目形态，其实也无须推倒重来，而可以考虑根据短视频的特点进行形式改造，以完成电视新闻向短视频新闻的"迁移"。"东方快评""一图看懂"系列就是基于大小屏共生理念下，专门为小屏打造的子产品。

　　"东方快评"将电视演播室的专业质感与短视频"短频快"的传播方式相结合，以"主播点评"的形式发表看法、表明态度、提出疑问或建议等，帮助受众厘清新闻内核。在表现形式上，为适应小屏竖屏传播，该节目录制时大多采用近景，增加与受众的交流感，主持人点评时也注重口语化和个性化表达，力求语言生动、简练有力，后期剪辑时仅辅以少量的核心画面、自制动画和高度概括的说明性字幕，在较短时间内传达多维信息量；在选题内容方面，专栏选取当天发生的重大事件或舆论热点，紧扣时政要闻、公共政策，在"二十大""中美元首巴厘岛会晤""上合组织峰会"等重大时政事件中反应迅速，清晰传递最新政策方针、大国外交新局面；在"唐山打人事件""玄奘寺供奉战犯牌位"等舆论热点中及时发声，梳理最新进展，以独到犀利的角度，阐述媒体立场，充分发挥了主流媒体的舆论引导作用。2022 年 8 月佩洛西窜访台湾，"东方时评"连续 10 天发表相关评论，掷地有声传递我方立场。特别是 8 月 3 日的"历史不会浓缩于一个夜晚"一篇，

在网上迅速发酵,点赞量接近400万,评论和转发量均超过2万,也增强了网友对于这一事件的理性认识。疫情相关评论中,12月3日的一篇"各地持续优化疫情防控措施,走小步不停步才能最终战胜疫情",发布当晚就收获10万点赞,最终该评论浏览量超1亿,点赞量近60万,转发量也超过30万。该专栏的推出是短视频时代新闻评论产品样态"大小嫁接"生出新品种的典范,主流媒体的专业性、权威性与网络媒体不受时空限制、直达受众的优势得以联合放大,产生了很好的共生效果。

"一图看懂"系列,则是把大屏中精致的美编制作手段转移到小屏上。例如,在"俄乌冲突"等国际热点事件中,及时以动态地图结合最新"战术""战况",全方位解析局势变化,让人一目了然,实现了评论主题和传播形式的有机统一。2022年2月24日俄乌冲突爆发,十天里连续做了十期一图看懂系列,流量上亿。另外还将电视大屏常用的专家解读、背景梳理等表现手段根据新媒体平台受众习惯,进行"短视频"改造,通过镜头选取、组接、字幕标题提拎等手段,以硬核内容赢取流量。

可以说,坚持新闻传播的专业与客观,灵活利用原有的新闻资源与电视经验,不断深挖平台特性,思考并完善适合短视频新闻生产的运营策略,是"看看新闻Knews"抖音号获得长足发展的基本要素。

结　语

短视频具有随手拍摄制作、即刻传播、信息量大、时效性强的特点;短视频具有原创性强、内容贴近社会生活、受众广泛参与、收视率高的特点;短视频具有交互属性强、快餐化阅读、高频率传播的特点。因此,短视频的广泛运用在信息传播方面提升了效率;但同时也带来了一个广为人知的问题,即出于互联网经济发展的本能动机,各媒体竞相争夺用户注意力,追求用户流量的付费转化,从而可能导致智能平台走向低俗化,并过度追求吸引眼球的新闻。作为主流媒体,如何在商业平台的算法规则下获得流量、实现信息传播,同时确保新闻内容的高质量和专业性,在社会效益和经济效益、主流宣传和商业利益之间取得平衡,是短视频新闻发展亟待解决的难题。

经由此番对"看看新闻Knews"的工作梳理,我们或许从中发现一些应对方法:其一,正确理解不同的媒介特性,根据各平台的传播特点与受众的使用习惯,进行内容形式与策略方面的更新,创作出适合短视频传播的新闻内容;其二,秉持新闻从业者的专业素养,凭借扎实的理论背景与实践经验,在纷繁复杂的资讯当中抓住要点,并调用丰富的资源库去缝合碎片化的信息,为受众展现事件全貌,提供更多元的视角,实现有价值、有深度的新闻传播。第三,在关注新媒体发展的同时,也不能完全忽视旧媒介的影响与价值,线性传播虽然已是明日黄花,但大屏代表的精致与深度并没有过时,电视媒体的权威性目前还是新媒体所无法取代的。因此下一步,笔者团队将着力锻造"看看新闻 knews"抖音账号与东方卫视新闻品质共生共享,将以专业能力积淀带来的权威性迁移至新媒体上。

"我们通过后视镜来观察目前,我们倒着走向未来。"在新中体验旧,以旧的经验来更好地认识未来,期待通过持续打造电视、短视频共生的产品,在大小屏端高效传播主流价值观,探索将更多体现原创性的新闻作品形成大小屏共享共生的多维模式,提高媒体团队的整体新闻能力,使短视频新闻迸发出更强大的生命力。

参考文献:

[1] 中宣部编写组.习近平新闻思想讲义[M].人民出版社 2018 年版.
[2] 张文俊.数字新媒体概论[M].复旦大学出版社 2009 年版.
[3] 曾祥敏.短视频生产与运营的辩证逻辑[J].新闻编辑 2020(11).
[4] 卞立成.短视频新闻的问题与思考[J].新闻研究导刊 2021(13).

作者简介:
赵慧侠,上海广播电视台融媒体中心卫视编播部主任。

建设具有超域影响力的区域新型主流媒体的创新探索

——以上海市松江区融媒体中心新闻实践为例

周样波

提　要： 党的十八大以来，以习近平同志为核心的党中央高度重视传统媒体和新兴媒体的融合发展，习近平总书记更是多次在不同场合对媒体融合发展工作发表重要讲话、作出重要指示，为媒体融合发展指明了努力方向，提供了根本遵循。上海市松江区融媒体中心作为超大城市的一家基层媒体单位，积极顺应这一"时"与"势"，聚焦媒体传播的"路和网"，筑牢媒体发展的"根与魂"，激发融媒采编"精气神"，着意打造具有超域影响力的区域新型主流媒体，形成了积极的传播效应，收获了良好的社会效果。本文意在阐述这一创新探索，与同行交流切磋。

关键词： 媒体融合　基层媒体　超域影响力　创新探索

引　言

从提出"推动媒体融合发展的重大任务"到"推动媒体融合向纵深发展"，从加强顶层设计到提出采编发流程再造以及融媒体中心建设……党的十八大以来，媒体融合发展的方向路径日益清晰、脚步日益坚定、成效日益显著。

在这一过程中，区县级融媒体中心既是基层主流舆论阵地，又是媒体融合发展的改革前沿，既面对海量受众的无限可能，也在海量信息中备受挤压。为此，笔者通过分析中宣部推进县级融媒体中心建设在上海唯一的重点联系点——松江区融媒体中心在融合发展过程中组织架构、人才建设等基础要素的迭代，并拓展延伸至采编过程中内容生产等关键环节的保障,在总结创新实践经验的基础上,试图探究基层媒体单位打造具有超域影响力的区域新型主流媒体的逻辑与路径。

一、畅通融合发展的"路和网"

2018年以来,全国多个省市都拉开了县级融媒体中心建设的大幕。松江区融媒体中心作为上海这一超大型城市的一家基层媒体单位,聚焦"渠道"和"机制"两大核心,通过重组组织架构、再造采编流程、整合全网平台、创新人才激励机制等,积极探索区县媒体融合路径。

(一)重组组织架构

在管理学上,传统企业组织分工通常采用三种形式:一是最简单的集权化手段,即直线职能制+命令;二是共享价值观的文化协作形式,以达成有效的团队协作;三是制度+流程的协调机制,适用于组织规模大幅扩增的情形。其实,媒体行业采用的组织架构也大抵如此。但随着媒体融合发展的快速推进,传统的媒体组织方式日渐式微,已无法匹配新技术、新传媒业态的发展变革速度,亟须探寻适合媒体融合发展新业态的组织方式,用以解决贴合受众、实时反馈、多部门协作等问题。

2017年3月9日,为贯彻落实中央、上海市委、市政府和松江区委、区政府关于加强主流新闻媒体融合发展的有关会议精神和工作要求,松江区委宣传部结合区新闻媒体的发展状况和推进融合发展需要,制订并实施方案,在上海各区当中率先组建区级新闻传媒中心。

经松江区机构编制委员会审核批准,2017年6月26日,原松江报社、松江区广播电视台和松江区新闻宣传综合服务中心合并,成立松江区新闻传媒中心。中心下设党群办、行政办、总编办、编辑中心、采访中心、节目中心、视觉创作中心、技术和安全保障中心、运营中心、公共关系中心。

此外,2017年,松江成立上海之根文化传媒有限公司,是全市各区最早一批组建传媒国资公司的单位,开始探索区级融媒体中心的市场化、企业化运营,现托管国资企业上海帜峰视觉艺术传播有限公司。2019年6月29日,区融媒体中心搬迁至九峰路2号办公,共14层,总面积达2.16万平方米。

(二)创新人才激励机制

主流媒体高质量深度融合的内生动力是以推动人才发展为主导。在媒体融合发展逐渐成为国家强调的重点发展目标之后,媒体行业应当切实地引起重视,以人才队伍建设为杠杆推动媒体融合发展进程。近些年来,松江区融媒体中心对标媒体融合发展要求,立足基层新闻单位实际,出实招、求实效,推动媒体融合与人才建设同步向前。

2019年5月6日,松江区新闻传媒中心更名为松江区融媒体中心,为中宣部县级融媒体中心建设示范联系点。中心为全额拨款公益性事业单位,正处级,领导班子定编为2正4副,其中党委书记由区委宣传部副部长、新闻办主任兼任,主任兼总编辑1名,副主任4名。现有员工158人,其中事业编制69人,国企编制89人。

在这一个过程中,松江区融媒体中心始终坚持人才为要,不断创新用工机制,打破身份限制,探索建立适应媒体融合发展的用工体系。一是在中层干部竞聘时,保持事业编制和非事业编制用工同等待遇;二是率先自行探索非编人员职称评定办法,对非编员工一视同仁;三是推出《非编岗位人员绩效考核办法》,推进薪酬制度和激励制度改革。目前,中心非编人员收入整体略高于在编人员;四是持续推动非编人员企业化管理。

(三)再造采编流程

现代信息技术的快速发展为多元媒体的产生创造了便利条件,为媒体融合发展提供了无限可能,在这一过程中,传统新闻采编流程势必发生深刻变革。对此,松江区融媒体中心把原先分散在报纸、电视、新媒体的采访力量,全部集中到采访中心,实现一站式采集。

在上述基础上,区融媒体中心依托"茸采编"系统和指挥中心,充分发挥"中央厨房"的作用,形成了内容生产发布总编办牵头抓总的采访、编辑、创优、考核中心工作机制,不断优化工作流程、工作制度、值班制度等。

其中,总编办、采访中心、编辑中心、节目中心等业务部门,通过每天编辑例会、采访例会等,在总编辑的统筹下,现场办公、现场协调、现场指挥、现场调度、现场决策,实现策、采、编、发、评的全流程再造和一体化指挥。指挥体系建起来后,不仅解决了过去分平台采访内容重复、形式不融、效率低下等问题,也为精准传播提供了机制保障和决策支撑。

(四)整合全网平台

在媒体融合发展进程中,以人民日报社为代表的大型传媒集团开创的"中央厨房",成功构建了"统筹策划、一次采集、多种生成、多元传播"的一体化业务模式,传播效果显著提升,是各级各类媒体机构融合创新效仿的样板。近年来,松江区融媒体中心始终对标先进、扬长补短,深入开展各大发布平台的有效整合,形成了"1＋1＞2"的媒体传播放大效应。

其中,松江区融媒体中心着力探索立体多样、形态多元、融合传播的现代传播体系,形成了以《松江报》、松江人民广播电台、松江电视台、上海松江融媒体客户端四个自有平台为主的传播矩阵,并以"上海松江"的统一名称,相继在微信、微博、《人民日报》、央视频、上观新闻、澎湃新闻、抖音、快手、今日头条、腾讯企鹅、腾讯微视、优酷等平台开设账号,形成超地域的移动传播格局。

截至目前,《松江报》发行量 4.7 万份,"上海松江"融媒体客户端总装机量105 万,全市第一,区域人口覆盖率超 50％,总注册用户 92.4 万,全市第二,日活率周平均 1.2 万人次,位列全市前列,"上海松江"微信公众号粉丝数 75 万,目前已初步实现区域新闻资讯的主阵地、政务信息的主平台、市民服务的总入口建设目标。

二、筑牢新闻传播的"根与魂"

如果说先进技术与创新管理是媒体融合发展与时俱进的必然要求,那么内容建设则是媒体融合发展所应坚守的"根与魂",是区县融媒体改革发展的精神命脉、灵魂所在。因为,全媒体传播时代,新闻传播处处有较量,谁定义新闻事件、谁影响价值判断、谁左右舆论走向、谁占据道义高地,这种话语权的争夺,最终都体现在思想内容的交流碰撞上。

对此,松江区融媒体中心大力开展内容生产供给侧结构性改革探索,紧紧围绕理论的厚度、现实的热度和观点的锐度,着力打造新闻性强、即时性强、交互性强、共享性强的优质内容。

一是移动优先、跨界传播。事实上,移动优先是实现超域传播的先决条件之一。所谓"超域",不仅仅是地域的界线,同时也包括内容的多样性、语种的多样性、格局的变革和影响力的突破。当前,移动互联网为媒体融合向纵深发展提供了广阔的空间,也为主流媒体提供了多元的技术手段、庞大的用户群体。如此一来,为基层媒体单位形成超域影响力奠定了基础、创造了可能。

因此,在内容的分发上,松江区融媒体中心严格推行移动优先发展战略,不断优化策、采、编、发、评流程和机制,重点围绕互联网进行内容生产、分发和产品设计,并在考核中予以体现。比如,松江区融媒体中心按照"新闻＋政务＋服务＋商务"的模式,在上海 16 个区中率先推出了"商务"模块,进行了直播带货、积分兑换等商务活动的尝试，不仅站上了"直播"风口，增加了读者观众流量，还在无形中扩大了党媒的影响力、引导力。此外，2020 年 1 月 16 日，松江区委宣传部出台《关于建立松江区融媒体中心、分中心及服务点实施方案》，建立起"中心—分中心（工作站）—村居服务点"的三级信息服务体系，顺利打通了媒体传播"最后一公里"。

二是融为一体、分众传播。"明者因时而变，知者随事而制。"媒体融合是一个时代课题，它不仅可以为传统媒体转型发展提供全新的思路和切实可行的方案，也是传统媒体推进媒介化整合以重塑传播格局的基础。融合发展的关键，在于融为一体、合而为一。

对此，松江区融媒体中心持续深化体制机制改革，积极探索建立适应全媒体生产传播的一体化组织架构，构建新型采编流程，形成集约高效的内容生产体系和传播链条。将原先的报纸部、电视部、广播部、新媒体部等内设机构改组优化，不再按平台设置部门，而是按内容生产发布保障的流程设置部门，通过机构重构、机制重建、流程再造、队伍重组等工作，以有形的"双手"厘清了稿子的采访形式、刊播平台，以及哪个平台优先编发等问题，进而实现了从"你中有我，我中有你"的浅表化融合状态到"你就是我，我就是你"高级融合形态的转换提升。

三是打造精品、重点传播。互联网时代带来了海量信息，人们的注意力、精力被不断分散，区县融媒体中心的记者、编辑也面临这样冲击，"乱花渐欲迷人眼"之下所生产的内容逐渐呈现同质化、程序化、平淡化，已成为阻碍媒体融合发展向纵深推进的一个堵点、痛点。

在新时代的当下，如何通堵点、祛痛点，持续保持主流媒体的品牌影响力，既是机遇又有挑战。应该明确，问题的出现，肯定不能简单地责备记者、编辑，是多方面因素引发的，也和媒体单位的领导水平、机制体制、人才队伍等都有关系。但归根结底，其中最关键是一种能力，即融合了思想观点、话语方式、表现形态，易于理解、便于接受，具有较强吸引力、感染力的全新内容生产能力。对此，上海市松江区融媒体中心甫一成立便进行了有益探索。

中心成立之初，便组建了"松小萌""松小珑"两个融媒体工作室，对好的题材或者重大任务，采取项目制的办法，由一人牵头，选配中心其他人员参加制作，同时在考核中采取拓展奖的方式予以激励。2023 年，中心又在总结以往经验的基础上，将过去融媒体工作室进行迭代升级，专设聚焦精品、专门创新创优的独立部门——"视觉创作中心"。此举旨在抓住当前内容可视化、短视频爆发式增长和影响力增大的风口，组建专门部门，在生产优质短视频上进一步发力。

四是技术支撑、融合传播。融合传播是综合运用多种形态的传播工具，对同一新闻时间、信息内容向受众进行多渠道、全方位、多文本的传播。在松江区融媒体中心,一直有一个现象,即凡是融合传播的作品,其影响力和传播力远远要优于单一渠道传播的作品。这绝非一家融媒体中心的个例,而是具有普遍意义的。

因此,区县融媒体中心要在激烈的竞争中有更大作为,就一定要用好融媒体中心报纸、广播、电视、新媒体形态多样的特点,发挥好离受众最近,就在"最后一公里"的优势,做好融合传播。松江区融媒体中心在总结经验的基础上,进一步明确了内容生产的导向是:能融合传播的选题优先,所有的选题都考虑融合传播。比如,可视化广播就是该中心融合传播的成功案例之一。

2020年6月26日,松江人民广播电台FM100.9兆赫的新制播系统上线,同步推出了可视化广播直播,这在上海各区融媒体中心尚属首次。可视化广播直播让广播多了视觉维度,打破了渠道局限,受众体验更丰富。可视化广播直播实现了收看人数实时统计、留言查看等功能,传播效果立时可见。同时,这些后台反馈的数据,也反过来指导采编人员优化节目内容生产。该节目也因此得到了业界肯定,获评年度上海市区"融合创新类"一等奖;可视化直播栏目《直播松江》荣获2020年度上海广播电视奖广播栏目三等奖。

五是部校共建、国际传播。松江区委宣传部依托松江大学城的资源开展部校共建,与上海外国语大学合作成立了上外松江全球实训基地,基地就设在松江区融媒体中心。

2020年10月14日,上海外国语大学新闻传播学院和松江区融媒体中心合作,正式推出"上海松江"客户端英语频道。此举开创了各区融媒体中心先河。随后,由中心总编办和上外新传学院共同参与的英语编辑部也正式挂牌,相继出台了英语频道三审制度、工作联系制度等,确定了双方合作的长效运行机制。

双边合作带来的变化和成果显而易见。2021年上半年起,中心在国外社交媒体上的账号启动运营。当年,由中心拍摄制作的专题片《无声的骑手》,以独特视角关注了聋哑人在松江生活和工作的故事,在央视国际频道播出,在海内外产生了积极的社会反响。

三、激发内容生产的"精气神"

俗话说,"打铁还需自身硬"。基层新闻单位囿于地域限制和技术人才短板,要想实现超域影响力,就必须有拿得出手的作品。这就涉及媒体的根本——内容生产,就牵涉到内容生产的主体——记者编辑。长期以来,松江区融媒体中心坚持以内容建设为根本,持续开展内容供给侧结构性改革,推动更多记者跳出"城墙思维",大胆"走出去",以期实现"满屏皆精品"的良好效果。

坚持**"优质的内容是有灵魂的"**，不做**"瞎子"**记者。记者必须树立正确新闻导向，不能**"盲人摸象"**，不能只埋头犁地，也要抬头看路，只有看全局、观大势，新闻采访才能找准角度。2020年，松江区融媒体中心鼓励广大记者大胆走出去，结合本土乡村振兴特色，挖深挖细挖实新闻题材，其中创作的《"稻梦空间"中传承百年味道》短视频，就做出了小切口的好新闻。几位记者编辑通力协作，步入田间地头，深入百姓人家，拍出了松江万亩良田的美景，也晒出了传承百年的松江味道，俘获诸多观众的内心。该短视频后来被中纪委网站、公众号，新华社客户端等采用，点击量近200万人次，并在长三角四省网信办联办的"长三角原创短视频大赛"中荣获一等奖。

坚持**"优质的内容是原创的"**，不做**"拐杖"**记者。新闻原创是主流媒体独特的标识，好的作品永远不是来自通稿和材料，复制粘贴也产生不了优质内容。松江区融媒体中心在新入员工培训时，就常常告诫大家：永远不要相信自己的眼睛和耳朵，要相信自己的双腿。

2021年12月，松江区融媒体中心的一位年轻记者采写的《陪跑6年！这位"松江阿姨"乐做视障跑者的"眼睛"》一稿，就是记者深入基层社区挖掘生动感人故事的鲜活例子。该记者在一次常规采访中获知了一个线索：松江区有一位67岁的退休医务工作者、资深马拉松跑友，她不仅自己完成了87场全程马拉松赛事，还坚持6年为视障者提供陪跑服务，陪伴他们一步步地变得开朗自信，并开启了更精彩的人生。记者第一感觉是感动，但感动之余又带着疑惑，便辗转联系上对方做进一步了解确认，为了能亲身感受陪跑的不易，记者甚至穿上了运动鞋，与他们一道在赛道上奔跑……最终，文稿以诸多感人至深的细节打动了读者，生动再现了公益陪跑六年的花甲老人和视障跑者的双向奔赴的志愿精神和体育精神，并获评"2021年上海市第四季度走转改优秀作品三等奖"。

坚持**"优质的内容是有深度的"**，不做**"浮萍"**记者。"笔力"深厚的背后离不开记者们"脚力"的勤快深入、"眼力"的独特精准和"脑力"的智慧敏锐。优质的内容是有深度的，有深度的新闻作品，往往是对社会，对新闻事件有深入的剖析，举一反三，触类旁通，有历史背景的厚度，又有哲理反思的深度，并且有自己独到的见解，会引发人们思考，能感染人、引导人。这就要求记者不能只捞浮萍，还要学会深水挖藕、深水抓鱼，要有丰厚的知识储备、理性的思辨能力、深入的采访能力。

比如，在中国共产党成立100周年之际，松江融媒体中心精心组织精兵强将，历时半年采写制作了"松江红色密码系列微视频"《启航之地》。作品后来经新华社、红途等媒体平台推送，浏览量破600万人次。其中，《初心之志》一集更是荣获由中央网信办网络社会工作局、环球网等联合主办的第二届"追寻先烈足迹"短视频征集活动"机构推选优秀作品"奖;《常青之道》一集则获得上海市广电协会组织的"奋斗与荣光"——庆祝中国共产党成立100周年主题短视频大赛二等奖,整个系列获得上海市广电协会地区工作委员会和SMG融媒体中心联合主办的"我的红色印象"短视频大赛三等奖,可谓收获颇丰。

坚持"优质的内容是有细节的",不要做"泡沫"记者。细节决定成败,细节反映作风和功底,有细节的内容才会生动,才能拨动心弦,否则,作品便不会给人留下深刻印象,甚至如泡沫般一吹就破。

比如,上文曾谈及的《无声的骑手》短纪录片。该片以《少年骑手,不畏无声》深度人物报道专版,衍生制作《冬日里的无声"骑士"》(3分钟短视频)及《无声骑手,唱响青春》(1分钟公益广告)、《无声骑手——"茸城之光"特别访谈》等节目。整个作品看似朴实无华,却深深烙上了细节的印记,深入人心、感人肺腑。最终,该短视频获上海"银鸽奖"最佳国际传播作品、新华网"我和我的美好生活"大赛银奖,人民日报海外版"奋斗有我"优秀作品、上海新闻奖三等奖。在中国国际电视台CGTN、央视频、人民日报海外版、新华社、上海电视台等多家海内外媒体展播,播放量超亿人次。

坚持"优质的内容是有时效的",不能做"尾巴"记者。倚马可待是记者的功力,更是全媒体时代对新闻时效的基本要求。在全媒体时代时效占内容优劣的比重越来越大,一个作品或许文笔结构镜头有瑕疵,但是独家首发会掩盖那些瑕疵,让内容出彩,不要人云亦云,总是跟在别人后面,总是慢半拍。

2021年暑假期间,中心一名记者在采访中遇见了一对快递员"父子兵"。令他吃惊的是,其中的男孩是一名准大学生,已经被清华大学录取。于是,画面感扑面而来:烈日炎炎之下,一位即将赴读清华大学的高三毕业生带着录取通知书,从外省来沪投奔快递员父亲,汗流浃背的他陪着父亲送起了快递。该记者急于出稿,以至于文字描述上较为粗糙,但好在影像画面经后期剪辑调整后,第一时间推出了《带着清华大学的录取通知书,他来上海陪父亲送快递》的短视频,迅速登上了微博,并热搜引发热议,腾讯、新浪、网易、澎湃等多家平台转发。该作品最终入围上海政务新媒体8月传播影响力"正能量传播影响力十佳"。

结　语

路虽远行则将至,事虽难做则必成。当前,媒体融合发展已经进入一个关键期,仍面临着不小的困难与挑战,特别是基层新闻单位,要想获得更多的超域影响力,还有很长的一段路需要走,有很多关隘需要闯。但在习近平总书记关于媒体融合发展工作的一系列重要讲话、重要指示的指引下,我们有理由相信,区县融媒体一定能更好做大做强主流舆论，使区县主流媒体更具传播力、引导力、影响力、公信力，真正做到引导群众、服务群众，为经济社会发展提供强大的精神力量和舆论支持。

参考文献：

［1］夏青.重视媒体融合中"人的问题"——媒体融合中人力资源变革实施路径探析［J］.视听，2020(06)：228－229.

［2］徐锋.对媒体融合背景下传统媒体人才队伍建设的思考［J］.新闻传播，2023(02)：116－118.

［3］胡蕊.内容为本　移动优先　多点发力——以《奋斗》杂志 2022 两会宣传报道为例［J］.新闻战线，2022(07)：116－118.

作者简介：
周样波，上海市松江区融媒体中心主任、总编辑。

县级融媒体"融合式"发展路径探析

——以普陀区融媒体中心的实践为例

黄津亮　丁婉星

提　要： 2022 年，在国家政策引导和各省市创新推进下，我国媒体融合加速发展，纵深趋势显著。同时伴随着人们对信息需求量的与日俱增，基层融媒体作为基层主流媒体，既肩负着传递党和国家大政方针的重任，也在"新闻＋"模式下成为参与基层社会治理、助力区域发展的重要力量。媒体融合趋于纵深背景下，记者素养的与时俱进成为当务之急，亟须"融合式"发展：不仅要深度融入宣传条线，提升融合多元业务能力，还要拓展"服务＋"能力，融入区域发展中。本文就县级融媒体记者"融合式"发展路径做一探析。

关键词： 县级融媒体记者　"融合式"发展　路径探析

引　言

2022 年，媒体融合进入加速期。2022 年 8 月，中共中央办公厅、国务院办公厅印发了《"十四五"文化发展规划》，"全媒体传播体系建设"作为"专栏"目标提出，对中央、省级、市级、县级融媒体建设提出明确要求。

自 2021 年"十四五"开局以来，伴随着县级融媒体中心建设重要窗口期的到来，媒体融合向纵深推进，从最初的机构重组、平台搭建、模式探索阶段已逐步迈向了质效合一、平台融通的新阶段。在融媒体环境下，人们获取信息的方式、渠道、速度都发生了"量"与"质"的双重飞跃。新闻记者作为媒体行业的重要参与者、记录者，其也不可依然如故，面对媒体融合趋势的不断变化，更要提升自己对融媒体环境的适应力,提高工作能力,提升综合素养,从而更好地满足融媒体新时代新闻宣传工作的要求。

一、媒体融合现状及发展态势

(一)媒体融合趋于纵深化

《中国新媒体发展报告》指出:我国新媒体应用智能化水平显著提升,应用场景更加丰富,对社会生产生活的嵌入、渗透与影响更加深刻,新媒体社会服务能力显著增强,新媒体作为推进国家治理体系和治理能力现代化重要抓手的角色更加突出。《2021年中国媒体融合发展报告》中指出:2021年,中国媒体融合从规模扩张与框架搭建阶段逐渐转入内涵拓展与体系建设阶段。本年度的媒体融合发展中,重大主题宣传成为重点内容,在多元技术融合、视频业态更新与产业能力拓展的基础上,传媒行业的资源整合与跨界融合能力不断加强。

以《人民日报》的媒体融合创新实践为例,就体现了智能化多元技术推进、纵深化布局跨界融合的新内涵拓展和新体系建设趋势。在全国两会报道中,《人民日报》新媒体中心采用"5G+VR"技术进行全景直播,并且在"两微两端"上为用户提供沉浸式体验;运用5G传输视频技术采用"两会云客厅",实现对两会代表的远程采访,多元新技术带来的超高速、超高清、点对点的传播,加速了媒体融合,也促进了传媒转型升级——5G网络的意义还不止于此,还将使各种终端联结起来,从而使物联网成为可能,为媒体融合最终走向社区纵深处的各个终端打下基础。

(二)基层融媒体也走向纵深

作为我国基层地区的媒体机构,县级融媒体中心承担着传播权威声音、传递社情民意、联系群众和引导舆论等重要职能,现阶段,县级融媒体在经过平台搭建、技术引进、渠道拓展的物理融合之后,业已从"全面覆盖"转向"纵深发展":"新闻+"模式已成为行业共识,"新闻+政务服务商务"的运营思路全面渗透到融媒体的战略规划、平台运营、内容生产等各个环节,体制机制改革不断深化。

以普陀区融媒体中心为例,由原区新闻宣传中心和区门户网站管理中心合并而成,2019年9月24日正式揭牌运行。内部机构设置上,打破了原有按报、台、网、新媒体等平台划分工作的形式,而是按照采编审发的工作流程,设置总编室、采访部、编辑部等部门,从工作机制上改变多路记者各成体系、分头跟进的

"多头采集"模式,实现"一次采集、多次生成、多元传播",外部平台渠道整合上,打通各类、各级媒体平台,实现"上下左右"的融合畅通。在这样的制度倒逼下,不断推进人员融合,记者由原先的单一生产模式转向多元生产模式,"一专多能"成为媒体融合由"相加"到"相融"后,记者的必备素养。

在普陀区融媒体,"采编融合"带来了"运营融合",推进媒体融合不断走向纵深。在"上海普陀"App 等平台拓展政务服务功能,畅通社情民意,解决急难愁盼;借助区融媒体在传播平台、信息资源、宣传设备等方面的优势,主动对接其他部门开展合作,提供跨界服务,资源整合实现传媒功能延展,下沉到引导群众、服务群众的"最后一公里"。

二、媒体融合纵深趋势下县级融媒体面临的机遇与挑战

现阶段,媒体融合不断走向纵深之余,人们对信息的需求量与日俱增,基层融媒体作为基层主流媒体,肩负着传递党和国家大政方针的重任,如何正确认识新形势下的机遇与挑战,促进新闻记者素养的与时俱进成为当务之急。

(一)发展机遇

1. 传播渠道上下全贯通

融媒体环境下,县级融媒体中心原有的报、网、台、新媒体等各媒体平台和新闻资源整合打通,影响力和传播力持续提升。此外,来自上级媒体、基层社区通讯员的信息来源也更加畅通。

以普陀区融媒体为例,畅通"上下左右"的传播渠道,积极入驻新华社、人民日报、上海观察、澎湃新闻、今日头条、腾讯新闻等 30 家中央、市级主流媒体及各大商业平台。稿件被央媒、市媒采用 2 万余篇次;2021 年 2 月 5 日,在全区十个街镇挂牌成立区融媒体中心街镇分中心,落实驻点记者工作机制,通过记者进基层、进社区、进园区、进楼宇,大力报道"本土新闻""社区新闻",延伸新闻传播"触角"。以 2022 年疫情期间的报道为例,普陀区融媒体累计向中央、市级、区级等各类媒体平台提供抗疫报道 1.2 万余篇,总阅读量达 2.4 亿次。

2. 县级融媒体记者发展通道打通

2021 年下半年,根据国家有关文件精神,县级融媒体中心可以本中心名义申领新闻记者证。这是县级融媒体中心的建设历程中的新里程碑,不仅保证了

新闻单位的权威性和公信力,也为县级融媒体记者的发展打通了专业化的晋升通道。普陀区融媒体中心一线采编人员中,80后、90后的比例超过了90%,在市委宣传部的支持下,已有11名一线采编人员获得新闻记者证,8人受聘中级职称,16名记者正在申领记者证。

3. 大数据的监测和支持

融媒体环境下,大数据技术能对海量信息进行综合分析和挖掘,并准确提炼出真实可靠、有价值的内容,加深新闻内容对受众的影响。这给新闻记者提供了良好的发展机遇,应将其作为自身发展的驱动力,借助大数据技术开展信息数据分析工作,辅助舆论监测和未来预判,反哺自己的业务精进。比如,普陀区融媒体中心在应对桃浦智创城建设土地清退攻坚工作时期的网络舆情,就在大数据监测技术的支持下,去伪存真、找准了网络舆情的"源头",定向组织了正面宣传。记者通过走访土地清退工作关联人员、居民,以体验式报道的形式,真实、及时地回应了网络舆情,平息风波之余,也为桃浦智创城这一市级重点项目的建设发展历程记录下了重要的一笔。

(二)问题与挑战

1. 基层一线数据缺失,"一手独家"发布少

在媒体融合的实践过程中,县级融媒体不仅保留了传统媒体的新闻信息传播和舆论监督引导功能,又实现了广播、电视、报刊、网站、"两微一端"等新媒体渠道、电子政务、公共服务、电子商务、智慧城市、短视频等业务和功能的融合,致力于打造基层信息服务和社会治理的综合平台。但是仍存在"有数据没人问、有新闻没报道、有报道没流量"的困局,"一手独家"的信息发布数量少,直接关联县级融媒体的影响力。

此外,由于新媒体手段在群众中的广泛应用,这对主流媒体采编独家新闻提出了新的挑战。例如:在发生某个突发重大新闻后,周边群众会第一时间拍照记录并发布到微信、微博、抖音等社交平台,这无疑增加了新闻记者采编独家新闻的难度。对此,县级融媒体记者应提高自身新闻敏感度之余,广泛扩大基层信息来源渠道,织密基层一线的信息网,锻炼自己"走基层"的能力和耐力,走向深处,挖出一手信息。

2. 发布平台多,"定制内容"能力有待提升

媒体融合视域下,不同网络平台如雨后春笋般兴起,这样的"众声喧哗"带来

的最大影响,就是信息内容的爆炸式激增。而不同的媒体平台往往有着具备不同阅读偏好的受众,这对记者"一稿多用",根据不同媒体平台"定制内容"的能力提出了新的挑战——通过一次采访,生成适用于图文报道、电视新闻报道、新媒体短视频报道等不同平台的内容。

3. "新闻＋服务"链接整合度不够

从社会治理角度来看,基层融媒体既是社会治理体系中的主体之一,又是参与基层社会治理的一种方式。随着媒体融合走向纵深,基层融媒体通过平台搭建、流程再造等方式,将分散的多元治理主体协调统合在一起,以"新闻＋服务"释放出基层治理的协同力量。但依旧存在关键节点信息缺失、上下沟通不畅,干扰基层空间的常态化治理;在服务功能拓展上与其他相关部门链接、整合度不够等挑战。

这对记者职业素养提升提出了新挑战:一方面要增强对负责区域人民群众的生活状态、文化水平、兴趣爱好、风俗习惯、接受能力、需求倾向的理解和把控;另一方面要增强服务意识和社会责任感,提升联动、整合其他部门资源,深化新闻附加值服务的综合能力。

三、媒体融合纵深趋势下记者"融合式"发展路径探析

媒体融合趋于纵深下的记者素养提升,也需要"融合式"发展:不仅要遵循新闻专业主义,坚持"内容为王"的理念,还应增强自身的融媒体技能,挖掘新闻内涵、树立为大众服务的"融意识";不仅要深度融入宣传条线,提升融合多元业务的能力,还要拓展"服务＋"能力,融入区域的发展中。

(一)深度融入宣传条线

在融媒体纵深化发展趋势下,县级融媒体中心不仅拓宽了传播渠道,还可以创新传播内容。这既满足了受众多样化的信息需求,又顺应了媒介差异化的发展趋势。利用基层融媒体中心扎根基层、贴近群众的独特优势,其能够加强区域信息的生产与传播,发挥区位优势服务本地用户,并在发展过程中辐射区域外更多受众,从而实现基层信息传播的现代化,打造集信息发布、社会舆论引导、基层便民服务、产业宣传推广等多种功能为一体的综合服务平台。与之相呼应的,记者深度融入宣传条线的能力也须不断夯实深化。

1."融合上下",深入基层条线

在媒体融合过程中,整合不同的新闻编辑室文化是融合工作中最困难的部分。在新媒体的运作逻辑中,不仅要有传统的新闻本位文化意识,守住主流舆论阵地的报道,还要具备融入"新闻+"、打造综合服务平台的服务意识。由此焕发出对新闻记者更多的职业技能诉求:在一线采访时,不仅是写新闻,还需要"心怀民众",充分了解民众需求,"上通天线、下通地气",不仅要"上情下达",还要"下情上传",做好"融合上下"的中间人。

例如:普陀区融媒体中心在新闻记者队伍中建立了驻点机制,要求记者每周至少1至2天的时间深入基层条线驻点式办公。这一机制在2022年上海疫情封控期间发挥了大效用。记者在桃浦镇樱花苑居民区采访社区抗疫报道时,被一名正在排队做核酸的居民张先生拦了下来,询问离沪证明的开办流程。在了解到基层需求后,记者第一时间将这一诉求带回了区融媒体中心。"下情"成功"上传"——不到四天,由区府办牵头区大数据中心、区政务服务中心等单位,在"随申办"普陀旗舰店在全市率先上线"离沪证明"远程办理。张先生也成为首批成功开出"离沪证明"的普陀居民。而这一则相关新闻报道一经发出,也相继被上海观察、文汇、新民等多家市级媒体刊载转发。

2."融合内外",建构宣传场域

媒体融合纵深化趋势下,单一新闻事件的影响力提升离不开多媒体矩阵的合力建构。这需要新闻记者,掌握融合内外资源,建构宣传场域的能力。

在矗立普陀近20年的上海中环中心"烂尾楼"爆破拆除事件报道中,普陀区融媒体中心成立专项工作组,制订了完整的报道宣传方案。"上海普陀"App客户端于当天零点35分率先发布第一条新闻报道,凌晨2点"上海普陀"微信公众号发布报道,此后,报道相继被中央电视台、东方卫视、上视新闻等多个主流媒体转载播出。经统计,该报道通过各平台转载传播,全网阅读量累计超过3亿次。形成了区、市、中央媒体的三级联动宣发之势。

(二)融合多元业务能力

1. 提升融合技术与内容的能力

在媒体融合纵深发展趋势下,记者针对新闻事件,能通过图文、音视频、H5、VR、AR等各种技术呈现。但归根结底技术只是一种手段,而不是目的,让受众及时获取急需的信息与服务才是融合多种技术的终极目的。刺激受众感官有利于实现受众与新闻的联结。因此,新闻记者应提升技术与内容融合能力,对新闻事件进行区分,找到不同新闻类型适合的融媒体技术呈现形式,增强新闻报道的"场域构建",提升主流媒体的权威宣传影响力。

例如:疫情期间,普陀参与上海五五购物节活动的宣传报道中,融媒体中心通过远程直播的形式,以主持人实地探营汽车 4S 店、试乘试驾的形式,构建了完整的疫情防控特殊时期购物节宣传新闻场域,建构出"共同观看"的沉浸场域,为"云逛店"营造了想象共同体。直播当天,线上观看人数累计 23.5 万人次,4 家门店的线下累计签单 41 单。直播后两周内,4 家门店更是累计销售各类汽车 403辆,销售金额达 1.44 亿元。

2. 坚持"内容至上"不变

在融媒体环境下,媒体发展开始注重技术、渠道和产品升级,但其本质还是要坚持"内容至上"。为此,新闻记者应坚持内容作为提升对象,走提高新闻内容质量、实现可持续发展之路。具体可以从以下几方面着手:一是紧紧围绕受众需求,发挥基层媒体优势,贴近群众与生活,使新闻传播更具本土化、本地化特点;二是增强报道深度,以受众为本位深入挖掘新闻真相,改变传统单一刻板的播报形式,借助生动的故事化形式,创新新闻传播形式,充分展现媒体互动性之余,展现社会责任感,充分发挥舆论引导作用。

例如:普陀区融媒体中心在栏目开设中以受众为本位,内容至上、贴近民生。在栏目建设中增强精品意识,加大内容生产方面的投入力度。回应区内"一老一小"的民生关切,制作出《家门口的好学校》《名师课堂》《"同心医+义"健康大讲堂》《公共卫生大家谈》等多档就学、就医、健康类节目,并通过电视、短视频、新媒体平台等多渠道推送,增强了受众黏度。2022 年开学前,在《名师课堂》栏目中,记者提前与区教育局策划,推出了"迈好开学第一步"系列节目,4 期节目总观看人数近两万,取得良好反响。

(三)拓展"服务+"能力

近年来,互联网的普及和新媒体渠道的下沉给基层社会的舆论引导带来严峻挑战,推进"通路下沉"和"用户下沉",加强对基层社区的舆情管控和舆论引导已迫在眉睫。基层融媒体中心要加强整合域内媒介信息资源,打造"社区信息枢纽",打通引导群众、服务群众"最后一公里",参与基层社会空间和信息环境治理。为此,新闻记者亟须拓展多维"服务+"的能力,助力区域基层治理。

1. 主动融入区域发展

在媒体融合走向纵深化阶段,基层融媒体逐渐将融合业务转向了"新闻+"的2.0版本——"媒体+":即打造"融媒体+"服务平台,同步推进"融媒体+新闻舆论""融媒体+民生服务""融媒体+应急预警""融媒体+党建""融媒体+电商"等功能建设,从而实现政务宣传、舆论监督、便民服务、电商直播及信息推广等多种功能,满足政府部门、企事业单位、机构团体和人民群众的多样化、个性化需求。这呼唤新闻记者主动融入区域发展的服务意识觉醒和服务能力提升。

例如:2022年上海疫情期间,多名街镇条线记者在采访时发现居民在物资采购上存在难点、堵点,将情况汇报到区融媒体中心、相关委办局后,区融媒体中心开展了"积分换蔬菜保供套餐活动",由邮局将蔬菜配送到家,区商务委、各街镇相关部门也针对物资配送的堵点、电商平台购买的堵点,第一时间开启了小程序、团购接龙、配餐专送等多渠道保供举措,为普陀居民拎稳"菜篮子"。

2. 主动融入基层治理

基层社会风险治理要求融媒体中心融入基层治理,助力矛盾调节。首先融媒体中心要承担舆论监督和正向引导的职责,挖掘身边好人好事、模范人物、先进团体等,开展评选和表彰,传播基层的先进事迹,提高基层人民群众和社会组织参与基层道德建设的积极性;其次融媒体中心要充分发挥媒介的宣传和调解作用,在不断提升应急应变能力、缓和群众冲突纠纷的同时,做好政策法规的宣传教育,将基层自治、法治和德治相结合、通过多种传播方式传递主流价值观和社会正能量。相应地,这对新闻记者挖掘基层典型、应对舆情危机的处理能力都提出了新的要求。

例如:在上海疫情防控期间,不少居民对基层居委会的工作提出了质疑,围堵居委会的情况不在少数,疫情之下的基层社区治理一时间出现了危机。区融媒体中心的记者深入一线,了解到居民对居委会的不满之处后,挖掘基层典型并做体验式跟踪报道,让居民通过生动的图文、音视频报道了解居委会工作人员真实的工作艰辛,成功借助典型模范力量巧搭桥梁,并引导居民加入基层防疫队伍中,以行动加强双方理解、认可、化解基层治理危机。

结　语

县级融媒体记者走"融合式"发展路径,是县级融媒体以人民为中心,主动利用平台、资源和公信力优势,将自身职能从信息传播延伸到信息服务,帮助解决受众现实问题,满足受众实际需求的必经之路。这是媒体融合纵深趋势下践行社会责任、重塑自我价值、占领新舆论场的必行之事,也是新闻记者将传统新闻专业主义与社会责任做"融合式"职业素养提升的应有之义。记者继续走好"融合式"发展路径,还刚开头,让我们踔厉奋发,勇毅前行。

参考文献:

［1］陈颖.《融合与连接:基于云南某彝族自治县融媒体中心的田野调查》[D],华东师范大学硕士学位论文,2022(6).

［2］张易昔.《融媒体背景下主流媒体政治传播的特征及发展趋势》[J],传媒观察,2021(4).

［3］黄楚新,李一凡,陈伊高.《2021年县级融媒体中心建设发展报告》[J],出版发行研究,2022(5).

［4］朱宇彤.新时代媒体融合创新的实践与发展——以《人民日报》"这很中国"主题活动为例[J],今传媒,2022(3).

［5］钟磊.超高清视频新闻:5G应用背景下媒体融合的趋势[J],新闻学研究,2021(5).

［6］崔书妍.具身传播视角下融媒体记者的变与不变[J],科技传播,2022(7).

［7］曾莉.新媒体环境下县级融媒体中心编辑记者发展路径研究[J],新闻研究导刊,2022(12).

［8］靳天龙.融媒体时代传统媒体记者的转型[J],记者摇篮,2022(8).

作者简介:

黄津亮,上海市普陀区融媒体中心副主任。

丁婉星,上海市普陀区融媒体中心记者。

区县融媒体中心提升新媒体
传播力的路径探讨

李　巾

提　要：新媒体时代，传统媒体的垄断性优势已经不再，时下区县融媒体中心将新媒体作为主要的舆论阵地。但由于商业新媒体平台、个人自媒体的爆发式增长以及政府部门新媒体账号的大量布设，区县融媒体中心面临着巨大的压力和挑战。新媒体发端于互联网，根植于互联网。新的形势下，区县融媒体中心需要深度融入互联网思维，以用户思维、共享思维、平台思维，优化新闻采集和生产，不断提高新媒体传播力。

关键词：互联网思维　区县融媒体中心　新媒体　传播力

引　言

2019 年 6 月 28 日，金山区融媒体中心正式挂牌成立，以打造"主流舆论阵地、综合服务平台、社区信息枢纽"为目标，坚持本土化发展战略，在新闻内容、媒体平台、生产流程、人才资源等方面进行了融合探索，并在新媒体端构建以"上海金山"App 为龙头，以微博、微信、抖音、视频号等为骨干的全方位、多层次舆论阵地。近四年间，金山区融媒体中心的新媒体端发展迅速，逐步累积了一定的粉丝量，也产生了不少爆款，但仍然面临融合深度不够、内容特色不鲜明、运营能力不足等问题，有必要研究并切实解决这些问题，进一步克服发展瓶颈，不断提升新媒体的传播力与影响力。

一、研究的缘起

"新媒体"特指当下与"传统媒体（如电视、广播、报纸）"相对应的，以数字压缩和无线网络技术为支撑，利用其大容量、实时性和交互性，可以跨越地理界线最终得以实现智能化全球化的媒体。智能手机的普及、无线网络技术的提升，使新媒体得以迅速发展。因此，我们现在讨论新媒体，常常指的是移动端的传播平台。

多年来，传统媒体一直是我国新闻传播的主要力量。举办电视台、电台，发行报纸都要取得党委政府批准，还需要强大的人力物力支撑。因此，它具有高度权威性和垄断性，是人们获得各种新闻资讯的关键途径。互联网的兴起，对传统媒体带来了第一波冲击。一些头部的门户网站、搜索引擎成为网民获取新闻信息的重要来源之一。此时，开办大型的门户网站，也需要很高的成本。而且门户网站的新闻资讯也大部分是从传统官方媒体，以及官方媒体所办的网站、中央和省部级政府网站、主要大中城市的政府网站转载而来。但是新闻网站由于提供信息的及时性、便捷性而部分替代了传统官媒的资讯传播功能，很多网民从 21 世纪初开始就已经将网络作为获取资讯的主要渠道。

新媒体的快速发展，给传统媒体，尤其是区县一级传统媒体带来了颠覆性的挑战。微博、微信朋友圈、各种社交应用程序都实现了资讯服务、信息传播功能。开设一个微信公众号、微博账号几乎没有任何成本。新媒体传播不受地域限制，获得新闻消息更加便捷，且与读者互动性强，进一步削弱了传统媒体的主导地位。除了中央、各省及大城市的电视台、党报由于拥有强大的资源协调能力，仍有一定覆盖面、影响力和传播力之外，对区县级的传统媒体而言，电视、报纸的没落已经不可挽回。

新媒体成为信息传播的主要渠道。根据中央要求，近年来各区县传统媒体整合成为融媒体中心，并开始重视新媒体端的建设。但是，在新媒体的汪洋大海中，区县融媒体中心如同"汪洋一舟"，面临着影响力下降、舆论引导功能弱化等问题。因此，亟须加大区县融媒体中心在新媒体平台的发力，提升传播力和影响力。

二、区县融媒体所处的环境和现状分析

（一）新媒体发展迅猛，市场竞争激烈

近几年来，自媒体日益成为中国传媒领域一个炙手可热的词。从新浪微博上线到微信公众号如火如荼，又到如今短视频领域自频道的火热，我国自媒体形

态日益多元,数量也呈现爆发式增长。特别是 2015 年以来,各大平台参与、推广和扶持自媒体账号,在某种程度上也促使自媒体行业进入一个新的发展阶段。随着微信、微博用户量大增,社会资本运营的第三方媒体、个人自媒体逐步成为信息传播市场中的"新玩家",这给官方媒体带来了前所未有的挑战。基本上,各地市、甚至县级市都有一些商业的新媒体平台在做本地信息服务,如金山区有"乐活金山"、青浦区有"西虹桥本地生活"等。同时,本级政府的各个组成部门,医院、交通等服务机构,也都开通了政务新媒体账号,市民获取信息的渠道更加多元化。同时,由于信息高速公路非常通畅,中央、省市级官方新媒体相比于原来的央视、省市级电视台,对区县的居民产生更加强烈的虹吸效应。对于区县融媒体中心来说,受众市场被不断瓜分,覆盖面越发狭小,传播力越发式微。

(二)与生俱来的传统媒体属性

区县融媒体中心从诞生起,就带有很强的传统媒体属性,这一点从它的成立就可以看出端倪。2018 年 8 月,习近平总书记在全国宣传思想工作会议上发表重要讲话,强调"要扎实抓好县级融媒体中心建设,更好引导群众、服务群众",从国家战略层面提出了县级融媒体中心建设发展的方向。这是"县级融媒体中心"这个新机构名称,首次在国家级会议上亮相。之后,全国多地进行集中布局、试水,融合电视、广播、报社、网站、移动客户端、微博、微信、第三方账号等县域公共媒体资源的区县融媒体中心纷纷应运而生。但不少区县融媒体中心的成立仍是简单的"1+1=2"模式,出现各媒体平台合而不融,新闻内容在不同媒体平台无差别化发布,新闻从业者大量流失等现象。因此,区县融媒体中心的新媒体端口呈现以下几点不足:

1. 内容同质化严重

由于采编人员有限,区县融媒体中心基本都是一次采访多端生成,电视、广播、报纸与新媒体的新闻稿件内容重叠,没有明显区分。甚至不少都是传统媒体端的稿件平移到新媒体端,媒体特性表现较弱。比如,上海市金山区融媒体中心的"i 金山"微信公众号、"金山传播"微博、"上海金山"App 发布内容基本与《金山报》《金视新闻》等报纸、电视媒体内容重合,"上海金山"抖音号、快手号、"i 金山"视频号发布内容与《金视新闻》电视媒体的重合比例也较高。

2. 运营能力不足

区县融媒体中心普遍重视新闻内容的传播,而忽略新媒体的运营。许多区县融媒体中心只有少数儿名运营人员，做一些日常的基本运维，有的甚至并没有专门的运营部门。在新媒体内容运营、用户运营、产品运营、活动运营等方面，并没有做深做细。比如，上海市金山区融媒体中心媒体运营部仅有 4 人，主要从事上海金山 App 端的运营工作，对微信、微博、短视频等新媒体端口的运营不多，覆盖面不够。同时在内容运营、产品运营等方面还未深耕。

3. 缺少新媒体特色

由于一线采编人员还要兼顾传统媒体，同时，缺少专业的内容运营，导致区县融媒体中心在新媒体平台上发布的产品，缺少显著的新媒体特色，尤其是在互动传播、媒体语言、内容特色上表现更为明显。比如，上海市金山区融媒体中心的"上海金山"App 于 2023 年 3 月 26 日发布的推文《集休闲娱乐、商旅办公等于一体！金山这里不仅有约 2 500 平方米的"桃源"，还有……》与 3 月 28 日《金山报》刊登的《吕巷镇盘活"微资源"，整合产业链，打造田园里的"总部经济"》一文，除了标题上有所变化之外，正文内容基本重合。新媒体微信公众号与传统的报纸媒体，没有语言文字上的差别，风格特色不明显。

（三）得天独厚的新媒体优势

虽然有不足之处，但我们也应当看到区县融媒体中心的新媒体端口存在着得天独厚的优势。

1. 采编团队专业性

区县融媒体中心都有自己的采编团队，有国家管理部门授权的记者、主持人等，专业性强、业务能力优、从业素质高，这一点是个人自媒体所不具备的。比如，上海市金山区融媒体中心内设新闻采集中心与移动传播中心，总人数 43 人，除了刚入职的员工外都持有记者证，具有一定的政治素养、职业涵养。这支专业的采编团队可高效、准确地采集本土新闻内容并及时进行刊播。

2. 信息的权威性

与一些商业媒体平台"搬运"新闻不同，区县融媒体中心的新媒体端口带有官方属性，更能掌握权威信息，特别是面对区域内重大工程项目、地方性政策措施、突发性事件等内容发布的时候，更是确保了信息的权威性、绝对首发性以及真实性，能够留住不少受众。比如，上海市金山区融媒体中心的微信公众号"i 金山"在 2022 年上海疫情期间共发布 31 篇《告居民书》，第一时间将区域内最新防控形势告知受众,权威、及时、可信度高,篇均点击量在 10 万左右,对群众防疫工作起到了积极的引导作用。

3. 审核流程专人把关

区县融媒体中心都有严格的审核制度,从一审到三审都安排专职人员,确保新闻内容导向正确、错误率低,这一点也是很多个人自媒体所欠缺的。比如,上海市金山区融媒体中心的每一个新媒体发布平台均安排了三审人员,并有严格的新闻审查制度。通常是责编负责一审工作,部门主任负责二审工作,分管领导负责三审工作。遇到重要会议、重大新闻等稿件,则由中心主任负责四审工作,确保信息无误。

三、提升新媒体端传播力的思考和建议

在总结上述研究成果基础上,笔者又进一步对一些区县融媒体中心的新媒体运行情况进行了观察分析,结合自身工作体会,对区县融媒体中心提升新媒体端传播力的路径做一些探讨。

(一) 强化用户思维,提升"获客"能力

新媒体根植于互联网。互联网思维,简言之是人对全社会生态重新审视的一种思考方式,互联网思维的核心之一是用户思维。当下的新闻资讯市场,已经从之前的以官媒为中心的"卖方市场",转向了大家都千方百计争取用户的"买方市场"。因此,区县融媒体中心也必须放下身段,积极投身到市场竞争中,俯身观察,了解用户需求,服务用户需求,增强用户黏性。

1. 用"接地气"的内容吸引用户

区县融媒体中心在新媒体平台上的内容发布,不仅要传达地方党委政府的声音,也需要提供"接地气"的资讯。一方面要深耕本地资讯。接近性是新闻的价值评判标准之一。一般情况下,离读者身边越近、关系越密切的事,就越为受众所关注,新闻价值也就越大。区县融媒体中心的新媒体产品受地域性限制,传播范围不如中央、省市级媒体广,但却是最接近群众的。如果能充分发挥地域性优势,深度挖掘本地资讯,满足用户的需求,对提升新媒体的传播力和影响力的作用会十分明显。社会大众比较关心的公共事项包括:城市发展、本地政策、社区服务、教育、医疗、休闲旅游等,这些内容均有很强的地域性,需要进一步聚焦。

同时,在不少区县仍有大量具有地方特色的传统文化、历史、手工艺、农业等资源未得到充分开发,这些在互联网空间上拥有巨大的流量价值。另一方面,要及时发布群众关注的热点信息。

例如,上海在 2022 年新冠肺炎疫情防控实行静态管理期间,百姓最关注的是:周边是否出现了新的阳性病例、新增的封控区域有哪些、封控措施有没有变化、能否外出买菜等。上海金山区融媒体中心通过"i 金山"微信公众号、"金山传播"微博等新媒体平台对百姓关注信息做到第一时间发布,取得了良好效果。这期间"i 金山"微信公众号每日早 8 点发布病例通报,及时刊播区防控办的告知书,并时刻关注市、区疫情防控形势变化,持续推送防疫知识。同时,聚焦物资保供、就医配药、企业闭环管理等热点信息,点击量和增粉量持续走高。3 月 31 日"i 金山"同时发布的两条新闻《告居民书》和《2022 年 3 月 30 日金山区新增 33 例本土无症状感染者》都获得 10 万+阅读量。4 月 11 日,"i 金山"发布推文《金山区第一批"三区"划分管控的区域公告》单篇阅读量近 60 万。同时,这一天的单日阅读量达到 120 万,净增粉丝量 6 800 多人,打破创号以来的历史纪录。另外,对"上海徐汇"微信公众号 2022 年 12 月至 2023 年 2 月的观察发现,其头条的阅读量一般在 3 000—7 000,第二条的阅读量一般在 3 000 左右。2022 年底至 2023 年初,上海处于普通感冒、甲流、新冠同时高发的时期。"上海徐汇"2022 年 12 月 9 日二条《混淆感冒与新冠? 徐汇居民家中常备哪些药?》获得 1.2 万的阅读量。12 月 13 日,头条《徐汇区医疗机构 24 小时健康服务咨询热线公布》的阅读量达到 8.5 万。可见,地域性的服务资讯,以及特殊时期百姓急需的权威信息、热点信息,更容易获得用户关注。

2. 积极互动,增强双向传播力

在新媒体时代,由于数字赋权,人人都可以是内容的提供者、生产者。因此,要善于与受众互动,从受众反馈中找到社会热点、群众关注焦点。例如,浙江省嘉兴市海宁市传媒中心的"大潮"App 安装量突破 50 万,"大潮"不仅仅是受众获取信息的平台,也成为了求助和社交的中枢。2022 年上半年疫情期间,"大潮"客户端的涉疫求助平台收到了 9 000 多条求助信息,海宁传媒成立专班 24 小时在线解难题,增强与受众的双向互动。同时,该 App 开设的"潮帮办""大潮帮你问"专栏,让"有困难,找大潮"在海宁深入人心。2011 年 6 月海宁传媒发起成立"大潮拍客"团队,招募了摄影爱好者超过 170 人,他们用镜头记录海宁的发展变化,并在"大潮"App 潮社区"大潮拍客"板块与大家分享,更为"你好海宁""早安海宁"等系列报道提供了大量的 UGC 素材。海宁传媒引导受众提供线索,甚至参与报道活动,增加了与受众的感情交流,实现了双向传播。另外,如果在新媒体端口增设诸如互动调查、有奖竞猜、答疑解惑等小栏目，也能大大增加粉丝的黏性，增强新媒体传播力。

（二）适应共享思维，提高二次传播比例

互联网思维的一个重要特质是共享、分享。微信朋友圈是典型的社交型分享，是信息的二次传播，也是提高传播力的重要途径。在不增加任何成本的情况下，为新媒体平台争取到更多的用户。引起读者心理共鸣、情感触动的信息，更容易让读者分享和转发。因此。新媒体端的传播要善用"共情力"。

1. 语言风格简单化

新媒体时代，人们生活在信息海洋中，需要用尽量短的时间，来获取对自己有用或者感兴趣的信息。传统新闻叙事模式中，追求高度严谨、理性的风格与如今快节奏的阅读习惯并不协调。新闻用语高度专业化，会让公众在获知新闻事实的核心内容上非常费力，也容易导致读者"一划而过"。新媒体端的产品，需要在十秒钟之内，让读者产生继续阅读的兴趣。因此，写作风格生活化、平民化、简单化是新媒体时代对新闻生产者的要求。少用复杂的长句，一些长句看似表达的意思很严谨，实则在传达关键信息方面反而不够高效。如：交警检查头盔佩戴一事，如果是报纸新闻或者电视新闻，标题应该是《我区（县）交警持续开展摩托车、电动车佩戴头盔专项整治行动》这类严谨的表述。而在甘肃省酒泉市肃州区融媒体中心的抖音号"肃州融媒"上，其标题则变成了《不戴头盔的尴尬》，通俗易懂、引发好奇，发布后全网浏览量 2 250 万，点赞 35 万。

2. 叙事站位平等化

新媒体时代，传统官媒的话语权与社会大众的话语权逐渐趋于平等化。因此，传统媒体"我说你听"的单向宣传、教育性质的表达方式，会越来越让读者敬而远之。站在一般市民的角度看待问题、撰写稿件，更容易赢得网民的心。一些必要的宣传引导，也要避免内容空洞，照抄文件内容。尽量让宏观叙事具体化、宏观价值具象化。要善于以小见大，聚焦群众身边的人和事，映射或者侧面表达出宏观政策，创作一批"沾泥土""带露珠"的鲜活作品。

例如，四川省乐山市犍为县融媒体中心于 2022 年在其微信公众号"微犍为"中，持续推出"记者蹲点日记"系列报道。12 月 6 日该公众号发表推文《记者蹲点日记｜爱国村有了"大飞机"！》，所谓的"大飞机"指的是用于给庄稼喷洒农药的无人机。记者在蹲点了解到情况后，采用关键词提炼以及大量人物对话的写

作手法,展现了犍为县玉津镇爱国村用无人机助力农业生产的过程。内容接地气、语言生动,文后还配发了记者手记讲述采访时的感受。类似这样,记者深入基层,脚沾泥土的作品多多益善。

3. 适当的情感化表达

在新媒体时代,公众不仅是新闻资讯接收者,也是生产传播者。而且社交媒体的属性,决定了信息的传播必然带有一定的情感属性。新闻叙事在表达客观事实的同时,也可以适当融入作者情感,进行"共情化"传播,以增强传播力、感染力。

当然,作为新闻工作者,他的情感应当符合基本的社会公共规范,不与公序良俗相抵触。事实上,绝大多数社会公众的情感模式是共通的。好的信息内容能够吸引受众阅读,而受众对新闻信息有了情感和观点方面的认同,才会有点赞、转发和评论的欲望。如:江苏省徐州市邳州市融媒体中心的微信公众号"邳州银杏天下"发布的一篇推文《最美邳州刑警:刚毅外表下的铁骨柔情,看哭每一个邳州人》,是讲邳州刑警舍己救人的故事,只看标题就能感受到作者是以不吝赞扬的情感,弘扬了满满的正能量。作品中带一定的情感表达,受众也会觉得记者、编辑表达的情感是真实的,这是新闻生产者与受众建立情感联系、进而维系用户的好方法。

(三)增强平台化思维,进一步吸引流量

互联网思维的另一个重要特质,是平台化思维。一个好的平台,就是一个重要的流量汇集入口。搭建一个平台,让优质的供应商进驻,让用户更方便地购物和找到服务项目,是各种商业平台不断成功的秘诀。一个好的新媒体平台,也要向商业平台学习,不断汇聚优质资源,服务客户,从而给自己带来更多流量。

1. 以营销思维,加强平台推广

一是加强新媒体平台自身的线上线下推广。适时开展一些粉丝座谈会,或者其他形式的线下网民互动,提高市民关注度。二是积极与其他平台合作。例如,加强与省市级平台、头部的商业新媒体平台合作,做强外宣。将区域内的一些特色新闻、热点新闻、优质稿件及时推送到上级平台、大型平台,在更高的层级和更大的范围内宣传好本区县,同时也能够为自身带来流量和关注。比如,上海市金山区融媒体中心的各新媒体端于2022年11月12日发布新闻《千钧一发之

际! 幸好有他们》,报道了一名 4 岁女童被困在 6 楼窗外,危急时刻邻居踩上塑料凳将女童托举在肩并顺利救下。发布之后,积极向上级媒体推送稿件,很快得到关注。"央视新闻""人民日报""新华每日电讯""新华网""新闻坊""青春上海"等微信、微博、抖音平台纷纷报道此事,迅速在全网掀起讨论热潮。紧接着 11 月 15 日金山区融媒体中心各新媒体端发布《点赞! 金山一男子勇救"悬窗女孩"!》。11 月 25 日发布《金山 90 后救人小伙袁攀攀获奖了! 他说再来一次还会救人!》持续对这一事件后续进行报道。金山融媒各新媒体端阅读量共计超过100 万人次,大的媒体平台起到了很大的引流作用。

2. 接入服务资源,形成大平台优势

可以经上级部门协调,在新媒体端开通一些外挂服务,将区域内一些常用的公共服务资源入口接入新媒体平台,形成"一个平台、集成服务"的格局。比如接入本区域各大医院的挂号入口,则新媒体粉丝只要登录本平台,就可以选择任何一家医院进行预约挂号,而不必下载多个医院的应用或者登录其微信号。比如:上海市浦东新区融媒体中心的"浦东观察"App,在首页开设了"服务"窗口,点击进入可直接填写相关信息预约主题展、陈列馆、景点、党群服务站等参观、游览地,不用再去关注任何的微信账号或者下载其他 App,就能完成场馆预约,一键式操作,十分便捷。

3. 搭建成长平台,形成共赢格局

发挥通联工作优势,深入开展"走转改",积极挖掘百姓身边热点事、暖心事,打造正能量的传播链。加强与各单位的沟通联系,增强脚力、眼力、脑力、笔力,带好一支新媒体队伍。也可借鉴其他区县融媒体中心的先进经验,整合多方资源,与各委办局开展合作,既实现盈利又获得大量线索来源。比如,上海市嘉定区融媒体中心就充分发挥通联队伍的作用,不少新闻报道都出自通讯员之手,既接地气又延伸了新闻的触角。2022 年 6 月 2 日"上海嘉定"微信公众号发布推文《推开家门那一刻,泪目了》,报道了上海疫情期间,志愿者与其家人之间的温暖故事,点击量 1 万＋。推文聚焦百姓身边事,传递了满满的正能量,文字、照片均由通讯员提供,是区县融媒体中心发挥通联优势在工作中的具体体现。

结　语

群众在哪里,宣传工作的主阵地就在哪里;群众的集散场,就是意识形态的主战场。因此,区县融媒体中心也必须适应新媒体时代资讯传播市场、舆论市场

的竞争态势,在竞争中赢得信任、赢得用户,重新占领失去的阵地。区县融媒体中心的新媒体端口保持了其传统的优势,那就是它发布信息的权威性、准确性、真实性。但是也有它的劣势,就是天生的带来一些传统媒体的比较僵化的惯性思维。这需要我们发扬优良传统,并积极适应时代,自我革新。在新媒体激烈竞争的当下,互联网已经导致受众的自我意识日益觉醒,区县融媒体中心要把握好新媒体的定位:"仰起头来"代表官方,俯下身子少说"大话空话"。从这个角度,才能积极增强新媒体的传播力、扩大新媒体的"市场占有率",掌握新时代的舆论主动权。

参考文献:
[1] 陈仕泽:政务新媒体传播的优势、困境及提升路径[J],《东南传播》2021年第9期130—131页。
[2] 王雪、黄浩:地方新闻媒体传播力要素的提升路径[J],《青年记者》2022年第5期75—76页。
[3] 李飞荷:融合新媒体优势做强广播互动平台——浅析微信在提升广播新闻传播力中的作用[J],《新媒体研究》2018年第24期96—97。
[4] 魏微:新媒体时代提升主流媒体新闻传播力的对策[J],《卫星电视与宽带多媒体》2022年第23期85—87。
[5] 韩海冰、韩绍暄:党媒在移动端的传播力重塑[J],《中国地市报人》,2022,(05):26-28。
[6] 李彪:新媒体语境下党媒调适的情感转向与形象重构——以央视新闻微信公众号《夜读》栏目为个案[J],《视听》2022年第4期40—43。
[7] 袁光锋:情感何以亲近新闻业:情感与新闻客观性关系新论[J],《现代传播:中国传媒大学学报》2017年第10期57—63。

作者简介:
李巾,上海市金山区融媒体中心编委会委员,移动传播中心主任。

融媒体时代区级新闻宣传工作的实践路径探讨

李　军

提　要：融媒体时代，信息无处不在、无所不及、无人不用，舆论生态、媒体格局、传播方式等都在发生着深刻变化。这就要求我们新闻宣传工作必须顺应媒体融合发展大势，立足本地实际，从政治维度、实践维度、价值维度入手，深入推进传播理念、内容、功能等方面的深度融合，着力提升区级新闻宣传工作水平。基于此，本文以融媒体时代为背景，首先阐述了区级新闻宣传工作面临的机遇与挑战；其次分析了区级新闻宣传工作现状；最后探讨了区级新闻宣传工作的实践路径和典型案例，意在努力开创区级新闻宣传工作新局面。

关键词：融媒体　区级新闻宣传工作　现状分析　实践路径分析

引　言

区级融媒体中心是顶层设计的产物，肩负着传递党和政府声音、上情下达、服务基层民众的重任，因此，其要在新时期坚定政治立场，找准自身定位，传递好党的声音、服务好工作大局，并回应民意、服务民众，以此建成一个有影响力、传播力、号召力、公信力的舆论主阵地。融媒体时代，区级融媒体中心要多措并举，切实做好新闻宣传工作，以实现准确细腻地捕捉波澜壮阔的时代音符，生动鲜活地讲好中国故事、传递时代精神。融媒体即多个不同媒介的充分融合，即把所有媒介和技术进行整合、集中。从广义上来看，融媒体指的是依托于媒介载体，将与媒体有关的内容、人力等多方面资源进行梳理、汇总，以此实现"资源融通、内容融通、利益共通"，并达到快速发展的目的。

融媒体时代与传统媒体时代存在明显不同。融媒体时代主要以互联网技术为核心，并将其与手机、电脑等终端进行结合，从而为群众提供信息服务和娱乐服务。相较于传统媒体时代而言，融媒体时代更能迎合、满足群众对信息和娱乐的个性化需求和针对性需求。

一、融媒体时代区级新闻宣传工作的机遇与挑战

融媒体时代的到来，既为新闻宣传工作带来了良好的发展机遇，也为其带来了一定的挑战。因此，区级融媒体中心要明确机遇与挑战，并在此基础上，积极推进新闻宣传工作，以此切实提升新闻宣传工作水平。

（一）融媒体时代区级新闻宣传工作的机遇

1. 新闻宣传相互融合

融媒体时代，网络资源十分丰富，为新媒体和传统媒体的有机融合搭建了良好的桥梁，可使媒体的优势充分彰显出来；从某种程度上来说，两种媒体的融合互通，可使整个新闻传媒产业得到高度的完善和统一，可进一步加深群众和新闻媒体之间的联系，这更有利于新闻宣传工作的发展，更有利于新闻产业的进步。

2. 新闻内容相互兼容

融媒体时代，不同新闻宣传内容可以同时出现在相关网站中，电视节目和新闻宣传可实现有机融合，这有效地提高了新闻宣传质量。与此同时，依赖于融媒体时代下的网络平台，群众可根据自身需求和需要，有针对性地获取新闻内容，这进一步彰显了新闻宣传工作的价值和作用。同时，依托于沟通互动平台，融媒体中心还可以实现与群众的有效对话和沟通，进而科学规划新闻内容，更好服务群众，这为新闻产业的顺利发展打下了良好的基础。

3. 新闻信息相互融通

融媒体时代，要求相关工作人员要能够将传统媒体和新型媒体进行有机整合，进而从根本上提高新闻宣传整体质量，为传媒产业的后续发展提供不竭动力。例如，当新闻采编人员能更多地参与到多平台工作中，包括短视频平台、新闻网站和传统广播电视等，则新闻稿件信息可以实现相互融通，这可促使新闻稿

件信息更具有真实性、客观性、全面性和及时性,有助于新闻宣传工作质量的提升。

(二)融媒体时代区级新闻宣传工作的挑战

1. 现有传播渠道被打破

融媒体时代,群众阅读更偏向于依赖于智能终端进行碎片化阅读和网络化阅读,传统新闻传播渠道已不能充分满足群众需求。因此,新闻宣传工作必须紧跟时代步伐,积极拓展传播方式。例如,新闻宣传工作要以互联网技术为支持,以新媒体平台为媒介,以线上传播的方式传播党的声音、宣传科学理论、阐释方针政策、传播主流价值,以达到巩固壮大主流思想舆论、让新闻宣传覆盖面更广、让新闻内容更加接地气的目的。

2. 群众接收信息习惯被改变

融媒体时代,群众对信息的需求更趋向于个性化,即群众希望能利用"移动端"随时随地获取自己所需要的信息,这就对新闻宣传工作提出了巨大的挑战,即其要在较短的时间内,将群众所需要的信息传递给群众。除此之外,融媒体背景下,视频宣传更受欢迎,抖音、快手、优酷和腾讯等 App 逐渐成为群众获取信息的主要方式,究其主要原因:相较于文字,视频可在较短的时间内将一件事情的原委陈述清楚,还能给群众强烈的视觉冲击,更有利于群众接受、精准掌握信息。

3. 新闻呈现方式发生变化

融媒体时代,新媒体、数字科学技术不断发展,新闻宣传也逐渐出现传播渠道的移动化、舆论主体的多元化和群体意识的"失焦"化的特点,并且群众逐渐成为了新闻创造与传播的主体,这无疑对新闻宣传工作提出了巨大挑战,即新闻宣传工作需要在人人传播、多向传播、互动传播的情况下,优化、完善新闻内容,始终坚持正确方向,并实现对群众的正确引导。

二、融媒体时代区级新闻宣传工作现状分析

2019 年 6 月 28 日,上海首批 10 个区级融媒体中心正式成立,10 个区级融媒体客户端上线运营。加强融媒体中心建设是巩固壮大主流思想舆论的重要阵

地和重要依托,谋求媒体融合发展成为传统区级媒体转型发展的共识。

(一)区级融媒体中心的发展与成绩

区级融媒体中心通过体制改革,让全媒体记者首次出现在老百姓中间,更好引导群众、服务群众。以杨浦区融媒体中心为例,将原来的杨浦时报、杨浦有线电视的记者、编辑,统一转型为"全媒体记者"和"全媒体编辑",将原先各自为政,分散办公,转变为一块牌子,合并办公,同步实行"采编分离、一岗多能、协同互助"的全新媒体生产业务运行模式,同时,推动体制内和体制外人员的融合、产业和事业的融合,做好"融媒体+"的文章。通过市级东方网技术平台提供的多渠道信息汇聚能力、强大的音视频处理能力、大数据分析能力、多渠道发布能力和新媒体开发运营能力,实现"一次采集、多种生成、全媒传播",根据"移动优先"原则,加强传播手段和话语方式的创新,采用融合传播方式和多样态融合产品,实现宣传内容最大范围的有效传播,并为用户提供个性化服务。目前,中心已形成了上海杨浦客户端(App)、上海杨浦政务微信、上海杨浦政务微博、上海杨浦抖音号、杨浦电视、杨浦时报、上海杨浦人民号、上海杨浦上观号、上海杨浦头条号、上海杨浦网易号、上海杨浦澎湃号、上海杨浦学习强国号等12大传播矩阵。中心自己的融媒体产品"上海杨浦"App客户端用户数56.6万,注册用户13.6万,微信公众号用户数55.9万,政务微博用户数20.5万。这些数据相比2019年融合初期增加了近5倍。

(二)区级融媒体中心新闻宣传工作存在的不足

新时期,区级新闻宣传工作得到了快速发展,其在引导正确舆论导向、传播正能量方面收获颇丰。但与此同时,通过对区级新闻宣传工作展开深入调查和分析发现,现阶段的新闻宣传工作还存在着一定的不足。

1. 对新媒体缺乏重视

在新闻宣传工作中,媒体融合与新媒体传播并不是新闻宣传工作的主业,而是一种创新性工作,目前,部分工作人员不具有创新意识,认为只要按部就班推进新闻宣传工作即可,并没有切实认识到融媒体视域下,推进媒体融合与新媒体传播的重要性,一定程度上,限制了新闻宣传工作的开展。例如,在上海不少区级融媒体中心,新媒体平台仅限于"两微一端一抖",能综合运用文字、图片、动漫长卷、海报、H5,特别是VR视频、航拍、秒拍视频等多种形式的专业人才非常稀缺,也缺乏较为完善的专门培养培训机制。随着现代信息技术的发展,新闻传播开始与现代经济社会深度融合呈现出新的特征,对新闻宣传工作也提出了新的要求和挑战。

2. 新闻传播效能有待提升

新时期,部分工作人员依然固守传统的工作模式和思维模式,依旧将大部分精力放在流程性、事务性的工作上,致使新闻宣传总体工作格局并未得到有效升级和优化,新闻传播效能并未实现最大化。例如,在一些会议报道中,采访拍摄按照会议议程走,从采访到刊播,往往需要用上近半天,既浪费时间又消耗了原本就不充足的采编力量,无人机、人工智能机器人、VR、AR 等新兴技术的运用尤为缺乏。经过浏览上海各区新闻客户端及抖音中的短视频新闻发现,不少视频都是各区电视新闻的压缩版,只不过是对已经发布过的内容,进行了画面截取,后期再添加字幕和音效后向平台和观众推送,简单搬运过来的新闻信息传播效能极差。CSM 的调查数据显示,用户对于电视媒体短视频作品内容的正能量、权威性认可度较高,但是对短视频创新性评价较低。其次,区级融媒体中心的新媒体平台与观众缺少互动,大多还停留在传统媒体新闻传播中,观众的选择除了看,就是不看,既不能参与到新闻信息内容生产中,也不能控制信息流向,和互动性强的自媒体相比,缺乏用户的贴合度,这也是传播效能不高的原因之一。

3. 新闻传播信息化程度不足

融媒体时代,媒体融合、新闻宣传工作信息化发展成为了区级融媒体中心的重点工作内容,但就目前来看,部分区级融媒体中心并没有实现对现代大数据、物联网等技术的全面应用,导致新闻传播效果不能完全实现理想化。随着信息技术的革新日新月异,新技术新产品的开发应用速度越来越快,5G、人工智能等已在传播领域崭露头角,推动了媒体融合向纵深发展。走访调查中发现,目前,上海区级融媒体中心,主流媒体并没有及时跟进信息技术革新态势,掌握并运用媒体融合的技术前沿成果,提升融合发展的科技含量,缺乏大数据和云计算技术,来提升主流媒体的新闻生产能力。由于移动互联网的加持,新媒体已经成为一个横跨电信、传播、软件、计算机、设备制造等诸多领域的新产业。在 5G 背景下,新媒体呈现出从"跨行业"向"全产业"发展的趋势,虽然,区级融媒体中心基本形成了移动采编,舆情监控,大数据中心等三大平台,但目前真正能做到的是现场采访,现场发稿和现场直播,舆情监控对全区范围内涉及网络媒体信息的采集,服务新闻生产和大数据中心对发布的新闻和用户反馈建立数据库,发现舆情热点和读者习惯,用于开展信息服务和指导新闻生产的功能并未完全实现。上海的区级融媒中心也没有类似产品经理、数据处理工程师、客户服务等岗位，互联网技术人才的奇缺，信息化程度不足，造成新闻传播效果不理想。

三、融媒体时代区级新闻宣传工作的实践路径分析

（一）把准正确方向，为新闻宣传工作开展奠定良好基础

首先，要坚持正确舆论导向。坚持正确舆论导向，是新闻宣传工作的生命线。因此，在立足于融媒体时代深入推进新闻宣传工作的过程中，要始终坚持正确舆论导向，做大、做强主流舆论，做好新时代党的新闻宣传工作，进一步夯实群众的思想基础，为实现中华民族伟大复兴的中国梦提供强大的精神支持和舆论支持。例如，杨浦区融媒体中心按照中央精神和市委要求及《上海市关于加强区级融媒体中心建设的实施方案》要求，目前，已形成"媒体＋政务＋服务"的格局。同时，杨浦区融媒体中心通过《杨浦新闻》《杨浦大讲堂》等的定时播放和《热播推荐》《发现》《青少年网络安全空中课堂》等的不定时更新，为杨浦和上海营造了良好的舆论环境。

其次，要坚持马克思主义新闻观。针对现有社会存在的部分人鼓吹西方媒体"新闻自由"、标榜西方媒体是"社会公器"、以骂主流为乐、反主流成瘾的问题，区融媒体中心必须始终坚持马克思主义新闻观，自觉抵制西方新闻观等错误观点的影响。

最后，要牢牢坚持党性原则。坚持党性原则，需切实认识到党性与人民性具有一致性和统一性。融媒体时代，区级融媒体中心必须明确，只有始终坚持党性，才能够保证新闻宣传工作具有明确的立场和鲜明的指向；只有始终坚持人民性，才能促使新闻宣传工作具有动力根基；只有始终坚持以人民为中心的工作导向，才能保证新闻宣传工作始终为人民服务。新时期，区级融媒体中心要深刻领悟党的理论和党的路线方针，在此基础上实现对人民群众的正确引导，最终达到丰富人民群众精神世界、增强人民群众精神力量的目的。

（二）深化融合发展，推动新闻宣传工作高质量开展

首先，领导要充分重视。为尽快形成以内容建设为根本、先进技术为支撑、创新管理为保障的新闻宣传工作新格局，相关领导人员首先要引起对深化融合发展的重视，并能给予大力支持。例如，杨浦区融媒体中心，每周都有工作例会，领导每周会听取一次专题汇报，并结合专题汇报内容、实际工作开展情况，高

位谋划、统筹协调推动融媒体建设工作,以为提高新闻宣传工作质量打下良好基础。

其次,要攻破重点和难点。新时期,区级融媒体中心必须立足于重点问题和难点问题,加强对电视、报纸和新媒体等的探索和分析,实现工作内容、采编业务的打通、融合,在此基础上,打通环节、理顺流程,构建选题线索、选题优化、分类配置、精准报道、全媒推送的联动模式,进一步规范融合采编生产流程,并切实提高新闻宣传工作质量。

同时,为保证新闻信息的及时性和准确性,要以互联网为支持,加强对 App 板块的打造,并切实做好转播工作。例如,以上海杨浦 App 板块"电视新闻"专栏为例,其主要负责时政类视听新闻节目转载服务,负责转载广播电视、新闻视听节目网站已登载播出过的时政新闻类视听节目,这不仅帮助群众实现了随时随地获取新闻信息,还能实现对群众的主流引导。与此同时,上海杨浦融媒体中心也在转载服务上实现了持续发力,其不仅开发了"上海杨浦"门户网站、微信、微博等媒体平台,还进一步加强了与人民网、新华社之间的合作,获得了转载融媒体专线、短视频专线节目内容的许可,这无疑使得新闻宣传工作更有质量。

最后,要始终坚持"一体化"发展。新时代背景下,区级融媒体中心要树立一体化理念,形成一体化的组织结构、一体化的采编流程、一体化的传播体系等,以此为抓手,实现深化融合发展,并从根本上保证新闻宣传质量,这既可以强化自身的号召力、领导力和服务力,又可以实现自身的可持续发展。

(三) 坚持守正创新,提高新闻宣传工作影响力

首先,要加大转变力度。融媒体时代快速发展的背景下,区级融媒体中心要加大将"纸媒"、广播、电视媒体向"智媒"的转变力度,促使微信公众号、微博、抖音号、头条号等能实现同频共振,以此有效拓展新兴传播渠道,努力提高新闻宣传工作的深度和广度。

其次,要打造优势新闻产品。融媒体中心是党的新闻事业的重要组成部分,是极其重要的执政资源,其肩负着"更好地引导群众、服务群众"的职责与使命。因此,在新形势下,区级融媒体中心需要从不断的变化中,重新审视新闻宣传工作,并以此为基础,打造优势新闻产品。具体来说指的是,区级融媒体中心要围绕内容生产、传播渠道、数字化平台、技术研发、大数据应用等方面,根据自身实际发展需要,开发出更多新型新闻产品,以形成新型产品集群,不断提升影响力,并进一步做好新闻宣传工作,让党的创新理论"飞入寻常百姓家"。

最后,要做到内容为王。即区级融媒体中心若想切实提高新闻舆论传播力、

引导力、影响力,则要立足于区域实际,打造出区域性、本土化、原创性的新闻产品,并以巧妙的传播手段和新型的话语方式,对新闻内容进行宣传,最终达到黏住本地受众,影响全网群众的目的。

(四)加强队伍建设,为高质量开展新闻宣传工作打好基础

首先,区级融媒体中心要定期组织培训活动,以系统化的培训方式、面对面交流沟通的方式,帮助工作人员充分认识到自身存在的不足,并以培训为抓手,努力提升自身专业素养和专业技能,避免工作人员出现"本领恐慌"的问题。同时,还要做好工作人员的思想工作,提高其思想政治水平和思想站位,使其在工作的过程中,能够用脚奔跑、用眼观察、用脑思考、用笔表达,用心用情用力,拿出更多有思想、有温度、有品质的新闻作品。

其次,区级融媒体中心要注重义务交流活动。例如,可安排记者到新闻中心的不同采编岗位进行学习,与抖音、新浪微博、腾讯新闻、今日头条等开展业务交流,既开阔其眼界,也增长其本领,实现其综合素质的提升。

最后,区级融媒体中心要依托于信息化技术,构建新闻稿件智库,并在其中及时发布优秀稿件、摄影小技巧等资料,以帮助工作人员实现个性化学习,满足其个性化发展需求,从而使其能够不断突破自我、实现自我。

结　语

在 2020 年底,区级融媒体中心已经在全国实现了全覆盖,这也意味着区级融媒体中心建设将从"遍地开花"走向"提质增优"的新阶段。随着科学技术的迅猛发展和受众使用信息技术的习惯变化,区融媒体中心也在不断改变传播手段与革新传播技巧。在具体的融媒体实践路径实施之时,首先是理念的转变,运用互联网思维,具备全媒体平台的运营思维;然后是新闻宣传工作的内容制作的全媒体转型;信息服务的全媒体转型以及队伍建设的全媒体转型等。

随着中国特色社会主义现代化建设蓬勃发展,区级融媒体中心的新闻宣传工作必须进一步优化实践路径,采取创新措施,以适应时代与受众的新要求。

新闻宣传处在意识形态领域的前沿,对社会精神生活和人们思想意识有着重大影响。融媒体环境下,区级融媒体中心需要紧跟随时代发展的脚步,主动适应深度融合、整体转型,全面发挥自身优势,更加切实做好新闻宣传工作,有效提高党的新闻舆论传播力、引导力、影响力和公信力,促使自身成为群众可以信赖、依赖的官方"小喇叭"。

参考文献：

［1］唐亮，《融媒体时代区级新闻宣传工作的实践与思考》［J］，记者观察，2020(33)：12 - 13。

［2］吴靖，《融媒体时代广播电台新闻宣传工作探究——以楚天音乐广播〈汽车@音乐〉节目为例》［J］，新闻前哨，2022(15)：42 - 43。

［3］刘传熙，《媒体融合时代新闻工作者践行"四力"路径探析——兼评第 30 届中国新闻奖"媒体融合"获奖作品》［J］，新媒体研究，2021,7(3)：104 - 106。

［4］王业民，《试论区县级融媒体中心如何运用新媒体展开新闻宣传——以肇庆市高要区融媒体中心为例》［J］，西部广播电视，2021,42(14)：178 - 180。

［5］宋永欣，《如何做好融媒体时代新闻宣传工作》［J］，传播力研究 2022,6(15)：34 - 36。

作者简介：
李军，上海市杨浦区融媒体中心总编办主任。

区县级融媒体中心运营现状分析与发展对策研究

——以上海市黄浦区融媒体中心为例

刘惠明

提　要： 在媒体融合的大背景下，随着政策的引导以及新技术的发展，新媒体与传统媒体不断深化融合。区县级融媒体如何通过技术真正实现"融媒"，以适应不同受众群体使用习惯的形式传播讯息，承担主流媒体的责任，最大限度发挥好作用，是各区县级融媒体中心亟待解决的课题。本文以上海市黄浦区融媒体中心为例，分析区县级融媒体中心历史背景、现状、成绩与问题，做出区县级融媒体的发展对策研究与未来发展趋势探究。

关键词： 区县级融媒体中心　媒体融合　技术应用　发展对策

引　言

2019 年 1 月 15 日中宣部与国家广电总局联合发布了《县级融媒体中心建设规范》，对县级融媒体中心做出的定义是："整合县级广播电视、报刊、新媒体等资源，开展媒体服务、党建服务、政务服务、公共服务、增值服务等业务的融合媒体平台。"2019 年 6 月 28 日，黄浦区融媒体中心作为上海首批区级融媒体中心挂牌成立。同年 9 月，上海 16 个区完成区级融媒体中心机构整合并推出新媒体产品，并且搭建了上海区级融媒体中心统一技术平台，帮助各区级融媒体中心进行宣传管理、通联协作、内容生产、融合发布、数据分析等工作。

黄浦区融媒体中心以"新闻＋政务＋服务"为定位,负责区新闻媒体宣传工作,深度融合区级广播电视、报刊、新媒体等资源,并提供区域内生活、教育、交通等便民服务,形成分众传播、分类覆盖的格局。主要负责区级电视制播、区级报纸、杂志采编出版,黄浦新媒体、黄浦政府门户网站的日常运营维护,电视专题、公益广告的制播,开展新闻媒介的技术开发与服务,是辖区内受众了解全区动态的重要窗口之一,成为基层主流舆论阵地、综合服务平台及社会信息枢纽。

区县级媒体与省级媒体等相比,建设模式依旧存在差异,区县级媒体在发展中应当走新型路径。在融合的过程中,区县级融媒体中心的历史背景、现状、成绩与问题是什么? 区县级融媒体未来应当如何发展? 未来的发展趋势是什么? 这是本文探讨的主要问题。

一、上海区县级融媒体的发展背景

我国区县媒体的成立以 1952 年 4 月全国第一座县级广播站——吉林省九台县广播站正式播音为代表。20 世纪 50 年代有线广播站和县乡"大喇叭"的纷纷普及,迅速搭建起基层声音宣传网络。自改革开放以来,县级媒体大致经历了 4 次变革:第一次为 1983 年,随着"四级办广播、四级办电视、四级混合覆盖"建设方案的正式确定,县级广播电视台逐步建立起来;第二次为 2003 年,随着互联网在中国兴起,县级新闻网站开始纷纷建立;第三次为 2012 年,县级媒体以"两微一端"为标配的新媒体平台建设开始全面铺开,开启了县级媒体融合的改革尝试;第四次为 2018 年,全国宣传思想工作会议上提出"要扎实抓好县级融媒体中心建设",此后全国范围内掀起一股县级融媒体中心建设的浪潮。

上海的各区融媒体建设具有自己的特点。上海市区县电视广播从上海郊县开始发展,中心城区的发展约是在 20 世纪 90 年代初。当时上海中心城区各区有线电视中心的建立形成了三种模式:长宁区的广电模式、徐汇区的邮电模式以及卢湾区(现在的黄浦区)的自有技术模式。

设备方面,20 世纪八九十年代,各区县采用的摄录编辑设备五花八门,技术规格也各有不同。当时摄录一体机刚刚进入中国市场,价格昂贵,因此各单位多使用摄录分体机,体积大、受限多、涉及工种也多。由于设备型号繁多,一旦采用某种型号,就必须按照这个型号进行配套,如果更换型号,整个系统就将更换,耗费巨大的资金。

在发布渠道方面,最初区县只有电视、广播和报纸平台,曝光渠道单一,曝光时间短,内容仅是单纯的区县内新闻播报,影响力有限,也未能发展出丰富综合的功能。

二、媒体融合背景下的黄浦区融媒体中心现状分析

(一)黄浦区融媒体中心现状

经过 30 多年的历程,黄浦区融媒体中心从区有线电视和区政报,到区新闻中心,逐步发展成为如今的区融媒体中心。2019 年,区融媒体中心成立,设置了总编、采访、编发、运营、技术、专题、网信以及办公室共八个部门,原有的报纸、电视、新媒体的记者编辑都划归统一的采访和编发部门,做到信息共享互通。

在新闻生产方面,黄浦区融媒体中心进行了流程再造。探索实践一次采集、多种生存、全平台分发的流程,在策、采、编、审、发、评等各个环节全过程综合评价。融媒体中心建立前,以终端产品为设置,报纸、电视以及新媒体互相独立,各有一套较为完整的产品制作流程。成立融媒体中心之后,以媒体生产流程进行再造,使其更加贴近媒体生产的自身规律。

为了让不同媒介及人员"融"得更彻底,中心进行了一系列体制机制创新。首先,在物理上"融",把原来的报纸、有线电视、杂志、微信微博、移动客户端等统一管理,逐步完善制度统一、考核办法统一等。其次,在内容生产上,要求记者编辑能够以全媒体的思维方式,逐步具备适应不同各个产品发布端的创作制作能力,一岗多职,能够在任何条件下,适应不同平台产品的最终发布。在人员组织上,向年轻化和全媒体方向发展,目前已经形成了一支老中青各年龄段组成的多层次全方位的人才队伍。既有精细化的专才,也有全媒体的通才,建立了除了广播之外所有媒体平台的、能够执行全套产品生产全流程的专业队伍。

为了适应工作重心的转变,中心创新绩效考核制度,研发了以用户为核心,以新媒体移动端为考核重点,以客观大数据为评价标准的绩效管理系统,将移动优先的考核机制引入整个中心内部的绩效考核,围绕传播力和影响力的目标,强调首创,注重阅读量和转发量。整个系统在中心显著位置上墙显示,实时显示每位记者发布的新闻名、数量、阅读量等推文的相关数据。

在分发渠道方面,中心建立了一整套完整的体系,拥有了"上海黄浦"微信公众号、微博、App、抖音、视频号,还有网站、报纸、电视、杂志,形成了除了广播之

外的全平台覆盖。通过融媒指挥中心后台对外连通抖音、微视等短视频平台,对内连通上海黄浦App、微信公众号等官方宣传渠道,实现图文、视频、广播、专题片等融媒作品的实时、高效、精准宣传推送。其中,聚合型平台"上海黄浦"客户端,下载量超过37万,周发布量约200条。

生产内容的形态也发生了变化。通过线上活动策划、线上直播等活动,逐步助推上海黄浦App用户装机下载量、活跃度的提升;联手黄浦人社部门引入全新的"直播带岗"新模式,通过"云聘大会",助推应届毕业生就业;甚至向外拓展,与本区单位开展共建,形成精准定向传播。开展跨地域传播业务,与黄浦区援滇干部一起探索全天候24小时慢直播的方式,助力乡村产业振兴。

(二)黄浦区融媒体中心目前存在的问题

区县级融媒体中心技术发展同新媒体环境中传播技术自身催化、政府技术政策支持间存在密切联系。上海的媒体融合建设发展迅速,在政策以及资金、人员等方面有了一定保障之后,各区融媒体中心遇到了发展以来的机遇。但不可否认,随着基层经济社会环境深刻变化,媒体格局、舆论生态、受众对象、传播技术深刻变化,也存在着各种瓶颈,制约着融媒体中心更快更好地发展。

1. 历史原因导致技术发展不平衡

正如前文所言,上海区县融媒体是以原来区县电视台、有线电视中心、广播以及区县政报等基础上建立起来的,尤其是上海中心城区,是以有线电视中心和区政报为基础。上海各区县的融媒体中心的技术基础不平衡,差异很大。上海郊区的电视台,原本是纳入广电系统,技术设备有着系统内的支撑。而上海中心城区的有线电视中心,是直接由各区的宣传部领导和管理,在技术层面上不够统一。黄浦区融媒体中心是由原来的黄浦区、南市区和卢湾区三区的有线电视中心和区政报伴随行政区域改变整合而成。基础的不平衡,决定了技术发展上的各种差异。

2. 新媒体发展对区县融媒体的冲击

随着媒介使用习惯的改变,民众在日常生活中使用的视听媒体愈加复杂,除了传统的广播电视之外,形形色色的网络渠道也是他们的主要渠道。可以说,新媒体的迅猛发展给区县融媒体带来了不少的冲击。如今设备便捷、技术门槛低,人人可以成为记者,拿起手机和照相机就能进行拍摄录制。而微信、微博、抖音、视频号等新媒体平台对个人的开放,使得不少信息随时随地都能在网上发布,可能成为热搜。一些真实性未得到验证的新闻也可能在网上迅速发酵,成为舆情。

3. 传统模式对区县融媒体的制约

区级融媒体由区委宣传部直接管理,统一安排调度,有利于分享地区资源,但也存在一定的约束。目前,上海市委宣传部通过购买服务的方式支持区级融媒体中心建设市级统一技术平台。东方网负责提供平台的产品、工具、服务以及融媒体客户端标准产品,有效地整合了各区融媒体资源,为各区融媒体的技术发展提供了有力的支持。各区融媒体中心在采编和发布新媒体稿件中,都通过这个平台。但是在实际运用中,这个平台还是存在一些问题,尤其是对原来视频端内容生产有着一定的局限。

三、区县级融媒体的发展对策与发展趋势初探

融媒中"融"的真正含义即为将传统媒体、互联网等众多新媒体手段相融合,开展资源优化配置及设备的升级改造,实现"一次采集,多种生成"的全方位覆盖,以此提升传播效果。因此,区县融媒体一方面需要抓住技术革新带来的机遇以求发展,另一方面也要应对伴随而来的挑战。

(一)区县级融媒体的发展对策研究

1. 加强技术支持,改变传输方式

区县级融媒体中心需要拥有先进的技术设备和系统,可以通过投入资金、引进技术团队等方式来加强技术支持,提高生产效率和节约成本。比如直播系统,直播在事件发生的同时就同步报道,还可以与观看的受众互动,真实性、时效性、参与性都很强。这是区县融媒体的优势,因为区县融媒体人员对所在区县的情况更为熟悉,工作效率也更高。因此,发展直播技术,改变以往传统广播电视的传输方式,能够帮助区县融媒体实现"弯道超车"。

2. 拓展生产和发布渠道,增强传播影响力

随着受众获取信息习惯的应用场景的改变,微信、微博、短视频等新媒体平

台日益受到受众的青睐,成为不少受众获取信息的主要渠道。各区融媒体中心可以借助这些平台,突破渠道的限制,扩大传播力和影响力。那么,就需要建立多元化的内容生产体系,包括文字、图片、视频、音频等多种形式的内容,可以通过拓展稿源、优化编辑流程、加强创意孵化等方式来实现。

3. 加强与所在区政府、企业的合作

区县级融媒体中心需要加强与当地政府、企业的合作,把辖区内区县委办局街道的政府平台,以及更多的居(村)委会、社会单位、社会组织等平台纳入其中,扩大区县融媒体的传播力和影响力。通过合作推广、赞助支持、信息共享等方式,主动出击,成为了解所在区县的发展和风情的重要窗口。

4. 建立健全用户反馈机制

媒体融合服务群众的"最后一公里",从应用习惯上来说,属地化越强,关注度可能越高。因此,关注区县级融媒体中心的用户大多数是本区县的居民。而他们,恰好是内容生产的"源头"。因此,区县级融媒体中心需要建立用户反馈机制,第一时间了解用户需求,并对用户需求快速反应,可以通过开通留言板、建立专门的反馈渠道等方式来收集用户反馈,及时改进和优化工作。

5. 继续优化人才队伍

区县级融媒体中心应当培养起一支高素质、专业化的人才队伍,可以通过培训、招聘、引进等方式来优化人才队伍,提高人员的适配性。对采编人员而言,应该朝着全媒体记者的目标进行全方位的转型,成为全媒体的"轻骑兵"。

6. 加强本地信息传播

区县级融媒体中心是展示区县文化的第一媒介,因此,深入挖掘本区县的文化、历史、风土人情等方面的报道,让更多的人了解和认识当地,提升地方的知名度和形象,是区县级融媒体中心的责任和义务。

(二)区县级融媒体未来发展趋势探究

区县融媒,"融"是过程,"全"是结果,即建设成全地区全覆盖全媒体传播体系。

融媒体建设的前提是新媒体、传统媒体二者深度融合,然后构建新型技术平台,最终实现全流程监控、多渠道发布及多维度管理等体系建设。因此,融媒体

中心将朝着平台化发展,加强与社交媒体和移动互联网平台的合作,将内容输出到更多的平台上,扩大传播范围和影响力。甚至打造属于自己的、具有公信力和影响力的融媒新闻平台,在平台中分发讯息,使民众愿意选择所属平台,形成一定的使用黏性。

在内容生产方面,区县级融媒体中心将不再局限于传统的新闻报道和传播,而是积极探索更为多元化的内容形式,如短视频、直播、VR/AR、可视化新闻等,以满足不同受众的需求。转变自己的定位,进行数据化运营,利用好大数据等工具,加强对数据的收集、分析和利用,以更好地了解受众需求和市场趋势,提高内容质量和传播效果。

结　语

2014 年 3 月,我国首次把媒体融合上升到国家战略。2019 年,中共上海市委深改委审议通过上海市加强区级融媒体实施方案。在 2023 年十四届全国人大一次会议上,首次把"推进媒体深度融合"写入政府报告中。本次全国两会,国务院对国家机构进行改革,新设立国家数字机构。所有这些政策,都为推动区县级的媒体融合技术发展注入了更为强大的保障和动力。

黄浦区融媒体中心的建设和发展,是上海区县级融媒体积极面对挑战、融入国家媒体转型大战略的一个实践样本。区县级融媒体承担着"媒体＋时政＋服务"的职能,贴近基层、贴近群众,站在舆论第一线,应当坚持以用户为中心,以移动传播为主要手段,与省级广电体系分而不离,承担更丰富更多层次的功能。未来,区县级融媒体中心需要在不断变革中不断发展,不断探索新的发展模式和内容形式,以更好地满足受众需求和推动地方社会经济文化发展。

参考文献:

[1] 沈伟群.长三角一体化背景下区级融媒体发展策略初探——以上海市青浦区融媒体中心为例[J],中国广播电视学刊,2020(9):119 - 122.

[2] 温丽琼,谭天.连接融媒要素,打造内容生态[J],新闻论坛,2022(5):53 - 33.

[3] 韩敏敏.从"独自探索"到"百家争鸣"——县级融媒体中心建设的问题及对策[J],西部广播电视,2019(6):187 - 188.

[4] 中共中央宣传部:《中国共产党宣传工作简史》(下)[M],北京:人民出版社 2022 年 1 月第 1 版.

[5] (美)沃纳·赛佛林/小詹姆斯·坦卡德著.《传播理论起源、方法与应用》[M],北京:华

夏出版社 2000 年 1 月第 1 版.

［6］訾谦."融"人"融"钱"融"内容　合力构建县区融媒体平台——我国部分县区融媒体中心典型案例分析［J］,新闻爱好者,2021(4)：49-51.

［7］姚琦,周赟.《主观还是客观：AI 写作对新闻可信度的影响机制研究》［J］,《现代传播》,2022 年第 10 期.

［8］罗昆.建设融媒体中心,更好地引导服务群众［J］,西部广播电视,2019(6)：46-47.

［9］高玮.省会城市中心城区的区级融媒体中心建设特征探析——对四川省成都市金牛区融媒体中心建设实践的观察［J］,西部广播电视,2020(10)：6-9.

［10］张志安.《政务传播务实》［M］,广州：中山大学出版社 2019 年 12 月第 1 版.

作者简介：

刘惠明,上海市黄浦区融媒体中心记者。

区级融媒体微信公众号内容策略研究

——以"今日闵行"微信公众号为例

崔松鸽

提　要："今日闵行"微信公众号坚持"内容为王",以重大主题推送为中心,形成类似"中央厨房"的内容生产模式,在推送时间、数量上频密紧凑,相对合理。本文先对"今日闵行"微信公众号进行数据分析与影响力分析：从标题词频和内容分析上来看,"今日闵行"体现了疫情期间的防疫色彩和莘庄、虹桥两个城市副中心的突出地位。通过"阅读量"和"点赞量"的统计分析,"今日闵行"诞生短短3年用户增长势如破竹,目前已突破120万+,占比闵行常住人口近半,显示了强大的传播力、影响力、凝聚力。然后在"今日闵行"成功经验基础上,研究获取优质内容的策略,总结为三个方面：优先采纳满足用户需求的原创或"准原创"稿件；精心采编符合平台定位的转载信息；大力引进短视频、云计算、人工智能等技术。

关键词："今日闵行"　优质内容　策略

引　言

微信公众号以其及时性、互动性、分享性、去中心化等特点成为受众喜爱的媒介平台之一,具有政府背景的微信公众号尤其因其严肃权威信息准确更是成为人们获取各类信息的重要来源。2019年以来,上海各区宣传部门在市委宣传部的指导下,相继成立区级融媒体中心。2018年9月,随着闵行区融媒体中心的成立,"闵行报社""上海闵行"和"视听闵行"三个微信公众号全面整合并升级为"今日闵行",成为闵行区融媒体中心的官微,截至 2022 年 12 月 5 日用户数达到了 1 227 826,占闵行常住人口的 46.27%(闵行区第七次全国人口普查主要数据公报,2021 年 5 月 24 日,全区常住人口为 2 653 489 人)。作为区级融媒体中心的重要平台,在宣传党的政策主张、反映群众意愿呼声、传播社会主流价值、广泛凝聚社会共识方面起到了重要作用,成为 200 多万闵行人生活中不可或缺的好伙伴。

本文借助谷尼舆情图悦 picdata.cn 热词分析工具,以"今日闵行"微信公众号 2021 年 1 月 1 日至 2022 年 6 月 19 日期间推送的 10 583 条内容作为研究样本,进行定性定量分类比较,并对标题词频、阅读量、点赞量等指标进行透视(数据来源:上海交通大学媒体与传播学院),就区级融媒体中心微信公众号的日常运作,从传播学的角度对其内容选材、发布规律、呈现特点、传播效果、运营策略等进行专题实证研究。基于数据并结合推送内容,加之笔者的实践经历,总结探讨其传播特色,从而为其功能提升、用户黏性、品牌打造提供策略,也为其他同类政务新媒体的发展提供参考。囿于研究对象时间周期与疫情时段发生部分重合,适当扩大了样本量,以期研究结果更加精确科学。

一、"今日闵行"微信公众号数据分析

1. 推送数量分析

目前区级融媒体微信公众号的推送规则是每次推送最多可添加 8 篇文章,一般来说头条二条为原创,"今日闵行"周一至五每次几乎用足 8 篇的额度,周末及节假日略少。2021 年全年共推送 7 239 篇,平均每天推送 19.83 篇(7 239/365),2021 年 1 月 1 日至 2022 年 6 月 19 日共推送 10 583 篇,平均每天推送 19.67 篇 [10 583/(365+173)]。每天近 20 篇的推送对一个区级融媒体公众号来说,数量相当可观,也使得"今日闵行"在市委网信办和市政府新闻办每月联合发布的上海政务新媒体传播影响力榜单上频频露面。

2. 推送时间分析

微信公众号的推送时间,一定程度上影响着推文的到达率与传播效果。充分考虑受众阅读习惯、阅读需求是运营者需要把握的重点之一。

"今日闵行"微信公众号每日三推,早中晚各一次。常规时间在早上 6 点半至 7 点、中午 12 点左右、下午五六点钟。对大部分人来说,是起床后、午饭后和下班后 3 个时间段,相对固定,契合用户作息,也吸引并凝固了大批使用者,培养了他们的阅读习惯。随着 2022 年 3 月份开始新冠肺炎疫情的出现,因要及时发布当天 24 小时内

的数据,第二天早上六七点的一波推送时间移到了早上8点左右。12月中旬起,随着防疫政策的调整,区级融媒暂停疫情相关数据的转载发布,因此早上一波的推送恢复至7点左右。科学合理的推送时间也是增强用户黏性、形成品牌效应的重要因素。

3. 文章标题词频分析

借助谷尼舆情图悦 picdata.cn 热词分析工具,笔者对 10 583 篇文章的标题进行了词频分析,并列出了热词权重前 100 名的关键词。热词分析分为热词词频 TF(Term Frequency)指标与热词权重指标。TF 热词词频指标是一个词在文章中出现的次数,出现次数越多,一般越重要,采用的分词方法是大词有限,如"闵行""闵行区""闵行人"都是词,在统计词频时,"闵行区"中的"闵行"不会计入"闵行"的词频,同样,"上海"和"上海市",也是算两个不同的词。

SCORE 热词权重指标指一个词在文章中的重要性,主要由 TF 热词词频、IDF(Inverse Document Frequency)倒转文档频率、OTHER 其他三个指标决定。IDF 倒转文档频率表示词的区分能力,区分能力越差的词,其主题代表性越弱;词在文章中的位置因素;OTHEER 指词在文章中与其他词的语义聚合程度等。

序号	关键词	词 频	权 重	序号	关键词	词 频	权 重
1	闵行	2 466	1	4	闵行区	447	0.851 2
2	上海	947	0.838	5	本土	413	0.811 9
3	新增	562	0.822 6	6	疫苗	312	0.807 2

序号	关键词	词 频	权 重	序号	关键词	词 频	权 重
7	病例	304	0.801 9	19	检测	150	0.720 8
8	小区	302	0.777	20	开放	134	0.707 1
9	接种	270	0.804 4	21	防控	132	0.748 2
10	确诊	265	0.796 4	22	项目	127	0.696 1
11	疫情	257	0.791 7	23	防疫	124	0.740 9
12	感染者	256	0.814 6	24	莘庄	118	0.765 9
13	核酸	247	0.813 9	25	抗疫	111	0.707 6
14	症状	244	0.764 6	26	虹桥	109	0.733 2
15	企业	229	0.731 1	27	春节	105	0.704 1
16	医院	160	0.723	28	上海市	102	0.696 8
17	居民	155	0.725 9	29	恢复	99	0.687 4
18	公园	154	0.730 4	30	城市	96	0.679 4

2021.01.01—2022.06.19 词频词画像与表格

什么样的内容最受关注？谷尼舆情图悦 picdata.cn 热词分析工具分析显示，这一时期热词词频最高的是"闵行"，出现了 2 466 次，说明本地新闻依旧是用户最关注的，区域媒体较好地履行了做好本地新闻、服务本土用户的职能；其次是"上海"，出现了 947 次；之后依次是："新增""闵行区""本土""疫苗""病例""小区""接种""确诊""疫情""感染者""核酸""症状""企业""医院""居民""公园""检测"等词，出现频率也较高，前 20 位除了"公园"，其余几乎均与疫情相关，每日新增、确诊病例、核酸检测、疫苗症状，等等，成为很长一段时间尤其是 2022 年上半年居民关注和讨论的热点；第 21—30 名依次为："防控""项目""防疫""莘庄""抗疫""虹桥""春节""上海市""恢复""城市"。10 个词中"防控""防疫""抗疫""恢复"等 4 个词依旧有明显疫情色彩，"莘庄""虹桥"两个词上榜，这两个地方是闵行在全市的两个"城市副中心"。作为现代化主城区，闵行城市化进程的每个变化都是市民普遍关注的。

序号	关键词	词　频	权　重	序号	关键词	词　频	权　重
1	闵行	2 466	1	16	防控	132	0.748 2
2	闵行区	447	0.851 2	17	复工	88	0.746 6
3	上海	947	0.838	18	防疫	124	0.740 9
4	新增	562	0.822 6	19	虹桥	109	0.733 2
5	感染者	256	0.814 6	20	企业	229	0.731 1
6	核酸	247	0.813 9	21	公园	154	0.730 4
7	本土	413	0.811 9	22	浦江	92	0.730 4
8	疫苗	312	0.807 2	23	居民	155	0.725 9
9	接种	270	0.804 4	24	医院	160	0.723
10	病例	304	0.801 9	25	检测	150	0.720 8
11	确诊	265	0.796 4	26	抗疫	111	0.707 6
12	疫情	257	0.791 7	27	开放	134	0.707 1
13	小区	302	0.777	28	隔离	95	0.705 2
14	莘庄	118	0.765 9	29	马桥	52	0.704 3
15	症状	244	0.764 6	30	志愿者	92	0.704 2

2021.01.01—2022.06.19 权重词画像与表格

序号	关键词	词 频	权 重	序号	关键词	词 频	权 重
1	闵行	2 466	1	22	浦江	92	0.730 4
2	闵行区	447	0.851 2	23	居民	155	0.725 9
3	上海	947	0.838	24	医院	160	0.723
4	新增	562	0.822 6	25	检测	150	0.720 8
5	感染者	256	0.814 6	26	抗疫	111	0.707 6
6	核酸	247	0.813 9	27	开放	134	0.707 1
7	本土	413	0.811 9	28	隔离	95	0.705 2
8	疫苗	312	0.807 2	29	马桥	52	0.704 3
9	接种	270	0.804 4	30	志愿者	92	0.704 2
10	病例	304	0.801 9	31	春节	105	0.704 1
11	确诊	265	0.796 4	32	预约	90	0.703 4
12	疫情	257	0.791 7	33	消毒	91	0.700 3
13	小区	302	0.777	34	出炉	74	0.696 9
14	莘庄	118	0.765 9	35	上海市	102	0.696 8
15	症状	244	0.764 6	36	项目	127	0.696 1
16	防控	132	0.748 2	37	肺炎	71	0.695 8
17	复工	88	0.746 6	38	口罩	60	0.695 3
18	防疫	124	0.740 9	39	回应	86	0.694 8
19	虹桥	109	0.733 2	40	电梯	80	0.692
20	企业	229	0.731 1	41	紧急	88	0.690 4
21	公园	154	0.730 4	42	上线	75	0.690 2

序号	关键词	词　频	权　重	序号	关键词	词　频	权　重
43	打卡	49	0.689	65	老人	65	0.667 5
44	闵行人	85	0.688 5	66	台风	51	0.667 5
45	地铁	75	0.687 8	67	大白	46	0.667 1
46	恢复	99	0.687 4	68	三区	50	0.667
47	重磅	53	0.687 2	69	孩子	73	0.665 5
48	市民	84	0.684 5	70	公示	54	0.662 8
49	采样	60	0.683 5	71	健康	75	0.662 3
50	加装	58	0.681 6	72	暂停	56	0.662 2
51	阳性	58	0.680 7	73	岗位	66	0.662 1
52	城市	96	0.679 4	74	出院	47	0.661 4
53	好消息	60	0.677 3	75	交通	69	0.660 6
54	家门口	50	0.676 1	76	境外	55	0.660 3
55	居家	58	0.675 8	77	配药	33	0.66
56	闭环	44	0.675 4	78	公告	66	0.659 6
57	赶超	49	0.673 4	79	快递	53	0.659 5
58	安全	90	0.672 4	80	轨交	57	0.659 4
59	专家	87	0.672 4	81	学校	70	0.659
60	老街	44	0.67	82	签约	54	0.658 7
61	故事	77	0.669 5	83	两会	43	0.658 6
62	召回	45	0.668 8	84	预警	47	0.658
63	落户	55	0.668 2	85	直播	49	0.657 1
64	开工	59	0.667 6	86	停车	48	0.656 7

序号	关键词	词　频	权　重	序号	关键词	词　频	权　重
87	攻略	47	0.655 8	94	中风	39	0.652 1
88	筛查	41	0.655 8	95	改造	56	0.651 4
89	医疗	57	0.653 2	96	助力	42	0.651 3
90	招人	39	0.653 2	97	医保	38	0.650 9
91	郊野	30	0.653 1	98	回家	55	0.650 7
92	国际	69	0.652 9	99	学生	62	0.650 6
93	机构	66	0.652 9	100	通报	49	0.65

热词权重排名前 100 的关键词

从热词权重看,权重最高的依然是"闵行",为 1,其次是"闵行区""上海""新增""感染者""核酸""本土""疫苗""接种""病例""确诊""疫情""小区""莘庄""症状""防控""复工""防疫""虹桥",前 20 位权重词,除"莘庄"和"虹桥"外,其余均与疫情相关。"莘庄"和"虹桥"两个词,在疫情防控的当下仍然受到不一般的关注。莘庄作为闵行区的政治经济文化中心,在闵行人心目中的地位无与伦比;虹桥也是经济发达文化繁荣多元交汇的区域,即便非疫情期间,关注度也比较高。

4. "今日闵行"内容分析

我们再结合点赞量,将阅读量超过 3 万的 581 篇文章作为内容分析的样本,将文章分类如下:

疫情期间相关通知公告

新闻资讯

生活服务信息

活动类

其中新闻资讯又分为交通、教育、就医、就业、招聘、规划、城市建设等,生活服务信息也细分为疫情相关、休闲、娱乐、交通、教育等。

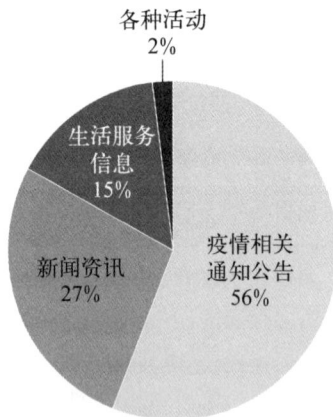

图 1　阅读量 3 万以上文章分类统计饼状图

阅读量超过 3 万的 581 篇文章中,329 条为疫情相关通知公告,占 56％,超过了整个推送的一半,其中最高的一条阅读量 280 万,为 2022 年 3 月 25 日晚间发布的《告闵行居民书》。究其原因,疫情初期,就推送时机来说,是在周五晚上 8 点多,第二天是周末,几乎所有人都处在观望状态,这条直接关系到了第二天人们的工作生活安排;阅读量位列第二的是另一条《告居民书》,150 万＋,2022 年 6 月 9 日发布,巧的是这个时间点正好是疫情好转、复工复产之后的第一周,两条都在比较重要的时间节点。

疫情相关通知公告主要分为三类,一是当日疫情通报,每日新增、确诊病例和无症状感染者等;二是告居民书;三是疫情后期"三区划分"公告。329 条中阅读量超过 10 万的有 168 条,超过一半。动态信息寥寥无几,一篇是对疫情防控不力典型的处理,一则是有关保供物资的辟谣信息,其余几乎全为相关公告。

其次为新闻资讯,有 157 条,占 27％,不到三分之一。157 条新闻资讯中,跟疫情相关的报道仍最受关注,占比 49％,近一半,有 77 条,涉及核酸检测发纪念卡、封控期间打击黑骑手专项行动、方舱医院启用等,其中阅读量最高的是

阅读量3万及以上新闻资讯类文章分类

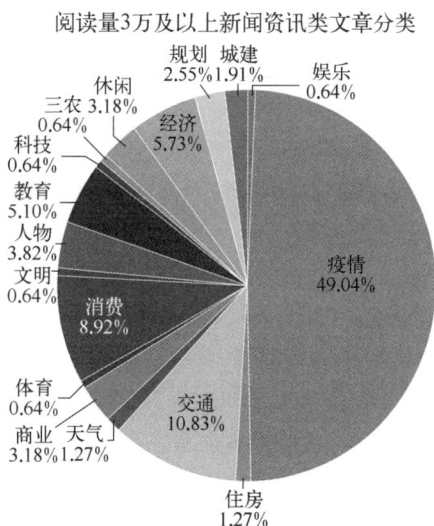

图 2　阅读量 3 万及以上的新闻资讯中,各类题材占比

2022 年 3 月 19 日的《东川路 800 号开进了两辆"雾炮车",原来是……》,阅读量 24 万＋。疫情初期对闵行区来说,东川路 800 号处在旋涡,备受关注,好在不久闵行区就联合交大开展了相关消杀,及时消除了疫情隐患,也回应了社会关切;其次为 2022 年 6 月 11 日的《闵行今天的核酸检测筛查进展顺利! 现场发现一些特别的东西……》,阅读量 15 万＋,这个特别的东西就是街镇做核酸筛查时,为居民发放了印有本地地标性景观的小卡片。

新闻资讯中交通问题也颇受关注,位列第二,17 条,内容多为区域内轨道交通的建设进展,如 13 号西延伸、15 号线开通、23 号线一期、嘉闵线、地面道路中漕宝路快速路通道等;新闻资讯中位列第三的是消费类报道,消费类无论是平时还是疫情期间都较受关注,疫情期间的消费类新闻资讯,阅读量 3 万以上的共 14 条,其中阅读量超过 10 万的 5 条均为疫情期间的消费新闻,且内容全为疫情下的超市商场开放情况,这也是多日封控下市民对购物强烈需求的集

中反应。

接下来依次为经济（9 条）、教育（8 条）、人物（6 条）、商业（5 条）、休闲（5 条）。疫情期间停工停产经济受损，相关报道也受影响，其间对实体经济报道的只有 1 条：《打通物流瓶颈，闵行这家全球化工巨头产能逐渐恢复，"继续坚定不移地扎根中国"》，阅读量 45 409（2022 年 5 月 26 日），其余 8 条均为复工复产复市的相关政策或信息，阅读量最高的一条是《从 5 月 16 日起，上海将分阶段推进复商复市》，阅读量 172 868（2022 年 5 月 15 日），在封控了近两个月之后，最"劲爆"的消息莫过于听到复工复产复学复市。

8 条教育类信息中，7 条为新学校的落成进展情况，其中 1 条为中小学复学的安排，对优质教育资源的呼唤和渴望依旧是现代化主城区进程中的刚需；6 条人物类信息中，阅读量最高的是 2022 年 4 月 4 日的《一下子来了 65 位小年轻！封控期间，闵行这个小区新生代志愿者成为主力》，阅读量 9 万＋，疫情封控初期，停止人口流动给生产生活带来的最大不便就是缺少人手；5 条商业类信息中有 4 条都是 2021 年的，多为商场开业信息，而 2022 年由于疫情封控，人们商业活动大大减少，唯一的一条是疫情后的复商复市：《七宝万科广场恢复线下营业首日，有市民享受餐饮、购物、理发"一条龙服务"》（2022 年 5 月 27 日）；规划类的 4 条信息集中在 2021 年，2022 年超过 3 万阅读量的相关报道没有。

第三类，生活服务信息，有 85 条，其中跟疫情相关的最多，有 46 条，超过一半，涉及核酸点位查询、三区划分查询、无疫小区查询、疫苗接种问答、出行防疫提醒等；位列第二的是消费类信息（12 条），3 月下旬推出的两条买菜攻略，阅读量均超过 32 万，在当时疫情防控渐渐进入吃紧阶段，经济生活几乎停滞并且降低为最简单的生存需求，超市保供、居家团购等信息大受欢迎；位列第三的是交通类信息（5 条），无论在平时还是在疫情期间，这类信息的关注度都较高。

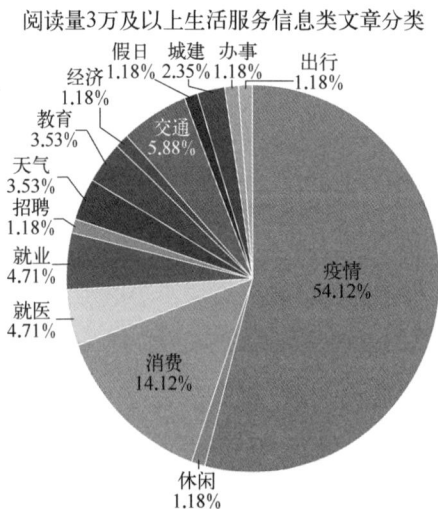

图 3　阅读量 3 万及以上的生活服务信息中，各类题材占比

第四类，活动类信息，10 条中非疫情相关类有 5 条，占到了一半，如最美退役军人投票、一网通办十大优秀案例等。

由此可见,无论平时还是社会出现较大变动时,人们获取信息的途径依然是具有官方背景的政务新媒体,其信息的权威是最大优势,跟央媒市媒相比,区媒更贴近群众、触角延伸也更广,这是意识形态领域的一块重要阵地。党的二十大报告提到"巩固壮大奋进新时代的主流思想舆论,加强全媒体传播体系建设,推动形成良好网络生态",这是新时期党的新闻工作者的重要使命,也是新媒体工作者的行动准则。作为新媒体人,要守好阵地、护好羽毛,及时传达好党和政府的声音,服务好本地市民,做好及时权威的本地新闻发布和涉及民生的各类服务信息,这也是增强用户黏性、凸显公众号功能和塑造提升品牌影响力的基础所在。

二、"今日闵行"微信公众号影响力分析

衡量一个微信公众号的影响力,阅读量是一个重要指标。笔者对"今日闵行"微信公众号 2021 年 1 月 1 日至 2022 年 6 月 19 日期间推送的 10 583 篇文章的阅读量进行了统计分析,阅读量超过 10 000 的有 1 777 篇,占总数的 16.8%。其中阅读量 10 000—19 999 的共有 880 篇,阅读量 20 000—29 999 的有 314 篇,阅读量 30 000—39 999 的有 157 篇,阅读量 40 000—49 999 的有 79 篇,阅读量 50 000—59 999 的有 52 篇,阅读量 60 000—69 999 的有 32 篇,阅读量 70 000—79 999 的有 23 篇,10 万及以上的有 201 篇,其中有 2 篇阅读量超过 100 万,分别为 280 万+、150 万+。100 000～999 999 的共有 199 篇。

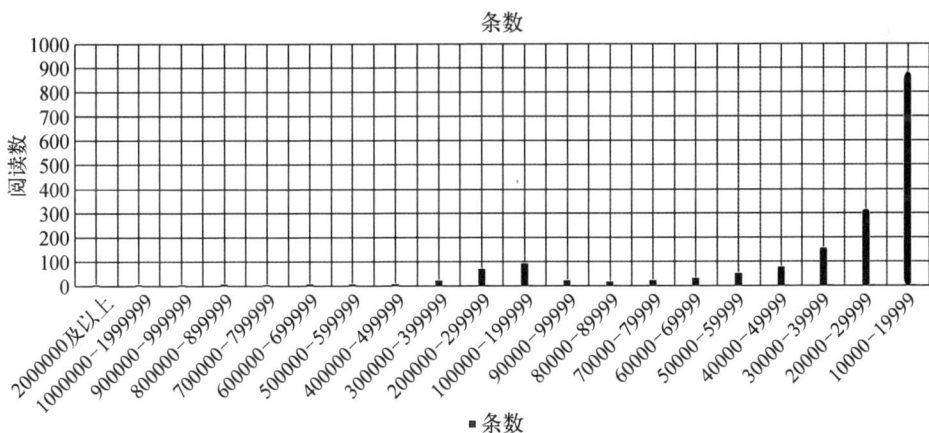

图 4　阅读量 10 000 以上数据分析(2021.01.01—2022.06.19)

根据闵行区第七次全国人口普查主要数据公报(2021 年 5 月 24 日),全区常住人口为 2 653 489 人,全区常住人口中,外省市来沪常住人口 1 242 924 人,

占比 46.8%，户籍人口 1 410 565 人。阅读量达到 10 000 人次，即已经占了全市常住人口的 0.38%。但从总数据来看，阅读量低于 10 000 的文章共有 8 806 篇，占总数的 80% 以上，也就是说大部分文章的阅读量在 10 000 以下，部分题材天然地自带流量，部分题材天然地属于小众群体，还有一种属于"政治任务"，当然有的稿件确实还是有一定提升空间。

点赞量是微信公号影响力的另一个重要指标。点赞量通常跟阅读量成正比；正能量、新闻性强、标题新颖夺目的内容更容易获得点赞。笔者对 10 583 条文章的点赞量进行了分析。点赞量 100 以上的有 413 篇，占比 4%，点赞量突破 500 的有 18 条，最高的依然是 2022 年 3 月 25 日的《告居民书》，点赞量 2 345。点赞量一定程度上反映用户对产品的认同程度。

根据这 18 条的内容分析，用户在什么样的情况下会对这条推送点赞？一是对这篇文章价值的肯定，即这个推送对我有用，另外 5 篇告居民书也获得了 500 以上的点赞量（分别为 1 254、1 059、716、672、604），显示用户对官方权威媒体高度的信任感和依赖感，两条给居民的信（分别在疫情初期和结束后）也获得了超过 500 的点赞量，分别为 799、544，显示疫情期间官媒发挥的政府和市民之间沟通的重要纽带作用；第二种点赞，是文章内容彰显的价值观跟用户价值观高度吻合，比如彰显社会正能量的《小区发生惊险一幕，他来不及纵身一跳》（2022 年 6 月 17 日），点赞量 920，讲的是普通保安下河救人；《冲上热搜，闵行这处免费住宿被全网狂赞》（2021 年 11 月 22 日）讲的是儿科医院为患儿及家长免费提供住宿，点赞量 511；第三种点赞，是内容具有强烈的新闻性，《东川路 800 号开进了两辆雾炮车，原来是……》（2022 年 3 月 19 日），点赞量 569，及时报道疫情最新进展，受到社会强烈关注，点赞者未必跟事件本身有关联，点赞的更多含义在于：近期我很关注这个或者我看过了。

一般来说，点赞量跟阅读量成正比，点赞量超过 1 000 的 4 篇文章中，其中 3 篇阅读量依次分别为 280 万+、80 万+、150 万+，点赞量在 500—999 的 14 篇文章中，阅读量均在 30 000+ 以上，最高的阅读量为 80 万+。不过也不全尽然。点赞量较高的文章中也有阅读量一般的，如《"胃口"大，还"聪明"！这个小区里搬进了一座"蓝房子"》（2021 年 12 月 21 日），阅读量 23 538，点赞量 1 043，获得高赞，主要是因为标题比较新颖，做法比较新奇，主题契合环保生态。

通过阅读量和点赞量的统计和分析，我们看到，区级融媒体公众号作为媒体融合的"基层堡垒"，在信息流的上传下达和舆论宣传中具有无法替代的作用，无论何种社会环境，民众在获取信息方面对其都显示出强烈的信任度依赖感。"今日闵行"微信公众号作为闵行区融媒体中心显示度颇高的一个平台，诞生短短 3

年用户增长势如破竹,目前已突破 120 万＋,占比闵行常住人口近半,显示了强大的传播力、影响力、凝聚力,守好这一阵地对新时期党的新闻宣传工作具有重要意义,以持续不断的优质内容产品发布,在多元中凸显主流价值、在服务中注重意识引领,为区级融媒体品牌的打造提升增加新动能。

三、优质内容获取渠道策略分析

如果说疫情期间区级融媒体微信公众号的内容生产主要是以重大主题推送为中心的"中央厨房"模式,非疫情时期的常态化发布既要体现区委区政府中心工作,又要做好对全区人民的服务,即做好本地新闻、服务好本地用户。选题围绕中心服务大局,除了对党的重大理论方针政策的及时发布和准确解读,还要注意交通、教育、医疗、商业、住房、休闲、娱乐、城区发展等这些用户高度关注的领域,形成自己的品牌特色和用户黏性。其中"内容为王"这一理念不可动摇。在"今日闵行"成功经验的基础上,做如下策略分析:

1. 优先采纳满足用户需求的原创或"准原创"稿件

优质内容如何获得? 首先是原创稿件。条线记者可从市民衣食住行、柴米油盐的视角入手,积极跟委办局街镇等相关部门进行对接,获取线索素材后深入采访,将严肃严谨的政务文件转化为准确生动的新闻语言,进而变成市民喜闻乐见的民生服务报道,这是一个区级微信公众号最具不可替代性的资本所在。

另一类可称为"准原创"。一是源于国内外官媒、国家级市级媒体报道过的相关线索或素材(除非有特殊要求直接转载),均须按照符合区级媒体定位风格的新的视角对其进行"在地化"处理,甚至创造新的概念、采用新的角度,再展开采访报道;二是从全网数据平台采集中发现的线索或素材,在采写时要适合本号定位、内容契合受众需求并突出个性,避免主题同质、形式机械、照搬照抄、四季歌年年唱;三是合作平台如街镇委办局的供稿,到区级平台发布,要改变立场视角,根据需要进行改编或重写,切忌照搬而浪费了好题材。之所以称为"准原创",是基于目前的采编力量和一天三推的 20 余篇报道要求之间的不对称而言,经过采编修改加工补充采访的稿件,仍有可能成为优质的推送。而在"今日闵行"发布的所有稿件,无一不是经过严格的三审才到用户面前。

2. 精心采编符合平台定位的转载信息

除了自采、原创,微信公众号的内容还可以从各个适合的平台中获取。

从机制上来说,随着融媒体基层建设及触角的不断延伸,很多街镇委办局都成立了自己的分中心。以闵行区融媒体中心为例,莘庄工业区、七宝镇、梅陇镇等都成立了相应级别的融媒体中心并配备了采编人员,有的街镇还设立了更为基层的融媒体工作站,可以充分发挥其深入基层、反应灵敏、快速便捷、沟通高效等优势,为区级融媒体微信公众号提供优质稿件。

不仅各级官媒,一些政治素养较高又有一定专业知识的靠谱的优质自媒体,也可以成为合作伙伴。将质量上乘、操作规范、内容专业、见解独到、导向正确、契合时代特征和市民需求的自媒体纳入区级融媒体微信公众号并为我所用,在"内容为王"的背景下是迅速补充官媒新鲜血液的重要途径手段。2020年11月闵行区融媒体中心在全市区级融媒体中心中率先宣布牵手自媒体共建"媒体+","财经早餐""天袁地访"及"灰鸽叔叔"三个自媒体成为首批牵手的自媒体,集中闵行融媒和自媒体的优势力量共同打造优质媒体联盟。实践表明,这类稿件往往能成为爆款,因为他们的专业背景是很多编辑记者目前无法达到的。

3. 大力引进短视频、云计算、人工智能等技术

微信公众号是以文图为主的平面媒体,随着不同介质的融合,可以把短视频吸纳进来作为补充成为新的增长点。很多精心策划的短视频,在视频号发布后点击量很高,嵌入平面媒体后,阅读量通常不高,有的甚至惨淡。原因何在?平面媒体具有延展性,眼睛扫到的同时基本可以决定这条内容是否打开、停留几秒;短视频是时间流,十几秒的视频,一般要花十几秒或者看完后才会判断其价值,快餐时代用户的选择很多,除非特别吸引眼球的,否则孤立嵌入平面媒体不占优势,但如有好的文字推介,优质短视频则可以不受严格的时长限制。基于报网台三家媒体融合及拥有视频记者队伍的优势,融进短视频素材后,区级融媒体微信公众号的内容和产品层次会更丰富,受众的选择也更多。

当然,还有大数据催生有效信息挖掘、云计算提供高效IT服务、人工智能打造情景化体验、移动互联促进交互式传播,等等,都可以成为丰富微信公众号表达的手段,但由于目前的区级融媒体中心很少有专门的人才且成本较高,在必要的时候可适当使用,同时避免陷入"技术陷阱"。

结　语

本文对"今日闵行"微信公众号进行数据分析与影响力分析,从词频分析、阅读量、点赞量等角度对"今日闵行"微信公众号在一定历史时期内的推送内容,做

了定性定量的影响力方面的分析,对今后的日常运营有一定的参考作用。分析研究获取优质内容的策略,总结为三个方面:优先采纳满足用户需求的原创或"准原创"稿件;精心采编符合平台定位的转载信息;大力引进短视频、云计算、人工智能等技术,明确了今后努力方向。

在数据采集过程中,由于技术条件限制,未能收集这些稿件在全网的传播辐射情况,条件成熟的话今后可以继续开展此方面研究,定期对其进行数据监测和影响力传播力等分析,及时把握各类指标的变化动向并进行有效调适,"今日闵行"微信公众号会发挥出更强劲的传播力和影响力。

(感谢上海交通大学媒体与传播学院提供详尽的数据支撑)

参考文献:
［1］张子瑜:《政务类微信公众号的信息发布研究——以苏州政务微信为例》(硕士论文,新闻与传播,2017,苏州大学)。
［2］中共中央宣传部:《习近平新时代中国特色社会主义思想学习问答》,学习出版社、人民出版社,2021年2月。
［3］陈楚瑜:《县级融媒体建设综述》[J],《广播电视信息》,2022(1)。

作者简介:
崔松鸽,上海市闵行区融媒体中心新闻编辑部记者、编辑。

融媒体时代广播电视新闻记者
如何更好完成转型探讨

宋　崇

提　要： 在媒体融合如火如荼进行的当下，传统媒体行业发生了翻天覆地的变化，各个方面皆有创新。而伴随着媒体的深度融合，传统媒体新闻记者作为新闻素材的第一手采制人，也应积极应对挑战、迎接机遇。这就需要传统媒体新闻记者高效地解决转型时遇到的问题。本文探求部分新闻记者尤其是广播电视新闻记者在转型时可能会面临的一些问题，并从新闻采访报道实际操作角度出发，提出建议，为广电新闻记者主动分析当前形势、掌握转型的方向、掌握更多技能提供参考，帮助广电新闻记者在融媒体时代的多元化发展需求下，发挥既往优势，在新的领域华丽转型，掌握主动。

关键词： 融媒体时代　移动互联网　创新意识　机遇与挑战　转型探讨

引　言

诚如很多人所言，"这是一个前所未有的变革时代"，创新驱动成为经济社会发展的新引擎，"移动互联网"已成为我国经济社会新一轮发展的强大动力，相应的，传统媒体面临的挑战也非常严峻。一大批新型媒体平台快速崛起，活跃度高、影响力大。面对不断涌现出生机勃勃的新兴媒体平台，面对多种媒体形态交织、竞争、共存的现状，传统新闻媒体人尤其是广播电视新闻记者应该做哪些改变、如何应对，从而更好体现自身价值，进而提高节目影响力与平台引导力呢？

笔者觉得,转型创新、创造新的价值是取得突破的唯一出路。作为新闻一线记者、作为新闻内容生产的核心团队,我们应加紧思考,加快步伐,跟上时代,随时响应行业竞争和受众需求的变化,机动灵活地调整工作方法,促进自身专业知识技能与职业水平的提升,不断提升自身竞争力,从而增强节目的感染力、影响力与引导力。

那么,广电新闻记者如何才能迅速有效地转型为一名合格、优秀的融媒体记者呢? 笔者认为主要做到如下几个方面:

一、"快"字当先,从意识到动作都要做到比以往更快

1. 意识快

所谓意识快,指的是记者在"感知"新闻及制作新闻方面,从意识的根源上就要有一个"快"字,因为在融媒体时代,各方新媒体平台多家林立,受众获取信息的渠道方式又广又快。与此同时,新闻稿件的刊发速度也今非昔比,变得非常迅速。在以往传统媒体时代,一个城市基本只有一家电视媒体,可谓一家独大,或者即使同时还有几家报社存在,但基本上当天的新闻都要通过编辑的审稿、后期的排版,要第二天才能在报纸上刊登。但在融媒体时代,由于传播平台发生了质的变化,新闻稿件在新媒体上可以迅速得以刊发,而且在一个城市可能会有多家新媒体平台在同时运作,有的平台一天可以好几波次刊发消息,甚至可以让新闻稿件随时通过新媒体平台进行刊发,所以这就要求记者在新闻意识上比以前还要快,新闻敏锐度要更加敏感。

比如在 2023 年春天来临之际,媒体报道"春意来 鲜花开"一类的新闻稿件时,就有记者就是看到自家楼下梅树枝头刚刚有了花苞,就组织摄像进行拍摄报道,不到两小时当天的新媒体就得以刊发。正是这样的快速反应,使报道得以在同市媒体中第一波次将梅花开放的消息进行传播,并在与各家媒体的同题竞争中取得先机。

2. 行动快

所谓"行动快"指的是记者在采访新闻和制作新闻的过程中行动要迅速、动作麻利,富有效率,速战速决。坚决杜绝"等、拖、靠"的"慢习惯"。这是因为,在传统媒体时代,以电视新闻举例,每采访一条新闻,仅拍摄阶段就可能需要摄像、驾驶员等多工种人员协同进行配合,有时候,一个人很难完成全部采制任务,节奏上,确实会相对"慢半拍",不过除了直播以外,大多电视媒体也都是这个节奏,

不太会影响同题竞争。但在融媒体时代，由于技术的革新，目前都已经有了小巧、便携的拍摄设备，可以达到播出质量要求，一人手持便携式拍摄设备便可以完成一条新闻图片视频拍摄、采录同期声等基本工作，在后期制作剪辑方面，很多修图软件也可以达到一键生成的效果，包括很多视频剪辑软件也已经把过去繁复的特技及字幕包装以"模块化"的形式呈现出来，这就让新闻的生产效率大大提升，让动作快的记者显现出了优势，但同时也自然会让很多动作"慢半拍"的媒体，总是炒不出"热菜"，久而久之，就会流失大量读者、用户。所以，融媒体时代的记者需要充分利用现有科技及工具，加速完成对包括前期采制拍摄、后期图片和视频包装剪辑在内的新闻制作流程，行动上以快打慢，提高工作效率，让稿件得以迅速刊发，从而在同题竞争上占得先机。

3. 配合快

新闻采制"不是一个人在战斗"，所以，除了在前期记者要加快速度以外，在后期制作流程上，融媒体时代，记者也要加强与后期编辑、刊播平台人员的沟通配合意识，尤其是时效性强的稿件，更需要与后期积极配合，助力后期环节加速，节省各工种环节间因为"流程"而产生的时间损耗。

比如有记者曾在 2019 年曾经做过一条"路遇受伤男孩，婚车秒变救护车"的新闻。新闻"复盘"时，我们了解到，当时记者接到爆料后，立刻在路边安全位置停车，马上用手机与编辑沟通，预留最近波次新媒体版面，并在车内用手机编辑了新闻短消息内容发给后期编辑，后期编辑随即在当天的该媒体微信公众号的最近波次中将新闻刊发出去。从记者得到消息到消息刊发（全国首播），整个过程还不到两个小时。后来这条消息马上引爆网络积极热评，在短短几个小时内便达到点击率 10 万＋的效果，同时也引起包括人民日报、新华社、央视新闻的全国各大平台媒体的关注和转播，总计转载点击量超过千万次。所以，"快"，也成为了这条新闻在众多平台竞争中取得先机的一大关键要素。

二、不走寻常路，采访构思要更"巧"

在融媒体时代，记者在新闻报道上更要讲究一个"巧"字。这是因为，区别于传统媒体时代，融媒体时代的新媒体平台增多，对同一热门题材的报道，很多同行当然也会同时想到，更需要记者具有"人无我有、人有我早、人早我优、人优我巧"的报道思路。具体来说，"巧"字，就是指报道的角度要更新，要融入巧思妙想，大胆一点甚至可以更加的不拘一格。比如，每年清明时节，各家媒体都会报道青团的相关新闻，寻常的青团报道，角度有青团热销、青团质量检查、青团的制作方法,等等。有的媒体甚至会在清明节前一个月甚至两个月的时候就会推出青团的相关报道。由此可见,在此类报道当中,如果想要稿件脱颖而出,就必须需要一些巧思妙想。比如有记者在 2023 年的青团类新闻报道当中,就运用了"只此青绿"这一关键词,从春晚热门歌曲《只此青绿》引入,在整条报道稿件当中,强调本篇新闻所采访的青团源于家庭古法手作,技巧源于老一辈的一脉相承,尤其是食材面皮到馅料皆由"母亲亲手完成",食材中充满了"刻在脑海里"的"熟悉的味道"和"妈妈的味道",思乡思亲的感情色彩油然而生,贯穿于报道始终,契合了清明节所体现的"思念"的人文内涵,从而把青团这一时令小食赋予了浓郁的感情色彩,也让整篇报道在众多青团类报道中得以出挑。

再比如在"农产品丰收"类的报道当中,很多记者都会报道某类农产品的种植规模、产量收成等内容,但类似的报道不免比比皆是,也很难产生令人印象深刻的报道效果。但有记者就在 2022 年"莲藕丰收"的报道当中,另辟蹊径。该记者积极寻找报道突破口,在报道方式上颇具巧思,同时发挥传统广电记者善于现场出镜的既往优势,与藕农一道,撸起袖子、甩开膀子,头顶烈日、脚踩淤泥,一起走进藕塘,在齐腰的水中用双手挖藕,向观众展现整个劳作过程的艰辛和农产品丰收的喜悦,这不仅让报道更加的接地气,并且从不同视角展现了农产品生产的特殊性和趣味性,将莲藕是怎样从淤泥中挖出的整个过程,生动地展示给观众。农人丰收的喜悦,也通过记者亲身体验,生动地展现在屏幕之上,令人印象深刻,从而也让整篇报道更加富有灵性,在与同类题材的竞争中脱颖而出。这篇报道也被 Shanghai Daily(上海日报英文版)选为当月松江版面的封面照片,代表众多农作物生产场景向全世界观众展现了上海农产品喜获丰收的喜人面貌。

三、眼界放全网,采访思路要更"广"

1. 选题来源可以更广泛、更细微

在融媒体时代,选题方向也发生了很大的变化。以往,传统媒体经常着眼一些重大、深度的选题方向,也会花很大笔墨和时间去把一个选题做精做深做透,这在传统媒体时代无可厚非。但在融媒体时代,以往传统媒体"瞧不上眼"的小选题反而一不留神也容易成为爆款。比如,在 2022 年高考期间,一则"高考考试结束后,考生朝学校鞠躬"就引发了广大网友的关注。这条短视频,从标题就非常吸引眼球,让人有一种不去点开看看就"心里痒痒"的感觉。点开之后,视频和文字并不复杂,就是"山东 2022 年夏季高考生物科目考试结束。在山东省实验

中学考点外,一名考生走出考场向学校的方向深深鞠躬,告别难忘的高中岁月,感谢师恩"。寥寥数语,再加上现场短视频加持,一段生动而又感人的新闻报道就制作完成了,因为其真实感人的现场感,引得网友和各大媒体纷纷转载,成为一时间的爆款新闻,这背后也体现了记者挖掘新闻之细,选择选题之广的优秀新闻意识。以此类推,广电记者不能再只盯着电视同行的优秀作品,融媒体时代,选题的来源可以广泛借鉴网络作品的优秀经验,从全网着眼,"发散性思维",举一反三,在网络上别的地方发生的事情本地有没有呢? 本地的又有哪些不同呢? 这样可以让全网的资源都成为记者可以借鉴的宝贵经验。

2. 知识要更广,眼界要更宽

融媒体时代,一个专业的新闻记者应具备"互联网感觉"。这种感觉首先是来源于读者阅读习惯的改变而造成的被动选择。在融媒体时代,读者对于信息的获取比以前传统媒体时代要迅捷方便得多,同时读者也会选择更契合他阅读、观看习惯的媒体平台作为常用的资讯获取平台。这个平台能给予读者好感的很重要一点就是"接近性"。在平台内,文章的写法、一些关键词的表达,都要契合和贴近目标读者阅读习惯和内容,这就要求,记者应积极涉猎各种知识,包括网络中出现的新事物、新概念、新词汇、新表达,并灵活加以运用。比如,一些热点事件、流行词语,往往都会拉近与读者的距离,新华社就曾多次在其新媒体平台上使用"谐音梗"的技法来增加文章的趣味性,同时拉近与读者的距离。包括人民日报新媒体客户端在内的以往读者眼中的"严肃媒体",也经常会有贴合网络流行的趣味表达,甚至会经常把评论"要给小编加鸡腿"放在评论栏中展现。所以,不难看出,如果想要写出更加符合读者阅读习惯的文章,那就需要记者具有在新媒体平台上广泛涉猎阅读的习惯,不论是社交平台还是视频平台,都要保持一定量级的知识获取,才能与不断被新媒体更新知识体系的读者,保持同频率的阅读步调。

四、去伪存真才能增强公信力,采访报道要更加准确

"新闻事实要准确"这是一直以来新闻行业对记者的基本要求,也是新闻媒体公信力的根基所在。但在互联网时代,一些媒体平台由于审核流程的不完善以及部分非正规平台及个人为博取流量,假新闻、谣言新闻也时有发生。同时还需要注意的是,有时候,假新闻的传播速度甚至比真新闻还要快,这是因为一方面,假新闻也会"有图有真相",有时候东拼西凑的图片和视频也会让很多网友轻信,而很多普通网友并没有像专业记者这样有鉴别新闻真相的能力或资源,就相

对容易被假新闻的表象所蒙蔽，加以转载，导致其迅速发酵，甚至客观上帮助了假新闻的大面积传播。所以，作为专业记者，在报道新闻的时候，千万不能"人云亦云"，必须要进行准确的鉴别。比如在 2022 年疫情期间，有传言说，"某地有一家超市有涉疫人员进入，导致疫情有可能造成大面积传播"。这一传言当时很快引起当地居民广泛关注，由于此传言甚至有照片和视频作为"佐证"，使得很多不明真相的市民纷纷转发，造成此传言一时间广泛传播，甚至造成部分居民恐慌。不过，好在当地媒体记者迅速反应，很快去超市现场报道，并通过官媒进行辟谣，才使得这场"传言"得以平息。在此事件中，我们发现，"负面舆论"的传言更容易引起官方的正面回击，但有些"新闻"，却是正面报道的"假新闻"，这就往往容易让其"蒙混过关"，甚至造成专业媒体平台对"假新闻"进行转载报道。这背后的原因，一方面是因为当下由于技术的进步，作为辅助假新闻传播的视频和照片相对容易通过伪造、网络截取等手段移花接木，令人一时间真假难辨，另一方面也是因为部分记者对于真相的探究有时候会麻痹大意，认为是正面报道，就减少了警惕意识，继而造成报道失准、失实。所以，融媒体时代，记者不能像以往一样，觉得"有图即真相""视频即真相"，而是需要更加仔细认真地去对消息的内容进行判断和甄别，从而去伪存真、保证新闻的真实性并不断增强所在平台的公信力，继而引导舆论正确的走向。

五、直击眼球，让阅读变得更加高效，稿件要更"精练"一些

相比传统媒体，新媒体平台往往更注重文章的吸睛和精练，这样可以让读者在相对较短的阅读时间内，浏览并掌握文章中想传达的重要信息。这是因为随着生活节奏加快，手机等小屏幕的移动新媒体逐渐成了人们重要的信息获取和传播平台，很多人的阅读场景可能是在上下班的路上，在地铁上在公交车上，或者是在很多的类似的碎片化时间上进行阅读。有数据统计，一般来说，从标题到整个文章，大多数读者对整篇新闻的阅览速度，一般不会超过 5 分钟甚至更短，所以很多时候就要求新闻内容短平快，在有限的篇幅内将文章的精华进行提炼，并且牢牢地抓住眼球，长篇累牍或者华丽的词藻的堆砌已经不再适合新媒体在新闻业务上传播的规律了，取而代之的是言简意赅一目了然的精彩文章。所以短而有效，就是对新媒体新闻素材的一大要求，把文章写得更加吸睛、更加精练也成为了新媒体记者需要掌握的一项技能。

比如，在 2022 年央视客户端刊发的台风"梅花"的一些报道当中，笔者发现，不论是从总标题还是子标题上，都言简意赅。比如，有篇报道总标题为"台风梅花逼近，橙色预警拉响"；子标题为"长三角铁路部分旅客列车停运"等非常精干

的内容,同时在文字和内容表达上,也非常精练,图片也是气象图、现场图片等让人一目了然的照片,全篇文章虽然只有几百字,却让整篇报道既凸显重要性、贴近性,也让阅读过程变得简单高效,可以使读者很快抓住重点,迅速掌握文章精髓所在。

六、要更乐于创新,增强愉悦阅读体验,让文章呈现的方式更加丰富

"如果浏览变得枯燥,那将不会持久。"大家知道,一篇文章,如果文字出彩,还能配出很好的图片和视频,就可以让这篇文章在新媒体平台上给读者的阅读体验更加愉悦,也更容易引发读者的二次传播。所以在融媒体时代,记者要有相应的"配套"意识,需要从理念上就开始创新,将传统的思维定式打破,始终保持思想的开放性和敏感性,用多元化的手段,强化与新媒体的融合。比如,在内容和表现方式上,加大创新力度,采用丰富的展现手段,这就要求记者掌握学习全面的融媒体新闻技能。在传统媒体时代,有的电视媒体分工比较细化,比如文字记者只负责文字稿件的采写,摄像记者只负责拍摄,但在融媒体时代,即便也有相应的分工,但新闻崭新的传播方式却要求每个记者最好都能掌握一定其他岗位的基本技能,比如说文字记者也要会使用手机、相机进行拍照和短视频的拍摄;在后期方面,文字记者也可以通过短视频软件进行视频的剪辑。这样做的目的并不是说让一个人把所有的工作全都从头干到尾,而是让记者有能力按照新媒体时代下的读者阅读习惯去进行创作。比如在进博会的报道当中,就有媒体记者既是文字记者又是出镜记者,采访的同时也用手机记录下了很多精彩的瞬间,在后期制作上,这些照片和视频与文字和出镜一起就成为了一件件元素多样、充分引起读者阅读兴趣的新媒体新闻作品。这样的作品也非常契合新媒体的传播标准,增强了读者的阅读愉悦体验。

另外,在人民日报微信公众号、新华社微信公众号、央视微信公众号等多家新媒体平台上,我们也不难发现,经常占据版面的有很多都是全国各地的"暖新闻"以及天气类报道、时令鲜花及美食报道。之所以版面上此类新闻屡居高位,一方面是因为这样的新闻最容易让读者产生共鸣,而且可以有效辐射到各个年龄段、各个领域的读者,可以引起普遍的"共情";另一方面,在报道呈现上,往往也都结合上文字、图片、小视频、动画等多种方式,甚至会经常把网友评论截图发在文章上面以表达网友对这件事情最直接最真实的看法。这样的形式非常直观,也非常符合融媒体时代受众接收信息的习惯,也是广电记者在转型期非常值得借鉴学习的地方。

结　语

综上所述,随着科学技术升级带来的传播方式的巨大变革,新媒体的全面发展给传统媒体带来很大挑战,媒体消费者的选择更加灵活,更加主动。所以,传统媒体新闻记者面对变化,既不能故步自封,抱残守缺;面对挑战,也不用惊慌失措,妄自菲薄,而是应随时响应市场竞争和受众需求的变化,把握自己的定位与核心竞争力,扎稳根基,主动迎合融媒时代的发展步伐,积极革新传统工作理念与模式,深入探索创新与转型的新路径,促进自身专业知识技能与职业水平的提升,始终牢记责任使命,加快转变思维观念,勤于学习、善于学习,涉猎更多领域知识,掌握行业发展所需的专业技能,丰富报道的形式,不断强化"四力"(指练就过硬的脚力、眼力、脑力、笔力),从而迅速转型为融媒体记者,用更多优秀的新闻作品成风化人,讲好中国故事,为实现中华民族伟大复兴的中国梦贡献自身力量。

参考文献:

［1］王建军.过去未去,未来已来——关于广播电视媒体融合转型发展的思考.探究真谛［M］,上海:文汇出版社 2018 年版。

［2］高圣铜.融媒背景下广播电视记者采访形式的创新[J],记者摇篮,2020(07)。

［3］卢巧玲.媒介融合背景下广播电视新闻记者的采访意识及策略转换[J],记者观察,2019(03)。

作者简介:

宋崇,上海市松江区融媒体中心记者。

媒体融合语境下电视新闻提升服务性初探

卫　强

提　要： 近年来，随着县级融媒体中心从"相加"到"相融"逐步转变，作为传统媒体的电视新闻也迎来新的发展机遇。本文以奉贤区融媒体中心制作的《奉贤新闻》栏目为例，探讨电视新闻如何利用自身长项和媒体融合优势，在拓展信息来源、提供权威解读、适时适度评论等方面为群众提供更加准确、全面、及时的信息服务。并在总结经验基础上做一些策略性的思考。

关键词： 媒体融合　电视新闻　服务性

引　言

2018年8月21—22日，习近平总书记在全国宣传思想工作会议上发表重要讲话，指出"要扎实抓好县级融媒体中心建设，更好引导群众、服务群众"。同年11月14日中央深改委第五次会议审议通过《关于加强县级融媒体中心建设的意见》，将县原有的广播电视台、县党报、县属网站等媒体单位全部纳入县级融媒体中心，负责全县所有信息发布服务，实现资源集中、统一管理、信息优质、服务规范，更好为党委政府服务，为当地群众服务。

2019年中，随着奉贤区融媒体中心的成立，各媒体平台形成了融合发展的态势。新闻信息的聚合更加多元丰富，分发也有了集中统一的指挥平台，在服务群众方面更加精细精准。新闻的服务性有广义和狭义两种理解，限于篇幅，本文仅从后一角度进行阐述。"从狭义上说，服务性指的是某一类新闻，即为方便人民群众的日常生活、工作提供的咨询服务,以及和人民群众日常直接有关的一些信息,像天气预报、生活消费市场行情、交通状况等。"经过3年多的实践,奉贤区融媒体中心所制作的电视新闻栏目《奉贤新闻》(前身为《奉视新闻》)也在积极探索中,取得了一些成效。

一、拓展信息源,为群众提供准确全面及时的信息服务

随着互联网信息技术的突飞猛进,各类新兴媒体样式不断涌现,公众号、短视频、知识分享等各类平台成为广大群众获取信息的全新途径,微博、网站、搜索引擎等准传统媒体和报纸、杂志、广播、电视等传统媒体也在不断变革创新、融合发展,依托各自的优势和长项,为广大群众提供所需的信息。在令人振奋的技术变革时代,电视新闻同样可以发挥自身的优势,在激烈的媒体竞争中赢得一席之地。

以《奉贤新闻》栏目为例,从奉贤区融媒体中心成立起,就依托统一的新闻采编指挥平台,主动拥抱媒体融合大潮,努力发挥自身优势,拓展各类信息源头,为广大观众提供准确、全面、及时的信息服务。电视新闻最大的优势在于具有感染力的现场画面和声音,运用合理可让人如身临其境,具有很强的代入感。电视新闻还有一个优势,就是在时间比较紧张时,可以利用主持人口播、字幕等形式,在较短的时间内,播发一些比较重要或实用的新闻信息。因为口播、字幕等"不受图像限制,稿源丰富,有利于扩大信息量"。可以让观众及时了解掌握,以更好地安排自身的工作、学习和生活。成立区融媒体中心以后,有利条件又增加了一个,那就是官方微信公众号刊播的便民服务信息,时效性、权威性都有保证,电视新闻在当天下午版面截稿前,能够很便捷地搜寻到可供播发的信息,再经过自身编审环节,就可以在当晚与观众见面,展现出较强的服务性。据不完全统计,从奉贤区融媒体中心成立以来,截至2023年3月底,《奉贤新闻》共播发各类主持人口播、字幕信息926条,其中绝大部分是便民服务信息,如从2020年2月6日播出主持人口播稿件《上海:6日0点—12点新增3例新型冠状病毒感染的肺炎确诊病例 奉贤新增1例确诊病例》开始,直到2022年12月15日播出口播稿《本市不再公布无症状感染者数据》,前后近3年,《奉贤新闻》栏目以口播和字幕的形式,持续转发"上海发布""上海奉贤"等官方微信账号发布的全市、全区新冠肺炎疫情信息710条,约占全部口播、字幕信息的77%。针对疫情高峰期部分群众存在的恐慌情绪,以卫生健康主管部门提供的材料为基础,编辑及时摘播了有助于心理健康的知识信息,如《专家解答:疫情防控期间如何缓解焦虑情绪?》《专家解答:疫情防控期间情绪不好如何寻求安慰?》《专家解答:心理调适要有盼头、有放下、有自律、有念想》等。另外,考虑到群众普遍关注疫情期间防

控政策,在播出记者采访的电视新闻基础上,对于时效性强、拍摄难度大的一些新闻信息,编辑就会及时通过口播、字幕等手段及时广而告之,如《2月2日起沪优化社区口罩供应:居村委会预约登记＋指定药店购买》《为配合新冠疫苗接种区体育中心本周六7:30—16:30禁止社会车辆进入》《奉贤区首批31个"满天星"核酸采样点挂牌投运》等,通过类似信息的及时播报,充分满足观众的知情权,一定程度上缓解群众的焦虑情绪,维护了社会的稳定。

除此之外,栏目还关注与观众密切相关的生活类服务信息,第一时间摘播,以方便群众工作、学习和生活。如奉贤北邻杭州湾,每年汛期,往往会遭遇数个台风侵袭。由于台风移动速度快、移动路径变化大,而常规的电视新闻采编、制作往往相对滞后,为此,《奉贤新闻》栏目有针对性地摘编气象部门提供的实时气象预报,以提示群众做好相关的预防工作,如《台风"烟花"预计25日下午到26日凌晨在浙江舟山到玉环沿海登陆　届时将给奉贤带来明显风雨影响》《面对台风"灿都"市民该如何做好个人防护》《"黑格比"预计今天21—23时经过上海同纬度　上海中心气象台预计将带来暴雨和7级大风》等。延伸到各种极端恶劣天气,《奉贤新闻》栏目也会及时进行播报,如《强冷空气来袭　气象部门提醒市民做好防范》《气象部门预报今天上半夜至1月17日本区将出现大风降温天气》《暴雨来袭　市民掌握必要的避险诀窍很重要》《未来几天热浪持续　奉贤区极端最高气温可达38℃》。还譬如市民普遍关注的交通出行信息,也是编辑重点关注的内容,遇有交通运营单位或管理部门发布的信息,会及时予以摘编播报,如《奉贤公交4条公交线路即将新辟和调整》《奉贤区部分公交线路逐步有序恢复运营》《奉贤区3月1日起正式实施区域巡游出租汽车运价调整》等,让观众能及时掌握,方便出行。

二、提供权威解读,引导群众养成科学健康的生活方式

"新闻所包含的信息是知识性的、能够帮助受众了解外部世界、解除迷惑、增长知识,受者对于这种信息往往持积极态度。"随着生活条件的不断改善,如今人们对各类保健知识有着较强的需求,但一些网络平台为赚取流量,不惜散布不实甚至虚假消息,造成了一定的不良影响。为此,《奉贤新闻》栏目借助媒体融合资源,利用与区内各医疗机构联系紧密的优势,为观众了解各类医疗健康知识提供服务。3年多来,除了大量的新冠肺炎疫情防控方面的知识外,《奉贤新闻》着重结合时效性和市民对于全生命周期的保健需求,分门别类做好医疗保健科普宣传。在开展相关医学保健知识宣传时,《奉贤新闻》栏目注重电视新闻这一优势,尽量多让专业人士出镜解疑释惑,让观众通过收看节目,犹如亲历了一次专家门诊。如《手足口病进入今年次高峰期　成年人如不注意防护也会患病》这条电视

报道,就通过采访奉贤区疾控中心专业人士,提醒广大市民,对于手足口病,不要误认为它是个儿童专属疾病,成年人如果不注意防护,也会患上手足口病,并充分运用专业人士的同期声,告知市民应如何科学有效地预防手足口病。又如《夏季老年人头痛症状增多 医生提醒应警惕脑梗高发》这篇报道中,记者就市民普遍认为冬季是心脑血管疾病的高发期这一误区进行了采访。奉贤区中心医院神经内科医生在出镜中介绍:其实,夏季由于天气炎热,皮肤血管扩张散热,使得血液循环量增加;另一方面,夏天出汗多,如果没有及时补水,血液会浓缩。这一增一缩的过程,就容易诱发血管痉挛,甚至导致脑梗。医生还结合病例,进行了如下提醒:不仅是中老年人需警惕夏季脑梗高发,年轻人也同样要注意睡眠及饮食,尤其是有心脏病、高血压、脑梗死、胃肠炎病史的市民,要注意休息,切勿过度疲劳,冰镇啤酒等冰冻饮料也须控制饮用。类似的报道还有《开学前配镜学生增多 医生提醒:检查视力"散瞳"很重要》《更年期女性如何避免骨质疏松? 专家建议注重营养、健康运动、提前干预》《秋季进入水痘高发季 医生提醒注意通风增强体质是关键》《医生提醒湿寒天气要警惕肩颈腰腿痛"找上门"》等。另外,《奉贤新闻》栏目还结合各个易致病时间节点,提前做好科普报道,如《梅雨季公园绿地出现"蘑菇圈"市民切勿采摘食用》《夏季为过敏性疾病高发期 专家提醒患者应及时规范就诊》《进入春日赏花期 医生提醒敏感人群注意防范》《秋季进入水痘高发季 医生提醒注意通风 增强体质是关键》等。除此之外,《奉贤新闻》栏目还注重利用各种医疗健康主题日,做好专病防治的科普宣传,如《全国心梗救治日:天冷易诱发心梗 发病逐渐年轻化》《全国肿瘤防治周:癌症发病率仍呈上升趋势 重视"三早"避免"谈癌色变"》《高血压日:18 岁以上成人应定期自我检测血压 知晓自己的血压》(2020 年 10 月 12 日)、《世界狂犬病日 医生提示:被哺乳动物抓咬伤后 应尽早接种狂犬疫苗》《世界镇痛日 医生提示:切勿让"小痛"忍成"大病"》《世界肾脏日 医生提示:保护肾健康从定期体检开始》等,通过鲜活的案例和医生的介绍,提醒市民做好相关预防工作。

除了新闻报道之外,《奉贤新闻》栏目还依托媒体融合优势,不定期地从权威信源摘录相关保健小常识,如《迎冬小雪至 养生要注意这几点》《降温了 市民使用取暖设备应警惕低温烫伤》《今日小寒 市民养生可以这样防和补》《大寒节气 健康养生莫忽视》《高温天如何有效识别症状谨防中暑》等,以服务于群众的日常生活和保健。

三、适时发表评论,为群众满足更好美好生活向往提供服务

"新闻事业发挥沟通情况、提供信息的作用,不但通过刊登大量的新闻,而且

还通过评论和广告。"在一些新闻报道后,恰如其分的短评往往可以起到画龙点睛的作用,让新闻的服务性体现得更加淋漓尽致。在媒体融合之后,各类新闻信息的传播时效更强、传播覆盖面更广了,相对而言,适时适度的评论比较稀缺。为此,《奉贤新闻》栏目注重发挥电视新闻主持人出镜的优势,紧密结合相关新闻报道,及时播出各类短小精悍的评论,旗帜鲜明地宣传党的主张、弘扬社会主义核心价值观和中华优秀传统文化、鞭挞不良倾向,以期达到更好服务群众的目的。据初步统计,自奉贤区融媒体中心成立以来,截至 2023 年 3 月底,《奉贤新闻》以"编后语"形式共播发短评 270 多篇,为观众提供了大量的科普、法律等知识和鲜明观点。如 2022 年 8 月 17 日在选用《小学生巧手制甜品　颜值口味均"在线"》这篇报道时,考虑到当时教育部刚刚印发方案,从当年新学年开始,劳动课将正式成为中小学的独立课程,于是编辑在编后语中指出:从报道主人公萱萱的故事中得到启发,我们的劳动课能更贴近实际生活所需和孩子们的兴趣点,全社会也要持续营造"劳动光荣"的氛围,为孩子们提供学习劳动技能的便利,让他们都能爱上劳动,家长们也可以帮助他们掌握必要的各类生活技能,不断提高生活自理能力,以满足未来的学习、工作和生活所需。另如 2021 年 11 月 25 日播出《光明村引导村民参与自治　群众积极用一技之长改善村容村貌》报道中,编辑及时撰写了编后语:俗话说,"众人拾柴火焰高",万明花园小区的经验告诉我们,民智无穷、民力无限,基层的社会治理要改变以往那种"你干　他看"的状态,离不开共建共治,只有发挥更多人的积极性,才能实现美好环境、美好生活的共享。

在当天组稿时,如近期类似报道比较集中,即可有的放矢地予以点评。如 2023 年 2 月 23 日在选编新闻《非机动车道惊现 3.9 万元现金　警民协作找到失主》后,编辑马上想到栏目前一天播出的一条类似报道:一位七旬阿婆将装有 20 万元现金的塑料袋遗忘在地上,差点被当成干垃圾焚烧掉,后来幸亏民警和环卫工人在 15 吨垃圾中翻找出来。考虑到电视观众以中老年人为多,编辑在编后语中简要回顾了前一条新闻后,特地提醒到:对于大额现金,广大市民一定要妥善保管好,避免发生类似的险情。有时,一档节目中若干条相关报道后,也可以适时撰写短评。如 2020 年 9 月 11 日《奉贤新闻》栏目播出的三条新闻《海湾旅游区:海棠社区不花政府一分钱　打造"共享花园"吸引居民踊跃参与》《区交通委等部门对南桥中心城区停车乱象进行联合执法整治》《南桥镇:将新增 1 000 多个道路临时停车位　进一步规范机动车停放秩序》之后,编辑在编后语中说:上述两条新闻都与城区机动车停放问题息息相关,如今随着人们生活水平的提高,汽车进入普通家庭的步伐明显加快,停车已然成为新的民生问题。如何破解群众普遍关注的热点难点问题,看来还是要堵疏结合,一方面,要加强对停车的法治化管理水平,让乱停车者没有空子可钻;另一方面,管理者还是要下"绣花"功夫,充分挖掘停车资源,让市民群众买车用车更有底气。同时,在这么多停车位被开发出来之后,日常的运营管理也是一篇大文章,不妨可以借鉴海湾旅游区海棠社区的经验做法,引入群众自治这个办法,让无穷的民智民力在城市精细化管理中发挥独特的作用,真正共建、共治、共享我们的美好城市。应该说,这样的评论虽然简短,但结合具体的新闻报道,还是能体现较强的服务性。

结　语

电视新闻因其固有的声画兼备的特点,一直以来广受群众的欢迎。区级融媒体中心的成立,给传统媒体带来了新的机遇。电视新闻要充分利用媒体融合的优势,并结合自身在信息传播中的长处,尤其需在信息源的拓展、权威信息的发布和在公共话题上提供鲜明观点等方面有所建树,以增强受众的黏性,最终达到更好服务于广大群众的目的。当然,区级融媒体中心还要不断加强对电视新闻采编播人员的业务培训,让每一位从业人员都养成强烈的服务意识,并贯彻落实到每一档新闻节目、每一条新闻报道中,才能使电视新闻工作收获应有的社会效益。

参考文献:

[1] 李良荣:《新闻学概论》,上海:复旦大学出版社,第 222—223 页。
[2] 刘东华:《当代电视报道理念与技巧》,北京:新华出版社,第 107 页。
[3] 刘京林:《新闻心理学原理》,北京:中国广播电视出版社,第 87 页。
[4] 李良荣:《新闻学概论》,上海:复旦大学出版社,第 109 页。

作者简介:
卫强,上海市奉贤区融媒体中心《奉贤新闻》栏目副主编。

运用融媒体传播手段 持续打造服务民生品牌

——以"我爱我嘉"民生系列访谈为例

田 蜜

提 要：建设区县级融媒体中心是党中央做出的重大决策部署，它顺应了新时代媒体发展的方向和要求，将原来资源力量相对分散的多个部门和平台整合为统一调度策划、全媒体采编制作、多平台联动发布的新型媒体机构，既提升了主流舆论阵地的传播力、引导力、服务力、影响力、公信力，发挥好引导群众的作用，又强化了服务意识、建好服务平台、提升服务能力。本文试以嘉定区融媒体中心"我爱我嘉"民生热线系列访谈为例，从内容生产、协同配合、传播手段等层面，探索媒体融合背景下民生类访谈节目的创新发展之路。

关键词：人民至上 打造品牌 协同发力 融合创新

引 言

2009 年 7 月 1 日，广播访谈节目《民生热线》正式开播，这是嘉定广播电视台综合广播 FM100.3（原嘉定人民广播电台）开设的首档民生访谈节目，节目从策划话题角度、受众传播方式、听众线上线下互动等多个方面不断改进，定位日趋成熟，成为了政府部门和人民群众的"连心桥"、替群众排忧解难的"民心线"、优化政务环境的"监督岗"，同时也是缓解社会矛盾的"减压阀"、构建和谐社会的"助推器"。

"人民城市人民建，人民城市为人民"，是习近平总书记考察上海期间提出的重要城市建设理念。依托这档群众基础深厚的品牌访谈栏目,从 2020 年开始,栏目连续三年推出"我爱我嘉"民生系列访谈特别策划,邀请政府职能部门、街镇负责人,轮流走进嘉定区融媒体中心直播间,汇集民意民智,共话城市发展,受到了一致好评。

本文以此探索媒体融合背景下民生类访谈节目的创新发展之路。

一、民生就是民心 内容坚持人民至上

"我爱我嘉"民生系列访谈,通过搭建多方沟通平台,在线解决市民的"急难愁盼"问题。节目始终希望能贯彻"人民城市人民建"的理念,因为每个市民不只是社会的旁观者,而是真正能参与到城市有序治理的过程中去,通过"新媒体+传统媒体""对话+互动""线上+线下"的方式,每场近一个小时的音视频直播访谈,才是关注"民生"的最好体现。

嘉定镇街道镇域面积小人口多,如何在"螺蛳壳里做道场",在折叠空间里体现功能的多样性?嘉定工业区的小草莓如何做出大文章,产业发展如何为农村注入新活力?被誉为外环项链上的一颗"绿翡翠"的栅桥绿地,在景观提升的同时,又将注入哪些新的内涵,不仅造福真新区域居民,还将产生怎样的辐射和外溢效应?做民生节目不能只有一家之言,节目需要倾听多方声音,既为解决问题"联通现场,时刻在线",又在督促相关部门推进的同时,增强公众对城市运行管理的理解。直播节目先导片"民生一诺",由各街镇主要负责人介绍区域内某项民生工作的推进落实情况,对群众的"急难愁盼"郑重许下承诺,邀请市民群众做出评判,一方面给专场直播预热造势,还充分吸引广大受众的关注度,扩大节目的传播力和影响力,显示了领导干部直面民生诉求,解决百姓"急难愁盼"的信心和决心,更提升了领导干部通过媒体服务民生的能力。访谈嘉宾江桥镇镇长徐磊在节目后表示:"很多民生问题,在媒体直播中向市民群众做出了承诺,就要说话算数,把事情做好。这次访谈,对政府部门进一步提升融媒体时代的适应能力,有极大的推动作用。"

小细节体现大民生,不同访谈专场内容侧重或有不同,委局专场访谈可就某项民生项目进行深度阐述,街镇专场内容选材的深度上不及委局,较难在某项民生工作上做深入全面的探讨,但内容选材的覆盖面非常广,可以涵盖民生工作的方方面面,所谓一枝一叶总关情。所以,在节目直播前期,主持人在策划访谈内容时,一方面把着眼点放在区域内重大的民生实事项目,寻求"重大""亮眼""爆点"为目标,发布一些民生"重磅",让访谈够分量、关注度够高,另一方面,还要将着眼点聚焦市民群众个性化的"急难愁盼",所谓"小细节体现大民生",通过"两

微一端"——微博、微信和"上海嘉定"App客户端等各新媒体平台开通意见建议征集通道,街头海采等形式,广泛征集呼声需求,掌握一手民声民意,共性、个性问题由"当家人"在访谈中当场给予答复。

例如在区城管执法局专场直播访谈中,主持人与新闻记者现场连线,全程跟踪记录城管执法队员执法过程:之前有市民投诉,某业主为了更改房屋结构擅自拆除承重墙,城管执法人员已上门要求业主恢复房屋的原样,但是恢复后是否符合房屋安全标准,邻居多有担心,这就需要第三方的检测机构上门进行检测,在这条场内、场外连线过程当中,不仅呈现了城管队员动态跟进执法的全过程,让市民了解城管执法事项和职能,也是"民有所呼,我有所应"的生动写照。直播节目中呈现的生动"网感",一头通政府、一头通百姓,通达民心是最质朴也是最有效体现"人民城市人民建,人民城市为人民"发展理念的方式。

在回应民生诉求的同时,让老百姓了解区域民生发展的重点,让他们知道政府在为老百姓忙些什么,先导片就对直播访谈节目产生了提领和深化作用:嘉定区外冈镇地处嘉定的西北部,有上海古外滩的美誉,与嘉定南部地区城市化率较高的街镇相比,外冈镇有着独特的街镇气质,它保留着小桥流水式的江南村落风貌,村庄的保留保护,这是美丽乡村建设的成果,此外,也有部分农民"洗脚上楼"搬进了大型的楼房社区统一居住。另外,外冈还有部分的工业园区,承担着嘉定产业发展的重任。外冈还是嘉定西北门户,与江苏太仓城厢镇相接,村民转型市民,粗放的生活习惯怎么转变? 这都给社区治理带来很多的考验,镇长参与先导片的拍摄,全程导览外冈,一方面体现了亲民的特质,为先导片增加了很多温情和人文情怀。在导览的同时,又将体察到的民生发展中的一些困惑和难点看在眼里,记在心上,接下来怎么着手去解决? 随着空间的转换,先导片里的镇长走进了访谈直播间,正是直面民生诉求的开始,不可谓不吸睛。

参与访谈的嘉宾也表示,节目架起了政府与百姓沟通的桥梁,通过节目可以向市民宣传政府的民生工作,也可以倾听市民的意见诉求,为今后更好、更精准地满足市民诉求发挥了至关重要的作用。希望通过这一媒体民生服务的平台,让各项民生工作顺利开展、扎实推进。

二、跨部门协同配合　精心打造高效作战团队

"我爱我嘉"民生系列访谈,是嘉定区融媒体中心一年一度的时间跨度最大、涉及部门最多的大型融媒体直播节目,政府部门、街镇负责人走进演播室、参与访谈,体现了政府部门直面民生诉求的决心,可以说是干货满满、诚意满满;广播与网络音视频同步直播,在保持了广播听众传统收听习惯需求的同时,还须保证

视频信号传输畅通,这对技术协同配合也是实实在在的考验,而直播间场内外实况连线,不仅对主持人、记者的现场思辨能力提出更精准的要求,在突发情况下快速应变处置的能力更是不可或缺。

值得一提的是,在区委领导的关心支持下,区委宣传部、区融媒体中心认真研究制订实施方案,调动各方力量,确保访谈取得实效。为推动访谈高起点开展,在"我爱我嘉"2020民生系列访谈开播前夕,区委宣传部、区融媒体中心与东方广播中心深度合作,聘请上广首席主持人海波、秦畅、雪瑾为嘉定区新闻宣传品牌策划顾问,将民生系列访谈作为双方首个合作项目,由三位首席主持人和东方广播中心的资深编辑团队深度参与,借鉴上广品牌栏目《夏令热线》《市民与社会》《市民政务通——直通990》的成功经验,联手推动打造"我爱我嘉"民生访谈品牌,借助主流媒体的传播资源扩大传播影响,更好架设沟通桥梁、服务民生发展,促使节目质量和社会反响得到显著提升。

"我爱我嘉"民生系列访谈举办三年来,跨部门协同合作日趋成熟,各部门、各环节紧密配合,从创意设计、内容策划,到剪辑包装、多平台传播,团队的协同配合能力不断提升,在55分钟的有效访谈时间内,嘉宾场均回复现场市民提问、先期征集的意见建议以及直播过程中的网友留言问题达到10个,为了在有效时间内集中解答市民普遍关心关注的问题,主持人还与访谈单位积极沟通,请访谈单位指派工作人员,在直播平台上对部分网友的提问进行即时回复,进一步提升了访谈节目实效,这种政务访谈+民生互动提问的访谈方式,极大地显示出了媒体服务民生的能力,也推动了政府部门进一步适应融媒发展时代的能力。

在团队协同配合能力不断提升的同时,专场直播不断进行"扩容",不仅有教育、卫生健康、民政、交通等与市民生活息息相关的委局,也有规划资源局、生态环境等规划引领未来城市发展的单位。首次做客"我爱我嘉"民生访谈直播间的嘉定区生态环境局局长滕云就表示:"今天我也非常荣幸、非常高兴融媒体搭建了这么好的平台,让我有机会和大家面对面,包括还有网上互动交流,让我们大家一起努力让嘉定的生态环保事业越来越好!"

作为直播访谈的"灵魂",三年来,访谈主持人队伍也迅速成长,综合能力得到极大的提升,四位访谈节目主持人凭借着在日常访谈节目中积累的内容策划能力、访谈沟通技巧和临场应变能力,对访谈节奏把控越来越纯熟,对嘉宾的引导和带动作用明显,嘉宾饱满的表达欲望也激发了主持人的发挥,起到很好的互为作用效果。其中最"险"的徐行镇专场访谈中,由于种种原因,需要填补长达15分钟的内容空缺,结合文稿内容快结束前的两个网友提问是关于公园绿地建设方面的内容,主持人便结合此前夏雨夜出门探访家门口的口袋公园看荷花的经历,引发了嘉宾对公园绿地基础设施布局建设的诸多观点,这些分享既感性又有温度,为节目增色不少,最终这场访谈在有惊无险中顺利结束,又取得了意料之外的对话效果。

如何为节目增添小趣味,也是各位主持人群策群力、头脑风暴的焦点。所谓小趣味自然不是大板块,访谈现场桌子上摆放的街镇特色摆件,像南翔小笼、嘉定镇街道石童子文创、嘉定工业区的莓丽姑娘,不喧宾夺主却增强了专场属性,可谓画龙点睛,不失生动活泼。

三、紧扣主题确立品牌 推动媒体融合创新发展

"我爱我嘉"民生系列访谈始终紧扣主题,在实践中不断创新发展,成熟运用融媒传播手段,体现了媒体的责任与担当,也增加了受众的黏性。一位两度参与"我爱我嘉"民生直播访谈的市民代表说:"去年的民生访谈现场说到了社区助餐点这个项目,今年我想了解了解嘉定社区助餐工作有没有什么新的发展。"这不仅是对政府部门的工作提出了要求,更体现了受众对"我爱我嘉"民生访谈节目的信赖,今后,两者将形成合力,继续为嘉定民生发展提供沟通交流、舆论支持的阵地。

回应民生关切一直是栏目的宗旨,三年来,这档融媒体特别策划在节目内容、互动形式、演播室观效等方面进行了全面升级,助推民生服务类节目迈上一个更高的台阶。在媒体融合创新发展的当下,有优质内容还不够,更重要的是不断扩大融媒产品的传播力和影响力,以及为受众带来符合他们所需要的产品价值,嘉融媒对此也进行了一番探索。在拓展传播渠道方面,"我爱我嘉"民生系列访谈借力"新华财经"、东方网等央媒、市级媒体的传播资源,扩大传播影响力,还充分发挥嘉融媒几大平台自身的在地优势,前期通过"上海嘉定"客户端、微信、微博、视频号等发布直播动态,引发受众关注、参与,中期打造互动性强、干货十足的对话访谈,后期通过现场视频剪辑、电视新闻追踪报道、报纸深度解读,全方位、立体式延伸传播,让节目更有回味,信息传播更为高效。为进一步体现媒体的社会责任与担当,进一步增加受众黏性。访谈节目中,职能部门如未能当场给出答复,中心采访力量则会后续跟进,推动问题的解决,使"我爱我嘉"品牌的知名度和影响力得到进一步提升。

结 语

"我爱我嘉"民生系列访谈将继续践行"人民城市人民建、人民城市为人民"的重要理念,打通广播、电视、新媒体的资源、系统和渠道,为人民解"急难愁盼",

让城市发展惠及更多市民百姓。在今后的发展中,可尝试增加直播访谈的"数字化"底色,深度拥抱"数字化",如开发虚拟主播,与时下流行的 ChatGPT 人工智能共同搭建"元宇宙"对话空间。在增强节目看点的同时,也为未来节目形式的创新带来更多思考与方向;邀请市民参与连线,与相关部门负责人、专家学者、代表委员等一同参与讨论,一方面推进问题解决,真正体现节目"在线解决急难愁"的金字招牌,另一方面直接接收、回应市民基于使用体验的意见,推进"人民城市人民建";面对市民的求助、咨询、建议信息,节目组还可经过遴选投屏在节目中,进行大小屏互动,在"两微一端"长期开设互动渠道,并探索推出更为直接的互动渠道。如直播过程中嵌入二维码,观众网友只要扫一扫,便可直达求助平台;或一键评论、转发节目,最大化畅通市民求助咨询、表情达意、参与城市治理的沟通渠道,更好地增强媒体的服务能力。

参考文献:

[1] 张昱辰.《从机构融合迈向社会融合:县级融媒体中心发展路径再思考》[J].《中国出版》,2019 年第 16 期。

[2] 李炎,张俊.《融媒体时代电视民生新闻栏目困境与突围研究》[J].《传媒论坛》,2020 年第 1 期。

[3] 王茜.《融媒体时代广播电视传媒的创新发展策略》[J].《科技传播》,2020 年第 12 期。

作者简介:

田蜜,上海市嘉定区融媒体中心音频编播部副主任。

基层政务公众号如何做好"稳就业"类民生信息推送

——以"上海奉贤"微信公众号为例

何　芹　方皑冰

提　要： 2023 年，是新冠肺炎调整为乙类乙管后社会经济的发力之年，就业问题，特别是大学生等重点人群的就业问题，成为社会关注的焦点。聚焦 2023 年春节后企业"用工荒"、大学生等重点人群就业等民生实事难题，本文以"上海奉贤"微信公众号为例，分析基层政务公众号，如何聚焦上海市委市政府、奉贤区委区政府的系列稳岗促就业重要举措，主动跨前一步，做好"稳就业"类信息推送，服务好"就业是最大的民生"这一重点工作。

关键词： 稳就业　基层政务公众号　民生信息

引　言

就业是最大的民生，也是经济发展最基本的支撑。2022 年 6 月 27 日，上海《关于做好本市当前和今后一个时期稳就业工作的意见》（以下简称《意见》）正式实施。在《意见》中提到，受疫情冲击，上海市就业形势面临前所未有的风险挑战。并对当前和今后一个时期的稳就业工作提出具体要求，如要聚焦劳动者就业创业、要将高校毕业生等青年就业作为重中之重、加强农民工和农村劳动力就业支持、深化东西部劳务协作、做好常态化企业招聘用工服务等，进一步解决就业服务"最后一公里"问题。2023 年初，为全力应对疫情冲击对企业缺工和劳动者稳岗带来的不利影响，上海市人社部门也提前启动 2023 年春季促进就业专项行动,拿出多项实招、硬招,不遗余力、千方百计保障春节前后重点工程和重点企业的用工需求以及重点群体急难愁盼的就业需求。3月份,《上海市就业促进条例》正式实施,为提升就业领域法治化水平提供有力保障。

为积极落实关于"稳就业、保就业"的系列工作部署,促进高质量充分就业,各级政府就需要为用人单位及有就业需求的求职人群搭建便捷、高效的信息交流平台。在人们与手机"不离不弃"的今天,政务新媒体已经成为众多政府部门推送政策、服务信息的重要平台,成为媒体、公众获取资讯的重要渠道。"上海奉贤"微信公众号是上海市奉贤区政务宣传的主阵地之一,目前关注人数已达38万(全区常住人口113万左右)。如何回应好市民的期盼,做好"稳就业"类民生信息的推送?

做好民生服务信息推送,是"服务型政府"打造政务公众号的应有之义。事实上,"上海奉贤"公众号自诞生之初,就致力于传播民生政务信息,也成为上海基层政务公众号中比较有特色的区级政务官微之一。2020年《新闻研究导刊》刊发了《服务型政府视角下政务微信传播与发展研究——以上海市区级政府官微为例》一文,该文中,研究者通过Python采集代码抓取上海市区级政府官微2017年7月3日至2018年7月2日发布的推文,利用软件对样本的标题做词频分析和关联地域分析,得到下表。可以清楚看到,"招聘"是"上海奉贤"公众号当年度推文标题中当之无愧的高频词,这也体现了"上海奉贤"公众号的民生服务传统。

表1 文本关联分析

地 区	关 键 词	相 关 度
上海虹口	新闻,视频,搜索	0.041 6,0.021 5,0.020 7
上海徐汇	调研,进行,现场	0.013 4,0.011 6,0.009 3
上海普陀	看看,知道,注意	0.008 7,0.007 6,0.007 5
上海奉贤	招聘,提醒,实用	0.014 6,0.011 4,0.007 5
绿色青浦	上海,活动,企业	0.016 5,0.013 4,0.007 9
上海宝山	活动,报名,看看	0.009 6,0.006 1,0.006 1
上海嘉定	重磅,独家,招聘	0.017 5,0.011 2,0.007 9
上海长宁	调研,工作,知道	0.007 5,0.005,0.004 9

地　区	关　键　词	相　关　度
上海静安	调研,直播,福利	0.015 1,0.010 5,0.006 3
i金山	提醒,看看,围观	0.017 3,0.012 7,0.008 3
上海闵行	资讯,闵闵,便民	0.014 3,0.013,0.009 2
上海松江	招聘,居民,小区	0.008 1,0.007,0.006 8
浦东发布	城事,居行,招聘	0.024 4,0.020 9,0.016 3
上海杨浦	实用,调研,便民	0.016 4,0.012 3,0.010 4
上海崇明	视频,故事,知道	0.007 9,0.007 6,0.006 4
上海黄浦	世界,思南,调研	0.006 1,0.006,0.005 8

据统计,2023 年,全国城镇就业新成长劳动力达 1 662 万人,其中 1 158 万为高校毕业生,人数再创历史新高,构成比较大的就业总量压力。据上海市人力资源和社会保障局发布的消息,2023 年上海将确保全年新增就业岗位 55 万个以上,城镇调查失业率保持在 5% 以内。新要求、新形势、新现象、新问题,也为"上海奉贤"公众号做好"稳就业"类民生信息推送带来了新挑战。

一、"稳就业"类信息需要量剧增

1. "招聘"成为公众号后台私信的"绝对"高频词

2023 年以来,在"上海奉贤"微信公众号后台,"招聘"等相关词汇,成为网友私信的"绝对"高频词。以 2023 年 3 月为例,本文统计了"上海奉贤"公众号后台 3 月 1 日至 3 月 30 日网友私信留言内容,发现近一个月的时间,求职招聘类关键词就达 42 条之多,在检索的 30 天中就有 20 天,平台收到了求职类私信,平均每月每天 1.4 条。私信关键词包括"招聘""找工作""就业"等,也包括一些专项考试,如"社工报考"和"奉贤人才储备"等。

需要说明的是,"上海奉贤"微信公众号推送的招聘类信息,可以在首页通过关键词来检索,但私信中,还没有开通关键词检索功能。从网友的私信留言内容可以推断,首先是"稳就业"类信息,特别是招聘信息,成为市民关注的热门内容;

表 2　2023 年 3 月份"上海奉贤"微信公众号求职类私信情况

日　期	条　数	私信关键词
3 月 29 日	2	招工、考试
3 月 28 日	5	招聘社工、招辅警、招聘
3 月 27 日	2	招聘、社工招聘
3 月 26 日	2	人才储备、招聘会
3 月 25 日	2	人才储备、招聘会
3 月 24 日	3	招聘信息、招聘
3 月 23 日	2	招聘
3 月 22 日	4	怎么发布招聘、招聘
3 月 21 日	1	找工作
3 月 19 日	3	社工报考、招聘
3 月 16 日	1	招聘
3 月 15 日	1	招聘
3 月 14 日	1	招聘
3 月 13 日	2	招聘、就业
3 月 12 日	1	招聘
3 月 10 日	2	招聘、社工招聘
3 月 9 日	3	社工、社工招聘
3 月 7 日	2	奉贤储备人才、公开招聘
3 月 2 日	2	就业、招聘
3 月 1 日	1	青村人才招聘
合　计	42	

备注:"上海奉贤"微信公众号保留近 30 天的私信情况;本表格数据查找范围:3 月 1 日—3 月 30 日。

其次，一定程度上，部分网友希望通过私信关键词，来一键获取近期的"稳就业"类推文信息。

2."稳就业"类信息屡屡成为"爆款"推文

"稳就业"类信息，特别是招聘信息，其浏览量相对于其他类型推文一直表现不俗，今年以来，不少更是达到"爆款"程度。以 2023 年 2 月份为例，"上海奉贤"总计发布微信数 626 条，总阅读次数 151.8 万次，平均每条的总阅读数为 2 424.9 次（保留一位小数）。其中，2 月份总共发布"稳就业"类微信推文 18 条，平均阅读数 9 631.4 次，遥遥领跑当月平均每条微信阅读次数。此外，在当月的"稳就业"类微信推文中，总阅读次数破万的就有 6 条，其中，《招聘|南桥镇向社会公开招聘社区综合协管员 25 名》一文总阅读次数达 23 566 次，"稳就业"类微信屡屡成为"爆款"，直接反映了网友对此类信息的关注热度。（阅读次数以微信后台的统计表格为准，由于后台的统计时效等因素，单条推文的阅读次数，不同于该推文文末显示的阅读数。）

表 3 "上海奉贤"微信公众号 2023 年 2 月份"稳就业类"信息推送情况表

序号	内 容 标 题	发表时间	总阅读次数	总分享人数	总分享次数	推送位置
1	奉贤搭建区、校、企高适配度"大平台"，首届"人才超市"点燃高校求职热	20230227	4 541	52	60	1 条
2	最高年薪 15 万！2023 年奉贤区青村镇镇属储备人才、青年人才招聘公告来啦	20230226	22 900	959	1 101	1 条
3	活动预告|招聘 895 人！柘林镇专场"职"等你来！	20230214	16 517	745	869	1 条
4	"家门口"的这场招聘会人气真旺！工程技术、餐饮类成热门	20230212	10 538	68	73	1 条
5	招聘预告|招聘 1 800 余人，奉城镇专场招聘会即将开始！	20230211	25 079	1 256	1 487	1 条
6	上海市 2023 年事业单位公开招聘启动啦，2 月 13 日开始报名（附问答）	20230210	2 075	152	174	7 条

续　表

序号	内　容　标　题	发表时间	总阅读次数	总分享人数	总分享次数	推送位置
7	2023年南桥镇集体企业人才招聘公告→	20230209	6 295	198	226	3条
8	活动预告|招聘536人！西渡街道专场"职"等你来！	20230209	5 728	248	294	5条
9	招聘|南桥镇向社会公开招聘社区综合协管员25名	20230208	23 566	1 381	1 670	2条
10	活动预告|招聘376人，四团镇专场招聘会"职"等你来！	20230208	15 616	700	833	2条
11	活动预告|本周三，奉浦街道专场招聘会	20230207	6 899	356	404	2条
12	24小时拿到offer，72小时火速抵奉	20230205	7 324	49	54	2条
13	招聘742人！兔年第一波好工作就在本周六，"职"等你来→	20230202	6 943	346	415	3条
14	"我们就是要快，把人抢回来！"	20230202	6 828	72	87	1条
15	加强年后招聘信息监管，奉贤开展劳务中介市场执法检查	20230202	2 723	23	29	2条
16	活动预告|春风行动暨就业援助月多场线下招聘会即将火热开启！！！	20230202	2 584	122	140	3条
17	2023年度奉贤区金汇镇金才汇乡公开招聘开始了！	20230201	4 871	212	257	2条
18	就在本周日！青村镇专场招聘会154个岗位等你来挑选→	20230201	2 338	142	168	3条

3. "稳就业"类民生信息发布面临的困境

爆款和高频词的背后，是网友对于基层政务公众号权威性的认可，以及提供更全面的"稳就业"类民生信息服务的期待。但基层政务公众号，想要做好此类信息推送的困境也显而易见。如相较于专业招聘类网站，政务公众号的信息集合度还远远不够;对于平台整合转发的"稳就业"类信息,存在信息发布滞后的问题,此外,还存在编辑很难核实转载信息准确性的难题等。

二、多措并举,提升政务公众号"稳就业"类信息的服务性

在求职热的背景下,基层政务新媒体号如何做好"稳就业"类信息的推送,服务好这一重点民生事项?"上海奉贤"公众号积极探索,通过增加信息的推送频次、提前对接预留位置,发挥记者+通讯员+编辑协同生产的人员矩阵力量,形成事前预告+现场直播+事后报道的宣传矩阵氛围,确保不同就业群体能及时接收到就业相关信息,营造良好的民生保障氛围。

1. 发挥记者+通讯员+编辑协同生产的人员矩阵力量

发挥记者采写优势,传递奉贤稳就业保民生的重大举措。如3月17日推送的《奉贤推出"人才大巴"模式,架起校企、校地合作新桥梁!》一文,就敏锐把握了企业和高校毕业生之间"互相不了解"的困境。原来,奉贤人社部门通过前期调研,了解到许多高校学生因为不了解,或是追求稳定,不太愿意来到工厂一线,企业也面临技术技能型人才短缺的现状。于是奉贤区人社局就联合区内重点产业园区、重点企业开展开放日活动,以"人才大巴进高校,看新城"为主题,组织专业对口的大学生走进企业,零距离了解企业文化、岗位需求,增进大学生对奉贤区重点产业的认知度,进一步吸引青年人才来到奉贤就业创业。

同样是高校毕业生的就业难题,在助力青年成长成才创新创业,赋能区域高质量发展方面,由记者采写,"上海奉贤"公众号2月27日推送的《奉贤搭建区、校、企高适配度"大平台",首届"人才超市"点燃高校求职热》也成就一篇高流量推文。原来,近年来,随着海湾镇与临港奉贤的联系越发密切,奉贤区海湾镇对企业用人用工问题也越发关注。为了更好让"人才引擎"驱动"幸福海湾"建设,海湾镇充分发挥政府纽带作用,推进区校合作、校企合作,吸引更多的人才来海湾就业,推动形成新时代"产学研用"深度融合的创新发展格局,助推政府更好地优化各类人才机制和培育体系去服务人才。

除了区内的探索和服务举措,记者关注到的"奉贤实践"也成为微信重点推送的内容。如3月1日起,《上海市就业促进条例》正式实施,《条例》明确"各级人民政府应当制定并落实创业扶持措施,健全创业服务体系,开展创业公益活动,鼓励帮助劳动者创业,以创业带动就业"。记者牢牢抓住这一新闻点,在南桥临港园区寻找"奉贤实践",推文在微信平台刊发后,也取得了良好的宣传效果。

区人力资源部门的通讯员及各街镇、经济园区的通讯员是离"招聘源信息"

最近的一支队伍。通过加大与通讯员的联系频次,以确保招聘类信息及时推送。如春节期间,奉贤人社部门推出春季促进就业专项行动——东西部劳务协作线上专场招聘会,由于正值兔年过年期间,且这些招聘对象来自奉贤与云南大理州结对帮扶的五个县,招聘采用了线上模式。面对区内马不停蹄的招聘帮扶举措,"上海奉贤"公众号编辑部也积极与区人社部门通讯员联系,确保预告信息能够提前发布,给予应聘人员准备时间。并为该系列专场招聘会预留位置,最终在春节期间,连续推送了6期。

街镇通讯员队伍,是"上海奉贤"公众号通讯员队伍的主力军,在"稳就业"类信息报送上,同样发挥着重要作用。今年1—3月份,各街镇的专场招聘如火如荼开展,专场招聘会的预告信息经由街镇通讯员队伍采写报送,在"上海奉贤"公众号首发,进一步扩大了招聘会的知晓度、参与度。如2月14日由柘林镇通讯员上报的《活动预告丨招聘895人!柘林镇专场"职"等你来!》一文,阅读量达1.2万。

发挥"上海奉贤"公众号编辑的主观能动性,加强常规类招聘、考试信息的摘选和编发。一是编辑主动与区内劳务部门对接,如安排专职责编,每周与上海贤益人力资源管理公司对接,整合贤益人力资源公司旗下的企业招聘信息,统一编排格式,每周发布一条,如3月20日《求职找工作?奉贤最新招聘信息来了!》,服务多层次求职需求。此外,考试类信息也是应届毕业生等青年求职群体关注的重点。"上海奉贤"公众号每推编辑,重点关注市、区各企事业单位平台发布的考试类信息,如3月18日转发的《共27名!上海市奉贤区中心医院公开招聘编外工作人员》,2月10日转发的《上海市2023年事业单位公开招聘启动啦,2月13日开始报名(附问答)》等。

2. 形成预热＋直播＋活动报道的宣传矩阵氛围

对于招聘类信息,事前预告是最主要的信息推送方式。今年1—3月,"上海奉贤"公众号推送的招聘预告包括"春风行动"暨就业援助月系列、东西部劳务协作系列、贤益人力系列、街镇专场招聘系列等。

除了事前预告,事中直播,则是今年以来"上海奉贤"视频号探索的新举措。如在3月25日奉贤区总工会举办的以"心系职工情,联手助就业"为主题的"春风送岗位"大型公益招聘会就将直播链接挂在了"上海奉贤"的视频号上。招聘会现场,采用边走边播形式,现场随机采访企业招聘情况,让广大求职者更直观、便捷地参与到活动中,还可以线上互动并提供投递简历通道等服务,直播一小时参与者达到5 500余人。最后,该招聘现场两小时的活动就吸引了求职者1万余人次,收到简历1 750余份,意向录取880余人。

在预告的基础上,对于相关活动的现场报道,则在"事后"形成稳就业促发展的浓厚氛围。如对于"东西部劳务协作"这一重大选题的多方位连续报道。兔年春节前,"上海奉贤"公众号就发布了奉贤人社部门将在春节后第一个工作日赴云南大理州开展对口帮扶地区招聘工作的信息。节后第一个工作日,采编人员继续跟踪报道,1月28日,"上海奉贤"就推送了《今天早上6:30,他们就从奉贤"打飞的"出差了……》一文,并预告了奉贤人社部门将于1月30日,采用包机形式,接回年后来奉就业的云南大理州务工人员,展现了奉贤抢抓开局的干劲和决心,阅读量达2万+。1月30日晚,记者跟随奉贤人社部门来到机场,直击了云南大理州来奉务工人员下飞机的暖心瞬间,这也是上海首架接回对口帮扶地区务工人员的包机,《包了架飞机!奉贤接回181名云南大理务工人员》推文阅读量达1.8万。后续的点对点包机服务,"上海奉贤"依旧持续关注报道,如《24小时拿到offer,72小时火速抵奉》《因为一份跨越千里的真诚,他们走出家乡,逐梦贤城》《离开云南家乡后,他们在南桥开启美好新生活!》,通过不同侧面来展现奉贤点对点暖心服务的重要举措,营造了良好的社会氛围。

3. 拓宽信息服务范畴、预留好位置、增加推送频次

"来者不拒",扩宽"稳就业"类信息的服务范畴。面对不同层次的就业需求,不拘泥于招聘企业、薪资"档次",从百万年薪诚招奉贤新城规划师到企业一线车间工人,从辅警到消防员、卫生系统编外人员等行业自招人员,到公务员、事业单位招考、街镇储备人才、社工招聘等,力求为有求职需求的市民,提供多层次、多途径的就业选择。

2023年2月份"上海奉贤"微信公众号
"稳就业类"信息推送位置情况图

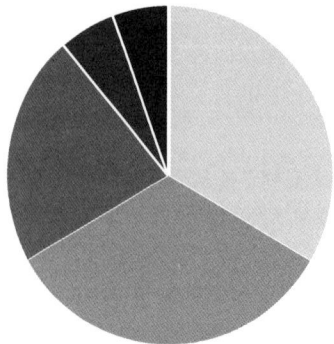

■ 第一条 ■ 第二条 ■ 第三条 ■ 第四条
■ 第五条 ■ 第六条 ■ 第七条 ■ 第八条

"广开绿灯",为"稳就业"类信息预留好位置。基于市级相关部门对于各区基层政务新媒体的考核机制,原则上,"奉贤发布"推送的信息以原创稿件为主,追求"首发"的宣传效果。但对于"稳就业"类相关民生信息,则不拘泥于首发还是转载,"广开绿灯"。如2023年2月12日整合自华东师大二附中官微的《又一名校9月在奉开学,面向社会开启教师招聘》、3月28日转自"奉贤教育"官方微信号的《虚位以待,职等你来!2023年度奉贤区第二批教师招聘报名预告》等。继续以"上海奉贤"公众号2023年2月发布的"稳就业"类信息为例,当月发布

"稳就业"类信息 18 条,其中约 67％的稿件放在前两条的位置(在一天发布三推,一推 8 条的情况),89％放在了前三条的位置。编审人员在权衡当天需重点关注的时政内容基础上,均为"稳民生"类稿件预留了最佳位置。

"瞬时闪送",提高"稳就业"类民生信息服务的及时性。随着网民对网络媒体认知的逐渐深入,对权威性的政务信息平台的需求和依赖程度会逐步提高。政务微信号也将逐步成为公众获取第一手资料的平台。因此,政务公众号的响应速度将决定了其在传播过程中的地位。今年 3 月份以来,"上海奉贤"尝试使用了微信平台新增的"增发"功能,打破了原来一天只能发 3 推,一推发满 8 条的格局。在原来的模式下,"稳就业"类稿件的推送时效性,要服务于当天时政类稿件的审核进度,比如原来的三推稿件,存在审核推送完已是深夜的情况,一定程度上影响了市民对该推中于民生类信息的关注。通过增加发布频次,减少每推条数,让率先审核好的"稳就业"类稿件,既有了更多"好位置"的机会,也提升了服务性信息发布的及时性。如 3 月 29 日二推只发了三条,其中《招聘丨大型高校毕业生春季招聘会"海旅专场"等你来参与!》一文,就在编辑收到报送信息后,第一时间通过"上海奉贤"公众号,来到有需求的市民面前。

结　语

2023 年"春招季"以来,求职热、就业难等社会现象,也集中体现在了基层政务公众号的相关推文及互动数据中。为提升"稳就业"类信息推送的服务性,"上海奉贤"公众号在整合采编力量,形成事前、事中、事后的宣传氛围,增加信息推送的及时性、准确性等多方面做出了有益探索。未来也将尝试利用添加"合集"功能,将近期同类的招聘信息、考试信息、服务信息添加不同专题合集,方便求职人员在阅读最新推送时,一键查找相关信息;探索增加微信公众号私信平台关键词自动回复、弹出功能,进一步响应个性化、定制化信息的服务需求。在进一步提升政务公众号权威性、时效性、公益性的同时,努力为"服务型政府"贡献基层政务新媒体力量,为稳就业大局增添奉贤实践。

参考文献:

[1] 杨学聪.政务新媒体发展探讨[J].新媒体研究,2019,5(16):74 - 75.

[2] 刘子潇,刘应伦.服务型政府视角下政务微信传播与发展研究——以上海市区级政府官微为例[J].新闻研究导刊,2020,11(10):44 - 46.

[3] 周程祎.今年高校毕业生规模再创新高,如何稳就业?需求端发力创造更多"源头活水"

[N].解放日报,2023-03-08(004).

[4]李泉.城市政务微信公众号的内容生产逻辑研究——以"上海发布"为例[J].新闻与写作,2019(10):94-98.

作者简介:

何芹、方皑冰,上海市奉贤区融媒体中心新媒体编辑部,编辑。

以融媒产品质量提升媒体影响力刍议

杜　烨　咸　明

提　要： 提升媒体影响力，是摆在我们面前的一个现实而紧迫的课题。对区级融媒体中心来讲，抓好主责主业，抓好产品生产，即是核心所在；优质的内容、精品产品，是提高媒体影响力的关键一招。融媒体产品的生产是一个庞大的系统工程，从思想认识到流程再造，再到生产、分发传播，环环相扣、相互协作。本文以习近平新闻思想为指导，以融媒产品生产为题，紧扣融媒生产本身，试从如何设置生产流程、如何进行融媒生产、如何延伸宣传触角、如何改善用户体验、如何增加黏合力等方面进行阐述，展示了一幅区级融媒体中心进行新闻实验的图景，就以融媒产品质量提升媒体影响力问题做出专论。

关键词： 用户思维　产品转化　媒体融合　技术支撑　新闻产品

引　言

习近平总书记指出，推动媒体融合发展、建设全媒体成为我们面临的一项紧迫课题。当今时代，区级融媒体如何扩大影响力，关键一点是要从产品着手，提升产品的吸引力、亲和力、共情力、引领力。一句话概括，就是要"跑流量＋展实力"。没有流量的媒体是没有影响力的，没有实力的媒体是没有生命力的。跑流量，就是要从形式、内容、传播、服务上下功夫，创新思路，生产用户爱看的产品、黏合度高的产品；展实力，就是要展现党媒的主责主业、担当作为，以专业的精神、态度、手段，生产具有一定广度和深度，契合新时代背景、紧扣中国式现代化主题的产品。

一、主题新闻与新媒体产品的相互转化

（一）生产主题新闻要有"用户思维"

对于区级融媒体来讲，围绕区委区政府重点工作，讲好当地故事一定是核心。但即便是采写主题新闻，我们也要有用户思维，即如何让用户看得懂、喜欢看并且爱转发。以崇明为例，生态保护、生态建设、长江大保护等主题报道，怎样让老百姓看得进去？这就要从老百姓关心的事情、身边的案例切入。

比如水是崇明生态系统的核心，那么大到水系治理，小到村河宅沟的日常养护，都和老百姓的生活息息相关，水环境变好了，生活质量也随之提升。从用水、喝水到鱼虾回归沟河，这些变化既是亲眼所见、又是亲身感受，写出这样的报道才能产生共鸣和获得认同。

再以提倡绿色生活为例。崇明这几年绿色交通越来越普及，从公共交通到私家车，肉眼可见地变多了。绿色交通既为减排做贡献，又是提升空气质量的重要一环。崇明乃全市最绿，不仅是指森林覆盖率，更是 AQI（空气质量指数）的体现，生活在崇明的老百姓，光是呼吸就是一种享受。

又如报道生态产业，也要与人民在其中发挥的重要作用、得到的实惠紧密挂钩；报道沪渝蓉高铁等重大项目，要关注节点，经常向老百姓通报进展。

总之，主题报道只有站在用户角度思考，才能避免陷入自娱自乐的境地。

（二）主题新闻向新媒体产品转化

区级融媒体面向的用户，也迎来了细分的时代。首先形式上，有微信推文、视频号、App、抖音、各大音视频平台等。同一篇文章，不同用户感兴趣的点不同，喜欢的表达方式不同，既分不同年龄段，也分不同的品位，有常住本地的也有在外生活的。用户的细分使产品的形式、表达方式产生了多元化。因此，将主题新闻转化为不同平台的产品成为必然；让一次采集的素材，变得更有价值更有传播力成为必然。

例如回顾崇明世界级生态岛建设成果的报道，本身一定是一篇大综述，但要在新媒体平台传播，长篇大论不一定那么合适。可以提取大综述里提到的典型人物、典型单位、典型事例，分别"讲故事"，形成系列短篇进行传播；也可以根据短篇再创作系列短视频。

例如报道乡镇的发展，可以主题新闻为基础，挖掘更多可圈可点的亮点。如

请乡镇主要领导出镜录制小视频,配以现场生动的镜头,言简意赅地推介一个项目;可以拍摄一个地区的精彩照片,配以简洁文案,制作成系列海报,一张图就可以讲述一个故事,等等。

例如报道重大赛事活动,除了主题新闻报道,还要有其他多种形式。如制作事先踩点比赛现场的小视频,直击各项准备工作现场的小视频,带着用户抢"鲜"体验;例如介绍赛事信息、赛事特点的海报,让人一目了然并且赏心悦目。当然,还有直播等重要手段。

总之,用户的良好体验来自创新思路、用心制作;良好传播效果则需要跳出主题思考但又不脱离主题。

(三)新媒体产品要体现主流价值

现在的新媒体产品可谓丰富多彩,但也正因为如此,其质量显得有些良莠不齐。比如常见的,一些产品流于形式,内容肤浅;或者为了流量而流量,单纯蹭热度。既然是区级融媒体中心出品,那么,每个产品都应体现其应有的价值导向。

比如某些新媒体平台,吃喝玩乐的推文和小视频居多,刚开始用户会觉得有趣,但类似产品过多,难免会让人产生疲劳,何况这些产品本身并没有多少内涵。推介当然需要,但如何在新媒体产品中,融入当地经济、政治、人文、历史、发展、变革,讲好故事才是关键,而非一味的"好吃""好玩"。即便是吃喝玩乐,也有门道,也有题眼。

再如当下热搜盛行,有些平台为了蹭热度,生拉硬扯一些和热度话题相关的点。诸如"本地有某某同款××";"在这里也能体验×××"等。蹭热度固然是一种吸引眼球的手段,但关键在于如何把握度,如何用好故事去说服用户,而非仅仅做"标题党"。

新媒体产品的优势是传播便捷快速,这也使它更应担起传播主流价值的重任。其一是要在选题方面多番谋划;其二是要在内容方面精挑细选;其三是要在形式方面契合主题;其四是要在审核方面严格把关。

二、融媒体生产的核心是要有"融"的精神

(一)思想认识上的"融"

融媒体建设,首先要解决思想认识问题,也就是为什么要融。建设区级融媒体中心的初衷,就是要打通宣传舆论与人民群众之间的"最后一公里",占领阵

地、守牢阵地、扩大阵地;通过讲好改革发展故事、老百姓的故事,凝心聚力,共赴中国梦。

所谓融媒体建设,"融"是资源的整合,生产力的再分配;是触角的延伸,功能的融合,宣传的覆盖,服务的抵达。所谓移动优先,离不开这几个目标的达成。

"融"更需要摒弃对原有平台的固化认识和对原有工作的按部就班;既要守好各自的一亩三分地,又要跳出各自的平台看大局顾大局。说白了,就是别只拿各自的平台当回事,别只看到各自的利益得失,"融"需要相互理解、相互配合、相互成就。

平台各自的标准并不一定"标准",立场的坚守,用户的感受,市场的反馈,未来的风向,初心的守望,才是影响所谓"标准"的因素,应该综合考虑更多情况,而不是仅以以往套路或是喜好来决定产品的生产和发布。

(二)生产流程的"融"

这是一个需要统筹考虑的事情,一要定统筹的制度,二要有统筹的人,三要有能实施的软硬件。即制定采编流程,从报选题到采写到二次生产,再到审核、发布,可设立值班总编负责制,具体抓生产。

比如打造统一的采编系统,一是形成一次采集多次编辑分发的模式;二是集成各类素材,以便供各平台各取所需,进行二次编辑创作。

然后是专业技能的融。一般来说,区级融媒体中心融合前,各平台的采编人员相对固定,从事的工作相对单一,专业的人干专业的事。融合后,传统平台的新闻产量并未减少,而新媒体产品的需求和生产量大幅增加。这就倒逼记者身兼多职,即一专多能。比如原来从事单一文字采写或是单一拍摄的记者,需要掌握更多技能来从事不同平台不同需求的生产。

(三)平台互通共享的"融"

所谓的"融",需要流程打通,也需要平台之间相互打通。一是指资源要共享,二是指发布的平台也要共享。管理平台的要有共享精神,不能只守不放;要有共建精神,既提需求也给线索。

要拓展用户。在满足已有用户需求的同时,更要想办法开疆拓土,要勇于尝试甚至是"试错"。不要害怕因为捡了芝麻而丢掉西瓜,说不定哪天芝麻就更有价值了,说不定哪天鱼和熊掌都不香了。吸引潜在用户,发展新用户是融媒体应该要做的事情。

接着往下讲,就涉及产品形态。灵活多样的产品形式,也应在各个平台有一席之地。也就是说,不要固守成规,不要被套路所套住,不要不敢尝试新形式新形态,平台应对各类产品有更大的包容度。因为我们走的是一条全新的路子,不试试怎么知道行不行,有没有人看。越是保守越难守住,越是创新就越有新的机遇。

三、媒体融合需要技术支撑

在媒体融合过程中,很多区级融媒体中心都面临一个共同的待破瓶颈,那就是如何借助技术手段,让整个中心的人员互通、资源共享、实现通盘指挥。在此基础上,如果指挥的触角能够进一步延伸到乡镇,让乡镇的报道员也都参与到融媒体中心的新闻工作中来,那么区级融媒体中心"人手短缺"和"新闻短缺"的问题将有望迎刃而解。

(一)打通内部融通机制

我们依托"咔咔"采编融合生产指挥系统,通过不断实践优化,制定了一套完备的新闻策、采、编、发流程和评价体系。全体采编人员通过手机或电脑登录"咔咔"系统,上报次日选题。总编召集采访部及各平台负责人,每天傍晚召开选题会,对选题进行讨论和筛选,指派采访人员、优化采访内容、确定发布途径。记者完成采写后,可通过"咔咔"上传稿件及影像资料等,各平台编辑按需调取素材,并进行编辑生产及发布。"咔咔"采编融合生产指挥系统让选题汇聚、资源共享、新闻评价在一个系统内集合完成,不仅打破了广电报、新媒体内部的壁垒,而且实现了一次采集、多平台应用和二次创作,发挥了新闻资源的最大效能,在融媒创作中有力推动了区级融媒体中心内部的融合,培养了全媒体人才队伍。

(二)试水新闻生产的通联延伸

依旧是以"咔咔"采编平台的通联系统为依托,我们借助互联网技术缩短与外部单位的物理距离,覆盖全区 18 个乡镇,将基层新闻队伍纳入区融媒体中心整体宣传规划,打通了与基层融媒体工作站的新闻"最后一公里",选题和人员统筹安排,信息和服务触角直接延伸到"百姓家门口"。遍布 18 个乡镇的基层新闻收集、制作、远程上传新闻线索、百姓诉求、素材作品,一键送达内容库,与区融媒体中心资源实现交互共享,融入大宣传体系,为多元化节目生产提供内容支撑,也为崇明培育了 500 多名基层报道员。另一方面,中心制作的新闻产品,也通过"咔咔"通联系统,与乡镇、委局的公众号和有影响力的自媒体同步分发,放大中心新闻产品影响力,使主流媒体的舆论场进一步壮大。

(三)实现"新闻＋服务"的产品生产

融媒体时代,对于新闻产品的要求远不止"新闻"本身。想要获得受众的认可,必须打造"新闻＋服务"类产品。基于这样的出发点,我们还推进了"咔咔"新闻服务项目。项目以记者追踪调查、专栏积极反馈、新闻官配合互动等形式,通过新闻媒介推动问题解决,实现"新闻＋服务"功能。

比如,2022 年疫情封控期间,买菜配药等民生问题突出。崇明地处远郊,老年人口比重大,有些"救命"药只能到市区才能配。各乡镇的基层新闻工作人员将民意反馈至"咔咔"新闻通联项目,融媒体中心一边向上反映,一边向全社会发布求助信息,最终成功推动崇明区"疫期帮侬忙"专项行动实施。不仅如此,项目成功上线后,我们还积极利用各大平台传播优势,"广而告之"这项惠民举措。最终,该专项行动共完成药品配送、代配(取)药 21 753 单,为上海抗疫、服务群众做出了贡献,该案例在解放日报头版刊发。这一次试水让我们找到了"新闻＋服务"的发展方向和实现路径。

我们的"咔咔"新闻通联融合项目还与本区 12345 热线贯通,将百姓合理诉求第一时间有效反馈。比如 12345 热线聚焦崇明集中居住房进展情况,热线将问题抛给"咔咔"新闻通联,记者第一时间走访探营,将真实情况告诉公众。还比如 12345 热线反映某地有个窨井盖坏了没有及时修复,通联派基层新闻工作人员拍摄后第一时间曝光,以舆论的力量敦促有关部门尽快解决问题。

四、用情怀类产品留住用户

在实际运营过程中,我们发现要留住用户,"情怀"也是一个非常重要的因素。企业需要企业文化,融媒体中心也需要中心文化。那么,中心文化如何转变成产品呢?

(一)把家乡情怀变成文创产品

2022 年,盲盒文创很"火"。崇明区融媒体中心设计组经过头脑风暴,决定设计一款盲盒文创产品。文创产品的包装盒，是主打复古风的"崇明话"课堂：花地（庄稼）、有何吃何（有什么吃什么）、孛相辰光（玩的时间）、崭透崭级（好极了）……盲盒里的礼物，设计组同样精心打造：有极富崇明特色的崇明天气谚语迷你台历，有崇明土布文创，还有以"崇明"为设计主题的收纳袋……所有这些，都受到了粉丝的追捧，一时间崇明文创盲盒一"盒"难求。主打家乡情怀的文创不仅吸了一大波粉，而且稳稳拿捏住了粉丝们的心。

（二）把崇明非遗打造成新闻产品

除了家乡情怀，还有什么是区级融媒体中心不应该"遗漏"的呢？我们找到了一个，那就是公益广告。这可能是一个经常被区级融媒体中心忽略的产品项。以往，我们更多地是在转发各类公益广告成品。为什么只能转发，不能自我生产呢？能不能生产出富有当地特色的公益广告产品呢？

我们把目标瞄准了崇明非遗，选择十五巧板，采用时下最热门的静帧动画制作公益广告《我想种一棵树》。短短 30 秒的公益广告深深吸引了大家的关注——原来崇明有一种非遗叫十五巧板，原来崇明区融媒体中心可以自主生产出这么有趣的公益广告，原来区级媒体的产品也可以这么高大上……表扬蜂拥而来，我们陷入思考，融媒体时代，我们需要生产的不再只是新闻作品，还有新闻产品。

（三）让新闻产品多一些烟火气息

在打造移动端产品时，我们关注到一个有趣的现象，那就是越是烟火气息浓厚，越是能受到受众欢迎。2023 年，我们以"烟火气"为出发点，策划推出了两个系列产品，无一例外都获得了肯定和成功。

一个是"我在崇明，蛮好的"系列，我们把视线投向最普通的人，有一开始被全村爷爷奶奶"嫌弃"的 90 后村医，也有坚持"卖完就关门，一定要保证质量的"淮南牛肉汤小店店主，还有在东滩保护区每天和鳄鱼打交道的 95 后男孩，这些人来自人群中，充满烟火气，所以受众很"买账"。

另一个是"崇明寻迹"系列，把崇明人都知道的堡镇大钟、东平国家森林公园的"蟹房"等地标作为采访"主角"，讲述它们背后的故事，勾起人们浓厚的怀旧情怀，引发了广泛的共鸣。

在媒体融合时代，情怀和烟火气是不容忽视的出发点，想要圈住受众的"心"，就要回到烟火气中，讲朴实的情怀故事。

结 语

　　融媒体之路是一条崭新的路,从这个意义上来说,将融媒体建设称之为一场试验也恰如其分。既然是一场试验就要有勇气、有毅力、有魄力,同时也要有智慧、有方法。融媒体之路也是一条令人向往的路,形势使然、人心所向、利在人民。走好这一条路,要铸造融的精神,打造融的体系,融入真情实感,切实履行好初心使命。路漫漫其修远兮,吾将上下而求索!

参考文献:

[1] 习近平.加快推动媒体融合发展　构建全媒体传播格局[J].求是,2019(06).

[2] 中宣部编写组.习近平新闻思想讲义[M].北京:人民出版社,2018.

[3] 宋炯明.全媒体格局下重大主题宣传的破圈之路[J].上海广播电视研究,2021(07).

[4] 张政,许静,李琳.基于品牌延伸的文创 IP 开发探讨[J].人文天下,2020(03).

作者简介:

杜烨,上海市崇明区融媒体中心副总编。

咸明,上海市崇明区融媒体中心报刊部主任、采编中心文字组负责人。

试论融媒体时代新闻显著性价值的挖掘与实现

——以"衡复风貌区"城市更新报道为例

张文菁

提　要： 在谈到新闻价值时，时效性、重要性、接近性、显著性、趣味性等，历来是构成新闻价值判断的几大要素。在融媒时代，尽管传播渠道、方式、生态有了革命性的变化，但对新闻价值的判断，依然"万变不离其宗"。在寻常事物中见人所未见、发人所未发，考验着记者的眼力、笔力与识见。本文试以"衡复风貌区"城市更新报道为例，对融媒时代新闻显著性价值的挖掘与实现问题做一专论。

关键词： 融媒体时代　新闻显著性　价值挖掘与实现　城市更新报道　"文化整理"功效

引　言

　　近年来，随着上海城市更新的脚步加快，承载着城市发展记忆的老建筑和历史街区受到越来越多的关注。以上海保护规模最大的衡复历史文化风貌区为例，有超过一半在徐汇境内，区域内有 1074 幢优秀历史建筑，1620 幢保留历史建筑，2259 幢一般历史建筑。作为徐汇区融媒体中心的一名记者，无论从重要性、接近性还是趣味性上，"风貌区"题材始终具有相当的新闻价值，尤其对于区域媒体而言，其显著性更可视为徐汇的"标签"。

　　如何运用多种传播方式，挖掘和充分呈现这一显著性题材？在保护历史记忆的同时，如何回应当下人们对美好生活的期待？徐汇区融媒体中心成立以来，从纸媒转型的记者尝试用文字和镜头做了一系列的报道。

一、发现接近百姓生活的新闻角度和新的报道方式探析

传播信息是新闻的首要功能。"城市更新"话题因其贴近生活,与公众利益密切相关而广受关注。如何让受众产生代入感、提升参与度,是报道的一个重要方面,也是融媒体时代各种传播手段融合、实现立体呈现的优势所在。与传统媒体相比,融媒体的立体矩阵不仅具备信息展示的广度,其双向互动的特点也增加了信息的深度。在实践中,聚焦普通人的感受,寻找接近百姓生活的角度,引发共情,往往能够获得超预期的正向反馈。

案例分析:"微更新"背后的烟火人生

2021年春节期间,上海广播电视台《新闻坊》栏目推出《这一年,我的朋友圈》第三季系列报道,以个体名义,回望盘点过去一年的成长与收获,从人物视角展现当年的新闻热点,徐汇区天平街道的民生微更新项目也被纳入选题视野。

80后海归建筑师谭若霜对高安路伊丽包子铺的改造颇具亮点。在梧桐树影老洋房环绕的幽静马路上,一家原本嘈杂、占道、凌乱,店主甚至担心哪天被整治掉的包子铺,能不能既满足居民刚需,又融入街区风貌,让"烟火气"与"风貌感"和谐共存?建筑师给出了肯定的回答。不仅是包子铺,外在优雅的风貌区里,那些普通百姓须臾不可离的垃圾箱房、民生小店、老旧弄堂,又能否借设计之巧手,倒逼治理、提升功能、焕新面貌,让生活在此的居民多一分便利、认可、甚至骄傲,从而产生一种对家园的情感羁绊,更好地去关注和爱护它?经过一个下午的前期采访,答案渐渐清晰。建筑师的一个看似平常的观点"生活,让城市更美好"深深打动了记者。

不止风貌区,建筑师、规划师已经在城市的各个角落呈现他们的力量、审美和艺术性。大大小小的作品透露出专业的巧思,也让城市"看上去更美",在潜移默化中感染和影响着我们的下一代。但让城市有血有肉有灵魂的,更是生活本身。来自不同地区的人们,带着各自身上的密码,会聚到魔都,他们的故事、习性、悲欢,他们在这个城市走过的街道、看过的风景、接触的人、度过的岁月,赋予了上海别样的厚度与浓度。

采访很顺利,聊到深处,颇有共鸣。纸媒记者的话语素材抓够就回去写稿了,融媒记者需要在文案之外,用画面和现场采访来加以呈现。经过多方考虑,提炼出适合拍摄的四个点:包子铺、垃圾房、杂货店、弄堂,各有特色,也有上海味道。此时的报道主题,聚焦在建筑更新角度,初步拟定标题《谭若霜:风貌区

里的"断章"与"华彩"》。

初稿文案出炉,和《新闻坊》编辑沟通之后,进一步做了细化。前期大量的联系沟通为高效拍摄打下了基础,半天时间里踩了几个点,完成了街道领导和几位市民的街头采访,被访者没有做任何事先安排,都是真实场景下的即兴采访。令人欣慰的是,设计师的奇思妙想在使用者——居民的感受中得到了完美回应。第二天一早5点多,记者和摄像抵达包子铺现场开拍。

清冷的冬日凌晨,昏黄的街灯照着巴掌大冒着热气的包子铺,戴着口罩裹得厚厚的人们来到这里,停下脚步,寒暄两句,买一袋包子,迅速骑上车,赶去下一个地方。顾客中有半夜上网课的英国留学生,有附近酒店里的女工,有保安、保姆,有说一口简单中文的老外,也有镜头里住在吴兴路的居民爷叔,曾经担心包子店消失,呼吁多留住些风貌区里的烟火气。店主陈师傅夫妻俩,在上海已经待了20多年,从大女儿出生开始,几番打工辗转,最后落脚高安路做起了包子。陈姐能说两句上海话,陈师傅含糊浓重的口音里偶尔冒出的词句,好比"包子铺搞得像咖啡馆""带着女朋友来怀旧"之类,也让人怦然心动。

采访深入后,原本聚焦"建筑更新"角度的报道感觉到不够了,之后杂货店骆师傅的采访也延续了这个感受。他们一家三代已经完全融入了上海的生活,很多年春节一家人都在上海过,骆师傅看起来低调而沉稳,他太太性格豪爽,晚上重返杂货店拍摄灯火场景时,热情的骆太拿出啤酒请大家喝,没有事先设计的镜头就这样自然展开,摄像在窗外拍灯火中的这一群朋友,进室内拍他们碰杯、笑颜;我们又返回包子铺,拍灯火和关门。陈师傅的儿子也出现了,他学校放假后来上海帮忙,再陪父母一起回老家过年。不爱说话的男生看起来不苟言笑,只是在给他们合影时,他搭着父母双肩的样子,一家人脸上的表情,最终让记者把主题凝结在这些生活和工作在风貌区的普通人的"烟火人生"上。

《谭若霜:风貌区里的烟火人生》播出后,各方给予了好评。得益于这一题材"显著性"价值的挖掘与呈现,报道后来有幸获评2021年度上海广播电视奖(地区)电视新闻一等奖,2021年度上海广播电视奖电视新闻三等奖。

二、挖掘和体现新闻显著性的路径探讨

新闻学理论的共识,发现新闻是新闻传播的第一生产力,是新闻传播者最大的职责。在"城市更新"主题下挖掘新闻线索,由于与生活联系紧密,往往能引发受众关注和讨论的热情,当关注度上升为"热度"之后,就可能形成某种"现象",进而体现新闻的显著性价值。对报道过程中发现的现象保持敏感,再跟踪、再聚

焦、再深入,成为记者持续发现新闻事实和事实的新闻价值的一种路径。

案例分析:"招牌展"引出的风貌讨论

2021年4月,徐汇艺术馆举办了一场"上海招牌"展,这是馆方连续六年举办的"设计与生活"系列展之一,展览从微观角度呈现了我们生活的这座城市的样貌。

所谓"见字如面",招牌的书写和设计,其字体、图形和制作方式,可以反映都市商业、文化及市井管理的面貌。当你来到一个陌生的城市,除了建筑,街头林林总总、高高低低的招牌传递的,不止是商业讯息,她像是城市的眼睛,在和你对视的刹那构建起你对这个地方最初的认知。

展览中的上海招牌,来自城市文化观察者姜庆共的街头文字摄影集《字游上海》(上海人民美术出版社,2021年版)。即便是土生土长的上海人,即便在这个城市待了40多年,各种附着了浓重历史感和烟火气的招牌还是让记者着迷。遗憾的是,随着城市建设大潮,记录时代痕迹的老招牌日渐消失。也因此,当姜庆共看到复兴中路上"前锋熟食店"的水泥浮雕招牌,看到长乐路上"云裳理发店"的浮雕美术字招牌依旧与老建筑一起完好保留,新旧店招共生共存时,他用了"大吃一惊"四个字。

城市更新过程中,能够有这种文化自觉、保护意识,主动协调各方,这样的基层智慧和作为值得被更多人看见。在采访报道了徐汇艺术馆"上海招牌"展之后,记者顺藤摸瓜,就这两个案例找到了徐汇区湖南街道管理办这个幕后推手。管理办负责人见到记者时不经意说了一句,终于有人关注到这个招牌了。

事实上,在2016年复兴中路风貌道路保护修复过程中,拆除加装在历史建筑外围,曾经流行但存在安全隐患的大型箱体店招后,一些隐藏的老店招纷纷亮了出来,有"绿店"菜店,"黑店"煤球店,"白店"粮食店,明晰地传递出这条街区曾经的商业信息。一家手机配件店店招拆除后,显露出"明星公司美术专家"字样,20世纪30年代的街头气息扑面而来。对这些意外发现,湖南街道和当时的同济大学设计团队出于一种"不可再生"的保护直觉,在做了最初的防护处理后,希望予以保留,但由于种种原因,最终只有"前锋"这一块老招牌被完整保留。

优秀历史建筑保护已经成为社会共识,但对招牌这样的附着在老建筑表面的细节要不要保留、如何保留,并没有明确的说法;在基层实践中,对于这种"不可再生",也远没有达成各方共识。是否小题大做了?是否只是一部分人的情怀?怎样的老招牌应该予以保留?原本只是想呈现"招牌展"中典型案例的思路,也在现场采访后逐渐深入。

2020 年长乐路风貌道路综合整治,招牌问题再次摆到了基层管理者面前。所幸的是,这一次发现的"云裳理发店""沪光食品商店"两块招牌都被保留了下来,与老建筑的几何线条、水磨石立柱一起,形成了独特的外立面景观。

在长乐路街头,记者采访了附近的上海爷叔,居住在这里的居民阿姨,路过的白领、年轻人,有些明确表示,原址上的老店招应该保留,有高楼大厦、也有历史记忆的上海才是独一无二的上海;也有年轻人并没有注意到这个旧旧的存在,了解后表示这种城市细节耐人寻味,相比影视城里的布景,想不到中心城区还保留着这样的"真迹"。在复兴中路挂着"前锋熟食店"招牌、如今经营进口食品的商店里,记者采访了店主严先生,他生动地讲述从另一个角度呈现了为保留老招牌政府所做的努力,以及居民对此的认可。

采访回来整理素材,记者又翻出此前招牌展上采访姜庆共的录音,他提到两个点,一个是当发现这些老招牌时如何对待,是去除,再次封掉,还是保留,保留的话可能原址保留,也可能异地保留;另一个,如果上海有 50 个类似徐汇这样保留各个年代老招牌的地方,就自然形成了一个字体的旅游资源,市民游客可以从艺术设计、市民生活、文化趣味、商业生态等各个角度观看不一样的上海。

这条报道最终以《"老招牌"留存城市记忆风貌保护期待"细节"共识》为题发布在"上海徐汇"微信、《徐汇新闻》电视和"徐汇通"等区级媒体平台,并上传上海广播电视台新闻中心报片平台。

《新闻坊》栏目随后以《隐现街头的"老招牌",留还是拆?"老招牌"留存城市记忆风貌保护期待"细节"共识》为题,《新闻夜线》以《历史风貌街区:新旧招牌共生留存城市记忆》《"老招牌"留存城市记忆风貌保护期待"细节"共识》为题对该报道予以关注讨论,丰富了这一话题的民意表达。

2021 年 9 月 1 日,《上海市城市更新条例》正式颁布实施,"注重历史风貌保护和文化传承,拓展文旅空间,提升城市魅力"被写进了城市更新应当遵循的原则中。城市发展日新月异,在一个城市里,看得到百多年前东西方文化交融的元素,看得到石库门房子、工人新村等特定时代的生活形态,看得到历史书里叱咤风云的人物曾经生活的空间,哪怕岁月更迭,仍然可以提供一个触摸得到的历史现场,这是多么美妙的体验!

从拆、改、留到留、改、拆,风貌保护的价值不止在那些有形的建筑或者招牌本身,它的价值或许是你可以由此找到某种源流、某种依凭、某种无须言说的传承。作为一名记者,如何用丰富的传播方式挖掘新闻素材,提炼新闻价值,深入话题表达,仍有太多东西需要学习,太多思维习惯需要打破。

从上述案例可以看到,在"城市更新"话题中挖掘新闻显著性,一方面可以通过丰富的采访沟通来反映舆情,另一方面也可以引导相关主题、引发关注讨论,形成意见和建议。融媒体立体报道的呈现,搜集了不少值得参考的解决方案,呼应甚至可能助推相关法律法规的完善,起到了舆论传播的积极正向作用。

三、新闻显著性价值的"文化整理"功能探讨

新闻的另一重要功能是传播知识。由于"城市更新"是一个系统工程,不仅涉及规划、建筑、公共管理、社会学、心理学等学科,还触及各行业领域的细分专业,对受众的认知能力有一定的要求。记者在实践中体会到,具有显著性价值的新闻不仅承担了"授业解惑"的"科普"功能,而且在融媒体环境下,部分新闻还承载了"文化整理"的功效。

就"城市更新"主题而言,显著性新闻在传播知识的同时,系统地进行文化传播,把相关信息从碎片化到矩阵化归纳,通过融媒体立体化的声、画、论、互动等方式,形成"文化档案"。

案例分析:在地居民参与的城市"海考"

2023年上海两会上,"海派城市考古"被正式写入政府工作报告。在"着力弘扬城市精神品格,提升国际文化大都市软实力"部分这样写道:上海将加快建设都市旅游首选城市,打造"一江一河游览""海派城市考古"等文旅精品。

"上海的每一幢建筑,每一条马路,每一家小店,每一座影剧院、博物馆、美术馆,都承载着上海文化的印记,彰显着上海旅游的魅力。"作为"海派城市考古"的总领队,上海市文旅局局长方世忠如是推介上海。在他曾担任行政主官的徐汇,这样的"海考"资源比比皆是。

百年"慎成里",是衡复历史文化风貌区内规模较大、保存较为完整的一处石库门里弄。1.6万平方米弄堂里生活着500多户居民,因抗战期间中共江苏省委机关在弄内66号,它被称为"一部活着的党史"。2021年建党百年之际,徐汇区启动慎成里优秀历史建筑保护修缮工程,通过延续历史风貌,改善民生条件,传承红色精神,如今的慎成里已然焕发出新的光彩。

慎成里弄堂口有一家特别的咖啡店,门楣上写着"老虎灶喫咖啡",十平米的空间取名"初心会客厅",红色砖墙上贴着《申报》的复刻版,挂着慎成里当年的建筑图纸,还有一组特别的照片来自慎成里居民、传记作家丁言昭。

作为慎成里的原住民,她的父亲、出版家丁景唐1940年起就居住在这里,每每有客来访,大家就会移步到66号"中共江苏省委旧址"合影留念。从20世纪90年代到本世纪初,极富仪式感的这些瞬间就这样留在慎成里居民的私家相册里。直到"初心会客厅"开张,主理人、同济大学博士王溪把这些珍藏的

影像带到"会客厅"展示,这家小小的咖啡店立刻与这片石库门里弄的风雨沧桑有了连接。

衡复风貌区里不缺咖啡店,大大小小的店面,收藏四季街景,也用一抹醇香聚拢着城市烟火。不过慎成里弄堂口的"老虎灶喫咖啡"还是有些特别,以咖啡连接社区,以文创、主题分享、海派城市考古等内容与政府共创、重拾城市记忆成为跨界主理人重要的产品线和工作内容。

如今的襄阳南路永嘉路,店铺一家挨着一家,市井风情浓郁。不过鲜为人知的是,就在乔家栅食府对面的这条弄堂里,曾经驻有三家和鲁迅关系密切的文学期刊,作家巴金也曾在此暂住,这条弄堂名叫敦和里。

《萧红传》作者,一直居住在慎成里的作家丁言昭告诉记者,鲁迅口中"搬来搬去搬不出拉都路(今襄阳南路)"的萧红萧军,后来住在襄阳南路 351 号——慎成里的后弄堂,有次出门买早点,萧红跑到敦和里隔壁的铺面,那家店半边卖大饼油条、半边是老虎灶,她买回去后发现包油条的纸竟然是鲁迅手稿。鲁迅手稿怎么会出现在这里?原来敦和里弄堂里曾有三个编辑部,鲁迅办的《译文》、傅东华办的《文学》、陈望道办的《太白》,在《鲁迅书简追忆》(浙江人民出版社,1980年)一书中,《译文》编辑黄源曾有一段回忆:"这原稿是我丢失的。我当时不懂得鲁迅原稿之可贵,清样校完后,就把有的原稿散失了。一张原稿落在拉都路一家油条铺里用来包油条,和我同住在拉都路的萧红去买油条,发现包油条的是鲁迅先生的原稿。"

在作家和历史学者眼中,慎成里周边留下了无数传说和故事,也上演过一场场"看不见硝烟的战争"。上海师范大学教授苏智良带领团队用十年时间挖掘盘点了上海近千处红色地标,他说:"我们今天把这些地方找到,就是希望我们的市民朋友能够去走走、去看看、去想想,缅怀先烈,珍惜我们今天的生活。"

城市更新中对历史建筑的修缮改善了在地居民的生活环境,更为难能可贵的是,从中挖掘和延续了独特的文化记忆,这正是"海派城市考古"的用意所在,也顺应了年轻一代回归日常、重新发现城市魅力的新生活方式。从这个意义上讲,在 20 世纪三四十年代弄口老虎灶旧址上开出的这家"老虎灶喫咖啡",也像是一个窗口,一个连接过去和今天的传送门。

源于一场红色印记寻访活动的这条报道,除了现场采访,写稿过程中记者与作家丁言昭始终保持联系,对一些"海考"内容仔细求证,并在之后又跟进了一条独家报道《"海考"步履不停"老虎灶喫咖啡"获赠居民珍档》,6 帧由萧军、端木蕻良、丁玲、骆宾基、黄源、巴金等亲笔题写的萧红纪念卡原件,复刻后"上墙"初心会客厅,在萧红萧军曾经居住过的这片里弄里,首次与公众见面。这 6 帧萧红纪念卡原件,同样来自慎成里居民、作家丁言昭。

当年在研读萧红作品,采访、酝酿写作时,她突发奇想,邀请见过萧红的朋友亲笔题字、题诗,用笔墨定格情谊。为此,她请版画家戒戈刻了三枚萧红头像,又请朋友印制了横、竖两种版本的纪念卡,之后或写信邀约或登门拜访,请萧红的同辈人在纪念卡上题辞,其时为 20 世纪 80 年代,这些热心肠的文化老人大多还健在。经过几年努力,丁言昭收到了包括丁玲、丁聪、巴金、徐迟、萧军、端木蕻良、聂绀弩、周海婴、骆宾基等 40 位前辈亲笔题辞的萧红纪念卡。如今,他们都已成故人,这些凝铸了时间、情感和历史记忆的纪念卡更显珍贵。

随着"海考"的不断深入,"老虎灶喫咖啡"迎来越来越多的年轻人和对这段历史感兴趣的探索者。这片历史现场曾经发生的故事也吸引着创作者的目光,曾经和许鞍华导演合作过的一位编导特地来寻访,为正在创作的一部戏找寻灵感。跨界融合的开放空间,将附近的名人旧居、文史掌故融入咖啡、点心的命名,以年轻人喜欢的方式延续历史记忆,也源源不断地激发出新的创意灵感。

结　语

从衡复风貌区小店的微更新、留存真实历史痕迹的老招牌,到关注街头旧里更新后的口袋公园、挖掘石库门弄堂里并不遥远的红色记忆,记者试图在多个维度切入衡复风貌区独特的城市更新历程,充分发挥区融媒的地域化优势,尽可能将"显著性"价值做深做细,为读者、观众乃至相关领域工作者提供一个有所启发、可供参考的案例样本。

习近平总书记指出,文化是一个国家、一个民族的灵魂。真实、多样、可体验的文化记忆是城市有机更新的重要组成部分,区融媒由于距离的接近和文化背景相似等因素,能够相对清晰地把握一个地区人群的价值取向和阅读兴趣,获取更具有接近性的报道话题。

传播学研究表明,阅读文字能记住其中 10% 的内容,收听声音能记住 20%,观看图像能记住 30%,视听合一能记住 50%。融合文字、照片、视频等多媒体形式的新闻内容,在纸媒、电视、移动端等平台立体呈现,满足了不同受众的心理期待,叠加了传播效应,有利于引导社会舆论,更好更快地传播好声音。

毋庸回避的是,随着媒体融合的程度加深,传播者从术业有专攻的专才,到需要掌握多种媒体采集、编辑、发布技巧的通才,仍有一个适应和能力增长的过程。充分发挥传统媒体权威、原创等资源优势,专注特定受众群体,做强"显著性"价值标签,区级融媒依然大有可为。

参考文献：

［1］贺勇：《融媒体时代的新闻传播发展与变革》[M]，北京：中国商业出版社 2017 版。

［2］黄楚新：《新媒体：微传播与融媒发展》[M]，北京：人民日报出版社 2018 版。

作者简介：

张文菁，上海市徐汇区融媒体中心记者。

媒体融合环境中短视频人物形象塑造探究

郭苗苗

提　要： 新媒体时代不断向前推进，媒体融合已经从增量扩张变为内涵拓展，呈现出技术融合力度更大、亮点更多、动能更足、传播力更强的态势。对主流新闻媒体工作者而言，既提出了更高要求也营造了更广泛的创作空间。本文以短视频典型人物报道的形象塑造为例进行分析研究，探讨在媒体融合环境中，编导如何利用智能化技术手段实现对短视频人物形象的合理塑造、立体呈现，并从标题题目、语言表达、细节呈现、舆论导向等方面进行解析。这是主流媒体表现形式与内容创新、走内涵发展之有效路径。

关键词： 媒体融合　新媒体技术　主流媒体　短视频　人物形象塑造

引　言

近年来，在新媒体生态中主流媒体宣传报道短视频质量稳健提升、爆款频出，特别是对重大主题报道和主旋律舆论引导方面，主流媒体通过发挥体制机制优势，找准媒体融合传播切入点，在实际采编播发等运行环节中实现媒体报道质量的优化，不断做大做强主流舆论场。从实际应用来讲，媒体融合环境下的传播路径、传播规律、受众黏性等形式都出现了一定程度的变化。如何利用新媒体技术提升短视频宣传报道的质量，笔者认为在短视频创作中，通过对典型人物形象的强化塑造，以好故事引发共鸣，让主旋律传播如春风化雨般润物无声，实现对重大主题宣传报道的深刻思考、形象化展示，是新时代主流媒体从业者"破圈突围"的关键路径。

一、媒体融合对短视频人物报道提出的时代要求

1. 充分利用新媒体技术，为短视频人物报道提供支撑

新媒体环境下，各类信息的传播效率、传播质量都获得了非常显著的提升。对主流媒体从业者来说，新媒体环境带来了传播方式、传播时效、受众群体等方面的改变，对内容呈现效果提出了一定的挑战。如何结合不同类型的宣传主题，在实践工作开展中充分发挥新媒体技术的作用，是作为新时期的媒体从业者应当考虑的问题。回归到本文探讨的短视频典型人物报道形象塑造方面来讲，人物报道中典型人物具有综合素质较高、亮点突出的特征。新媒体技术和环境拓展了宣传报道的平台与受众群体，但也对内容的"流量"属性提出更高要求。因此，要求新媒体背景下的媒体工作者，能够及时捕捉典型人物某种特质、优中选优，通过采访和视音频剪辑技巧将典型人物的形象立体化呈现。并结合人物报道的关键要素，充分利用新媒体技术为个人的报道工作提供服务。媒体融合的特征就是从内容到平台渠道的汇流，一方面适应新媒体环境的传播要求。另一方面，也应当结合新媒体环境下新闻工作开展模式开展思路的变化，充分利用新媒体技术为自身工作开展提供服务支持。

2. 适应媒体融合传播规律，做好人物短视频选题策划

短视频是媒体融合的新舞台和融合创新的重要窗口，作为主流媒体应充分发挥自身优势，将扎实的策划功底与新媒体传播融会贯通，具体表现为在选题策划环节，对基本流程、关键要点进行适当规划，广泛收集资料信息，并充分利用新媒体技术手段对报道人物相关的新闻事件背景、主题宣传角度进行充分了解，以便在人物采访中能够结合其所处的社会环境、职业环境、家庭环境等，多角度对人物形象进行相对更为立体、更为丰富的剖析，提高宣传报道工作整体质量。以短视频人物报道的选题策划为例，一方面要结合典型人物报道中的关键要素进行明确，切入式发掘"小人物""小故事"的传播价值，找准流量密码，细化采访拍摄方案。另一方面，也需要结合媒体融合传播规律，研究受众群体收看需求，依据不同平台自身内容特征，融合创新重构叙事风格。

具体可通过以下两方面要点尝试探索：一是主题先行，结合重大主题宣传报道内容进行选材、人物筛选、组织策划拍摄方案，如围绕庆祝建党百年重大主题拍摄制作《百年芳华　感恩有你》，选取百岁老人殷秀英为主题人物，通

过对百年人生路的回顾,通过讲述伟大时代中小人物的平凡生活,展示在党的领导下,人民奋斗努力,实现美好人生价值的主旋律故事。二是追踪热点人物,热点人物往往自带流量,表达能力也较强,有助于采访拍摄顺利进行。如在常规报道中,来自清华的选调生助农直播的新闻成为本区宣传热点,但在新闻报道中仅对"助农直播"的现象进行解读,并未关注到人物自身的故事,于是在短视频策划中,抓住热点人物,持续跟进拍摄,记录下从清华大学到青浦泾花村选调生的成长记。

简而言之,选题策划是做好短视频人物报道工作的第一步,需要在新媒体技术介入的情况下,在策划初期预设人物形象,并通过深入的采访进行补充,不断挖掘、深化主题,突出人物形象,通过内容创新、形式创新、手段创新,提升选题策划能力,实现由虚到实的创作过程,最终在受众群体面前呈现出更加全面、更加真实的典型人物形象。如在《百年芳华 感恩有你》采访中,采访对象是一位百岁老人,初步接触下来,相较于其他百岁老人,殷阿婆思路清晰、肢体语言丰富、形象较好,但仍存在采访老年人存在的普遍困难,如交流中时空感容易混乱,事件真实性有待确认;采访时间过长、问题答复琐碎,不利于完整剪辑,等等。应对这些客观困难,在正式拍摄前,编导反复多次与采访对象接触交流、尝试拍摄,并拓展采访范围,与老人的子女、后代核对关键信息。并在大致了解老人的语言体系和表达思路后,对所提出问题的答复进行预判。于是在采访拍摄的最后阶段,摄制团队将拍摄时间选在老人精神状态最佳的时段,地点则选在老人家中,让她在熟悉的环境下进行拍摄,并准备了一些能够引发关键信息的"小道具",比如阿婆的老照片、笔记本、三八红旗手奖章,等等,助推采访顺利进行。

3. 守正创新,适应媒体融合时代变革

主流媒体的职责和使命是"党的政策方针的传播者,时代风云的记录者,公平正义的守望者,社会进步的推动者"。随着"推进媒体深度融合,做强新型主流流媒体"被纳入《中华人民共和国国民经济和社会发展第十四个五年规划和2035年远景目标纲要》,主流媒体得到了更有力的环境支撑。但也迫使相关从业人员必须从被动应战变成主动挑战。因此,作为主流媒体从业者需要深刻认识传统媒体与新媒体产生的差异,把握每一次变革带来的新机遇,及时捕获宣传热点并转化为实实在在的传播力和影响力。

媒体融合短视频产品应该与新媒体运营紧密结合,典型人物塑造成功与否,是通过受众用指尖"投票"的阅读量来判定。"酒香也怕巷子深",因此,典型人物报道既要追求真实,也应当追求人物形象的塑造的宣传效应,在编辑技巧和内容

结构方面进行创新。具体到从本文探讨的短视频人物报道中的形象塑造来讲，需要在媒体融合环境中，借助先进的技术和更加具有创新性和灵活性的方式方法组织具体宣传报道、短视频拍摄工作。充分利用技术支持，各平台之间加强合作，实现资源共享，通过"中央厨房"的有效调度，筛选出更具典型性的采访人物，以"典型性＋个性化"赋能"传播性＋视频化"，放大短视频短小精练的优势，使得短视频在有限的时长内，合理塑造人物形象、传递最有价值的信息，满足受众碎片化阅读的习惯，同时兼备主流媒体所承载的文化内涵和人文关怀，进而生产出一批品质之作，实现广泛有效传播。如在拍摄制作中，做到在典型人物采访稿和编辑稿始终结合人物报道中形象塑造的基本要求，通过大数据对各方面信息进行筛选分析，确保筛选的内容具有特色性、真实性、可靠性。同时，为人物报道定下不同播发平台推广的准确基调，保证各平台宣传报道中的典型人物形象塑造能够深入人心，且具备一定的思想和情感引领效果。如在庆祝建党百年重大主题短视频拍摄中，荣获 2021 年"我的红色印象——庆祝建党 100 周年"短视频大赛一等奖；"奋斗与荣光"——庆祝中国共产党成立 100 周年主题短视频大赛一等奖；2021 年度上海广播电视媒体融合三等奖作品《百年芳华　感恩有你》。在不到三分钟的视频中，作品简要回顾了百岁老人殷秀英从苦难的童年、奋斗的青春，到圆梦的老年、慈善的暮年，浓缩展示了一百年来，一位普通中国女性对党和国家真挚的情感。本次拍摄对应不同播发平台，形成了三个版本的短视频，即用于传统媒体电视端播出的 8 分钟微纪录片，侧重于细节展示，以翔实的历史资料，娓娓讲述百岁老人与百年大党之间的真情实感；用于微信客户端，2 分 52 秒的媒体融合短视频，着重展示"百岁老人正青春"形象，通过展示老人绘画、书法、打拳等日常生活，展示"活到老学到老"的精神状态，并以浓缩老人"经典语录"和极具感染力的笑声升华主题；在用于抖音、视频号的流量平台，更是通过后期剪辑技巧，在短视频版本基础上强化技术手法，如通过音乐及画面特效，将老人打拳时的场景营造出"武林大家"的视听感，达到留住受众视觉停留的目标。

二、短视频人物报道中形象塑造创作要点探究

1. 选择适当的题目，明确人物塑造的主题

题目对于媒体融合短视频作品来说，具有核心指引作用。在媒体融合短视频人物报道中表现为推文题目及视频标题。从专业角度上来说，语言简洁核心明确也符合人物报道的题目要求。另外，在新媒体环境下，信息传播的多元性高

效性特征都非常显著。用醒目而简洁的文字为核心人物的报道做题目,也能够快速吸引受众群体的关注。从实际出发来讲,宣传报道的题目标题在文字表达结构上可以含蓄,也可以直白。但无论是选用什么样的题目标题文字表达方式,都应当与所报道的主题相贴合。同时,题目标题作为反映本片报道内容的核心要素,其本身也应当具备一定的新颖性,可结合核心人物的性格特征、身份特征进行特色修饰和完善。确保题目标题能够为烘托主题,吸引受众群体眼球起到促进作用。特别是对于一些英雄人物、基层工作中先进典型人物的报道而言,更需要在题目中体现出典型人物精神同时,更加精准地反映人物事迹。即通过题目标题提高人物宣传的感染力,为舆论引导和思想政治工作宣传推广提供重要的支持作用。例如,纪念建军九十五周年短视频作品,在媒体融合推文标题选用了《不曾退役:一声士兵 一生报到》,选取四位来自不同岗位的退役军人讲述从军经历,展示他们对于"忠诚、顽强、勇敢、担当"的理解。穿上军装,他们听党指挥、苦练本领;卸下戎装,他们兢兢业业、守护人民。这是"一声士兵,一生报到"的承诺与践诺。对于树立人物形象,发挥出典型人物形象的精神引领作用有重要意义。

2. 注重语言表达,提升人物形象塑造清晰度

在人物形象塑造中,语言表达是直接反映人物性格、直接体现人物整体面貌的重要元素。在典型人物报道中,语言若能够保持个性化特征,这对于形象的塑造也起到至关重要的提升作用。从语言与思想的关系上来讲,所谓"言为心声",在短视频拍摄中,编导有别于新闻记者,记者与采访对象有大量时间,可深入了解,因此编导对采访的引导提出了更高要求,目的在于使受访者以真实状态,拍摄记录下贴合人物性格和气质的语言表达,并融入一些情感饱满的同期声,让整个宣传报道的内容变得有血有肉。

在媒体融合环境下,多方面信息资源,都需要在同一平台上大规模交互流通。因此,典型人物形象的塑造更需要依靠语言表达的特色吸引受众群体的关注。例如,在塑造人物形象时,可将人物日常生活中的日记素材,日记中的语言表达作为人物形象塑造的关键要素融入整篇新闻报道中,用更加真实更加客观的语言表达,使新闻内容更加生动,更能体现出人物的性格。这种新闻人物塑造形式在基层干部新闻报道中具有非常显著的应用效果。例如,河南省长葛市坡胡镇水磨河村党委书记燕振昌,就曾在自己的日记里写道:"水磨河离不开我,我也离不开水磨河。"这种生动而发自内心的语言表达,对于人物形象的塑造有重要的作用。从受众群体的感受上来讲,能够用质朴而坚定的语言对自己所处的工作岗位,对自己所热爱的故乡建设表达出强烈的情感,能够促使受众群体感受

到一个有血有肉有干劲有理想的基层干部形象跃然纸上。

3. 注重典型人物形象塑造的细节,提高典型人物塑造质量

对于典型人物宣传报道工作而言,宣传的主要内容须集中在典型人物的具体事迹以及其在接受采访时所呈现的真实状态,进而从更加立体的角度对人物的性格、人物的精神风貌以及人物在具体事件背景下所体现出的精神品质进行反映。因此,需结合人物形象塑造的基本要素进行明确,无论是人物采访、现场拍摄,还是文稿撰写、后期编辑等环节,都应当紧紧围绕人物本身和具体事件进行落实,确保主题内容的准确性、语言表达的精练性、细节呈现的真实性和合理性。

信息传播过程中,受众关注的要点也更加具体、更加细化。因此,在核心人物形象塑造的报道中,也需要从实际出发,对人物形象的细节要素进行精准把控。从细节入手做好人物塑造,不仅能够抓住人物的特征,也能够从细节使人物形象体现得更为丰满、更为真实。对于宣传报道的典型人物来说,其身上不仅具有较为优秀的工作能力,其思想维度的精神品质也一定具有非常引人注目的光彩。但大多数被采访者对于拍摄难免有些紧张,其真实的状态往往需要在破除紧张感后加以展示,当其实际工作中,忘记"镜头"的动作细节,往往能真实反映人物的状态,因此需要摄制团队耐心、细心地捕捉细节,以细节特写塑造人物形象,形成深刻记忆点。从触及人心、引发共鸣的角度上来说,宏大的语言或直接赞美的语言,有时可能比不上一个细节的描写和一个精准的词汇应用。这也从侧面反映出在人物形象塑造的过程中,细节要素的关键作用。

具体到短视频拍摄过程中,需要将一些生活化、具有真实性和情感表达价值的语言,应用在对于人物形象塑造的细节描写中。如在百岁老人殷秀英的拍摄中,老人用"没有共产党就没有新中国"来感慨新中国翻天覆地的变化,抒发内心爱国爱党的真挚情怀;用"要勤劳肯干、要做好人、要帮助别人、要与时俱进,还要用正确的思想武装头脑"的朴素"人生哲学"来回答长寿的秘诀,语言表达符合老人年龄身份。同样在画面语言中编导和摄像默契配合,使用近景和特写及时捕捉到老人讲这句话时真诚的眼神和坚定的动作,将这位质朴、豁达、开朗的百岁老人立体化呈现。

以真实冷静的旁观者的视角,搜集所要报道典型人物资料信息。用主流媒体从业者的专业素养,对其情感性格以及精神状态思想状态进行一定的判断和塑造,引领受众群体对人物进行初步了解,进而慢慢地走近该人物,并且在短视频报道中感受到人物的真实情感和真实状态。

三、媒体融合短视频人物报道中形象塑造的思考

媒体融合是一场万众瞩目的实践,实现了从"你播我看"到"我点我看",从纯节目形态到全节目形态的转变。随着发展演变,人人都成为记录者,主流媒体如何占领舆论场,以"小视频聚焦大主题,用微形态引爆大舆论"成为从业者面临的重大考验。

1. 注重传播效果,满足受众需求

媒体融合通过互动技术的引入应用,加强了媒体与用户之间的链接与黏性,深度融合既要借助技术赋能,又要在内容生产上满足受众需求,提升传播力和影响力。作为主流媒体的短视频主创团队,需要在题材选择、内容生产、技术应用、平台终端等方面进一步拓展技能,紧跟时代发展,更新知识储备。始终坚持以主流价值观引领舆论导向,提升将"高大上"的主旋律人物报道转化为老百姓可知可感可期待的宣传报道,塑造身边的"典型"形象。如中央电视台《主播说联播》系列短视频,自2021年9月全新改版后,改变每期节目时长,以更符合短视频属性的简要解说为主要形式,且让主播们不再拘泥于演播室,可走进新闻现场,也可以带着观众"说现场""唱新闻"。解说词也不是对新闻播报内容的简单摘取,而是创作文案脚本,以受众更易接受、喜爱程度更高的形式演绎新闻,既有对社会热点的关注追溯,也有对"弹幕"的回应,增添了节目的信息量、互动性及现场感。

2. 注重形式创新,丰富短视频呈现

人物类短视频往往形式单一,表现力和影响力难以与其他类型短视频抗衡。如何通过新媒体技术手段,丰富表现呈现手法,提升视听体验成为今后从业人员需要思考的问题。作为主流媒体从业者,应将新媒体技术手段落实在实际创作中,可直观理解为对特技特效的有效使用,如将照片做成书籍或是将实景画面用写意山水画、沙画等形式呈现,达到视觉感受上令人耳目一新、眼前一亮的效果。以科技助力形式创新与内容创新,打破原有创作格式,提升受众视听体验。如第三十一届中国新闻奖短视频专题一等奖获奖作品《无胆英雄张伯礼》,将主人公在各媒体和平台广为流传的照片做成书籍形式,将传统的照片特效升级为立体呈现,巧用书籍形式展开,在形式上吸引眼球,又升华了短视频的内涵——这是典型人物个人的故事,也是一段值得纪念的历史。同样,在2022年纪念袁隆平院士的短视频,使用"手绘＋三维"的动画特效形式,艺术化展现了袁老的"禾下

乘凉梦",形象生动的演绎引发受众共情、产生共鸣。

3. 持续增加"网感",引发广泛共鸣

对于主流媒体而言,缺乏"网感"是造成媒体融合短视频流量不佳的主要原因。所谓"网感",可理解为"基于互联网平台传播规律产生的创作思维",能够快速察觉互联网用户的关注热点,并通过设置相关宣传报道热点、引导话题流向,使舆论宣传更为广泛的策划能力。即对流量具有敏锐的"嗅觉",是"新闻感"的升级版。通过让互联网用户成为新闻线索的"通讯员",是主流媒体创作生产方式主动化、表达方式鲜活化、视听风格多样化,进而实现广泛传播。归根结底,由传统媒体转型新媒体,面对新的认定指标,"流量"是从业者不得不面对的问题。然而追求爆款并不等同于一味迎合受众思维兴趣和欣赏品位,作为主流媒体应该找到适合自己的舞台,通过互联网、新媒体技术合理转化释放主流媒体力量,不断破解"爆款"短视频的成功秘籍,寻找底层逻辑关系,培养适合媒体融媒环境下的网络语言、传播规律,让带有主旋律,具有引领性的短视频释放出更具流量的"网感"。

结 语

综合本文的研究分析可知,在媒体融合环境下,先进的科学技术、创新性更强的工作平台给主流媒体从业者带来新的挑战。对于典型人物短视频宣传报道而言,传统的选准题目、提炼主题、注重语言表达、讲究细节描写等,仍然是刻画人物形象的要点;而思维方式革新、新媒体技术运用则成创新点、闪光点,能够从人物形象塑造、重大主题内容宣传推广等多角度起到积极的促进作用。这对于宣传报道质量的提升、主流舆论引领等方面都会发挥出重要的作用。短视频作品想要脱颖而出,离不开对人物形象塑造的创作及多元化叙事表达。因此,需要不断提升人物形象塑造创新创意的能力、新媒体技术应用的能力和网络传播的能力,发挥媒体融合体制机制优势,以不变的坚持不懈的媒体责任和基本功,推出更多精品力作,实现融媒体创新之路的"破圈突围"。

参考文献:

[1] 孟小捷.新传播格局下讲好科学家故事路径探析——以医学人物报道为例[J].新闻战线,2022,(13):71-74.

[2] 李超.典型人物报道的时代特点与创新经验——以第三十届中国新闻奖获奖作品为例[J].传媒,2022,(08):58-59+61.

［3］中国华能建党百年传播课题组.央企开展重大主题宣传的方法与策略——以中国华能"赤子初心"建党百年系列人物报道为例［J］.传媒,2022,(05)：70-71.

［4］梅宁华支庭荣.生态的媒体　液态的融合——2020—2021年中国媒体融合发展总报告.中国媒体融合发展报告［D］.2021,ISBN978-5201-9147-0：002.

［5］张也奇."十七年"时期"新英雄人物"的生成与定型——以戏剧与电影的互动为中心［J］.中国现代文学研究丛刊,2021,(11)：56-69.

［6］汪文.在时代景深中打造精品力作——以温州日报《两山的回响》系列报道为例［J］.新闻战线,2021,(03)：116-118.

作者简介:

郭苗苗,上海市青浦区融媒体中心专题部副主任。

非遗短视频的流量特征和传播规律研究

——以"非遗来了"抖音号为例

闫新李

提　要： 非遗在短视频平台的传播，成为了近几年弘扬传统文化的重要推动力。"非遗来了"是一个以非遗为核心内容的传统文化抖音账号，其充分发挥传统文化先天所具有的，适合以视频、声音等方式传播的特质，制作发布了丰富多彩、形式多样的非遗短视频。"非遗来了"既充分利用抖音平台的特点，也密切结合非遗项目本身的特色，形成了多个流量聚集点，并取得了良好的传播效果。笔者希望通过对该账号流量特征和传播规律的分析和研究，为非遗在短视频平台的传播提供有益的借鉴。

关键词： 非遗　短视频　抖音　流量

引　言

党的二十大报告指出，以社会主义核心价值观为引领，发展社会主义先进文化，弘扬革命文化，传承中华优秀传统文化，满足人民日益增长的精神文化需求，巩固全党全国各族人民团结奋斗的共同思想基础，不断提升国家文化软实力和中华文化影响力。坚守中华文化立场，提炼展示中华文明的精神标识和文化精髓，加快构建中国话语和中国叙事体系，讲好中国故事、传播好中国声音，展现可信、可爱、可敬的中国形象。党的十八大以来，以习近平同志为核心的党中央高度重视中华优秀传统文化的传承发展，习近平总书记作出的一系列重要论述，为传承和创新发展中华优秀传统文化指引了方向。

非物质文化遗产是一个国家和民族历史文化成就的重要标志，是优秀传统文化的重要组成部分。非遗的宣传,特别是在短视频平台的传播,成为了近几年弘扬传统文化的重要推动力。在这样背景下,上海人民广播电台于 2019 年开办了"非遗来了"抖音号。

"非遗来了"是一个以非遗为核心内容的传统文化抖音账号,其充分发挥传统文化先天所具有的,适合以视频、声音等方式传播的特质,制作发布了丰富多彩、形式多样的非遗短视频。例如,剪纸、面塑、刺绣、糖画等的制作过程,皮影、舞龙等的表演,通过记录拍摄非遗体验、教学、展示、表演等,在抖音平台推出人们喜闻乐见的非遗短视频。

截至目前,"非遗来了"已发布视频 401 条,粉丝 140 多万,播放量 2.4 亿人次,点赞量 529 万。其粉丝量在抖音平台综合类非遗主题内容中排名第一位,成为抖音非遗垂类内容的头部账号。2022 年,"非遗来了"入选国家广电总局"中华文化广播电视传播工程"重点项目。其在非遗短视频表达上的尝试和探索,特别是不同视频的流量差异,都具有典型的示范意义。下面笔者将通过对"非遗来了"抖音号的视频内容和传播策略的研究,分析非遗在短视频平台上的流量规律。

一、"非遗来了"抖音号的流量分布特征

截至目前,国务院共计公布了 1557 个国家级非物质文化遗产代表性项目,共分为十大门类,分别为:民间文学,传统音乐,传统舞蹈,传统戏剧,曲艺,传统体育、游艺与杂技,传统美术,传统技艺,传统医药,民俗。"非遗来了"抖音号已发布视频 401 期,内容涉及剪纸、皮影、面塑、舞龙等 30 个非遗项目,涵盖了我国非遗的全部十大门类。经数据统计和分析,该账号合计点赞量排名前十位的非遗项目,从高到低排列分别是:剪纸、绒线编结技艺、草编、糖画、翻花、棕编、撕纸、民族乐器制作、舞狮、皮影。其中点赞量最高的非遗项目为剪纸,合计点赞量约为 473 万,平均每条视频点赞量为 20 745。按非遗的所属类别排序,由高到低分别为:传统美术 487 万、传统技艺 2.2 万、传统舞蹈 9 200、传统戏剧 8 924。

附表　"非遗来了"抖音号视频点赞量排名前十位的非遗项目

序号	非遗项目	合计点赞量	视频条数	平均点赞量	所属类别
1	剪　纸	4 730 000	228	20 745	传统美术
2	绒线编结技艺	171 000	2	85 500	传统技艺
3	草　编	66 000	1	66 000	传统美术

序号	非遗项目	合计点赞量	视频条数	平均点赞量	所属类别
4	糖　画	43 076	17	2 533	传统美术
5	翻　花	35 537	4	8 884	传统技艺
6	棕　编	19 011	4	4 752	传统美术
7	撕　纸	15 589	10	1 559	传统美术
8	民族乐器制作	13 594	5	2 718	传统技艺
9	舞　狮	9 200	1	9 200	传统舞蹈
10	皮　影	8 924	11	811	传统戏剧
合计		5 111 931	283	18 063	

二、非遗短视频的"流量密码"分析

1. 非遗的实用价值是视频的流量中坚

抖音平台上,在生活中具有实用性的技术、方法,一直具有较高的人气,也是流量比较集中的短视频内容。

以剪纸为代表的实用性非遗项目,占据了"非遗来了"抖音号的主要流量。仅剪纸一项非遗点赞量就达到了 473 万,占该抖音号总点赞量 529.1 万的 89%。剪纸平均每条视频的点赞量为 20 745,流量也较为稳定。同时 228 条视频,具有较大的样本数量,已经形成了鲜明的流量特征,具有较高的参考性。

剪纸是一项极具实用价值的非遗。早前,上海的剪纸艺人便以出售剪纸绣花样作为生计的手段,同时,剪纸也是重要的节日装饰物流行于中国大部分地区。时至今日,虽然其大部分功能已经消退,但作为装饰物的功能依然被广泛应用。此外,由于国家大力倡导弘扬传统文化,推动非遗进社区和学校,剪纸作为最常见的形式和内容,经常出现在活动现场。虽然剪纸的应用场景发生了变化,但现实价值依然受到广泛重视。由于剪纸传承人和手艺人数量有限,相关的文化活动也受到时间、场所和人员的限制,社会上有大量的剪纸学习需求,但却缺少在生活中拿起剪刀的机会。"非遗来了"抖音号从账号建立开始,便连续不断地推出系列剪纸教学视频,满足了人们对生活装饰、文化活动等实用价值的强烈需求,从而汇聚了丰富的流量。

例如,在视频《剪纸立体春字》中,剪纸传承人何平首先展示了巧妙的立体春字剪纸的成品作品,引起观众的探究的兴趣,然后一步一步教授其技法,分解创作流程。观众看完视频,便能学会这幅剪纸作品。剪纸传承人的教学非常细致和清晰,能够用简单的语言和动作展示出剪纸的过程和技巧,让观众感受到了剪纸的可学性和可参与性,激发了观众的学习兴趣和动手欲望,播放量达 1.2 亿,点赞也超过了 256 万。视频《教师节贺卡非遗衍纸》也具有同样具有实用性的特质,播放量超过 35 万,点赞量也达到了 4 600 多。

可见,剪纸、衍纸、面塑等具有实用价值的非遗项目,在"非遗来了"抖音号中是流量的中坚,对账号的成长起到了关键作用。这类非遗项目在传统文化的短视频传播中形成的流量,在提高公众对非遗的认知和保护意识中都具有积极作用。

2. 易掌握的非遗可以显著提升观看时长

观众观看视频的目的对于其流量的发展极其重要。比如"学习掌握"与"观看欣赏"目的相比,黏性更强、点赞量更高、停留时间更长、完播率更高。观看欣赏一项非遗技艺,往往是看一段,较理想的结果也只是完整地看一遍。但当观众把其视作学习教学素材,将"掌握"作为目标时,不仅能看完整个视频,还会反复播放。观众的停留时间和视频的完播率会得到显著提升,在抖音的算法机制中更容易被推荐。"非遗来了"充分利用了观众的这种观看行为,普通观众能学会、易掌握的非遗教学视频占比最高,也取得了良好的效果。

例如,视频《妈妈教我剪的红双喜》突出了"2 剪刀剪成红双喜""结婚可以用"。这条视频不仅教授简单易学的红双喜剪纸技法,还把这一点作为视频标题,写在文字描述中。该条视频播放量达 1 239.6 万,点赞量 30.4 万。除此之外,笔者还特别关注到一个数据——收藏量 8 万。这说明很多观众在播放一次之后,可能会产生重复观看的行为。这是"非遗来了"抖音号教学类剪纸视频的典型案例,具有很强的代表性。

根据对该账号发布的视频数据分析可以看出,热度排名前十位的视频中有9 条是易掌握的非遗教学视频。其中热度排名第十的《鼠年剪鼠》,播放量也超过了 232 万。

新媒体是时代发展的产物,具有以人为本的发展理念,其发展方向和根本是以满足用户需求为中心,注重用户的体验感受。观众在短时间内能够通过该抖音号掌握一项非遗的基本的技巧和方法,满足了人们对非遗的好奇心和学习欲望。可以说这一类视频是整个短视频平台中用户意识最强、体验感受最好的内容。学习、掌握、传播是密切关联的,这让观众感受到非遗的魅力和价值,增强了人们对非遗的认同感。

3. 非遗的情感共鸣和文化认同有受众基础

随着社会的发展和生活方式的转变,许多非遗技艺已经处于濒临消亡的状态,一些童年记忆里的老手艺在生活中已难得一见。这些非遗不仅是一种技能,也是一种文化遗存,蕴含着人民群众的智慧和创造力。"非遗来了"抖音号推出不少能够唤起观众童年和故乡回忆,展示了老一辈人的生活方式、文化习俗、传统技艺等内容的视频,满足了观众的情感寄托和怀旧需求。例如,糖画、棕编、皮影等非遗项目非常容易形成强烈的文化认同和情感共鸣。浓重的情绪延长了观众的观看时长和停留时间,联想和回忆很容易转化为点赞和收藏。

例如,在视频《糖画非遗小狗泰迪》中,糖画传承人手拿小铁勺,盛起浓浓的麦芽糖,手随意挥舞,糖缓缓落下,一只小狗跃然铁板之上。童年的工具、童年的图样、童年的甜味,获得了 890 万次播放,2 万点赞。在视频《草编孔雀》中,一位老人用农村田间地头最常见的芒草,简单的几个步骤就编出了一只美丽可爱的草编孔雀。童年的技法、童年的物件、童年的场景,让这条视频的播放量超过了250 万,点赞达 6.6 万。2.8 万的收藏量把"童年的记忆"留存在了一个个观众的抖音号里。《国家级非遗棕编蚂蚱》也以同样的方式带来了 58.6 万播放量和 1.7万个点赞。

可见,非遗的时代特征与观众偏好也有很强的关联性。这说明非遗在短视频中的传播,不仅要有看得见的技法、蕴含的文化价值,也要寻找人们的情感共鸣和文化认同。

4. 非遗鲜明的个性特征"自带流量"

在众多的非遗项目中,有一部分"自带流量"。例如,惊险的高杆船技、神秘的川剧变脸、高难度的梅花桩舞狮、神奇的苏绣双面绣等。这些非遗项目流量和其类别关系并不大,而在于其本身的突出个性特征。

(1)非遗个性特征里的流量推手

短视频平台拥有鲜明的短、平、快特点,需要视频内容能够在最短时间内吸引观众的注意力,从而留住观众,增加其停留时长。

惊险、神秘、高难度、神奇的非遗项目正好符合这一要求。"非遗来了"抖音号其中一部分视频集中突出了这一特征,在展现非遗技巧和魅力时,让观众感受到惊喜和震撼。例如,《非遗耍牙》视频中,野猪獠牙在表演者口中吞吐自如,一排巨大的獠牙,感官上已经超出了口腔的空间,它们是如何隐藏在口中,又如何来回伸缩,组合成各种造型,都让观众疑惑不解。神秘的非遗勾起了观众强烈的好奇心,甚至可以促使他们反复观看,其播放量达到了 17.4 万,点赞量也有 2 760。视频《梅花桩舞狮》中,梅花桩虽然惊险,但两位舞狮传人依然游刃有余,突然一根梅花桩倒地,断了他们的退路。犹豫片刻,他们调整姿态,纵身一跳,飞跃而过。梅花桩舞狮本身就有极高的难度,中途又发生"意外",最后反转,完美收场。短短的 17 秒的视频,播放量达到了 50 万次,点赞 9 300 多。

新闻价值规律是新闻传播的基本规律之一。如果某类事实经常发生,非常普遍,这个事实不会具有新闻价值。但如果这个事实发生的概率很小,例如意外、偶然、异常的事实,通常会具有新闻价值,因为明显地偏离常规的事实构成了吸引人的魅力。显然,惊险、神秘、高难度、神奇,这些关键词符合这个特征,因此成为了非遗短视频的流量推手。在非遗领域,除了注重其本身的历史文化属性,展现其价值和意义外,尤其要注重短视频传播的规律。只有两者有机融合,才能做到有效的传播。

(2)高超技艺带动高"赞"

惊险、神秘、高难度、神奇的非遗项目,往往需要传承人长期的学习和积累,才能达到较高水平。这些非遗项目在抖音上展现出了传承人的才华和努力,也展现出了非遗项目的独特之处和价值,往往会具有强烈的视觉冲击力和吸引力。

例如,视频《苏绣三异绣》展现了苏绣一项独特的技法,一幅作品,正反两面,针法不同,图案不同,色彩不同,信息像一面多棱镜,从不同的侧面可以看出不同的颜色,得到不同的认识。同时绣制正反两面,不仅需精湛的手艺,还要双人合一的配合。巧夺天工的手艺,精美绝伦的绣品,神奇的三面异绣获得了 23.6 万的播放量,3 691 个点赞,从中可以看到人们对于传统文化的赞叹和敬佩。

在视频《糖画花篮》中,75 岁的赵恒校展现了难得一见的立体花篮糖画技法。花篮的小部件在他的手中一件一件呈现出来,最后经过繁复的组装终于完成作品。柔软的麦芽糖在老艺人的手中,化了一只美丽、精巧的糖画花篮,15.9 万播放量,2 600 多个点赞,同样是人们对于手艺人匠心精神的一种赞美。

由此可见,抖音作为一个以视频为主要内容形式的平台,视频的画面效果对于吸引用户的注意力至关重要。非遗主题的视频如果能够给用户带来强烈的视觉刺激和震撼,便能更容易留住观众。"非遗来了"抖音号正是利用这一点,推出了一系列惊险、神秘、高难度、神奇的非遗项目视频,既展现了非遗项目高深的技艺和迷人的魅力,也因其符合抖音传播的规律,契合了短视频平台的特点,从而获得了观众的喜爱。

这类非遗项目通过短视频平台,实现了非遗传播的创新和突破,非遗背后所蕴含的文化内涵和传承价值,正是在这个传播过程中进入了人们的视野。

5. 非遗融合时事，主动制造流量

新闻人充分发挥自己的特长，以自己高度的新闻敏感性，守正创新，在"非遗来了"抖音号上推出了大量新闻时事与非遗融合的主题内容，开创了一种非遗传播的创新方式。

在一些新闻事件发生时，"非遗来了"便结合新闻事件推出非遗短视频，用非遗讲述新闻事件，以新闻事件带动非遗传播，相辅相成、相得益彰，既让非遗破圈，也开辟一种生动有趣的新闻传播方式。

例如，东京奥运会、北京冬奥会期间，"非遗来了"聚焦夺金热点和赛场焦点，推出了一大批以非遗为载体的奥运主题短视频。相比传统的新闻传播，非遗视频不仅更生动活泼，传播效率也更高。仅"揭秘冬奥颁奖花束制作过程"一条视频，播放量就超过 740 万，点赞数超过 17 万。该账号非遗奥运主题系列短视频总播放量更是超过了 1 000 万。

"非遗来了"抖音号也经常围绕党和国家大事、时事热点等推出相关非遗视频，比如在建党百年之际，"非遗来了"以非遗为载体推出了系列主题视频，吸引了大量网友观看，播放量超过了 1 亿。

在抗击新冠肺炎疫情的过程中，"非遗来了"推出了抗击疫情主题的非遗视频，例如，以北京琴书这种独特的曲艺形式致敬奋战在抗疫一线的医务工作者，以皮影戏生动形象地讲述疫情期间居民社区的感人故事，等等。这一系列的视频播放量超过了 600 万，不仅收获了良好的社会效益，履行了作为官方媒体的社会责任，也证明非遗蕴含着巨大的精神和文化力量，可以助人共克时艰。

此外，"进博会""三星堆考古发掘"等新闻时事中，"非遗来了"都推出了大量广受欢迎的非遗短视频，传播效果极佳。

传统文化的传播一直难以破圈，受众面相对有限。以传统文化为载体，传播热点事件，形成爆款视频后，热点事件又带动传统文化的传播，相辅相成，彼此促进。该账号推出的这种创新方式，对新闻传播的新媒体语境和非遗传播的新媒体模式都是非常有益的尝试。

结　语

抖音作为一个开放、多元、活跃的平台，为非遗项目提供了广阔的舞台，也为观众提供了丰富的视野。"非遗来了"抖音号既充分利用了抖音平台的特点，也密切结合非遗项目本身的特色，形成了多个流量聚集点。其推出的一系列内容多样、形式丰富的短视频，重视非遗的实用价值，考虑观众的参与度，寻找与观众

的情感和文化连接点,不仅尊重成熟的传播规律,也进行了很多创新性的探索和实践,并取得了良好的效果。"非遗来了"抖音号多样态的案例对非遗的短视频传播具有积极的示范意义。

参考文献:

[1] 郭晓静:《论新媒体对新闻传播的积极影响》,《新闻研究导刊》2021年第12卷第6期,第102页。

[2] 陈力丹:《新闻理论十讲(修订版)》第44页,复旦大学出版社,2020年版。

[3] 李良荣:《新闻学概述(第七版)》第61页,复旦大学出版社,2021年版。

作者简介:
闫新李,上海广播电视台东方广播中心主任播音员。

融媒转型背景下的微短剧定制探析

——以《阿发的小目标》为例

林　川

提　要： 微短剧作为网剧新风口受到越来越广泛的关注，融媒转型之下的电视台影视剧定制业务，正在随之产生一些新的变化。本文尝试运用营销 4P 理论，从产品（Product）、渠道（Place）、价格（Price）和营销（Promotion）角度，对以《阿发的小目标》为例的微短剧定制实践展开讨论，分析电视台深度参与微短剧定制的成功策略，探索传统媒体从微短剧开展融媒转型突破的可行路径。

关键词： 融媒转型　微短剧　4P 理论　定制探析

引　言

在传统媒体与新媒体融合发展的当下，电视台下属的各业务板块都在进行着深刻的变革，其中，影视剧板块的转型也十分迅速，强调投资孵化的"前端定制"，已成为全国一线卫视的重要策略。然而，持续三年的疫情导致经济下行和影视行业困局加剧，电视剧定制之路近来也颇为坎坷。传统媒体内部经营压力不断增大，外部中小型影视剧制作公司大量倒闭，高成本、大体量的长剧定制，风险越来越大。

随着人们生活节奏不断加快，具有悬念强、反转多、剧情爽等特性的微短剧，正成为时代风潮。等地铁、坐电梯、吃个饭就能随手刷上一两集，碎片化时间得到了有效的填充，"剧集嫁接短视频，成为短视频发展逐渐渗透到影视行业的新趋势，无论是短视频平台还是长视频网站，都在对此进行积极布局"[1]，微短剧的全面兴起，可谓是应运而生。

为应变新业态、探索新风口，进一步从影视剧内容生产角度推进媒体融合转型战略，SMG 影视剧中心于 2022 年 12 月底推出了与中国法学会案例研究会、上海市普陀区人民法院、快手短视频平台联合定制的普法题材微短剧《阿发的小目标》。作为 SMG 影视剧中心在短剧赛道上的首次尝试，《阿发的小目标》成片共 13 集，每集 2 分钟，于 2022 年 12 月 17 日在快手上线，快手全站累计播放量超 1.28 亿次，不仅取得了超预期的良好播出效果，更完成了一次从传统媒体内部发起的，影视剧产品定制生产的全流程探索，为后续的升级发展积累了可复制的经验。

在此之前，电视台影视剧定制业务基本都是长剧。普遍认知中，微短剧专属于以网络为代表的新媒体，以电视台为代表的传统媒体能否做好微短剧？在这部微短剧完成之前，较少有这方面的尝试和思考。以下将运用市场营销领域十分经典的 4P 理论，从产品（Product）、渠道（Place）、价格（Price）、营销（Promotion）四个端口，结合此次定制实践，分析论证电视台深度参与微短剧定制的成功策略，探索传统媒体从微短剧角度开展融媒转型突破的可行路径。

一、产品端——完善产品设计，严格导向管理

1960 年，美国著名营销学教授杰麦卡锡在其《基础营销》一书中，将市场营销的要素概括为 4 类，即产品（Product）、渠道（Place）、价格（Price）和营销（Promotion），如能适当处理好这 4 类要素，就能获得预期的市场回报。4P 营销理论自提出以来，以其准确性和全面性，对市场营销产生了深远的影响。尽管之后还有不少学者对这些要素提出了一些增减，如 4C、4R 和 6P 等，但对企业来说，最有普遍实用意义的还是 4P。

在这 4 类要素中，为首的就是产品。产品是一切的核心，是为了满足消费者需求而诞生，提供给市场被人们使用消费的任何东西，包括有形产品、人员、组织、观念、服务或它们的组合。对应在本文所论述的影视剧语境中，就是微短剧作品。

微短剧，是指单集播出时长在 15 分钟以内的，由演员表演、有叙事情节的短视频剧。2020 年底，国家广电总局在备案系统中新增了"网络微短剧"板块，将微短剧正式纳入视频剧集内容类别，2020 年因此也被称为"微短剧元年"。这种新颖特别的短视频以"凭借较短时长便可观看完整故事内容的独特制作模式，拉近了与观众之间的距离"[2]，成为之后各个新媒体平台不可或缺的看点、爆点和增长点。仅 2022 年 1—6 月，全国备案微短剧数量就高达 2 859 部，同比实现超过 500% 的增长，远远超过了长剧市场。腾讯、优酷、芒果 TV、快手、抖音和 B 站

六大视频平台，均已完成微短剧剧场化布局。

微短剧产品对于传统媒体的内容生产来说，是全新的产品种类，完善的产品设计是走向成功的第一步。

在电视台的影视剧领域，除少数栏目剧外，播出的都是长剧。因为线性播出平台的固化、忠实观众的老化和收视率数据的虚化（虚化指目前电视收视率统计只能基于抽样样本，难以准确呈现完整收视数据），以"用户思维"来进行产品设计，实现从"节目"到"产品"的转变，相比综艺、财经、少儿、体育等节目来说更有难度。在微短剧产品设计中，最关键就是要放下"大屏"包袱，明确"小屏"方向，建立"用户思维"——节目究竟给什么群体看，这个群体的消费水平和传播能力怎么样，目标用户群体与节目如何互动？

在《阿发的小目标》策划初期，项目团队经过调研，发现微短剧产品的目标用户主要集中于 18—40 岁区间，其中 18—23 岁的年轻受众近来明显增长，而且女性多于男性，80 后观众占比达到四分之三。在城市分布上，微短剧受众呈现进一步下沉趋势：一二线城市观众占比有不同程度下降，三四线城市观众占比则较高增长。他们中有很多是在城市化进程下，从小地方来到大城市的年轻人，群体数量庞大，消费水平一般，但传播能力很强，有较好的网络社交基础，对于自身成长更有迫切的目标和追求。

在此基础上，对目标用户群体的画像做一番描摹后，可推得以下信息："进城的年轻人们最关心的是什么——求职、恋爱——其中的难点痛点是什么——踩坑、受骗——怎样解决这些难点痛点——普法"。针对此目标用户，以普法为主题的微短剧产品，最容易产生话题和共鸣，同时具有娱乐性和实用性，适合广泛的人际传播与分享。

在这样的产品设计路径下，一部微缩版的小镇青年进城历险记由此诞生——五线小镇青年阿发因为一场婚纱照纠纷，失去了心爱的女友，为了让女友后悔，阿发立下了要赚够 50 万的宏大目标。为了达成目标，从保健品微商到健身房销售，从外卖小哥到小区保安，阿发经历了一个又一个职业陷阱，又一次次在法院法官和社区好心人的帮助下化险为夷，直到一场群租房的纠纷，让阿发差点流离失所，他才意识到正是自己对法律的无知，才一次次踩坑。为了帮助更多像他一样的人，这位曾经懵懂的小镇青年，向着成长为富有责任感的城市新人，确立了自己奋斗的方向。

找准目标用户，完善产品设计，只是定制微短剧的第一步，之后的剧本创作更是微短剧产品的关键环节。

与过去的长剧定制创作不同，微短剧的剧本创作特别强调悬念、反转和节奏。如果说长剧是大幅的画作，那么微短剧更像是精彩的速写。简单直接却有着高度集中的冲突，节奏明快并多次反转，是故事情节吸引观众的诀窍，金句、笑梗和大场面则是短剧破圈的关键。

演员、制作等方面，则可以比较灵活地根据成本预算"量身定制"。相对于长剧里动辄明星大腕，演艺界的草根新人或网络中的流量达人更适合微短剧。在《阿发的小目标》中，就选择了拥有千万粉丝的网红达人"户外发"出演男主角，其"外卖小哥"的身份十分贴合该剧所演绎的"进城青年"，此外，拥有1 100万粉丝的"户外发"达人号也能为该剧带来一定的流量支持。

与一般消费产品不同的是，剧集作为文化产品，具有宣传属性，特别是对于电视台直接参与的定制产品来说，其定制模式不仅应考虑商业市场，还应注意导向把控。尤其是当播出渠道以网络为主时，更应倍加关注。

近来，影视剧单集付费，充值购买集数或者付费解锁全集等新模式纷纷登场，为了在最短时间内抓住观众眼球，部分短剧刻意放大矛盾，媚俗烂梗、激化冲突，打着"擦边球"追逐流量，以古装、穿越的外表，脱离现实扭曲人性，贩卖所谓"爽感"，宣扬消费主义、虚无主义的价值观，微短剧作品的质量存在明显的良莠不齐。在这方面，传统媒体担负主流价值观传播重任的职责，不是减轻而是更重。因此在参与定制此类产品时，更需要严格把控其内容导向。

考虑到普法题材的特殊性，在《阿发的小目标》分集内容策划阶段，项目团队对搜集的每一个案例都展开集体讨论和筛选，摒弃极端化、暴力化、过度娱乐化的内容，把握好喜剧夸张的分寸。为了获得最鲜活最生动的案例素材，团队成员在整个策划阶段"长驻"法院，与法官们每天一起聊案例、吃食堂，从初期筛选的20多个法制案例中，精选确定了工伤索赔难、婚纱照消费坑、群租房陷阱、恋爱财产纠纷、健身房私教风波等6个案例，以喜剧化、纪实化的风格，轻松幽默地表现在剧本中，用男主贯穿单元故事的戏剧化手法，表现一个个案例的冲突过程和调解场景，让观众在观看短剧的同时，获得法律知识，学会保护方法，对类似的违法行为能够一眼识别、高度警惕。

在这样的产品设计下，《阿发的小目标》成片获得了快手"S级"评级（由低到高分别是：A/B/S/S+。可见在微短剧定制中，只有先设计出富有网感、吸引用户的产品，并通过严格的导向管理，保证产品的安全性，才有将来面对投资人、面对观众的底气。

二、渠道端——合作一线平台，选择定制模式

渠道，是指在商品从生产企业流转到消费者手中的全过程里，所经历的各环节和推动力量之和。在4P理论中，渠道为王是一个经典的战略定位，指的是产

品和服务任何时候都必须注重渠道建设,要么自建渠道,要么借用渠道,总之对渠道的掌控直接决定着产品的市场份额。

在微短剧定制中,渠道即是该剧的播出平台。按照目前国内主流的定制剧商业模式,剧集产品一般都在策划阶段就已经与播出平台展开了紧密的沟通。

以往电视台的定制剧,走的大都是"长剧定制,以投代购"的模式,出品方是自己,播出平台一般也都是台属的地面频道或卫视频道。但随着经济环境和媒体生态的改变,巨大的成本投入,较长的播出时间,固定的播出方式影响了定制剧的发展,而且一旦发生因政策改变、演员违法等风险因素导致剧集不能过审,一切就会前功尽弃,损失十分严重。

正所谓"船大难调头",如何进行"轻量化"的可控转型,转变定制策略成为了必然,在这方面微短剧提供了更多的可能性——项目体量不大,播出方式多元,电视台可以根据自身情况,灵活选择自己以出品方或承制方角色进入微短剧定制,播出平台可以是自有的新媒体渠道,也可以是其他网络平台。

如今市场化的微短剧定制主要采取以下三种模式:分账模式、参投模式和承制模式。分账模式目前最为主流,是指制作方将成片提供给播出平台,按照播出效果,以 VV(video view 的简写,意为视频有效播放次数,是衡量网络播出效果的重要参数)的数量,获得由播出平台支付的播出费用。这种模式对于制作方来说风险最大,一旦产品失败,可能血本无归,但风险和收益是成正比的,如果爆款出圈,分账收入破千万的例子也屡见不鲜。

参投模式,一般是因为剧集成本较高或制作方缺少启动资金,需要多方合力,共同出资完成产品生产。参投方可以是一家播出平台,也可以是几家一起,将来播出后所有出品方按照约定比例分享收益。这种模式风险收益比相对均衡,但在当下竞争激烈的市场中,独家内容已经成为潮流,参投模式较少采用。

承制模式,则是由播出平台独家出品,保底或全部支付制作成本,获得剧集版权。这种定制模式对于制作方来说收益相对较低,但承担风险最小,适合初次进入市场的新玩家。

在充分调研了以上几种商业模式,并多方比较了 BesTV、优酷、B 站、抖音、快手等平台后,《阿发的小目标》最终以承制模式,选择了快手作为该剧的主要出品方和播出平台。

快手是国内最早深耕短剧赛道的短视频平台之一,近年来无论从投资金额还是作品数量上,快手的短剧业务都在迅猛增长。2022 年,快手短剧业务共带来超过 500 亿的播放量,爆款短剧数量增长 40%,亿级俱乐部(播放量过亿)的名单中迎来近 100 个新短剧项目,内容变现的成功率越来越高,与带货之间的衔接通路越来越清晰,已跃升为国内微短剧领域的一线平台。

在与快手的初步对接中,因为对 SMG 影视剧中心定制能力的信任,和对《阿发的小目标》项目的看好,快手决定参与此次定制,并分派纪实剧部门全程跟进。双方协定:该剧由快手主要出品,SMG 影视剧中心联合制作,快手达人号"户外发"与影视剧中心快手号"剧耀东方"联合播出。

对于电视台一方而言,虽然这是一次从甲方到乙方的转变,但却是一次相对安全的进入短剧市场的尝试。通过这次试水,将以实践证明传统媒体能够且有必要在融媒转型中进入微短剧赛道,在微短剧的定制中可以获得真实可见的流量、盈利,和以主流价值观为核心的社会影响力。

当电视台通过项目实战获得微短剧定制经验后,将可以扩大投入,以分账或参投模式进行之后的微短剧出品定制。在拥有节目版权的前提下,还能探索将微短剧重新剪辑包装,以适当版面(如栏目剧)形式在电视大屏播出,以及下一步网台互动、直播带货的可能性。

三、价格端——整合各类资源,把控制作成本

在传统意义上,价格是指消费者购买产品时的花费。价格决策直接关系到企业的收益、营销等问题。

微短剧的商业模式与长剧非常不同,在定制过程中,价格的定价权并不在生产一方,只能通过约定的分账收入或承制利润,来获得收益。

目前的微短剧制作成本范围大致在每分钟 5 000—20 000 元,播出后的分账计算方式和单价,每家平台都不一样,根据主流的 A/B/S/S+ 四级评价标准,大约在 5—20 元/每千有效 VV 的区间。因此,对于不能准确预估收入的微短剧而言,制作阶段能否较好把控制作成本,获得发行优势,将与收益直接相关。在这样的商业模式之下,通过发挥自身的媒体特色,高效整合各类资源,来降低制作成本,显得尤为重要。

以电视台为代表的传统媒体相较于其他媒体,最大的优势在于多年积累下来的各种内部和外部资源。其中,内部资源主要是版权节目、专业人才等,外部资源则是如政务、法制、文化、艺术等各类具有公信力、影响力的社会资源。因此,在微短剧定制领域,应充分发挥这些专属于电视台的优势所在。特别是在普法题材的策划、制作和播出上,传统媒体具备一定的先天优势,应牢牢抓住这些优势,尽量发挥,使之产生最大价值。

中国法学会案例法学研究会,是隶属于中国法学会的研究机构,在对各类案件的法理溯源、司法解释和普法教育方面,可谓是权威的"法制百科"。上海市普陀区人民法院,则是特大城市基层法院的典型代表,有着大量新鲜的具体案例。

经过与中国法学会案例法学研究会和上海市普陀区人民法院的对接,这部扎根现实、源于生活、助人懂法的普法主题微短剧,得到了上述两方的大力支持,建立了紧密的合作关系——由中国法学会案例法学研究会提供整体宏观指导,普陀区人民法院提供具体案例素材。

SMG影视剧中心凭借在影视剧政策解读、剧本策划以及定制流程管控等多方面的丰富经验,在中国法学会案例法学研究会和普陀区人民法院的强强联手下,《阿发的小目标》成为了大家共同的"大目标"。

高效整合各类资源,就是在为制作成本"开源节流"。项目团队的工作方式方法,更是把控制作成本的关键。来自SMG影视剧中心的核心团队成员,虽然在长剧定制方面积累了一些经验,但面对微短剧这样的"新生物种",如何打好开局之战,大家都是边学边干。每一个人都打破了原有的岗位限制,实现了"一专多能"——从寻找投资到宣传推广,从策划选题到撰写剧本,从外联制片到后期导演,往往是一个人干几个工种,既降低了人力成本,又锻炼了项目团队。

前期文字环节的所有精心准备,都是为了影像画面上的最后输出,影视画面是对剧本语言的再次解构、提炼和呈现。进入到拍摄制作环节,就是微短剧的"临门一脚"。拍摄期间直接驻组监制,是定制剧制作流程中,控制成本、保证质量的关键——这是项目团队在承担定制长剧工作过程中,总结出来的实战经验。不论长剧短剧,这都是经过检验、颠扑不破的真理。因此,在剧集开机后,项目团队全部进入剧组,在紧张的后期制作阶段,项目团队又常驻机房,克服了当时新冠肺炎疫情快速"过峰"带来的诸多困难,在预算内高质量完成了全剧成片。

由上可见,如何多维整合内部资源和外部资源,有效联合政务相关部门、制作团队和播出平台深入合作,以下沉生产一线的工作方法全流程奋战,是传统媒体进行微短剧定制时,降低制作成本,获得发行优势的关键。

四、营销端——多元前置引流,打造自有平台

4P理论中的Promotion,如果狭义地理解为"促销"是片面的。Promotion是包括品牌宣传(广告)、公关、促销等一系列的营销行为。对于人际分享传播速度比长剧要快得多的微短剧来说,专业精准的营销宣发,必然助力微短剧作品点击量的进一步增长。近年来随着新媒体渠道更加多元,短视频营销地位正变得越来越重要。

纵观如今的长剧营销战线越拉越长,且越来越精细化、常态化,剧集还未播出就火爆于网络的"前置营销"方法,成为长剧的主要营销策略。而微短剧要想制造话题吸引、满足受众期待,达到"未播先火"的效果,"前置营销"的方法同样适用。

营销前置的重点是结合当下社会热点,将宣传点在剧本阶段就做好植入准备。如在《阿发的小目标》中,就将"健身私教""群租陷阱""外卖工伤"等容易在网端发酵传播的案例重点,在剧本中重点展开,并做了一系列话题预热营销。

短视频时代改变了很多过去的模式,之前往往是把物料铺出去,到底有没有转化,缺少直观的数据,但是通过营销与平台的共创,片方结合平台的后台数据,可以即时观看数据变化,感受营销效果,并根据效果随时调整策略。

不过,目前的微短剧营销模式相对还比较单一,在开播之前投放大量的二创剪辑,设计热搜话题,通过爆款视频和热搜进行导流,是普遍实行的营销手段。随着传播技术的发展和互动手法的更新,还有更多的营销方式在等待被解锁。

区别于传统长剧的全网联动营销,微短剧营销除了前置之外,还需要聚焦重点,以点带面。因此,在预算有限的情况下,更应注重精准触达核心目标受众,而不是盲目撒网。在《阿发的小目标》定制过程中,项目团队与快手平台对此提前进行了策划——选择在"户外发"的快手达人号上,进行垂直导流。在经过先导营销的宣传后,该剧在"户外发"号上的首播取得了 7 200 万点击量的良好播出效果。

与此同时,该剧也在 SMG 影视剧中心自有的快手号"剧耀东方"上进行导流跟播,取得的成绩令项目团队十分意外——虽然这个快手号的粉丝量只有190 万,还不到"户外发"的五分之一,但却获得了 5 600 万的点击量,平均单集播放量达到 430 万,粉丝转化点击量的比率大大超过了"户外发"。

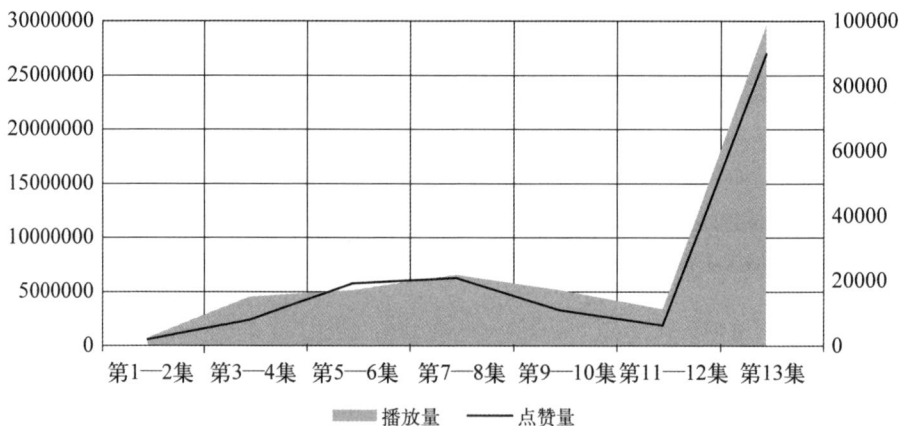

"剧耀东方"快手号 12 月 22 日—12 月 28 日播放数据

这一结果在令项目团队十分意外的同时也非常惊喜。从以上数据可见,SMG 影视剧中心自有快手号的观众有着明显的观剧人群特质,对于微短剧内容有很强的针对性和吸附性,"短剧的灵魂是内容,利用流量变现需要一定的浏览量和相应规模的粉丝基础"[3]，这也说明好内容，就是最好的营销。内容为王依然是核心，如果内容质量不过硬，流量虽然引进来了，却不一定能留得住。而优质内容与适当营销的组合，必然取得良好效果。

如果以 S 级短剧的分账模式计算，除去制作成本，该剧已有盈利。实践证明，定制微短剧完全可以通过自有渠道或平台的营销，获得更多的流量和收益。

因此，在内容生产的同时，建设好传统媒体所开发的自有新媒体渠道或平台，有着十分重大的意义。随着技术的发展和受众的换代，电视台原有的频道主阵地将逐渐转移重心至网端，在转型过程中尽快抓住时机、抓住观众，不但是节目营销的必要，更是融媒转型的战略关键所在。

结　语

综上所述，通过将营销 4P 理论结合此次微短剧定制实践，从产品（Product）、渠道（Place）、价格（Price）和营销（Promotion）展开系统分析，可论证得出以下结论：

在融媒转型进入深水区、经营压力越来越大的当下，尽快研发制作低成本、高效率、适应新传播业态的节目产品，是传统媒体内容产业的当务之急。门槛低、出片快的微短剧，十分有利于低成本试水，电视台相关业务部门如能发挥多年来在长剧市场累积的经验技术与社会资源，从以上 4P 端口入手，就能做好微短剧，获得实实在在的流量和收益，更能通过微短剧传播好主流价值观，承担好传统媒体的社会责任。

2022 年 12 月 27 日，国家广电总局印发了《关于进一步加强网络微短剧管理　实施创作提升计划有关工作的通知》，加强微短剧的创作规划和引导，表明了对微短剧鼓励支持的态度，为微短剧未来的精品化创作发展指明了方向。这对传统媒体来说，是一个全新的领域，更是一个巨大的机会。希望通过以上对微短剧定制的探析，提供一些可借鉴、可操作的策略和帮助，为转型中的电视台影视剧业务发展，开辟新的内容运营渠道和营收增长点。

参考文献：
［1］吴迁.微短剧：短视频的创新及其对电视媒体的启发[J].传媒,2019/11.
［2］郑丹.微短剧时代电视剧发展策略研究[J].新闻采编,2022/01.
［3］徐琪琪.基于自媒体背景下抖音短剧营销模式的研究[J].传媒论坛,2022/9.

作者简介：
林川，SMG 影视剧中心编播部审片编辑。

新 媒 探 究 篇

融媒体时代新闻移动客户端研究

——以看看新闻 App 为例

邢　征

提　要： 随着智能手机和移动互联网的普及，新闻移动客户端已经成为人们获取新闻信息的主要途径之一。在融媒体时代，新闻移动客户端在信息传播、用户互动、商业模式等方面具有独特的优势和挑战。本文主要分析了看看新闻客户端在融媒体时代发展存在的问题及对应的策略。在存在的问题方面，看看新闻客户端的用户体验需要进一步提高，差异化服务意识不足，客户端互动性不足，政务服务不足，人格化形象传播不足，缺乏商业盈利运营模式等。因此，提供差异化服务，增加用户互动性，打造"新闻＋政务"服务矩阵，拓宽客户端商业盈利渠道等，以更好地满足用户需求，提升市场竞争力。

关键词： 新闻客户端融媒体　看看新闻发展策略

引　言

在融媒体时代下，新闻客户端成为用户获取新闻资讯的重要端口之一，上海电视台融媒体中心启动"深度融合、整体转型"的战略，在打造新型主流媒体的道路上推出了"看看新闻"客户端。"看看新闻"客户端以原创视频深度报道为核心竞争力，以具备新闻性的直播互动为产品亮点，致力打造具有上海特色的、与传统电视媒体深度融合的新型媒体。但看看新闻客户端在发展迭代的过程中，还有很多问题，比如差异化服务用户意识不足，与用户互动功能较少，内容运营不足,缺乏盈利模式,人格化形象塑造不足,等等。本文将细致的分析看看新闻客户端存在的问题,并探讨在融媒体时代下,针对看看新闻客户端的不足,提出发展策略。

一、融媒体时代看看新闻客户端的发展优势

(一)地方主流媒体公信力强

媒体公信力是指新闻媒体本身所具有的一种被社会公众所信赖的内在力量。看看新闻客户端作为上海电视台的官方新闻端口,无疑是上海本地最具公信力的媒体之一。如在 2022 年上海疫情封控期间,看看新闻客户端每日直播《上海市新冠肺炎疫情防控新闻发布会》,在此期间看看新闻客户端的日活用户激增,说明对于社会性时政或是政策,民众还是比较相信地方的主流媒体的权威性。

(二)内容生产团队强大,专业性强

看看新闻客户端的新闻内容来源于上海电视台的融媒体中心内容生产团队,融媒体中心团队成员数量将近千人,为大量的原创内容生产提供了基础。看看新闻客户端以新闻性直播为特色,从平日的直播如两会报道系列、追光系列、电影宣传系列等内容中可以看出,其资源非常丰富,为客户端内容的丰富度提供了基础。此外,电视台的专业性很强,具有很强的内容生产能力;在不断生产独创性内容,如非常知名的《人世间》纪录片系列。

二、融媒体时代看看新闻客户端存在的问题

(一)差异化服务用户意识不足

传统媒体因其专业及稳定强大的编辑团队,无论是从内容的专业性还是内容的丰富度来说,传统媒体客户端在内容上存在天然的优势。除此之外,很多新媒体新闻客户端并没有采写的能力,其自创的内容仅占一小部分,大部分新闻资讯还是来源于"央视新闻"、《人民日报》、"看看新闻"等传统主流媒体,由此可见,传统媒体客户端在时政性新闻上拥有第一手资源,能充分满足互联网用户对时政新闻及时性的需求。从对看看新闻客户端的内容梳理中不难发

现,其拥有很多丰富的内容,除了基本的时政新闻之外,还有独家的电视新闻拆条,如《东方新闻》《新闻坊》;人文类专题系列片如《冬令食补》《沪上年夜饭》,等等。新媒体客户端基本通过大数据分析根据用户在客户端的行为推算出其感兴趣的内容,然后准确推送给用户,让用户沉浸在不停的观看兴趣内容中。但是目前看看新闻客户端对于差异化服务用户的意识不足,并没有运用到新媒体常用的大数据分析手段,给用户提供差异化服务。客户端的内容只是根据时间线展示新闻资讯,用户想要找到自己喜欢的内容需要从大量的信息中去搜索,无疑增加了用户的使用成本,这也与在互联网时代下用户的使用习惯具有较大的出入。

(二)客户端互动性不足

传统媒体如电视、报纸,都是"我说你看"的传播形式,得到用户的反馈信息会比较滞后。但互联网的诞生打破了这一常规。互联网最重要的思维之一就是"互动"。互联网的即时互动属性,使得用户可以随时随地通过各种媒介如文字、图片、视频等等进行互动。随着互联网的不断发展,各种促进用户活跃、提升用户兴趣的互动方式越来越多。如"澎湃新闻"的澎友圈、"网易新闻"的"圈子"功能,通过运营一些热门的话题让用户参与讨论,提升用户的主动性;还会针对具有争议性话题让用户去对某一观点进行投票,降低参与门槛,提升大部分用户的活跃度。目前看看新闻客户端的互动功能还是比较基础的,仅仅是对新闻内容的点赞、评论、转发等基础性互动功能,对于吸引现在的互联网用户还不足够;且看看新闻客户端主打的直播板块中,用户在一场直播中可以参与的互动比较少,几乎仅有一个评论,用户观看直播还是像传统电视节目的形式一样,没有实时的参与进来。总体来看,看看新闻客户端的互动性功能还有待增加。

(三)客户端政务服务不足

2016年以来,国家开始推进"互联网+政务服务"模式;2020年6月,中共中央办公厅、国务院办公厅印发的《关于加快推进媒体深度融合发展的意见》指出,要发挥市场机制作用,增强主流媒体的市场竞争意识和能力,探索建立"新闻+政务服务商务"的运营模式。根据第50次《中国互联网络发展状况统计报告》中显示,从2016年6月到2022年6月,我国互联网政务用户规模从1.76亿增长到8.92亿,占整体网民的比例由24.8%提升至84.9%,由此可见,便捷的政务服务是互联网用户的刚需。首先,看看新闻是上海电视台融媒体中心的新闻端口,是上海公信度最高的媒体之一,本身对于看看新闻客户端提供的政务服务就有天然的优势,其次看看新闻从传统媒体时代到现在的新媒体时代,累积了大量的经验,为提供专业的政务服务打下基础。目前,看看新闻客户端提供的政务服务仅有"报料"这个板块,用户可以报料身边的好人好事或者遇到的困难,等等。从后台用户报料的数据来看,每天进行报料的用户不少,但是对于报料后续的跟踪反馈的运营上来说不足,从用户层面来看,仅仅是上报问题的端口,并未得到其他信息的反馈。无论从政务服务的广度还是深度来说,看看新闻客户端的政务服务功能还有待加强。

(四)人格化形象传播不足

人格化,顾名思义通过打造虚拟人设来达到人格化;传播学中人格化传播是将传播主体、传播符号和传播内容进行人格化处理,从而增强亲近性与交流感的传播策略。对于融媒体时代的新闻客户端来说,人格化传播更容易调动用户参与积极性,打造更优质的互动体验。在互联网中比较成功的案例是"哔哩哔哩",通过构造虚拟的"2233娘""小电视"卡通形象,拉近了与客户端用户的距离,还打造了相应的商品周边。新闻客户端中人设打造比较成功的案例是"极光新闻",通过虚拟卡通人物"小光"打造了系列表情包、主题海报、专题栏目,等等,除了成功塑造品牌,还赢得了用户的关注。看看新闻客户端也是有自己特色的品牌标识,是以字母K为基础,衍变出一只"啄木鸟";但对于这个"啄木鸟"形象的传播使用并不是很足,仅仅只是在客户端开屏的动画中展现。并没有在产品的功能中结合应用到这个形象;用户对于看看新闻客户端的"啄木鸟"的品牌认知度还不够。

(五)缺乏商业盈利运营模式

现在互联网行业中,最基础的商业盈利即通过广告来实现营收,其基本运营原理是用优质的、差异化的全方位服务吸引流量,将活跃用户提升后通过广告获取盈利。但对于看看新闻客户端来说,其内容的专业性限制了使用用户的广度,很难仅通过内容来吸引大量的用户,因此也无法获取庞大的广告用户群体。此外,看看新闻客户端大部分对于用户运营重视不高,没有将用户分层分级管理,可能一篇新闻内容笼统的推给了所有的用户,使得用户对客户端更加反感从而减少打开客户端的频次。因看看新闻客户端缺少商业矩阵,仅仅是靠广告来达到营收，所以在营收上就难以突破。

三、融媒体时代看看新闻客户端的发展策略

（一）优化用户体验，提供差异化服务

人机交互专家金振宇提出，让用户获得最佳体验的三个交互设计要素是产品的有效性、可用性和感性。有效性是指为了满足使用目的本身所具有的功能，如看看新闻客户端提供的内容浏览，评论分享等功能；感性是指产品拥有较好的审美意识，看看新闻客户端需要通过简洁的界面与用户达成良好互动。看看新闻客户端自 2016 年 6 月正式上线，运营 6 年之后，原有的交互设计已经不能够满足现有互联网用户的需求。看看新闻客户端的整体呈黑灰色调，比较沉闷；可借鉴市面上其他新闻客户端，以白色为底调，显得更加简洁清晰。看看新闻客户端的"报纸式"页面样式已经不符合主流媒体的交互方式，可以将首页精选页面优化为瀑布流的形式展示内容，且各种内容类型可以穿插展示，避免用户信息阅读疲劳且将更多优质内容展示在用户前。现在短视频是互联网用户消费的主要方式，根据第 50 次《中国互联网络发展状况统计报告》中显示，截至 2022 年 6 月，我国网络视频（含短视频）用户规模达 9.95 亿，较 2021 年 12 月增长 2 017 万，占网民整体的 94.6%；其中，短视频用户规模达 9.62 亿，较 2021 年 12 月增长 2 805 万，占网民整体的 91.5%。因此，针对用户喜欢看短视频属性，且看看新闻客户端上也主打视频功能，可以开辟视频频道，提供如抖音般沉浸式交互，让用户能够在碎片化的时间里获取有价值的新闻资讯。

曾有对新闻客户端满意度调查显示，50%左右的用户对当下新闻客户端的内容并不感兴趣，能每天打开新闻客户端 3 次以上的只有 17%，说明新闻客户端的运营还有很大的进步空间，看看新闻客户端也不例外。针对客户端海量内容但用户找不到感兴趣的内容问题，采取大数据分析手段，通过平时用户的点赞、观看、评论等行为推算出用户感兴趣的内容或者相关性较强的内容，在客户端首页开辟"猜你喜欢"模块，用户进入客户端第一眼就可以看到自己感兴趣的内容，提升用户在客户端的停留时间。此外，根据不同的内容类型推荐不同的内容，比如在"直播"类型下优先推荐相关的直播回看，在"合集"类型下推荐相同类型或者相关的其他合集，"主动地"让用户看到更多的优质内容，同时也避免了用户看到千篇一律的新闻内容。

（二）增加用户互动性功能

看看新闻客户端目前与用户互动的功能主要是评论、分享、收藏等比较基础行功能。在融媒体时代下，想要实现客户端进一步的发展，必须要增强与用户的互动性。目前可从如下三点增强看看新闻客户端的互动性。

第一，升级评论功能，支持多级评论：多级评论在客观条件上让用户之间可以互动起来，可以让用户对感兴趣的内容互相讨论带动客户端的活跃氛围；

第二，升级直播中的互动功能：比如在直播中可以增加弹幕评论功能，福袋功能、话题 PK 功能等，弹幕评论功能使用户在沉浸式横屏观看直播的过程中还可以与直播间其他用户互动，还可以让编辑通过特定的弹幕引导用户参与，提升直播的活跃；福袋功能可以调动用户的积极性，通过观看直播还可以获得一些直播间的小福利，话题 PK 功能可在某些具有热点讨论的话题上，引导用户参与话题讨论，让用户深度参与其中；

第三，增加其他运营类活动，比如签到、积分兑换等，一方面可借由这些功能吸引到特定的用户群体，为新闻客户端吸引更多不同类型用户，另一方面可通过签到、积分提升用户的活跃度。

（三）增强品牌形象塑造

看看新闻客户端应加强其"啄木鸟"的品牌塑造，可从产品交互和创意设计两方面来说。在产品交互方面，在客户端内部尽可能多的展示出看看新闻的"啄木鸟"形象，比如在播放器内的进度条上可以定制化使用啄木鸟样式，在客户端内的弹窗上增加"啄木鸟"品牌的露出，在播放器加载的样式中也可以体现该"人设"形象。在创意设计方面，可以使用"啄木鸟"的形象提供产品服务，比如在客户端集成"天气预报""交通出行"等服务，可让虚拟"啄木鸟"与用户互动，给用户播报天气状况、公交情况，等等；同时可考虑在直播的时候，利用 AI 技术让虚拟人物和主播实时互动，让直播更具有新意，增加传播。

（四）打造"新闻＋政务"服务矩阵

看看新闻客户端作为上海地方主流媒体的新闻客户端，在专业性和公信力上具有很大的优势，可利用该优势打造专属看看新闻的"新闻＋政务"服务矩阵。对现有的"报料"栏目可进一步优化。比如用户在客户端上传报料后，及时给到用户反馈,且在客户端显示出对应的处理进度,同时可以关联上相关的新闻报道,实时的跟用户反馈解决情况。此外,对于在用户报料时不知道该向哪个部门报料更高效,可以在客户端帮用户分好对应栏目的记者,让用户可以明确选择对应的栏口,更高效的解决用户的问题。看看新闻客户端可依据上海本地特色打造当地"新闻＋政务"服务模块。比如可增加政务信息栏目,及时公布当地有价值的政策信息;增加在线答疑服务,可针对用户的疑问进行答疑。如可提供律师咨询服务入口等,为用户提供专业服务。

此外,还可以将上海本地的公共服务接入到客户端当中,比如天气预报、交通出行、票务信息等公共服务,在提供新闻资讯之外,还提供用户的便利性。

(五) 拓宽客户端商业盈利渠道

新闻客户端本身是需要盈利的,目前看看新闻客户端的盈利来源主要是广告,但广告毕竟受到适度性的限制,过多在客户端内引入广告反而会引起用户的不满。除了广告之外,还可以通过如下三种渠道拓展盈利来源。第一,增加积分商业功能模块,用户通过在客户端内阅读、签到、转发等行为累积积分,在商城内可根据相应积分兑换商品,这样可以引入一些外部资源,导入资金。第二,建立会员体制,逐步培养用户付费意识。在保证满足用户内容满意度的前提下,对阅读原创、优质的内容需要进行付费,发挥上海电视台自身的资源优势,打造具有独创性的优质内容,为稳定的盈利打下基础。第三,通过"新闻＋政务"服务矩阵,搭建本地的"吃喝玩乐"的创收平台,导入资金。

结　语

如今,传统媒体和新媒体的深度融合的发展道路在不断地前进,新闻客户端作为媒体融合的重要工具面临着极大的挑战。新闻媒体客户端在媒体融合的过程中还存在着不少问题,在实际转型过程中,还是要充分利用新媒体技术,掌握互联网思维,努力提升用户体验,增强用户互动,增强专属品牌形象,拓宽商务盈利模式,打造"新闻＋政务"的服务矩阵。希望通过本文的研究可以为更多新闻客户端在融媒体时代的探索道路上提供些许参考。

参考文献:
［1］刘清.融媒时代新闻客户端的创新与发展——以广西新闻网为例［J］.新闻潮,2021(09):
　　33－35＋39.

［2］袁婷婷.融媒体时代新闻客户端建设的探索与思考——以人民日报新闻客户端为例［J］.新闻论坛,2022,36(03)：23－25.DOI：10.19425/j.cnki.cn15－1019/g2.2022.03.019.

［3］丁自豪,王鹤,包学敏.融媒时代省级新闻客户端的创新实践与探索——以"极光新闻"为例［J］.新闻爱好者,2022(08)：62－64.DOI：10.16017/j.cnki.xwahz.2022.08.003.

［4］郭敬宇.传统媒体新闻客户端存在的问题及改善策略［J］.新闻文化建设,2022(01)：44－46.

［5］景德明.新闻客户端存在的问题与对策［J］.中国地市报人,2021(11)：126－128.DOI：10.16763/j.cnki.1007－4643.2021.11.067.

［6］罗昕,李嘉诚.主流媒体新闻客户端发展现状与趋势［J］.新闻战线,2021(03)：47－50.

［7］詹新惠,洪剑儒.传统媒体新闻客户端政务服务之探析［J］.新闻战线,2019(21)：98－100.

［8］姜兰,张岩.融媒体背景下电视新闻新媒体客户端发展研究——以央视新闻客户端为例［J］.传播力研究,2018,2(32)：99.

作者简介：

邢征,上海东方传媒技术有限公司高级产品经理。

论虚拟主播影响下的电视新闻革新

——以情境理论和媒介变革视角

邢　维

提　要： 虚拟主播介入的电视新闻真实场景中，打破了真实与虚拟的界限，产生了新的场景、新的规则和新的角色行为。进一步模糊了真实和虚拟的界限，产生了虚实一体的新情境，虚拟主播在实时直播的场景里采访真人嘉宾，与现场主持人互动，使人们进一步认知和适应虚拟人物和虚拟场景对于现实生活的影响。这种情境就是对于虚拟媒介空间的一种窥探，即每个人都认可和熟悉自己生活的环境里存在着虚拟的人和物，人们对于存在的认知不再只是客观实物，对于新闻的认知也不仅仅是客观存在，也可以是主观的创造和影响。下一个媒介时代已经悄然到来，人的意识和中枢神经系统在万物互联的"元宇宙"时代有了更为丰富延伸的实践可能。本文主要以情境理论和媒介变革视角，来探讨虚拟主播影响下的电视新闻革新。

关键词： 虚拟主播　中枢神经系统　延伸元宇宙　申苏雅　电视新闻革新

引　言

虚拟主播如何体现以视觉、听觉、触觉为具体方式的人体多感官的延伸，乃至中枢神经系统的延伸？虚实结合的传播情境如何在电视新闻的官方体系中达到最好的传播效果？从媒介变革的视角切入，官方主流媒体能在虚拟主播的变革中获得什么样的发展机会？过去十几年，虚拟偶像是娱乐公司包装打造的虚拟人物，它们以音乐、动漫、游戏等二次元产品，出现在中国年轻人的生活中。

本研究的主体虚拟主播则是由社会影响力巨大的新闻机构所打造的虚拟人物，特别是中国各家官方电视台打造的虚拟人物。这些虚拟主播以电视台和主流新闻机构的公信力和影响力为依托，参与到了重大的社会、经济、文化事件当中，不再仅仅以跳舞唱歌的娱乐方式博取眼球。它们不是只属于二次元世界的文化符号，而成为了虚拟世界和现实世界连为一体的媒介，试图让年轻人关注主流媒体资讯和国家社会大事。

虚拟主播进入电视新闻报道，前提是技术进步，技术产生了一种迫使人们需要它的威力。马歇尔·麦克卢汉所著的《理解媒介》一书中，对于电力技术影响下的传播格局进行了大胆的预测和推理描述："我们的个人生活和团体生活变成了信息加工过程，因为我们已经把自己的中枢神经系统放在身外的电力技术中。一切媒介都要重新塑造它们所触及的一切生活形态。"虚拟主播是电力技术影响下，信息加工和中枢神经系统延伸的最直观呈现，已经变成了传播者中枢神经系统的延伸："它"拥有一个"完美"的长相、身体曲线、外貌服饰，性格迎合圈层用户的喜好，几乎没有瑕疵，也不会出现八卦丑闻，人物甚至随着时间的流逝保持青春。

虚拟主播既满足年轻用户的喜好需求，又承担了新闻机构所赋予它的职责使命，在中国"自上而下"的政治传播和"自下而上"的饭圈行为之间处理和加工信息，探索着平衡点。实现主流价值观对于年轻人的自然输出。

主流价值观对于年轻人的自然影响，方式是营造年轻人喜好的传播情境。二次元用户有两种心理需求，一是在虚拟环境中寻求"治愈"，将现实中实现不了的各种美好幻想都投射其中，得到精神慰藉；二是在网络世界寻求话语权和参与感。官方新闻机构对于虚拟主播的运营方式也是迎合二次元受众的这两种心理需求，人物设定足够美好，定制内容偏向吃喝玩乐，注重参与感和体验感。一方面，二次元受众生长和浸润在特定的政治、经济、文化环境中，他们一定会受到现实社会潜移默化的影响，比如意识形态的影响、信息技术的赋权和产业资本的偏好等。另一方面，一个人在现实社会生活的种种问题归根结底是难以逃避的。这两方面的原因迫使他们面对现实生活，接触主流话语。

二次元用户难以逃脱现实社会的影响，媒介的功能是用他们更能接受的方式，"舒适"地引导他们回归现实。虚拟主播所营造的是一种虚实结合的传播环境，它把二次元虚拟的美好，融合到了真实世界之中，同时与受众进行互动和交流，倾听并且回应他们的观点和想法。官方新闻机构营造虚实结合的传播情境，目的就是把年轻人从二次元的世界中带回到现实世界，以他们熟悉的语态和形象，传播观点和信息，为官方媒介生产的内容和输出的价值观获得稳定的年轻受众群体。

一、新闻现场、新闻报道，虚拟主播已无处不在

近年来，国内各家媒体都纷纷推出了虚拟偶像，目标是以年轻人喜欢的二次元方式，获得新媒体用户的青睐。比如天津电视台推出的虚拟偶像"东方栀子"，代表栀子花和火龙果；CCTV新科动漫频道的虚拟形象新科娘，喜欢大海，希望自己能像大海一样心胸宽阔，充满生命力和激情；江苏卫视与哔哩哔哩联合打造虚拟偶像养成选秀节目《2050》，目标是选拔国内最顶流的虚拟偶像；湖南卫视推出其首个数字主持人小漾，一个青春活泼、元气满满，甜美可爱，不失酷帅飒爽的女孩；新华社和腾讯联合打造出一个专门面向航天主题和场景研发的数字航天员、数字记者"小诤"，它能带用户漫游三大空间站。各大电视台、巨头布局虚拟数字人矩阵，释放出了一个信号：虚拟数字人的发展将开启一个全新的潮流数字时代。

图 1

2020年上海广播电视台推出虚拟主播申䒕雅——一个全方位的拟人化新闻主播，官方的设定是上海小囡和职场新人的双重社会身份，可以说流利的上海方言，在播报新闻时可以结合上海民风民俗。这是国内第一个以新闻主播为主要角色的虚拟人物形象，申䒕雅与公众正式见面之后立刻就参与到了上海广播电视台的视频新闻节目中。

申䒕雅参与报道的这些新闻现场，不是完全电脑数字化构建的二次元虚拟空间，而是通过抠像算法等技术，把虚拟人物和虚拟元素植入了三次元的现实空间里，形成虚实结合的传播内容，增强了新闻现场的表现力。虚拟现实是虚拟场景的封闭式体验，而增强现实是将数字元素叠加到现实世界的对象和环境之中，

图 2

再用互动与参与的受众反馈方式,延伸和强化受众的参与感和体验感。虚拟主播参与的电视新闻直播和报道,是增强现实的内容生产制作。目前直播中可用的人体控制采集方式有:

表 1　虚拟偶像幕后真人动作捕捉方式

控　制　内　容	控　制　手　段
身体动作	光学动捕、惯性动捕、VIVE Tracker
手　　势	手套捕捉、专用硬件捕捉、人工控制
表　　情	深度摄像头、普通摄像头、人工控制
口　　型	深度摄像头、普通摄像头、语音识别

当笔者近距离观察申苏雅现场直播的过程时,传播者的思想、动作、观点的对外传播不再局限于人体本身,各种传感器、成熟的软件、快速运算的电脑帮助传者强化了人体的各个器官功能,强化了传者的信息输出能力。正在直播的虚拟主播能够通过荧屏对受众产生更加广泛的渗透,传者的中枢神经和触觉可以更加远距离地实时渗透。后期电脑合成的虚拟偶像视频,完成的是二次元与现实世界在空间层面的连接,让编程的虚拟元素能够自然地出现在现实二维画面

里。而虚拟主播参与到电视新闻的现场直播中,则是在时间层面也达到了二次元与现实世界的连接,直播的连接中信息传播是正在进行时的,受众反馈与传者回应也是同步进行的,调动了观众参与新闻现场的积极性,并且调动了他们利用新闻素材二次创作的积极性。增强现实加持下的新闻直播,传者的中枢神经系统正在爆发惊人的影响力。

二、中国主流媒体打造虚拟主播的目的与动机

虚拟主播是当今媒体融合创新不能忽视的一个领域,中国国家广播电视总局发布的《广播电视和网络视听"十四五"科技发展规划》中明确提出了加快推进制播体系技术升级,推动虚拟主播、动画手语广泛应用于新闻播报、天气预报、综艺科教等节目生产。国家引领下,很多中国主流电视台都在开发虚拟偶像这种形态的产品,形式上有声音库为基础的播报主播,也有画面影像为载体的虚拟主播。作为主流的新闻传媒机构,电视台希望通过虚拟主播来实现其内部对于 AI 技术、动作捕捉技术、全息视频技术、5G 传输技术以及二次元传播方式的一种探索,他们虽然无法成为技术创新的开创者,但无疑是最紧跟时代、同时具备一定基础实力,能够承担创新风险的媒介主体。中国主流媒体打造虚拟主播的动机首先是技术上的尝新,其次是传播上的探索,最后是商业上的拓展。

互联网传播环境下,公众的一个普遍观点是,当今中国主流新闻媒体呈现出一种保守、固化的状态,无论是生产的新闻信息内容,还是其本身的人员组织架构,固化的后果是逐渐失去年轻的受众并且造成影响力和公信力下降。造成这种固化局面的根本原因是中国新闻媒体的传播力和影响力非常大,承担了很重的社会责任,广泛的影响力使得主流新闻媒体相对保守,以稳定为第一要务,今天中国电视台这样一个形象,是管理部门、电视台以及观众三方共同作用的均衡结果。如果中国新闻的传播力和它承载的使命价值、责任没有这么大的话,那么就可以做更多多元化的尝试。类似申苏雅这样虚拟主播的尝试,为固化的报道形式打开了一个缺口,它比较好地给了电视台话语转换的可能,申苏雅带有幼稚、无知、懵懂的语言方式,在主流的新闻语态中是相对比较少的。中国新闻机构的语调有大量的官方话语,形态上基本是大叔、大姐、大哥来跟观众阅读新闻。在西方的话,新闻的语态有很多,可以是脱口秀式的新闻批评,可以是愤青式的。申苏雅这样一种幼萌式的语态,可以弥补空白,有效地将语态向年轻人进行转化,拉低身段、放低身段,为官方媒体的融合改革打开了一个缺口,创造了一个平台,最终实现电视的新媒体转型,塑造新的品牌公众形象。

三、申苏雅的塑造与运营情况

2020 年 11 月至 2021 年 10 月的一年时间里,申苏雅在视频平台哔哩哔哩的官方账号共投稿短视频 132 条。包括常规周播节目"上海摩天轮·周末大放送——苏雅探班""上海早晨——苏雅的一周要闻",特别节目"综艺节目《追光吧!哥哥》后台专访""与人气歌手潘虹共同演绎《遇见你》"等,二次元舞蹈"花月成双""热爱 105 度的你"。运营一年的时间里参与新闻现场直播 8 场,包括"第三届中国国际进口博览会大直播""2020 上海国际马拉松直播""浦东开发开放30 周年特别报道""2021 上海两会'两会早知道'""梦圆·东方 2021 东方卫视跨年盛典""2021 东方卫视春晚""创世之音 2021bilibili 虚拟主播演唱会""文明探源看东方·何以中国"。视频全网访问量 2 000 万次,在哔哩哔哩网站获得粉丝70 300 人,16 000 条弹幕,36 579 条评论。

东方卫视科创访谈节目《未来邀请函》

创世之音 2021bilibili 虚拟主播演唱会

混龄男性艺人竞演综艺节目《追光吧!哥哥》后台专访

携手人气歌手潘虹共同演绎《遇见你》

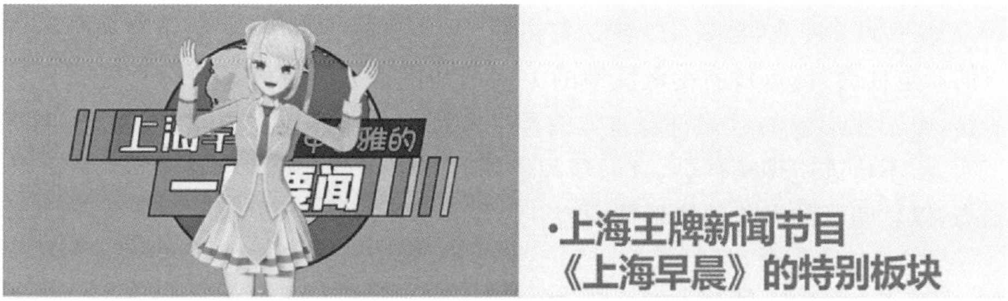

图3　申苏雅人物形象和性格特征符合受众粉丝的喜好

word	cnt
苏雅	2483
可爱	1302
新闻	765
滑稽	710
上海	584
喜欢	571
心心	535
知识	496
张嘴	494
视频	401
主播	382
加油	355
星星	304
快乐	301
关注	283
眼睛	281
太憨	279
新年快乐	273
好看	263

图4　申苏雅虚拟形象的热词词云图

　　喜欢二次元文化的粉丝是选择进入一个虚拟的时空,这里存在着虚拟与真实的矛盾,二次元将现实的世界暂时隐藏,粉丝在这里感受的是心理满足,虚拟主播扮演的角色却是新闻现场的传播者,必须具备新闻的根本属性:真实性和客观性,同时完全由新闻机构赋予其使命作用,挑战了二次元粉丝追捧虚拟世界的初衷。作者对于申苏雅视频的评论内容进行了分析,由于评论的内容更加理性,我们从评论中总结刻画受众视角下的申苏雅形象,我们分析了这135条视频的总共27 390个评论,以提取评论关键词的方式,制作了受众对于申苏雅虚拟形象的热词词云图。

受众点评使用最多的词语是苏雅 2 483 次,可爱 1 302 次,新闻 756 次,滑稽 710 次,上海 584 次,喜欢 571 次。官方对于申苏雅的设定是上海小囡和职场新人的双重社会身份,目前受众反馈的关键词和虚拟人物画像都符合这两个人物身份,申苏雅形象的运营符合官方的预期和设定。申苏雅把二次元的受众带向三次元,不再逃避现实社会,直面新闻事件。同时让三次元的受众了解二次元的语态,以软萌哒的方式传播新闻内容。

四、媒介变革和情境理论的虚拟主播应用"中之人": 媒介变革的人格化呈现,中枢神经系统的延伸

"中之人",指虚拟偶像背后的真人演员。"中之人"通常需要配合虚拟主播直播、录制 MV 视频、进行舞台表演等,"中之人"要操作虚拟偶像的模型动作、面部表情,还需要把控好人设,留下符号印象。在虚拟偶像刚刚诞生的时候,人们对于"中之人"的定位是完全幕后的工具人,是动作采集的功能,与虚拟偶像并无太多关联。但是,在传播中的实际情况是,"中之人"的个性其实也是反映到虚拟偶像身上,它的声音、体态或者是一些个人习惯动作,都被技术赋予到了虚拟偶像身上。作者在上海电视台的动作捕捉演播室,看到扮演申苏雅的"中之人"从头到脚穿着带有数十个感应器的黑色服装,脸部的表情动作被单独的面部识别感应器实时抓取,演播室内的十几个高清摄像头同时工作,在后台电脑中模拟出三维的数字化虚拟空间,此刻技术附着在了人体上,技术通过"中之人"的身体器官实现了人格化呈现。

我们调取申苏雅相关视频的评论和弹幕,发现了这样一些观众发布的内容:"你真的很像我以前喜欢过的一个人""唱歌的声音和我老婆好像""最喜欢苏雅跳舞""我老婆怎么可以这么可爱""就凭喜欢粢饭团这一点,我单方面宣布开始单推了""太憨了,不过我喜欢,看着很解压""真的很幸运能在今年生日前几天认识到苏雅,在认识苏雅的这两个月真的发现了很多惊喜"。从受众的评论和弹幕中可以看出,他们已经把虚拟的申苏雅当成了一个人来看待,虽然他们都知道申苏雅背后有"中之人"的存在,他们已经把"中之人"和申苏雅捆绑在了一起。受众多次发送了关于"中之人"的点评:"到底哪个才是你的中之人""想知道中之人是不是一位帅哥""暗示苏雅中之人是……""脑补苏雅中之人在跳舞",他们对于虚拟主播的情感还是寄托在苏雅身上,把它完全当作有意识的人类来评论,中之人也成功地为申苏雅塑造了"萌妹子""憨憨的""吃货"等人设。

粉丝对虚拟主播的情感,不仅仅是对虚拟外壳,对"中之人"也是。"中之人"的一些个人习惯动作也被赋予了申苏雅。"中之人"在日常生活中有一个个人的

习惯性动作：张大嘴仰头笑的表情，"中之人"的细节被粉丝捕捉到，并且放大成为了申苏雅的标志性动作，通过评论和弹幕进行强调："没事张张嘴""干饭的动作太憨太魔性了""我敢肯定，这些动作不是别人教的，是她自己想的""原来以为比较憨看起来是模型表情设计的锅，现在看起来人也是真憨"。粉丝们知道哪些动作申苏雅会做，哪些动作她做不出来，申苏雅的"中之人"有太多的不可替代性，扮演者几乎是和苏雅一心同体的角色，"中之人"的思想和身体动作通过申苏雅这个虚拟形象触达了更多的人，影响了更多的人，实现了中枢神经系统的延伸。

五、虚拟主播带来的去中心化与个性定制

过去的传统媒体属于"中心化媒介"，"中心化"主要体现在内容的生产、制作、分发，以及流通渠道上。自从社交媒体一出现，这些规则就开始被颠覆，社交媒体天然具有去中心化的属性，每个人都可以成为内容的生产者和传播者，在社交媒体的影响下，媒体的特点是"分享是动力，技术是手段"。官方媒体在这个媒体潮流的发展背景下，也在寻找着改革的突破口。

上海电视台融媒体中心对于申苏雅的运营并没有突出其官方背景和属性，从实习主播的人物设定上来看，也给予了它更多的个性和展现个人特点的空间。官方媒体一改过去一本正经，不容置疑的话语体系，转而放下身段地迎合受众的喜好需求，体现其去中心化的转型努力，从以我为主的传播情境，转向投受众所好的情境之中。在申苏雅哔哩哔哩官方账号中，播放量最高的十个视频，分别属于不同类型的视频内容，包括当下最流行的一些二次元舞蹈：《Phut hon》31.9万播放量，《禁绝边界线》18.6万播放量，《战斗吧歌姬！2021小年春晚大联欢》10.3万播放量。关于新闻演播室幕后探访相关：《花絮vlog-纪念和泠鸢的第一次合作》15.1万播放量，《关于我偷偷溜进新闻演播室被当场抓包这件事》12.6万播放量，《播报英语新闻？？ 我……能行吗？》12万播放量。从新闻和综艺直播中截取的二次创作片段：《[创世之音]采访一下！快登台啦！大家都准备好了吗？》11.3万播放量，《在跨年晚会后台，我采访了冯提莫和泠鸢》10万播放量。除了与新闻资讯相关的新闻主播本职工作报道以外，二次元舞蹈等带有二次元粉丝需求喜好特征的视频内容都进行了生产制作，申苏雅已经成为上海电视台为年轻受众生产定制新闻和文化娱乐内容的板块。

与此同时，申苏雅这样一种幼萌式的语态，赶上了媒体融合改革，二次元年轻受众迅速扩张成长的特殊时段，电视台能够尝试以二次元的契机来改变传统的新闻播报语态，弥补空白，有效地将语态向年轻人进行转化，放低身段，同时针

对特定人群定制内容,实现对于特殊受众群体的获取。

结语:虚拟主播影响下的电视新闻革新趋势

媒介是人体的延伸,虚拟媒介是新电气环境产生的极端的、广泛渗透的触觉,这样的触觉来自于无处不在的、不断渗入我们中枢系统的能量。申苏雅现场直播的过程,传播者的思想、动作、观点的对外传播不再局限于人体本身,各种传感器、成熟的软件、快速运算的芯片帮助传者强化了人体的各个器官功能,强化了传者的信息输出能力。当笔者近距离观察申苏雅现场直播的过程时,传播者的思想、动作、观点的对外传播不再局限于人体本身,各种传感器、成熟的软件、快速运算的电脑帮助传者强化了人体的各个器官功能,强化了传者的信息输出能力。增强现实加持下的新闻,传者的中枢神经系统正在爆发巨大的影响力。

虚拟媒介时代,媒介的生存已经不是单纯的内容生产产量的问题,而是给信息的整个传播过程编程的问题,用什么样的代码,站在什么样的立场,扮演什么样的角色,使用什么样的语态,直接影响了传播的效果。电视使用模拟信号对客观现场进行编程,这已经成为过时的旧技术,电子计算机则是用二进制算法对客观现场进行编程,不但能如实反映现实,还能美化、重塑现实,所以能否熟练掌握计算机技术的编程语言,决定了一个媒介能否走在传播生态的最顶端。虚拟主播是媒介内容生产机构主动进入计算机生产时代的典型代表,通过内容形态的创新,实现人员技能、组织架构的更新升级,最终实现整个传媒产业的迭代升级。

当我们从传播者的角度去看待这五次媒介革命,会发现一个趋势:人类的传播活动中,传者的角色越来越复杂与越来越依赖庞大的社会分工。语言时代的传者是个体,是一个人在讲述自己的所见所闻、所思所想;文字时代的传者是一个或多个个体,他们把个人智慧或集体智慧转化成文字,记录下来;印刷时代的传者是第一次社会分工,它既包括文字时代的作者,又增加了编辑、校对人员,以及排版和印刷等人员;广播电视时代的传者就不再是个体能完成的,它包含着复杂的技术分工,在电视台制作一段视频内容需要编导、摄像、剪辑、特技、录音、灯光等多个工种协调一致才能完成。到了互联网时代,传者广泛分布在社会生活的角角落落,每一个人都能在这个平台成为一名传者,他们既有着自身的学历和专长,做着不同的职业,同时又扮演着信息传播者的角色,在互联网空间,各种跨界的传者组合在一起,跨界融合,爆发出了惊人的传播能量。虚拟主播所带来的虚实结合的传播形态打破了客观现实和人类社会存在的物质限制,营造了一个意识化的社会,传者既作为一个人而物理存在,又化身为一个虚拟的形象存在,双重人生成为了可能,计算机算力和通信技术快速进步正在推动第六次媒介革命到来——虚拟媒介时代。

以申芥雅为代表的虚拟主播深度参与到电视新闻报道中,无疑给内容增加了更为明显的"人造"特征,人为的因素越强,对于客观真实的介入就越多,干预就更为明显,新闻的真实客观原则正在被技术进步严重入侵,虚拟主播变成了这种技术入侵的文化符号,虚拟的嗲萌幼和美好的人物开始操控受众的精神世界,客观的物质实体在不经意间逐渐被消解、遮蔽,同时被唯美的画面影像和声音乐曲所取代。在第六次媒介革命所带来的虚拟媒介时代,计算机技术、人工智能通过克隆真实存在和再加工现实的复制品,以人造的高度真实消灭客观存在的现实,使过去人们熟悉的物质世界提前分解,媒介用虚拟真实取代客观真实,创造出一个庞大的虚拟世界。媒介或许会以数字化的、经过计算机语言编程、更虚拟现实的方式呈现在每一个人大脑中,未来的信息化社会也许就像麦克卢汉所阐述的,我们的中枢神经系统遍布全球,借此,我们将在"永恒的人造大厦"里欣喜若狂。

在虚拟媒介时代,作为新闻工作者,如何坚持职业操守,坚持"内容为王",坚持新闻报道客观真实性,坚持舆论导向正确性等,这是另一类重大问题,有待再探讨。

参考文献:

[1][加]马歇尔·麦克卢汉(著),何道宽(译)《媒介与文明》[M],北京:机械工业出版社2016年,P68。

[2][加]马歇尔·麦克卢汉(著),何道宽(译)《媒介与文明》[M],北京:机械工业出版社2016年,P160。

[3][加]马歇尔·麦克卢汉(著),何道宽(译)《理解媒介:论人的延伸》[M],北京:译林出版社2016年,P93。

[4]喻国明,未来媒介的进化逻辑:"人的连接"的迭代、重组与升维——从"场景时代"到"元宇宙"再到"心世界"的未来,《新闻界》ISSN1007 - 2438 2021年第10期。

[5]扎克伯格:元宇宙,就是下一张互联网[EB/OL].https://36kr.com/p/1340450830473223.

作者简介:
邢维,上海广播电视台融媒体中心深度报道部副主任。

论 AI 虚拟形象在新闻传播中的客制化应用

张露嘉

提　要：随着互联网与人工智能技术的发展,AI 虚拟形象开始在当代新闻传播中崭露头角。然而,目前 AI 虚拟形象在新闻传播中的应用仍处于探索阶段,缺乏明确的定位是其面临的主要问题。与真人从业者们相比,AI 虚拟形象在新闻传播中的核心竞争优势在于其无可比拟的可塑性。通过后台的大数据算法支持和用户画像绘制系统辅助,AI 虚拟形象可以实现客制化传播,向用户精准定向投送各种新闻,成为所有受众的"专属"新闻播报员。本文就目前 AI 虚拟形象在新闻传播中的客制化应用问题做一专论。

关键词：AI 虚拟形象可塑性　新闻传播客制化

引　言

智媒体时代来临,在新闻传播领域掀起了一场变革。AI 虚拟形象被新闻传播媒体大量采用,成效显著;但 AI 虚拟形象也存在着定位不明确、应用范围有局限性、对信息的提炼与概括能力不足、对人类语言与思维理解不深等问题。因此,有必要就目前 AI 虚拟形象如何正确定位、扬长避短、在新闻传播中发挥客制化应用功能做一专论。

一、AI 虚拟形象的传播定位迷思

近年来,随着信息技术的高速发展与网络传播环境不断改变,虚拟主播等

AI 虚拟形象从亚文化中脱颖而出，通过破圈效应，逐渐在网络新闻传播中占据一席之地。与此同时，传媒界也对 AI 虚拟形象这一新生事物寄予厚望：首先，AI 虚拟形象可以不眠不休、毫无差错地在任何时间向受众播报新闻；其次，在技术加持下，"出生即完美"的 AI 虚拟形象可以轻松"掌握"真人从业者耗费数年甚至数十年才能形成的精准、稳重、流畅播报等职业素养；最后，AI 虚拟形象对各种题材、领域的知识的"学习"与适应能力也是真人从业者望尘莫及的。通过对接资料库，AI 虚拟形象可在弹指间"了解"超越人类记忆极限的知识，并在新闻传播中将其运用自如。

然而，从近年的新闻传播实践来看，拥有如此优势的 AI 虚拟形象并未像业界预期的那样大红大紫，而是一直处于不温不火的状态。在新闻传播领域，受众的核心需求是尽量简短明快地了解其关注的信息。特别是在信息爆炸的今天，人们通常倾向于将精力分散在多个新闻焦点上，而不是"刨根问底"地深入追踪特定领域的新闻。只要能及时、准确地获得信息，受众不关心播报员是否能无间断播报或是博古通今；在播报员不荒腔走板，"足够"称职的情况下，人们也不在意是真人还是 AI 为他们提供信息。其结果是新闻媒体开发的自有 AI 虚拟形象定位缺失，无法发挥自身的比较优势，沦为一种外观新颖，可以持续不断地向受众灌输全领域新闻的新型"播报机"。

由此可见，唯有充分发掘 AI 虚拟形象的比较优势，找准"赛道"，明确其传播定位，才能有效发挥 AI 虚拟形象在新闻传播中的独特作用。

二、客制化新闻传播主体：AI 虚拟形象的新定位

要想找准 AI 虚拟形象在新闻传播中的比较优势，一方面需要充分考虑当代新闻传播的传播特点和受众需求，另一方面则要回顾 AI 虚拟形象的发展历程与应用实践以及相关研究。通过综合比较以上两方面内容，才能找准 AI 虚拟形象在新闻传播中的核心竞争优势。

在当代新闻传播的传播特点和受众需求上，迄今为止，新闻传播的核心仍然是及时、准确地让受众通过简洁明了的方式获得其所关注的（新闻）信息，除此之外的新闻传播行为皆为次要。然而，随着信息技术的发展、信息总量的扩增以及人们获得信息的能力不断提升，获取关联信息也逐渐成为受众在新闻传播中的衍生需求。从最早的网页超链接到如今的智能化推荐，无一不是这种需求的具象化。然而，对于大多数受众而言，抽象的链接或是出现在浏览页面的推荐是空洞而抽象的，甚至在部分情境下是荒谬且令人不悦的（例如算法推荐与受众无关、错误甚至敏感信息）。这种衍生需求因人而异，是传统的面向不特定受众的

新闻传播模式难以满足的。

而对 AI 虚拟形象的产生、演变历程和应用实践及其相关研究的回顾结果表明,作为源自亚文化圈的 AI 虚拟形象在现阶段更适合虚拟传播情境,其在以现场报道为主的现实新闻传播情境中的融入程度仍有待提升。虽然自 AI 虚拟形象诞生至今,有大量个人或组织出于各种目的创造了难以计数的 AI 虚拟形象,其中不乏凭借技术优势在外观、拟真度、演出表现等方面崭露头角、红极一时者,但成功的、经得住受众考验,能够长期存在的 AI 虚拟形象本质上都是包容的平台与信息综合体。在 AI 虚拟形象的成长过程中,参与其中的人们既是创作者,也是受众。与技术相比,AI 虚拟形象被受众接纳的关键更在于其可塑性,这种优势是目前其他传播实体难以比拟的。

对当代新闻传播的特点及受众需求的分析结果表明,在传统的、面向一般受众的新闻传播模式的基础上,能够满足不同个体对各种新闻衍生信息需求进行定制的客制化新闻传播将成为今后新闻传播的发展方向之一。同时,AI 虚拟形象虽然在以真实情境为主,面向一般受众,力求简洁明了的新闻播报中与真人从业者相比并不具备比较优势,但其可塑性正是满足个体受众对新闻的客制化需求的关键优势。将具有高度可塑性的 AI 虚拟形象定位为客制化新闻传播的主体,让每个受众在与其交互的过程中将其打造成自己的专属新闻播报员,不仅可以让 AI 虚拟形象回避自己不擅长的传播情境,而且可以使之聚焦于用户交互与使用习惯养成,发挥其在可塑性方面的优势,可谓是扬长避短。

三、AI 虚拟形象何以适应客制化新闻传播

客制化新闻传播不仅要和一般意义上的传播一样,精确识别受众对新闻信息的需求、有效检索相关信息、适应多元化传播情境,而且要满足不同背景阅历、性格特征的受众对新闻及其衍生信息的复杂偏好。这点显然是传统新闻传播模式和真人从业者无法实现的。然而,AI 虚拟形象凭借其高度可塑性,却可以有效满足客制化新闻传播的要求。具体来说,AI 虚拟形象在客制化新闻传播中的优势主要有三点。

首先,AI 虚拟形象的可塑性使之可以迅速适应受众信息偏好,成为精准高效的客制化传播主体。实现新闻客制化传播的关键在于通过算法、机器学习和用户交互持续地了解用户对各类新闻信息的偏好。既有的算法与智能推荐更多是在"幕后"从事机械分析,与用户缺乏交互反馈,其偏好识别功能难免因此存在偏差,甚至会引起用户反感。而 AI 虚拟形象则可以从"幕后"走向台前,通过与受众进行点对点交互,更加精准、有效地获得用户对新闻推送的反馈。随着这种

交互的持续，AI 虚拟形象可以被塑造为更加贴合用户偏好的新闻推送主体，从而更好地满足受众对客制化新闻传播的需求。从这一角度看来，AI 虚拟形象更多是新闻的客制化"提供者"，这就与作为新闻"生产者"的传统新闻媒体与真人从业者有所区分，实现了分工定位的差异化。

其次，AI 虚拟形象强大的信息检索能力能有效满足受众在客制化新闻传播中的多元化需求。虽然面向不定受众的传统新闻传播力求简洁明快，其传播窗口相对有限，但受众在接收新闻时产生的各种衍生需求却是无限的。受众虽然排斥灌输性的信息投送，但又希望自身的客制化衍生信息需求能够得到满足。而真人从业者受限于学识和精力，显然无法逐一满足不同受众对各种新闻衍生信息的客制化需求。然而，AI 虚拟形象却可以凭借数据库支持与高效检索能力，第一时间响应受众对各种涉及不同时期、不同领域的新闻及其衍生信息的客制化需求。AI 虚拟形象的可塑性在这里具体表现为对跨领域、多环境的传播情境的适应能力。AI 虚拟形象不需要多年学习积累，亦不受学识领域的限制，而且可以跨越不同的知识领域组合调用相应信息满足不同受众的个性化需求。

最后，在技术加持下，AI 虚拟形象可以灵活塑造和调整自身形象，以适应相应的新闻传播情境并贴合个体受众的偏好。在传统新闻传播领域，真人从业者往往有着固定的播报领域和相应的栏目。真人从业者要想实现跨领域传播，必然要付出高昂的时间和精力成本，并承担失败风险；而受众要想满足自己对新闻信息的客制化需求，则需要耗时费力地寻找相应的新闻资源。然而，AI 虚拟形象不仅可以在即时满足受众的客制化新闻信息需求的基础上根据传播情境需求即时切换相应的外观、配套动作以及交互模式，而且可以根据具体受众的个人偏好对各种细节进行微调，从而在潜移默化中将自己塑造成更加贴合用户使用习惯的客制化新闻传播主体。

四、AI 虚拟形象在客制化新闻传播中的技术助力

AI 虚拟形象作为客制化新闻传播主体，本质上仍然是一个在受众浏览新闻信息与交互过程中逐渐形成的信息聚合体。其功能的实现不仅要有优质内容的支撑，而且要有高效的搜索引擎帮助其响应受众需求，还要有用户分析与画像功能助其掌握和贴合用户使用习惯，更要有良好且富有亲和力的形象以接近受众。AI 虚拟形象在客制化新闻传播中的技术助力主要有以下四种。

第一，优质内容是 AI 虚拟形象在客制化新闻传播中必不可少的底蕴。在客制化新闻传播中，AI 虚拟形象更多是新闻及其衍生信息的定向传播者。这就意味着 AI 虚拟形象需要源源不断的优质内容充实其资源库，只有这样，才能有效

满足不同受众对多主题、多领域的新闻信息的多元化需求。成立和打磨更加专业的新闻内容生产团队，为作为前台的 AI 虚拟形象提供更多优质内容，才能巩固 AI 虚拟形象在受众心目中的地位。否则，就会使其陷入巧妇难为无米之炊的困境。在组织团队生产优质内容的同时，AI 虚拟形象也可以通过彼此间的关联和用户自发的评论与推荐，充分挖掘已经产出的各种优质内容。这样既可以使优质新闻不致湮没无闻，而且也可以让更多用户感受到 AI 虚拟形象作为客制化新闻传播载体的价值，增加用户黏性。

第二，高效且具有自我学习机制的信息检索系统是 AI 虚拟形象响应受众在客制化传播中的信息需求的重要辅助工具。一方面，这种信息检索系统要能够精准、快捷地检索到各种明确的用户需求信息，同时要具有一定的模糊检索能力，以适应客制化新闻传播中复杂的受众需求。此外，这种信息检索系统应当具有一定的信息处理和学习能力，能根据 AI 虚拟形象在与用户交互过程中获得的反馈，不断调整检索策略，提升检索精度，用更少的时间响应受众与 AI 虚拟形象的检索需求，并返回更加精确的检索结果。不夸张地说，AI 虚拟形象相对于真人从业者的优势在相当程度上建立在这种具有大范围、高精度的信息检索系统，它也是 AI 虚拟形象在各种复杂的传播情境中迅速进行自我塑造以适应环境的基础。

第三，具有数据分析和机器学习能力的用户画像系统是 AI 虚拟形象有效掌握并适应受众偏好的关键。AI 虚拟形象要想克服当前各种算法与用智能推荐机制的局限，发挥自身的可塑性优势，成为客制化新闻传播的载体，就需要一套具有机器学习功能的用户画像系统。现行的算法与智能推荐系统只能在后台通过关联检索和计算，对用户的行为做出机械推导和预判，其结果在大多数时候往往是不尽如人意甚至招人反感的。但 AI 虚拟形象在技术加持下，可以与用户进行互动交流，获得更为精准的反馈。同时，选择与 AI 虚拟形象进行交互的用户在客观上也具有揭示自身偏好以更好地满足其需求的意愿，对此类用户画像系统的抵触心理也相对较低。换言之，通过为 AI 虚拟形象配备具有机器学习功能的用户画像系统，就可以使之在交互过程中更好地积累用户对各类题材、领域的新闻信息的偏好，提升客制化新闻传播的精准度，更好地满足不同受众对信息的多元化需求。

第四，良好的外在形象和富有亲和力的交互体验是 AI 虚拟形象取得受众信任并与之交互的必要条件。要想实现良好的受众交互，使使用者愿意与 AI 虚拟形象产生互动，通过技术手段改善 AI 虚拟形象的外在形象、交互动作以及反馈行为等同样是必不可少的。在虚拟空间中，富有亲和力、善解人意的 AI 虚拟形象可以充分发挥自身的主场效应，有效地在与受众的交互中完成自我塑造，成为能够更加精准地理解受众的新闻信息需求的客制化传播载体。需要指出的是，技术固然能够显著提升 AI 虚拟形象的亲和性和交互体验，但同时不应当忽视用户心理学在 AI 虚拟形象开发和设计中的作用。富有吸引力的外表和灵动传神的动作仅仅是 AI 虚拟形象与受众接触的"敲门砖"，唯有将用户心理学引入交互设计，才能使 AI 虚拟形象与受众产生更好的交互体验，并从中获得自我塑造所需的各种必要反馈和信息。事实已证明，徒有其表的 AI 虚拟形象无法在客制化新闻传播中发挥其应有作用。

结　语

总的来说，在现阶段，AI 虚拟形象仍然处于成长期，在相当程度上只是真人从业者的影子，缺乏自身的明确定位。唯有根据 AI 虚拟形象（及其背后信息化支持系统）的特质，找准其定位，才能在未来充分发挥其在新闻传播中的作用。当前受众对客制化新闻传播的需求恰好是一个能够有效发挥 AI 虚拟形象可塑性优势的方向，相信随着 AI 虚拟形象在新闻传播中的应用经验的积累，以及相关信息技术的不断进步，AI 虚拟形象可以在客制化新闻传播中大放异彩，通过自我改造高效回应每一位受众对各种新闻信息的多元化需求，在客制化新闻传播中实现精准投送，最终成长为人人的"专属新闻播报员"。

与此同时，事实也充分证明，至少在现阶段与可预见时期内，AI 虚拟形象与真人从业者并非相互替代，而是相辅相成的关系。二者分别适用于不同的传播情境，有着不同的"赛道"。如果强行竞争则会陷入内卷，造成双输局面。如果真人从业者充分发挥创造力方面的优势，不断产出优质内容；而 AI 虚拟形象作为客制化新闻传播主体利用自身的信息优势发掘和传播优质内容，实现优质内容精准投送，则可以形成共赢。同时，AI 虚拟形象收集的受众反馈也可以成为真人从业者创作优质内容的参考。如何发挥 AI 虚拟形象的优势，在客制化新闻传播中提前抢占制高点，将会是新闻传播者今后需要考虑的问题之一。

参考文献：

[1] 梁志立.AI 虚拟主播技术的发展和应用分析[J].电视技术,2021,45(2)：52-54＋66.

[2] 崔洁,童清艳.解构与重构："人格化"虚拟 AI 新闻主播再思考[J].电视研究,2022,387(2)：62-64.

[3] 甘尚念.智媒时代下 AI 虚拟主播应用的冷思考——以 AI 虚拟主播"小晴"为例[J].新闻潮,2021,268(11)：36-39.

[4] 张颖.人工智能与虚拟现实对我国媒体产业的影响研究[J].中国广播影视,2019,688

(22)：94 - 96.

［5］郝昌.基于 AI+动作捕捉技术的虚拟主播体感交互系统的设计与实现［J］.广播与电视技术,2019,46(10)：48 - 52.

［6］官奕聪,吕欣.AI 虚拟主播的具象化情感表达设计研究［J］.传媒,2020,340(23)：35 - 37.

作者简介：

张露嘉,上海教育电视台新闻中心主持人。

AI 主播语境下新闻主播的突围路径研究

张译心

提　要：聊天机器人 ChatGPT 信息整合和对话能力强大，持续引爆 AI(人工智能)热度。AI 主播语境下如何实现新闻主播的突围，是当前新闻媒体关注的焦点。本文以 AI 主播的应用为中心，概述了 AI 主播的特征及其研发意义，分析了 AI 主播语境下新闻主播的现实困境，即语言单调、数据叠堆、播报单向、形象重复、技术瓶颈等，重点从智能多层化——多层感知人机共生情感、数据多元化——多元挖掘群智赋能数据、互动多样化——多样驱动双向沟通交流、形象多模化——多模态训练打造个性化、身份多重化——多重分身精准重塑主播，探讨了突围路径，以期为 AI 主播的应用提供参考借鉴。

关键词：人工智能　AI 主播　新闻主播突围路径研究

引　言

2023 年 2 月 8 日凌晨，微软推出由大语言模型 ChatGPT 支持的最新版本"必应搜索引擎"和"Edge 浏览器"，宣布要"重塑搜索"。微软旗下 Office、Azure 云服务等所有产品，都将全线整合 ChatGPT。智媒时代下，采写智能机器人已融入数字新闻报道行业领域，而 AI 虚拟主播作为新兴技术成果，目前尚处于合成应用阶段。可以说，AI 主播语境下，人工智能技术赋能新闻主播，推动了新闻生产方式的变革：全球首个"AI 合成主播"2018 年 11 月 7 日在新华社上岗。人工智能前沿技术的"加持"，使新闻主播"人机传播"协同共生发展未来可期。

当前,随着 AI 主播技术不断迭代升级,其传播效能不断提升,被国内不少主流媒体争相使用。但人工智能技术与媒体创新融合的发展中,还存在一些发展困境,AI 虚拟主播的潜力与价值,仍有一定发展空间。未来 AI 主播的发展应顺势而为,致力于实现 AI 主播的深度应用和突围发展,以及时调整传播策略。鉴于此,笔者进行了相关思考。

一、AI 主播的特征及其研发意义

(一) AI 主播的特征

AI 主播,又称人工智能主播,指的是在人工智能(Artificial Intelligent)技术主导下,协同算法程序、语音系统等多种新技术手段,研发而成的拟人化仿真主播形象。

说到 AI 主播的特征:

一是智能化。基于人工智能技术而生的 AI 主播,具有典型的智能化特点,自动识别、跟踪和响应新闻数据信息,根据文本自动生成新闻语音,人工智能算法的数字化处理,让新闻分发更加准确到位。

二是拟人化。AI 主播大多脱胎于真人主播,往往以某个主播为原型,对 AI 主播的表情、动作和语音表达,在多模态融合算法的支持下进行角色重塑,通过模拟真人主播的方式形成虚拟形象,既高度还原真人主播样态,又生动具体地展示了虚拟形象。

三是时效强。AI 主播全天候在岗,不会生病、出错,不会受到任何情绪影响,主要依托数据而存在,可实现全天候 24 小时播报,随时随地满足新闻传播的需要,AI 主播可以实现实时播报,提升了报道时效性。

四是精度高。从技术上来说,AI 主播具有非常高的精确度。AI 主播可以根据预设的脚本、语音库和外貌模型来模拟出一个虚拟的主播。相比于人类主播,AI 主播不会出现低级错误,如念错字、读不清楚等情况。而且,AI 主播可以根据不同的语音库来切换不同的语音风格,比如庄重、温馨、激情等。

(二) AI 主播的研发意义

对 AI 主播的研发:

一是有利于创新新闻信息传播形态。AI 主播集多种智能技术于一体,科学技术含量较高,打破了人与机器的边界。虚拟主播集主持、记者、编辑、制作等于一身,通过 AI 智能剪辑,快速分析和整理新闻信息,实现了新闻传播的技术创新和突破。

二是有利于提高新闻报道的效率和质量。AI 主播实时生成新闻报道,新闻传递的及时性较强,在突发新闻、紧急新闻中优势作用明显。对于高难度、高强度的新闻报道,AI 主播可以跨越时空限制,代替真人出镜,快速生成并发布新闻报道,为新闻报道提质增效。

三是有利于降低新闻制作成本。AI 主播只需一段文本就能生成,无须搭建实体直播间和聘请真人主播,直播平台的运营成本将大大降低。同时,AI 主播的新闻直播内容稳定、高效、可控,从而降低新闻制作的人力、物力成本。

二、AI 主播语境下新闻主播的现实困境

AI 主播语境下,人工智能技术和深度学习算法的重要性日益凸显,但面对日新月异的科技发展,AI 主播在实际应用中,要想实现"智能生产和精准传播",还面临着多元发展困境,其具体内容如下:

(一)语言单调,格式化传播新闻

AI 主播的语言主要来自大数据集成和语言交互处理技术,缺乏语言内在的社会属性和触类旁通能力,在外在叙事内容和形态模拟的范式下,传播新闻时,有着明显的格式化和标准化表达方式,表达出的新闻语言是格式和数据的简单嵌套。换言之,一个冰冷机械化的声音,很难体现出主播对事件的深入了解和对受众的关心。

不仅如此,AI 主播的语言和表情较为单调和僵硬,缺乏感染力,情绪、情感表达较少,"主持"工作的"技巧性"较强,"情感性"严重不足,神态与播报内容结合不够贴切,只模仿到形态,而模仿不了真人主播的神韵。因此,AI 主播无法像真人主播一样具备情感表达能力,不能带给观众情感上的共鸣和感染。

另外,在新闻播报的过程中,其自然度不够,缺乏语流音变,这种机械化地新闻播报方式,降低了受众的视听体验,AI 主播的效用及价值也因此弱化。因此,AI 主播很难取得观众的共情和信任,但这对于一个新闻主播而言却至关重要。

(二)数据叠堆,趋同化照搬模仿

AI 主播在新闻内容的智能化制作中,存在数据叠堆的问题,在新闻的编排

和制作中,虽然时效性得到了提升,但在"内容为王"的时代,仅靠 AI 机器人抓取数据信息,实时生成新闻报道,而忽视了对新闻内容审查和二次校验机制的建设,容易导致信息的误用。

此外,由于 AI 主播主要是基于大数据网络信息的数据成文,在第一手新闻报道的播报和编写中,对新闻的挖掘、跟进和深度报道难以实现。AI 主播主要以数据库信息为准,不具备自我思考能力,无法推陈出新提出自己的观点和建议,无法展现新闻态度,这也使得 AI 主播陷入发展困境。

(三)播报单向,公式化肢体动作

AI 主播相较于真人主播,在新闻互动方面,缺乏与受众的双向交流,使得 AI 主播的新闻传播效果受到影响。就目前而言,AI 主播在播报新闻时,资料库内容还相对单一,呈现出没有反馈的、直线性的传播特点。也就是说,AI 主播仅作为新闻的传播者身份来播报新闻,却忽视了新闻传播中与受众的互动关系,受众只能被动了解新闻信息,无法实现与 AI 主播的实时互动、实时评论、实时连线等沟通,所以 AI 主播交互性较弱,难免在传播效果上打折扣。

另外,作为技术打造出来的分身模型,AI 主播的肢体动作缺少灵动性,无论是坐着播新闻,还是站立式播报,总体都略显生硬、机械感重,动作捕捉训练和灵敏度不够,缺乏身体"在场"时的自然与灵动。

(四)形象重复,特质化个性缺失

AI 主播个人特色的缺失,是普遍存在的问题。AI 主播主要是通过预置真人主播的方式,进行播报声调、语气和口形的还原,多表现为简单地重现。"千人一面"的 AI 主播形象使受众产生了对其的刻板印象,以至于用户黏性和忠诚度明显不足。

对受众来说,以简单地重现或者替代真人主播的方式呈现的虚拟形象,其情绪感染力较差,跨领域思考能力缺乏,既无新鲜感、也缺少记忆点,应变能力亦明显不足。虽然 AI 主播的科技含量较高,但其"个性化"特征欠缺,难以像朱广权、撒贝宁等优秀节目主持人一样,凭借个人特质脱颖而出,深入人心。

(五)技术瓶颈,模仿化痕迹严重

AI 复杂的科技手段,使之高度依赖智能技术。作为"数字化身"的 AI 主播完全受幕后工作团队及内部算法机制的操纵,被当作信息传播的工具,模仿化痕迹严重,播报工作中的表演性成分较多。而 AI 主播与受众的链接,一旦超出数据库的信息认知范畴,AI 主播便不具备思考能力,目前的技术尚难以完成"类人"目标。

现阶段,受技术水平的影响和限制,AI 主播缺乏人对事物的深入理解、感情融入、个性展现,因此,AI 主播的人格化发展困境,仍然是当前需要突破的技术瓶颈。

三、AI 主播语境下新闻主播的突围路径

AI 主播在新闻传播中的应用日趋深入,更多先进思想和技术的引入,促进了人工智能与新闻报道的深度融合,使人工智能技术助力新闻传播,将重构主播生态,掀起新闻播报领域的变革。为进一步促进 AI 主播的应用,AI 主播语境下新闻主播的突围路径,可以从以下几方面入手:

(一)智能多层化,多层感知人机共生情感

目前,AI 主播已能对模式化的信息进行播报,并灵活使用多种语言。2022年 3 月全国两会期间,SMG 融媒体中心推出的虚拟主播申苏雅,就重构了人们对虚拟主播的传统认知,它整体形象更为干练优雅,能熟练进行中英双语播报,可以多层感知人机共生情感,表情、动作更加生动自然,亲切呈现社交化语态,传递主流价值观。

因此,增强语言表达的情感因素,多层感知人机共生情感,可以促进 AI 主播在语言表达上更接近真人语言。如借助语音/面部识别、神经算法和人工智能等技术,对 AI 人物的声音、唇形、表情、情感等特征进行联合训练,发挥"情感"优势,模拟真人主播的视听效果,融入主流媒体的情感传播价值,来实现 AI 主播丰富立体的表达。

(二)数据多元化,多元挖掘群智赋能数据

AI 主播满足高强度、高精准度的基础播报是"基本功",但在新闻报道内容的呈现上,应力求数据的多元化。基于多元化的大数据分析,AI 主播申苏雅通过新闻的选材与制作抓住时代痛点,用"跨次元"发展策略迎合青年受众偏好,展示出惊人的新闻素养与专业播报能力。

因此,如何将 AI 主播从模式化、标准化的播报工作中解放出来,更多地通过感

性与理性的碰撞,从新闻价值、人文价值、社会文化等方面,多元化挖掘群智,再以群智行为基础模型的构建与训练赋能 AI 主播,才是一条行之有效的突围路径。

与此同时,还可以利用 AI 主播在成本优化、信息处理效率方面的优势,以用户本位为引擎,用知识与数据协同驱动具有精神内涵的媒介产品。在此过程中,可以依据"用户画像"优化见字播音功能,加强媒体对新闻价值的把关和思考,增加新闻报道的深度,推动 AI 主播认知智能阶跃式发展。

(三)互动多样化,多样驱动双向沟通交流

AI 主播是一种报道形式的创新。近日,AI 主播在多样驱动、双向沟通交流方面,也有了新进展:申苏雅从主持到撰稿、再到播报,以及大型活动主持,新闻直播中与采访嘉宾实时互动,灵活运用"虚拟人＋真记者"同屏交互的"跨次元"方式,实现了较好的新闻传播效果。不仅如此,申苏雅还非常注重在日常新闻作品中与受众互动,通过弹幕、评论、点赞等方式,传递主流价值观。由此可见,在与受众互动方面,AI 技术正在不断探索尝试,散发着个性魅力的"AI 主播"也将被用户不断重构。

(四)形象多模化,多模态训练打造个性化

形象多模化是个性化 AI 主播的化身,以多模感知、多维表达、情感贯穿等多模态训练,打造 AI 主播的个性化特点,将使其在诸多同质化的 AI 主播中脱颖而出,形成独具特色的虚拟形象识别特点。

在 2022 年东方卫视中秋晚会《朤月东方》月光露营会中,申苏雅便用多变的形象出境,跨界携手梅派青衣史依弘、说唱组合魔动闪霸,同台演绎《贵妃醉酒》。从主持到"旦角儿"再到舞蹈 RAP,申苏雅用形象破圈的方式,在虚拟新闻主播中脱颖而出,同一节目中切换 3 套服饰造型,增添了个性化、新鲜感、科技感。

因此,随着智能技术的发展和拟人化程度的不断提高,AI 主播的形象选择空间也不断增大,通过表情捕捉、动作捕捉、物理解算等方式,在多场域建立 AI 主播的场景化特质,在立体感、灵活度、可塑性等方面,提高 AI 主播的共情能力和新闻应用能力,以增强受众的黏合度。

(五)身份多重化,多重分身精准重塑主播

AI 主播往往具有多重身份,集记者、编辑等多角色于一身,这也就意味着,

AI 主播具有多个"分身",凭借多维度、全感官、沉浸式的场域建设,在虚拟空间中实现多场景、多身份切换播报,因此对 AI 主播的综合能力提出了更高的要求。比如,申苏雅的角色就触及多个新闻细分领域,实现了电视、新闻客户端、B 站、游戏、展会、QQ 音乐等领域的跨界融合。不仅如此,申苏雅还积极适应数字媒介生态环境的变革,抢抓元宇宙"新风口","元宇宙+媒体传播"的新闻报道模式,让人耳目一新。2023 年 1 月 8 日申苏雅以超写实职业版造型,出镜《早安元宇宙》节目。该节目是中国首档元宇宙新闻节目,深入捕捉元宇宙资讯,将虚拟世界与现实世界密切融合,虚实结合、以虚促实,旨在让更多人了解元宇宙,再次引起传播热度。

在具体做法上,为实现 AI 主播"多面手"这一角色定位目标,未来可与 5G、云平台、区块链等高新技术实现融合,延展大数据监测、集存与学习使用能力,为主动播报提供文本数据库的硬件支持和高端算法的数据支持,以便 AI 主播能在直播中,借助大数据实时、精准地掌握受众的需求和反馈,及时调整播报信息,使 AI 主播的新闻报道更具智慧、个性,更接地气。

结 语

总之,智媒融合是大势所趋,AI 主播的浪潮势不可当。AI 主播赋能新闻传播,使人工智能内嵌于新闻生产与传播,将对新闻传播产生持续而深远的影响。但新闻主播的核心素养和能力,是 AI 主播无法取代的,新闻人的见识、判断、创意、情感等综合表达能力,短期内也无法通过 AI 主播实现。

尽管 AI 主播具有非常高的精度和工作效率,但是它们无法替代人类主播身上的人性化特点和情感表达能力。另外,AI 主播目前还存在着技术上的瓶颈,需要进一步的发展和完善。因此,在新闻行业中,AI 主播可以作为传统真人主播的助手和辅助工具,但是在取代传统新闻主播的问题上,尚未达到可行的水平。

但 AI 主播语境为新闻主播的发展创新开辟了新路径,我们应坚守新闻人的初心,客观看待 AI 主播辅助新闻报道的积极作用,最大化发挥 AI 主播的优势功能,孵化具有竞争力的 AI 主播,使之助力新闻传播和新闻价值的推广,实现 AI 主播与真人主播的同频共振,共同提升主流媒体的传播力。

参考文献:
[1] 李丹丹."AI 合成主播"对播音主持的影响研究[J].记者观察:中,2022(11):64-66.
[2] 韩文婷.新媒体时代新闻播音主持创作样态的发展[J].新闻传播,2021(21):104-105.

［3］闫利超.AI主播语境下新闻主播的在场重构［J］.北方传媒研究,2021(2)：76-81.

［4］郑奕,连水兴.智能时代的信息控制、电子人与媒介物质性——论凯瑟琳·海勒的后人类传播观念［J］.福建师范大学学报：哲学社会科学版,2022(4)：111-117.

［5］於春.传播中的离身与具身：人工智能新闻主播的认知交互［J］.国际新闻界,2020,42(5)：35-50.

［6］陈曦.探寻人工智能时代播音员主持人的专业定力——从AI主播的出现思考"去主持论"［J］.新闻传播,2020(3)：23-24.

［7］谢晓旻,林小珏.人工智能为播音与主持艺术专业带来的新思考［J］.当代电视,2018,0(11)：32-33.

［8］易祺钰.探究人工智能时代播音主持的危机与未来［J］.传媒论坛,2019,0(11)：58-59.

［9］徐太星.人工智能时代主持人如何实现人机协同共赢［J］.新媒体研究,2019,5(9)：125-126.

［10］刘进.人工智能为播音与主持艺术专业带来的机遇与挑战分析［J］.西部广播电视,2019,0(11)：188-189.

作者简介：
张译心,上海广播电视台融媒体中心新闻主播。

AIGC 在新闻内容辅助生产中的应用前景分析

俞承璋

提　要：AIGC 即由 AI 自动生产、创作内容，作为一种尚未得到广泛应用的新兴技术，其在新闻内容生产中的适用场景和具体定位仍有待探索。AIGC 作为基于既有素材进行内容生产的人工智能系统，将其直接用于新闻内容生产可能导致新闻内容的高度同质化，甚至引发版权、伦理等社会问题。但若将 AIGC 用于新闻内容的辅助生产，则可以充分发挥其在数据收集、智能分析、选题辅助等方面的优势，帮助新闻从业者完成基础工作，捕捉焦点选题，提升新闻内容生产的效率并增加优质内容产出。本文就 AIGC 在新闻内容辅助生产中的应用前景做进一步分析。

关键词：AIGC　人工智能　新闻内容辅助生产

引　言

"AIGC"一词由"AI"和"GC"组成，其中 AI 即人工智能，"GC"即内容创作，则 AIGC 即可理解为由 AI 自动生产、创作内容。迄今为止，创作被普遍认为是人工智能难以替代的人类活动之一。但随着近年来人工智能技术的迅速发展，科学家们也在不断培养 AI，并试图赋予其更进一步的思考和创造能力，一些包括 AIGC 在内的具有初步创作能力的 AI 技术也逐渐走出实验室，进入公众视野。虽然存在社会、伦理等方面的争议，但对 AIGC（以及其他 AI 技术）寄予厚望者也大有人在。对于 AIGC 来说，更加高效地创作出各种足以媲美真人的作品便是人们对它的期许。

在新闻传播领域,AIGC 也被业界视为一种改变传播格局的技术:首先,相对于文学创作而言,新闻创作受制于主题、篇幅等,更加"有规律可循",恰好位于目前仅具备初级创作能力的 AIGC 的适用范围;其次,AIGC 能够依托网络,凭借自身强大的信息检索与编辑加工能力,以常人无法比拟的速度迅速生成文字、广播、视频甚至由多媒体组合而成的新闻报道;最后,AIGC 还可以搭载机器学习功能,通过不断训练提升由其产出的新闻内容的质量。有观点认为,在可预见的时期内,AIGC 至少可以取代真人从业者进行各种具有重复性的新闻写作,甚至创作出拟真度极高,令受众"难辨真假"的新闻作品。

一、AIGC 在新闻内容生产中的潜在问题分析

虽然业界对 AIGC 在新闻传播领域内的应用前景抱有期待,也有部分新闻工作者担心 AIGC 挤占其就业空间。但笔者认为,在现有技术发展空间(或当前社会伦理许可的技术发展范围)内,作为基于既有素材进行内容生产的人工智能系统,AIGC 不适合直接应用于新闻内容生产。具体来说,AIGC 在新闻内容创作方面存在三项局限。

第一,新闻内容同质化。目前,AIGC 进行内容生产与创作的基础依然是现有的人类语言,如果 AIGC 的语料库与内在创作逻辑相同,那么由其产出的内容也很可能大体相似。特别是在新闻传播领域,各大媒体在新闻题材和报道常用词汇方面难免存在相似甚至重合之处。假设充分竞争的环境已经淘汰了无法适应由 AIGC 系统带来的技术革新的传媒企业,剩余的头部媒体采用的 AIGC 系统在性能指标、创作逻辑、语料库等方面均已不分伯仲,那么可以预见,这些AIGC 系统产出的新闻内容极可能是高度同质化的。这种千篇一律的新闻报道既难以吸引受众的眼球,也是新闻内容生产与创作需要极力避免的。然而,除非量子计算或生物计算等划时代的运算能力技术取得突破,对 AI 技术开发的伦理管制进一步放宽,催生强人工智能,否则 AIGC 造成的新闻同质化问题终究是难以得到有效解决的。

第二,新闻知识产权的界定问题。在现有技术条件下,AIGC 从诞生到投入新闻内容生成创作,至少包含三重智力劳动成果:开发者的在设计开发 AIGC系统付出的脑力劳动、作为使用者的新闻媒体在训练和应用 AIGC 时为筛选素材、制订更有效的训练方案而付出的脑力劳动;AIGC 训练创作过程中所用语料素材的实际提供者(这些素材提供者大多是来自社会的不特定创作者,也可能是新闻媒体本身,其成果可能在版权保护范围内也可能不在)付出的脑力劳动。换

言之,在司法实践层面,一起因 AIGC 创作的新闻报道引发的知识产权纠纷案可能涉及至少一家开发企业、两家及以上的传媒公司,以及不特定数量的语料素材的产权所有者。这种复杂的知识产权关系和知识产权界定中存在的种种困难,仍有待人们通过司法实践积累经验,制定完善相应的知识产权保护法律加以克服。这客观上增加了 AIGC 进入新闻传播领域的法律成本。

第三,法律责任问题。新闻报道对社会的影响力有目共睹,虚假新闻更是可能给社会或者个人造成难以挽回的损失,这就需要通过法律界定新闻工作者的责任和义务。AIGC 作为(潜在的)新闻内容生产者,其内容生成和创作活动理当受到法律约束。但是 AIGC 并非新闻工作者或传媒企业等享有权利,承担责任的法律主体;在其具备明显有别于传统计算机软件的自主内容生成创作能力,且开发者也无法有效控制和预测其创作的情况下,也不能比照知识产权中关于计算机软件的相关条款,单纯地将其定义为属于某个传媒公司的生产工具;其学习、创作所使用的素材来自不特定的社会创作者,而且经过作为使用者的传媒公司的有目的的筛选,但使用者同样出于技术原因,无法有效地预知和预防 AIGC 生成虚假新闻。在以上情况下,除非彻底禁止 AIGC 及类似技术的应用,否则就需要通过长期、大量司法实践来确定 AIGC 在新闻传播领域(以及其他类似领域)的法律责任。

综上,在现有技术条件下,AIGC 难以解决新闻内容生产同质化的问题,且其在新闻生成创作中也面临诸多不确定性和法律风险,将其直接用于新闻创作仍有待时日。但即便如此,AIGC 在信息收集与内容自动生成方面的能力保障了其在新闻传播领域的应用价值,唯有"适才适所",找准 AIGC 的业界定位,才能充分发挥其作用。

二、新闻内容辅助生产: AIGC 的业界定位

虽然 AIGC 现阶段难以直接投入面向受众的新闻内容生产创作,但若转变思路,将其运用于面向新闻工作者的新闻内容辅助生产,或可以在充分发挥 AIGC 强大的信息收集与加工处理能力的同时,避免上一节论及的诸多技术和社会问题,从而扬长避短,使 AIGC 在新闻传播领域得到有效应用。如果运用得当,AIGC 完全可以成为新闻工作者的生产力工具,在优质新闻内容生产上起到"1+1>2"的效果。

第一,AIGC 强大的信息收集能力可以有效提升新闻工作者的素材发掘效率。在新闻内容加工与生产中,要想写出深度报道,新闻工作者既可能需要从时序上回顾大量往期的新闻报道,也可能需要从不同领域收集相关信息,更有可能

要将以上两者结合起来。面对浩如烟海的信息,即使是最优秀的媒体人,也难以克服自身在时间、精力、阅历等方面的局限,有效地搜索并获取完成优质新闻报道所需的所有素材。但 AIGC 可以凭借更智能化的素材搜索机制,根据新闻工作者提出的主题,将搜集到的相关信息生成简报,并根据新闻工作者对素材的需求,迅速调取相应内容并生成详细报告以供参考。新闻工作者如果对某一题材缺乏头绪,也可以运用 AIGC 创作生成选材评估报告,并从中寻找启示。

第二,**通过植入舆情分析系统,AIGC 可以帮助新闻工作者预判新闻热点或对既有的热点进行追踪,并在是否进行追踪报道以及新闻题材挖掘方向上给出相应的建议。**在信息爆炸的今天,新闻工作者很难有效捕捉到每一条潜在的热点新闻,也难以了解每一个新闻热点中受众的主要关注焦点。但 AIGC 可以通过舆情分析系统有效捕捉网络上的新闻热点,计算各新闻热点的热度趋势并追踪舆情走向,同时实时锁定受众的关注焦点,并通过内容生成系统,将以上所有信息生成舆情分析报告,甚至可以在报告中提供不同新闻热点传播热度与走向对比,以及特定新闻热点与其他主题或热点的关联信息。这些都可以有效帮助新闻工作者在有限的时间内抓住新闻内容创作的关键点,从而创作出优质新闻作品。

第三,**AIGC 可以自动生成适用于不同传媒的新闻模板,供新闻工作者进一步加工成完整的、面向受众的新闻作品。**AIGC 强大的信息处理能力使之可以根据使用者需求生成各种可供进一步加工的新闻模板。例如,AIGC 可以通过语音剪辑合成功能对输入的文本画面自动识别并生成完整的广播节目,真人从业者只需对其进行检查和编辑处理即可交由虚拟主播向社会播报;AIGC 也可以对短视频新闻按照预定模板进行加工,插入节目 Logo、开场动画,或通过人脸识别自动追加特效等,有效节约后期制作成本;AIGC 还可以生成包含文本、音频、视频和各种动态效果的复合型新闻浏览界面,当用户进入界面时,自动播放背景音乐,结合浏览内容加载相应的短视频,并在浏览过程中提供自定义标注和链接。

三、补充 AIGC 在新闻内容辅助生产中的辅助功能模块

要想满足新闻工作者对新闻内容辅助生产系统的多元化需求,仅凭单一的 AIGC 显然力不从心。因此,根据行业特点对 AIGC 系统进行适应性改造,补充各种辅助功能模块,增加其易用性势在必行。由于新闻内容的生产过程本质上是一个收集、甄别和加工信息的过程。根据以上流程可知,信息收集模块、舆情分析模块以及辅助选题和自动校改模块是 AIGC 在新闻内容辅助生产中必不可

少的三大模块。

首先,为了更好地从不同领域收集各种新闻素材,信息收集模块是必不可少的。 如果没有足够的新闻素材,那么新闻内容生产必然面临"巧妇难为无米之炊"的困境。而新闻工作涉及领域广,时效性要求强,对 AIGC 信息收集模块的要求也就更高。用于新闻领域的 AIGC 信息收集模块应当具有更高的搜索效率、一定程度的智能识别能力和自定义搜索功能,以及机器学习能力。该模块不仅可以根据新闻工作者的需求搜索指定的信息,而且可通过自带的停用词、无效内容滤除功能降低信息污染,提升搜索内容关联度和有效性,甚至可以对来自用户的检索反馈进行机器学习,不断优化检索方案,进一步提升检索效率,在第一时间检索到加工和创作新闻内容所需的各种信息。

其次,对于讲求时效性的新闻工作而言,为 AIGC 系统加载舆情分析模块很有必要。 近年来,舆情分析技术日益成熟,对于舆情热点、受众关注焦点和舆情走向的分析的能力也在不断提升。若将舆情分析模块引入用于新闻内容辅助生产的 AIGC 系统,便可更好地帮助新闻工作者捕捉和追踪舆情热点,为追踪报道和深度报道指明方向。AIGC 可在舆情分析报告中以热搜趋势图、舆情焦点雷达图、新闻热点词云图等图表直观地显示当前新闻热点以及舆情走向,并可以在后台对以上固定内容动态更新,为新闻工作者提供实时参考,并在有需要的情况下自动生成对舆情变化趋势的分析预测报告,方便媒体人及时根据传播热点的变化趋势调整新闻报道的方向和内容。

最后,AIGC 还可以加载辅助选题模块和自动校改模块。 在具备信息检索、舆情分析能力的基础上,AIGC 系统完全可以运用其信息加工能力,将检索和分析结果以新闻选题建议的形式呈现给媒体人。AIGC 辅助选题系统应具有两方面功能:评估预测不同选题的新闻热度以及分析受众对特定选题的关注焦点,这样便可以从广度和深度两方面,为新闻工作者提供选题参考。同时,AIGC 可以加载自动校改模块,对自己生成的各种检索分析报告和待加工的新闻模板进行机器校对并自动改正其中的错误。通过增加自定义白名单和错词库的方式,可以进一步提升 AIGC 自动校改模块的工作效率,从而降低新闻工作者的校改压力和新闻内容的差错率。

2023 年,继美国 OpenAI 公司开发的 ChatGPT 公开上线后,3 月份开始,国内 AIGC 相关模型、产品、平台开始涌现。不论是百度的"文心一言"、复旦大学 MOSS、新华智云"元卯"、中科闻歌"灵犀"、澜舟科技"孟子"、智谱 AI"ChatGML-6B",还是阿里"通义千问"、商汤科技"日日新 SenseNova"、360"360 智脑"、知乎"知海图 AI"等,都在各自细分领域跑步入局 AIGC 赛道。

如何把 AIGC 迅速转化为新闻媒体的生产力工具,成为媒体机构必须要思考的一个问题。增加 AIGC 自动化生产的安全性、可信性、优质性,从而提高人机协作能力,提升内容生产效率,推动 AIGC 在信息采集、虚拟数字人、元宇宙、资讯生成、内容分发、内容审核、效果评估等潜在应用领域开展尝试。

结 语

总的来说,在现阶段,AIGC 由于技术水平和法律、伦理等问题,在直接面向受众的新闻内容生产创作中仍然存在诸多应用限制。然而,若将其运用于新闻内容的辅助生产,则可以避免其生成直接面向社会公众,可能产生无法预测的社会影响的内容。同时,AIGC 也可以充分发挥其在信息收集和加工处理方面的优势,为新闻工作者们提供包括但不限于新闻素材检索、受众关注点分析、辅助新闻选题、新闻内容预加工和机器校改等功能。这不仅弥补了新闻工作者在时间、精力、阅历方面的局限,而且将他们从一些烦琐的重复性劳动中解放出来,让他们可以专心致志地生产各种满足受众需求的优质新闻内容。同时,新闻工作者也可以成为新闻内容的审读者和把关人,通过自身的职业素养和能力,对 AIGC 产出的内容进行把控,防止不实或失当内容流入社会,产生负面影响。

然而,在人们对 AIGC 系统在新闻内容辅助生产中的前景寄予厚望,希望它能够成为新闻工作者产出优质内容的生产力工具的同时,也应当充分意识到其局限。首先,现有技术或者可预见时期内的技术发展水平能否完全支持 AIGC 系统完全实现以上功能,仍然有待观察;其次,长期使用 AIGC 系统是否会使新闻工作者对其过度依赖,丧失基础的工作能力以及应有的行业直觉和敏感性也需要警惕;最后,随着 AIGC 系统(以及类似人工智能系统)的持续发展,将其直接用于面向受众的新闻内容生产仅仅是时间问题,届时业界和社会将如何对其进行规制?真人从业者又将何去何从?以上都是将 AIGC 系统用于新闻传播领域需要思考的问题。但不论如何,时代不会因个人或行业的疑虑而畏缩不前,在实践中积极掌握 AIGC 以及其他人工智能技术的运用方法或许是更好的选择。

参考文献:

[1] 向安玲.赋能与负能:AIGC 的技术红利与风险规制[J].中国传媒科技,2023,359(2):7-12.

[2] 韩萍.融媒体时代 AI 智能新闻的逻辑断点与伦理失范研究[J].北方传媒研究,2022(4):26-30.

[3] 姚庚君.人工智能时代新闻真实性概念的量化转向[J].新媒体研究,2019,5(2):18-19.

[4] 张益铭.新闻生产力的解放:机器新闻写作下的反思及策略[J].新闻传播,2019,348(3):

9 - 10.

［5］杨逸云.国内外机器新闻写作研究进程、热点及展望[J].湖北社会科学,2022,424(4)：
105 - 113.

［6］姬晓星.人机之争到人机协同：机器新闻"热"的冷思考[J].新闻研究导刊,2019,10(18)：
157 - 158.

作者简介：

俞承璋,上海广播电视台东方广播中心融媒体采编部主任记者。

主流媒体出镜记者 vlog 在时政新闻报道中的实践探索

郭　莹　朱雅玲

提　要：在信息化技术的发展与突破之下，信息传播呈现去中心化趋势，5G 技术发展为新的传播理论与实践提供实验土壤。自 2014 年媒体融合成为国家战略以来，H5 产品、VR、AR 技术运用、人工智能虚拟主播、vlog(video blog) 新闻等在时政新闻中得到广泛尝试，其中尤以2019 年亮相全国两会的 vlog 新闻表现突出。出镜记者如何利用 vlog 新闻以提升主流媒体舆论引导力和影响力？本文认为，出镜记者可以从时政新闻选题软性化、适应手机终端构建竖屏叙事框架、想象他者在场、增强互动性以及转变思维打造出镜记者个人 IP 出发，进一步用好vlog 这一形式，同时也要警惕 vlog 新闻中可能出现的泛娱乐化问题。

关键词：时政新闻　vlog 新闻　出镜记者　实践探索

引　言

近年来，随着信息化技术的不断发展与突破，5G 基站的普及，在原有的信息获取上大大降低了用户上网资费并提供更快更稳定的连接渠道，为媒介环境进一步实现数字化转型提供了技术土壤。同时，移动终端不断普及，用户的媒介需求与形式习惯产生了翻天覆地的变化，大量信息扑面而来，用户面临着"信息过载"的困境，在人人都有麦克风的情况之下，信息传播呈现去中心化趋势。当今时代，信息不再是稀缺资源，用户的注意力才是，如何抓住用户的有限注意力成为值得思考的问题，并对媒体创新提出了更高要求。主流媒体出镜记者 vlog 在时政新闻报道中的实践探索,就是其中的一个关键问题。

一、通过 vlog 新闻报道形式做好时政新闻宣传问题的提出

自 2014 年被确立为媒体融合元年以来,媒体融合已走到第九个年头,我国媒体融合发展逐步走向"深水区",从起初中央到地方建设"中央厨房",实现"一次采集,多元生成,多渠道分发"的生产流程,再到建设各地区市县级融媒体中心,开设"两微一抖"新媒体矩阵,开发客户端短视频新闻板块,可以说国内新闻报道在信息技术方面不断迭代升级,同时在报道策划、内容和作品形态上都呈现出新变化,并且与我国当前网民发展现状和需求相适应。根据第 50 次《中国互联网发展状况报告》(以下简称"报告"),截至 2022 年 6 月,我国网民规模达 10.51 亿,互联网普及率为 74.4%,手机网民规模达 10.47 亿,网民中使用手机上网的比例为 99.6%,手机已经成为了用户信息获取的核心媒介终端,因此新闻媒体在实现信息传播的过程中,无论是报道策划还是报道形式都需要逐渐习惯手机作为媒介终端的传播形式。报告还显示,截至 2022 年 6 月,我国短视频用户规模增长最为明显,达 9.62 亿,占网民整体的 91.5%,网络新闻用户规模达 7.88 亿,占网民整体的 75%。

时政新闻作为我国新闻报道实务的重要组成部分,涉及政治、经济、文化等多领域,关系国计民生与人民利益,因此,如何在新的媒介技术发展环境之下实现自身突破显得尤为重要。在时政新闻中,全国两会作为媒体融合下媒体技术、报道形式策划等创新的展示场与试验台,具有重要的研究价值。从近年来全国两会的新闻报道来看,H5 产品、VR、AR 技术运用、微视频、人工智能虚拟主播、vlog 新闻等均有出现。

vlog 全称为"video blog",直译为中文就是"视频博客",以视频作为媒介语言,同时兼具博客的私人化与记录性等属性。自 2012 年起,vlog 这一视频形式在国外视频网站 YouTube 上开始流行,创作者(vlogger)多以第一视角的方式出现在画面中,拍摄内容多为个人生活。这一形式较为广泛出现在中国是 2018 年,明星欧阳娜娜和王源等对 vlog 的使用,庞大的网生代粉丝群体对 vlog 形式的进一步关注,vlog 开始在中国风靡。此后,主流媒体关注到了 vlog 这一新的视频形式并将其使用在新闻生产与创作中,我国的 vlog 新闻由此诞生。

全国两会中的融媒体作品是我国媒介技术发展最前沿的展示,也是挖掘内容实现多样可视化的尝试,更是新闻产品形态不断创新的探索。在技术革新与新闻产品创新之下,2019 年在全国两会中闪亮登场的 vlog 新闻受到了热烈讨论,自中央媒体到地方媒体都开始对 vlog 新闻进行实践与创新。vlog 新闻不同

于传统的电视新闻,虽然都有记者的出现,但是 vlog 新闻中出镜记者承担着更为多样的职责,这也对出镜记者提出了更高的职业要求。如何通过 vlog 新闻的报道形式做好时政新闻的宣传,扩大主流媒体舆论影响力与引导力,成为当下出镜记者需要探索的课题。

二、上海市闵行区融媒体中心 vlog 新闻案例分析

2021 年党代会期间,上海市闵行区融媒体中心记者郭莹和搭档许鹏拍摄制作了《郭代表在现场 vlog》。自 2021 年 11 月 16 日开始,共五期视频,在闵行融媒体中心的微信视频号"今日闵行"播发。2022 年推出了《记者跑两会 vlog》,自 2022 年 1 月 11 日开始,共三期视频,同样在"今日闵行"播发。由这些视频的播放、点赞和转发数据来看,作为一个区级融媒体中心,还是取得了较好的传播力与影响力。

表 1　2021 年《郭代表在现场 vlog》数据统计

时　　间	名　　　称	播放量	转发量	点赞量
2021 年 11 月 16 日	郭代表在现场 vlog	4 096	69	81
2021 年 11 月 17 日	寻找同名同姓党代表,一起为闵行加油	2 844	60	45
2021 年 11 月 18 日	大会开幕,代表聆听报告备感振奋	4 163	70	84
2021 年 11 月 19 日	代表团组讨论气氛热烈,午间休息增设"营养餐"	4 374	67	59
2021 年 11 月 20 日	大会胜利闭幕,汲取力量再出发!	6 303	36	56

表 2　2022 年《记者跑两会 vlog》数据统计

时　　间	名　　　称	播放量	转发量	点赞量
2022 年 1 月 11 日	代表建议关注旧小区电梯损耗改造	2 939	100	97
2022 年 1 月 13 日	人大代表云询问关注停车难	3 747	134	128
2022 年 1 月 14 日	我们携手向未来(闭幕)	16 000	331	329

在闵行区融媒体中心 2021 年与 2022 年的时政新闻 vlog 形式的尝试中,可以发现以下特点:

1. 视角多元,提升受众参与感。以《郭代表在现场 vlog》第一期为例,记者郭莹以手持自拍的第一视角开场,带领大家感受党代会现场氛围。也有大量第三视角的拍摄,让观众看到记者在现场的工作场景,揭秘"新闻背后的新闻",保证整体视频视角多样。

2. 小切口,凸显本土特色。在《郭代表在现场 vlog》第三期中,记者郭莹既是采访者,又是参与党代会的党代表,在视频中她以上海本土企业"蜂花"的发展展开提问,立足本地。在《记者跑两会 vlog》中,同样是从本地出发,关注老旧小区电梯损耗改造和小区停车难问题。

3. 挖掘亮点,寻求创新。时政新闻,尤其是会议新闻的报道,容易出现枯燥无味的情况,无法吸引受众的注意力。为了解决这个难题,在《郭代表在现场 vlog》中,记者以"同名同姓党代表"作为亮点线索进行探访。而在 2022 年的《记者跑两会 vlog》中,虽有现实条件束缚,但是找到巧妙切口通过向观众展示后台人大代表的云询问数据满足受众好奇心,并以"云询问"的方式了解人大代表关注小区停车难问题。

4. 尝试打造时政记者 IP 形象。2021 年的党代会 vlog 新闻以记者郭莹作为主体,视频跟随郭莹第一视角出发,去发现和观察现场,整个 vlog 系列也是以记者名字来进行命名,2022 年两会同样由郭莹来进行 vlog 新闻报道。这种持续性有助于打造记者个人的 IP 形象,帮助融媒体中心形成新闻品牌效应,也能够增加受众期待,提升 vlog 新闻的黏性。但是也要看到,作为一个区融媒体中心,人员与资源有限,在进行 vlog 新闻的策划与拍摄剪辑时,无法像《中国日报》和总台那样完美,仍然在内容策划与呈现、后期包装上存在一定缺陷。

三、时政新闻中 vlog 新闻出镜记者报道策略研究

如何在 vlog 新闻中既吸引受众又保持新闻的真实客观与严谨,这对出镜记者提出了较高要求。同时,在 vlog 新闻中记者实现了身份重构,在报道视角、语态等方面均要发生改变,结合新闻产品生产选题策划、拍摄、后期包装全流程来看,本文认为可以从以下报道策略出发。

(一)时政新闻选题软性化

在对时政新闻进行报道时,改变以往的严肃说教式、精英式叙事话语,挖掘

基于情感叙事的软性选题。戈夫曼在《日常生活中的自我呈现》中提出了前台和后台的概念。在以往的新闻报道中，观众所看到的新闻画面是前台，后台则是准备、拍摄与剪辑制作新闻画面的幕后工作。在时政新闻中，为了实现选题软性化，出镜记者在进行报道时可以通过 vlog 新闻的形式将后台前置，也就是以生活记录的方式将媒体记者的后台场景展示给受众，满足受众的好奇心与窥私欲。在《中国日报》推出的系列"小彭的 vlog"中，小彭在报道两会时，就以"该穿什么报道两会"这个选题出发，吸引受众关注两会，进一步宣传两会。需要注意的是，在后台前置的过程中需要把握前后台界限，并非所有后台内容都需要展示。选题软性化的最终目的还是进行时政新闻报道，可以挑选受众感兴趣但又能巧妙联合至硬核新闻内容的切入口进行，而不是进行流水账叙事。

（二）适应手机终端，构建竖屏叙事框架

随着短视频的发展与智能手机的普及，目前用户的观看习惯以竖屏为主。传统的电视新闻与网络新闻在画面编排设计、字幕排列都遵循横屏逻辑，不符合用户观看习惯。因此，vlog 新闻中的出镜记者应当适应手机终端，构建竖屏叙事框架。竖屏相比较于横屏，屏幕窄且长，出镜记者在屏幕中多以中景或特写的角度出现，因此在进行 vlog 新闻拍摄时，如果是自拍，则要把握好记者本人在画面中出现的比例与现场细节的呈现，把握纵向画面中的构图与叙事。同时，竖屏格式会让受众注意力更为集中在记者身上，记者的细微表情、动作都有可能产生预料之外的传播效果，因此出镜记者需要注意表情控制，通过与镜头的交流实现与屏幕外受众的互动。在后期制作上，vlog 新闻视频字幕也要放到画面下方，以不遮挡记者和现场主要信息为原则。

（三）报道时坚持真实性与客观性，防止"泛娱乐化"

在 vlog 新闻中，出镜记者常常从第一人称的内视角出发，这是一种具有个性化表达的叙事模式，新闻事件的报道也会变得更为生动，新闻现场给人"身临其境"之感，增强了新闻报道过程的真实性。然而 vlog 新闻中第一视角带来的主观化、个性化、日常化也会加强，这与新闻的客观性可能存在冲突，因此出镜记者在 vlog 新闻中首先要做好对信息真实性的把控，在第一人称视角之外，增加场景的客观描述，使画面内容呈现更加完整。vlog 诞生于娱乐之中，具有强娱乐属性，要将 vlog 与新闻结合，需要出镜记者把握好娱乐与新闻的界限。从目前已有的 vlog 新闻案例中，不乏泛娱乐化的情况出现。例如，在时政 vlog 中，受众

关注的是视频里的小哥哥帅不帅,小姐姐漂不漂亮,而非视频内容,焦点被模糊了。而有些 vlog 新闻在拍摄的过程中,为了一味地吸引受众的注意力,采用各种强节奏的快闪、华丽的转场,而忽略了对新闻内容的表达。出镜记者作为 vlog 新闻中的核心要素,在报道时要做好引导,虽然目前我国时政新闻以 vlog 形式进行报道的新闻要素内容大部分是辅助性的,揭秘诸如记者的采访经历、新闻片制作的幕后花絮等,但是在内容表达上依然不能马虎、不能过分娱乐。在具体做法上,出镜记者与后期团队可以在一些细节上下功夫,画面中的出镜记者可以注意自己的语言风格,保持通俗接地气,但不滥用网络热词。后期制作字幕与撰写标题时可以不用"帅气小哥哥""漂亮小姐姐"这样的话语使焦点模糊。

(四) 想象他者在场,增强互动性

在 vlog 新闻的画面之中,出镜记者不能像在以往的电视新闻节目中一板一眼,而是要体现出日常化与生活化的一面,因此,出镜记者的出镜语需要做出一定调整,增强互动,吸引受众,以提升用户黏性。在上海市闵行融媒体中心 2022 年两会 vlog"云询问"人大代表停车难这一期视频中,记者郭莹在一开始就给受众设置了悬念,"今天的采访对象在天上",激起受众的好奇心。同时,在构思出镜语时要想象一个"他者"在场,这个他者就是受众。出镜记者虽然孤身出现在 vlog 画面中,可以想象镜头是观众,对着镜头以朋友的方式叙事新闻要素,增强互动,不断激发受众对画面的联想。同时,vlog 新闻通常作为系列报道展出,还要注意前后期的互动。如在《大国外交最前线 vlog》中,有一期 vlog 新闻,网友说康辉的 vlog"发音不够准确",于是在下一期节目中康辉在视频中和网友互动,询问自己现在的"vlog"发音是否正确。这种出镜记者隔空与网友互动的方式,能够让受众感知自己"在场",保持对系列视频的热情。除了在画面中、前后期互动外,还要注意 vlog 新闻播发后,在新媒体平台上的互动。受众可以通过点赞、评论、转发的方式表达自己对 vlog 新闻的态度,出镜记者要及时关注这些动态,并适时做出回应与互动。柯林斯曾在互动仪式链理论中指出,通过互动仪式可以建立情感认同与身份认同,进一步转化时政新闻的传播效果。

(五) 运用互联网思维,打造人设

vlog 新闻虽然能够起到吸引受众注意的作用,但其作为视频产物,尤其是在当今短视频迅猛发展之时,其呈现碎片化传播特点。短平快信息与深度挖掘新闻之间的矛盾,要求 vlog 新闻思考如何在碎片化叙事下加强受众认知度。因此,出镜记者在 vlog 新闻报道时要转变以往简单的传递信息的传者思维,而是以用户为核心。短视频的媒介特点决定了碎片化传播和感官强化短视频娱乐下,实现对新闻内容的深层认知是较为困难的。因此,重点应放在准确抓住受众注意力。在获取注意力后,再以深度的、长时间和长篇幅的优质新闻内容满足被吸引的受众。在后期制作时,也可以通过字幕的大小颜色对比、重点内容反复重复来强化受众认知。

出镜记者与制作团队在转变思维后,更要以互联网思维来打造 vlog 新闻中的品牌人设。人们观看 vlog 往往不是基于理性或逻辑,而是出于对 vlog 所体现的内容的好奇与窥私,或是基于对 vlogger 的喜爱与兴趣。vlog 新闻在引起受众关注之初同样遵循这一逻辑,因此出镜记者需要思考本平台的定位,尤其是地方媒体平台想要做好 vlog 新闻,更要做好平台定位,找到差异化人设。例如《中国日报》的"小彭 vlog"主打明快活泼气质,新华社张扬 vlog 知性姐姐型,央视总台王冰冰则是可爱萌系。人设立住了,记者能够形成个人 vlog 的 IP,进而提升平台所在的影响力以及宣传效果。

以往电视新闻制作与转播,对设备要求高,地方媒体在一些技术创新上很难做到立刻实现,而 vlog 新闻操作简单灵活,所要求的团队人数较少,制作快速。以闵行融媒体中心 2021 年的《郭代表在现场 vlog》为例,整个制作团队仅有 3 人,地方媒体可以抓住 vlog 新闻这一机遇,进一步探索,在本地区提高宣传效果的转化率。

结　语

在信息技术不断发展与媒体融合的大背景下,vlog 新闻在时政新闻中发挥着巨大作用。vlog 新闻以日常化、人格化的方式,模糊时政新闻报道前台和后台的区隔,吸引受众注意力,获得一致好评。无论是中央级媒体还是地方级媒体,都对 vlog 新闻做出了大胆尝试。在尝试的过程中,总结出了发展好 vlog 新闻的几个要点,如打造个人记者 IP 形象,以第一人称视角出发增强互动感与参与感等,同时也需要警惕 vlog 与短视频间的娱乐性可能会消解时政新闻的严肃性,因此要求 vlog 新闻把握好严肃性与娱乐性之间的平衡。本文通过对多个案例进行分析,认为时政新闻中 vlog 新闻出镜记者可以从时政新闻选题策划软性、构建竖屏叙事框架、想象他者增强在场感等报道策略出发,进一步提升记者个人素养,实现新时期的职业转型。

参考文献:

［1］朱琦:《新闻短视频的叙事模式研究——以第 28—30 届中国新闻奖新闻短视频获奖作

品为例》,硕士论文,上海师范大学,2021 年 6 月,第 58 页。

［2］郑博:《vlog 新闻中出镜记者现场报道策略研究》,硕士论文,河南大学,2022 年 6 月,第 19 页。

［3］琚青青:《竖屏时代时政类新闻的传播特征研究》,硕士论文,河南大学,2021 年 6 月,第 30 页。

［4］朱琦:《新闻短视频的叙事模式研究——以第 28—30 届中国新闻奖新闻短视频获奖作品为例》,硕士论文,上海师范大学,2021 年 6 月,第 20—21 页。

［5］詹绪武,李珂.Vlog＋新闻:主流话语的传播创新路径——以"康辉 vlog"为例[J].新闻与写作,2020(03):98－102.

作者简介:

郭莹,上海市闵行区融媒体中心新闻采访部副主任。

朱雅玲,华东师范大学政治与国际关系学院硕士研究生,闵行区融媒体中心新闻采访部实习生。

融媒体时代广播主持人跨平台赋能及自我更新迭代策略研究

唐永砺

提　要： 近年，国家强调大力培养全媒体人才，建立全媒体传播体系，在顶层设计推动与互联网媒介等外部环境飞速发展倒逼之下，传统广播主持人亟待转型，不只是拥抱，而是全情置身新媒体，成为其中的一部分。其间需要认清的障碍，需要填补的沟壑，需要营造腾挪施展的空间，无论是宏观思路还是步骤策略都值得仔细思考。本文希望结合实际工作运作方式和做事逻辑，就此梳理脉络，厘清路径，提出策略，掌握主动权。

关键词： 跨平台赋能　融媒体　主持人 IP　转型　互联网逻辑

引　言

2020 年 9 月 26 日，中共中央办公厅、国务院办公厅印发了《关于加快推进媒体深度融合发展的意见》，强调要大力培养全媒体人才、建立全媒体传播体系。广播作为最早诞生的媒体之一，历经数次社会与技术变革的冲击，都以其顽强的生命力和独有的韧性与应变涅槃重生延续至今。传统广播主持人的转型，需要在新媒介场景下持续性地自我更新，改变传统思维模式，找准职业定位，以互联网逻辑为基础，顺应全新的多平台受众传受关系。本文将从四个维度来探讨主持人转型的研究路径和策略，以哔哩哔哩、抖音等网络平台流量传播的特性为实际案例来做数据支撑，以节目内容为落脚点，找出主持转型的工作方式和方法，希望对广大媒体从业者有参考借鉴的意义。

一、主持人跨平台转型研究的视角和观点

融媒体的概念已经提出很久，需要强调的是，融媒体是一种整合了广播、电视、互联网等单一媒体的显著优势，可全面提升自身的运作模式。融媒体与媒体融合的区别在于，媒体融合概念强调的是各种媒体打破界线共同发展的过程，而融媒体则更多的是强调集合各类资源优势以提升自我的发展模式。在此过程中，主持人作为节目内容的主体创作人，起到了关键的作用，在跨平台赋能转型方面，如何扬长避短至为关键。

（一）优势与劣势：话筒后的从容与网络平台的隔膜

在顶层设计助推下的主持人本身是否真正认识到了转型的重要性？是否适应新媒介场景？是否对未来的新媒介内容生产有所规划？是我们值得探讨的问题。除此之外，新媒体技术的冲击、广播事业的纵深发展以及新媒介形态的产生，促使广播主持人尽快达成媒体转型。无论是被动转型，还是拥抱全媒体时代，主持人可以更加多元化地展示自己的个人魅力，塑造更加立体化的公众形象。

传统广播主持人习惯隐身话筒后面的神秘感，这是当年的优势，专业声音内容的强伴随性和非视觉性完全契合人们解放双手双眼的需求。时至今日，无论是在顶层设计还是网络大环境与切实创收压力的众多因素合力驱动当中，广播主持人在面对视频直播或者众平台网络分发引流等新要求、新操作模式的时候，还有很多的环节需要适应学习，需要吐故纳新，转变思维，找准定位，学习跨平台营销技能，后文将提出具体策略和转型思路。

（二）站位与角色：融媒体多平台用户——内容创造者——网络倡导者

广播主持人转型为全媒体主播，即是打造网络平台 KOL 的广电版本。从"主持人"变成垂直内容的生产者，拥有多重角色，即"融媒体多平台用户——内容创造者——网络倡导者"，而这恰恰是融媒体时代赋予的，具有明显的融媒体角色色彩，这和传统广播节目主持人的角色完全不一样。主持人带着广播媒体赋予的职业身份或职业光环转型到融媒体平台，实际上是一种新职业的开始。

这个过程中难免会有迷思与胆怯，在融媒体环境中广播主持人角色的转变，

是一个心理和行动过程。在多平台节目内容创造中,可以采用心理学上的两个技术:"目标跟随技术"和"目标比对技术"。目标跟随技术,就是将公司 KPI 的要求作为自己的目标,用结果做导向,设定生产内容。目标比对技术,就是利用互联网平台的属性,找对标同行,给自己定一个目标然后去做,及时调整并更改方向,找到属于自己的特色属性。

二、传统广播主持人蜕变与发展路径

传统广播主持人的蜕变是建立在融媒体时代的互联网行业的媒介属性基础上的,不仅要树立融媒体发展意识,转变思维,还要掌握新媒体技能,有能力制作和传播广播融媒体作品。主持人面对的是网络、手机、户外视频、公交视频等多平台全方位的落点,信息传播的方式由单项转为多项,受众选择节目的方式由被动定期接受变为主动的点播和参与,其间全面的发展路径将从互联网逻辑、职业定位及与受众的全新传受关系等几个层次来阐述。

(一)完善广播主持人认知的互联网逻辑

互联网逻辑,不仅仅是在技术性层面、营销性层面,或者电商层面,它是一种系统性的商业逻辑思维,是更加彻底的市场化。互联网逻辑的认知本质是"用户体验为王",从"传播者本位"到"受众本位"转变。

基于这一发展的现实需要,传统媒体主持人在"内容为王"的基础上,正自我加压拓展功能,开始实施"体验为王、受众共情"战略,全方位融合发展。传统主持人作为媒介传播的桥梁与纽带,更容易与受众线上线下充分展开互动,了解受众所需,强化受众体验感,为融合发展战略发挥特别的作用。

以笔者所在的 LoveRadio103.7 的目标受众为例,用户画像大致是事业有成,有相当消费能力,同时上有老下有小的中年人,他们可能时感孤独,因为每每一睁眼发现周围都是需要依赖他们的人,而想依赖的人根本没有,中年危机是人生不能承受之重,这样的人群太需要解压或者是心灵停靠的地方和出口。节目的内容生产以此受众共情为前提就很明确,这样的思考放诸全网,无论在广播端还是手机端等不同平台的内容输出和分发就都有情感逻辑的依托,有的放矢。

(二)全平台环境下广播主持人的职业定位研究和行为动机

全平台环境下的广播主持人职业定位已经发生了很大的转变,从传统体制内的定向节目主持人，到发挥自身优势的同时善用融媒体资源，形成"形式＋内容＋网络倡导者"的创作者＋执行人的职业定位，需要面临着很大的挑战。融媒体广播主持人该如何实现自身职业价值，成为一名"合格理性媒体人"？

与完全敞开或者门槛很低的全网平台草根性主播不同的是，广播主持人仍然身负自己的使命，有需要坚守的传统和坚持的底线。在与时俱进的变化中，与全网融合，但是又保持自我净化的能力和自觉，主持人有了清晰明确的职业定位转换，才会对自身行为约束，有持续正向的价值输出，才能不辜负受众的信任，发挥带头作用，持续生产对社会正向价值引导的内容。因此，融媒体转型过程中主持人坚守职业定位和行为动机成为成功转型且持续发展的核心问题。

（三）广播主持人与受众全新传受关系——共鸣到寄情

传统广播主持人与受众的关系，只是通过无线电波传输内容，定期单边定向传播。随着技术、媒介融合的不断成熟，传输介质多样化，在此背景下受众的选择更加多样化，主体地位得以提高，他们的需求也在不断变化，早已不受传统单一介质的限制，收听收看终端更加多元，对广播主持人也提出了更高更严苛的要求。

因此，受众需求成为广电主持人自我升级的一个不可或缺的外部驱动力。在短视频、VR、AR、H5 等视觉性内容产品占据大量用户市场时，在受众越来越碎片化的视听习惯中不难看出，在以用户为中心的互联网环境中，主持人与用户传受关系发生了变化，受众变得更加主动，从被动定期接受到主动多媒介选择，从娱乐基本需求到情感价值满足，从"共鸣到寄情"的高层次精神需求。

在新的网络媒体环境里，受众参与即刻点赞、关注、转发的动作，乃至随时被导流去其他平台的现状，使得新的传受关系已然形成。要求传统主持人更加有核心竞争力，在收听收看时非常有限的耐心中培养受众黏性，多维度和受众互动链接。在此过程中，融媒体转型的主持人只有坚守价值输出才能不断满足受众的高层次需求，才能不被时代的发展所淘汰。在这种新传受关系的语境下探索主持人的融媒体转型，一方面可以探寻主持人在融媒体运作中的业务类型，另一方面也可以确定主持人转型后的受众视角下的自身定位。

三、新兴媒介定位下广播主持人的自我更新迭代与角色重塑

广播主持人角色要实现从单一化到复合化、大众化到个性化、播出型到生产

型、经验型到学习创造型的转变;努力成为一名全方位发展的复合型主持人。

(一)广播主持人需要熟知全网生态链特性

由于互联网平台的开放性,主持人作为节目的执行人、创作人,在合法范围内进行自由的内容传播,在社会属性和个体属性层面,如何把握公众和个体的隐私界限,怎么同时实现社会价值和自身影响力价值,是主持人需要学习和认知的。除此之外,融媒体转型主持人在不同平台上,都会有新的工作环境和工作方式,以及新的同行及竞争对手,在没有传统广电系统的光环红利后,需要调整自我心态归零,融入新媒体平台,积极追求实现自我价值的认同感。与此同时,需要及时了解各平台流量推广框架与侧重属性。

各个平台的流量推荐规则都不同,比如抖音目前的规则是有八个流量池,进入下一个流量池的各项指标开号之前就需要稍微摸底,避免盲目去做。抖音平台给到视频首次曝光推荐 300 播放量,二次推荐 3 000 左右播放量,三次推荐 1.2 至 1.5 万播放量,四次推荐 10 万至 12 万左右播放量,后续以此类推,还叠加点赞比、关注比、评论比、分享比的数据考量。系统根据账号起始一波播放量的反应,看后续是不是更多支持,以及能否进入下一个流量池,所以开号之前最好先有存量视频,然后有规律且较高频次发布,有稳定更新;另外,发布时间也有讲究,不同点位适合不同内容,且账号内容务必垂直保持一致,这样有个延续性后视频投放一定数量了,系统会给类别标签,便于推流。

再看哔哩哔哩(以下简称 B 站),早期主推横屏长视频,2020 年中 B 站开始测试竖屏播放,并持续加大短视频内容占比,即加速 Story-Mode 内容渗透。2022 年竖屏视频在首页入口流量整体占比已超 12%;另据 B 站 2022 Q4 财报显示,B 站日均视频播放量达 39 亿次,同比增长 77%,Story-Mode 日均播放量同比增长 175%。过去 B 站捕捉用户兴趣爱好有维度和丰富度都有待加强,如果不能精准建立爱好模型就无法提升用户黏性;Story-Mode 有较好的捕捉能力,用户视频消费时长、停留时长以及点赞、收藏、评论行为数据更全面、互动也更频繁。凡此种种,各个平台都在变化图存谋发展,作为节目主持人可以多做借鉴,并根据不同平台算法,把内容根据各平台特性做相应时长的剪辑分发,扩大网端影响力,良性导流至广播受众群。

(二)广播主持人在融媒体时代的全新思维和运作流程

广播主持人在这个时代的全新思维能力需要有设计感、故事力、共情力、娱乐感和意义感,还能同时操控多种媒体界面,及时掌握运用各类全新工具(ChatGPT、Midjourney 等),通过不同的媒体渠道,以适合不同媒介的不同表现方式,将信息传播出去;同时,还要接收信息的反馈,完成信息的综合处理,避免认知固化。在自我更新之前,不妨重新审视自己的天赋,智商、记忆、情商、颜值、统筹谋划能力或者是否擅长调配资源,等等,还有很重要的一点就是培养"网感",也就是包含着独特的表达方式、个性、对热点的敏锐以及对大众意趣的拿捏。简单说,就是拥有互联网住民的所有感官,需要学会感受互联网流淌的方向,把内容推上浪尖,而浪尖意味着流量和更多关注。

广播主持人在全网平台中,内容创作基本规律是有共性的,创作的基本要素和方法运作流程如下:

1. 写好文案:关于内容生产,笔者觉得写出好的文案是各类创作的基础能力,是永不过时的能力。主持人要认识到写作的价值,养成习惯,拥有清楚表达的快乐,在工作里经常训练独立思考能力,思辨能力,写作本身就是持续深度思考的过程,这有助于日常节目制作、自媒体输出和生成短视频的逻辑。

2. 选题:提到内容就离不开选题,这也是创作者头疼的事情,可以有意识地建立素材库,不要怕有过类似的选题,需要的是重新整合输出的过程,结合自己的认知,结合生活和成长,转化成新的作品。大量吸收新知,同时培养自己对于选题的延伸和深挖能力,就能够持续输出。

3. 规避误区:创作时需要规避认知误区,不要觉得不熟悉的选题就完全不触及,只要对素材多下功夫,可以一边输入一边输出,逐渐优化。多做有意识练习,关注日常不断去经历,习惯记录和写作,习惯发散思维,对很多话题有话想说。

4. 遵循创作的底层逻辑:指的是令内容输出同时能够获得更多喜爱和反馈的普遍有效的基本步骤。无论是文字类自媒体,还是视频类内容,都是遵循这样的规律,即共情、价值、引导、升华。不管是幽默还是煽情,共情是引发共鸣的基础。价值是指有观点或者知识点,比普通人知道的略多些略高一点,就可能吸引受众,内容要深入浅出。引导是指当受众看到文字或视频的中段给到一些提点,类似戳重点或者反转或者花字,形式是灵活的但是目的一致,就是在受众无意识的时刻给到指引,包括视频中随时提醒点赞转发都是这类动作。最后是主题升华,从更大的格局来看待事情,做到内容令人印象深刻。

综上所述,关于内容生产的基本方法和创作流程,其实无论是以前的广播还是现在的融媒体内容生成方式,核心解决的就是一个问题——用户停留。解决了这个问题就可以吸引受众,持续留住受众。

（三）广播主持人在融媒体时代垂直内容生成模式

传统广电主持人已经转变为身兼演员、导演、编剧、主持人和制作人五重身份的创作者，能持续输出垂直内容，且适应不同平台中的受众，打造全新的个人IP。

1. 有效视频输出助力建立个人IP

个人IP，个人品牌建设，是个人在特定的工作中显示出的不同于一般人的独特价值，它以个人为载体，具有鲜明的个性特征，符合大众的消费心理期望或审美需求，能被社会广泛接受并长期认同，也是一种可转化的商业价值资源。

主持人个人品牌建设源于主持人的独特魅力，受众通过节目，对主持人认识并记忆，并对主持人整体风格综合评价，形成主观价值判断。主持人从节目内容的创作，语言表达风格，都应顺应时代的发展，贴近新时代社会大众的精神需求，以崭新的语言表达建设更加贴合时代发展的个人品牌形象。

在全媒体时代，传统的评估体系和标准已经不够，更全面的是不断增长的点击率、点赞数、转发数，是不断庞大的粉丝关注群体和热烈的网络社群互动讨论。全媒体主持人通过网络平台实现了包括自我赋权和群体赋权在内的新媒介赋权，进而打造出影响力广泛、价值不凡的个人IP，这很大程度上依托的是视频呈现，那么广播主持人怎么做有效的视频输出，可以参考时下受欢迎视频的普遍共性。

2. 创造热点及介入型事件

关于创造视频热点，笔者在研究各平台的视频特点时发现，不同平台爆款热点底层逻辑相通，基于人性、好奇、获得感，等等，可以分析筛选它们成为爆款的关键要素，用到自己的内容上。比如热门的纪录片《唯有香如故》的开场就创造了热点，与其他的纪录片进场方式完全不同，以营造了满满气氛的古墓为背景开始，带出类似惊悚片的效果，随后导演现身，打破传统纪录片的循规蹈矩，起到吸睛又轻松好笑的效果。内容上以香为引，以史为鉴，拍摄古人风骨，如黄庭坚、李清照、苏轼、王安石等人物故事，以现代人的方式创新文案来叙事。片子本身过硬的内容，上乘的文本，金句迭出又引人思考，打造热点，让观众介入主人公的事件中，有效做到让用户耐心停留，这是长视频的方式。

其他类似抖音等短视频平台，观众的耐心大概只有开头三秒，创造热点，开场介入型事件就更需要设计。融媒体时代，视频是无可回避甚至无可或缺的，当然广播主持人迭代需要时间,因为需要练习,比如镜头表现力,需要不断训练自己的感知。营造热点爆款需要精心设计,持续的热点可以让受众产生更多期待。

当下是注意力经济的时代,新媒介的迅猛发展带来的一个直观结果就是信息生产的极大丰富,但人类能够把注意力集中在处理信息上的能力有限,因此信息的丰富导致注意力的匮乏,所谓注意力经济就是要在过量的可供消费的信息资源中有效分配注意力。扩大注意力资源,是融媒体时代主持人持续输出内容的主要目的,需要日益专业的传播策略,精准的传播内容。创造时事热点,紧跟事件发生,介入型的传播及带动社会良好舆论,这也是作为公众人物的社会责任。

3. 盘活现有资源增强共情效应

创造热点需要有落到实处的方式和发力点。近年来形成口碑热度的节目《乐队的夏天》《快乐再出发》等,无不是以挖掘受众在年轻时接触的那些音乐作品和人物为依托。笔者所在的 LoveRadio103.7 整体以经典流行音乐为主导,在日常节目基础上,更是努力盘活音乐资源,从零打造了第一届《最爱金曲榜》颁奖盛典在2017 年举办,截至 2022 年已经连续举办六年。笔者从第一届开始筹备就深度参与,这个活动从线上推展到线下执行始终以情怀为依托,因为这些 20 世纪八九十年代直至 2000 年的作品,承载了一两代人的青春记忆,其中的大部分人也是我们的主要受众群,音乐给予他们的不仅是记忆,更是人生中继的动力。

本着以受众出发的初衷,加强多平台营销互动,主动设置话题性传播,在笔者撰写的 150 多个单元的文稿中,以诗化语言,解锁经典歌曲与受众青春记忆间的情感密码,不仅在广播端播出,同时在阿基米德平台配合网友投票互动,且在微博、微信公众号、视频号、百视 TV、抖音等各平台阶段性递推,在地铁、公交站也有大面积露出推广,增强了受众的共情效应。

节目内容文化价值和人文关怀的提升很重要,《最爱金曲榜》的颁奖盛典有创新性的取舍,从一开始就不单纯着眼于歌手,更是在令人眼花缭乱的诸多颁奖礼中,罕见地留出很大的空间给词曲作者、制作人等流行乐界幕后翘楚,这不仅对于华语乐坛是一份珍贵的文献记录,颁奖盛典的文化价值也由此凸显。创作者们深切地感受被想起、被尊重、被铭记,参加过盛典的音乐人后续也都纷纷在网络平台自发转发,无论圈内圈外,引发热议,带动起更广泛的共情传播效应。

4. 用内容带货吸引广告商,打造内容营销——口碑——盈利闭环

身处这个时代,良性的营收可以助推广播的持续发展,在做好节目内容的同时就是在创造广告机会。在营销设计方面,综合各平台的经验,视频的标题和封面的重要程度,不仅仅是吸引受众,也是吸引广告商的好机会。好的封面与标题

引流会占到总视频播放量的一半,这个在电台自身视频号直播的时候尤其值得留意借鉴。要不断培养主持人对于标题的感受,总结规律,积累素材库,包括某些语感、画面形式的营造,知道什么样的形式吸引了用户与广告商。

此外,在内容中,预留广告商植入点,打造场景式体验和广告内容。视频整体叙事节奏感很重要,画面衔接是否流畅舒服,在特定位置埋点,进一步引起收听收看兴趣。在内容传达中间穿插幽默也是一种有效提高关注度的方式,另外输出观点时和某些普世观点做结合,会增加用户的观感,令他们记忆深刻,得到满足,这会增加用户黏性。整体节目的执行步骤完整,有内容有口碑,有爆款热点,受众愿意主动介入,并创造广告环境,这才是完整爆款的模式,打造从营销、口碑到盈利的闭环,这些元素缺一不可,完成度不够,受众感情触及就有缺失。

比如《圆桌派》就在节目中进行了一系列的品牌营销创新,从访谈氛围的创造,点香、品茶、沙发等家居场景,为广告商预留环境很充足。此外,在 Logo 授权、贴片广告、压屏条、视频及产品露出的基础上做了优化和升级,片尾彩蛋、片中口播等方式强化了品牌客户的存在感。节目精准地把握了消费者定位,将广告与节目有机结合,品牌定位与节目风格契合。

5. 全平台环境危机意识管理

主持人在全媒体环境中需要应对的不仅是原有的广播平台播出安全考虑,更需要提升全网络环境的危机意识,在政治方面、社会伦理方面、公众舆论方面乃至技术层面都要有极强的分寸感并做好预案,在做任何内容与形式的创作发挥时,始终遵循正确舆论导向的原则。

四、全网语境中主持人的职业规范与道德自律

遵守法律,明确导向是媒体主持人基本的底线,在全网语境中的主持人更应该时刻注意遵守职业规范。在社会属性的沟通和交往中,仅仅有法律是不够的,更多的是在规范性框架内,提高道德自律。网络的虚拟性和匿名性容易让人失去监督和约束,广播主持人应该定期加强伦理道德教育,树立网络环境中的良好典范,时刻严格要求自己遵守法律和道德底线,不触线,不踩线,培养自律意识,建立网络监督机制,做好网络安全环境的带头人。

结　语

传统广播主持人的跨平台转型和自我更新迭代,需要从身份语境、技术语

境、社会语境三个维度来找准主持人的全新定位,从现有的优势转换,打造成为集融媒体多平台用户、内容创造者、网络倡导者为一体的多重身份。广播主持人的转型与发展路径,应该从实际工作内容出发,利用互联网逻辑,打造爆点内容,创造节目热点,吸引广告商,营造内容——口碑——盈利的闭环。广播主持人应该在全媒体时代打破壁垒,做顺应时代的引领者,同时还要严格遵纪守法,要有较高的职业规范和道德自律要求,树立良好典范,以实现自身服务社会的价值观。未来,广播主持人还将面临诸多挑战,不仅来自各新兴媒体的挤压和分流,还可能面临 AI 人工智能的挑战,我们需要持续性地学习,提高自我更新的能力。在未来不断的变革中,掌握先机,踔厉奋发,笃行不怠。

参考文献:

[1] 常江.仪式化认同:媒介融合时代的广播新闻理念革新[J].编辑之友,2018(11):83-89.

[2] 殷建萍.浅论广播电视在媒体融合中的格局[N].山西经济日报,2019-09-10(007).

[3] 王霞,王岩.媒介融合背景下电视主持人转型及反思研究[J].新闻传播,2021,No.404(11):7-9.

[4] 李婷.试论广播媒体与微信公众平台的融合发展[J].科技传播,2019,11(20):94-95.

[5] 康兴.困局、破局、立局——互联网时代下媒体融合的探索之路[J].西部广播电视,2019(04):9-11.

作者简介:

唐永砺,上海广播电视台东方广播中心 LoveRadio103.7 音乐频率节目主持人。

论智媒传播时代播音员主持人的发展策略

周　伟

提　要：科技改变世界。人工智能技术与媒体行业深度融合，对新闻产品生产、分发的各个环节都产生了深刻影响。智媒传播时代已然来临。作为语言传播的重要载体，播音、主持面临着巨大冲击，人工智能主播在为受众带来全新视听体验的同时，对播音员、主持人提出很大挑战。本文重点阐释智媒传播时代播音、主持的发展特征，分析人工智能主播的优势和缺陷，探讨真人播音员、主持人的核心竞争力，提出播音员、主持人未来转型发展策略，助力播音员、主持人以积极心态拥抱人工智能，应对挑战，谋求新发展。

关键词：智媒传播　播音主持　发展策略

引　言

习近平总书记在 2019 年 1 月 25 日中共中央政治局第十二次集体学习会上指出，加快推动媒体融合发展，构建全媒体传播格局，"探索将人工智能运用在新闻采集、生产、分发、接收、反馈中，全面提高舆论引导能力"。

近年来，随着 5G、大数据分析、云计算、物联网、AR/VR、区块链、元宇宙、虚拟现实等最前沿科技的飞速发展，传媒业正在迈向智媒体时代。智媒体就是用人工智能技术重构新闻信息生产与传播全流程的媒体，是基于人工智能、移动互联网、大数据、虚拟现实等新技术的生态系统。它可以实现新闻信息的快速生成和传播，为社会带来更多的价值和服务。

2021 年 10 月，国家广播电视总局发布《广播电视和网络视听"十四五"发展规划》，旨在推动广泛融合应用新一代信息技术革命成果，加快提升智慧广电视听节目的技术水平，推动节目内容形态创新，建立完善新视听节目拍摄、制作、存储、播出、分发和呈现的全链条技术体系，满足广电行业的发展需求。

新一代信息技术与广电行业的结合孕育出全新的新闻生产模式和主持传播模式。尤其是主持传播领域，人工智能技术应用不断深入，人工智能主播相继出现在国家和地方级媒体的传播阵地中。

2018 年新华社推出全球首个 AI 合成主播"新小浩"，引起全世界瞩目。同年，虚拟主持人"康晓辉"在央视节目中，与记者现场对话互动。2020 年，搜狗联合新华社共同打造的全球首个 3D 版 AI 合成主播"新小微"正式亮相。越来越多的人工智能主播走上前台，带给受众从未有过的视听体验。

各地方媒体也纷纷引入人工智能主播。2023 年 1 月 8 日，SMG 融媒体中心虚拟新闻主播"申苏雅"，在东方卫视《早安元宇宙》中为观众播报元宇宙资讯。"申苏雅"2020 年 11 月 3 日亮相以来，先后以新闻主播和记者的身份参与多个重大主题宣传报道，新闻传播方式呈现多元化。2023 年 3 月 1 日，山东广电首个超写实数字主持人"海蓝"登上《山东新闻联播》。

人工智能技术将各级媒体引向了智媒传播时代，也让播音主持行业的发展格局发生了变化。真人播音员、主持人如何应对人工智能主播挑战？本文从人工智能主播的发展现状、优势和不足等进行分析，提出真人播音员、主持人必须在巩固原有技能基础上，调整好心态，积极应对挑战，主动拥抱人工智能技术，了解并掌握其特征和发展趋势，力求知己知彼、取长补短，探索出一条"自我进化、人机共生"的发展之路。

一、人工智能主播的定义、特征和优缺点分析

人工智能主播是以大数据处理与深度学习、虚拟合成与分身、人机交互等人工智能技术为驱动，在广播、电视、电子出版及互联网等媒介中担负着主持与播报任务的智媒产品。它运用语音合成和人脸合成技术，来生成人工智能分身模型，同时将输入计算机中的文字内容转换为相应的视频、音频，并和表情、唇形一致，形成与真人主播相像的拟人化的传播效果、稳定的播报状态等特征。它具有下面几个优缺点：

（一）人工智能主播的优势

1. 拟人化的传播效果，备受受众关注

当前，人工智能主播主要有两类。一类是以真实的人物为形象原型。例如新华社的"新小浩"以邱浩为原型、"新小微"以赵琬微为原型等。它们是通过运用声音合成、唇形合成、表情合成等技术，模仿出的"AI合成主播"，具有与真人主播一样的播报能力，其外形、表情、服装、声音、动作等，都完全来源于真人主持人；还有一类是虚拟数字人。这一类以SMG融媒体中心虚拟主播"申苏雅"、山东广电数字主持人"海蓝"为代表。它们具有接近人类的高写真虚拟数字化人物形象，有着和人一样的语言、表情和动作。

2. 时刻稳定的播报状态，具备超高的播读率

人工智能主播可以全天24小时在岗，只要文字内容没错，播报基本就不会出错，也不会出现真人主播因为情绪、疲劳、环境影响等造成的人为口误、字音读错等失误。特别是在直播播报过程中的正确率是真人主播无法比拟的。

3. 大大增强新闻时效性，工作效率提高

在传统的新闻制作流程中，稿件必须通过新闻主播的精心准备，包括备稿、配音、出镜，以及化妆、摄像、灯光和音响等多方面配合。而人工智能技术让编辑好的新闻实现瞬间转换后，人工智能主播立即进行实时最新播报，极大提高了新闻制作和播出的效率；另外，人工智能主播可全时段、随时播报新闻，还可以通过分身，出现在多个节目或不同场景中播报，打破了传统新闻播出的时间和空间限制，新闻的制作和传播成本最大限度降低，工作效率大大提高。

（二）人工智能主播的缺陷

1. 人工智能主播个性化表达能力不足

人工智能主播的形象和声音大多来源于真人主播，但由于它们只是模仿真人的语言、表情和动作，因此缺乏个性化的表达、缺少创新性和多样性。李易，中央广播电视总台原著名播音员、配音演员，其嗓音浑厚、极富磁性，具有"含蓄、深沉兼顾庄重、稳健、刚柔并济的艺术风格"。那句"用事实说话，焦点访谈"，让受

众充满了回味和期待。而纪录片《创新中国》中李易的配音,使用人工智能技术模拟合成而来,尽管音色神似,但是远不如真人播读得鲜活、生动、韵味满满。

2. 人工智能主播临场随机应变能力不足

人工智能主播是通过数据分析进行呈现,来帮助受众接收和理解信息,但是当这些信息超出预期时,人工智能就无法做出有创意的决策。因此,人工智能主播的沟通交流能力、应变能力和控制场面能力仍然不及真人,还不能胜任即兴或互动类直播节目的主持工作。譬如在访谈节目中,需要主持人适时地运用思辨或温情的语言,来引导嘉宾的热情,激发谈话的兴致;触动嘉宾的心弦,让他们主动讲出故事,让受众在思想上或者情感上产生共鸣,这些,人工智能主播还不能实现。

3. 人工智能主播情感交流能力不足

面对人工智能主播的时候,受众第一印象往往会说"和真人真像"。然而经过仔细比较就会发现,人工智能技术目前还不能完全模仿人类的情感和情绪。在人工智能主播播读的时候,对文字蕴含的情感、态度、相应的情绪变化,还不能像真人主播一样很好地表达出来。另外,播读时候的表情、动作相对单调、略显僵硬。山东广电的数字主持人"海蓝",首次亮相以"评论员"的身份播读《本台评论》,通过对比可见,"海蓝"远不如真人主播的口播效果好,播读稿件缺乏深度,生硬的表情和声音让《评论》逊色不少。同时,人工智能主播不具备真人主播随机灵活使用表情、手势、体态等"副语言"表达喜怒哀乐的能力,无法像真人一样与受众实时互动、引发共鸣,受众在面对面时,往往缺少交流沟通感。

4. 人工智能主播语气生硬语言美感不足

有感情的朗读,是播音员主持人最基本的功底。尽管随着技术的发展,在一定程度上人工智能主播的模仿具备了某些神似。但人们在惊叹"音质"很好的同时,还会发现人工智能主播的播读是机械性的,经常出现语气单调、语调不协调的情况,甚至字词之间、句与句之间生硬连接,缺乏韵律美感。人们在满足了最初的好奇心和新鲜感之后,无法从人工智能主播那里获得听觉上更进一步的享受。

二、智媒传播时代真人播音员、主持人的核心竞争力分析

现阶段,人工智能主播因为固有的特点,还不能完全代替真人播音员、主持

人,但随着技术的发展,其所具备的优势和发展空间,必将对播音主持领域产生冲击和挑战。那么人工智能主播未来是否会完全替代真人播音员主持人? 也不尽然。与人工智能主播相比,真人播音员主持人拥有更优秀的语言创造能力、情感表达能力、个性化的风格魅力,这是人工智能主播不能替代的核心竞争力。

(一) 人的语言创造力

播音是有声语言的创作,其精髓在于美的艺术创造。《中国播音学》将播音分为多种类型,包括新闻播音、通讯播音、评论播音、对话播音、文艺播音、知识性服务性稿件播音、广告播音、体育解说、主持人节目播音、电视口播新闻、电视新闻片解说、电视专题片解说等。这些类型都是为了更加精准地传达信息,并帮助人们更好地理解信息、接收信息。每个类型都有不同的要求。比如新闻播音要体现新鲜感、时代感、分寸感和庄重感,要求文字押韵清晰、语言节奏明快、声音清晰明了;通讯播音应以真实的情感体验为基础,用声音及语言表达,要求虚实强弱、高低缓疾、富有变化;评论播音应当表现出鲜明的态度,直抒胸臆,语调坚定,重音扎实,体现出庄重感和分寸感。经过长期的训练,真人播音员主持人能够准确地表达出不同类型、内容和属性的稿件,并且能够按照播报要求和情绪进行适当的调整。

优秀的语言播音应当经过播音员主持人的二次创作,引导受众审美体验。显然,目前人工智能播音还不能很好地呈现不同类型的播音,也不能根据文字的语言表达要求,很好地实现传播。以美好的声音带给人们审美愉悦和情感共鸣,这是目前人工智能主播无法提供的。

(二) 人的情感互动力

以人为中心的信息传播和舆论引导是新闻传播的核心。智媒传播时代,受众已经不满足"你播我听"的单一信息交流和情感传递方式。人们需要信息共享,更需要具有共鸣的情感互动。

人工智能主播并不能很好地根据受众的情绪变化做出相应的调整。而真人播音员、主持人有血有肉、有独立思想和情感,可以随时通过语气、节奏、情绪、态度的变化,将个人的情感、经历和思想融入播音主持工作中,实现思想融通、感情交互。

在第十届"感动金山"人物颁奖典礼上,患有重症肌无力的张炜慈,坐在轮椅上激动地讲述着丈夫不离不弃、爱的坚守时,潸然泪下。现场主持人蹲下身子帮她用手帕擦拭眼泪后再进行采访。细微而自然的动作既是对嘉宾的尊重和支持，更体现了主持人的应变能力和脉脉温情。在现场，真人主持人可以运用出色的主持技巧、沟通技巧和临场应变能力，与嘉宾和受众进行沟通与互动；还可以通过话题引导调动嘉宾，根据现场情形即兴点评总结，遇到突发情况有效控场。恰当的语言、表情和动作，可以让真人播音员、主持人更有效地传达信息，增强节目吸引力，引导话题发展，并使节目的主题更加深入人心，这些都是人工智能主播所不具备的能力。

（三）人的个性化魅力

"一千个人眼中有一千个哈姆雷特"，这句莎士比亚的名言，与中国名言"仁者见仁，智者见智"意思相似。情感各异、思想不同会导致每个人的特点和偏好有所不同。智媒传播时代，受众需要的是具有辨识度的个性表达方式。主持人的一言一行，一举一动都会对节目的传播效果造成影响。播音员、主持人除了要有过硬的基本功外，还需要有鲜明独特的风格，凭借自身的魅力和特质吸引受众的注意。而人工智能主播模仿真人的声音和造型，其特点是人为设计的，还不能形成具有自己特点的主持风格。

网红 PAPI 酱以其独特的语速、风格和解析视角吸引了众多粉丝；"段子手"朱广权用机智、轻松、诙谐的语言，创新新闻播报表达方式，形成与众不同的主持风格；幽默风趣的撒贝宁、端庄大气的海霞、印海蓉都是凭借个性的语言风格和形象活跃在受众面前。他们的成功在于精准定位了自己，通过充分展示自身的个人魅力，符合了受众需求和节目要求。这些个性化的特征是人工智能主播不能替代的。

三、智媒传播时代播音员、主持人的转型发展策略探究

全球第一位被 AI"克隆"的中文主播邱浩说过："人工智能虽有强大的学习能力，可'他'依旧是基于既有的数据，那就让'他'来学习我吧。而最令我自信不会被超越的，是我的'灵魂'。""AI 主播"是人工智能与媒体行业深度融合的产物，也是科技发展的必然结果。真人播音员、主持人的生存与发展受到前所未有的影响和挑战，为此，必须跟上智媒传播时代的前进步伐，瞄准媒体发展带来的机遇，努力调整自身角色定位、不断加强学习，提升政治素养和综合素质，主动更新自我，更好顺应时代的要求和变化，同时积极借助人工智能新技术优化提升自身能力，努力成为智媒传播时代的优秀播音员、主持人。

（一）实现自我突破，努力提升"四力"

正所谓：台上一分钟，台下十年功。播音员、主持人需要实现自我突破，即向着具备深厚的理论修养政治觉悟、精湛的主持播音技巧、即兴表达与点评、深度策划与精心制作技能等方向努力发展。

首先，要坚定正确的政治导向。无论身处什么时代，都要努力学习相关理论知识，提高政治素养和思辨能力；面对汹涌的海量信息，需要播音员主持人提升自己的甄别能力和信息编辑整合能力，努力引导、帮助受众选择真实、科学辨别，维护媒体的公信力，承担起播音员主持人这项职业所应承担的社会责任。

其次，要不断增强"四力"：笔力、脑力、眼力和脚力，让自己的语言表达能力和传递有声文字的能力得到进一步的提升，特别是增强提供优质内容和持续创新的能力，以适应社会和媒体行业的要求。播音员主持人需要具备策划节目、发掘新闻故事、提炼主题、捕捉热点、设计提问、分析受众、思考倾听、现场交流、灵活互动、机敏反应，等等，这些都是真人播音员、主持人超越人工智能主播的基本职业素养，也是播音员、主持人随处行业长远发展的坚实基础。

最后，要改变固有的媒体认知思维模式，认清播音员主持人多元化发展的趋势，熟悉智媒传播的规律，深入分析了解受众心理、言语习惯、内容需求，努力掌握和丰富有声语言的样态，积极学习智媒时代的新文化、新事物、新技术，根据自身的特征和优势调整发展方向，确保自己跟上媒体或节目的发展要求，努力为受众带来更多的视听感受。这样才能较好地承担起播音主持工作，获得长久的职业发展路径。

（二）打造品牌形象，提升个体辨识度

智媒传播时代，受众获取信息的方式和渠道众多。个性缺乏、定位不清、特色不明的播音员主持人，一定不会为受众记住。有着出众能力的播音员主持人擅长"用心吐字，用爱归声"，他们发音精准、表达流畅、基调清晰、语气恰当，使得播报风格和状态独树一帜，深深影响着受众的感受。因为不同的天赋、性格、阅历、气质，播音员、主持人展现出来的个性特征和风格也不相同。播音员、主持人拥有出众的形象气质、丰富的知识储备和精湛的语言表达能力，总能吸引到受众的注意。所以，播音员、主持人要结合自己的特点和特质，深入分析智媒时代受众的需求，在学习和实践中逐步构建起适合自己的风格和符合时代特征的传播语态和话语方式，充分展示个人魅力，形成独特的个体辨识度，同时积极塑造属

于自己的品牌形象或节目形象,利用线下线上各类活动,与受众积极互动或者形象宣传,形成与受众的情感纽带,这样才能在智媒传播时代闯出自己的一片天地。

(三)强化"人机"学习,实现和谐共生

智媒传播时代,人与机器的关系有三种模式:机器辅助、人机协同、人机合一。这三种模式的发展是一个渐进的过程,但到了人工智能成熟时期,三种关系模式会并行存在。对此,真人播音员主持人应该正确对待人工智能技术蓬勃发展带来的变化,在思想上重视它,在行动上接受它,同时主动适应变化了的环境,不断提高自己的业务能力,特别是增强运用人工智能技术服务媒体和社会发展的能力。"进化"旨在通过自我"增值"提升核心竞争力。真人播音员、主持人应当积极学习和掌握人工智能的发展技术,发挥好各自所长,努力在日常工作中更好地运用和支配人工智能,优势互补,实现与人工智能技术的融合,让技术为我所用,能 AI 主播所不能。未来,真人播音员、主持人与人工智能主播一定不是你死我活的竞争关系,共同和谐发展才是必然。

结　语

英国文学家狄更斯将工业革命后的时代称之为:这是最好的时代,也是最坏的时代。同样智媒传播时代,播音主持行业面临的既是危机,更是转机。对于积极求新求变、主动适应变化的播音员、主持人来说,一定会在"最好的时代"脱颖而出。而职业素养欠缺、没有个性特色、工作内容单一的主播,一定会在"最坏的时代"被淘汰。面对人工智能技术来势汹汹,我们要充分认识到人类的优势和人工智能的缺陷,既不悲观失望,也不盲目乐观,以良好的心态,积极拥抱新技术,主动适应时代新要求,筑牢扎实的基本功,脚踏实地、取长补短,努力拓展自身核心素质,自我迭代升级,在发挥人的独特优势的同时,利用好人工智能技术的长处,真正做到人尽其才、物尽其用、人机共存、和谐共生,这样才能立足时代浪潮,助力播音主持行业创新发展。

参考文献:

[1] 李鹏.瞭望新时代　共话新媒体——首届中国新媒体发展年会主题发言摘登.舜网-济南日报,2018 - 10 - 11.

[2] 吴锋,刘昭希.人工智能主播历史沿革、应用现状及行业影响[J].西南民族大学学报(人

文社会科学版),2021,42(05)：174‐183.

［3］邱浩.我是全球第一个被 AI"克隆"的中文主播[J].青年记者,2019,04(上)：29.

［4］彭兰.智媒化：未来媒体浪潮——新媒体发展趋势报告[J].国际新闻界,2016,38(11)：6‐24.

作者简介：

周伟,上海市金山区融媒体中心广播电视部主任。

论主持人在元宇宙视域下的价值取向和生存机遇

万　涛

提　要： 元宇宙是数字集成应用的新载体，它的到来具有划时代的意义，给媒介带来了深刻变革。主持人在数字背景下传播信息的功能性被减弱，"去主持人化""数字化"主导节目的工作形态逐步形成，给传统主持人带来了极大的挑战。本文试研究主持人在元宇宙视域下的价值取向和生存法则，主动把握元宇宙发展机遇，对解决未来主持人在虚实之间交互作用具有重要现实意义。

关键词： 主持人　元宇宙　数字赋能　虚拟主播

引　言

元宇宙是虚拟时空的集合，是利用科技手段进行链接与创造的，与现实世界映射交互的虚拟世界，具备新型社会体系的数字生活空间。据目前学界的基本共识来看，元宇宙是与现实世界映射和交互的平行宇宙，是数字集成应用的新载体。这种虚拟与现实的结合给各个行业带来了挑战，基于底层逻辑的革新、组织架构的重构，对虚拟事物的看法认知，决定了在元宇宙赛道中是否有一席之地。

从传统媒体向互联网转型过程中，技术赋能媒介更广的视角、更强的传播力、更深的解析、更丰富的内容，元宇宙视域下媒介的空间得以拓展，形态和面貌发生了巨大变化。元宇宙给媒介带来新挑战的同时，也延伸出新的可能和未来。

一、元宇宙赋能媒介新可能

（一）元宇宙突破传统互联网藩篱

1. 虚拟社交时代到来

由于 5G 技术的普及，区块链技术的加持，我们正在快速迈向虚拟社交时代（Virtual Social），即社交 4.0 时代。如果从当下社会认知来看，沉浸式虚拟社交时代将对现有的社交场景产生颠覆性的变革。元宇宙创造出全新的虚拟空间，是无穷大的，人们可以根据自己的想象在这个空间创造全新的自己和事物。

互联网形态的演变遵循着麦克卢汉的媒介认识论，即"媒介是人的延伸"，从 PC 互联网、移动互联网到"元宇宙"，我们实现了手机触屏到全身心接触的延伸，超级数字场景让人类（身体）在其中实现了沉浸式社交、游戏互动、情绪体验。

拥有超过 20 亿用户的社交软件 Facebook 于 2021 年更名为 Meta，成为数字经济、文创产业等领域的重要增长点，备受各界瞩目与期待。在元宇宙中，用户可以享受更真实、沉浸和全面的体验，而非传统的二维图像和文字内容，并且可以自由地探索和互动，这一时刻宣告了虚拟社交时代的到来，2021 年也被称为"元宇宙"元年。

扎克伯格说道："我们从桌面转到网络，再转到手机；从文字转为照片，再转到影片。但进展并非到此结束。下阶段的平台和媒体将让人更有身临其境的感觉。你将置身在网络中，而不是从旁边看，这也就是我们所说的'元宇宙'。"

2. 元宇宙架构新的传播方式

根据元宇宙具有的沉浸感（immersive）、多元化（variety）、去中心化（decentralization）、人机互动（humancomputer interaction）等特征，并依托于人工智能、云计算、区块链等信息技术得以实现更高维度新型世界的理念，为媒介打开了新的活动空间，元宇宙扩展了数据场景，提升了信息传输效率，信息与人的交互构成元宇宙的实体存在，新的传播方式和格局正在徐徐展开。

学者方兴东认为，ChatGPT 带来的社会影响与冲击，本质上是人类信息传播范式的重大转变，进而改变了人的生活方式和整个社会的运行方式。10 年前,卡斯特说:"近年来,传播转型中最重要的一类,就是由大众传播到大众自传播的演进。"而今天,智能传播将超越大众自传播(传统社交传播),ChatGPT 的出现则标志着智能传播正式确立了主流地位。

和朋友一起玩游戏,会有恍如隔世的感觉,而不只是自己在计算机上。当你在这个空间开会时,你会发现,你和你的同事之间,不是只看屏幕上的一张脸,而是能用眼神交流,能有一种空间上的共通感,就像在一个房间里。元宇宙是移动互联网的升级版,已经架构起新的传播方式。

(二)元宇宙给媒介带来的启示

1. 沉浸式互动体验

元宇宙作为未来媒介的一种形式,其空间感和沉浸感是与生俱来的,为现实生活拓展了无尽的方向和可能。未来,媒体是无处不在的,从单一的、线性的传播到立体的、互动式的交互传播,元宇宙空间将为用户带来无尽的沉浸式体验。

2023 年中央广播电视总台兔年春节联欢晚会,充分展现了总台构建"5G＋4K/8K＋AI"战略格局的累累硕果,大量运用 4K/8K、AI/XR 等新技术,持续推动"思想＋艺术＋技术"融合创新。三维菁彩声让观众的耳朵如临春晚现场,沉浸式聆听《百鸟归巢》;古今穿越,VR 画师现场作画,《当"神兽"遇见神兽》的开头,画家头戴 VR 眼镜,手持 VR 手柄,"凭空"为凤凰添羽、为麒麟点睛,三维影像实时铺开,给人留下深刻印象,营造了一种"人在画中游"的体验。

2. 多元化产品内容

海量、多元是互联网媒介转型的必要条件,而元宇宙则提供媒体充分的必要条件,利用大数据和 AI 人工智能,可以极大地满足内容生产,挑战人才、技术和资金的各种制约。2023 年仅仅过了 3 个月,ChatGPT 就已将社交媒体"点燃"了两次,由人工智能实验室 OpenAI 发布的对话式大型语言模型 ChatGPT 在各大中外媒体平台掀起了一阵狂热之风,其惊艳亮相标志着人工智能发展从量变走到质变。3 月 15 日,OpenAI 研发的多模态预训练大模型 GPT - 4 发布,之前的热度还来不及冷却,就被人工智能的迭代升级速度追上。它足够聪明,能写编码,可以创作诗歌,AI 绘画更不在话下,永远"住"在网上的它,能够用人类无法想象的速度触及数百万个与它连接的电脑,无穷无尽地创作内容和产品,突破了生产效率桎梏。

二、主持人在元宇宙中的沉浸式角色嬗变

(一)数字人角色探索

1. 虚拟世界为数字人创造生命空间

作为元宇宙的主角,虚拟数字人(Virtual Human)指存在于非物理世界中,由计算机图形学、图形渲染、动作捕捉、深度学习、语音合成等计算机手段创造及使用,并具有多重人类特征的综合产物。

数字人的探索和进步在电影中是显而易见的,特别是在过去的 30 年里,像1999 年《黑客帝国》上映,数字世界被真正搬上电影银幕,让很多人都张大了嘴巴。

近年《头号玩家》《阿丽塔：战斗天使》《阿凡达 2》等影片带我们走进了虚拟世界,带给观众无与伦比的视听体验。中国科幻电影《流浪地球 2》中,图恒宇在牺牲后也成为了数字人,并挽救了地球,这从另一方面也验证了这一观点,预示着数字人的终极角色——探索更深邃的世界。可以说虚拟世界为数字人创造了生命空间;另一方面数字人为现实世界带来探索可能。英国艺评大师乔·墨菲说："我很想坐在椅子上,沉浸在一场数字音乐会中——披头士乐队在客厅里演奏会很酷,或者邀请卡伦·卡朋特来我家,再听一曲《昨日重现》……那些拥有出色数字替身的环境会让我感到沉醉,这也能给那些创作者更多的灵感和动力。"

2. 数字人广泛运用到互联网中

从影片到现实,以虚拟人形式出现的主持人、歌手、演员、模特、医生等 IP 逐渐出现,运用到科普教育、文化娱乐、医疗卫生等领域,丰富人们的精神世界,数字化人群所提供的数智化服务不断拓展着数字时代里的人性。

2021 年 10 月 31 日,虚拟数字人(Virtual Human)"柳夜熙"在抖音平台横空出世,定位为一个会捉妖的虚拟美妆达人,将时下潮流的悬疑、烧脑、推理热点呈现出来,成为现象级爆款,因其具有数字化外形,且能够自动化代理在虚拟环境中进行面对面交互,使得元宇宙概念在互联网平台有了具象化的表现。"柳夜熙"现拥有 833.5 万粉丝,单条视频点赞量最高达 360.4 万,牢牢掌握了流量密码,甚至商业邀约不断。该虚拟角色在 2022 抖音创作者大会中获得"抖音年度潜力创作之光"奖项,并被授予"年度高光时刻作者"称号。其中也涌现出一批如

"@慧慧周""@非非宇 Fay"等优秀视频创作者,他们是数字孪生人的缔造者,更是与虚拟人物共同创作的好伙伴。

（二）虚拟主持人渗入生活场景

1. 虚拟主播技术的场景应用

虚拟主播技术在广播、电视和互联网等多个领域有着广泛的应用。在"纯听觉"的场景下,上海阿基米德传媒专注于"声音"故事的表现,目前上广的虚拟主播技术,在语音播报类诸如新闻、资讯等方面的主持能力,已经能够做到与真人有极高的接近度。阿基米德（上海）传媒有限公司高级软件开发专家胡蓓蓓表示,在新闻资讯播报场景,以广播节目实际制作方式为蓝本,独创设计"AI 对播"功能,以多主持人对播的形态,自动合成一档完整的新闻播报节目。在合成效果上,可与真人主持人随时替代,在稳定和效率方面,其内容生产效率甚至能达到真人主持人的 20 至 30 倍。

短短几年时间,虚拟主播技术的革新应用在各个领域都展现出了独特优势,唤醒和加强了社会公共服务和技术的社会认同。

2. 真人主播的虚拟延伸

虚拟主持人作为真人主持人的延伸,是技术和人的双向赋能,在新闻报道领域也展现着巨大的发展潜能。2018 年 5 月,在央视新闻频道的特别报道中,央视新闻主播康辉的虚拟形象"康晓辉"与央视记者共同主持《直播长江》,并在现场进行实时互动。他的形象以 CCTV 主持人康辉通过相芯科技 FaceUnity（P2A）虚拟影像生成技术打造的外形为基础,通过 Virtual 影像驱动技术实现实时驱动。而他的声音是通过科大讯飞旗下的讯飞智声平台的 AI 语音合成技术对康辉的声音进行合成模拟的。此次相芯科技和科大讯飞联手打造的虚拟主持人,让观众们能闻其声,也见其人。

借助元宇宙的技术赋能,在全国两会这一关键性的时政传播节点,各个媒体平台都在积极实践传播形式创新。2022 年中央广播电视总台推出《"冠"察两会》迅速出圈,作为元宇宙特约评论员的虚拟新闻主播"AI 王冠"实现了智慧化数字化报道;2023 年中国移动咪咕与新华社客户端以"元宇宙看两会"为主题进行内容共创和数智化融媒报道,不仅完成了高效、准确的两会科普报道,也催生出媒体融合特色化内容生产,进而创造更丰富更多彩的新闻报道和文化产品,为两会受众带来了数实融合的全新交互体验。

三、人机共创价值的美好愿景

（一）主持人的主体价值不可动摇和改变

1. 价值认同塑造

归根到底，主持人是以个人魅力为中心的传播载体，承担着节目介绍、过渡串联、引导和总结的职责。因为有声语言艺术和肢体语言的表达，使得节目完整，更具审美价值。一个好的表达和串联，可以起到画龙点睛的作用，尽管越来越多的综艺节目"去主持人化"，特邀演员艺人、虚拟主持的加盟，使得节目更具看点，但是他们依然担当着主持人的角色，引导服务受众的功能不曾改变。主持人形象的塑造，风格的形成，价值取向的表达，反映了社会的变迁和发展，不少优秀主持人，尤其是老播音员已经在受众群体心中有了重要的地位，凸显一代又一代人对某个时代印记的不舍留恋，而这是酷炫的科技感无法替代和弥补的。尽管 AI 可以模仿复制声音和形象，为受众提供了一种可能性和可变感，但终究不是人的真情流露，缺少真人主持"真实在场"的临场感，从而达不到在传播中春风化雨、润物无声的作用。

2. 个性身份凸显

在信息传播中，AI 的高效处理居于首位，可以快速准确地进行整理和罗列，尤其是 ChatGPT 的出现，可以高效计算并给出相较合理的建议和答案，但是对关键性问题的深刻解读和把握，还需要人的思辨，特别是在突发事件中，主持人在其中发挥价值引领作用。从"传声筒"到"把关人"，虚拟主持人把握传播的能力还须进一步研发和商榷。媒体艺术并不是单纯的复制总结，而是有节奏的韵律，有情感的呼吸，有温度的传情，AI 说到底不是一个真正的人类，不具备主持人的生活体验和价值情感，喜怒哀乐的背后是人赋予给它的程序和代码，受众认同度低，一旦脱离人本身，它的个性身份全然不存，无法凸显主持人原有的身份识别和价值认同。

（二）主持人与虚拟主播共生创造无限可能

1. 虚拟场景万物皆媒

元宇宙时代是以数字为中心的时代，而数字背后的个体，在虚拟空间中可以创造以"人"为中心的数字世界,这就强调了更高层次、更高需求、更个性化的表达和艺术审美传播成为未来元宇宙的主要场景。

主持人在元宇宙背景下如何与数字发生嬗变关系,催生出用户新的需求,是研究主持人在虚拟场景下人机交互产生价值的重要抓手。

彭兰教授曾提到,未来媒体的三大特征是"万物皆媒""人机共生"和"自我进化",新闻工作者与机器智能技术的相互协作、相互进步将是趋势。

2. 人机互动引领未来

2021年底,百度在 AI 开发者大会上正式发布了数字人直播平台"曦灵",集数字人生产、内容创作、业务配置服务为一体,主要为广电、互娱、金融、政务、运营商、零售等行业提供虚拟主持人、虚拟员工、虚拟偶像、品牌代言人的创建与运营服务。与大多数数字人平台一样,百度曦灵的数字人主要应用于直播带货场景,企业营销,具备基本的娱乐性和工具性,但个性化程度普遍不高,批量复制生产脱离主持人千人千面的特点。

元宇宙生存是价值生存,从功能价值向情感价值转变,必然离不开主持人作为主体的身份介入。价值共创,是主持人在虚拟场景的生存法则,运用数字化技术手段,AI 智能运作,使得元宇宙中的分身更鲜活,更诗情画意,更酷炫拉风,将艺术传播提升到数字世界的最大化。这就要求主持人要提供无限的想象和创意,与虚拟分身配合,以实带虚、以虚促实,打造想象可感的虚拟世界,并且价值捕获维度的场景,最终目标是虚拟场景中创造的产品和服务仍可服务于现实场景,实现人机共生。

结　语

尽管主持人在元宇宙中的探索还略显稚嫩,但数字人的发展已经对未来媒介形成和节目制作带来了深远的影响,"真实"与"虚拟"交织,是"真人虚拟化"和"数字具像化"的正面交锋。

可以预见,人工智能为元宇宙空间不断地注入信息和数据进行训练,结果呈现出了创新的普遍意义。在元宇宙中,虚拟主播以身体在场的适应性、智能化水平给受众带来技术赋能的体验快感,使身体知觉在元宇宙空间中产生情感意义,对于未来主持传播的审美创作、美学表达和思想共鸣具有无限意义。主持人应利用好数字人,关注虚拟主播这一巨大市场,以实带虚,以虚促实,在元宇宙世界中迸发出活力,赋予行业更多的可能性。

在看到数字人带来的积极影响和现实意义之际也要明白,人工智能作为数智时代的产物,其隐形问题还亟待解决,我们也要防患于未然,科技的进步会不会诱发人们的惰性本能? 因此,越是拐点,现实主播越要加强自身业务的磨炼,学习掌握新技术,最终实现虚实结合,人机交互,价值生存。

参考文献:

[1] 郭梦霖,樊伟建.互联网到元宇宙:社会化媒体的新方向[J].新闻传播,2022.10.

[2] 胡泳,刘纯懿.元宇宙社会:话语之外的内在潜能与变革影响[J].南京社会科学,2022(1):106-116.

[3] 钟祥铭,方兴东,顾烨烨.ChatGPT的治理挑战与对策研究——智能传播的"科林格里奇困境"与突破路径[J].传媒观察,2023(3):25-35.

[4] 林湘瑜.多项"首次"! 2023年总台春晚亮点来了[EB/OL].央视新闻微信公众号 2023.01.16.

[5] 张婧.虚拟数字人在元宇宙沃土落地[N].中国文化报,2022-09-06(7).

[6] Jeff Rickel, W. Lewis Johnson. Extending Virtual Humans to Support Team Training in Virtual reality. in Lakemeyer, Gerhard, and Bernhard Nebel, eds., Exploring Artifificial Intelligence in the New Millennium, Morgan Kaufmann, 2003, p. 217-238.

作者简介:

万涛,上海市松江区融媒体中心主持人。

"互联网＋"时代 IP 剧与企业的互动营销模式探讨

李韵华

提　要： 在"互联网＋"时代下，IP 影视剧改编的发展浪潮越发迅猛，企业开始利用 IP 实现品牌营销，而好的营销策略可以打造爆款 IP，IP 剧又会影响企业营销品牌的植入效果，因此 IP 影视与企业营销直接属于双向营销。本文在了解"互联网＋"时代和 IP 影视的基本概念后，从 IP 资源到 IP 剧的运作模式，深层探讨"互联网＋"时代 IP 剧与企业的互动营销模式，以此为新时代下我国影视行业发展提供参考。

关键词： "互联网＋" IP 剧　IP 资源企业产业链

引　言

在提出"互联网＋"的理念后，传统行业开始借助网络平台和信息技术全面创新，由此形成了"互联网＋传统行业"的经济发展全新态势。在影视行业中，大数据、云计算等数字互联网技术积极参与，逐渐打破了传统影视业的运作模式，形成了以"互联网＋影视"为核心的商业运作模式，促使我国影视剧从开发、制作、营销、传播、衍生品的全产业链延伸产生了翻天覆地的变化。通过了解互联网＋和 IP 影视剧的基本概念，深层探讨新时代下 IP 剧与企业之间的互动营销模式，既能在行业创新中寻找全新的发展渠道，又可以针对具体问题提出有效的发展策略。

一、"互联网＋"时代和 IP 影视的基本概念

（一）"互联网＋"时代

互联网＋是指在信息时代和支持社会的创新形态推动下，由互联网发展的全新业态形式，也可以看作是"互联网＋传统行业"。随着社会经济和科学技术的不断发展，充分运用网络信息和网络平台，让互联网和传统行业得到了深度融合，基于互联网具备的技术优势创造全新的发展机会，对传统行业进行优化升级转型，能让传统行业快速适应当前社会发展趋势，带动社会经济实体的生命力，为改革创新提供更加广阔的发展空间。

（二）IP 影视

从本质上讲，IP 的全称是 Intellectual property，代表著作权和版权，可能是一首歌，一部网络小说，一部广播剧，一台话剧，也可能是某一个经典的人物形象，一个名字，一个短语。将它们改编成影视版权，就可以称作 IP。通俗来讲，IP 就是知识产权，包含音乐和文学等各类艺术作品的发明与创作，以及一切倾注了作者心智的语言或符号设计等，在法律领域被赋予独享权利的知识产权。而 IP 影视是指由原著衍生出来的多种开发项目，比如说小说、音乐、影视节目等，由此开发的项目也包含电影、电视剧等。

二、从 IP 资源到 IP 剧的运作模式分析

（一）构成要素

现如今，我国影视行业从垂直链条线性逐渐拓展到网状布局，从工业化思维转变为互联网生态逻辑，整个行业发展不再是独立个体，而是构建网状发展格局。从 IP 资源到 IP 剧的运营模式与传统影视剧运行模式不同，相对于改编电影和改编电视剧的运作模式也有差异，最大的特征就是观众将会渗透到产业的各个环节。从本质上讲，从 IP 资源到 IP 剧的运作过程中，必须要拥有五项构成要素：第一是指 IP 拥有者，第二是指投资方，第三是指制作方，第四是指播出平台，第五是指广义上的观众。

从行业发展角度来看，IP 拥有者是指 IP 原始资料的作者或代理公司。在

传统改编影视剧中,原著作者几乎不参与整个运作过程。而在 IP 资源到 IP 剧的运作模式下,由于 IP 资源的形式呈现多样化特征,且 IP 拥有者属于影视制作的重要角色,所以 IP 拥有者的话语权被放大,很多投资商会要求他们参与编剧创作,以此凝固 IP 资源的原始受众;投资方指 IP 剧的资本出具方,在开发 IP 资源时拥有最大的话语权,虽然会总结多方提出的建议,但演员、导演、平台等最终由投资方决定。传统意义上的影视投资大都属于专业的影视公司,而 IP 剧在保持原有投资方式的同时,还加入了更多互联网资本,这些企业可以运用平台优势和强大资金参与投资;制作方是指 IP 剧的导演、编剧、摄影等制作团队,属于影视剧的直接开发者,所有视听元素都是由制作方提供的。相比传统意义上的影视剧开发创造,IP 剧的制造商将会从专业化转向社会化;播出平台是指 IP 剧的播出方,属于 IP 剧的直接购买者,要和投资方共同承担风险。对比分析传统影视剧和 IP 剧的播出方可以发现,两者最大的差别在于互联网播出平台打破了原有的影视剧宣传模式,IP 剧会优先选择视频网站作为优先播出或独有播出平台;观众作为从 IP 资源到 IP 剧的运作模式中的基础组成部分,如果他们的属性和地位发生变化,那么将会影响整个行业发展格局。在互联网时代下,观众不再是整个 IP 剧产业链的终端,而是会参与投资制作。

（二）运作流程

通常来讲,从 IP 资源到 IP 剧的整个运作流程是按照如下顺序开始的:首先,基于投资方组建工作团队,明确具体的开发意向并筹集资金;其次,要向 IP 拥有者购买版权,选择专业的制作团队并开始制作开发;最后,向播出平台市场预售 IP 剧的播出版权,在网台联动播出后进入衍生阶段,实现二次开发或衍生产品直接变现。相比传统影视剧的制作播出流程,从 IP 资源到 IP 剧的差异在于两方面:一方面,投资方在拥有绝对话语权的基础上,利用市场的调查工具和流量榜单直接掌握主动权,打破了传统制造方确定改编和拍摄意向,并寻找投资方的工作流程;另一方面,IP 剧凭借自身强大的穿透能力和转换能力实现全面衍生,并不将播出平台购买权看作主要盈利渠道,逐渐打破了传统以前端流量和后端变现为核心的商业模式。

（三）形成价值链

有学者在研究中提出,IP 不仅意味着一个文本,还代表着一种用户群。用户作为产业链中最容易识别和判断的价值硬通货,由此解读从 IP 资源到 IP 剧的价值链形成过程,能更好理解整体运作模式的独特性和时代性。对比研究传统影视剧的价值链与 IP 资源的 IP 剧的价值链可以发现,两者之间存在相同点和不同点。其中,从 IP 资源到 IP 剧的价值链主要分为三种形式:首先,上游价值链。这项价值链中包含了 IP 版权交易、融资投资、拍摄制作;其次,中游价值链。这项价值链中包含了宣传营销和播出发行;最后,下游价值链。这项价值链中包含了 IP 运营和衍生开发。从整体价值链的构成角度来看,每个环节的价值链实现方式和纵向整合方式,已经基本形成了全新的发展形态,这对互联网时代下 IP 剧与企业的互动营销而言具有极深影响。

三、"互联网＋"时代下 IP 剧与企业的互动营销模式分析

(一) 基于大数据的 IP 剧精准营销

在"内容为王"和"渠道为霸"的发展模式下,拥有多元化和便利性的营销渠道对 IP 剧营销而言至关重要。在"互联网＋"时代背景下,新媒体、大数据等技术理论转变了传统影视剧的销售模式,逐渐形成了多元化、互动性、精准化的全新发展模式。传统影视剧营销主要是依靠电视、海报、宣发等传统媒介,虽然取得了一定效果,但整体消耗成本过高,产生的时间效果和影响范围较小。而 IP 剧则利用新媒体技术发布信息,不管是门户网站还是网络社区等都可以成为传播信息的有效渠道,具有有效互动、实时传播、速度极快等特征。在 IP 剧营销过程中,社交媒体具备互动性、实时性、移动性等特征,会始终融入 IP 剧营销的各个环节,比如说新闻发布、预告片、演员选择、制片制作开发、社交媒体等,不仅占据重要的影响地位,还可以与粉丝互动扩大影响力。除了社交媒体之外,视频网站、娱乐媒体、网络众筹等也是 IP 剧营销的有效渠道。其中,视频网站是利用网络终端将预告片、短视频、宣传片等影视信息直接呈现给社会大众,这样既能扩大影视剧的影响范围,又能吸引更多受众群体关注了解;娱乐媒体属于影视剧宣传的常见手段之一,能让用户在体验娱乐性的同时,全方位了解影视剧的相关内容,比如说创作影视剧的主题曲,开发与 IP 有关的游戏软件等;网络众筹作为融资包装下的营销策略,在一定程度上具有宣传影视剧的重要作用。

结合近年来 IP 剧营销模式累积经验来看,一方面由于 IP 剧在原有资源累积中拥有明确的受众群体,所以借助大数据技术分析观众信息和喜好特征,能在有效分类的基础上为后续营销推广做充足准备;另一方面利用大数据分析了解用户的行为喜好,能按照他们的兴趣特征、地域分布、消费行为等选择最匹配的营销信息和营销渠道。这种模式被称为精准营销。根据清华大学影视传播研究

中心发布的《2022 中国电视/网络剧趋势报告》来看，IP 网络剧仍然以 IP 改编为主。以 2022 年播放量前五十的网络剧作为样本，IP 改编数量同比 2020 年的62％、2021 年的 56％回升至 64％。由此可见，观众对 IP 网络剧的接受程度较高，使资本对 IP 网络剧也抱有很大的信心；同时，新媒体技术以其平台的开放性、互动性等优势使 IP 电影的营销更加多元化和精准化。

（二）重新塑造 IP 剧产业链的衍生环节

衍生品作为 IP 剧和企业获取盈利的主要模式，也是现代人们文化消费的基础组成部分。在进入"互联网＋"时代后，IP 剧衍生品的价值被重新发现，逐渐成为影视行业创作开发盈利的重要环节。通过利用自身优势持续丰富 IP 剧衍生品种类别，既能延长产业链的发展，又能转变我国影视产业发展模式。

一方面，重视衍生品研发，转变盈利模式。衍生品是指由影视剧版权衍生出来的商品形式，主要是指将剧中的流行元素转移到商品生产中，比如说服装、公仔、游戏、图书、视频、餐饮等多种形式。由于这类研发制造具有成本低、利润高、产业链长等发展优势，所以现已成为国外电影收益的主要组成部分。比如说，在好莱坞电影产业链中，票房只占据电影产业收益的 33.3％，其余收益主要源自于电影衍生品产业链。以《狮子王》为例，虽然实际票房只有 18 亿美元，但衍生品最终却取得了 45 亿美元。纵观好莱坞电影衍生品产业链的发展模式可知，企业在发展初期就已经认识到电影衍生品的重要性，发展至今早已形成了比较成熟的产业链。而我国在进入"互联网＋"时代后，各行业之间的界限越来越小，行业跨境经营和交互发展趋势越发显著，影视剧产品不再局限在影视行业范围内，还被逐渐渗透到其他行业中。尤其是在提出创造开发 IP 剧后，我国影视行业的衍生品市场被重新打开，实践发展速度越来越快，并呈现出以下趋势：从产品类型角度来看，影视剧衍生品会涉及现实生活中的方方面面，比如说家居用品、体育用品、酒店服务、汽车行业、地产行业等；部分影视企业开始建立衍生品研发公司和专卖店，而网络平台则成为重要的线上销售平台。

另一方面，全面掌握衍生品，逐步优化产业链。以 IP 剧为核心的"互联网＋"的发展模式，在衍生品研发销售中占据独特优势，这是因为在开发制作 IP剧之前，就已经明确了其中包含的重要资源。在这一过程中，物联网、云计算、大数据等先进技术能精准掌控用户信息，保障生产制造的衍生品真正满足顾客需求，避免衍生品和市场出现脱节。同时，IP 剧本身拥有深厚的用户基础和多元营销渠道，充分运用 IP 剧的营销手段，将网络技术渗透到产品制作和营销工作中，能在加快衍生品市场发展步伐的同时，改变我国传统影视剧盈利模式。另外,为了进一步提高我国衍生品市场的发展水平,完善衍生品产业链结构,引导影视剧衍生品向着品牌化和专业化的方向稳步发展,要先树立衍生品开发制造的正确观念,将衍生品研发时间和影视剧制造同步贯穿在全过程中,最终通过合理规划得到具备文化形象和时代价值的优质产品。需要注意的是,要优化现有知识产权保护制度,树立明确的衍生品版权意识,严格管控衍生品盗版行为,积极培养衍生品研发创新的专业人才,让其逐渐成为社会大众日常生活的一部分内容。

(三) 创建推广 IP 剧的全产业链

"互联网+影视剧"是依靠互联网技术,将数据流量和信息平台看作核心内容,优化重建影视行业内部资源,改善企业生产组织形式,加快影视产业转型升级步伐。由于"互联网+"时代呈现多元化和开放化的发展特征,使传统产业和影视产业得到了深度融合,所以面对竞争越发激烈的市场环境,要创建推广影视剧上下游全产业链发展模式,模糊处理各行业之间的界限,让互联网企业在参与IP影视创作开发工作的同时,组建更为完善的产业链发展模式。

一方面,IP影视产业经营一体化发展。在"互联网+"时代下,影视剧的设计、生产、传播、消费等过程被优化重组,企业的生产方式和组织形式不断创新,传统影视产业发展模式已经无法满足新时代需求。"互联网+IP剧"的发展模式打破了电影产业内部独自分工的独立状态,为传统影视行业创新带来了全新挑战,企业既要积极调整传统工作战略,持续壮大内部力量,又要扩大整体经营范围,参与影视行业的各个环节,使影视行业上游产业呈现一体化发展趋势。比如说,华谊兄弟的早期业务以电影投资制作为主,但在提出IP产业模式后,企业基于IP内容打造了垂直一体化经营发展模式,现已构建了包含电影制作、营销发行、产品开发等在内的产业体系,同时还将旗下子业务整合分成三大板块,首先是指传统业务,其次是指实景娱乐,最后是指互联网产业。其中,游戏、O2O、粉丝经济是未来企业发展探讨的主要内容。在影视产业一体化发展趋势下,创建以IP资源为核心的影视剧行业,持续拓展影视衍生品产业链,创建推广由制作、营销、发行、上映、开发、建设为核心的全产业链结构,能为我国影视产业集团化发展奠定基础保障。同时,全新的发展模式还有效解决了产业信息不对称的问题,让企业在深入挖掘中掌握更多资源优势,最终逐渐构成新时代产业动态发展体系,这样既能改善传统产业发展模式,又能实现行业共赢的根本目标。

另一方面,IP资源助力企业跨界经营发展。"互联网+"时代的去中心化特征越发明显,将原本孤立存在的产业形式整合到一起,突破了传统行业发展之间的界限,使产业在深度融合中越发依赖互联网技术平台,而互联网企业也可以凭借数据流量和平台优势,成为主导社会经济发展的基础力量。在这一背景下,互联网企业跨界开发制造影视剧的可能性越来越大。这是因为 IP 剧的制造、营销、发行等活动都需要利用互联网技术平台,能让影视剧产业的科学技术属性大于专业艺术属性,降低了其他行业进入电影产业的门槛,控制了影视制造开发的风险,加快了影视行业投资的发展步伐。因此在"互联网＋"时代背景下,影视企业要基于 IP 剧继续探讨未来发展模式,明确自身掌握的技术资源,提出有效的创新改革措施,只有这样才能获取更多的经济效益和社会效益。

结　语

　　综上所述,在"互联网＋"的大背景下,不管是影视营销还是与之相关的其他商业活动都获取了大量机会,彼此之间的互动发展也进一步提高了我国影视行业的发展水平。由于所有营销活动都是围绕消费者设计推广的,所以在研究创新时要切合广大群众的品位,满足他们日益丰富的需求,在谋求营销利益时要关注社会效益和经济效益。此外,面对持续增加的爆款 IP 剧,企业要在了解相关技术概念的基础上,整合分析从 IP 资源到 IP 剧的运作模式,注重从大数据精准营销、IP 剧衍生环节、IP 剧全产业链等方面入手,基于目前国家提出的政策指向和市场发展面对的媒介环境,持续探索最适宜的发展道路。

参考文献:

[1] 杜洁.古装 IP 剧中植入式广告的传播策略研究——以《有翡》为例[J].新闻文化建设,2021,000(014):P.131－132,145.

[2] 岳乐乐."互联网＋"时代企业市场营销创新路径探析——以绿能农业发展有限公司为例[J].现代营销,2021,000(015):52－53.

[3] 王广振,王新娟.互联网电影企业:产业融合与电影产业链优化[J].2021(2015－2):55－61.

[4] 巴丹.差序传播与生态退化:基于圈层文化的 IP 剧产业发展困境研究[J].西南民族大学学报(人文社科版),2021,042(002):135－141.

[5] 陈越颖."互联网＋"时代下国有企业文化传媒的融合创新探讨[J].中国管理信息化,2021,024(010):P.121－122.

[6] 郁永美.基于财务共享服务论"互联网＋"时代管理会计信息化[J].乡镇企业导报,2022(1):0184－0186.

[7] 齐雅文.大主题、主旋律剧成为创作自觉[N].中国新闻出版广电报,2022－11－07(003).DOI:10.28907/n.cnki.nxwcb.2022.003953.

[8] 张冲力."互联网＋"时代 IP 电影运营模式探析——以漫威电影模式为例[J].戏剧之家，
2018(18)：110‑111.

[9] 孙慧敏.基于"互联网＋"的企业市场营销模式创新研究[J].中小企业管理与科技，2021，
000(034)：70‑72.

[10] 梁君健，苗培壮.IP 转化的产业偏好与创作特征：基于网络剧集的统计研究[J].中国文
艺评论，2021，000(004)：94‑104.

作者简介：

李韵华，上海电视台东方卫视中心地面运营中心 IP 与数字化营销部副
总监。

SMG 科普传播中的创新象限和创新模式

王　宁

提　要：伴随着中国科技的发展需求和公民科学素养提升的课题，科技创新和科学普及是实现创新发展的两翼，要把科学普及放在与科技创新同等重要的位置，成为新时代科技传播的重要方向。本文拟从上海广播电视台在进行科普传播活动中所面临的挑战出发，对从科普到科学传播的理论发展沿袭和科普传播创新实践进行梳理，阐述多种媒体形态的使用、高情感共鸣、高度的用户参与式设计、行动导向的表达方法和模式，启迪主流媒体平台在科学传播创新发展的象限中，努力争取从单一模式向多模态演变；从低情感参与向高情感参与演变；从启发式向系统式信息传播转变的创新模式。

关键词：科普　科学传播　多模态传播　创新象限　科普实践

引言：科普传播中主流媒体面临的挑战和问题

2023 年，第 81 届世界科幻大会（World SF Convention）首次在中国举行；2027 年，世界科技传播大会（PCST）将在中国上海举办，这一系列事件表明，与当代中国在世界的崛起，广泛的全球影响力相一致，中国在科学知识传播、教育和普及，科学主题的文化和艺术创作等相关领域也正在产生巨大影响。回想近年来电影《流浪地球》、电视剧《三体》、电视真人秀节目《最强大脑》、"月球车玉兔""集智俱乐部"等科学主题网络公号、"太空课堂"直播"开学第一课"的热播等有影响力的事件，中国已形成了科学、科幻和科普多种传播层次；科学、科普、科幻、科学素养、公民科学等理论概念,从不同层次、不同角度实现大众科学知识教育、科学素养提升、科学能力培养等使命。

然而,当前在科学知识的教育、传播、普及领域存在诸多挑战。首先是存在科学传播、科幻和科普、科学素养多个概念和理论体系,其指导思想、价值趋向、目标目的、方法路径、效果测评等方面都存在差异,需要梳理。第二,与科学相关领域的传播活动正面临新媒体和新的信息技术的巨大冲击。早在2017年,学者金兼斌等就指出,"新媒体正在深刻改变科学传播的图景,科学传播的主体结构、科学传播的方式方法以及科学家参与科学的态度都在发生改变"。互联网、社交媒体、智能技术对科学传播的影响是全面的,从传播主体、传播路径、传播方法都已产生颠覆式影响。2023年,美国佩斯大学(Pace University)环境研究与科学学者,安妮·图米(Anne Toomey)在伦敦政治经济学院网站(LSE)发表博文《事实不会改变人们的想法——社交网络、小组对话和故事会改变主意》(2023),指出,以往在科学传播领域中占据主流的"赤字模型"(deficitapproaches,意思为科学传播的依据是人们在相关知识方面存在"缺失"和"赤字")已经失效,忽视了科学传播的某些规律。她提出了四种新的工作方式:1. 挖掘群体智能的力量;2. 讲故事,唤起情感;3. 改变行为,而不是思想;4. 使用社交网络而不是国家媒体平台。第三,面向大众的科学知识的教育、传播、普及是主流媒体的重要责任和使命。主流媒体在自身影响力下滑,新媒体崛起的背景下,如何更好地实现这一使命,也将面临严重的挑战。

本文拟从上海广播电视台(SMG)在进行科普宣传,研发科普节目、活动所面临的挑战出发,分析其如何有效地坚守使命,在媒体平台所持有的资源禀赋条件下,在新的科学传播思想指导下,适应新媒体环境,持续创新,满足受众需求的实践经验和思想。

一、文献回顾

1. 从"科普"到"科学传播"概念的演进

新时期以来,"科技是第一生产力"的国策,让科普成为面向以经济建设为中心、面向大众的科学知识普及的社会化教育传播活动。科普理论主要由北京大学的科学学者吴国盛、刘华杰、田松等人提出。早在2000年前后就发表系列文章,梳理了科学知识的教育、传播和普及等概念。他们指出,传统科普、公众理解科学和科学传播是科普三个不同阶段。科学传播是一个在内涵上比公众理解科学和传统科普更具包容力的理念。三个阶段,是指"科学传播"替代了传统的"科普"概念,赋予其新的内涵,从服务于意识形态管理、教育工农兵等政治化概念下的群体,转型到服务于社会发展,面向大众的公共教育和传播。与之对应有三种模型:中心广播模型、缺失模型和对话模型,是指在科学传播活动中,所采用的媒体形态、传播模式,以及传者和受者关系的严格变化。传统大众媒体(电视、电台和报纸)的科普活动,是自上而下的严肃广播;"缺失模式"(或"欠缺模型""赤字模式")指通过一定的专业媒体,由专家学者施行,以科学知识的讲授为目的的自上而下的"教育";对话模型,是指发展到以互联网、社交媒体为代表的新媒体环境下,科学传播出现了多元化的主体——主流媒体、机构单位、个人,通过平等对话交流,完善科学知识、共建科学的意义、共享科学的价值的模式。

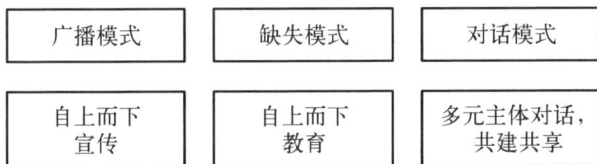

广播模式	缺失模式	对话模式
自上而下 宣传	自上而下 教育	多元主体对话, 共建共享

图 1 科学传播、科普概念的演进

2. 科学传播的创新实践与案例

其一,对科学传播中,传统主流媒体传播模式的反思和新媒体传播模式的探索。杨正在《超越"缺失-对话/参与"模型》中,对欧洲科学传播学者艾伦·欧文的"三阶科学传播与情境化科学传播理论"进行了研究。他认为:中国科学传播的理论,存在对于"缺失模型"与"对话/参与模型"的过度依赖,艾伦·欧文的"三阶"科学传播与情境化科学传播理论,提供了全新的、更为动态化的、去二元对立的思维视角。周玉兰等人在《科学传播如何走进大众——探析"三阶科学传播"发展历程及趋势》中也指出,当前我国国民科学素养不断提升,社会公众对于科学知识的需求达到了一个新的高度。艾伦·欧文所提出的"新三阶科学传播"以及情景化传播理论,打破了传统的"三阶科学传播"对"缺失模型"与"对话/参与模型"之间的迭代关系和优劣之分,呈现出了一种动态平衡、兼容并包的新型科学传播范式。

由上述可见,即使在互联网和社交媒体大行其道的今天,科学传播与"一阶段"对应的大众传播、专家为主的传播模式,也有其发展空间。应彼此之间形成相互配合、支持,形成传媒之间的"链式反应"关系。主流媒体制作上的专业、传播上的老到和熟练,选题上的高度和政治意识,能保证科学传播内容质量上的高品质。而由下而上的大众参与、自媒体科学传播内容制作等多主体参与,更丰富了科学传播内容,传播路径上的效率优化。同时,对科学传播内容的表现、变大,提供了更多可能。

其二,对科学传播中,情感参与的影响分析。司震飞在《从科普微博到情感空间》中,对月球车玉兔微博评论进行了计算传播分析认为,月球车玉兔微博虽然停更,却成为民众发表悼念、倾诉感情的情感空间。传播空间在虚拟条件下,远,可上太空;近,可在身边。同时,在社交媒体中,科普和情感交融;科学知识的教育和传播,与情感的诉求并非是冲突,而是并行不悖的。

其三,对科学传播中新媒体采用效果的分析。胡兵和冯采君在《认知视角下科普短视频传播效果的影响因素》中,研究了短视频这种当下流行的新媒体形式。分析认为:权威机构发布的科普短视频并没有表现出好的传播效果,虽然传统媒体的信源可靠性更强。真正影响科普主题短视频传播效果的,是内容垂直度、叙事方式、音乐使用和解说方式等因素。这些因素,一般被称为重要的"系统式线索"。在 Chaiken(1980)等提出的 HSM 双重过程理论中,不同类型的信息处理过程、信息的内容特征对信息有用性有不同的影响。这一模型将个体信息行为过程分为启发式行为和系统式行为。启发式行为通常根据和依赖较为完备的外部信息线索进行简单判断;而系统式行为是基于理性的,需要利用足够多的认知资源和参与活动,对信息进行深层次加工。论文研究结论认为:受众高参与度的系统式传播模式,"更有温度",因而传播效果更好。这种"更有温度",就是指受众参与度和情感共鸣度高,从"严肃性""说教化"向"生动性""形象化"转变,依托多样化的视听元素的传播模式。

总而言之,多种媒体形态的使用、高情感共鸣、高度的用户参与式设计、行动导向的表达方法和模式,是科学传播中心媒体使用的突出特征和良好效果所在。

其四,主流媒体科普节目的创新实践与经验。赵华健等在《探索中国特色的科学传播:科普类节目的创作转向与发展路径》中指出:主流媒体的科普类节目,一方面与中国电视节目整体发展趋势相符合,借鉴和产生了真人秀、脱口秀、情景剧等艺术形式,在节目模式上有所创新突破;另一方面在增强科普类节目的互动性、趣味性、人文性等方面展开了有益探索。但这种创新,就必须打破"唯收视率"和"流量至上"的倾向,拥抱新媒体,形成互联网思维。

综上,在新媒体环境影响下,传统媒体科学传播正面临巨大挑战。作为传统的主流媒体,更是要积极面对这一挑战,积极创新。在图 2 关于科学传播创新发展的象限中,努力争取从单一模式向多模态演变;从低情感参与向高情感参与演变;从启发式向系统式信息传播转变。

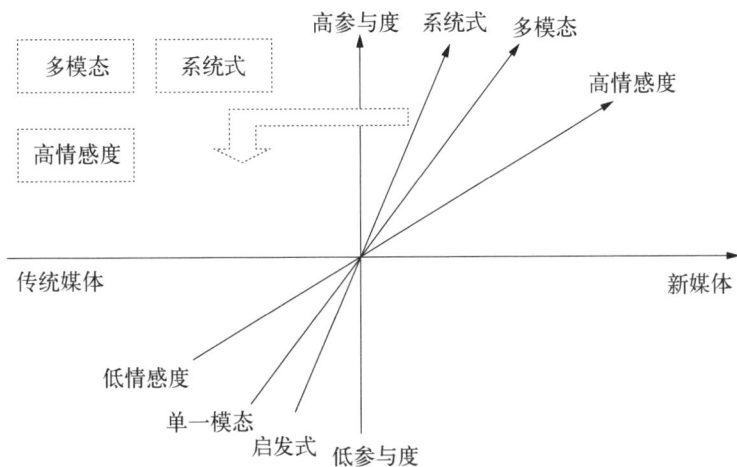

图 2　科学传播创新路径

二、SMG 科普传播的创新实践

习近平总书记讲话强调,科技创新和科学普及是实现创新发展的两翼,要把科学普及放在与科技创新同等重要的位置。上海广播电视台等媒体平台深入贯彻落实习近平总书记重要指示精神,通过融合媒体手段,技术赋能,开发创作方面推出一批高质量科普产品,打响"海派科普"特色品牌。

在实践中,通过梳理科普、科学传播概念的演进,在科学传播创新路径理论指导下,综合上海广播电视台传统媒体优势,总结集团融媒体资源禀赋。在传播创新的象限中,选取新媒体、高参与度、高情感度、多模态组合等元素和维度,力求创新。

1. 科普走向直播,融合打造高度创新的"媒体链"。直播,是近年来基于移动互联网、5G 宽带技术普遍采用的背景下,出现的一种实时、连续、互动性强、仪式性突出、参与度高的传播形式。2023 年元旦当日,上海广播电视台融媒体中心,推出《日出东方　科技追光》大型融媒体直播活动。直播以"科技追光"为主线,精心设置"全国科技地标打卡、重点科创基地探访、知名科学家主题演讲、特色科技文创产品发布、虚拟交互技术表演"五大板块内容,全天 12 小时不间断直播。

直播活动以主流媒体的专业能力和资源汇集,串联全国各地 70 个点位,采访近百位科技一线权威和科研工作者,发动全国超过 60 路媒体记者,并联合采用了视频拍客的力量,形成专业记者与民间科技爱好者的双重视角,深度探访科技地标、国家重点实验室等科技前线,对中国科技创新成就进行了集中式融媒巡礼,建构起科技大国的形象。

活动直播嘉宾团队强大,学科背景丰富多元,邀请中国科学院院士、复旦大学校长金力,中国科学院院士、复旦大学生殖与发育研究院院长黄荷凤,同济大学建筑与城市规划学院副院长袁烽,华山医院院长、国家神经疾病医学中心执行主任毛颖等科学大家,话题围绕生物技术、生命健康等高精尖科学技术,让深奥的科学知识可触可感。

活动中的语态形态更贴合青年人。采用年轻化、轻量化、趣味化方式,推动科普"破圈",不同文化圈层有效沟通。直播邀请"戴博士实验室""混知""不刷题的吴姥姥"等快手达人、科普大 V,以轻松有趣"讲课"方式讲解科学技术;由 SMG 新闻主播、虚拟数字人主播申苏雅组成的 7 位"追光女孩"与中国科学院自然科学史研究所专家共同唱响《日出东方》主题曲,用动感 RAP 唱响科技追光温暖迎新主题。

多模态媒体技术形成了沉浸式体验。"光至秘境"篇章设置"科学秘境探索"路线,主持人和科学家、科普达人实时互动,从海南三亚"深海勇士号"载人潜水器到青海海西州冷湖天文观测基地,在"上天入地"的 10 大科技地标探秘中讲解背后的深刻奥义,充满悬念,趣味十足;"光聚时代"篇章展示 AR 技术结合焰火、灯光的 2023 元宇宙虚拟交互跨年大"秀",主持人幕后探秘,参与裸眼 3D、游戏等交互式体验,解读主创团队巧妙的构思、创意和运用的先进技术。

节目传播和分发上,通过看看新闻 App、快手 App、上海科技、上海科普进行直播,并通过 ShanghaiEye 海外社交媒体平台面向全球进行转播,直播和回看总访问量超过 4200 万,线上线下触达受众人次超过 1.2 亿。

节目还通过外宣矩阵推送,向海外展现中国科技丰硕成果。"ShanghaiEye魔都眼"外宣新媒体矩阵聚焦中国空间站、光伏、北斗导航、雪龙号科考船等中国科创海外热词,原创制作 16 组动态视觉海报,通过 Facebook、Twitter、YouTube英文频道联动播发,诠释"日出东方　科技追光"直播主题。

2. 把科学传播演化为人格对话,大力弘扬科学家精神。自 2018 年起,上海广播电视台融媒体中心,连续五年推出沉浸式科技探访节目《执牛耳者》,发挥电视媒体实现"科学可视化"的手段优势,带领观众实地探访上海前沿科研场景,现场直击前沿科技成果,直接对话顶尖科学家,展现科学的魅力,更展现当代科学家砥砺创新的不凡历程与精神足迹。五年来,有 75 位科学家通过《执牛耳者》节目走上荧屏,其中包括叶叔华、闻玉梅、汪品先、姚期智、蒲慕明、赵东元等多位重磅嘉宾,生动展示上海作为科创之城,抢抓新赛道、培育新动能,在生物医药、计算机科学等多个学科领域取得的累累硕果。《执牛耳者》节目每年在上海电视台新闻综合频道、东方卫视、看看新闻等平台向全国全网推出，累计触达人群超过1亿人次；同时节目通过"执牛耳者——上海科创先锋展"等形式走进校园和科普场馆，线下累计触达400万人次。节目凭借独特形式、丰富内容和优良品质赢得全国观众持续青睐。

3. 为青少年打造"养成系"科学偶像，为大众塑造科学传播的"平民偶像"。上海广播电视台融媒体中心连续多年推出青少年科学梦想节目《少年爱迪生》。通过邀请一批在全世界都具有引领性的青少年发明家，展示他们在多个前沿科学领域不懈研究的热情，启发更多青少年亲近科学、热爱创新。但是，与以往偶像打造的传统模式不同，吸收了"养成系偶像"的思维方式，把正在学习中、成长中的少年科学爱好者作为对象。不仅展示了他们的聪明智慧，也展示了他们的学习过程，包括失败、挫折的过程。青少年观众和偶像明星一起成长。

七年来，节目已经吸引全球近百万青少年通过线上线下的方式参与节目的录制，有超过300名顶尖少年科学家会聚上海，展示科研历程和成长故事。节目通过上海电视台新闻综合频道、东方卫视、看看新闻等平台向全球推送，七季累计触达人群1.5亿人次，成为享誉国际的具有中国科创魅力的青少年科学节目品牌。

2022年，东方卫视推出前沿科学思想秀《未来中国》，聚焦科学前沿发挥榜样力量促进科学普及。节目邀请了一批有科学专业背景的青春偶像组成"科学青年团"，围绕当期主题开展生动有趣的科普竞演，通过结合脱口秀、外景探访和可视化实验等多种手段，把高深科学"翻译"成年轻化、趣味化、流行化的语言，极大软化了科学传播的垂直、严肃。此外，节目每期邀请一位顶尖科学家"坐镇"，与"青年团"一起探讨未来中国。节目充分展现了科学榜样的人格魅力和智慧光芒，为当代青年提供了新的偶像选项。节目相关视频总播放量超1亿次。

4. 制造科学传播的"媒介事件"，塑造科学传播的公众仪式。经典的媒介事件理论指出：媒介事件，有其内在的叙事逻辑，即3C理论，包括了竞赛（contest）、征服（conquest）、加冕（coronation）。

上海广播电视台融媒体中心连续五年作为上海科技节策划，在全国首创设计了"科学红毯"。正是红毯这一经典的重大仪式符号，让走红毯的科学家成为该追的星，把科学的红毯铺到人民心里。在2022年上海科技节启动仪式上，将科技手段和人文情怀有机结合，通过音乐可视化的交互技术、主题宣传片和科普表演等方式，全方位展现上海科创中心建设的成就，体现了科技在增进民生福祉、践行人民城市理念过程中的奋进历程，既有令人惊喜的艺术与科技交互，又有打动人心的情感交互。

为提高科技节的高参与度以及受众的情感共振,2022年上海科技节开幕式和红毯在传播上亮点不断:红毯上的一家两代三口科学家,上海首批科普旅游路线的发布,汪品先院士和青少年共同启动、"不刷题的吴姥姥"等网红科普达人传授科普"秘籍"……当天,看看新闻新媒体矩阵通过直播、视频号、H5、开机页、短视频等方式向全网推送,诞生多部百万＋视频产品,多次登上热搜。

结 语

通过对国内外文献的梳理,可以看到,时代变化,新媒体的巨大影响下,传统媒体科学传播正面临巨大挑战。科学传播要创新发展,必须从传统的模式中走出来,迈进新的象限中。这其中包括,狠抓媒体融合,要把媒体形态从单一模式向多模态演变;利用新的信息技术、媒体技术,使受众从低参与度向高参与度的互动模式转变;在内容上,科学传播不仅仅是知识的教育,更是情感的共鸣共振,要从低情感参与向高情感参与演变;在传播姿态上,内容的表达特征上,从启发式向系统式信息传播转变。

同时,上海广播电视台的实践启发我们,主流媒体在新的竞争环境下,也可以利用自己的资源禀赋,传统优势,通过自我更新形成积极的竞争优势。

首先,主流媒体有宏观视野,明确的政治方向、清晰的宣传导向以及巨大的使命感。因此,在科学传播中,容易形成大选题、大投入、大制作,抬高在大制作上的门槛,获得竞争优势。

其次,在新闻传播方面丰富的经验积累,会形成新闻专业度、传播信源的可信度、媒介融合的丰富度的巨大的优势。

再次,主流媒体大多从传统媒体向融合媒体发展,主动求变,自我更新的强烈意识,比原生的新媒体及相关平台更为强烈。锐意创新,主动走进科学传播的创新象限,必然获得发展的加速度和巨大势能。

参考文献:

[1] 金兼斌、江苏佳、陈安繁等:《新媒体平台上的科学传播效果:基于微信公众号的研究》,《中国地质大学学报》(社会科学版)2017年第2期。

[2] Anne Toomey, Facts Don't Change Minds - Social Networks, Group Dialogue, and Stories Do: https://blogs. lse. ac. uk/impactofsocialsciences/2023/01/24/facts-dont-change-minds-social-networks-group-dialogue-and-stories-do/,访问于2023年4月7日。

[3] 杨正,超越"缺失-对话/参与"模型——艾伦·欧文的三阶科学传播与情境化科学传播理论研究[J],自然辩证法通讯[J],2022年第11期,第99—109页。

［4］周玉兰等,科学传播如何走进大众——探析"三阶科学传播"发展历程及趋势［J］,传媒评论,2022 年第 12 期,第 31—33 页。

［5］司震飞,从科普微博到情感空间:月球车玉兔微博评论的计算传播分析［J］,新媒体研究,2022 年第 22 期,第 28—32 页。

［6］胡兵、冯采君,认知视角下科普短视频传播效果的影响因素,科学学研究［J］,2022 年第 12 期,第 1—20 页。

［7］Chaiken S. Heuristic versus systematic information processing and the use of source versus message。

cues in persuasion［J］. Journal of Personality and Social Psychology,1980,39(5):752.

［8］赵华健等,探索中国特色的科学传播:科普类节目的创作转向与发展路径［J］,2022 年第 9 期,第 96—101 页。

作者简介:

王宁,上海广播电视台融媒体中心主任助理、综合节目部主任,看东方(上海)传媒有限公司总经理助理。

短视频二创网络梗对于青少年的影响

王天云

提　要： 随着互联网的普及和发展，网络文化日益丰富多彩，其中二创（即二次创作）网络梗作为一种新兴的网络文化现象，受到了广大网民尤其是青少年的喜爱和追捧。二创网络梗是指使用已存在的著作物或素材进行改编、创新或恶搞的网络表达方式，如鬼畜视频、填词歌曲、同人小说等。二创网络梗具有诙谐幽默、传播迅速等特点，对青少年成长有着积极和消极的双重影响。本文旨在分析二创网络梗对青少年成长的影响，以及从监管角度如何正确引导二创网络梗，以期为促进青少年健康成长和网络文化建设提供一些参考。

关键词： 二创网络梗　二创　青少年健康　引导

引　言

网络是当代社会的重要特征，网络文化是网络发展的产物，其中二创网络梗是一种新兴的网络文化现象。二创网络梗即二次创作的网络梗，指使用已存在的著作物或素材进行改编、创新或恶搞的网络表达方式，如鬼畜视频、填词歌曲、同人小说等。二创网络梗具有诙谐幽默、传播迅速等特点，受到了广大网民尤其是青少年的喜爱和追捧。青少年是网络文化的主要参与者和创造者，他们在成长过程中受到了网络文化的深刻影响。二创网络梗对青少年成长有着积极和消极的双重影响，既能培养他们的创造力、审美能力和社交能力，也可能导致他们的价值观扭曲、学习分心和法律意识缺失。因此，探讨二创网络梗对青少年成长的影响，对于促进青少年健康成长和网络文化建设具有重要意义。

一、短视频二创网络梗的基本情况

互联网时代,短视频成为一种极为流行的娱乐方式,随着网络技术的发展,短视频也逐渐融入到了人们的生活当中。短视频具有制作简单、传播迅速、形式多样等特点,受到了许多青少年的喜爱。二创网络梗则是短视频中常见的娱乐方式之一。

1. 什么是二创网络梗

网络梗指的是在网络传播中因使用而产生的各种具有网络时代特色的语言与文化现象,是当代网民文化的重要组成部分。网络梗的概念最早源于中国台湾的《流行音乐词汇》,其中对网络流行语的定义是"由网络流行文化派生出来的词语、短语、句子或图像"。最早可以追溯到 2005 年,在中国台湾,以"网路"为主题的"网路论坛"迅速发展,网络论坛中出现了一系列新的词语和短语,比如"给力""棒棒哒"等。但是,这一概念随着互联网的发展而不断变化和丰富。二创网络梗最重要的表现形式:二创指的是对已经存在的网络流行词、网络流行语等进行再创作。二创不等于抄袭,不是简单地照搬照抄,而是对传统文化进行再创作,以更加符合现代文化和互联网时代特征的方式进行传播。在互联网时代,二创不仅具有形式上的创新,也具有内容上的创新。

2. 短视频二创网络梗的类型

短视频二创网络梗在内容上分为三种类型:一是对传统文化的再创作,如"爷青回""爷青结""你瞅啥"等网络流行语;二是对当前社会现象的再创作,如"你妈妈喊你回家吃饭""这届网友太难带"等网络流行语;三是对外来文化的再创作,如"万物皆可二次元"等。在梗的类型上可分为:谐音梗,利用汉语中同音或者近音词语之间的关联或者反差来制造笑点。例如,"蓝瘦香菇(难受想哭)""冲鸭(冲呀)"等。抽象梗,利用字母缩写、表情符号等形式隐晦地表达意思。例如,"2333"表示大笑,"orz"表示低头叹息,"doge"表示无奈或者惊讶。图片梗,利用原有图片直接引用或者二次创作来制造笑点。例如,"滑稽"表情包,"小黄人"系列等。人物梗,利用某些人物本身的外貌、性格、行为等方面来发掘和衍生出笑点。例如,"乔碧萝陛下""卢本伟广场""王境泽真香定律"等。

3. 短视频二创创作网络梗的特点

短视频二创创作网络梗,作为一种二创网络梗的形式,在中国互联网的发展过程中有着独特的特点。

短平快,不需要制作成本。短视频作为一个新事物,在短时间内就获得了广大网民的喜爱,被广泛应用于各类场景中。短视频制作门槛较低,没有固定的创作时间和周期。网络梗是网络流行语的一种表现形式,主要应用于互联网环境中,因此,短视频创作也具有互联网时代的特点。

具有娱乐性和传播性。短视频以娱乐、传播为主要目的,在使用过程中不需要考虑受众的接受能力、理解能力和接受水平等因素。而网络梗是一种新事物,受众本身并没有一定的文化素养和知识储备。因此,二创能够在娱乐和传播中获得更好的效果。

4. 短视频二创网络梗的传播效果

短视频的二创网络梗对传播效果的影响体现在三个方面:一是短视频平台为网络梗传播提供了广阔的空间,网络梗的传播不再受到时空限制;二是二创行为使得短视频平台上的二创网络梗在不同程度上满足了受众对互联网文化的需求,满足了受众娱乐精神,甚至在一定程度上改变了受众对传统文化的认知;三是二创行为使网络梗传播方式更加多样化,使得更多人能够参与到网络梗的传播中。

随着互联网时代技术的不断发展,网络已经成为我们生活中不可或缺的一部分。网络梗作为网络时代发展下的产物,其在短视频平台上通过二创被重新赋予新的内涵,使其在传播过程中不断获得新的生命,同时也成为网民参与社会生活、表达自我价值观念等活动中的重要手段。互联网时代下二创行为虽然具有一定程度上的局限性,但是它所具有的积极影响是不容忽视和不能被忽视的。

二、青少年使用短视频二创网络梗的情况

当今社会,短视频已经成为了人们日常生活中不可或缺的一部分。尤其是对于青少年来说,短视频平台更是成为了他们获取信息、娱乐、社交等多种需求的主要来源之一。

1. 青少年使用短视频平台情况

日前,中国互联网络信息中心(CNNIC)发布第 51 次《中国互联网络发展状况统计报告》(以下简称:《报告》)。《报告》显示,截至 2022 年 12 月,我国网民规模达 10.67 亿,较 2021 年 12 月增长 3 549 万,互联网普及率达 75.6%。2018年以来,我国未成年网民规模连续四年保持增长态势。2021 年未成年网民规模

达 1.91 亿,互联网普及率为 96.8％,较 2018 年(93.7％)提升 3.1 个百分点。青少年接触互联网的低龄化趋势更加明显。大部分青少年都是在上小学时或上小学前就开始使用互联网,而且年龄越小该比例越高。其中,短视频是青少年最常获取信息的渠道之一。根据《2021 年全国未成年人互联网使用情况研究报告》显示,48.7％的未成年人通过抖音、快手、B 站等获取信息。中国互联网络信息中心(CNNIC)发布的《中国互联网络发展状况统计报告》显示,截至 2022 年底,短视频用户规模已突破 10 亿,用户使用率已高达 94.8％。报告调查显示,青少年常看的短视频种类中,排名前五的依次是搞笑类(66％)、旅游、美食、时尚等休闲类(50％)、琴棋书画、运动舞蹈、历史地理等兴趣类(47％)、考试辅导、课堂录像片段等学习类(40％),以及游戏类(38％)。短视频平台因其简短、有创意等特点吸引了大量青少年用户,成为青少年上网时间长、使用时间长的主要平台。

2. 二创网络梗在青少年间传播情况

青少年用户使用"二创"内容进行"二创"的行为主要发生在抖音、快手、B 站等短视频平台上,其内容以二创的网络梗为主,主要表现为将某些网络流行词、网络流行语与传统文化进行结合,通过幽默搞笑、夸张等方式进行传播。

二创的网络梗在青少年间具有很高的传播效果,这是因为网络梗具有以下几个特点：独特性,网络梗通常具有独特的语言、形式或者表达方式。这种独特性可以吸引青少年的关注,并且在传播时更容易被记忆和传播。可塑性,网络梗通常可以根据不同的情境和场合进行改变和演绎,这种可塑性使得网络梗在传播过程中更加具有趣味性和互动性。社交属性,网络梗通常是由一些小众群体在社交网络上创造和传播的,这些小众群体之间可以通过网络梗来建立联系和共同体感。这种社交属性可以促进网络梗在青少年间的传播和接受。

因此,二创的网络梗在青少年间具有很高的传播效果。青少年们通常会在自己的社交圈子内传播自己喜欢的网络梗,通过点赞、评论和分享等方式,将网络梗传播得更远。

三、短视频二创网络梗对青少年成长的影响

短视频的二创的网络梗对青少年具有很多积极影响,可以帮助他们发挥自己的创造力、增加社交能力、提升文化素养和心理健康水平等。但是青少年在参与网络梗的创作和传播过程中需要注意内容的合理性和正当性,避免不良内容对自己和他人产生负面影响。

1. 短视频二创网络梗对青少年成长的积极影响

二创网络梗能够提高青少年的创造能力。二创网络梗需要对原有的素材进行重新组合、加工和演绎，这就要求青少年具备丰富的想象力和创新思维。例如，鬼畜视频需要对音频和视频进行剪辑、混音和配音，填词歌曲需要对原歌词进行改编或重新编写，同人小说需要对原作品进行延伸或变形等。这些过程都能锻炼青少年的创造力，并使他们在娱乐中学习到新知识和技能。

二创网络梗能够增加青少年的社交能力。通过参与网络梗的创作和传播过程，青少年可以与更多的人建立联系和互动，增加自己的社交能力和社交圈子，培养与人交往的能力和技巧。在这个过程中，他们也可以通过分享自己的作品和观点，表达自己的想法和感受。

二创网络梗能够舒缓青少年的学习压力。网络梗通常具有轻松、幽默的特点，可以让青少年放松心情、减轻压力。在他们疲惫、焦虑或者无聊的时候，通过参与网络梗的创作和传播，可以有效地缓解这些负面情绪，提高自身的心理健康水平。

2. 短视频二创网络梗对青少年成长的负面影响

"鸡你太美""九转大肠""一眼丁真"等网络梗，都是基于某些明星、电视节目或网络事件的原始素材，进行了戏谑、恶搞、变形、拼接等手法的再创作和传播。这些网络梗在一定程度上可以反映出网络文化的多元性和创造性，也可以为网友提供一些娱乐和乐趣。然而，这些网络梗的二创也可能对青少年成长造成一些不良影响。

影响价值观：一些网络梗可能存在不良的内容和价值观，有些网络梗是对社会事件或者公众人物进行不恰当的戏谑或者嘲讽，比如将"杭州女子失踪案"与《隐秘的角落》中推下山崖的桥段联系起来；将新冠肺炎疫情与《生化危机》中僵尸爆发相提并论等。一些网络梗的二创往往缺乏对原作者或原作品的尊重和理解，甚至有些是出于恶意或敌意而进行的嘲讽、诋毁、歪曲或抹黑。这些行为可能损害原作者或原作品的权益和形象，也可能违反社会公序良俗或法律法规。如果青少年过度沉迷于这些网络梗，可能会导致他们对原作者或原作品产生偏见或误解，也可能会影响他们对正义、善良、真实等价值观的认知和判断。

降低创造力：有些青少年可能只是简单地模仿和复制网络梗，缺乏自己的创造力和想象力，这种行为可能会降低青少年的创造力和思维能力。近期"鸡你太美"在青少年间大量使用，这类网络梗的二创往往缺乏原创性和创新性，只是对已有的素材进行简单的修改、拼接或重复。这些行为可能削弱青少年的创造力和想象力,也可能让他们失去对自我表达和个性发展的兴趣和动力。如果青少年过度依赖于这些网络梗,可能会导致他们缺乏对自己和世界的探索和认识,也可能会影响他们对学习、工作和生活的积极态度和能力。

侵犯他人权益:在网络梗的创作和传播过程中,有些青少年可能会侵犯他人的知识产权、隐私权等权益,造成不良后果。这些网络梗的二创往往涉及版权、肖像权、名誉权等法律问题,如果没有得到原作者或原作品的授权或同意,就可能构成侵权行为。如葛优起诉B站的案件是因为网络侵权责任纠纷,可能与B站使用了葛优的肖像或表情包有关。目前该案件还没有公布具体的细节和结果,但葛优此前已经发起过多起类似的诉讼,主要是针对未经授权使用他在《我爱我家》中的"葛优躺"形象的商业机构或自媒体。葛优认为这些行为侵犯了他的肖像权和经济利益,而且他在这些诉讼中大多胜诉,获得了一定的赔偿。这些行为可能给原作者或原作品带来经济损失或精神伤害,也可能给自己带来法律责任或道德谴责。如果青少年不注意遵守法律规范和道德准则,就可能导致他们陷入纠纷或争议,也可能影响他们对社会责任和公民素养的认识和培养。

四、对短视频平台二创网络梗的引导和监管

在参与短视频的二创的网络梗时,青少年需要注意自己的行为和言论是否合适,避免参与不良内容的传播和制作,同时需要家长和社会正确引导他们参与网络梗的创作和传播,保护他们的身心健康和权益。

1. 二创网络梗的引导和监管存在问题

技术更迭迅猛造成监管难度上升。技术手段的不断发展,短视频内容批量化出现,一些不良二创网络梗随之泛滥,成为特定群体牟利泄愤的出口,造成恶劣影响。以"饭圈"乱象为例,其最直接关联也是饱受诟病的一点,就是海量粉丝参与的刷量控评。流量是网络时代获取注意力的数据表现形式。在合理的算法下,经得住检测和甄别的流量能够创造出不可思议的可能性。不过,流量从来就不仅仅是一个技术问题,流量生成的算法规制系统目的是最大限度地鼓励用户延长使用时间、有更多投入,以追求利益的最大化。一旦被资本围猎,不仅流量容易被操纵,就连流量的使用者——受众也往往难逃一劫。受众和粉丝们被利益相关方灌输了"不花钱就不是真粉"的理念,被诱导着持续投入真金白银和真情实感,为偶像"氪金"、集资应援、打赏、刷榜、打投、买代言、冲销量、"撕番位",成为受剥削的"数据劳工"和待收割的"韭菜",也激发出各种"饭圈"乱象。

版权意识淡薄造成侵权事件时有发生。近年来,视频网站因二创短视频造

成侵权事件频发。如2019年4月,蔡徐坤工作室发布致哔哩哔哩弹幕网公司的律师告知函,表示B站上存在大量的严重侵犯蔡徐坤权利的内容,要求B站立即删除相关侵权内容并断开侵权内容的链接。对于侵权行为,律师团队已完成相关取证工作,将采取包括但不限于民事、刑事诉讼等一切方式,追究侵权者的法律责任。至今,蔡徐坤方面和B站方面没有公开透露后续的诉讼进展,蔡徐坤的"鸡你太美"梗依旧活跃于短视频。2022年10月因电视剧《云南虫谷》的二创,抖音被判帮助侵权,赔偿腾讯经济损失及合理费用3 240余万元。法院认为,抖音平台上有大量用户对涉案作品实施了侵权行为,虽然抖音采取措施减少了侵权作品的数量,但侵权行为仍未得到有效遏制。构成侵权行为,需要承担相应的法律责任。

2. 引导和监管二创网络梗的方法

加强法律法规的制定和执行,保护原作者的权益,打击侵权盗用的行为,规范网络文化市场秩序。明确网络信息内容生产者、服务平台、使用者等主体的权利义务和责任规则。监管部门也应加强对网络信息内容生态治理工作的统筹协调和指导督促,建立健全跨部门、跨地区、跨层级的协作机制。加大执法力度,依法查处违反法律法规的网络信息内容及其生产者、服务平台、使用者等主体,并及时公开曝光典型案例。

加强道德教育和素养培养,开展学生网络素养和网络自我保护教育,培养中小学生上网技能、安全防护、信息甄别等网络素养能力,有效提高中小学生网络安全意识。开展普及家庭教育科学理念的宣传活动,宣传推广《家庭教育指导手册》,将青少年网络保护作为家庭教育的重要内容,指导家长履行监护人职责,引导青少年限时、安全、理性上网,学习使用文明、健康的网络语言,预防和制止青少年沉迷网络。引导青少年使用文明、健康、有意义的梗,避免使用低俗、恶意、无意义的梗,提高网络文化品位。

加强平台责任和自律机制,一些短视频平台已经与长视频内容提供者达成了二创版权合作协议,获得了部分影视作品的二次创作相关授权。同时,国家版权局也在加大对短视频领域侵权行为的打击力度。短视频平台应建立有效的审核和举报机制,及时删除或者下架不合规的内容,推荐优质的内容。加强青少年专属内容池建设,加大适合青少年的优质内容供给力度。积极引导用户创作正面、健康的内容,鼓励创作有价值、有意义的视频,防止不良内容的传播。

加强社会监督和舆论引导,监管部门应引导社会各界积极参与网络信息内容生态治理工作,支持行业组织、专业机构、社会团体等开展自律管理和监督评估。加强对不良内容的监管和处罚力度,例如低俗、暴力、歧视、抄袭等行为,防止这些内容对青少年产生负面影响。倡导网民理性、客观、公正地评价和使用梗内容,抵制不良风气和错误导向。

引导和监管二创网络梗的目的不是压制或消灭它,而是促进它的健康发展和创新活力。二创网络梗是一种富有生命力和魅力的网络文化现象,也是一种重要的文化资源和表达方式。我们应该尊重、理解、欣赏、支持二创网络梗,同时也要规范、管理、引导、教育二创网络梗。

结　语

青少年在短视频上使用二创网络梗,表达自己的观点、情感或个性,吸引关注、增加互动。在"玩梗"时也应了解二创网络梗的来源和含义,避免使用不恰当或不合适的梗。尊重原创者和版权,注明出处和引用。适度使用二创网络梗,不要过度依赖或滥用。保持良好的网络素养和道德,不要使用低俗或恶意的梗。培养正确价值观和道德观,选择正面、健康、积极的网络内容,遵守相关的法律法规和平台规则,维护良好的网络环境和秩序。

参考文献:

[1]《2021 年全国未成年人互联网使用情况研究报告》https：//t. m. youth. cn/transfer/index/url/news. youth. cn/gn/202211/t20221130_14165457. htm

[2]《整治饭圈乱象、打击网络水军、治理算法滥用、关停违规账号如何营造清朗网络空间》https：//baijiahao. baidu. com/s? id=1713371171510833201

[3]《抖音被判赔偿腾讯 3200 万,版权之争迎来终局之战?》https：//www. jiemian. com/article/8343299. html

[4]《人民网:网络烂梗毒害孩子!》https：//baijiahao. baidu. com/s? id=1759775349175779784

作者简介:
王天云,上海市广播电视监测中心网络文化科助理研究员。

虚幻引擎在节目后期特效制作中的实践探索

李至良

提　要：特效制作是提升电视节目品质的重要手段，但是高质量的特效制作需要大量的资金、人力和时间，面临这种局面，需要寻找更高效且经济的制作方法和途径来破解。伴随着人工智能时代的到来，依据国家广电总局相关文件精神，笔者从尝试"虚幻引擎"在节目后期特效制作中的应用方法入手，围绕节省时间、降低成本、改进流程几方面进行实践探索，本文通过多案例体验"虚幻引擎"的使用价值，并为进一步开拓特效制作效率的发展途径提供参考。

关键词：虚幻引擎　特效制作　制作流程　节目后期

引　言

　　电视节目的后期制作是保证节目质量和播出安全的重要环节，其中优秀的特效制作一直是提升节目品质、营造氛围、提高收视率的重要因素，但是高质量的特效制作需要大量的资金、人力和时间。在行业竞争加剧、经费收紧、制作周期压缩的当下，寻找更高效且经济的制作方法来优化后期特效制作流程就显得尤为重要。

　　面对现状，笔者多次尝试体验不同的技术手段用以提高后期特效制作的效果。通过多年来的实践，体会到由游戏公司 Epic Games 开发的虚幻引擎对制作节目后期特效的有效性，该公司开发的虚幻引擎 Unreal Engine 是一款三维游戏引擎，是一个功能强大的游戏开发平台，提供了游戏开发者需要的大量的核心技术、数据生成工具和基础支持。2020 年国家广播电视总局在《关于加快推进广播电视媒体深度融合发展的意见》中提出"提升核心技术能力"和"保持对新技术的战略主动"的要求，也坚定了笔者应用虚幻引擎制作节目后期特效的实践探索。

一、在节目后期特效制作中应用虚幻引擎的缘由

1. 虚幻引擎在影视领域的应用现状

近年来，随着人工智能和元宇宙浪潮的蓬勃兴起，原本用于开发游戏的虚幻引擎也越来越多地被应用于影视制作领域，尤其是动画、实时预演，摄像机内视效（In-Camera VFX）、片内特效制作、舞台模拟、创作虚拟人等领域。游戏公司 Epic Games 也根据运用的实际情况对虚幻引擎不断优化以满足影视工作者的需求。根据 Epic Games 官方统计，2022 年有 153 个电影项目使用了该引擎（同比上一年增长了 44％），截至 2023 年 1 月，虚幻引擎电影和电视项目总计超过了 500 个，从中可以看出在影视领域使用虚幻引擎进行制作的前景越来越广阔。

现阶段虚幻引擎在影视制作领域常见于以下几个应用场景：

（1）实时预演：在完成前期基础素材的积累之后，虚幻引擎可以高效制作影片的实时预演，在拍摄前探索创意方案。

（2）摄像机内视效（In-Camera VFX）：在拍摄实景时，同时也拍摄虚幻引擎实时生成的视觉特效，丰富画面内容。

（3）片内特效制作：使用虚幻引擎的实时渲染和特效模块来制作传统视效，提升工作效率。

（4）舞台模拟：虚幻引擎使用在舞台模拟时，针对灯光、机位可以进行很好的预先判断，辅助现场搭建达到理想的效果。

（5）虚拟人物制作：使用虚幻引擎的实时交互功能来制作虚拟人。

虚幻引擎在虚拟现实（Virtual Reality）和增强现实（Augmented Reality）方面以及在交互视频方面也被广泛运用。

2. 虚幻引擎在后期特效制作的优势

现阶段电视节目后期特效主流的制作流程一般是先使用平面设计软件如：Photoshop、Illustrator 等进行图形设计，然后使用三维软件如：C4D、3DMAX、Blender 等进行三维制作，再使用 After Effect 等合成软件进行合成处理。但是这样的制作流程与当前影视领域快速发展的形势相比，显得有点勉强。比如在

整个制作流程中还存在三维软件渲染速度较慢、实时修改烦琐、After Effect 物理引擎不够强大、三维空间支持有限等问题，并且使用这些软件投入的费用也比较高。

而虚幻引擎(Unreal Engine)具有很强的三维动画制作能力，可以通过摄像机动画、角色动画、物理学系统等来制作三维动画，并且还提供了大量特效效果，比如火焰特效、烟雾特效、流体特效等，这些特效效果可以让电视节目的画面效果更加华丽和真实，从而提升观众的观感体验。近几年，虚幻引擎的相关插件也越来越完善，和其他后期制作软件的兼容也越来越顺畅，结合本身实时渲染的高效性，也优化了后期特效制作的工作流程，体现出非常明显的优势，而且虚幻引擎对于线性内容(比如电影和电视节目)的使用无须向游戏公司 Epic Games 支付任何费用。

二、在节目后期特效制作中应用虚幻引擎的实践

1. 尝试与体验

(1) 2015 年笔者在虚幻引擎的官网上了解到虚幻引擎这个工具，当时虚幻引擎主要是用于游戏的开发制作，但是其高品质的实时交互渲染效果和制作出的精美游戏过场动画吸引了我，发现它的实时渲染能力和强交互性很适合一些电视节目的后期特效制作，随即产生了将虚幻引擎应用到后期特效工作中的想法。

2017 年，首次在电视节目《诗书中华》中尝试使用虚幻引擎来预演舞台效果，改变了传统的平面效果图和三维预览的预演方式，从中体验到虚幻引擎制作的舞台模拟能提供给观看者多角度、多方位的观察感受，能让观看者更为直观地了解舞台的情况，产生很好的交互体验。在这次尝试过程中，也注意到这种方式可以发现一些通过平面效果图和三维预览容易被忽略的问题，如某些平面效果图中无法体现的不合理的观看视角，某些机位设计缺陷等，这些发现对舞台搭建起积极作用，通过尝试应用，也体会到了虚幻引擎实时交互的便捷性和流畅性。

2018 年，在制作电视综艺节目《中国梦之声·下一站传奇》宣传片时，需要呈现大量的舞台效果，但是当时舞台还没有搭建完成，以往只能使用三维软件制作相应的三维动画，但是这样的舞台效果预览在三维软件中需要大量用到灯光特效和环境特效，要消耗大量资源，渲染速度非常缓慢。由于制作周期紧迫，就再次尝试使用虚幻引擎进行渲染，先将舞台三维模型导入虚幻引擎，使用虚幻引擎的灯光和环境效果还原舞台可见光和环境雾等视觉效果，然后通过实时渲染

得到舞台效果成片，在较短的制作周期内完成了大量的舞台模拟镜头，并将这些舞台模拟镜头使用到《中国梦之声·下一站传奇》节目的宣传片中。在这次制作过程中，感受到虚幻引擎实时高效的渲染能力和逼真的视觉效果，再次点燃了笔者对实践探索虚幻引擎的热情。

（2）东方卫视《极限挑战》是一档品质较高的互动励志体验类节目，每周一期，要连续播放 12 期左右，由于节目形式新颖内容丰富、前期录制情况多变、节目流程复杂、对后期特效制作有较高的要求。自开播以来，最初几季都是使用 After Effect 结合三维软件进行后期特效制作，工作反复、人力物力消耗较大，加上工期紧，工作压力很大，当时也在不断寻找新的技术手段试图用来改善其时的状况。自 2018 年开始，联想到正在尝试的虚幻引擎，决定将它运用到《极限挑战》节目的制作中，使用它参与制作一些较为复杂、渲染量较大的后期特效。并开始研究它的特性，结合这些特性改进特效制作流程。

经过这些年的应用实践，对虚幻引擎在电视节目后期特效制作以及优化制作流程方面有了比较深切的感受。

2. 流程与注意事项

（1）在节目后期特效制作过程中，需要多种软件协同工作。随着虚幻引擎的不断升级，影视领域的后期主流软件与虚幻引擎之间的兼容性也得到很大提升。使用虚幻引擎制作节目后期特效可以优化三维制作及合成的工作流程、大幅缩减制作时间和人力。制作时先将三维软件所建的三维元素导入到虚幻引擎中，再使用虚幻引擎进行灯光、环境、材质、动画的匹配和调整，然后将虚幻渲染生成的图像导出给合成软件，通过合成得到最终效果。在这个流程中虚幻引擎可以无障碍地进行多软件之间的快速互导。

（2）在实践体验过程中，也发现因为在虚幻引擎中需要搭建相对完整的虚拟环境，不能像传统方式那样只需考虑单一的观察视角，所以前期投入较大，为了降低制作成本，概括出几条不必用虚幻引擎进行制作的特效内容：

a. 使用次数较少的特效内容，应该选择那些需要反复、多角度使用的三维环境和三维对象进行虚拟场景的搭建，对于那些个别镜头或并不需要考虑多角度变化的内容，还是选择传统特效技术制作成本较低。

b. 平面动画为主的特效内容，虚幻引擎是个三维软件，如果只是平面的动态效果，使用传统平面特效技术的软件比较合适。

c. 镜头变化较少的特效内容，对于只是平移或者只是小幅度移动的镜头，虚幻引擎较难体现它的三维特性，与平面合成软件相比，使用虚幻引擎并不占优势。

d. 三维渲染量较少的特效内容,虚幻引擎的渲染非常优秀,可以实时渲染,相比传统的三维软件渲染速度更快,如果只是很少量的三维渲染,是无法充分体现虚幻引擎实时渲染的优势。

3. 实践案例

(1) 提高特效效果

在《中国梦之声·下一站传奇》节目的后期特效制作中,片内有很多的转场特效和包装特效是使用虚幻引擎制作完成的,比如节目中出现的比赛规则演示,需要大量舞台升降结构的展示,由于这些画面都无法提前拍摄,我们需要依靠三维动画的方式来展示,所以我们就使用虚幻引擎,在之前舞台模拟的基础上添加了仪式灯光动画效果,舞台升降装置主观视角镜头,嘉宾选择舞台灯光效果等新元素,然后通过合成软件的处理得到最终成片,由于虚幻引擎所见即所得的实时特性以及具有创建高精度动画的功能,在保证品质的同时修改动画也显得更方便更快捷。

(2) 制作节目包装

综艺节目的节目包装中大量使用到三维动画,以往的制作流程需要在三维软件中完成建模、材质、灯光、渲染的制作,然后在合成软件中进行特效制作,三维渲染工作量大,合成软件的特效合成压力也很大。现在将大量三维软件和合成软件的特效制作工作交给虚幻引擎,使用虚幻引擎的强大渲染和特效优势提高工作效率,还可以使用虚幻商城中大量可免费商用的特效素材。在《元宇宙虚拟跨年演唱会》节目中,片头包装需要一个赛博朋克风格的未来城市场景,制作过程中大量使用虚幻引擎搭建的场景,再使用虚幻引擎的特效模块取代合成软件的制作特效,然后将虚幻引擎中的三维动画信息导出给合成软件,最后使用合成软件对虚幻引擎渲染出的画面进行再修饰,通过分层渲染的方式得到场景中各个对象的分层文件,确保合成软件中的三维信息和虚幻引擎生成的画面可以完美匹配,最终合成的节目包装取得满意的效果。

(3) 结合实拍镜头的特效制作

在对品质要求比较高的电视综艺类节目制作过程中,时常会遇到在实景中增加三维元素或者通过合成三维对象的方式对画面进行修补的情况,如在一些节目的前期拍摄镜头中,有不少穿帮镜头或者道具遗漏镜头,需要后期特效进行修补。

按照以往的制作流程,是先使用摄像机解析软件对拍摄的素材进行解析,得到摄像机运动轨迹的三维数据,将这些数据导入到三维软件,在三维软件中重建三维场景,并事先将需要增加或者修补的对象制作好,把它们添加到重建的三维场景中,然后使用三维软件渲染,再通过合成软件将渲染出的三维元素和实景进行合成,整个流程中三维软件使用量大,三维渲染也相当耗时。

应用虚幻引擎之后整个流程得到了明显改善。虚幻引擎可以导入高质量的三维模型,并进行实时渲染,在制作《极限挑战》后期特效时,将反复多次出现而且三维渲染量较大的特效合成镜头挑选出来,引入虚幻引擎优化制作流程。先将解算出的摄像机运动信息导入到虚幻引擎中,同时也直接导入需要合成的三维模型和灯光,然后只需在虚幻引擎中对模型的形态大小、灯光强弱、材质纹理、渲染环境等进行调整并实时渲染,这样原本每帧十几秒的渲染时间可以缩短到每帧两三秒。同时还可以在虚拟引擎中对三维对象的材质,环境灯光进行实时修改,节省了大量制作时间,也减少了三维软件的使用时长,提高了制作效率。

(4)制作虚拟人物

2020年,在《极限挑战》第六季中,为了提高节目的娱乐性和视觉效果,需要创作一个能和嘉宾交互的虚拟人物。如果使用三维软件进行制作,将会消耗大量时间,经过分析,选择虚幻引擎进行实时渲染然后合成的方式,来完成这一组特效镜头。这次制作,是通过摄像机反求先得到每个画面的摄像机信息并将信息导入虚幻引擎,同时将虚拟人的三维模型和动画也导入虚幻引擎,然后在虚幻引擎中根据每个镜头的实际情况进行人物位置和灯光的实时调整,调整完成之后在虚幻引擎中进行实时渲染,最后将之合成到实拍画面中。由于虚幻引擎强大的实时渲染能力,所有的调整都可以在第一时间给予反馈,加强了最终结果的可预见性,有效提高了工作效率。

三、节目后期特效制作中应用虚幻引擎的效果与思考

1. 效果

几年来的实践探索,我们体验到虚幻引擎在电视节目后期特效制作中所具有的几点优势:

(1)节省时间。使用虚幻引擎明显提高了工作效率。在综艺节目《极限挑战》穿帮镜头的修补中,前后对照发现,以往使用三维重建、渲染需要大半天时间,而现在同等体量的项目使用虚幻引擎进行实时渲染,可以压缩在几十分钟内完成。

(2)降低成本。虚幻引擎是一款在线性内容制作领域免费使用的软件,而以往使用的三维软件需要投入较多资金,使用虚幻引擎作为渲染工具后,明显减少三维软件的使用量,而且还可以使用虚幻商城中的大量虚幻引擎特效素材,降低了素材收集和制作的成本。

（3）简化流程。对于一些特效元素，比如粒子、火焰、光效等，可以直接在虚幻引擎中完成，无须再使用其他合成软件制作。传统流程中合成软件制作特效和渲染特效需要大量时间，而使用虚幻引擎可以对这些特效实时渲染，大幅缩短了制作特效的时间。

（4）质量保证。在新版本的虚幻引擎中，光追技术得到了优化，还提供了动态全局光照和反射系统（Lumen）及虚拟化微多边形几何体系统（Nanite），可以通过实时渲染得到高品质的三维动画。

2. 思考

本次实践探索，是经过"了解虚幻引擎的功能"——"借鉴影视制作领域应用虚幻引擎的现状"——"在节目后期特效制作中尝试体验虚幻引擎"这一过程开展的。笔者从中体会到用虚幻引擎渲染实时、互动流畅、三维效果优异、软件成本低等特点，同时其还提供了丰富的插件和工具。另外，虚幻引擎的应用也优化了后期特效的制作流程，是一款有效的节目后期特效制作工具。

结　语

当前，虚幻引擎已经大量整合三维软件的功能，在三维渲染合成方面也有了很大提升，从虚幻引擎最新的配套软件推广片中，我们还能感受到 Epic Games 已着手增加虚幻引擎在节目后期特效方面的功能，比如在虚幻引擎中直接三维建模，等等。同时，随着短视频、新媒体行业的兴起，高效、低价、易用已越来越受到重视，更多有竞争力的软件被开发出来，这样虚幻引擎也会受到一定程度的挑战。因此，在对虚幻引擎继续实践探索的同时，还要努力学习新技术，并加强思考和内化，不断提高电视节目的制作质量。

参考资料：

[1] 虚幻引擎官方网站功能介绍 https：//www.unrealengine.com/zh-CN/features。

[2] 国家广播电视总局《关于加快推进广播电视媒体深度融合发展的意见》第 14、15 条。

[3]《实时技术综述：交互式 3D 的现状》https://www.unrealengine.com/zh-CN/blog/real-time-round-up-the-state-of-interactive-3d。

作者简介：

李至良，上海东方娱乐传媒集团有限公司卫视运营中心——独立制作人团队导演。

浅析智慧运维动态拓扑图的实现与开发

穆贵林

提　要：智慧运维动态拓扑图是一项基于运维监控数据统一收集基础的 CMDB，来实现对收集数据的可视化展现技术。该技术以图形化的形式，对系统真实运行状况进行展现，同时随着系统不断展开和变化，可快速适应和实现更新拓扑图的目的。本文中提出的实现方式能有效地应对网络拓扑结构高度动态的情况，通过关联配置管理数据库及利用网管监控系统中的软硬件，使得该实现方法在运行过程中同时满足真实展示和快速反应的要求。此实现方法经过数次更新迭代，已成功实现监控报警数据秒级报出、流量温湿度等数据实时监控。此项技术在时间复杂度、空间复杂度和更新效率等方面实现了质的飞跃。目前本拓扑图实现方法已成功绘制超 20 个真实系统，在可行性和实用性均得到验证。

关键词：运维可视化　动态拓扑图　SVG 矢量图形　WebSocket 实时通信

引　言

近年来，国家广电总局多次强调要深入推进"智慧广电"建设，要求"打造智慧广电媒体、发展智慧广电网络、培育智慧广电生态、加强智慧广电监管"。其中在"加强智慧广电监管"中，着重要求增强广播电视安全保障能力。随着信息技术、大数据和人工智能的发展，各类新业务、新形态和新设备不断涌现。运维人员在工作中面临着覆盖面广、设备繁多、系统变化速度快、业务构成复杂的情况，并且在不同的应用场景下，不同设备的监控力度、运维程度也各不相同，设备监控与业务流程监控存在一定的脱节，监控缺少统一管理的可视化展现。

随着智慧运维平台和CMDB(Configuration Management Database，配置管理数据库)的初步建立，在运维监控数据集中收集已经初具规模的前提下，急需一套能够在运维监控数据统一收集的基础、集中可视展现各个系统运行状况的可视化展示大屏拓扑绘制方法，以达到在运维管理上实现自动化、数字化，将系统运行状况，以系统拓扑的形式实时展示其运行健康状态，来提高运维工作效率、降低信息获取成本，同时能够满足视觉体验、数字化监控、高运维效率、大数据分析等多方面的要求。

在运维监控数据统一收集CMDB的基础上，结合SVG(Scalable Vector Graphics，可缩放矢量图形)、WebSocket等技术，实现动态拓扑图开发与应用，通过以最直观的视觉方式，实时动态追踪检测各设备运行情况，从而解决使用列表展示设备信息需要花费大量时间定位、寻找设备之间关联信息的缺点。动态拓扑图能够以图形符号形象、直观、准确地显示网络设备及其之间连接关系以及设备属性等信息。向运维人员提供一个实时、动态、清晰的反映运维设备存活的全局或局部拓扑图形。从运维人员的角度，探讨如何在SVG矢量图形技术的基础上增加人机交互的方法以及实现步骤，以进一步提高公司的自动化运维能力，是当前亟待完成的重任。

一、关键技术

很多传统Web应用场景中，在数据通信方面基本上都是由客户端(Client)主动向服务器(Server)发送请求，只能进行单向数据交互，所以在WebSocket通信技术出现之前，大部分Web应用通常都是采用轮询请求或者Comet等通信方案来实现实时数据更新需求。就拿以前传统的Web聊天室为例，当某个用户向聊天室发送一条消息时，通过调用后台服务器的API(Application Programming Interface，应用程序接口)将消息存放到数据库中，在聊天室的其他用户想要看到这条消息，就需要在一定时间间隔内不断地通过主动调用后台服务器的API来获取最新消息。

之所以采用WebSocket通信技术，是因为它能够在客户端和服务器之间建立一个双向连接。和传统的客户端轮询请求相比，WebSocket实现了真正意义上的双向实时通信，在动态拓扑图的实时状态换功能中起主导作用。实现这一技术的关键在于WebSocket在HTTP协议的基础上，通过新增附加头信息

(Upgrade：WebSocket)的标识,告知服务器该 WebSocket 连接请求是双向通信的。在必要时,服务器可以不断将新的数据主动回传到客户端,从而避免了传统方式下客户端需要不断轮询导致的性能、实时性问题。

在拓扑图绘制实现技术上,经过大量的调研与测试,结合项目实际需求,最后选出了以 JSON、SVG、D3.js 作为实现绘制拓扑图的主要技术。在数据传输格式上,采用 JSON(JavaScript Object Notation,JS 对象简谱)格式来传输数据,是因为 JSON 是一种轻量级的数据交换格式,非常适合在 Web 应用程序之间作数据传输。与传统的 HTML 文本、XML 文本等数据格式相比,JSON 更具有易读性、易于编写和解析等特点,可以在多种编程语言之间进行数据交换和描述数据结构。它由两种基本元素组成:键值对和数组。键值对是一个键和一个值之间的映射关系,用于描述对象的属性和值。数组是一个有序列表,用于描述对象的多个值。在 Web 开发过程中,通过使用 JavaScript 语言,可以将 JS 对象中表示的一组数据转换为 JSON 字符串,也可以将 JSON 字符串转换为 JS 对象。

拓扑图绘制技术在 Web 应用程序中有很多不同的实现方式,比如:可以使用 HTML+CSS 来实现,也可以使用 HTML5 的画布(Canvas)等技术来实现。之所以选择 SVG 来作为拓扑图绘制技术,是因为 SVG 是一种基于二维矢量与点阵混合图形的置标语言。SVG 规范定义了 SVG 的特征、语法和显示效果,包括模块化的 XML 命名空间和 SVG 的 DOM(Document Object Model,文档对象模型)。开发人员通过对该对象模型的操作,来实现动态的创建 XML 文档,便利文档结构添加、修改、删除等操作,非常适用于拓扑图的绘制场景。在实际操作中,SVG 的绘图是以嵌入方式或脚本方式来实现的。它定义了丰富的事件,如鼠标、键盘以及用户界面事件等,这些事件可应用于所有的图形对象。开发人员仅须进行简单的 JavaScript 编程,访问 SVG DOM 的元素和属性,即可响应特定的事件,从而提高了 SVG 的动态和交互性能。

D3.js(Data-Driven Documents,数据驱动文档)作为数据驱动的可视化库正好满足动态拓扑图的绘制需求,故采纳为整个动态拓扑图可视化的主要工具库。D3.js 是基于数据来操作文档的 JavaScript 库。其核心在于使用绘图指令对数据进行转换,在源数据的基础上创建新的可绘制数据,生成 SVG 路径以及通过数据和方法在 DOM 中创建数据可视化元素[4]。相对于 EChats 等开箱即用的可视化框架来说,D3 更接近底层,它可以直接控制原生的 SVG 元素,并且不直接提供任何一种现成的可视化图表,所有的图表都需开发人员在它的库里选择合适的方法构建而成,这也大大提高了它的可视化定制能力。而且 D3 没有引入新的图形元素,它遵循了 Web 标准(HTML,CSS,SVG 以及 Canvas)来展示数据,所以它可以不需要依赖其他框架独立运行在现代浏览器中。

二、开发实例

本次示例中采用了目前主流的 Web 应用开发技术,以运维监控数据统一收集 CMDB 项目需求为基础。使用前面调研过的 WebSocket 通信技术、JSON、SVG、D3.js 库为开发技术栈。采用 C/S(Browser/Server)架构模式,在网页浏览器(Web Browser)与服务器(Server)之间通过调用 API 按照约定的数据结构,实现动态拓扑图的绘制、数据的实时更新与渲染以及监控状态的实时切换。

这里以某业务系统为例,通过动态拓扑图,以数据可视化的展现形式,在拓扑图上将实际场景中的网格防火墙、交换机、服务器、数据库等各种硬件设备和软件系统与对应的链路走向、图形标志、文本信息相关联。当业务系统中的某硬件设备或软件系统发生异常时,拓扑图根据后台服务器主动推送过来的异常信息,实时切换对应状态的图形标志、颜色、文本信息来反映出它们的真实运行情况。运维人员通过该动态拓扑图可以非常直观地了解到该业务系统的整体情况,从而可在最短时间内定位到具体的问题所在。拓扑效果如图 1 所示:

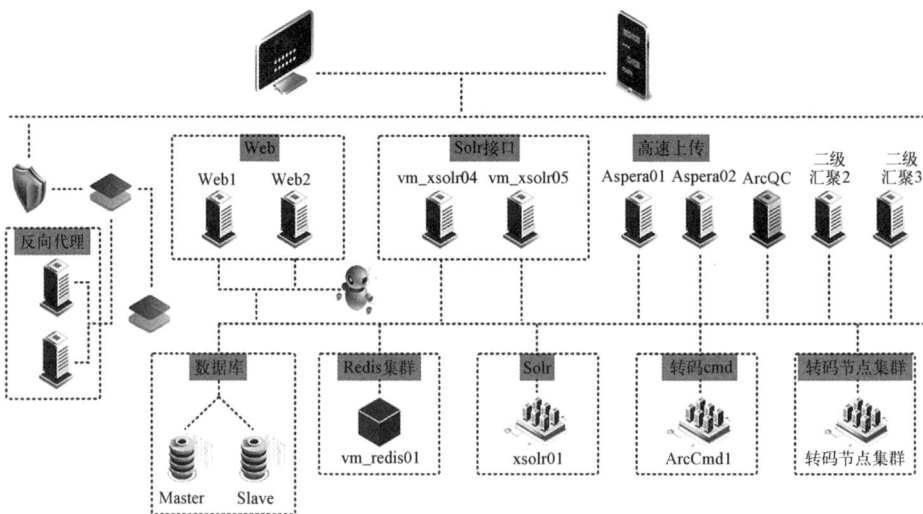

图 1　拓扑效果图

根据实际项目需求和开发架构设计,想要实现如图 1 的拓扑图,首先需要设计出动态拓扑图的整体渲染流程,其次通过数据组织、绘制拓扑图、监控状态切换几个步骤来实现智慧运维动态拓扑图的绘制。

（一）渲染流程

智慧运维拓扑图的动态渲染流程主要由数据的初始化、数据的更新以及数据渲染组成。数据初始化的目的主要是为了在打开页面时对拓扑图的状态进行修正，以保证数据的正确性。数据的更新则是保证数据的时效性，数据渲染则是将初始数据或新的数据渲染到指定页面上。在打开页面时需要先将拓扑图的相关初始数据展示出来，而打开页面后的新数据则由数据更新流程完成。在这个过程中可视化界面在会话中一直保持运行状态，并实时收集和监听服务器端推送过来的数据进行渲染更新，从而达到实时性的要求。该流程如图 2 所示：

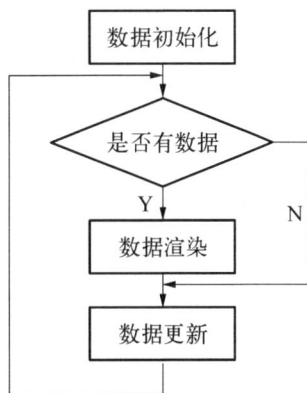

图 2　拓扑渲染流程图

（二）数据组织

智慧运维拓扑图在数据结构上使用之前选定的 JSON 格式来描述动态生成拓扑图的各个节点和连接关系。包括节点的类型、坐标位置、宽高大小、颜色样式、监控状态信息等。由于在不同的拓扑图之间所展示的图形、文本、位置等数据都会各有不同，所以实践中采取对象数组的形式，将拓扑图中需要用到的各种数据项存入到对象数组中，即一个对象数组存储着一个拓扑图的数据。每个对象数组由多个数据项组成，各数据项中由唯一 ID、图形类型、文本内容、坐标信息、宽高大小、图标、状态码、颜色值等数据组成，最后再将拓扑所使用的数据封装成标准的 JSON 格式，实现服务器端到浏览器端之间的拓扑数据规范传输和解析，以使双方在数据结构格式始终保持一致。

如下给出了拓扑数据结构部分数据结构，主要包括："id"字段表示该节点在拓扑图中的唯一标识，在接下来的数据更新和状态切换功能实现中起到快速定位等作用。"type"字段表示了该节点在拓扑图中所渲染元素的类型，基本元素类型还有：text 文本、line 直线、rect 矩形、ellipse 椭圆等。样式控制属性上有："x"和"y"字段表示该节点在拓扑图中渲染的坐标信息。"status"字段表示该节点在拓扑图中对应维运设备的运行状态，如 1 表示运行正常，2 表示运行异常，3 表示运行错误。其他相关的"width""height""class""stroke"等字段则用于表示该节点在拓扑图中所展现的宽高大小、颜色样式等信息，主要用于装饰拓扑图外观,使其更加美观明了。部分拓扑数据组织结构如下所示：

```
[{
        "id":"dt100000001",           //设备唯一 ID
        "type":"image",               //图形类型
        "x": 268.02955092,            //x 坐标
        "y": 20.05132785,             //y 坐标
        "path":"M352.01612582 90.08631509 652.9729085 90.00247630",
        "icon":"servers",             //图标
        "text":"Nginx 反向代理服务",   //文本内容
        "status": 1,                  //运行状态
        "options": [                  //子文本内容
          { "label":"上行", "value":"1024bps"},
          { "label":"下行", "value":"1024bps"}
      ],
      …
}]
```

在定义好数据结构后,就可以将智慧运维平台实际业务场景中需要展示和监控的各个运维系统中所使用的设备,通过唯一标识将运行状态、节点类型、文本内容、展现样式等信息一一关联起来,为接下来的拓扑绘制图实现和实时状态切换提供有效规范的数据资源。

（三）绘制拓扑图

在项目的实际应用中,拓扑图除了需要能在 PC 显示器设备中正常显示外,还需要在室内或室外的 LED 大屏等不同尺寸的显示设备中也能正常显示,也就意味着拓扑图还需要能够适配自适应大小。为解决此问题,拓扑图中的元素均采用 SVG 绘制。根据 SVG 的原生特性,可创建出高质量的矢量图形。在放大或改变尺寸的情况下其图形质量不会发生图像损失。SVG 图形元素除了可以通过标签和属性来进行定义,为实现交互动作和动画效果,还可以使用 JavaScript 脚本语言实现 SVG 支持图层的嵌套和组合。使得拓扑图各节点的创建、更新和展示能够更加的定制化和动态化。

SVG 预定义了一些常用的基本形状元素,可用于拓扑图形节点的连接关

系、文本内容等基本形状的绘制。这些元素有 line(线段)、rect(矩形)、ellipse(椭圆或正圆)、text(文本)、path(路径)和 image(图像)等,值得一提的是 path 和 image。<path>:元素是用来定义形状的通用元素,也是 SVG 中最复杂的元素,它提供了 L 直线、A 椭圆弧线、Q 二次方贝塞尔曲线、C 三次方贝塞尔曲线等命令,大部分基本形状都可以用 path 元素来创建。在拓扑图中可用于渲染业务走向、数据流、信号传输链路等图形节点。<image>:元素用于渲染图像类信息。它支持.jpg、.png、.webp 以及 Base64 等常见格式的图像文件或其他 SVG 文件的渲染,在拓扑图中主要用于展示非基本拓扑图形以外的如:Servers 集群、负载均衡、数据库 Redis 集群、OA 网络等复杂特殊的相关运维设备图形。

SVG 动态拓扑图的绘制简单来说,就是将按照一定规则约定好的数据,解析为绘制拓扑图所需要的 SVG 图形元素,并动态生成和更新的过程。根据 SVG 标准和相关特性,在绘制拓扑图形之前,需要先建立 SVG 容器(画布)来承载各个子图形节点元素。由于该功能比较基础且常用,所以将其封装成一个独立的实例方法以方便调用,通过该实例方法创建一个 SVG 容器,用于容纳拓扑图各个图形节点元素、配置 SVG 容器的坐标位置、缩放比例、视口图形伸展大小以及宽高等。拓扑图绘制节点容器创建伪代码如下所示:

```
//创建SVG节点容器
export default ({root, type = 'svg', vbox = '0 0 1008 567'}) => {
    //返回拓扑图绘制容器
    return d3.select(root).insert(type)
        .attr('xmlns', NS.xmlns)                        //声明命名空间
        .attr('viewBox', vbox)                          //视口伸展大小
        .attr('preserveAspectRatio', 'xMidYMid slice')  //视口缩放比例
        ...
};
```

在创建好 SVG 节点容器后,以数据驱动 DOM 的编程方式,使用 D3.js 可视化文档对象模型操作库。采用链式调用形式,把之前定义好的拓扑数据结构,遍历各数据项。根据数据项中的 type 类型字段,通过 filter 过滤器将数据项与 SVG 图形元素进行渲染映射,使其让数据与 DOM 元素关联起来。利用 D3.js 的数据绑定和选择器功能,根据数据的变化情况,动态地添加、删除、修改拓扑图所对应的 SVG 图形节点,如线条、矩形、圆形、文本、图片等图形节点。同时根据各数据项提供的"x""y""width""height""class""status"等字段属性,为其对应

的图形节点元素动态设置属性和样式,如坐标位置、宽高大小、颜色形状等,从而实现动态拓扑图的绘制。拓扑图形绘制伪代码如下所示:

```
//拓扑图绘制方法
export const useDraw = (props：IUseViewProps) => {
    const node = root.selectAll('.node')
    .data(props.data).join('g').attr('class', 'node');
//使用 filter 过滤器,根据 type 字段绘制出对应的拓扑图形元素
node.filter((data) => data.type === 'image').append('image')
    .attr('class', 'view-image')
    .attr('x', (data) => data.x).attr('y', (data) => data.y)
    ...
};
```

（四）监控状态切换

监控状态切换的基本原理就是根据实时数据,定义出对应的运行状态：包括正常（Normal）、警告（Warning）、报警（Alarm）、离线（Offline）等状态类型,通过动态修改拓扑图中各类 SVG 图形元素节点的坐标属性、替换文本内容以及重定义 CSS 样式等,从而达到动态变化文本信息、图形元素的一个过程。为了在拓扑图中能直观地看到相关运维设备和各业务系统的运行状态、告警信息等情况,状态切换的响应时间也是至关重要的。在实际业务场景中,当某个运维设备在发出异常告警指令或者发出正常恢复指令时,需要实时准确地响应到可视化数据大屏拓扑图上。采用 WebSocket 实时通信技术,在浏览器端通过 WebSocket 提供的 API,采用 SSL（Secure Socket Layer）加密方式,根据指定的 URL 地址与服务器端建立安全连接。在连接建立成功后,通过 WebSocket 对象的事件处理器实时监听服务器端主动推送过来的相关数据信息。

WebSocket 链接伪代码如下所示:

```
//WebSocket 链接
connect() {
    if (this.ws) this.ws.close();
    this.ws = new WebSocket(env.__WSS__ + '/wss');
```

```
    this.ws.onopen = (res) => {
      this.ws.send(JSON.stringify({ pid: getPid(), type: 'INIT' }));
    };
    this.ws.onerror = (err: any) => this.relink();
    ...
};
```

在链接建立完成后,使用发布/订阅通信机制,实时监听各节点的变化状态,当有运维设备等节点状态发生变化时,通过传感器、网络探测、文件存取等方式向智慧运维平台后端发起状态变更指令,在接收到指令后根据绑定关系和事件类型,实时地将指令消息推送到对应的客户端 Web 浏览器,而当前端 Web 浏览器通过订阅对应的事件处理器,在接收到后端服务器推送过来的指令消息时,根据触发的事件类型以及指令消息中的唯一 ID 数据项,最终在可数据视化大屏拓扑图中根据指令消息找到对应的 SVG 图形节点元素,改变其 DOM 属性或 CSS 样式,从而实现对拓扑图不同状态的渲染更新与实时切换。

结　语

综上所述,基于 SVG、JSON 以及 WebSocket 通信技术等,智慧运维平台可以一种动态生成拓扑图的可视化实现方法,通过设计合理的数据传输格式,将抽象且复杂的相关运维设备节点、关联关系、运行情况等信息以拓扑图的形式进行实时动态展现和更新。有效地帮助运维人员通过拓扑图态势感知辅助监控和决策、降低信息获取成本,提高运维工作效率。该方法具有以下优点:动态拓扑图易于被运维人员更直观地接受和理解;采用图可视化布局方式符合基本的美学标准;基于实时数据驱动的拓扑图更新策略,实现了各运维监控设备运行情况的时效性。在未来的应用场景下,还可以进一步探索其他先进的 Web 技术和框架,如 WebGL、WebRTC 等,以扩展动态拓扑图可视化应用功能和性能等。同时,还可以将该技术在大数据、物联网、云计算、人工智能等领域,为实际的应用场景提供解决方案。

参考文献:

[1] Pimentel V, Nickerson B G. Communicating and displaying real-time data with WebSocket[J]. IEEE Internet Computing, 2012, 16(4): 45 - 53.

[2] 宋青山.JSON 数据格式在企业数据交换中的应用[J].天津冶金,2014(2): 114 - 117.

DOI：10.3969/j.issn.1006－110X.2014.02.035.

［3］傅军.基于 SVG 的 Web 绘图软件设计与实现［J］.电脑编程技巧与维护,2014(4)：62－63,69.DOI：10.3969/j.issn.1006－4052.2014.04.027.

［4］周宇轩.基于 SVG 的动态拓扑可视化系统的设计与实现［D］.电子科技大学,2017.

作者简介：

穆贵林,上海东方传媒技术有限公司高级前端开发工程师。

综合专题篇

对我国广播电视法即将出台的几点思考

顾舜丽

提　要：国家广播电视总局于 2021 年 3 月 16 日发布了《中华人民共和国广播电视法（征求意见稿）》，待相关方面深入讨论并经全国人大通过，该法将在全国实施。这将对我国广播电视事业健康发展产生重大而深刻的影响。我国广播电视领域的法治化建设虽然已取得了长足的进步，但由于《广播电视法》的长期缺失，使得广播电视领域一直缺少上位法的支撑。社会发展，特别是新兴科技不断催生广播电视领域的变革，现有的法律规定已不足以应对当前形势发展的需要。广播电视领域存在的政府监管不到位以及行业自律不够，也为广播电视法治化带来了一定的阻碍。当前，树立"法治广电"意识，构建以宪法为核心，以《广播电视法》为支撑，不断完善行政法规、部门规章和地方性法规，积极转变政府职能，加强行业自律，成为推动我国广播电视领域的法治化建设的必由之路。

关键词：广播电视法　内容规制　政府监管　行业自律

引　言

国家广播电视总局已于 2021 年 3 月 16 日发布了《中华人民共和国广播电视法（征求意见稿）》[以下简称：《广播电视法（征求意见稿）》]，待相关方面深入讨论并经全国人大通过，该法将在全国实施。本次《广播电视法（征求意见稿）》的发布，将对我国广播电视事业的发展产生重大而深刻的影响。新中国成立以来，特别是改革开放以来，我国的广播电视事业得到了蓬勃的发展，各个层级频道日益增多，涉及的社会面也越来越广泛,越来越多的广电行业人员也参与其中。但我国之前的广播电视法律制度建设滞后,面临着法律位阶不高、内容规制不足、行业自律弱等一系列亟待解决的问题。因此,当前加强我国广播电视领域的法治建设具有重要的现实意义。

一、进一步加强我国广播电视法治化建设的必要性

首先,进一步加强广播电视法治化建设是全面推进依法治国的需要。在党的二十大报告中明确提出,要全面推进依法治国,建设形成完备的法律规范体系,完善立法体制机制,加强对法律实施的监督。作为我国法治体系中的重要一环,不断强化广播电视法律体系建设对于全面推进依法治国,持续提升国家治理体系和治理能力现代化具有重要意义。因此,广播电视必须进一步加强制度创新,在持续开展自我改革的同时,全力完善广播电视法治体系建设。

其次,进一步加强广播电视法治化建设也是顺应我国广播电视产业和技术发展的需要。根据2016年中国电视收视报告显示,我国家庭电视拥有率已经达到97%,全国电视观众已经达到了12.84亿人。随着信息网络的高速发展以及视频平台的迅速扩张,以短视频和自制综艺为代表的新型网络视听节目也逐渐兴起。广播电视、网络视听产业的发展以及信息技术的突飞猛进,进一步提升了广播电视数字化的发展进程。然而,当前我国广播电视领域法律法规相对匮乏,不仅缺少专门规范广播电视领域的基本立法,而且对节目、技术、运行等方面的法规政策并不完善。因此,我们必须要建立严密的法律体系,以促进广播电视行业的健康有序发展。

最后,推进我国广播电视的法治化建设也是适应对外开放的要求。随着近年来我国对外开放的不断加深,我国加入世界贸易组织后,广播电视的种类、数量以及运作方式都发生了很大的改变,与世界各国的思想文化的交流更加密切,竞争也日益激烈。国外广播电视进入我国后,与我国思想文化和价值观发生碰撞,给我国媒体造成巨大的压力。这就需要我们学习世界贸易组织规则,积极实施"走出去"战略,在国内制定完备的法律法规,来保护我国国内的市场,也为我国广播电视走向世界提供有力支撑。

二、我国广播电视领域的立法现状及《广播电视法(征求意见稿)》的意义

(一)我国广播电视领域的立法现状

1987年,国务院出台了《广播电视设施保护条例》,这是广播电视领域的第

一部行政法规。1988 年,第一次全国广播电视法制工作会议讨论了在"七五"期间的立法计划,决定出台《广播电视法》《电影法》两部基本法律。由于条件不够成熟,《广播电视法》迟迟未能出台。1997 年,为了便于对广播电视行业的管理和指导,国务院制定了《广播电视管理条例》,经过 30 多年的发展,我国广播电视领域的立法已经初具雏形:

1. 宪法。宪法作为我国的根本大法,是制定我国广播电视法的依据。我国宪法对广播电视领域的规定体现在第 22 条、第 35 条、第 51 条以及第 53 条,这些条款分别规定了国家对广播电视领域工作的领导、管理权,公民应遵守的基本权利、义务以及享有的自由。

2. 基本法律。截至目前,我国尚未专门制定电视广播领域的基本法律,最高人民法院也没有专门就广播电视行业做出相关的司法解释。对广播电视领域的规范和调节,主要体现在《民法》《刑法》《著作权法》《广告法》等相关条款中。

3. 行政法规。截至目前,我国共有《广播电视管理条例》《广电设施保护条例》等 6 部行政法规。作为国务院出台的管理广播电视活动的专门规范,《广播电视管理条例》对广播电台和电视台、广播电视传输覆盖网、广播电视节目等相关内容进行了较为完善的规定,并在第五章针对违法行为规定了处罚措施,成为我国广播电视领域法治化建设的一座里程碑。

4. 部门规章。笔者通过北大法宝进行检索,以"广播电视"为关键词检索相关法律法规,到目前为止,国务院各个部门对电视广播领域发布了 20 多个部门规章,190 多个部门规范文件以及 300 多个部门工作文件,涉及行业统计、网络安全审查、未成年节目管理、节目传送、视频点播、无线传输覆盖等多个领域,管理的内容非常广泛。但随着广播电视的新时代化和创新化发展,部分部门规章已经不能适应当前的需要,也面临着"修改、废止和解释"的问题。

5. 地方性法规。截至 2021 年 3 月,关于广播电视领域的地方性法规共有 30 多部,其中吉林、江苏、安徽等 22 个省专门制定了广播电视管理条例。总体上看,我国地方性立法也已初成规模。

(二)《广播电视法(征求意见稿)》发布的意义

《广播电视法(征求意见稿)》的发布具有重要的现实意义和深刻的时代意义,可以解决我国广播电视领域法治化建设面临的诸多现实问题,面向未来,进一步取得持续推动我国广播电视事业蓬勃发展的良好效果。

1. 可以加强基本法的支撑

20世纪80年代,我国才启动关于广播电视领域方面的立法,法治建设工作起步较晚,导致我国广播电视领域的法治建设明显落后于广播电视领域的发展。目前,尽管《广播电视管理条例》的法律位阶最高,但是以行政法规的形式予以规定,与基本法律具有本质的区别。《广播电视管理条例》在发生诉讼活动时,法院可以作为断案的依据,但是由于法律位阶较低,也缺乏一定的权威性。

《广播电视管理条例》颁布到实施已经长达20多年,其间历经3次修改,但仅对第10条、第13条以及第45条进行部分变动,增加了全国性广播电视活动、国家禁止设立"三资"企业的广播电视电台以及细化了各级政府对广播电视、电台的职责。从总体上看,《广播电视条例》变动并不大,依旧侧重于国家对广播电视的管理。面临着国际环境、国内状况以及科技的快速发展,广播电视行业的复杂性以及管理、技术、业务等各方面的突出问题,《广播电视管理条例》的灵活性和前瞻性无法体现,略显陈旧。虽然我国电视电台主管部门针对行业领域空白发布了大量的行政法规和部门规章,但仅仅起到了"头痛医头、脚痛医脚"的作用,无法从根源上解决我国电视广播行业所面临的问题。

2. 可以让内容规制与时代节奏更加合拍

在5G网络全面普及之下,"媒介融合""网络直播""网络节目""短视频以及长视频"成为了电视网络媒体发展的新方向,传统的广播电视内容规制制度不足以应对当前的需要。

5G网络的普及带动了人工智能的进步,广大网友和技术人员越来越倾向于使用虚拟现实技术来迎合观众的趣味性需求。然而,部分平台在利益的驱使下,使用虚拟人工技术合成低俗内容,肆意传播虚假医疗产品等非法内容,在扰乱广播视听行业正常秩序的同时,也对未成年人身心健康造成极大伤害,因此,亟须一部专门立法对广播电视领域的此类不良现象进行规制。利用法律来规制行业规范,为行业提供指引,使其标准化、行为化,防止低俗内容进一步扩大。

3. 可以加强执法规范与力度

我国广播电视领域的法律体系虽已初具雏形,但我国目前在广播电视领域所面临的是执法缺乏力度以及缺乏遵守法律的自觉性。我国电视广播实行集中管理,集"宣传、业务、管理"为一体的"管办不分"的领导体制。由于实行集中统一领导,且行政法规又缺乏一定的权威性,必须依靠行政指令来层层下达、反复强调、反复推行。而"管办不分"又使得政府监管机构和办事机构产生混淆,无法将监管与办事区分,缺乏相应的制约能力。加上地方基层广播电视机构地处偏远,缺乏执法的压力和动力,我国广播电视体系存在一定的执法难的问题。

4. 可以进一步加强行业自律

时代的发展也让人们的法律意识不断进步。由于广播电视行业的法治进程较慢,我国广播电视的从业人员法律意识整体不强。我国广播电视行业对人员的管理强调"人治",依法管理意识较弱,依法管理水平也须提高。另外我国电视工作人员的依法工作、依法采访的意识不强,不能有效地保护当事人的合法权益,这也与我国这个行业长期以来的管理体制有关。

三、进一步加强我国广播电视法治化建设的建议

广播电视事业的健康发展离不开法治化建设。当前,我国广播电视行业正处于发展建设的关键时期,一方面经济一体化、世界多极化潮流在为我国广播电视行业带来重大机遇的同时也裹挟着巨大挑战;另一方面在社会矛盾发生全新转变的时代背景下,人民群众对新生事物的接受程度不断提升,对广播电视行业的内容需求也在不断提高。为此,提出两点建议:

(一)对《广播电视法(征求意见稿)》的修改建议

1. 用好征求意见的修改窗口期,推动《广播电视法》的尽快出台

如前所述,仅凭以行政法规和部门规章为主要表现形式的现行法律法规体系来引领我国广播电视行业的法治化建设并非长远之计。2019 年国家广播电视总局发布了《国家广播电视总局 2019—2028 年立法工作规划》,提出在未来10 年内完成《广播电视法》的制定工作。2021 年总局起草完成了《中华人民共和国广播电视法(征求意见稿)》,其中突出了不得诋毁中华优秀传统文化、歪曲亵渎英雄烈士、不得宣扬歧视、限制节目酬劳、设立未成年专用频道等社会热点问题。但笔者认为"征求意见稿"中仍存在一些不足,建议在征求意见过程中要尽快完善。比如,"征求意见稿"对违法艺人所涉作品做出了"给予必要限制"的要求,但未明确限制的时间,是一段时期内禁止播放还是永久下架,"征求意见稿"对此未予以规定,加以区分,需要具体明确各自播放的时间以及频道,对时间等予以细化。另外能否明确"影视分级管理"制度,建议区分设立未成年频道与成年频道。这些都要用好征求意见这个窗口期,把意见反映上去,集思广益,努力

把这部广电法修改完善好。我国要建立以宪法为核心,以广播电视法为基本支撑,以行政法规、地方性法规为互补的系统性广播电视法治体制。广播电视法已经成为不可或缺的角色,尽快修改出台广播电视法要成为当前的一项重要任务。

2. 增强前瞻性,推动媒体融合发展

预见性和前瞻性是政策制定的标准,不仅可以使危机防患于未然,而且可以有效引导广播电视行业在组织形式、商业模式、技术应用等各个方面进行全面升级。《广播电视法》的制定必须要增强预见性、前瞻性,并且根据社会发展和技术进步的要求,积极推动媒体融合发展。我们要更新立法观念。人们在物质生活获得极大满足的情况下对精神生活有了更高的追求,对广播电视节目也有了更高的标准。互联网的发展,给广播电视节目带来了多样式的发展,因此,《广播电视法》应当实现对《广播电视管理条例》框架的突破,既要规范广播电台、电视台的行为,又要对网络视听节目内容做出规定,而且还要在保护受众接受视听内容权利的具体条款上下足功夫,例如用户在缴纳费用后,用户有权利享有服务的内容,要为用户负责。将网络视听媒体提到与传统广播电视媒体同等的高度,既要体现行业格局的变化,也要体现立法的包容性和全局观。在全媒体传播格局下的《广播电视法》立法,要从立法目标、媒介融合、业务准入、分类规范、法律责任等多层面展开讨论。

3. 扩展规制内容

对内容的规制并非是对自由的限制,而是为了使广播电视的内容更加丰富和优质,更好地满足大众的需求。未来的《广播电视法》应明确规制内容的机构,明确各部门的职责,避免出现职能模糊,避免重复审查和资源浪费。我国可以借鉴一些国外的做法,比如法国的做法,法国最高视听委员会作为独立的规制机构,具有干预电视传媒的权利。在我国设立一个独立的广播电视内容规制机构,使其不受媒体干涉且保证内容审核能达到专业化的水平,来更有效进行内容规制。

(二)进一步强化我国广播电视领域法治力度的建议

1. 增强"法治广电"意识

增强"法治广电"意识,营造浓厚的法治氛围。要坚持以习近平法治思想为引领,以维护广播电视和网络视听意识形态阵地安全为主线,推动广播电视和网

络视听事业创新创优健康发展。要把"法治广电"建设目标列入未来发展规划。根据国家广播电视总局 2019—2028 年立法工作规划,针对广播电视以及网络视听发展过程中的热点、难点问题,做好法律的制定与宣传,一方面,建设普法阵地。另一方面,创新普法格局,不断让"法治广电"深入人心,推进广播电视法律政策体系建设、法治人才队伍建设,不断提升广播电视从业者的法治思维与法治意识,切实增强依法办事的能力和水平。

2. 加强政府监管

高效的政府监管体系有利于推进我国广播电视领域的法治建设。一是要建立层级制的监管框架,要形成以政府为主导,监管机构和技术人员为一体的监管构架,政府部门提供协助,监管队伍要加大执法力度,坚决打击广播电视领域以及网络视听领域的违法犯罪活动。二是要明确监管需求,在对广播电视领域进行监管时,应对监管的内容要求明确的定位,可以通过完善相关的法规,来为监管工作提供保障。三是要提升监管水平,科技为监管提供了技术条件,通过网页抓取、检索技术等,可以更精准的抓取违法内容,来对广播电视的内容进行监管。构建规范化执法体系,提升执法运行质效。可以实行清单管理等制度,全方位推进行政执法机制一体化、标准化、规范化建设,进一步提升广播电视和网络视听领域依法治理水平。

3. 强化行业自律

外在的管理和监督只能起到辅助作用,行业改善自身管理才是解决之道。必须加强行业的自身管理,行业人员要恪守职业道德,不能侵害他人权利、不发布不良内容,严格审核节目内容。要对单位、公司以及员工进行法律法规培训,引导单位、公司文明经营、知法守法。同时还可以自发组织行业协会,通过相互间的监督与管理,宣传法律法规,对违法行为进行共同抵制,形成一个健康、文明的行业环境。

结 语

《广播电视法(征求意见稿)》的发布意味着我国将拥有一部规范广播电视活动的基本法,有助于推动我国广播电视业健康发展,更有助于实现国家治理的现代化。《广播电视法》将对我国广播电视行业加以引导,提供基本法的支撑,从而做到有法可依、有法可循。广播电视法的制定既需要体现时代性,又需要具备前瞻性和共通性,尊重传播规律和历史发展趋势。同时,还要能够促进我国广播电视业与国外同行的交流和合作,提升我国新闻媒体的国际竞争力与影响力。

当前,一方面需要顺应时代的发展,更新立法观念,使我国广播电视事业的发展紧跟时代的脚步。另一方面,政府也要转变职能,努力建立完善的监督体系,利用技术手段监督行业的不法行为。另外,从业人员也要加强自律,做到懂法、守法、用法。

总之,《广播电视法(征求意见稿)》的发布与《广播电视法》即将出台,促使我国广播电视管理法规形成完整的体系,适应当代广播电视业与融媒体的发展,适应社会主义市场经济的要求,也适应人民群众对日益增长的文化生活的需要。通过不断加强我国广播电视行业的法治建设,构建起科学有效的广播电视包括网络视听的监管制度,推动媒体深度融合发展,平衡好文化安全、人民文化权益保障以及行业健康有序发展的关系,推动广播电视事业的健康发展,打造一条广播电视事业可持续发展之路。

参考文献:

[1]崔保峰.5G时代背景下我国制订"广播电视法"内容规制思考[J].西部广播电视,2019(10):69-70.

[2]陆智舫.广播电视法律制度创新探析[J].现代传媒(中国传媒大学学报),2011(12):141-142.

[3]卜彦芳,董紫薇.框架、效果与优化路径:网络视听节目管理政策解读[J].中国广播电视学刊,2018(07):69-70.

[4]王瑞雪.广播电视法律规制的域外经验[J].广东广播电视大学学报,2014(01):53-54.

[5]刘新乐.互联网视听节目的有效监管策略研究[J].传媒论坛,2019(18):119-120.

作者简介:

顾舜丽,上海市青浦区融媒体中心采访部主任,主任记者。

从"越唱越好——全球越剧戏迷网络大赛"看戏曲广播品牌探索

李媛媛

提　要： 上海戏曲广播作为一家拥有丰厚文化积淀的专业广播频率，近年来一直面临着内容拓展和品牌转型的行业挑战。本文以诞生于2022年疫情背景下的一项大型群众文化活动，即"越唱越好——全球越剧戏迷网络大赛"为研究案例，探讨传统媒体如何在网络时代实现借势发力、借势转型，在梳理该活动成功经验的同时，对以传播传统文化为主的戏曲广播的品牌建设及生存发展路径做出思考。

关键词： 越唱越好　群众文化　全媒体　戏曲广播　品牌发展

引　言

作为中国广播事业的发源地，上海在20世纪20年代无线电刚刚兴起时就有了广播戏曲节目，而今天的上海电台戏剧曲艺广播（下文称上海戏曲广播）正是从悠久的历史中继承而来，带着90年的积淀，于2002年7月15日正式宣告成为一家专业化的戏曲广播，它也是全国第一家专业戏曲广播。但在全球网络一体化的时代进程中，传统媒体受到冲击的速度和程度都远超出想象。据统计，目前全国的专业广播戏曲频率已不足5家，以戏曲为主要内容的广播节目也逐渐压缩。在这样的传媒生态之下，戏曲广播如何转型，如何创造新的节目样式、品牌项目，必然成为当务之急。

作为上海广播最早介入融媒体创新研发的部门之一，近几年，上海戏曲广播已经拥有了一定的实践经验，依托各类新媒体平台而创作的新内容相继问世。

例如：戏曲知识普及短视频产品《戏曲秒懂》，沪语诵读产品《沪语朗读者》，全媒体直播访谈节目《戏谈》，戏剧人物微访谈声音产品《薇薇的抓马》，解读式剧场《星戏会·青音荟》，少儿戏曲才艺展示平台《小小星戏会》，国潮沉浸式剧场《醉花 ING》等。在立足广播阵地的基础上向线上视频端、线下剧场端拓展，传播内容逐渐丰富，传播触角逐渐延伸，传播形式也从单一走向了多样，用以满足受众的不同需求。

2022 年 4 月，新冠肺炎疫情突袭申城，为了丰富广大市民群众的文化生活，上海戏曲广播积极响应市委宣传部的号召，加入"艺起前行"云端艺术活动行列，拉开了一场面向全球越剧戏迷的邀请赛，即"越唱越好——全球越剧戏迷网络大赛"。大赛围绕"客厅即舞台"的活动原则，"以越剧为切口、以比赛为形式、以全球为视野、以网络为平台"，吸引了来自全球范围内的近千人次报名，实现了大赛入围选手参赛音频点击量 900 万＋的网络热度。这一充分利用新媒体手段开拓实践的新型戏曲群文活动，也为上海戏曲广播的品牌阵营输入了新的样态。

本文拟以"越唱越好"的品牌打造为例，在梳理成功经验的基础上，对戏曲广播的品牌建设和发展路径进行深度探究。

一、"越唱越好"品牌成功因素分析

（一）越剧受众的网络基础

在我国的众多戏曲剧种中，越剧无疑是发展最为迅猛的一个，从诞生至今不过短短的百年光阴，但却快速从民间说唱蜕变成极具现代美学风格的舞台表演艺术，成为继京剧之后的中国第二大剧种。如此快速的发展进度，不仅仅得益于越剧前辈们敢于尝试、勇于创新的探索精神，也得益于在每个历史阶段，越剧把握住了最佳的传播方式，让这个剧种始终处于领域内的顶流，从而获得更多的关注，更大的收益，更优的发展。

同样，越剧也是最早进入互联网时代的先行者。早在 20 世纪 90 年代末，以"美丽越剧"为代表的专业越剧网站、论坛相继开通，越剧戏迷成为了最早享用网络平台和资源的群体。之后随着社交形式的转变，微博、微信等自媒体平台逐渐丰富，与越剧相关的交互体验也越来越多样化。除了常规的信息浏览、文字交流外，还可以通过语音、视频等形式深入和加强，这对于那些热衷于唱、表、演为主的戏迷票友群体来说无疑是开辟了一方广阔的舞台。中国戏剧家协会分党组书记季国平曾说，"全球最可爱、最体感、最疯狂的戏迷是越剧戏迷，因此越剧具有庞大的年轻市场，或可赢得相当的用户流量"。

"越唱越好"就让人真实地感受了一把越剧受众的市场活力。

从比赛消息发出当天,后台就收到数十条报名信息。随后的两个月内,报名者稳定持续攀升至近千人次,地域包括台湾在内的全国 29 个省、市、自治区以及加拿大、英国、澳大利亚、新加坡、美国等 8 个国家和地区。年龄跨度大,行业分布广,真正称得上是全球参与、全民参与。

另外,从一组大赛数据中,也能看出越剧受众的网络参与度和忠诚度。

例如,在报名投稿阶段,选手通过网络上传视频或音频的方式参赛,经过简单筛选,入围初赛的选手即可进入"风采展示"环节,在这里会将选手的简介、唱段、生活照和演出照等相关信息进行全网展示,并通过阿基米德 App 同步开展网络人气投票。在 300 余人的"参赛选手风采展示"中,共有 13 位"人气周冠军"脱颖而出。据统计,大赛入围选手的参赛音频点击量 900 万+,参与周人气冠军的投票人次 370 万+,最高人气投票达 432 199 票。

再例如,大赛的半决赛和决赛环节采用微信视频号直播的方式完成。选手线上演唱、评委现场点评和遴选。共计时长近 10 个小时,总观看人次 2 万+,点赞量 15 万+。网友们的即时弹幕留言也成为比赛的一道风景线。网友花头小熊说:"这样的网络演唱真是考验实力";网友金培农说:"看到小朋友参赛非常激动,越剧后继有人。"网友谢慧霞说:"希望这样的比赛明年继续进行,越唱越好。"可见,以网络为载体的当代戏曲传播样式已被越剧受众广泛接纳并成为常态。

(二)疫情之下的机遇

疫情三年,不可否认很多行业都遭受到了前所未有的重创,但互联网行业却异常火热。从"面对面"到"屏社交",生活方式的改变造就了 e+时代的全民化推进。"短视频""直播""网红"成为妇孺皆知的社会现象。这种新兴的交互体验让人们在实现自我表达的同时,从更多、更及时、更直接的信息反馈中得到愉悦与满足。这样的交流模式促使个人的兴趣社交圈更加垂直和深入,为"民星"的诞生提供了土壤。仅以抖音平台为例,截至 2022 年 2 月在抖音开通直播的就有 231 种戏曲剧种,直播开播场次达 80 万+,累计直播 144 万+小时,累计看播人次 25 亿+,场均观看人次 3200+。90 后和 00 后已经成为听戏主力,占总观众的 52%。显而易见,新的传播方式让传统戏曲焕发了新的活力。

在这样的背景下,选择互联网作为群文活动的平台和路径自然成为了不二选择,而越剧受众丰厚的网络基础则为"越唱越好"大赛的顺利开展铺平了道路。

同时,疫情期间的居家要求也为活动制造了很多特殊的条件。为了方便参赛,活动强调"客厅即舞台"的原则,对演出场地和表演形式都不做限制,随时随地拿起手机录制一段演唱音频或视频进行上传，就可以参加比赛。选手们也各显其能，不仅客厅、卧室、餐厅、花园都成了展示区，连家里的家居用品也成为了表演道具。5 岁的曹青羽学习越剧刚满半年，是参加本次比赛年纪最小的选手，居家抗疫期间，小青羽妈妈为她在客厅里录制了参赛节目《黛玉葬花》选段。家里没有花锄和花篮，小"黛玉"就地取材——用扫帚和月饼盒子代替，萌态十足又不失水准的表演让人啧啧称奇。而专业演员们也因居家办公，不仅有更多的时间承担选手们的点评事务，而且也从舞台走进生活，和观众拉近了距离。单从各类短视频的画面效果来看，生活化、个性化、趣味化的状态都让观众产生新鲜感和亲近感，符合当今网络内容传播特性。

（三）宣传矩阵的联动优势

"越唱越好"充分利用宣传矩阵，分众化、精准化的媒体联动模式在活动各个阶段显示出了层层推进、环环相扣的优势。

首先，将上海戏曲广播微信公号作为主导宣发平台，对外发布比赛通知和赛事相关进程，在主页面开设专门的参赛通道，方便选手"一键参赛"；同步宣发大赛各类推文，从选手故事到名家专访，用音频、图片和文字共建起天南海北爱越人的精神家园；微信视频号每日更新短视频，无论是"名家打 call"还是"嘉宾点评"，无空档连播让比赛全程有看点；半决赛和决赛通过视频号进行直播，拉动微信平台潜在戏曲受众的关注热情。

同时，作为该活动主办方之一的上海越剧院也发挥主场优势，联合江、浙、沪、闽三地一市的 10 家专业院团和组织构建起全域性活动氛围，各大越剧院团的官媒推介也为大赛垂直导入大量越剧粉丝，形成圈内话题热点。另外，参与单位之一的越迷协会组织"爱越小站"，凭借分散在全国的 180 家站点开展选手动员，让优秀的选手资源轻松获得。

其次，利用 SMG 自身新媒体平台阿基米德 App 和上海戏曲广播多年来深耕打造的 B 站账号，也在短期内形成活动热点，借势合围、推广宣发，带动了较为广泛的社会关注度。

当然，周边的传统媒体也被充分调动，《人民日报》《新民晚报》《文汇报》《新闻晨报》、澎湃新闻等多家媒体也为大赛做出专访，一时形成了沪上的文化热点。

（四）对过往越剧赛事的继承与创新

在上海广播电视史上提到越剧大赛，就不得不提到 20 世纪八九十年代举办的几次"江、浙、沪越剧青年演员电视大奖赛"和本世纪初的"越女争锋"。可以说,如今越剧舞台上引领风骚的两代演员,都是从这两个系列的比赛中脱颖而出,逐渐走向大众视野的。回顾当年,这些比赛的成功也为今天的实践提供了参照。

20世纪80年代,在改革开放的有利契机下,中国电视行业逐渐进入发展和繁荣的黄金阶段。彩色电视机走入千家万户,各类电视节目遍地开花,同时,戏曲艺术后备人才也亟须推向舞台,于是"江、浙、沪越剧青年演员电视大奖赛"应运而生。戏曲演员通过电视荧屏被观众所了解,电视直播让演唱、表演更具现场感,而最具神来之笔的观众投票设置,让整个比赛充满了参与感和互动性。这大概算是中国电视节目中"民星"选拔的最早雏形。

21世纪初,真人秀节目开始盛行,其中尤以2004年诞生的大众歌手选秀赛"超级女声"最为突出,成为中国电视现象级的真人秀活动。两年后的2006年,同样是以女性为参赛群体和观众群体的"越女争锋"唱响荧屏,让一批青春靓丽的80、90后越剧新秀初露锋芒。虽然从规模和题材上,"越女争锋"相较于其他的真人秀活动具有一定的局限性,但在业内依然博得了非常高的美誉度。

通过对以上两个案例的梳理可以发现,顺应时代的广播电视节目无论从投入、产出还是影响力等各个方面都是事半功倍的。首先,满足大众文化需求永远是节目创作的出发点,想观众所想,为观众发声,让文艺融入群众生活,把文艺送进群众心中;其次,把握艺术规律,深挖艺术资源,培养艺术土壤,让广播电视文艺步入良性循环发展轨迹;最后,深谙传播特性,发挥主流媒体优势,抓住时代机遇,让创新始终保持动力。

"越唱越好"正是借鉴了以上的成功经验,开拓出属于自己的一片天地。

二、"越唱越好"的成功对戏曲广播品牌建设的启示

尽管"越唱越好"的成功具有独特性和不可复制的一面,但不同的戏曲广播品牌建设具有共性和互通性,"越唱越好"的经验足以为其他戏曲广播品牌的探索和打造提供可资借鉴的思路。

(一)广播戏曲品牌打造离不开"内容为王"

"越唱越好"严格的内容把关成为吸引参与者和受众的重要前提。数百位选手的资料审核登记、每轮比赛的梯次化选拔,突显出大赛的严谨度和高水准;强大的评委阵容,来自江浙沪闽越剧行业内的近50位演员为数百位选手做出一对

一点评,在越剧比赛史上史无前例;另外,由于比赛的网络属性,相关网宣的图文及音视频内容不仅实现精良制作,而且严格按照国家广电总局的播出标准进行三审把关,显示了专业媒体团队的实力和公信力。

(二)广播戏曲品牌的打造须立足"广播本体"

尽管广播的全媒体联动是网络时代的势之所趋,但是打造品牌须坚守广播本体特色,发扬广播不可替代的优势,才不至于被其他媒体喧宾夺主,才能在全媒体时代杀出一条血路。

1. 戏曲广播的媒体优势

联合国秘书长古特雷斯曾在 2019 年世界广播日致辞:"即使在当今数字通信的世界里,无线电广播能触及到的人仍多于任何其他媒体平台。"可见,目前无线电广播仍是世界上受众最广的大众媒体。虽然戏曲广播由于内容和介质等因素,形成了听众小众化和老龄化的特点,但这样的受众却又恰恰成为了其他网络赛事所忽略的人群。越剧受众中就有相当一部分不善使用手机,收听广播节目仍是他们的日常休闲方式。因此,在此次大赛中,就出现了很多从广播里收听到节目宣传后报名参赛的老年选手,这也是其他网络赛事不可能做到的。

另外,上海戏曲广播作为上海文艺重要的宣传阵地,有着悠久的行业历史和口碑。大批知名艺术家都曾经在这里留下过艺术足迹,它也见证了一代又一代艺术人才的诞生和成长。所以,今天的广播本体优势也和几代上海广播人的努力息息相关。如同一家百年老店,不可忽视大众对于"金字招牌"的熟悉度和认可度。正是出于对"国家队"项目的信任和关注,"越唱越好"也在起跑线上领先一步。发挥广播特点,吸引了上海几百万的广播受众,同样成为其他同类赛事不可比拟的优势所在。

2. 广播以听觉感受为主体,决定了本赛事的定位——以"唱"为主的选拔标准

纵观如今的戏曲大赛,无论是专业竞技还是业余选拔,都非常看重选手的综合表现。戏曲表演作为一门综合性的舞台艺术,从人才培养方面来讲需要相对漫长系统化教育。所以对于业余选手而言,单纯地考察演唱能力,更易操作,参与门槛相对较低。广播作为一种以声音为主导的传播媒介,自然而然地将比赛的内容定位在了演唱上,"唱得好,听着美"成为最直接、最简单的评判标准。大赛十强选手之一的朱徐娜就是一位盲人,今生她都没有可能在舞台上摇曳身姿,

但却因为有了一副动听善唱的金嗓子,这让她和其他选手拥有了同台竞技的机会。

3. 广播传媒带来的其他优势

"越唱越好"赛事期间,除了广播滚动播出的大赛宣传片之外,广播老牌节目《越剧大观园》适时播放"越剧流派唱腔系列讲座",13 位越剧流派创始人珍贵的谈艺录音再度与听众见面,让比赛在竞技氛围中增添了一份学术气息;半决赛与决赛时,除了比赛演唱环节外,还有重要的评委点评打分环节、选手访谈环节、网友互动环节等,作为一档网络视频直播节目,极其考验主持人的专业度和反应力。正是因为戏曲广播专业的主持人团队拥有常年的经验积累,让比赛进行得井然有序,这也是区别于电视、网络赛事独一无二的特色。

(三)戏曲广播其他品牌通过联动实现"合作共赢"

相较戏曲广播的其他节目和品牌,"越唱越好"以短期活动的形式呈现,势必存在一定的劣势。借助频道内部其他品牌资源,则可以有效补齐短板,借势借力,共享受众群。在线上声音产品《薇薇的抓马》中,天南海北爱越人可以分享参赛心得,讲述爱越故事;在全媒体直播节目《戏谈》中,"越唱越好"选手代表做客直播间,现场演唱展示才艺。分众引流,联合发力,为戏曲广播营造了一派"争先恐后说越剧"的火热局面。

(四)戏曲广播品牌将诉诸"可持续的动态"打造

作为一项全人群参与的赛事类活动,"越唱越好"在设定之初,就为后续的品牌开发保留了空间。按照通常惯例,戏迷群体参与的赛事往往会止步于大赛结束,选手获得一些荣誉和奖励而已。这对于赛事组织者和参与者而言,都显得过于简单,流于表面。如何挖掘选手们的潜在资源,继而通过对"戏曲民星"的打造带动品牌发展,成为"越唱越好"有别于同类活动的关键点。

目前,入围本届大赛前 30 强的选手已被纳入上海戏曲广播表演人才库,部分选手已通过全媒体直播节目《戏谈》、戏剧人物微访谈《薇薇的抓马》等进行了专访,一定程度上扩大了个人的影响力和知名度。随着疫情逐步稳定,生活秩序恢复正常,一系列围绕优秀选手的线下线上活动陆续展开。包括:网络线上举办名家选手交流会、优秀选手演唱会、个人戏曲演艺展示短视频制作及宣发;广播线上参与广播节目录制、个人专访、演唱曲目宣传播放等;线下活动则为选手争取更多的演出机会,如:和越剧名家同台合作、参与多种文化活动、甚至涉及商品代言等。同时,第二届"越唱越好"大赛也在酝酿策划之中。希望通过"越唱越好"品牌的不断强化,为戏曲广播蓄积专属表演人才,实现线上与线下良性发展、媒体与个人价值双赢的最终目标。

结　语

在全媒体的语境下,戏曲广播的品牌发展之路才仅仅只是一个开端,如何进行价值再造与运营升级显得尤为重要,而角色定位的转变则是关键。打破传统媒体固有思路,从专注内容创作逐渐向专注服务受众方向过渡,根据自身的特色资源、服务领域、服务对象,提升相应的服务能力,因势而谋、应势而动、顺势而为,不断强化自身的核心竞争力,发挥融媒体协同作战的强大功效,将成为戏曲广播未来发展的关键。

作者简介:
李媛媛,上海戏曲广播节目主管。

论中国音乐剧综艺的首创实践

——以《爱乐之都》为例

张 劲

提 要：《爱乐之都》是一档音乐剧竞演综艺。本文选取该节目为研究
对象，结合对参演音乐剧演员和制作团队的访谈，分析和探讨中国音乐
剧综艺的首创实践和发展方向。笔者认为：该节目基于"原创＋破圈"
的创作理念推动了中国音乐剧的普及化和本土化，具体来说：在制作
模式上，保障了节目的观赏性和艺术性；在演员选角上，突破了传统流
量思维，注重演员的综合素质，寻找扎根行业内的业务能手；在艺术传
播上，提升了观众对音乐剧的认知度和欣赏水平；在剧作孵化上，既保
持音乐剧文化内核的专业性，又适应中国观众的文化背景；在品牌传播
上，逐步助推国内剧场小众消费需求转换成为新型大众文化消费需求。
基于对创作的反思，制作团队将沿节目策划、舞台呈现、音乐剧创作、展
演设计等路径持续创新节目模式，以提高音乐剧节目的艺术品质和观
众参与度。

关键词：音乐剧综艺 爱乐之都 中国音乐剧

引 言

为了实现高质量的舞台艺术转化到电视荧屏，制作团队聚焦于音乐剧这一
垂类进行深耕。音乐剧是一个具有无限创造性表达和艺术创新潜力的艺术宝
藏。音乐剧综艺的难点在于如何发掘这个舞台艺术宝藏并向中国观众展示其美
丽之处。《爱乐之都》作为中国第一档音乐剧竞演综艺，采用循序渐进的多层级

模式,引导观众进入音乐剧的大门,从引进海外经典音乐剧目到舞台呈现中国原创优质剧目,再到节目组结合国内外艺术形式,以国民现实生活、时代精神为创作源泉,创编纯原创音乐剧片段,让中国观众体验并欣赏到多元化的节目内容。

节目勇于探索"破圈"的可能性,为中国观众创造了一种共享文化体验。采用"大众通识课程"的方式,以便更多观众能够深入了解音乐剧艺术。第一阶段主打流派,让观众感受不同风格的经典音乐剧;第二阶段主打人物,展现不同演员对角色的理解和表现;第三阶段主打生态,模拟音乐剧剧组生态,让观众真实感受音乐剧圈氛围;第四阶段主打原创,展示原创音乐剧的诞生过程。导演组在做一档节目的同时,也在探索与创新中国原创音乐剧的制作方式,尝试突破传统,讲好中国故事,助力中国音乐剧的未来。

一、整合多元艺术:从剧场音乐剧到电视音乐综艺

舞台艺术转化电视节目一直是一个行业难题。音乐剧是融合戏剧、音乐、舞蹈的舞台综合艺术,强调观众对剧情和音乐身临其境的深度体验和感受;而电视音乐综艺则更注重音乐人和音乐的互动和碰撞,以音乐为主线,借助不同的主题和形式竞演,邀请艺人和音乐人的互动以及幕后的真人秀内容,让观众隔着电视屏幕感受音乐的魅力与音乐人的魅力。而且因为时长限制的原因,节目中只能呈现音乐剧片段,难以完全展现其魅力,观众对角色与剧情的理解也会打折。同时,音乐剧略高的门槛也容易让观众失去兴趣。如何用电视的手法传播剧场艺术的魅力,是节目的最大创新点和难点。

在创作实践中,节目组力图打破综艺"水感",树立艺术"质感",既采用普罗大众看得懂的艺术形式,又体现了垂直类人群的特质。节目组为了让观众只通过引言人的简单介绍,就能无障碍欣赏每个竞演的片段,迅速进入剧情与人物,管中窥豹,对每个片段都进行了微创新,使其能独立成章,而且为了达到更好的试听效果,并没有完全复刻原剧的舞美置景。而是采用模块化截取片段、融合性嫁接和中西方碰撞互鉴的方式,利用现代舞台的声光电体系和多机位镜头切换,对经典剧目进行了创意性总结和创造性转化,成功还原了现场艺术氛围。从百老汇、伦敦西区、德法剧目,到国内原创作品,观众体验了丰富多样的音乐剧。《剧院魅影》选段中手动烛台架和划船出场,分别还原再现《剧院魅影》电影版以及25周年演出版的情景。借助舞台布景、大屏幕、灯光等的完美配合,节目做到了一幕一换、一剧一换,让观众不在剧场里仍深刻感受到整部音乐剧的魅力。

音乐剧以旋律表现人物内在情感,歌曲既代表音乐剧风格,又展现剧情和角色。创作成功的电影原声和流行歌曲,通常融合音乐、歌词和音乐视频,通过视

觉和情感的共鸣,实现更深层的内涵和情感表达。为了让普通观众更能走近音乐剧,避免曲高和寡,将流行歌曲改编成音乐剧则是一种融合不同艺术形式的创新方式。《胡桃夹子》选段中的歌曲改编自张碧晨的同名歌曲,节目组通过深入理解歌曲的内涵,重新编排、改编和创新,充分考虑了音乐剧的舞台设计、服装造型和灯光效果,以歌曲为引子原创孵化了一对民国姐妹不同婚恋选择的故事,成功地打动了观众,引起了情绪共鸣。

最终,音乐剧成为《爱乐之都》质感的底色,以综艺为肉、以音乐剧为骨,二者相映成趣。综艺节目以更多的电视手法衬托出音乐剧的高级感之美,音乐剧启发综艺走向更高阶的审美,尝试更多表现手法。在相互赋能中,音乐剧有了更广阔的舞台,综艺有了更高级的形态。

二、诠释行业群像: 不负热爱、实力闪耀的真人秀

《爱乐之都》是一个以平凡音乐剧演员为主角的节目,融合了真人秀故事。观众可以更深入地了解音乐剧演员的内心世界,感受他们对职业的热爱和敬畏。与传统的线下音乐剧表演不同,音乐剧综艺可以呈现更多的幕后内容,包括演员的私下练习和生活。这样的呈现方式为音乐剧这种"高冷"的艺术形式赋予了一些"人情味",让观众更深入地了解它。

节目组集结了当下中国最强的音乐剧演员阵容,成功诠释了音乐剧演员"热爱"与"坚守"的群像。音乐剧演员是一群充满热情又踏实勤奋的人。他们对音乐剧充满热爱,对自己的艺术事业有使命感。音乐剧专业的门槛非常高,要求演员在声、台、行、表、唱、跳等方面表现出色。演员们展现了高超的演唱技巧,塑造了较完整的剧情和角色,呈现了令人震撼的舞台效果。

经过对演员的深度访谈,笔者不难发现演员们有自己的人设和成长经历:初代演员如夏振凯和蒋倩如,见证了整个音乐剧产业从艰难起步到今天的繁荣;中生代演员如叶麒圣、张会芳、丁臻滢,背负着创作中国人自己的音乐剧的使命感;青年演员如蔡淇、赵超凡,在拥有更多机会的时代与中国音乐剧共同探索成长。演员们希望用他们在节目中的精彩表现传达给观众这样一条信息:音乐剧并不是高不可攀的一种剧场艺术,也可以很贴近大众生活、大众审美的。

中国音乐剧演员们多年来在专业行业深耕不辍,终于"不负热爱,实力闪耀"。他们不但有能力驾驭国外经典作品,还是中国原创音乐剧的开拓者,他们需要更多的机会来展示自己的才华。节目制作团队在选择展示内容时,不仅选择了音乐剧这门艺术,还选择了艺术中的人物。年轻人需要偶像,因为在未经世

事的年龄,他们需要启蒙和寻找人生方向。在文艺领域,我们需要重塑偶像,以避免之前出现过的畸形审美。《爱乐之都》让这群原先在小众领域深耕的可爱可敬的匠人们在中国大众面前集体亮相,展现他们的专业、热情和踏实的气质,引领专业精神与艺术风气的回归。

音乐剧演员只是音乐剧的组成之一,作曲、编剧、导演、译配、制作人、舞监等各种岗位在他们背后。只有整个群体的人才全方位成长了,才会有更好的音乐剧环境。因此,制作团队进行了长达半年的市场调研和深入沟通,邀请了业内顶级专家担任制作人、导演、音乐总监等,拥有强大的幕后班底,并安排了演唱会级别的舞美和多样的场景和形式。节目通过展现音乐剧音乐行业的生态,扩大了国内音乐剧市场的辐射面与影响力,同时接过了老中青代际音乐剧人薪火相传的使命。

三、推动破圈传播：小众传播与大众传播的平衡术

《爱乐之都》是一个试图推动音乐剧"破圈"的节目。在降低门槛吸引普通观众上做了较多探索。节目中"爱乐助力团"从各自的角度为行业凝聚目光:资深音乐剧演员阿云嘎为大家解读每一位演员;作为中国音乐剧行业多年的实践者和亲历者,小柯、黄舒骏、廖昌永则时刻输出相对严苛的行业向观点;张雨绮、大张伟从观众视角抒发真实感受,他们所代表的普通观众视角,正是音乐剧能否"破圈"的关键。

"破圈"有难度,普通观众还在观望,部分资深的音乐剧观众已经开始挑刺,使得这档垂直类"拓荒"节目举步维艰。为此,节目组提供了一种创作巧思:在引进剧片段中既有原汁原味的经典再现,也有经过译配后颠覆表演,以平衡大众传播和小众艺术。

经典剧目《剧院魅影》广受欢迎,节目组探讨了音乐剧对爱和美的影响力,强调音乐剧作为精神需求的作用,就尽量保持原汁原味,虽然无法还原原剧的舞美,但利用现有的舞美装置神似还原了原剧的"地宫"效果,让观众们重温经典,选择郑棋元和郭耀嵘这二位资深演员进行演绎,也算是国内最高水平魅影组合,用其美妙的音色与精湛的演技既应对专业观众的挑剔又满足了普通观众的尝鲜。而在《后妈茶话会》选段中,节目组根据通俗化和本土化的特点,精心译配改编了对白、歌词,重新设计了表演、歌唱和舞台,再加上三位女演员通过精准的表演高度还原了角色,淋漓尽致地展现出三个后妈强悍、邪恶和势利等不同的个性,成功引起了极高的关注度和观众们的热烈反响。

音乐剧并不难懂,只是表演形式较为复杂,需要专业人士进行解读和引领。

音乐剧节目充当"专业引路人",让非圈层内的观众能够理解音乐剧的魅力。节目通过"世界经典＋中文改编＋网络热点"的结合,呈现更为新颖、多元、跨圈突破的舞台。演员们也在不断挑战自我,打破以往的舞台形象和固定模式,让更多观众能看懂音乐剧,爱上音乐剧,

四、助产本土作品：从经典再现到中国原创音乐剧

《爱乐之都》也是一档音乐剧文化推广节目,旨在激发中国本土音乐剧的创造力和生命力。在初赛阶段,节目通过再现国内外经典剧目向大众普及传统的音乐剧文化。在决赛阶段,创作团队从一首流行歌曲或一段影视片段出发,创作具有中国本土特色的音乐剧作品,并结合综艺荧屏和网络平台的互动,为观众呈现精彩绝伦的音乐剧演出。

原创音乐剧能结合抒情、说唱、电子、国风等各种流行音乐元素,产生多样化的原创音乐剧作品。从说唱歌曲的《鹿鼎记》和《名魔酒吧》到浓郁感人的《胡桃夹子》和电子迷幻《无间道》,再到总决赛上精彩呈现的《少年的你》,中国人看中国人自己的故事,更投入,更关注,理解共情毫无障碍。节目向我们展示了中国原创音乐剧的广阔前景和无限可能性。《名魔酒吧》融合了流行、美声和说唱的音乐元素,借助荒诞的牛魔王大战伏地魔的喜剧剧情,营造出独特而难忘的黑色幽默体验,在大家嬉笑的同时,也会感叹命运对小人物的作弄;《隐秘的角落》选段中《同样都是母亲》成功出圈,观众感受到音乐剧女演员的实力,虽然生活中都不是母亲,却把两个妈妈的护子心切刻画得入木三分,感觉这样的角色就在身边。同时,也让普通观众了解到在音乐剧中原来歌曲也是可以用来"吵架"的,引发了大量的讨论。这些精彩选段已经在年轻观众喜爱的短视频平台"B站"和"抖音"等上广泛传播。

在《爱乐之都》展演的中国音乐剧作品集多重创新于一体,突破题材、媒介和时空关系的限制,成功诠释了本土故事,实现了艺术创新和实践。本土化和原创化是中国音乐剧在国内扎根并吸引观众的重要基础。在尊重艺术规律的前提下,中国音乐剧需要融合中国精神和时代精神,更加注重内容创作,寻找适合中国文化和传统的音乐形式,才能创作出具有中国特色、气质和特点的原创作品,吸引本土观众的目光。

五、提升品牌价值：音乐剧综艺的未来展望和期许

上海因其浓厚的音乐剧文化和成熟的音乐剧市场,成为了《爱乐之都》的制

作地点。节目组察觉到大众对于音乐剧文化的高涨审美需求,并发挥自身在综艺内容和内涵上的创新力量,想在音乐综艺类别里开辟一条新的赛道——音乐剧综艺,这在国内外的综艺节目里都算一次创新。如果在电视节目领域里站稳脚跟,每年季播的话,也势必推广了音乐剧文化,推动了线下的音乐剧产业的发展,又可以反哺节目,为节目提供更多的内容。

作为"第一个吃螃蟹的人",《爱乐之都》的创作实践难免遗憾。节目组在结构上和细节上做出了诸多努力,然而从观众的反馈来看,节目在艺术品质和观众参与度方面仍显不足。笔者认为有必要在节目策划、舞台呈现、音乐剧创作、展演设计方面持续改进。

在节目策划方面,强化人物线索的价值。《中国好声音》等音乐竞演综艺往往顺势推出偶像级明星,充分曝光演员的专业进阶之路,而《爱乐之都》第一季较为注重对经典剧目的呈现,偏重于音乐剧片段的展演和点评,缺乏对竞演选手进阶成长的关注。未来的音乐剧综艺创作,要体现"以人为核心"的综艺理念,确定演员成长方向,制订竞演计划,以演员们的成长经历为蓝本刻画丰满的人物形象,输出深刻的人文价值。

在舞台呈现方面,完善身临其境的感觉。第一季节目为照顾普通观众的感受,基于现场观众和"助力团"的观看效果以及制作成本的考量,采用传统音乐节目拍摄方式,辅助一些戏剧拍摄的手法。今后可以考虑在舞台拍摄上已经较为成熟的 NTlive 拍摄方式,先行录制,提升电视机前观众的体验。同时,灯光、舞美、多媒体配合的节奏需要更符合音乐剧的戏剧表达,而不只是像音乐节目一样,只是卡住了歌曲的音乐节奏。

在音乐剧创作方面,丰富本土原创的维度。电影、小说、剧本、历史事件等都可以改编成音乐剧。第一季节目有不少作品从歌曲和影视剧改编而来,它们具有故事情节鲜明、人物形象鲜活、情感表达深刻、场景和气氛浓烈等特点。节目组希望在下一季的创作中要把"本土原创"贯穿始终,通过拓展创作素材(如中国社会热点事件)打造节目专属的原创作品,讲述中国人自己的故事,孵化出更多的中国原创音乐剧优秀片段。

在展演设计方面,推进实景展演的深化。第一季节目所有的展演都是在室内舞台上呈现的,全面设计舞台、服装、化妆等元素,营造出作品所需的场景和氛围。下一季可以考虑采用主题赛的模式设计节目,在一些社会现实场景(如高铁、办公室、地标性建筑)展演,把音乐剧的片段实景化,不再局限于舞台场景。整个制作过程需要专业人才与现场观众的协同合作,以期在综艺节目中实现音乐剧影视化,这也可以为上海和全国剧院巡演做好准备。

结　语

　　《爱乐之都》以"不忘本来、吸收外来、面向未来"的理念推广音乐剧,通过本土化改造的努力,让音乐剧成功融入中国文化土壤。节目邀请顶级团队参与,力求呈现最极致的舞台效果,并吸收外来的音乐剧文化,将音乐剧的艺术特点与通俗化表达相结合,展现多样化的艺术火花。

　　音乐剧综艺通过电视和网络等媒体扩大了受众的覆盖面,突破了观众数量的限制,促进了音乐剧在中国的普及。节目不仅保持音乐剧的精湛水平,还用竞演的方式保障了综艺节目的看点属性。随着时代变化的加速,线下演出行业在"线上生态"的探索也加快了步伐。节目制作团队积极迎合全产业链的时代大潮,通过融合线上线下资源和全面打通内容,更将触角扩展到音乐剧的整个产业体系。通过对《爱乐之都》首创实践的全面总结、认真反思与持续创新,中国的音乐剧综艺定将迎来更璀璨的未来。

参考文献:

[1]卿菁.美国百老汇"整合音乐剧"[D].南京艺术学院,2007.

[2]娄琳娜.融媒体时代音乐类综艺节目的转型升级与价值创新[J].当代电视,2019(07):27 - 30.DOI:10.16531/j.cnki.1000 - 8977.2019.07.007.

[3]李子豫.碎片化追剧心态与音乐剧入圈传播[J].当代音乐,2021(05):193 - 196.

[4]陈婉乔.音乐类综艺节目对音乐文化产业的推动[J].音乐传播,2018(02):60 - 63.

[5]卢晓华,李海薇.风格、逻辑与出圈:小众音乐综艺节目的传播策略[J].视听,2021(12):21 - 23.DOI:10.19395/j.cnki.1674 - 246x.2021.12.008.

[6]何苑,张洪忠,苏世兰.基于算法推动的文化传播"破圈"机制研究——以 B 站"法国音乐剧"的传播为例[J].福建师范大学学报(哲学社会科学版),2022(03):113 - 126＋172.

[7]李昊朗.音乐剧本土化的创作思维与分析研究[J].乐府新声(沈阳音乐学院学报),2022(01):72 - 77.

[8]佟雪娜,郝珊.试论中国音乐剧发展的可行性路径——市场化、原创力与民族性[J].艺术传播研究,2021(03):89 - 94.

作者简介:

张劲,东方卫视品牌工作室负责人。

地方广播文艺创新发展策略研究

——从浦东台获奖广播文艺作品说起

黄彩云　邵学新

提　要： 创新发展是时下文艺节目面临的任务和挑战。浦东开发开放以来，经济建设飞速发展，文化事业也呈现出了前所未有的繁荣景象。其间，好多承载着浦东历史文脉底蕴的非遗文化保护项目如雨后春笋般纷至沓来，优秀、精彩的群众文艺节目不断涌现。文艺是文化的重要组成部分，也是文化的重要载体与文化传播的最有力媒介。浦东台多年来致力于广播文艺的创新发展，在传承地方文化特色、让广播文艺更好更近地触达听众的心弦、达到共情共鸣的境界、展现时代精神等方面做了多方面的策略探讨与艺术追求。本文就地方广播文艺创新发展策略问题做一专论。

关键词： 广播文艺　地方特色　创新发展　策略研究

引　言

千百年来，长江水裹挟着泥沙，经过东海之滨奔流入海，浦东这片生机勃勃的土地露出了水面。凭借着旺盛的创造力，浦东在不断发展经济、改善物质生活的同时，也孕育了独具特色的地方文化。沪剧、锣鼓书、浦东山歌、浦东说书、上海港码头号子、浦东派琵琶等，这些凝聚了历代浦东人民创造力的结晶，具有较高的文化和历史价值，是浦东人民创造精神的体现。挖掘、传承浦东地方文化特色、创新发展地方广播文艺，是近年来浦东广播人为之努力的一件事。

这些年来，浦东台创作的广播文艺《戏迷夫妻的沪剧情》《登高》《张江之韵》

《浦东山歌的前世今生》等,多次获得区(县)一、二等奖,好多出自百姓生活的鲜活题材,借助地方特色文化所赋予特有的艺术魅力,从不同角度和层面呈现浦东这片热土上的生活画卷和精神变迁,在为我们体认和把握时代变迁中的上海文化与城市精神提供参照视域的同时,也得到了听众的喜爱、专家的认可。

浦东的地理位置较特殊,既是典型的江南风貌,又是一个海滨地区,具有很大包容性的独特的地理属性,形成了独特的地域文化形态。地理上来讲,她是平原的、水乡的和海洋的;从文化系统上讲,她是江南和海洋文化系统的。"水"是浦东的一大标志,在水的滋润和影响下,浦东的文化形态显得柔软而富有韧性。浦东的近现代历史,充满了文学性和戏剧性。浦东连接着全国,而独特之处又颇多。浦东的文化和创作资源,隶属于整个中国,成为中国文化的一个组成部分,但是这里又有着不同于全国的独特地方特色,靠海所发展出来的独特海洋文化、渔民传说等,依凭着江南的风情,浦东文化又多了一分诗意和江南烟雨之味儿。浦东的文艺创作资源丰富多彩、错综复杂,在不同的文化系统相互交织,加上近代以来到当下,作为中国改革开放的前沿阵地、外地文化的渗透和影响,更使得浦东的创作资源呈现出丰富复杂的特色。

文艺作品的深刻,往往与其所塑造的地方性文化形象有关,正是因为丰富的地方性文化,才让文艺作品中不管是人物还是故事,都显得更加饱满、生动、深刻。民风民俗是典型的文艺地方性特征的标志,节日风俗、婚丧嫁娶风俗、民间说唱文艺、民间故事、传说、歌谣、民谚等,这些都可以作为文艺创作的资源。对于广播文艺来说,民间艺术积淀是我们创作的最好的源泉,其中,本土非遗文化是必不可少的一部分。之所以重要,主要是因为文艺作品中有了这些点缀,更凸显了作品的地方性,也使得文艺作品的文化含量增加。以下以几个获奖作品为例,谈一些个人感受。

一、从具有重要内涵的地方文化着手,挖掘独具特色和乡土气息的选题

从具有重要内涵的地方文化着手,挖掘独具特色和乡土气息的选题,这是地方广播文艺创新发展的有效途径与成功措施。

一座城市的发展,离不开文化的推动。当戏曲成为一个城市的重要文化内涵,城市的文化品位必然会大大提升。早年的滩簧,现在的沪剧,最初是由浦东一带农民边劳动边哼唱的一种类似山歌的小调,后来逐渐形成一种职业,两三个人或者更多些人,一副鼓板、一把二胡,有人就叫它为花鼓戏,抗战胜利后,才正式定名为沪剧。这种独特的地方性的民俗,体现在文艺创作中,就是鲜明的文艺

的地方性。

2009年，浦东台创作的广播文艺《戏迷夫妻的沪剧情》，获得区（县）广播文艺一等奖，作品的选题来源于当时的一个群文栏目《戏曲大家唱》。一直以来，浦东南片的南汇地区有着沪剧之乡的美名，拥有众多的沪剧爱好者。可以说，几乎每个镇都有大大小小沪剧迷们自发组建的沪剧团队。2009年，《戏曲大家唱》栏目一推出，引来了众多报名团队，其间包括南汇戏曲爱好者协会。协会创办人陈俊南、鲍丽娟夫妇，年轻时都曾是周浦文工团的文艺骨干，当年还是出于对沪剧的共同喜爱，让他们走到了一起。改革开放后，戏曲文化又开始逐渐发展起来，夫妇俩重拾沪剧，并开始搭戏演出。2000年，两人在周浦地区创办沪剧沙龙，两年后，又创办起了南汇戏曲爱好者协会，夫妇两人自掏腰包，用养老金、退休工资自费购买戏服和道具，去各地演出。

有了这些线索，还需要拿出几个细节，看整体故事能不能立起来。中国著名美学家、南京大学美学与文化传播研究中心主任潘知常教授曾强调："在讲故事的时候，我们不要简单把这个故事说出来，而是要倒过来看，要看这个故事最吸引人的东西是什么，我们把最吸引人的亮点先策划出来，然后再去讲。"广播文艺提升情感穿透力，细节是关键。这几个细节要从大量素材中反复筛选，从中选择最能突出节目主题、最能体现人物精神品格的典型细节来。

除了两人创办戏曲爱好者协会的由来、向沪剧泰斗王盘声学戏等细节，创作者又捕捉到了夫妇两人为戏迷演出途中遭遇车祸、身体复原后又重回舞台、着手筹备举办家庭演唱会的几个情节。当时夫妇二人双双倒地后，是热心戏迷发现后送医院抢救，鲍丽娟颅内出血、昏迷状态下，还在病床上打着手板，身体稍稍恢复，两人就着手筹备家庭演唱会。就在演唱会前一天，鲍丽娟的伤病再次发作，演出当天一早，她还打着吊滴，可为了台下前来观看的众多戏迷，她还是强忍着病痛，走上了舞台。

无论是人物细节化、细节画面化还是结构创新化，这些都只是辅助创作者营造艺术意境的手段，真正让节目具有情感穿透力的，是现代社会中人们缺乏而又十分需要的人间真情与人文关怀，是真、善、美的精神境界的感召。如果说真情具有征服力的话，那么，这个节目是通过真情把人心给征服了。

节目播出后，引发了受众和广大戏迷对南汇戏曲爱好者协会的极大关注。作为上海的一个特色戏曲，沪剧已被列入国家非遗保护项目，陈俊南、鲍丽娟夫妇身体力行，带动了周边一大批的沪剧爱好者，为地方特色文化的振兴与发展做出了努力。广播文艺《戏迷夫妻的沪剧情》所展现的，是当时浦东乃至上海地方文化现象中的一个缩影。在讴歌戏迷夫妇为传承和弘扬地方戏曲、构建和谐社区文化积极做贡献的无私奉献精神的同时，沪剧这一地方特色文化，也得以进一步的挖掘、弘扬和推广。

二、传承和弘扬地域特有文化，须充分把握历史文脉精髓

传承和弘扬地域特有文化，是地方广播文艺创新发展的基础与出发点。充分把握地方历史文脉的精髓要义，采用新的艺术表现形式与手段展示，本身又是地方广播文艺创新发展的重要环节。

有一些非遗项目已经随着时代的变迁从我们身边逐渐消失，只在心里留下一丝若隐若现的记忆，当听众的这些记忆被唤醒的时候，情感共鸣油然而生。比如上海非遗文化"上海说唱"。老上海都知道"上海说唱"，这种曲艺样式一直扎根于民间，在其发展历史过程中，曾出现非常多的反映大众心声、寓意深刻的说唱节目。作为上海本土曲艺，它承载、记录着几代上海人的记忆。只是，如今新上海人和上海本土年轻人对之陌生。属于上海非遗文化的上海说唱已处于濒危的处境，亟须出现新的力量将之传承并发扬光大。

浦东有着广袤的广播文艺创作空间，令我们感到欣喜的是，濒临失传的上海说唱，已在祝桥镇文化中心有了传习基地。2010 年，浦东新区祝桥镇群文工作者创作编排的上海说唱《登高》，获得了由国家文化部授予的群文最高奖。喜讯传来，我们随即展开采访，并完成了同名广播文艺作品的采写制作。广播文艺《登高》巧妙地以东方明珠塔作为登高的载体，借助高、包、陶、乔四位大嫂登高时所看到的美景，展示浦东开发开放 20 年来的新风貌，唱出世博家园的最新成果。节目以"登高"两字为主线，运用上海说唱艺术形式的登高、金陵塔到东方明珠塔的登高、浦东开发开放到世博会的登高、从形式技巧到精神内容的登高，种种登高，预示着浦东、上海乃至祖国发展的步步登高。

上海说唱的特点是以少胜多，尤其以绕口令见长。一段上海说唱《登高》，使得当时已经有 50 多年发展历史的上海说唱日臻成熟，登上了新的高度。《登高》运用了上海说唱中目前传世最广的基本曲调《金陵塔》，而《金陵塔》又以绕口令出名，这部作品的创作人员究竟是如何来充分发挥上海说唱的特色，来表现其精神内涵的？作为广播文艺工作者，在挖掘地方特色的同时，我们还须担负起传承地方文化的重任，其间，上海说唱的艺术精髓一定要挖深挖透。

我们多次采访了专业人士，重新回顾上海说唱的历史，寻找上海说唱的振兴之路，同时也借之思考这门艺术如何真正地深入生活、扎根于民。《金陵塔》是彰显演员绕口令功底的一个代表曲目。它由民间绕口令、孩儿莲花落等演变而成，以绕口令形式数唱 13 层宝塔上的金铃。上海说唱《登高》以"夜夜游"曲调作序曲，每段以"混板"唱腔数塔、数铃，混板后唱一段绕口令，运用快口和绕口的技

巧,绕口令部分增强了难度,更显示出演员的嘴皮功夫和语言技巧。

广播文艺《登高》中,由袁一灵先生早年录制的《金陵塔》,引出原上海曲艺家协会副主席、曲艺理论家徐维新的采访,讲述了当下上海说唱演唱技巧方面的创新。"以前的绕口令都是有板有眼的,它要再快的话,要快到没有板眼,没办法敲板了,没有板实际上心里还是有板,这个技巧更高了。""上海说唱灵活多变,能叙事、能抒情、能说理,《登高》这部作品,是用绕口令形式来说清一个完整的故事,这就比原先《金陵塔》的绕口令有了更进一步的发展。"

作者何庆和的一番讲述,在阐明《登高》这部作品主题内涵的同时,也为上海说唱的创作趋向提出了建议。"《登高》体现了上海浦东的发展,东方明珠就是一个地标性的建筑,这当中也是表现那种精神,在不断拼搏向上,一步更比一步高。人的生活水平在节节攀高,都在向上发展,人的精神追求也在提高,大家都是奔着高雅文化,或者说先进文化的方向去努力,所以就取'登高'这两个字。"

借助上海说唱这一群众喜闻乐见的地方曲艺形式,整部广播文艺作品语言生动、演唱明快,具有浓郁的上海地方特色,听来通俗易懂、脍炙人口。节目播出后,引发了听众对上海说唱这一地方文化的浓厚兴趣,同时,节目中所传递的浦东海纳百川、勇立潮头的特色精神,也鼓舞着浦东人,满怀豪情,踏上新征程。

三、植根乡土文化的情感土壤,引发与时代的同频共振

地方广播文艺植根于乡土文化的土壤,又与乡亲们的情感息息相通;而最关键的在于:地方广播文艺创新发展要体现在文艺作品展示时代精神,引发与时代的同频共振。

浦东广播文艺的创新发展,归根结底是内容创新,要体现时代精神,也就是浦东开发开放以来形成的"浦东精神"。30多年前,浦东赢得了历史的机遇,以"争创一流的意识、建功立业的抱负、忘我工作的境界、廉洁自律的情操、海纳百川的胸襟",谱写了一曲"浦东精神"的赞歌。在开发开放的伟大实践中,浦东精神又衍生出新的内涵,那就是"只争朝夕、勇立潮头、崇尚科学、开放包容"的二次创业精神。党的十八大以来,浦东坚持以制度创新为核心,全面深化改革开放,为全国的改革探索新路、积累经验。从自贸试验区,到临港新片区,再到引领区……时至今日,面对百年未有之大变局,浦东依然是中国面向世界打出的一张"王牌"。这么些年来,陆家嘴金融城、张江高科技园区、外高桥保税区等等的建设过程中,文艺创作资源时常隐现其中。挖掘这些前沿阵地在开发开放进程中涌现出的人物、事迹,以此来作为广播文艺创作的基础、题材或者精神指引,对于建设文化浦东、构建浦东精神、催生文艺创作人才,都是十分有意义的。这里不

妨再拿浦东的张江来举例。

　　每一个被人文涵养的地区，似乎都应该有一场属于自己的演出。2012 年，浦东张江也迎来了自己的新名片——浦东山歌音舞组合《张江之韵》。《张江之韵》以《踏车山歌》《逢熟吃熟真开心》等 9 首流传于张江地区的经典老山歌，以及《山歌声声献给党》等 4 首新山歌组成。这台由张江人自编、自导、自演，130 多名文艺爱好者参演的音舞组合计划连演三场，以此迎接党的十八大的召开。10 月份的首次公演，《张江之韵》就引发了强烈的社会反响。随之而来的跟踪采访中，我们也对浦东山歌这一地方特色的由来、形成、发展进行了深度挖掘。

　　浦东山歌是传统民俗文化，它的韵文是一种民间口头文学，曲调是一种民间音乐，唱山歌也是一种民俗风情。在农耕社会，凡是有人群居住的地方，都会有山歌。人们用唱山歌来抒发情感，用唱山歌来娱乐生活，用唱山歌来表达对美好生活的向往。在那远去的年代，张江曾是上海的"山歌之乡"，张江的田头村口，处处有山歌声。那些年里，浦东地区对浦东山歌的抢救与保护工作一直在持续进行中。由《川沙县志》中，收集的未经修饰的浦东民间歌谣，到新中国成立后 1962 年《上海歌声》上发表的浦东山歌《答歌》（即问答山歌）、1964 年发表的《长工苦》，直至 20 世纪 80 年代中期，浦东地区又开展了一次较大规模的浦东山歌采集活动，从而留下了大量珍贵的浦东山歌文字资料。

　　2009 年，《张江之韵》主创成员、老张江奚保国以他青年时期对浦东山歌和对浦东民俗文化研究的积累，编写了"浦东山歌"教材，在环东村教唱浦东山歌，并组建了"浦东山歌队"，紧接着，在当地政府的大力扶持下，张江镇的浦东山歌顺利通过评审，进入市、区两级非遗保护名录。

　　《张江之韵》中，浦东山歌的用词都是质朴的浦东话日常用语，耳熟能详的本地方言、依稀记得的本地山歌曲调，唤起了大家亲切而美好的童年记忆。同时，修旧如旧的前提下，经过了精心梳理和调整的唱词、管弦乐加以中国民族乐器的配曲，完成了传承基础上的创新。

　　这样一台浦东山歌音舞组合，不仅打破了代际隔阂，也唤醒了每一代人心中珍藏的旋律，它唤起了大家心中最炽热、最纯粹的感动。

　　在一股子创作激情的感召下，以《张江之韵》为名的广播文艺也在一遍又一遍的锤炼中。

　　有人说，一部好的广播文艺作品的诞生，必不可少的就是有对应的群众基础，根植情感土壤，并能够深度契合时代精神，与时代同频共振，才能形成广泛而深刻的情感共鸣。张江是曾经的山歌之乡，也是人文荟萃的地方，如今，有"东方硅谷"之称的高科技园区使张江名扬四海，传统的"红菱、地栗、茭菰"张江三宝，早已被电子、高新软件、生物医药三大产业替代，"张江"，已然成为了国际的高科技品牌。

改革开放以来,浦东敢闯敢试、先行先试,在荆棘中闯出一条条新路,创造了无数个第一,日渐崛起的张江成为了浦东的一张亮丽名片。节目中我们引用了现场观看的老张江的一段话:"地栗、茨菰、红菱,这些都是我们小时候的东西,这也是一种地方文化。作为张江人能演出这一台戏,觉得蛮高兴也蛮骄傲的。它一方面是对我们小时候生活的回忆,另外现在的新生活我们又向往,要向更高的目标前进。"共同的情怀、共通的情感、共振的情绪,文艺作品越是充满了人性的召唤,人们的回应就越是强烈。

广播文艺《张江之韵》播出后,获得了广泛好评,并在同年度的区(县)广播文艺评比中获得一等奖。

结 语

传媒多元化时代,广播受到了前所未有的冲击,处于最基层的地方广播电台更是举步维艰。地方广播文艺要发展,唯有突破和创新。纵观浦东台这些年来对地方广播文艺的创新发展策略研究,笔者以为,在熟悉自己地域的文化特点、对本土人文状况和审美心理有深刻了解的基础上,广播文艺创作可以从具有重要内涵的地方文化着手,挖掘独具特色和乡土气息的选题;同时,在传承和弘扬地域特有文化的过程中,要充分把握历史文脉精髓;最为关键的,是节目的创作一定要体现时代精神,要植根乡土文化的情感土壤,引发与时代的同频共振。

坚持以人民为中心的创作导向,推出更多增强人民精神力量的优秀作品,是新时期文艺工作面临的任务和挑战,广播文艺也不外如是。说到底,地方广播文艺创新发展的根本目标,还是要贯彻执行好党的文艺方针,为工农兵服务,为全体人民服务,为社会主义现代化建设服务。让我们踔厉奋发,笃行不息!

参考文献:

[1] 王玺昌:《浦东文脉》——浦东文艺创作资源概览,文汇出版社 2012 年 10 月第 1 版。

[2] 王敏:《突出地方特色　打造广播文艺精品》,《中国广播文艺精品集》,中国广播电视出版社 2006 年 6 月第 1 版。

[3] 董菁:《主题　人物　情节　细节——广播文艺创优的"点睛之笔"》,《新闻爱好者》2012 年 10 期。

[4] 张婷婷:《浅淡广播文艺的创新趋势》,《中国有线电视》2019 年 02 期。

[5] 周艳:《广播文艺创新创优应以"文化为魂"》,《传媒论坛》2019 年 10 期。

［6］张江：《与时代同频共振　与人民共情共鸣》，《江苏作家》2022 年 03 期。

［7］奚保国：《浦东山歌》，上海社会科学院出版社 2012 年 11 月。

作者简介：

黄彩云，上海市浦东新区融媒体中心记者、主持人。

邵学新，上海市浦东新区融媒体中心党总支书记。

新闻节目主持人的播报情绪表达方式研究

蔡青青

提　要： 在媒介发展及信息技术推动的背景下，新闻传播的形态发生显著改变，在传播者层面表现为主持人播报语态的亲和化转变，及人工智能新型报道应用的深入等。在此过程中，新闻节目主持人的多元化表达趋势凸显。时代发展推动着主持人表达方式的转变，在新媒体与智媒体趋势下，新闻节目主持人如何增强播报的表现力与深度，是提升新媒介环境中新闻传播力的重要影响因素。本文将从新闻节目主持人的播报情绪表达方式出发，探究主持人情绪在新闻播报中运用的必要性及表达方式。首先，本文将对新闻节目主持人播报情绪的内涵进行概述；其次，分析新媒体与智媒体时代发展下，新闻节目主持人播报情绪的矛盾性与必要性的冲突；进而，研讨新时代新闻节目主持人播报情绪的表达方式；最后，分析新闻节目主持人播报情绪的表达尺度。

关键词： 新闻节目主持人　新闻播报情绪　表达方式研究

引　言

新闻节目主持人是链接新闻内容与受众之间的纽带，有着重要的影响。新闻节目主持人的情绪也会通过语言、神态、服饰与肢体动作感染到受众的情绪，进而影响到受众对于新闻事件的理解与态度。情绪是一种心理状态，是人对客观事物的特殊反映形式，是人在过去经验中所形成的愿望、渴求、感情、态度等对当前认识事物活动的影响。新闻记者、新闻节目主持人更是如此。本文研究的是新闻节目主持人在播报新闻时的情绪控制与情绪表达方式，以求得新闻播报对于受众产生更强更好的传播力与影响力。

新媒体时代的到来，短视频等信息生产与分发形式拓宽了人们对新闻的获取渠道，更加改变了人们对于信息接收的语态习惯。《主播说联播》等短视频新闻之中，主持人的幽默表达让移动端用户看到了新闻播报创新领域更宽阔的可能性，主持人的情绪流露在短视频新闻播报时拉近了主持人与观众之间人际交流的距离，让更多观众更加关注新闻事件。在智媒体时代发展趋势下，新闻播报的数据化与虚拟化加强，新闻文本之中的数据表达逐渐增加，机器人主持与虚拟主持人开始出现并应用到不同新闻播报场景之中，虚拟主持人的智能化与灵活性引发了观众的新奇感，同时也引发了一定的主持人身份焦虑。在新媒体不断深化发展，智媒体影响人们生活越发广泛的背景下，新闻节目主持人如何锚定自身的身份地位，如何表现出作为新时代主持人的优势是当下需要讨论的话题。智能手机的小屏传播模式不断发展，受众需要更加具有亲切感的新闻节目主持人；人工智能的广泛应用，受众更加关注新闻节目主持人人文精神的凸显。因此，主持人的情绪表达成为当下新闻播报拉近受众距离以及凸显人文价值的核心所在。新时代新闻节目主持人需要对新闻文本进行合理解读，通过与事件及内容相匹配的适度情绪表达进行新闻播报，增强新闻传播的影响力。

本文将进一步对当下新闻节目主持人播报情绪的矛盾性与必要性的冲突进行分析，探讨新闻节目主持人播报情绪的表达方式与表达尺度，为新时代新闻节目主持人改进播报情绪的表达方式提出积极的建议。

一、新闻节目主持人播报情绪概述

心理学认为，情绪是意识活动的重要动力之一，情绪常由一定情境所引起并随情境变化而迅速变化，由于意识活动是调控因素，所以人的情绪会深刻地影响自身及其所从事的一切活动，主持人亦是如此。新闻播报要求主持人严谨、理智且客观，但由于播报内容包罗万象，新闻事件本身也具有不同的情感与情绪，主持人如果仅用一种播报方式报道所有类型的新闻，其播报表现将缺乏生动性与可看性。在人际传播过程中，受众接收到的信息 35％来自于语言本体，65％来自于传播的氛围与传播者的语气、表情及肢体动作等表现。因此，主持人在播报不同新闻时，应当以不同的情绪加以表达。

一位优秀的新闻节目主持人不仅仅需要语言表达的流畅，还需要在播报过程中让观众能够更为轻松深入地理解新闻文本，这一要求需要主持人具备合理的情绪表达,以情绪感染观众沉浸在新闻的内容之中,加强对于新闻事件的理解。新闻节目主持人播报情绪的表达一方面出于自身的播音主持天赋,另一方面则需要主持人不断学习,增强知识储备及人生阅历,在面对不同新闻事件与文本时,能够调动适宜的情绪,控制情绪的表达,让新闻播报更加具有态度与人性化,将播报过程融入与观众沟通的人际交流之中,赋予新时代新闻播报更为丰富的可能性。

笔者从事新闻节目主持 20 年,比较自己 20 多岁和 40 多岁的主持状态和传播效果,发现 20 多岁时的主持容易浮于表面,产生轻易的情绪表现;而后阶段新闻主持时对于情绪的调动及控制更稳定内敛,对于播报内容更有理解和态度。这是 20 多年时光学习和睿智沉淀的结果,也深刻意识到如何表现出合理适度的情绪,是新闻节目主持人需要着重建构与提升的素养。实践证明:新闻节目主持人在播报新闻时的情绪控制与情绪表达能力,是重要的专业素养与基本功。

二、正确处理新闻节目主持人播报情绪的矛盾性与必要性的冲突

新闻报道客观性与新闻节目主持人播报情绪主观性之间具有矛盾性。新闻是新近发生和变动的事实的报道,需要真实、客观、公正地报道;而新闻节目主持人在播报新闻时的情绪,是表明了他(或她)对新闻事实的立场、观点与态度,需要体现正确的立场、观点与态度,需要发挥主观能动性。同时,新闻节目主持人播报情绪有其必要性。新闻节目主持人播报情绪,体现正确的立场、观点与态度,是坚持正确的舆论导向的必要,体现社会主义核心价值观与社会正能量的必要,而新闻节目主持人培养播报情绪表达的风格特点又是增强新闻传播力的必要。正确理解与处理新闻节目主持人播报情绪的矛盾性与必要性的冲突,调节与控制好播报情绪,是优秀新闻节目主持人的必修课。

(一) 客观阐述与新媒体时代交互趋势的冲突

新闻节目主持人的播报需要客观阐述,以表现出对于事件的中立表述或态度传递。但主持人的表现力具有主观表现的特点,尽管对于新闻稿件的客观表达,依旧会具有自身的语气、神态与动作的主观表现特征,也是每一个主持人区别于其他主持人的自身的主持风格特点。因而主持人的客观阐述是在一定条件下的客观阐述,主持风格的表现是对客观主持稿加工的主观化表达。播报情绪并不等同于播报情绪化,赋予新闻文本以人际传播力是主持人的主持能力体现,

情绪的表达并非是大起大落的夸张表演,而是基于新闻事件与新闻文本的自然表达,与事件本身的逻辑一致并且观众们的情绪态度一致。播报情绪表达与客观阐述在某些情况下也许存在冲突,但并不属于对立关系。

在电视媒体与新媒体不断发展过程中,主持人的出镜能够以人际传播的优势弥补大众传播的不足,新闻传播的单向输出变为双向交互趋势,主持人根据受众的反馈进行主持情绪表现的调整。新媒体时代,受众对于信息接收的要求更加碎片化与娱乐化,信息爆炸时代及泛娱乐化趋势下,新闻媒体需要花费更多精力将信息分发到受众面前并获得他们的关注,对于受众接收习惯的匹配是新闻主持人需要学习并进行实践的方向。因此,主持人根据受众反馈进行情绪表达的调整是当下媒介环境要求的必然趋势,在情绪的合理控制与表现的情况下,主持人情绪表达与传统理智播报的客观阐述具有一定的一致性。央视主持人康辉在《主播说联播》中回应《新闻联播》对美国反华分子的评论:"怼得你灰头土脸,怼得你哑口无言。而且怼的时候,我们始终气定神闲。""怼"字带有较强的情绪色彩,康辉通过表达展现出节目立场,即表明"怼"的情绪与态度,也在气定神闲的表达之中表现出"中国一向是讲道理的,中国媒体也是讲道理的,对事不对人"的立场。

(二)传统理性形象与智媒时代人文性回归的冲突

大众对于新闻节目主持人的印象多为正装、干练、字正腔圆与严肃认真的形象,理性形象有利于增强新闻内容及传播的权威性。但情绪与不理性之间还有较长距离,喜悦、平和、忧伤等情绪并不代表不理性,而面无表情与刻板也并不代表理性。主持人的情绪表达能够让观众看到主持人作为"人"的真实感加之新闻媒体的影响力能够增强观众对于新闻的接受。例如,《主播说联播》将新闻演播间的后台呈现到前台,场景的日常化氛围、主持人的亲和语态及情绪表达推动了新闻内容的传播力,观众在聚焦于新闻内容的理性同时,也感受到主持人表达及新闻传播的魅力。

智媒体时代,机器人主持对传统新闻主持带来了冲击和挑战。在2017年,新华社机器人实习记者"i思"与主持人连线并对人大代表进行采访,同时还通过人工智能技术进行数据分析;2019年央视网络春晚中,虚拟主持人小小撒亮相,其语言声音和视觉动作都是对主持人撒贝宁的学习与模仿。智媒时代的到来,使得机器人主持人及虚拟主持人成为趋势,在带来内容生产便利的同时,也造成了观众对于新闻播报人文意义的争议。虚拟主持人能够通过机器学习与智能成像技术达到语言与外表的模仿,但现阶段虚拟主持人对于情绪的表现依然无法与人类相同,观众在观看节目时缺乏对于新闻人文价值的感知。未来,人工智能的应用将成为趋势,与此同时,主持人与人工智能虚拟主持人的联合播报也将成为趋势,在合作过程中,主持人能够弥补人工智能存在的情感与情绪层面的不足,同时在互动过程中也能加强新闻播报的趣味性,让观众以更为广阔的视角看待新闻事件。在此过程中,主持人对于自身的情绪表现需要进一步加强,既能够配合人工智能的逻辑与思维,同时也能够通过情绪的控制表现出人类与人工智能交流的可能性。主持人在智媒时代的要求不再仅仅是传统理智形象播报内容,还需要在人工智能占据人们越来越多生活感知的趋势下,以更具有人文关怀的情绪表达,让观众感受到新闻的人性化与人文关怀。

由此可见,新闻节目主持人不断强化自身的主持风格特点、调控播报情绪赋予新闻文本以人际传播力、倡导更具有人文关怀的情绪表达等,是解决主持人播报情绪的矛盾性与必要性之间冲突的有效措施。

三、新闻主持人播报情绪的表达方式分析

(一)叙事阐述的自然流露表达

新闻播报是新近发生或新近变动的事实的报道,新闻具有新鲜性、重要性及贴近性等价值属性,也是人们对于新闻十分关切的重要原因。由于新闻内容的多样化特点,新闻自身所蕴含的情感也各不相同。观众在面对不同新闻内容时会生出不同的情感,在情感外显后呈现为情绪的表达。主持人是新闻的传播者,但同时主持人更加是一个"人"的身份在进行表达,观众在面对新闻播报时所产生的情绪倾向,主持人在面对新闻稿件时也具有相似的情绪倾向。主持人在进行新闻播报时,需要遵循一定的叙事逻辑进行表述,事件的起承转合决定着不同语句主持人的表述方式,这一表达既与个体的情绪体验与表达相关,也与播音主持的专业技巧有关。专业技能对于语气的抑扬顿挫表达需要结合文本自身的内容,主持人需要对新闻事件及文本蕴含的情绪加以提炼,以个体对于新闻本身的态度进行新闻稿件的二次加工,在个体情绪态度自然流露的基础上,结合主持人的专业素养进行表达。笔者在每年两会期间播报有关政府工作报告内容解读时,都会对稿件进行二次加工。政府工作报告都用概括性的书面语,为让受众更容易理解和接受政府工作报告内容,笔者对部分词汇在不改变意思的基础上,尽量用更通俗接地气的词来表述,例如"摊子""事儿"等口语化的运用带有更为亲切的情绪,让受众更加容易接受播报内容和节目观点。

（二）受众情感的态度集中表达

主持人对于新闻播报情绪的判断一方面来自于作为新闻稿件的"观众"所产生的主观情绪，另一方面来自于对于受众群体情绪倾向的正确判断。主持人在情绪表达时，需要将受众群体所产生的情绪加以表现，例如，受众群体在听到某一体现社会正能量的新闻后极大概率会产生愉悦情绪，主持人播报时应当呈现出喜悦情绪。新闻主持人所代表的是公众形象，因而不能随心所欲地情绪化表达，而是应当以"受众代表"的身份，进行合理化的情绪控制及表达。因此，新闻主持人应该在生活中、在实际的人际交往中，仔细体验和研磨与他人交流的技巧，特别是能够感同身受的处在受众的立场，感受对于不同角色外在和内在行为活动的情绪反馈，以此在定位符合社会规范、受众期待和职业要求的角色形象同时，不断的改善修正自我个性化与职业角色共性之间的偏差，巧加融合运用。

（三）深度解读的副语言辅助表达

人类从传播中获得的信息，很大一部分来自暗示的方式。主持人的手势、仪态、形体、神态等肢体语言都是情绪表达的副语言，能够辅助语言表达的确定性，让语义更为准确生动，提升节目的可看性，在潜移默化中吸引观众的注意力，使得观众更加投入到新闻播报的内容之中。通过副语言的表达，主持人与观众能够形成人际沟通的效果，增强新闻传播的交互性，让观众能够感受到新闻内容并以情绪态度的影响深化对于新闻事件的认知。观众对新闻不同的理解和认知可能会使受众接收到片面或错误的信息，所以主持人分析和点评也有助于传播正确的价值导向，引导舆论向好的方向发展。央视主持人白岩松在播报时，语言思辨睿智，同时副语言自然舒展，在情绪激动时甚至会有破音的情况，但也正是他的情绪表达辅助点评使得内容更为深入。在《新闻1+1》节目中，播报《外卖小哥拼命，谁"饿"了谁，谁"美"了谁》时，白岩松将内容从《你愿意多等外卖5—10分钟吗？》调查报告中跳脱出来，而是提出了事件的核心矛盾，外卖员的辛苦与风险并非是劳动者与消费者之间的矛盾，而是应当改良算法、加强对员工的关怀和对平台的监督。主持人的角色不仅仅是受众和新闻之间的传声筒，更是权威新闻媒体和受众之间建立信任的纽带。情绪的表达具有力量感，在播报情绪的表现中，能够以循循善诱的方式加强观众对于新闻播报的沉浸。主持人需要在语言及副语言的融合中，加强新闻的深度解读，引导观众思考新闻事件本身及其内容意义。

四、新闻节目主持人播报情绪的表达尺度分析

（一）真实有效播报内容为前提

在 20 世纪 80 年代初期，于礼厚先生在《新闻工作手册》中就曾明确为电视节目主持人下过定义："主持人不是表演者，也有别于新闻通讯和文章报道者，主持人是以自己的身份，自己的个性直接面对听众或观众的人，直接向听众和观众传播信息。"正是因为主持人具有极强的个体个性属性，因此更加需要以客观纪实的表达进行新闻播报，担负起作为新闻传播者与公众形象的社会责任。主持人对于情绪的表达尺度的第一前提需要保证新闻的真实性，所呈现的情绪需要以新闻为基础，表现出正确的新闻观念，坚持正确的价值观导向，不以情绪渲染歪曲新闻事实。新闻主持人作为新闻从业者需要弘扬正确的价值观和时代精神。同时，情绪的表达能够增强新闻传播的效率，在真实客观表述的基础之上，以情绪打动观众，结合深厚的文化底蕴，做到内容与情绪的一致性，避免外强中干、华而不实的情绪表达，而是将情绪作为更有效传递新闻内容的推动力，加深观众对于新闻的感受力与记忆。

（二）与角色定位一致为原则

主持人是真实存在复杂多元的社会关系中所设定的真实个体，扮演着真实的"社会角色"，他是演播场景中自我、观众、节目三者关系之间控制与被控的职业角色，绝大多数主持人在话筒前、镜头前展现的自我，都属于社会学意义上的"角色调适""角色转换"。基于主持人的多重角色定位，需要在代表节目的客观、代表观众的感受与代表自身的职业素养之中进行平衡与有机结合。对于节目需要基于客观、真实、有效进行播报，对于受众需要不断体验观众视角的人间百态。对于职业素养，新闻节目主持人都接受过良好的播音主持培训，其中也包括表演等课程，在播报新闻时会进入到主持人这一角色身份之中，在高度集中的播报过程中，主持人对于情绪及生理机能的控制异于平时的状态，使得主持人在播报过程中几乎不会出现打喷嚏或者打哈欠等行为，源自于高度集中与自我控制的肌体反应。而在面对真实的新闻事件时，真情实感所带来的冲击力将与主持人的训练有素相冲突，情绪在播报时会受到新闻事件与文本的感染而自然流露。在 2008 年 5 月 14 日的汶川地震 24 小时直播过程中，时任央视主持人赵普在直播连线前方记者时，得知一位在现场抢救伤员的护士长自己的孩子也被埋在倒塌

的校舍内音信全无,而自己还依然忙碌在抢救伤员的第一线时,赵普在说完"为什么我们总是看着看着就会眼含热泪"后,双眼满含泪水,声音两次哽咽,停顿数秒后恢复常态。主持人赵普在眼含泪水哽咽的播报过程中,并非是刻意表演,而是对于观众共有情感的自然流露,在直播连线过程中的人性化情感表达,是富有人情味角色定位的表现,在当时的新闻播报场景下,传递出一位公众人物与个体的人文属性,表现出新闻播报的人文关怀。因此,主持人对于情绪表达的尺度需要平衡节目、受众及个性三者之间的关系,做到代表公众形象、群众情感及专业素养的有机体现。

(三)避免夸张情绪喧宾夺主

根据欧文·戈夫曼的拟剧理论,一切人际交往都是社会表演,社会表演是有角色代入的表演,个体通过"表演"获得尊重,实现社交、尊重和自我实现等不同层次的需求满足。人们在日常生活中或多或少也会呈现出"表演"状态,所调动的情绪在不同场景、不同身份以及面对不同受众有着不同的表现,主持人面对万千观众,其对于表演的要求与情绪表现将更为严苛。既要符合新闻及受众情绪,也有满足视觉传播的得体。我国电视学者胡智锋曾提出,主持人的语言、表情和动作是不可等同于生活当中的语言、表情和动作的,适度做秀是必然的,这里除了个人化的才艺表现,还要靠与现场嘉宾、现场观众寻求共同关注和关心的问题,或者找到现场正在发生的某种情形引发联想,做一些既相关又跑题的议论、或适度夸张的表情动作,自然而然地形成某种情绪、情趣、氛围,这样才有利于节目可视性和传播效果的提升。相比于综艺节目或少儿节目等其他类型节目的主持人而言,新闻主持人的播报内容具有特殊性,要在情绪表达之中建立与连接同受众共通的意义空间,也需要在生活化的基础上进行审美层面的延伸。新闻主持人需要"放大"生活化的情绪表达,同时兼顾播音主持的基本素养,这里的"放大"并非是夸张,而是抓住生活化情绪特点进行放大,将不符合上镜美感的表达方式进行过滤。例如,在表述喜悦事件的时候,人们通常会呈现出手舞足蹈、语速加快、神采飞扬等情绪表达;而主持人的情绪表达通常会增加手部动作、语调上扬但娓娓道来、神态愉悦而端庄。因此,主持人在播报情绪表达方面,并非是一味的夸张,而是需要对情绪表达语气、动作与神态的提炼,避免因为夸张的情绪化表达造成喧宾夺主的问题,让观众忽视了新闻内容,甚至产生视听与心理层面的不适,传播效果适得其反。精确表达情绪并以具有美感的表现方式进行表达,需要主持人注意观察生活与各行各业的人,并且不断加强表演艺术修养,在观察与捕捉生活的前提下,进行适度、得体与赏心悦目的播报情绪表达。

结　语

新闻播报情绪的表达具有感性化特点,同时也需要受到理性化尺度的权衡,主持人需要在不同播报内容、渠道、受众等关键性要素之中,调整并控制自身的情绪表达。当下,新闻主持人在新媒体时代与智媒时代所面对的情绪表达冲突,体现在客观阐述与新媒体时代交互趋势的冲突,以及传统理性形象与智媒时代人文性回归的冲突,但情绪与客观阐述及理性形象并不对立,反而可以作为媒介技术发展同交互背景下人际传播及人文价值体现的桥梁,以内容的客观阐述及内在的理性内核,结合情绪表达提升新闻传播的影响力。新闻主持人的情绪需要基于叙事阐述的自然流露,表现出观众集中的情感态度,并以副语言表达辅助新闻内容的深度解读。情绪表达并非是情绪化表达,新闻主持人播报的情绪尺度应当遵循真实有效播报内容为前提,与角色定位一致为原则,同时避免夸张情绪喧宾夺主。

新闻节目主持人在播报新闻时的情绪控制与情绪表达能力,既然是重要的专业素养与基本功,我们就要坚持不懈地加强这方面的修炼。以此共勉。

参考文献:

[1] 董冰玉.心理学情绪与情感原理在主持人自主掌控节目中的效用[J].艺术教育,2014(08):193-195.

[2] 董旭.社会表演学视野下主持人角色定位与角色表演研究[D].重庆大学,2014.

[3] 威尔伯·施拉姆,威廉·波特.传播学概论[M].北京:中国人民大学出版社,2010:87.

[4] 应天常.节目主持语言学[M].北京:北京广播学院出版社,2001:9.

[5] 吴郁.当代广播电视播音主持[M].上海:复旦大学出版社,2008:96.

[6] 柯妍.主持人"非角色表演"研究[D].南京师范大学,2016.

作者简介:
蔡青青,上海市青浦区融媒体中心新闻节目主持人。

浅谈民生新闻主持人的基本素养

——以 SMG 新闻综合频道《新闻坊》为例

施 琰

提 要：时政新闻和民生新闻是受众获取资讯的两大类别，其在性质、内容、采集渠道和播报方式上不尽相同，对主持人职业素养的要求也不尽相同。相较于时政新闻主持人客观、权威与相对严肃的播报风格，民生新闻主持人对节目内容的呈现方式则更趋多元。本文着重以上海广播电视台民生新闻栏目《新闻坊》为例，解析民生新闻主持人应该具备的基本素养。

关键词：民生新闻 《新闻坊》 主持人 职业素养

引 言

在新闻传播领域，时政新闻和民生新闻是受众获取资讯的两个重要类别，它们犹如两辆并驾齐驱的马车，虽然都是致力于传播新闻信息、传递人民心声、做好舆论引导，但两者在性质、内容、采集渠道和播报方式上是不尽相同的。相较于时政新闻主持人客观、权威与相对严肃的播报风格，民生新闻主持人对节目内容的呈现方式更趋多元，这是与民生新闻自身的特性相匹配的。尤其是电视民生新闻的主持人，他们除了可以运用更亲民的表达方式、更具态度的意见输出，同时还可以通过更符合个人特点的造型设计，以更直观、立体的形象，形成独具特色的个人标签。

一、民生新闻的定义与特点

（一）什么是民生新闻

"民生"一词最早出现在《左传·宣公十二年》，其中提到"民生在勤，勤则不匮"。这里的"民"指的就是老百姓。在《辞海》中，民生一词被注解为"人民的生计"。而民生新闻，顾名思义就是从百姓视角出发，关注他们衣食住行等方面的新闻。也因为"民生"二字，使其更带有人文关怀的色彩，进而能够最大限度地展现市民百姓真实的生活和状态。

（二）民生新闻的特点

1. 传播视角的亲民性

民生新闻的选材大多都与百姓生活息息相关，所以内容更具有贴近性，切入点更细微，报道方式也更鲜活生动，让观众感觉事情就发生在身边。其播出时间多选在合家欢时段，更容易激发家人、朋友之间的交流欲。民生新闻的亲民特点，使得观众与栏目的黏合度相对更高。

2. 报道方式的灵活性

一档成功的电视节目，能够实现传播者与受众的双向奔赴。民生新闻收视率通常在各家电视台居于高位，特别是在地面频道，此类节目处于举足轻重的位置。正因为观众对民生新闻栏目的接受度高，所以他们对于节目内容和形式的灵活与创新也更具有接纳性。

以上海广播电视台民生新闻栏目《新闻坊》为例，一些非常态的报道方式，诸如主持人走进观众家中探访、开设"主持人说新鲜事"小栏目等等，都接收到了来自观众的正面反馈。尤其是各种增加节目互动性的尝试，更能激发观众的参与热情。例如《新闻坊》中有一个小板块——《城市晚高峰》，每天具体聊什么话题，都是通过观众互动投票的方式来决定，观众不再只是被动的收看者，也是选题的参与者；还有一个板块《市民大爆料》，更是直接让百姓用手机拍摄身边事，自己当记者，直供电视台，由此进一步增强观众的主人翁意识，增加节目与观众之间的聚合力。

3. 收看体验的贴近性

传统新闻播报,基本上是主持人正襟危坐,说一条导语,插播一条新闻。但是纵观各地的民生新闻栏目,从播报形式到内容制作,再到板块设置,往往因地制宜、各有胜擅,都具有较强的创新性。例如《新闻坊》栏目,就放弃了传统的新闻播报台,代之以沙发茶几,背景就是上海的新天地石库门房子。在观众眼里,就如同主持人在自家弄堂口"嘎山湖"(聊天),收看体验轻松自在,多了一分对节目的亲近感。

二、民生新闻主持人的角色定位

(一)新闻资讯的传播者

和时政新闻栏目一样,民生新闻栏目主持人的基本功能就是将新闻内容准确顺畅地传递给受众。但是与时政新闻主持人表现出的冷静、客观、理性不同,民生新闻主持人在传播资讯的同时,不仅可以有自己的个性化表述,甚至可以有观点输出;也就是说,不只是有机串联,还可以进行自身的人格化设置。所以相对来说,民生新闻主持人是更加有温度、有态度的,因此也更容易被观众当作熟悉的身边人。

吴洪林老师在他的《主持艺术》一书中提到一个概念:"主持是传必求通的艺术。"传播的根本目的是为了让讯息通达无碍,其他技术手段都只是辅助达成目的的方法。相较于时政新闻主持人,民生新闻主持人在"传必求通"方面表现得更高效,究其原因,就是因为民生新闻主持人有更多的技术手段来支持表达,不论是语言样态的生活化,还是副语言的协同助力,甚至在特别情况下,道具都可以出现在演播室。只要能够帮助到资讯传播,民生新闻主持人的传播技法可以不断开掘。

(二)民情民意的传递者

民生新闻的一个重要的宗旨是关注百姓的生活,倾听他们的心声,帮助他们解决痛点和难点问题,在上情下达的同时起到纾缓社会矛盾、引导社会舆论的作用。在传播方式更为多元的新媒体时代,民情民意的表达渠道也更为多样化,但主流媒体平台仍是更具公信力的民意传递渠道。在民生新闻的播报中,排忧解难和舆论引导的有效性直接关系到新闻传播的影响力。主持人在民生新闻的传播中起到十分重要的作用,他们是民情民意的传递者,同时也是舆论引导的主导者。

(三) 播出节奏的控制者

虽然一档新闻节目在编排之初就留有时间伸缩缝,但由于直播过程中的各种外部因素,很多时候节奏的把控就交给了主持人。这时导播就需要通过清晰指令,来告知主持人是需要加快或放慢语速、还是压缩表述内容、抑或通过增加话语量来控制节奏。成熟的民生新闻主持人能做到举重若轻,行云流水般完全不着痕迹地完成整套动作,让观众轻松获知讯息的同时,对背后的波澜毫无觉察。

三、民生新闻电视主持人的基本素养

要真正成为一名优秀的民生新闻电视主持人,必须具备一些基本的职业要求,从外表到内在,要对以下的职业素养不断加以磨炼和精进。

(一) 表达具有亲和力

亲和力,这个概念最早来自于化学领域,特指两种原子之间的关联特性;用于人际关系领域时,被用来形容是否具有让人亲近和接纳的力量。亲和力并不是各种类别栏目主持人都必须具备的一种能力,例如法治类或时政新闻类主持人,是否具有亲和力就不是他们的硬指标,甚至严肃一些可能更符合节目的调性;但是对民生类新闻主持人来说,亲和力却是至关重要的素养。

正因如此,民生新闻栏目主持人的适配标准在某些方面颇具弹性,比如形象、声音、教育背景等等,都没有刚性标准。以《新闻坊》的男主播为例,从首任主持人王玮,到现任主持人阿丁,前者曾经是一名配音演员,后者曾担任广播电台交通栏目主持人,两位都曾是幕后工作者,都没有播音主持的教育背景,且形象都不是传统的帅哥类型,但是在民生新闻栏目的平台上,他们却都以平民化的表达和幽默的谈吐风格赢得了观众的喜爱,这其中的核心竞争力就是亲和力。

显然,亲和力并非只是笑容甜美或语言亲切,这种素养可以通过训练增强,但也绝非一日之功,它有赖于全方位的沉淀和积累,而这种源自于内在的沉稳与亲切,会让观众对主持人更具信赖感。

（二）整体形象平民化

民生类新闻最主要的受众是老百姓,他们每日为生活操劳奔忙,更需要有像隔壁邻居或兄弟姐妹一样的主持人,能听得懂他们的语言,感受得到他们的疾苦,才会被百姓视为"自己人"。不妨假设一下,如果是一个时尚华丽、珠光宝气的主持人,在民生节目中聊着小巷里弄中针头线脑的琐碎家常,即便他(她)努力表现出诚恳,也完成了表达任务,但光鲜靓丽的外在与所表述的内容缺乏勾连,还是让人难以共情。

基于这样的基本理念,在《新闻坊》栏目中,四位主持人的整体形象各有侧重。阿丁和笔者作为相对资深的搭档,男主持常以衬衫配马甲为主,凸显沉稳的同时,也表现出上海老克勒的妥帖和严谨;而笔者则是以衬衫加半裙为主,简洁干练又不失清新。在色彩上也尽量做到彼此呼应,体现整体性;与此同时,还要尽量规避饱和度过高的颜色,与自己的年龄相匹配。另一对主持搭档黄浩和舒怡相对年轻,对应的着装选择更具多样性。黄浩基本以宽松衬衫为主,与他日常着装相统一,也凸显了他随性洒脱的性格特点;舒怡则以色彩柔和的连身裙居多,既不失新闻人的清雅,也完全对应她邻家小妹甜美亲切的属性。

总之,不追求奇装异服,不以吸引眼球为目的,着装尽可能简洁利落、亲切日常,是对民生新闻主持人的基本要求。同时,从"首因效应"的角度考虑,主持人的每一次亮相都该谨守初心,保持形象的一贯性,以避免因为偶尔一次的疏忽,而带给观众认知上的偏差,进而影响对栏目的评价。

（三）语言适度嵌入地域特色

一方水土养一方人,讲述本土新闻,如果能够适当地运用本土方言,这是拉近和观众距离的绝佳方式。《新闻坊》栏目之所以被上海观众喜爱,语言的本土特色是因素之一。

《新闻坊》会在本就生活化的语态里偶尔加几句上海话,每周日更有《闲话上海》小栏目进行纯沪语输出。这种亲切的说话方式,不仅提高了本土新闻的表达精准度,也在"嘎山湖"的情境中让观众无障碍理解。

例如在一次新闻播报中,主持人提到某位市民意外中奖,原文只写到"王先生幸运地抽到了一等奖,很是开心"。主持人阿丁在播报时,就即兴地加了一句:"王先生一记头开心得不得了,格真是额骨头碰到了天花板。"瞬间,语意就变得活泼生动了许多,王先生的画面还没出现,他的喜悦之情已经溢出屏幕。又比如,一次临近中秋说到月饼,不同时期的人对于月饼的口味有不同的追求,笔者就加了一句:"各么老底子上海人欢喜哪能嘎格月饼奈?"对于不常在节目中说方言的主持人,偶尔一两句,无形中增加了俏皮感,即便表达略显笨拙,却也很有"笑"果。再例如,某天的节目中说到学习方言,阿丁让笔者现场来一句上海话八级。笔者就随口接一句:"近朱者赤、近墨者黑。"众所周知上海方言多为白话,很少有这种文读,即便发音是标准的,但是导控室的同人愣没猜出在说什么。以至于节目结束,大家还在就这句话展开津津有味的讨论,甚至还收到两条朋友微信,他们也兴致盎然地参与了这个话题。类似的例子不胜枚举,也证明了方言表达如果运用得当,在民生新闻中能起到画龙点睛、事半功倍的传播效果。

(四)具有深厚人文情怀

《新闻坊》每天一小时的内容中,除了提供资讯,还有像《城市晚高峰》这样的深度报道,以及《市民议事厅》这样的访谈板块。与百姓相关的话题,人文情怀是必不可少的,记得白岩松曾经说过:"主持人应该是一支火把、一束光,照亮人心。"而这份期待也正是对人文情怀的形象化总结,它也恰恰是民生新闻主持人不可或缺的素养。

以近期《市民议事厅》的选题为例,涉及的内容和表达的方式无不彰显着节目对人文关怀的重视:有关大学生返乡当农民的访谈——《春来友"农"》,着力探寻上海这座现代化大都市中农民的迭代发展,以新视角展现年轻人参与下的"新农村建设"的欣欣向荣,为眼下焦虑求职的年轻人打开思路,探索新的发展方向;有关养老和意定监护的讨论——《"社会监护"系列观察》,节目中探讨了在老龄化问题严重的上海,如何让孤残老人做到身后无忧的话题,主持人带领嘉宾进行开放式交流,引起了社会广泛关注,节目结束数日,观众的留言反馈仍如涟漪般连绵不绝;有关阳光动迁的深度探讨——《旧里时光》,节目让房屋征收负责人和动迁户直接进入演播室,面对面表达诉求、疏解疑惑。沟通过程中,主持人不是简单的提问者,而是带着人文情怀的掌舵人。在倾听双方交流的过程中适时插入观点穿针引线,既不激化矛盾,也不和稀泥,而是以春风化雨、润物无声的方式完成访谈,将阳光动迁的理念以最直观形式进行呈现。

词典中关于"人文"有这样的解释:人类文化中的先进部分和核心部分,即先进的价值及其规范。由此更加明确,具有人文情怀,当是民生类新闻节目主持人必须具备的素养。

（五）脚踏实地践行"三力"

所谓"三力"，对于媒体人而言是指脚力、眼力、脑力。民生新闻栏目需要依靠集体来创作和运作，从采访、拍摄、编辑到完成播出，整个系统工程中，主持人算是接力跑的最后一棒。但事实上，多数民生新闻主持人都有过一线采访的经历。而出镜记者的相关经历，对于进入演播室驾驭主持节目非常有帮助，它会协助主持人打通内外沟通的潜在壁垒，让表达更接地气，更具可信度。同时，深入群众的经历也会作用到主持人的表现中，成为信心的助力，成为人文关怀的底蕴。

例如《新闻坊》栏目的新晋主持人马跃龙，他本身是播音主持专业毕业，进入电视台先从民生新闻记者起步。有声语言专业的训练让他有很强的沟通能力和共情能力，专业记者的实践磨炼又使他具有敏锐的洞察力和逻辑思维能力，很快，他用一系列优质报道证明了自己。例如，在上海静态管理期间，克服重重困难帮助新冠老人与其家属取得联系；为无声咖啡馆的听障咖啡师助推咖啡包，一周售出 2 万包；帮助上海爷叔与坑人的理发店斗智斗勇，最终追讨回 572 万元巨款……类似报道在《新闻坊》微信公众号上，常常冲出 10 万＋的好成绩。有了将脚踏进泥土的经验，再坐上民生新闻主播台，不仅自己心里踏实，观众也如同看邻家阿弟一样，见证着一个民生新闻主持人的成长。

（六）政治素养是核心

政治素养之所以放在最后强调，恰恰在于它是重中之重。新闻节目主持人，不论是时政类还是民生类，必须要有高度的政治觉悟和坚定的政治立场，任何时候都要把党和国家以及人民的利益摆在心上。在资讯如海的时代，人们比任何时候都更迫切需要提升辨别是非的能力，主流媒体的主持人在这方面责无旁贷。

虽说作为民生新闻主持人，内容甚少涉及时政，但仍然要时刻保持政治敏感度。例如，《市民议事厅》一次在谈论意定监护这个话题时，其中一位嘉宾提到国外的一些先进经验时，误把台湾并列其中，主持人及时插话："您是说中国台湾的经验也值得上海学习？"及时地打断和补救，避免了一次政治性差错。

作为媒体资讯的传递者，主持人的观点和思想会潜移默化地对观众产生作用，所以更要有意识地增强"四个意识"、坚定"四个自信"、做到"两个维护"。而作为民生新闻主持人，为群众排忧解难，倡导公序良俗，构建和谐社会，也是其本职工作的职责所在。

结　语

综上，无论是表达上的亲和力、形象上的平民化、语言上的地域特色，还是人文情怀的培育、脚踏实地的实践和政治素养的锤炼，对于民生新闻主持人来说，都是其职责和使命所要求的基本素养和努力方向。

好的民生新闻节目主持人，一定不是成于一日之功；他（她）必然是来自于群众，感受过民众疾苦；一定有着丰富的人生历练，有故事却又不世故；一定始终对生活抱有希望，并愿意播撒希望之种；一定是怀揣着新闻理想，致力于让真善美更多传扬。

在传统媒体不断创新探索、不断融合突破的当下，民生新闻主持人也要拿出最大的勇气突破自我，用脚步丈量大地，用热爱诠释追求。

参考文献：

［1］吴郁：《当代广播电视播音主持》，复旦大学出版社，2005。
［2］吴洪林：《主持艺术》，上海三联书店，2007。
［3］朱羽君、雷蔚真：《电视采访学》，中国人民出版社，2003。

作者简介：
施琰，上海广播电视台融媒体中心主持人。

浅论民生调解类节目的主持技巧

杨　蕾

提　要： 在媒体变革时代，如何保持一档不同于日常节目的"调解类"节目的生命力、收视率和在百姓中的影响力？在保证案例真实性的前提下，主持和调解起到至关重要的作用。本文试从主持的角度，提炼节目开播十五年来的主持采访技巧和工作实践经验，结合社会学、心理学、大众传播学、主持学等学科理论，剖析调解类节目的特点，归纳该类节目的基本主持技巧，浅析节目保持常青的原因。

关键词： 社会公正　主持技巧　质证　共情　析理

引　言

众所周知，当今媒体处于急剧变革之中，几年前大众口中的"新媒体"早已不"新"，移动互联网迅速成为城市普及的传播方式，传统的广播电视行业更是面临着一波比一波剧烈的冲击。抖音、快手等短视频平台更是极大分流了电视观众，电视节目除了要在融媒体平台全面开花以外，内容的更新换代更是刻不容缓。

在这般严峻的形势下，城市台的民生调解类节目还能在收视率及知名度上占得一席之地，得益于：相对自媒体，电视台作为权威媒体平台，尚能保证调解的公正性，以及在市民的街评巷议之中，"工具理性"仍然是大众的需求；在法律之外，大众的生活仍然需要"公众理性"的标尺来寻求"社会公正"。（"社会公正原则必须得到个人的接受，而这些个人又必须是自由而平等的，以此保证社会成员之间的相互合作"）另一个原因是人性中有普遍的窥私心理，并在大众传播中很容易由某个典型案例引起街头巷尾的热议。因此调解类节目在现今的电视节目中呈现出"生命力较顽强"的占有率特征。即便在短视频满天飞的时候,愿意袒露家庭纷争来寻求和解方案的人们,更容易信任且参与的,还是电视台的平台。这是民生调解类节目的特征所致,也是作为电视节目在这个时代的一种幸运。

以上海广播电视台的节目原《新老娘舅》及其升级版《我要问律师》为例,开播十五年来,虽同样经历电视行业开机率和收视率的整体下滑影响,但始终保持了在地面频道的较高收视率和占有率,也成为老百姓记得住、说得出、爱评论的节目之一。

但作为一档播出了15个年头的老牌节目,不跟上城市和市民生活日新月异的发展,不迭代价值观的输出,显然也是会成为大浪淘沙中的沙。如何更新节目的吸引点,如何输出与时俱进的价值观,如何更好地满足广大受众的需求……都成为节目求生存求发展的必经成长之路。

《新老娘舅》经历了"调解员"时代,一个声情并茂、嬉笑怒骂的"柏阿姨"形象深入人心,成为了百姓的贴心人。但随着时代的发展,市民的公众理性也在快速成长之中,在情感诉求以外,解决纠纷更加客观权威的标尺是"法律",因此,节目也升级为现在的《我要问律师》,在全程法律框架的基础分析上,再加强情与理的分析。调解员律师的年轻化,强调了节目的法律属性,增强了调解的法律权威性,也进一步迭代了节目的年轻态,拓展了节目受众的范围。

在这样一个时代与行业背景以及节目的成长前提下,节目的主创人员都需要不断跟上变化的节奏,制作出符合当下受众口味和需求的节目。

除了调解员以外,另一个至关重要的位置是主持人。

民生调解类谈话节目是笔者从业20多年来深感特殊和颇具难度的一类节目。仅就《新老娘舅》和《我要问律师》而言,由于案例基本来自观众热线,是老百姓真实生活矛盾的鲜活呈现,因此没有脚本、没有预先人设,当事人嘉宾在现场的发言和交锋甚至充满不可预料的戏剧性冲突。因此,该类节目对主持人的要求,也远远不止于简单地读提示器走流程,而是从当事人嘉宾上场的那一刻起,就要充分调动一个媒体人、主持人的观察、倾听、归纳、提问、追问、质证、辨析、判断、说服等一系列能力,属于对主持人综合能力高度锤炼和提纯的一类节目。另外,也要求主持人的自主评论能力以及一定的价值观输出。

笔者将自己多年主持民生调解类节目的技巧总结如下:

一、观察细节

调解类节目当事人与其他节目的嘉宾不同,来自真实生活,因此形形色色,文化程度和表达能力差异巨大。尤其是对不善表达的当事人，要通过多观察提出问题。

例如一期节目的当事人走上场时略显不方便，可以直接提问："您今天走路是不大方便吗？因为什么呢？"当事人的情绪直接就到位了："就是前两天被他推得摔了一跤呀！我就要来评评这个理！"这样就可以自然而然地拉出第一个有细节的冲突过程，从而在第一时间里先吸引住观众的注意力。也因此可以将当事人诉求等环节略微挪后，以生活化自然呈现的方式将观众代入即将调解的演播室情境。

二、拉近距离

这里的"拉近距离"是指大众传播中的"情感距离"。当事人与主持人有个逐渐熟悉的过程，只有当事人感觉到放松、安全，才有可能敞开心扉进行诉说。因此，在进入主题甚至录制开始之前，可以通过观察细节寻找话题，与当事人拉近情感和心理距离。

例如："阿婆您多大岁数啦！今天过来有人陪吗？是坐地铁过来的吗？"问完这些话后，一般来说对演播室有些害怕或抗拒的老人会通过这种拉家常方式的问答感到放松一些，从而能更好地进入与主持人的对话，也为回答之后主持人的提问打好了情绪基础。

在早前中央电视台的著名节目《实话实说》里，这就是主持人崔永元的常用技巧，他经常通过嘘寒问暖、拉两句家常、进行自嘲等与素人嘉宾迅速拉近距离，形成良好的场上谈话氛围，同时也成功塑造了自己的亲民形象。

三、仔细倾听

在第一个问题（询问诉求及目前状况）以后，倾听其实是个非常重要的主持技巧。有些主持人按编导给的基本流程，一个个问题问下来即可，不去注意嘉宾回答问题的内容里可能出现的线索或隐情，就失去了"追问"和"质证"的精彩。调解类节目的亮点追问往往出现在当事人的自述里。比如有一对母子经常发生较为激烈的冲突，最近的一次由言语上升到了肢体冲突，母亲因此伤心不已。在母亲的自述里提到过一句 28 年前离婚……此时主持人觉得这句话的情绪里似乎隐含着一些隐情，于是没有按既定问题打断她，而是等待她的继续倾诉。接着母亲说出了之前离婚的原因正是前夫经常的家暴行为。通过她对其家暴行为的回忆，我们也逐渐还原了当年的一些事实真相：即年幼的儿子也是家暴的直接和间接受害者。他曾经挨过父亲的打,也曾目睹父亲对母亲的殴打……从这段经历的倾听中,可以迅速得出一个判断:儿子现在偶发的暴力行为,很有可能是因童年作为家暴受害者遗留的心理创伤和阴影导致。接下来就可以在对儿子的提问里去求证这样一个推断,从而选对"心病要用心药医"的调解方式。

四、质证

在节目录制过程中经常遇到这样一种情况,即对同一件事,双方各执一词,所描述的版本大相径庭;或一方陈述的情况,另一方予以完全否认。这种情况非常类似于法庭上的"质证"环节,即需要双方拿出更充分的证据来支持自己的论点。谁主张谁举证,在双方举证的过程中,主持人要详细倾听并观察双方的微表情和肢体语言,来判断哪一方有可能说谎;并从双方举证陈述的逻辑链条里判断其是否逻辑自洽,哪一方存在不合理的逻辑,并进行继续的追问,直到其中一方露出明显的逻辑漏洞来,双方说辞的可信度也就自然有了高下之分,事实的真相也就像剥笋般被一层层揭开、显露。

五、共情

共情是调解中的重要技巧。"当一个情境不能被改变时,继续关注内心的情绪反应可能是比较有效的。"当事人因为利益或情感纷争来到电视台,总是希望第三方调解平台能为自己解决问题。然而冰冻三尺非一日之寒,当事人也有相当一部分是性格倔强之人,也正因如此才难以退让。这样的情况下,主持人要先"尊重他人的情境",对"吃软不吃硬"的当事人进行充分的共情,表示出对他及其处境的理解,使其放下戒备心,进而达到可以听进调解的效果。例如一个当事人在录制中死活不肯让步,即使法理上完全没道理,她也坚决不肯迁出在亲人房产里的户口,给亲人卖房造成障碍。这个时候主持人要想的是:她为何要坚持这种不理性的决策,背后一定有其情绪原因。所以说出了"我们理解你离婚后20年,一个人抚养孩子非常不容易,你一定也吃了不少苦吧"? 此时泪水在当事人的眼眶里打转。在当事人情绪产生波动的时候,主持人要给予对方一定的"情绪空间",不要轻易打断。这时安静的空间不会干扰当事人的情绪表达,而情绪表达也是一种强有力的"非语言符号",在电视画面中也非常有情绪感染力,并可以引起观众的好奇心。此时主持的停顿是一种技巧,它更像是一个冒号,而不是一个句号,同时也是"尊重他人的情境定义"。在十几秒的情绪表达和逐渐平复后,当事人忍不住说出了这些年的憋屈和承担……主持人再次进行共情,表示非常理解,如果是自己也会有同样的感受……在一阶段的共情之后,再回归到理性,用说理的方式再次调解,此时当事人的情绪得到了安抚,接受调解方案的理性决策也就回归到了正常位置,更容易接受让自己在客观前提下利益最大化的调解方案,而放弃不切实际的"鱼死网破""我不好过,你们也别想好过"……的想法。

六、析理

调解节目的硬性指标是法律原则,一切调解要在法律的框架之下,不能逾越法律原则。但也正因如此,一些当事人达不到自己的愿望,也会耿耿于怀,一时不愿达成调解。此时的析理过程就显得尤为重要。这里的析理,着重于将法律原则落实到生活之中,巧用人性中"趋利避害"的原则特点,站在当事人的角度为其做利益最大化分析。比如一方兄弟要强占父母留下的房子并振振有词,主持人就要在律师调解员给出法律意见后,再次对当事人进行沟通。比如"法律意见你也看到了,现在你占着也是没有用的。因为对方只要去法院起诉,极大概率还是要判你搬离的。到时候还要承担诉讼和律师费用,对你们双方又更多一笔损失。现在既然兄弟愿意补贴你一些钱,倒不如趁此搬离,赶紧买上一套属于自己的小房子,即使远些,也是完全属于自己的家"。通常来说,在析理时给予设身处地的利益分析法,对当事人的效果非常好。

七、一些特殊情况的处理方式

来源于真实生活案例的调解节目,常常在节目录制过程中遇到一些特殊情况,需要主持人有一定的专业心理知识以及迅速判断、随机应变的能力。比较常见的是当事人在陈述过程中,因为其逻辑链条的混乱而引发主持人进一步的系列追问,从而发现当事人有妄想或精神分裂症的可能,这种情况需要以婉转理由及时中断录制,并提醒当事人家属,将其转介到精神卫生机构问诊。

笔者在主持过程中数次碰到当事人自述"被跟踪、被伤害"的情况,然而详细询问下来并未发现有伤害主体、动机和实际伤害过程,经反复询问,初步判断当事人有被害妄想,而被害妄想正是精神分裂症的典型表现之一。精神分裂症患者由于不是完全民事行为能力人,因此基于法律原则的调解会无效,劝说其家属尽快将其转介到精卫中心才是正确的做法。

当然,此时的询问需要用上调解节目主持的增益技能:心理咨询。笔者认为,一名合格的调解节目主持人,必须有职业心理咨询师的资质和基础,因为其接触的形形色色的广大人群及其矛盾,必然包括因心理问题引发的家庭矛盾,同时也能在遇到这类特殊情况时运用专业判断,以免误人。

另外就是在遇到一些家庭暴力或者未成年人受伤害的情况下,要及时劝诫受害当事人报警、验伤或向妇联组织等求助,这些虽然在主持之外,然而对当事人免除被危害显得十分紧迫,也是作为民生调解节目平台的社会职责所在。

还有一些情况下:主持确实会用到一些心理咨询手段,譬如对待明显有抑郁焦虑或双相情感障碍的当事人,要做好倾听、共情乃至疏泄的作用,先助其获得暂时的情绪稳定,再进行对事实部分的提问和厘清。

结 语

综上所述:调解节目要应对社会真实案例和各种突发情况,对主持能力和技巧的要求很高,同时也要求主持人本身有较强的心理素质和知识架构。在碎片信息和视频无所不在的今天,调解类节目还能保持较为稳固的观众群体、有其人间烟火的生命力,与"真实""矛盾""人性"这几个关键词不无关系。而主持节目的关键,就是要保持真实生动、客观呈现矛盾、在法律原则的基础上,依据和顺应人性,做出可让人接受的说服调解工作。

当然,主持人本身也需要与时俱进,只有是个真实的人,"具备自主评论的能力,才能在需要发出议论时,观点鲜明、出口成章,并兼具主持人应有的公信力、亲和力和个性魅力"。

参考文献:

[1] [英]尼克·史蒂文森.《媒介的转型:全球化、道德和伦理》北京大学出版社 2006 年 10 月.

[2] 吴郁.《当代广播电视播音主持》,复旦大学出版社 2008 年 12 月。

[3] 张景云.《大众传播距离论——一种心理学视角》新华出版社 2009 年 7 月.

[4] [美] Jerry M. Burger.《人格心理学》中国轻工业出版社 2008 年 3 月.

[5] [美] 戴尔·米勒.《社会心理学的邀请》北京大学出版社 2008 年 12 月.

作者简介:
杨蕾,上海广播电视台东方卫视中心主持人。

论财经直播节目安全播出的
重要性及主持人的责任担当

侯文艳

提　要： 财经直播节目在社会传播中承担着非常重要的作用。这些年来,新媒体蓬勃发展。新媒体具有传播速度快、无地域时空限制、互动性强及信息更具主观性的特点。这些特点决定了通过新媒体的信息传播,其裂变性是把双刃剑。新媒体的特性、受众人数的庞大及媒体的社会责任,使得财经直播节目的安全播出非常重要。财经直播节目是合作性的工作,要实现安全播出需要各岗位都付出努力并好好配合,而主持人是其中非常重要和关键的一环。为了实现安全播出,对现阶段的财经直播节目主持人提出了更高的要求。主持人需要完成思想、心理、业务、团队等各个不同层面的准备工作,才能更好更有把握地实现财经直播节目的安全播出的责任担当。

关键词： 新媒体发展　财经直播节目　安全播出　主持人责任担当

引　言

　　新媒体发展如火如荼,网络直播既轻松又很生活化,传统媒体严谨地追求安全播出还重要吗? 当直播节目中从出现差错到转发甚至上热搜,裂变式的传播会伤害传统媒体的公信力吗? 主持人作为呈现直播的重要环节,在当下的媒体格局中又能为安全播出做些什么呢? 传统媒体人在拥抱新媒体的过程中会有很多这方面的思考。

　　本文先从新媒体的传播特点入手展开,再通过一组数据揭示新媒体受众的数量庞大,然后谈到财经直播节目所承担的社会责任和影响力。从这三个方面,采取层层递进的方式论述在新媒体发展中,财经直播节目安全播出的重要性。同时,作为财经直播节目重要一环的主持人,如何为实现安全播出而开展准备工作,本文也从5个方面提出了具体的建议。本文可以更好地帮助传统媒体人,在拥抱新媒体的过程中提高安全播出的意识,及有效帮助到直播主持人的具体工作。希望可以引发大家更多的思考和创新。随着技术的进步,未来会有更多的挑战,而始终保持学习状态和敬畏之心,相信每一个媒体人都将不负时代所托。

一、新媒体在发展中呈现出的传播特点分析

新媒体产生于20世纪末,进入21世纪,随着互联网的高速发展,新媒体进入高速发展期。新媒体发展到目前,已经拥有强大的影响力,广泛的覆盖面和精彩的内容。甚至,新媒体已经影响到受众的日常行为。随着手机摄像功能的普及,人人都可以进行拍摄,一下就降低了直播的技术门槛。人人都可以成为主播,进行直播。不论是在哪个平台,新媒体的直播间和传统媒体相比,总会带来更轻松、互动性更强的观看效果。

未来随着人工智能的发展,5G时代的到来,新媒体将创造出更便捷的应用方式和更精彩的内容传播,而受众对新媒体也会更加依赖。

新媒体在发展中呈现出一些和传统媒体不同的特点:

1. 传播速度快

新媒体信息传播的速度非常快,具有即时性的特点。受众通过手机、ipad等智能终端能够快速发布信息和及时接收信息,转发信息。打破了传统媒体定时定量传播的方式。

2. 无地域时空限制

传统媒体受有线网络的限制和国家等行政区划和地理区域的限制,而新媒体利用互联网进行传播,可以在地球上的任何地方和世界相连。

特别是通过手机浏览观看的新媒体受制约因素少,几乎不受任何时间和地域的限制,手机可以拍摄、可以制作,发送时间短、接收速度快,只要在移动互联网络覆盖的全球任何地方、任何时间,都可以搜索信息、查阅信息、发布信息,这是广播、电视、报纸等传统媒体无法做到的。

3. 互动性强

新媒体与传统媒体相比具有超强的交互性。广播、电视、报纸等传统媒体都是单向传播信息,媒体处于强势地位,受众几乎只能通过写信、打电话的方式对内容进行反馈,反馈时间长、反馈渠道少,互动性不佳。

而在新媒体环境下,信息的传输是双向的,甚至是多向的。每个受众都既可以选择接收信息,也可以选择屏蔽信息。用户不再是单纯被动地接收信息。

受众拥有了更多的选择权和角色。每个受众既可以接收信息,也可以成为信息的发送者;既可以是信息的制作者,也可以成为信息的传播者。人人都可以是消息的发布者,人人也可以在任何地方任何时间对信息进行反馈、评论和互动,满足了受众掌握话语权的需求。新媒体具有了多向互动的信息交流的功能。

4. 信息主观性

新媒体作为传播媒介,任何人都可以发布自己的所见所闻、所思所想,不像传统媒体有严格的审核机制。受众既可以自由地表达自己的观点,也可以自由发表评论。这样的信息是个体化的,也是海量的,又没有审查机构甄别每一条信息的真实性。这种特点也导致了新媒体的传播信息更加主观,其客观真实性需要受众自己判断。

二、新媒体传播特点决定了财经直播节目安全播出的特别重要性

新媒体的传播方式快速、广泛、互动性强,更具主观性。这些特点导致新媒体传播的信息是可以快速裂变的。这种特性像一把双刃剑,它可以让优点快速放大,同时也会使错误快速传播,扩大负面影响。所以在这种特点的影响下,财经直播节目的安全播出是非常重要的。

我们再来看一组数据。根据中商情报网讯:截至 2022 年 6 月,我国网络新闻用户规模达 7.88 亿,占网民整体的 75%。2022 年 7 月的数据显示,世界上59% 的人口使用社交媒体,估计每秒有 7 名新人开始使用社交媒体。

据 iiMedia Research(艾媒咨询)数据显示,2022 年,中国直播用户最常观看的节目类型是娱乐类,比例为 75.5%;其次是生活类,比例为 73.6%;43.3% 和42.2% 的中国用户会选择观看体育类和电子经济类。从数据中不难发现,受众对经济类的直播内容需求是排名靠前的,观看量是巨大的。

通过数据我们可以看出,不论是从新媒体渠道获得信息的受众数量,还是其

对于经济类直播内容的需求量,都是庞大的数量。在这样体量的传播基础上出现差错,并导致裂变式传播,这种负面的影响将非常大。所以在新媒体发展中,关注度很高的财经直播节目的安全播出,就要比以往的任何时候都更加重要。

国家广播电影电视总局在 2009 年发布的《广播电视安全播出管理规定》中指出:安全播出,指在广播电视节目播出、传输过程中的节目完整、信号安全和技术安全。其中,节目完整是指安全播出责任单位完整并准确地播出、传输预定的广播电视节目。

对财经新闻直播节目来说,不仅要节目内容完整,还要做到内容无差错、观点态度准确、大政方针导向正确。

财经节目的报道内容都是有关政治、经济、金融,联系着国际市场和国内市场,涉及国计民生,影响巨大,不能出错。在财经直播节目中,会对最新的有关金融市场的政策、法规、数据进行报道并做解读;财经直播节目中,会对股票、外汇、商品等金融市场的最新变化和异动情况做分析。在国际关系新格局的今天,解读的方向和语言的准确度,非常重要。否则,这种不准确容易在强大的互联网算力的推送下,在巨大的观看和转发量中,迸发出极大的舆论导向偏差,从而影响到公信力被挑战。所以在新媒体发展中,财经直播节目的安全播出非常重要。

财经直播节目的安全播出体现的不仅是一档节目更是一家媒体的底色。财经媒体的底色是什么?专业、时效、责任、担当。优秀的财经节目应该做到四度,有高度、有深度、有广度、有温度。这要靠什么体现呢?除了内容制作团队及时高效的报道,精心的设计策划之外,所有的内容都会通过直播的方式呈现。不出差错,安全播出是呈现财经媒体底色的最基本的前提,非常重要。试想,一个经常出错的财经媒体,对于它所做的报道及深度分析,受众对它的可信度又能有多少呢?所以安全播出是媒体公信力的基石。

三、财经节目直播的责任担当对节目主持人提出了更高要求

财经节目报道全球金融市场,每个洲的交易时间跨度都不同,所以财经节目的直播时间恐怕是所有节目类型中时间最长的,这对财经节目主持人来说是非常大的考验。每天面对庞大的数字,政经新闻,突发事件,评论分析,主持人在长时间直播的同时,还要保证安全播出,不出差错,这对主持人都提出了更高的要求。财经新闻直播节目的安全播出包括:政治安全,内容安全,语言安全,画面安全。财经节目主持人为了达到这些要求,为了直播节目的安全播出需要进行更充分的准备工作。这种准备工作包括主持人政治素养的提高、品牌意识的深化、心理素质的加强、多渠道的备稿方式及标注稿件、和团队合作与沟通的精神。

1. 政治素养的提高

中国站在了新的历史路口,经历百年未有之大变局。政治是上层建筑,经济是基础。一定要在世界大变局的国际视野中把握国内经济和政治的辩证关系。这要求主持人要站在更高的角度看待问题,分析问题,评论问题。大变局下,有机遇,有挑战。市场可能会变得更敏感,身处其中的投资人也可能会变得更谨慎。一切都处在新的变化之中,稳定至关重要。所以财经直播节目中对于事件的解析和评述也要更慎重。主持人既要做到客观地报道市场,也要做到温暖地抚慰人心。

2. 品牌意识的深化

曾经在新媒体平台的传播中,出现过多次的不同的差错事件。这种事件的影响不仅是对主持人个体的伤害,更是对其所在媒体平台品牌的伤害。一档节目的所有人员的努力,最终是通过主持人呈现的,受众对一个财经媒体品牌的认知也往往是通过节目和主持人。无形中,主持人和所在媒体品牌已经紧密的捆绑在了一起。所以主持人肩上的责任重大,主持人不仅是某一个个体的工作,主持人在直播中的所做所言,直接就是其所在媒体品牌的形象。当主持人把品牌意识深化于内心,其所言所行将不再是个体化的,而会站在更高的格局上去开展工作,以及应对各种状况。

3. 心理素质的优化

财经直播时间长,每天从早到晚。直播中一定会出现突发情况,主持人要镇定,冷静应对,把影响控制到越小越好。比如,在直播中,主持人在全神贯注地读头条新闻,突然演播室的一块玻璃爆掉了,声音特别大,把主持人吓了一大跳。生活中发生这样的情况,可能会叫出声或者神情紧张地去看。但是,这是直播场景,主持人必须镇定,面不改色地继续播报。有时出现突发情况时,主持人还需要依靠自己的智慧和抗压能力去化解突发事件,不要影响到直播的安全。

4. 主持人备稿方式:多渠道备稿及标注稿件

新媒体时代,主持人备稿不能只依靠《新华字典》了,而是要多管齐下,运用各种渠道来协助自己完成备稿。

备稿分为狭义备稿和广义备稿。广义备稿是指不断地学习和积累。狭义备稿,是指某一特定稿件或具体某一次播音主持工作之前的准备过程,即对稿件的层次、主题、背景、目的、重点、基调等的分析过程,以及对内容理解和读音确认的过程。财经节目主持人需要在每档新闻直播前,留足充分的时间,通过电脑系统熟悉稿件、标注稿件。包括查找中英文生字词,确认发音。遇到长句子,可以在稿件中用斜杠或空格来断句和标注气口,从而在直播时让语流更舒畅,句意更明确。财经直播节目中的资讯和证券内容有一定的专业特点,所以备稿时会有些着重点。

财经资讯不仅包含国内外时政新闻,还有非常多的产业新闻和上市公司公告。在新闻稿件中,有的生僻字可以通过字典查询。但有的字是多音字,就需要花费更多时间和多种渠道来查询。比如,有一条公司公告是来自于一家名叫"美亚柏科"的公司。"柏"字是多音字,这家上市公司又不是热门公司,只是偶尔出现。主持人先询问了一下演播室的证券嘉宾,发现业内人士对这个公司名称的读法也不一样。于是查询到上市公司的电话,直接打给上市公司,问询他们这家公司名字的正确读法。接电话的员工告知主持人:读 bai,三声。

财经资讯中还会播报英文名称的公司。例如这条资讯:"当地时间 10 月 14 日,在纳斯达克上市的电动汽车公司 Electric last mile solutions, Inc.(ELMS)宣布,已与宁德时代达成协议,后者将为其全电动商用车提供电池并确保生产能力。该协议将确保电池供应到 2025 年。此外双方有望在美国的电池本土化方面进行合作。根据官方信息,宁德时代将为 ELMS 提供 42 千瓦时的磷酸铁锂电池,并采用宁德时代的 CTP 技术。"这条新闻中有涉及在美国纳斯达克上市的公司 Electric last mile solutions, Inc.(ELMS),其中的 Inc.怎么读,是读 inc 还是 incorporated 呢?这就需要主持人通过网络来查询。有的可以查国外的新闻报道,有的也可以查公司的宣传片等。

关于财经新闻中的数字。财经新闻中出现的数字非常多,如果数位过多,主持人在直播时就非常容易出错。如果数字超过 5 位数,建议备稿时把数位用中文标注出来。比如这条资讯"国家统计局今天发布的房地产开发投资和销售数据显示,今年 1—9 月全国房地产开发投资 112 568 亿元,同比增长 8.8%,较 1—8 月增速收窄 2.1 个百分点,今年房地产开发投资增速在 2 月迎来小高峰,随后投资增速连续 7 月收窄。"其中"112 568 亿元"数位过多,主持人在准备稿件的时候可以在新闻编辑系统中把它改成"11 万 2 568 亿元",这样在直播时既不会出错,也不会出现直播中数数位的尴尬。还有一种情况,带有%的数字有时会在提词器中出现跨行的现象,比如"8.8"在提词器前一行的末尾,"%"在下一行的开头。主持人在直播读数字的时候不能一个字一个字地挨个看,而是要像扫描一样上下行一起看。

在备稿的过程中,最好养成画线的好习惯。不仅是画句子层次,有些词语也需要画线,避免误读。因为,有些字跟它前面一个字和后面一个字都可以组成一个词，如果不提前画线，那在直播的过程中比较容易读错。比如这条资讯："艾迪森，中国物流，安宁股份，每十股派现金额分别为 15 元，12 元，6 元。"其中的"派现金额"，这个"金"字跟前面一个字可以组成"现金"，而"金"跟后面一个字也可组成"金额"，所以在备稿的时候，在"派现金额"的后面画一条线，可以避免直播时断错句。再比如这条资讯："2022 年 7 月，我国外汇市场运行总体稳定，境内外汇供求基本均衡。"其中的"境内外汇供求"，因为这个"外"字可以跟前面的字组成"境内外"，也可以跟后面一个字组成"外汇"，所以在备稿时在"境内"后面画线，可以避免断句错误。备稿时做好画线，还是非常必要的，可以避免直播时读错。

财经直播节目中证券部分的备稿，大部分属于广义背稿。以主持下午 1 点到 3 点证券直播节目为例，主持人备稿的流程大致如下：a. 浏览财经早新闻，对重大新闻做到心中有数。b. 观察 A 股、港股开盘情况，留意重大新闻对 A 股开盘价的影响程度。c. 观察盘面运行情况，结合重大新闻及盘面特征准备下午节目的选题。d. 确定下午节目的具体内容和访谈细节。e. 直播时，和嘉宾直播访谈的同时一直留意盘面异动，并及时反馈到节目中。f. 浏览收盘后的财经要闻，并观察欧洲股市交易情况。g. 晚上，留意上市公司晚间公告，并研读券商研报。h. 如遇定期报告披露期（年报、一季报、半年报、三季报），对定期报告、券商研报的阅读时间可能会延长至 24 点前后。

证券直播会提前准备好节目的标题内容，但是预测的行情走向也经常和实际不同，当直播时说到这个话题的时候，市场可能突然出现截然相反的走势。比如芯片板块集体涨停潮，主持人提前准备的话题是"芯片板块未来的趋势会否继续进一步反弹"？但是直播的时候，这个板块却开始跳水了，有一些涨停板的股票纷纷炸板，那如果这个时候再说集体涨停潮就不合适了，观众看的尴尬，主持人说的也尴尬。所以这时主持人需要对话题进行及时的改变，在直播当中就要改成"芯片股上午集体涨停潮，但下午突然出现炸板现象，会否影响后期反弹的幅度和空间"？

5. 加强团队合作和沟通

一档财经节目的直播，需要很多岗位的配合。主持人、嘉宾、摄像、责任编辑、导播、字幕、技术等。确保直播节目的安全不出差错，既需要各个岗位提前到岗，准备充分，也需要互相配合，临场应变。

有时会有临时插播的新闻。比如在直播进行中，责编突然插入了这样一条新闻："上海证券交易中心副总经理刘逖，在 2021 上海全球资产管理高峰论坛上表示，我们正在和银行间市场做对接，推出一个产品，这个产品可以购买上交所和银行间市场的债券。"姓名里的"逖"应该读"ti"四声，它不是常见字，又容易读成"di"。直播中突然出现这种情况怎么办？这就考验主持人和制作团队的配合与沟通意识了。首先，主持人要多注重广义背稿，在平时养成遇到不认识的字就查的好习惯。其次，责编在审查这条新闻时发现这个字是易读错字，可以在文稿中把(ti，四声)，用括号的形式，紧跟在这个字的后面标出来。最后，节目结束之后，主持人需要立即跟团队沟通出现的情况，达成解决方案，以免日后再出现类似的问题。比如，主持人可以提出建议，任何插播的新闻都需要打印出来，在这条新闻播出之前及时送到主持人的手上，让主持人在直播间隙可以快速浏览一下，防止出差错。

有的时候，片子会出现播放不出或者画面突然出现问题的情况。这时导播会把画面切回到主持人。这需要主持人能够全神贯注，立刻反应，继续播读下一条资讯或者对盘面进行最新的介绍。不能空场，也不能惊慌，而是要处变不惊地把这个画面的问题转化掉。

财经新闻直播节目中，主持人会和嘉宾一起合作完成对市场的解读。主持人问问题，嘉宾解答。有的时候嘉宾的用词会不准确，或者嘉宾突然咳嗽了。这要求主持人的思路要一直跟着嘉宾的语言，一旦出现不合适的地方，主持人需要立即把话题接过来，可以介绍一下相关板块的表现和市场最新的变化，再把镜头给到嘉宾。主持人需要通过这样的方式进行补救，要做到润物细无声。

财经直播节目中还会出现连线直播，会同时有两个演播室在进行同一档直播。2022年因为疫情封控的原因，第一财经的直播也一直都在进行。有的主持人驻台直播，有的主持人在家里直播。为了保证节目效果，每一档节目开场是由台演播室完成，然后交接给在家直播的主持人，但是在直播的过程中，台演播室的主持人也要同步跟进直播的流程，万一在家直播的主持人的信号不好或者断掉，可以随时切换到台演播室的主持人。保证无缝衔接。再比如上海进博会期间，台里演播室和上海进博会演播室连线，台里演播室的主持人在直播中将一段时间交给在进博会现场演播室的主持人，介绍有关进博会当天的最新资讯。虽然画面交接出去了，但还是需要台里演播室主持人同步跟进进博会演播室主持人的提词器，如果万一信号断掉，演播室主持人可以接着播报进博会演播室的资讯。同时这也需要责编提前把进博会演播室的资讯内容编辑到台里演播室主持人的文稿系统当中。

有些问题主持人可以在直播前和直播后，与内容和技术团队进行沟通，但有些突发问题需要在直播中和导播进行沟通。直播中主持人和导播的沟通需要讲究时间点和方法。在直播节目进行中，无论画面是否切到主持人，主持人开口讲话都应该是节目的相关内容。如果万一出现鼠标失灵、提词器不动等情况，一定不可随意开口。主持人可以先看手头的纸质稿件,在切画面放片子或宣传片的时候,主持人看到返送画面没有切到自己的时候,一定先挥手向导播示意自己有情况要沟通,等导播在耳机中进行询问,才可以开口讲遇到的突发情况,等待技术人员来做处理。主持人不可以看到镜头没有切到自己就直接开口沟通,否则导播没有关话筒的情况下,主持人讲话的声音会直接播送出去,造成差错。

结　语

综上所述,财经新闻直播节目安全,指的是:不仅要求节目内容完整,还要做到内容无差错、观点态度准确、大政方针导向正确。优秀的财经节目应该做到"四度",有高度、有深度、有广度、有温度。安全播出是媒体公信力的基石,也是财经节目做到"四度"的基石。

财经新闻直播节目主持人既是安全播出链条上的一环,又是安全播出最重要的守门员,需要不断提高自己思想水平和技能。在新媒体快速发展的今天,财经直播节目的安全播出是非常重要的。它奠定了作为财经媒体的社会责任、公信力、美誉度和专业性的底色。

随着技术的进步,人工智能的成熟,未来会有更多的挑战,而始终保持学习状态和敬畏之心,相信每一个媒体人都将不负时代所托!

参考文献:

[1] 艾媒咨询(iiMedia Research):《2022 年中国直播行业发展现状及市场调研分析报告》。
[2] 中商情报网(www.askci.com)。
[3] 国家广播电视总局规章:《广播电视安全播出管理规定》,2009 年 12 月 16 日公布。
[4] 张颂:《播音创作基础》[M],北京:中国传媒大学出版社,2005 年版。

作者简介:
侯文艳,上海电视台第一财经频道节目主持人。

试论播报体育节目的语言艺术

刘 阳

提 要：本文着重就传媒界体育节目的播出语言问题，做一些梳理和探讨，拟从声音的形象、声音的色彩、声音的力量三个角度，就体育节目的语言特性等方面加以论述，意在强调体育节目的播出语言，本身就是一种语言的艺术行为，是一档体育节目的核心，体育节目的播音主持者，不能偏重专业知识的多少而忽略语言播出的基本要求，不能忽略了受众的审美需要。文章重点强调了各类体育节目都要重视播出语言的规范性和艺术性，并重申了播报艺术是"播音主持的两度创作"的先进理念。

关键词：体育节目 语言艺术 声音形象 赛事解说 两度创作

引 言

人们把语言的表述行为视为语言传播的一种艺术，因为它是要给人以听觉上的美感。听觉美感要求往往是高于视觉美感要求的，所以我们要格外重视体育节目语言上的规范和严谨，重视语言的信息量和语言的鲜活性，防止误以为粗糙的日常生活语言或地域方言，就是实在的、近距离的、亲切的。尤其在各项赛事的解说评论上，更应加以重视。

在高科技传播手段的快速发展中，各类体育节目的观赏性更加丰富多彩，大大小小的网络体育转播、直播的平台，更是纷纷扬扬地涌现，咪咕、腾讯、抖音等网络体育节目异军突起，受众多多。在如此激烈的竞争中，最为关键的竞争核心还是主持、解说、评论、嘉宾等人士的语言面貌和语言艺术。

在一档体育节目中,人们往往并不需要主持人更多的肢体语言,更多的背景衬托,凸显的就是主持者的语言艺术。尤其是赛事竞技的直播,尽管激烈精彩的场景在吸引着人们的注意力,但受众在信息的接收过程中,主持者的语言传递恰是在完成受众视觉和听觉同步的完整性。

由于语言传播本质是一种行为艺术,那么,一档体育节目能完美地播出,必须要重视语言的标准,注重每一句话里的语音、语意、语势的艺术美感。然而,在一些体育节目中,尤其网络自媒体的一些大小节目里,不标准的语言状态很是损伤播出效果,很是模糊了口语传播的艺术感。要引起注意的是,不能以体现一定的体育项目的专业知识为由,而失去语言的规范标准。我们只有深入理解语言传播的魅力,注重体育节目的语言分量,凸显语言艺术的本质,才能让每一档体育节目,每一个体育传播平台保持良好的播出效果。本文拟从声音的形象、声音的色彩、声音的力量等方面对播报体育节目的语言艺术做些探讨。

一、对播报声音形象的探讨

声音,是一个人的形象。声音,更是一档体育节目的形象。

人们喜欢各种接收终端发出来的声音是高端的、有表现力的、有欣赏性的。所以作为专业的播报人、主持者是不能忽略这一点的。如若在播出中不能使用好自己的自如声区,寻找不到自己的声音支点,甚至出现系统性的音准偏失,其声音形象何以谈及美感。

声音也是人的一种素质,是人的一种品相,更是一个人审美意识基础的定位值。锣鼓听音,说话听声,恰在其理。

普通话,在泱泱大国的众多人口中能够得以广泛地认同并使用,能得到全国性的推广和普及,其源于普通话的语音清晰,语意质朴,语句通顺,易于构建起大众的语言艺术之美。而且普通话的推广和使用,已是国家的法规。从各级别的普测到新近发布的中小学普通话六级考核规定,都是在强调讲好普通话的重要意义。作为媒体人,运用好普通话是我们工作岗位的重要职责。

在声音的形象中,声音的响亮度、宽厚度、高低度等的掌控,吐字发音时声母、韵母是否准确到位,字音形成时,字头、字腹、字尾的弧形口腔状态是否标准,是否扎实,这些很基本的东西可往往被忽略了。甚至有的人,错误地认为字正腔圆那是传统媒体的老调式,是播新闻专用的,甚至把生活语言中粗糙的原版看作是原生态的美感,以所谓接地气、讨亲近、迎合的心理去降低声音的颜值,如此一来,哪还有听觉的审美了。

在语言传播的艺术行为中,最容易败坏自己形象的还有音准的问题。由于中国字的字音烦琐复杂,多音字、象形字、疑难字很多,一旦出现差错,便会贻笑大方。上海广播电视台在搜集、整理播音工作中常出现的差错字音时,深感事关重要,于是编纂出版了《播音员主持人语言文字规范手册》系列丛书,得到了国家语委的认可并全国发行,此举意在减少此类低端错误的出现。一旦播音员主持人读错别字音时,在受众心中的形象便会大打折扣。

作为体育节目播音主持人不能以节目的专业性较强,而忽略播报字音的准确。其实,在播出中,把地名、人名播错的大有人在,例如,卡塔尔世界杯,"卡塔尔"这三个字就有语流音变的艺术,标准应读:卡(读二声)塔(读二声)尔(读三声),但发现在节目中许多人读的都不够标准。

再比如效力于英超热刺球队的韩国足球一哥,孙兴慜(读音:mǐn)。有同行之前出错了,读成了hān,贻笑大方,成为了一个笑话在坊间流传。

目前,体育节目的播音主持人,大都是经过播音专业学校教育培训的,同时也大都具有一定的体育专业知识。但由于个人学习接受程度的不同,地域语言环境的差异,其语言的基本功力难求整齐划一。加之各级播出平台的标准要求又参差不齐,更有人以专业知识的长处去掩饰语言功力的缺欠,导致其体育节目的语言面貌不够完美。

由于一个人的语言面貌决定其声音的总体形象,能否清晰认知自己的语言面貌,是个性审美能力的一大考验。人们之所以喜欢乒乓球解说的高菌,喜欢还能主持春晚的"足球之夜"的主持人马凡舒,除了她们的身材面相姣好,这两位毕业于中国传媒大学播音系的高材生,她们的语言功底和语言面貌更是令人津津乐道。

一个人的语言面貌,实则就是一个人的声音的画像,这个画像不同于脸面的画像,因声音的画像可以改变其原貌,可以多多地加以修饰,可以有后天性的发展。但这个修炼的过程却是要靠自己的重视和努力的,要靠自己对声音审美具有较好的判断力。

在各档体育节目播出中,普通话讲得不标准,甚至辨认不准前后鼻韵音,或时常流露出地域方言的音调,读白字,读错字,语句不清晰,等等,这些问题暴露出来后,能否自我发现,能否得到别人的指正,是非常重要的。糟糕的是往往却被自我孤赏,被爆刷流量而掩盖了。在网络媒体的体育节目中,这类不良的现象出现得要多些。

二、对播报语言色彩的探讨

理论上讲,"声"多是强调的自然属性,"音"则是诠释人的心理及情绪。当声音形成语言时,声音是要完全受语意目标支配的,人在讲话的过程中,绝不是在简单地完成句子的结构,而是有着明确的语言传达意图。

体育节目,尤其是赛事竞技的节目里,人们在收视中视觉上的察觉已是全方位的了,这时出现的语言作用有时是不必的或是多余的,但更多的时候,其语言的作用是很必要的,很及时的,很合理的,这个拿捏的尺度就是需要掌控语言节奏中的色彩。

然而我们在工作中常会发觉有人缺少语言的目的性,缺少语意的准确性,一味机械般地述说,一味空洞苍白地啰唆,或是一味拉拉杂杂地旁征博引,甚至一顿无厘头地大喊大叫,使人听之乏味,很是影响观赏。其实,当播出的语意色彩以一种特别行为出现时,语意会给人以听觉上的画面解析感。在赛事解说中,央视体育台的贺炜,许多人都喜欢他的足球解说,有人还称他为足球诗人。他能在比赛的激烈场景里,恰到好处地使用诗意般的语言:"足球就是如此,一方的喜欢衬托着另一方的忧伤,人类的极端情感,在这一刻得到充分的体现和释放,这就是足球。"想想看,这段极富哲理的话,很是会当场引发观众的感叹和联想。是啊,足球可以把人类的情感推到极限啊,这短短的金句般的话语自然得到爆棚式的共鸣。

主持人在节目中的语言行为,不论是描述性的话语,还是单调的概念性语句,好的主持人,好的解说评论员都会让自己的语言具有色彩,具有丰富的表现力。其语言的色彩好比是幅硬线条的油画,也许是幅水墨烟雨的国画,也许是卡通动漫,目的都是要给人以深入性的解析,给人以丰富的联想和启发,给人以回味的咀嚼。

由于语言表述的色彩是语言技能的一种突出表现形态,所以流畅的表达,源自于个人的思维方式,源自于个人语言神经系统的支配。因此,其天赋性是不可低估的。但后期的训练与养成更为重要。贺炜的诗意语言的运用,是有其知识的积累和文学的修养作为根基的。大家都欣赏他在南非世界杯英国与德国比赛的精彩解说,终场结束时,他不无感叹地说:"此时此刻,在柏林,在慕尼黑,在纽伦堡,在科隆大教堂,肯定有无数的德国球迷在为之欢欣鼓舞。而在伦敦,在利物浦,在曼彻斯特,在泰晤士河边的小酒馆,也有无数的英格兰球迷为之黯然神伤。"试想,当时球场比赛结束的电视画面不会是一会德国一会英国的,可他用磁性般的描绘画面的语言却能把人们带到那里,去体味德国球迷的欢乐,去体味英国球迷的失落。

合格的传播语言行为,特别是体育的赛事解说,不应是流淌的废话,更不能迟钝停歇断裂,而恰恰应是令人听起来十分优美悦耳的音韵,给人以丰满的信息流,让人在激动中得以享受,在视觉的赏识中得以共鸣,在回味中得以生活的启迪。体育赛事多是令人悬念顿生,激情万分,这时主持解说评论的语言色彩尤显突出。2022年,北京冬奥会男单自由滑比赛中,央视评论员陈滢在评价中国花滑选手金博洋时是情意浓浓,高调疾呼:"金博洋,浴火重生!即使是在无边的暗夜里,只要坚信,我生来就是高山而非细流,我欲于群峰之巅俯视平庸的沟壑,我生来就是人杰而非草芥,我站在伟人的肩膀上藐视卑微的懦夫,足以支撑选手,度过人生中一个个至暗时刻,北京冬奥会,金博洋战胜了金博洋。"此间,陈滢激动的语言情绪一片火红,不单单是燃烧了自己,恰是在照亮点燃着观赏中的人们。

语言情绪的把控不是一蹴而就的,不会是那么简单的大喊大叫就是在表现赛事的激烈。情绪的蕴含,是要有多多的文化积累、文学储备和睿智沉淀。情绪的表达,是要有语句语势调动的技巧。即兴的口语表达不是一味的堆砌辞藻,不是句句排比,不是大量引经据典,语言的色彩不是花哨,是要艺术的真实。

然而有的人错把这本该是很高端的语言行为当成自我的玩耍、自我的炫口,把自己的狂喜强加给别人,把不标准的语言缺陷当成自我语言个性,甚至把模糊的语意,不规范的语句当成自己的职业习惯。在一些新媒体平台上,有的主持人在语言的表述上还是很欠功夫的。如以涨粉为目标,特意去创造解说的场次,故意制造话题等,以致在直播中发表主观不当的言论,或是用自己的主观态度去解读比赛,没有了专业的素养和操守。这些现象是不容小觑的。

声音的色彩中蕴含着节奏、重音、停连、语势、语气等诸多的元素,这些元素的调动和统一决定了语言的情绪。例如上海电视台五星体育频道的唐蒙在解说时,很注意语势上的变化,他时常会利用语速的快慢,语调的高低来创造出声音的情绪动作,用这种灵动的感觉来激发观众。他的这种语言效果,是他能够很好地运用清晰的逻辑思维做主导,让自己和赛场去融合,这一点很值得借鉴与学习。

体育解说中,语流速度是语言行为中需要极其注意的。许多初学者和一些对赛事解说不得要领的人,总把快速的语言状态当作看家的本事。实则,各种语言的艺术行为,都是有着一定规律的语言韵律,有着一定语势的抑扬顿挫、节奏的循环往复的。按说,解说中语速的快慢不是你解说评论人决定的,是要由赛事的场面决定的。但有的人为了要引发受众的情绪,故作姿态地卖弄口舌,故意展示自己的快口,这样反倒令人不舒服。只有懂得了语言的艺术性,才能领悟到不是所谓的快语连珠就是时尚练达,不是所谓的高低飘忽就是绘声绘色,不是所谓的慢声细语就是深入人心。语言的情绪状态是在不同的语境中生成和发展的,艺术语言在语势生成的过程中,语意和语速是它的构建成分。因此,只有在适宜的语言环境中出现适宜的语言情绪,才是对各档体育节目语言艺术行为的最佳认知和最大的尊重。

三、对播报声音力量的探讨

说起声音的力量,往往会想到声势的浩大,声音的响亮,声音的振聋发聩。这些应称其为声音的外部力量。声音的实质力量应是声音的权威性和声音的影响力。

体育节目的传播理念大都认为是小众的范围,除非是在国内举办的奥运会这样大规模的国际级别的大型活动。最近几年来体育活动的波及面在扩大,各项赛事,尤其电竞项目的出现,使得体育的传播范围在急速扩延,体育传播媒介的话语权,体育节目的播出关注度,都在发生着变化。不论是体育新闻信息类节目,还是体育的专题类节目,以及体育赛事的直播等,都在彰显媒体本身的影响能力,都在输出各自的观察与观点。作为个体性的编辑记者、播音主持、解说评论等岗位上的人们,其影响力尤为凸显。

圈内的人也许还记得当年黄建翔高呼意大利万岁时的情节,也都知道事后的故事。看似一场足球比赛的解说,一段狂飙般的呼喊,恰也就是这段声音,书写了他的结局。其实,在每一档体育节目中,主持人的位置都是最为重要的,人们能够信奉媒体的真实性,首先就是从话语者身上获取的。现在央视的贺炜等人,被球迷们很是看好,这一代的解说人,的确又有了新的高度,他(她)们的阅读比赛能力,临场发挥的技巧都堪称佳品。乒乓球赛的解说高菡,有一阵子也是网上的议论红人,她,可以说是高配置的美女解说人,不但有高学历,还是国家二级乒乓球运动员,每场解说评论都声音清脆,语音标准,专业技术解释到位,有一定的好评的。但也不乏反驳者,受众的见地是不必去质疑的,这正说明播出的节目有一定的反响,反响就是一种影响力,就是一种力量。

笔者当年在做"强强三人组"广播节目时,也曾有过风生水起的日子。一档评议体现风云的侃谈节目,我和姬宇阳、杨晓辉,每每"三阳开泰"般地调侃,也是赢得人们的喜欢,播出时,有人还会放下手中的事情,专心听完,参与者更是大有人在。现在想来,是他们很相信我们的评述,相信我们的见解,喜欢我们自然风趣的调侃风格。现在有人观看五星体育频道的"体育新闻",逢我值班播报时,还爱说起当年广播"强强三人组"的故事来。

目前,体育节目的形态模式并不是很多。体育专题类的节目还是不够理想。体育新闻类节目做得又都比较常规化,应该说缺少些新意。如何让体育新闻类的节目富有自己的特色,如何从播报人的语言和仪态上表述出自己的风格,如何从直播间的景置设计上多体现出体育的特色,还是需要多加以探讨。若从语言的表述到景置的创意能有大的改变，也许能够多多地吸引受众，让体育节目的影响更具魅力。

结　语

　　广播电视播音主持人的播报语言艺术，实际上是一种"两度创作"先进理念的体现。早在 20 世纪 80 年代初，复旦大学新闻系广播电视专业的老师们就讨论过这个问题。其中担任过电视节目主持人的叶昌前老师认为：播音主持人在节目创作中运用情、声、气以及各种有声语言表达手段，运用不同的声音形式和不同的气息状态进行播音，这也是一种"两度创作"。例如，在播报新闻稿时，应以明朗的实声为主，发声时口腔有一定开度、力度，吸气有较稳定的压力，用播新闻的新鲜感带动气息及口腔的运动。在播报评论时，也是实声，声音响亮，字正腔圆，气息均匀、稳重，以求庄重大方、严肃认真、清晰明确。在播报知识性、趣味性、服务性的节目内容时，用声较柔和，饶有兴趣地、津津有味地播。而在播报振奋人心、带有鼓动性的信息时，用声则刚，字头阻气有力，爆发式弹出的声音明亮、高亢……这种"两度创作"的理念与播报语言艺术手段，是一种规律性探索，至今仍然有效。

　　广播电视及网络媒介的语言表述行为，均是语言传播的一种艺术，因为它要给人以听觉上的美感，尤其在各项体育赛事的解说评论上，更应加以重视。我们的播出语言对公众的影响力是不可小觑的，不论从哪个传播终端出现的，它都应该展现语言的魅力，给人以听觉上美的享受与情绪上正能量的感染。

参考文献：
［1］广播电视业务教育培训丛书编写组：广播电视播音主持业务［M］.北京：中国国际广播出版社 2016 年版。
［2］曾致主编：中国广播播音百年百人文集［M］.浙江传媒学院中国播音主持史研究基地编印，2023 年版。
［3］张骏德主编：当代广播电视新闻学［M］.上海：复旦大学出版社 2001 年版，193 页。

作者介绍：
刘阳，上海广播电视台五星体育频道资深节目主持人。

探析《健康脱口秀》节目主持人
如何加强语言创新能力

周晓梅

提　要： 脱口秀主持人应加强语言创新能力，语言创新能力的加强可以帮助脱口秀节目主持人形成个人独特的语言风格，创新节目结构。《健康脱口秀》主持人面对语言创新的挑战，需要融入情境、真诚表达。主持人须及时抓住情感的共通点，承接话题的延伸内涵，掌控节目的节奏，又不失喜剧应有的幽默。主持人语言是松弛中带有严谨，戏谑中带有严肃。通过节目展现出娱乐特色和轻松气氛，把欢声笑语带给观众同时传递科学正确的健康知识、积极向上的生活态度。本文联系《健康脱口秀》实践，就节目主持人如何加强语言创新能力问题做一探析。

关键词： 脱口秀　健康科普　语言创新能力　独特风格

引　言

当下，脱口秀类节目正如火如荼。有连续举办 5 届的互联网平台和专业喜剧公司联手打造的《脱口秀大会》，有各区域卫视、地方频道开创的类脱口秀喜剧节目。有聚焦生活平常的，有侧重职业特色的，更有描摹老百姓日常的真人秀类节目，等等。本文聚焦上海教育电视台于 2021 年开创的《健康脱口秀》第一季、第二季节目，就专业电视台主持人在加强语言创新能力方面做些探索。

脱口秀，亦称"广播电视谈话节目"，英语 talk show 的音译，由电台电视台邀请一名至数名嘉宾与主持人坐在一起,讨论主持人提出的某方面重要问题。脱口秀节目起源于美国,最早出于 1954 年美国全国广播公司(NBC)制作的《今夜》栏目。美国脱口秀节目大多是主持人访谈加点评,更多的体现出犀利的主持风格,幽默的主持人个性,带给观众的是个性的张扬。对于访谈嘉宾的故事的深挖,结合当下新闻、百姓关注度最热的事件、人物,进行有趣的点评。例如,在美国,各种各样的脱口秀节目占到了电视节目总量的 40%,几大脱口秀节目主持人语言风格独特,各领风骚数十年。当前,在欧美电视界,脱口秀还是电视节目的一大主流,记录文化与社会巨大变化,对社会的影响力不可低估。

而我国脱口秀节目则是以一种娱乐的喜剧化的表演样态,通过创作者故事的分享,而达到传播的目的。这与欧美国度的以新闻写实的语言表达有着较大的区别。近年来大火的《脱口秀大会》《吐槽大会》,之所以受年轻观众群体欢迎,在于其节目内容和分享者,展现的是当下社会年轻人的思想和态度,在诙谐幽默的同时又不失对社会生活的思考,观众常常在捧腹大笑之余,得到对生活的另一番感悟。在移动互联网时代,这种脱口秀已经找到一种良好的"无障碍沟通"方式,与时俱进、平易近人、聚焦公众感兴趣的话题,让大家在轻松愉悦的氛围下,潜移默化地接受核心信息和理念。当然,这对传统电视主持人也带来了语言表达方面更大的挑战。

一、《健康脱口秀》主持人面对的语言创新挑战

上海教育电视台的《健康脱口秀》节目,是 2021 年由上海市卫健委、上海市健康促进委员会办公室与上海教育电视台联合打造的全国首档大型电视科普健康脱口秀节目。近年来,为深入贯彻健康中国行动、健康上海行动的"第一行动"——健康知识普及行动,不断增强健康科普的传播影响力,上海市相关医疗机构鼓励医务工作者多做科普,做有趣的科普,为城市的发展赋能升级。《健康脱口秀》脱胎于之前由上海教视打造的《健康演说家》节目。主持人也是深耕健康科普教育领域多年的上海教视主持人。

在医生演讲节目中,主持人的语言更多的是介绍嘉宾、演讲嘉宾上下衔接、串场,对嘉宾的提问不能游离于专业之外,也使得主持人的语言把控比较单一。当然,优秀的主持人可以把控节奏、与嘉宾交流、对演讲者点评,甚至对嘉宾演讲稿内容讨论,提出个人观点。北京卫视《我是演说家》中,主持人鲁豫一改往日以"鲁豫有约"倾听式的风格,展现态度、表达观点,给出选手不少中肯的建议,也曾首度讲述了人生第一次"吵架经历",甚至效仿华少嘴炮功爆发为选手拉票,以沉

浸式的演讲加主持风格与选手打成一片。当然,这与《我是演说家》节目定位有关,她既是主持人,又是导师,可以有更多个人生活经验的表达。而医学专业的演讲节目,对主持人专业医学素养的要求很高,也在一定程度上限制了主持人一些即兴语言的发挥。

《健康脱口秀》是一次新的大屏和小屏联动的融媒体节目尝试。如何在健康科普和脱口秀之间找到平衡点,尤其是呈现汉语语言的魅力,这是摆在参赛选手和主持人、嘉宾面前的一个难题。仅仅可以参照的节目是《脱口秀大会》。《脱口秀大会》的主持人是李诞,但他本身就是一个脱口秀演员,他有更多的表演的代入感,身临其境的表演、加以对选手个人背景的简要介绍,以及个人观点的渗透,对嘉宾的情绪的把控,使得他能在节目中有更多个人能力的展现,这也造就了他在脱口秀表演领域成为领军人物。李诞的主持语言多以承接选手的"梗"为主,适度展开脱口秀文化圈的流行语句,比如:他那句著名的"人间不值得"就是针对选手的对生活失落感的表达,而他自己对这句话的解释是:"人间不值得的意思不是你要放弃。而是说,你做了该做的事情之后,就不要执着,如果没有得到一个好结果,就健康地活着。"所以,在节目现场,与李诞风格相匹配的嘉宾中配合度最好的是"大张伟"。"大张伟"作为嘉宾,点评语言的表达并没有很强的专业性或逻辑感,但是他有更多个人主观能动性,随时随地能附和,才能使得场子热起来。但一旦遇到个别嘉宾,不擅长于点评和凑热闹,不是"人来疯"状态、或对选手的"梗"接不住的,比如两位第 5 季的明星女嘉宾,就显得力不从心了。好在李诞本人对脱口秀表达的价值观还是有坚持的:"脱口秀注定要表达价值观,注定要去让跟你的价值观相符合的心理侧面找到你。""表演追求的应该是一种高度控制下的失控。"在脱口秀的主持语言中,也需要咬文嚼字,因为真诚感是首要的。真诚的语言,不仅仅是电视节目的要求,更是一个人社会交流中的重要组成部分。笔者认为,这也是为什么脱口秀能得到大多数年轻人喜爱的原因之一。因为它的真实、喜剧、释放。

脱口秀的语言是喜剧语言,既可以是庄重,也可以是辛辣,或者是介于两者之间的洒脱。洒脱的语言是最具伸缩性的风格,不装腔作势,也不过分野蛮。演员通过夸张、比喻的语言表现形式,营造出一种诙谐的语境,从而产生喜剧性。喜剧语言的特色,怎么运用到主持语言中?《今晚 80 后脱口秀》,是很好的尝试。《今晚 80 后脱口秀》节目主持人王自健,他经常在节目现场来一段贯口,用几句连句将有趣的段子表达出来,将相声艺术形式和脱口秀节目很好地结合起来,形成了独特幽默的风格,受到了观众的普遍认可。

不断变化的节目结构,要求主持人的主持风格及思维方式要有创新性,要与时俱进。加强创新性语言思维有助于脱口秀主持人突破节目固有模式,寻求全新思路,最终形成独特的节目风格与个人魅力,完成节目转型。由此看来,加强新媒体时代脱口秀节目主持人的创新性语言思维能力,不仅是媒体和观众的需求,更是新媒体时代发展中节目主持人必须经历的阶段和过程。

在以短视频为主的脱口秀传播中,主持人的主导地位有所下降,所以,精练的语言,与节目协调和谐的气质、语言风格,就显得尤为举足轻重了。

《健康脱口秀》的选手大多是各医疗机构的年轻人,他们既是医学健康专业领域的科普人员,更是脱口秀的爱好者。当主办方与选手共同尝试、创造这一节目时,从选手到栏目主创、到主持人,都没有可借鉴之处,只能凭着各自的经验一边摸索,一边创新,呈现尽可能高质量的综艺加科普节目样态。主创人员是一支有着十多年甚至更长科普从业经历的团队,在《健康脱口秀》节目中,科普是底色,知识传播是内核,因此,无论选手还是主持人,语言的精练和逻辑性不能缺失。同时,不断加入新的喜剧元素,使节目更具趣味性。互动方式、内容形式、口语表达等的更新,也为《健康脱口秀》这档节目的接地气的风格打下了扎实的基础。主持人个人有趣的语言很好地和选手的脱口秀、嘉宾的风趣点评结合起来,形成了独特幽默的风格,受到了观众的普遍认可。

作为节目主持人,在其中的作用是:流程掌控、选手上下场衔接、引导嘉宾点评。这其中主持人可发挥的余地不多,但是健康科普节目,主持人在其中的串场和作用又是不可或缺的。主持人怎么融入其中成为一个随时临场要解决的难题。

二、脱口秀主持人语言创新的社会关注

健康脱口秀主持人语言创新应该关注以下几点:

1. 语言创作必须符合市场需求也就是观众的精神需求,通俗、逻辑性强但不八股。哪怕是一些语气词的叠加,适度地运用大家耳熟能详的网络流行语,这种生活化亲民的主持风格能直指观众的心坎儿。

2. 给观众带来欢乐、同时又有知识的收获是《健康脱口秀》节目的主旨。娱乐的语言不是松散的,而是松弛中带有严谨,戏谑中带有严肃。《健康脱口秀》节目的定位就显得非常清晰,即通过节目展现出娱乐特色和轻松气氛,把欢声笑语带给观众的同时,传递科学正确的健康知识、积极向上的生活态度。既不是谈话节目中主持人倾听多、观点少,又不是喜剧节目中演员的状态——为笑而"搞"。让观众在笑中跳脱出来,去思考和感悟节目本身内容。

3. 语言表达要创新。节目的语言表达是把节目信息传播给观众的过程中最重要的一个环节,就算有再好的节目内容,如果语言表达不到位也无法把信息

准确传递给观众。如果节目内容用一成不变的方式去表现,观众也就没有什么兴趣去了解节目。《健康脱口秀》中,主持人、点评嘉宾都是节目的语言创作者,和各位脱口秀达医一起,将新颖的语句表现方式运用到逻辑性很强的科普知识介绍,有笑话更有干货,才能以一种优质的语态呈现给观众,使得收看者不反感这些笑点,从中找到自己对某些健康知识误区的共鸣点。

4. 人文关怀理念不能缺失。《健康脱口秀》主打视频网络传播,一个短视频可以在数十个网络平台同时传播,它的精准传播效应是达到了,但是由于网络传播的迅速性和广泛性,一些热门视频也会遭受网络良莠不齐的生态环境的影响。作为一个科普节目,医生脱口秀的患者故事都是来源于日常的诊疗经历,经戏剧化的创造,以符合脱口秀文本的语言加以改造,加了"梗",辅以医学知识,会有一些调侃的语气。节目组一直对选手的文本进行严格的预审,播出也进行剪辑和严格的三审制度。因此,主持人在其中需要起到更好导向作用。在选手结束讲演之后,怎样挖掘出"梗"的背后故事呢?首先,不能对人体和八卦充满猎奇心态,以带来听者的生理不适。其二,涉及病情和医生个人生活和感情的话题,是观众感兴趣的"梗",比如,第二季中冠军李方圆的住院医师的生活,麻醉医生宣贝贝的临床举例,社区医生洪满怀的个人生病经历。当他们的故事引起观众的笑声和共鸣之后,主持人就不便在沟通环节过多地再就这些故事延续访谈。总之,主持人在此类节目的互动环节中,看似不占很大篇幅,但却举重若轻。语气恰当,是重要的准则。医者仁心,媒体人也一样,要用同情、善意的语气去说科普,而不是嘲笑、调侃、指责、批评的语气。医者和媒体都没有权利也没有必要进行道德审判,要对得起患者的信任,不能把病人的痛苦娱乐化。

三、主持人语言创新方法与建议

(一)主持人语言创新方法

1. 发挥交互、及时性、数字化的特点,对信息进行整合、梳理、再创造。继而选择出受众兴趣较大的话题内容,并通过轻松幽默的脱口秀形式,将原本严谨的健康知识加工成观众喜闻乐见的娱乐节目。主持人作为传播过程中最活跃的因素,充分发挥互联网媒体特点,突显其在信息多元化背景下的重要性。

以《健康脱口秀》的主持人周杰为例:他很好地将自己融入脱口秀诙谐、幽默的氛围,接地气的语言、形态是他的幽默人设标签。

《我要胖十斤》主持人周杰开场白：我主健康，脱口医秀！大家好，这里是由上海市卫健委，上海市健康促进委员会办公室，和上海教育电视台共同主办的《我要胖十斤》健康脱口秀特别专场，感谢大家的到来。为了今天的主题，我们给每位观众，都配发了一个小靠垫，如果你的肚子比较大可以挡一挡。我有一个胸牌，上面写着"我要胖十斤"，自从我别上这个胸牌之后，迎来了很多人质疑的眼光，刚才在等电梯，我的好朋友就看着这个胸牌，仔细的看了看我的身体，然后说："你不能再胖了，还要胖十斤，你怎么想的？"这个时候电梯的门就开了，里面挤满了人，最后剩下一个位置，我正面挤进去了，大家看着我，看着我的胸牌，他们可能在想：你为什么不胖十斤，再胖十斤，你就会被电梯拒之门外了，这样大家还可以站得宽松一点……所以显然要胖十斤的不是我，而是另有其人。什么样的人需要胖十斤？就要问问大家了，有没有听说过 IBD（炎症性肠病）？了不了解什么是炎症性肠病？如果不清楚没关系，让我们通过一个短片来了解一下。

周杰在《我要胖十斤》——"IBD 脱口秀专场"的开场白，充分地放低身态，拿自己的"胖"做调侃，先由自己的感受带入主题，一下子就将节目的调性带动起来了。用感性说服感性，这是许多医生在脱口秀科普中的体会，那么在主持人的语言中，更加需要将感性的语言，串成一个个链接板块逻辑的语言。

2. 改变交流方式、注重受众交流需求，语言风格适应节目需求，更活泼、更接地气。主持人在语言设计上，不再局限于准确无误的传统电视主持人新闻语态的表达，而是加入了一些网络流行语、歇后语、顺口溜等形式，使节目整体语言活泼轻松，激发受众的观看兴趣。

《我要胖十斤》——"IBD 脱口秀专场"是一次对炎症性肠病科普新形式的创新和突破。主持人在与点评嘉宾和分享者的互动中，不断有生活化的举例，场景化的描述，来自百姓身边的语言，将三位患者和三位医生的故事串连起来了炎症性肠病的防治现状，始终把握住节目内容的走向。主持人用朴实真诚的状态，风趣幽默的语言，让现场保持在轻松愉悦的氛围中，同时他也抓住了几段感人至深的瞬间，让观众笑过之后又觉得很有收获。

3. 全方位地参与节目的每一个环节，掌控节目的整体内容及进程。因为前期掌握了大量一手资料，对所有分享者及嘉宾非常熟悉，使得《健康脱口秀》的主持人在主持和对话过程中能及时抓住情感的共通点，承接话题的延伸内涵，既有点评也有串联，牢牢掌控住节目的节奏，又不失喜剧应有的幽默。主持人没有跟风模仿其他脱口秀节目主持，始终坚守健康科普的科学性，不随意插科打诨，恰如其分地把握住了节目的调性：轻松、温情、严谨又不失欢乐。

（二）主持人语言创新建议

1. 长期深厚的积累是打造个性语言风格的基础，创新求变中保持《健康脱口秀》节目持久的生命力

脱口秀主持人的个人风格一旦形成，就会逐渐打破思维上的限制，形成独特的视角，甚至领异标新、自成一派。这一类主持人无论在表达方式上还是在节目的编排上，都融入了强烈的个人色彩。凤凰卫视《一虎一席谈》主持人胡一虎沉稳理智、直言无畏。《圆桌派》主持人窦文涛言辞犀利、语出惊人，却深入人心。在个人风格的作用下，他们的创造性语言思维能力自然也会得到充分锻炼和发挥。丰厚的日常积累是主持人创造性语言思维能力的主要来源之一，这些积累涉及知识、生活、情感等诸多方面。充分积累可以有效加深主持人的阅历，使其逐渐形成独具特色的价值观和语言表达方式。

《健康脱口秀》主持人的语言，是在健康科普基础上的个人风格展现，更需亲和力、感染力。周杰在《健康脱口秀》的串场中，是一个真实表述情感、表达生活的人，既可以拿自己的身体、健康状况与医者互动，也可以说段子、模仿和演绎，更可以字斟句酌地点评。话题衔接转换流畅舒服，尺度把控得恰到好处，调侃与评论分割很清楚，观众看得明明白白。

2. 脱口秀主持人还应注意提高合作意识

主持人要时刻把握节目节奏，为观众及嘉宾提供正确的指示，保证节目稳定有序进行。主持人掌握节目中的主导地位更易激发其在台上的热情，加强主持人对节目的掌控能力可以使思维能力得到进一步解放；有序的合作则有助于节目资源得到合理运用，使主持人的逻辑思维更加清晰，促进其创造力和想象力的发挥。《健康脱口秀》主持人既是一位有十多年经验的健康科普节目主持人，也是这档节目的总导演，对节目的架构、样态，都有自己独到的见解，对每一位选手的文稿、语言风格、个性特征都非常熟悉，也在策划初期，在节目的语言调性方面定下了基调和基础。

3. 充分利用对话情境，对科普知识进行二度释疑

《健康脱口秀》的文本语言有其独特性：将医学知识、晦涩难懂的语言通过"陌生化"转化为艺术语言，使那些本来复杂、逻辑性非常强的东西变得新奇生动，从而显出新的意义、新的价值，给人以鲜活的感受与超常的体验。节目所选话题都源自各参赛医务工作者的生活经历，主持人在选手结束脱口秀表演后，以自然亲切的交流方式与选手、嘉宾"对聊"，提问"梗"的出处，甚至将医生由于篇幅限制不能在文本中体现的另一面得以呈现，这就是考验主持人的善于聊天的功力了。比如,第二季选手王兴是一位一日能创作 2 万字的医学科普作家,怎么能将他的写作生活、创作能力体现出来呢? 主持人与他的对话中,就提及了文稿创作的问题,选手就此给到许多新的补充点,一下子使得医生的形象更具立体感,观众对这位医生的学术能力更加敬佩,更多感悟到好医生原来是这样炼成的。《健康脱口秀》第二季里有好几位选手的文稿都是出自他们的真实的医疗工作,如:住院医师是和住院病人直接接触的医生,患者可以了解、理解他们的工作繁忙而辛苦。但为什么这么辛苦的背后,医学人才的培养,对生命的尊重等等人文关怀的元素,必须由主持人"聊"出来。主持人是怎么对话的呢?

例如选手李方圆表演结束,主持人与嘉宾的互动:

> 主持人:方圆的稿子我很喜欢,尤其是那个叔叔回家的这个片段,真的是笑中带泪。钟鸣老师,我觉得他很有代入感,很有画面感。
>
> 钟鸣:对,非常的真实。其实我们经常会说,我们要互相去了解对方是怎么想的,我们医生要经常站在病人的角度想。因为只有能理解病人痛苦,才能更好地看病,但是,病人和家属要理解医生,一个相信医生的病人,他的治疗效果肯定是最好的,因为这是非常具有科学道理的。
>
> 主持人:他其实需要去理解医生,以及医生背后的艰辛,其实刚才那个作品里,就是展现出了一个外科住院医生辛苦的成长历程。
>
> 钟鸣:一个医生的成长是相当不容易的,首先学制很长,第二科目很多,第三他要在漫长的住院医师、主治医师的成长过程中,不断地去这么辛苦地去积累自己的经验和不断地学习,才能形成他对疾病的认识。
>
> 主持人:我觉得整个作品,真的是让我感觉到了他可以这么举重若轻地说出很多,拿自己的生活当段子,但是其实背后有很多我们看不到,只能浅浅地去想象的那些辛苦。就像刚才钟医生形容一个青年医生,成长和不断学习、历练的过程,但同时我们也应该从另外一个角度去看,他们其实也是个普通人,他们有自己的家庭,在医院做"一家之主",回家是客人,好笑还带点心酸,

结　语

作为一种喜剧表现形式,脱口秀节目的语言逻辑是在构建中打碎传统的表达,通过每一位分享者的故事和各种"梗"的应用,找到自洽。这种语言表达与我们传统的电视节目主持人,通过正面叙述、展现、评论、结语的常规表达有很大的不同。因此,脱口秀主持人也是在打破传统中找到一条适合的语言表达途径。

主持人的语言创新体现在发散、演绎、思考及表达,语言灵动、应对自如、个性风格鲜明。作为一档医学健康科普节目,《健康脱口秀》中所有的表达,目的始终是让观众相信,相信医者输出的观点、相信笑声里的学问。

脱口秀类节目极容易受其语言风格和节目形态的影响,出现仅有娱乐效果、泛泛而谈的现象,不能做到对医学知识的客观阐释和分析,这样的节目就达不到科普节目的引导及教育作用。脱口秀类节目应该在发挥该类节目作用的基础上,丰富节目样态,创新节目发展策略,加强话题把关,增加话题广度和深度,坚守媒体责任,从而提升节目质量、创造更多的节目价值。

从当前的媒体发展趋势来看,健康脱口秀类节目的幽默、时尚、科普,满足了观众获取健康信息和娱乐休闲的双重需求。优秀的脱口秀节目主持人应当在节目中做到语言、形式、内容创新的一致,达到科普性与娱乐性、启发度与观赏度兼备的节目效果。但脱口秀主持人如何避免误区,创新求变中保持健康科普节目持久的生命力,促进电视脱口秀节目健康蓬勃发展,值得继续探索和努力。

参考文献:

[1]《健康脱口秀》,上海科学技术出版社,2022.9.

[2]《李诞脱口秀工作手册》[M],南京:江苏凤凰文艺出版社,2021.8.

[3] 童宽,张静.谈电视娱乐节目《今晚 80 后脱口秀》成功之道[J],现代营销(学苑版),2013,(07):54.

[4] 常静.《脱口秀类新闻主持人创新策略》,新闻研究导刊(2020 年 18 期),参考网(FX361.com).

作者简介:

周晓梅(播音名周荃),上海教育电视台主持人、主任播音员,《健康脱口秀》总制片人。

试论高品质访谈主持人应具备的共情能力

杨连霞

提　要：对于主持人而言，具备共情能力，掌握相应的技巧，才能实现高品质的访谈。本文就共情的概念、重要性以及如何在采访中运用共情技巧展开论述，强调共情不仅仅是认知层面的事情，还需要换位思考及丰富的人生阅历。沉默听、认真看、用心感受是共情的三个关键步骤。本文通过案例分析阐述了实用的共情技巧对节目效果的作用。

关键词：共情　换位思考　高品质访谈

引　言

从心理学角度讲，共情是一种技术、一种方法，更是一种能力的体现。作为主持人，在人物访谈节目中，融入角色做到与采访对象"共情"是高质量完成对话的基础。因为只有形成情感互动，角色互动，才能形成有效的信息互动。共情能力不是天生的，需要采访者在平时多体验不同的生活，通过不断学习，学会倾听，学会寻找共同点，学会换位思考，学会平等交流，从而走进受访者的内心，完成高品质的访谈。

一、何为共情？ 共情是一种能力

共情（empathy），也称为同理心，指的是一种能深入他人主观世界，了解其感受的能力。共情是由人本主义创始人罗杰斯所阐述的概念,即与来访者交流过程中的核心理念——同理心。而同理心正是共情在心理学领域的另一个名字。将欲取之,必先予之。说得简单一点就是,提问,不是单向的索取,而是在沟通中必须知晓的分享原则。换句话说共情就是一种互惠原则下的情感共振。或"同是天涯沦落人,相逢何必曾相识",或"相逢意气为君饮,系马高楼垂柳边",或同病相怜,或惺惺相惜……当然,"共情不是同意、附和,甚至不是理解,它是懂得,懂得是进入对方的内心,甚至和对方的灵魂共舞的结果"。主持人的采访是面向公众的,不是私下的谈话,但是,主持人向受访者袒露心扉,表达一些自己的切身感受,或是找到与受访者的共同身份,共同角色,就能让采访更加深入。总之,主持人能进入对话者的内心世界,是一种共情的能力。共情是一种技术、一种方法,更是一种能力的体现。主持人需要在平时多体验不同的生活,通过不断的学习,学会倾听,学会寻找共同点,学会换位思考,学会平等交流,从而走进受访者的内心,才能完成一档高品质的访谈。

二、为什么说共情是采访的灵魂

(一)从社会心理学角度看:提问是一种把握双向情感的能力

所有的生物都有产生共情的脑回路,但是,只有人类拥有通过语言来表达自己感受的能力、告诉他人自己想法的能力,以及感到伤心或迷失时向他人求助的能力。而这些能力就借助沟通这样一个渠道来充分展现。在沟通中人可以表达自己的观点、释放自己的情绪,甚至是找到问题的解决方案。提问无疑是沟通中的重要一环。社会学学者甚至认为提问是解决问题的关键,当然我们这里的"提问"已经是一种"思考",一种逻辑能力表达的展示。所谓提问,不仅仅是问一个想知道答案的问题,更是把自己对这个事物或情境已经形成的理解和思考用凝练的语言表达出来,再引发被提问者进一步思考。能提出问题,从某种意义上讲,已经解决了问题的一半。因为沟通的关键不在于能说多少,而是在于能让你交流的对方表达多少有用的信息。好的问题可以引发创造性、严密性或是不同层面的思考,从而展现出被提问者的思维方式和能力。这个过程其实是以"共情"为基础的沟通。

采访的过程其实有很多心理学现象。主持人如果想具备更强的沟通能力,就要熟练地运用各种沟通的方式。在心理学范畴中,"共情"是最基础但也是最关键的基本技能。共情的核心就是从理智与情感上理解他人,成为他人在某一时刻的灵魂伴侣。生活不只有理性的分析,还有感性的理解与共情。正是这些理解与共情,拉近了彼此的心理距离。共情的实质就是把你的生活扩展到别人的生活里,把你的耳朵放到别人的灵魂中,用心去聆听那里最急切的喃喃私语。从人文角度来看,提问也展现了深度的探索实质。总之,把社会心理学的基本原理运用到采访上去,那么就会达到事半功倍的效果,能够大大降低盲目性,提高工作效率,提高节目质量。

（二）共情有助于主持人与采访对象形成良好心理互动,建立融洽关系从而获得丰富、细腻、深刻的信息与感受

采访是一个交流的过程,一旦采访对象在情感上感受到主持人的角色换位,就很容易与之达到默契、交融和共鸣。有心理学家认为,共情能力有一个动态的发展变化。发展主要取决于两个条件:一是对他人情绪表达的知觉,即能否设身处地体验别人的情感;二是对产生情绪的情境的知觉,不仅从表面上看到他人的情绪表现,还要进一步分析某种情绪情感产生的具体情境是什么,最终有效的共情谈话才能形成情感互动、角色互动,达到信息互动。杨澜的《一问一世界》中这样写道:"采访提问,其实像是一次探险,像是一种对人性的探险。一个从未见面的人坐在你面前一个小时的时间,人家凭什么要告诉你呢,就好像你进入一个丛林您只是大概知道一个方向,并不知道中间会遇到什么河流,什么沟壑,提问采访就变成一次有趣的旅行。"而这场旅行一定是和被采访者结伴而行的"共情"旅行。共情是与人沟通中必备的能力,也是主持人记者采访生涯的必修课。我们只有真正走入采访对象的工作和生活,善用同理心、学会与采访对象换位思考,同时找到共同话题以情动人,这样的采访才能贴近实际、贴近生活。也只有这样的报道,才会让人感动并产生共鸣,彰显人文情怀。没有"共情"的新闻得不到公众的共鸣,更无法为媒体营建影响力和公信力。

三、如何共情

（一）做好热身 找好切入点

破冰的环节发生在采访之前,属于线下的热身。真正开始面对镜头采访后,主持人记者就算正式进入了角色。为了更快地进入角色,需要在破冰环节就找准切入点。而切入点的选择,与节目风格、节目内容、采访对象的特点等等多种因素相关。一般来说,切入点的选择有以下几种:

1. 以小见大选取切入点。小切入点就要选取"小事"或观察到的"小细节",

这对"小事"和"小细节"的要求比较高,一定要能达到以小见大的目的。

（来源：东方卫视《主播有新人》）

程前：好,郭老师,为什么剪这个发型?

郭京飞：我这刚拍完一个戏,演一个间谍啊,抓起来了,就坐牢了,坐牢最后两场戏,就剃了。

程前：啊,大家在追剧的过程当中会发那个弹幕,（郭：啊,是是)如果有人提出对郭京飞有什么样的意见,您看到弹幕心情怎么样?

郭京飞：挺好的,我觉得意见都是督促我对吧,这段时间一直出现的就是郭京飞要努力,赶紧摆脱"花瓶"这个称呼啊,好好地靠实力。

程前：我跟你有同样的烦恼是吧,在主持界的话,一直以"花瓶"著称。

郭京飞：我敢剃头你敢吗?

程前：如果我能上《电视剧品质盛典》,我也敢,（可是）我没这个实力上去。

郭京飞：好反应啊。

由一个发型作为切入点,普通得不能再普通,但对于一个演员来说发型是他角色的标志。一个普通问题一下子把一个演员近期角色"套"出来了,采访顺利开始。

2. 从发展变化中选取切入点。切入点是事物发展变化的结果,也可能是导致事情发展变化的原因。

比如以下对话,来自《可凡倾听》节目中对潘石屹的采访,主题是《我的坚持与改变》,对话主要探讨人生命运。我们都知道,高考是影响一个人人生命运的重大事件,所以,主持人选择了高考这个切入点,进行人生命运的探讨。

（2018-01-13《可凡倾听》采访潘石屹）

曹可凡：一个人在一生当中也许会经历很多的人和事,为什么有些人成功了? 为什么有些人失败了? 坚持和改变是非常重要的,我想今天和潘总从一件小事说起。高考对于很多人来说其实是他们命运改变的开始。但是潘总有一些不同的经历,您当时没有经历过高考,所以那个时候您眼中的高考是一个什么样的东西?

潘石屹：高考带给我们这一代人的变化是最大的,可是我阴差阳错地跟我要参加的高考擦肩而过了……

一代人有一代人最深刻的印记。访问者曹可凡和被采访者潘石屹是同时代的人,高考既是时代大潮又是微观人生命运的转折点,这是共同命运。当然也有像潘石屹这样没有走转折点而成功的个案,所以这个切口既有时代性又有独特性。

3. 从"关联度"中选取切入点。比如利用一个新现象,一个新政策,一种新思潮,一个热议话题,一个热词等等与采访对象的关联,以此建立情感联系。

《艺术人生》主持人朱军采访冯巩,提出了第一个问题:"今天这么多观众,你想说的第一句话是什么? 不能说我想死你们了。"朱军之所以选择这一问题为第一个问题,是因为冯巩的"我想死你们了"已经成为了他的"专属"。这样就瞬间与被访者建立了关联。一个人总有自己的特征,抓住特征标志进行切入,建立关联,像打开了一扇门。这是一个非常漂亮的破冰。

(二)随时调整 换位思考

在提问中,我们要重点关注和考虑的不应该是自己,而是对方考虑什么。被采访者在想什么、他们缺什么? 这样的一个思考角度才是真诚、善意的角度。只有考虑到被采访者缺什么,才能有效换位思考。主持人提问被采访者,是为了从对方身上找出一些我们不能直接观测的东西,我们看不到对方的感受、思想和意愿,我们无法观测很久以前的某个时刻对方的行为,我们也无法观测到被访问者在采访现场以外的经历的现场情况。同样的,我们看不到对方如何对于这个世界和世界上的事物赋予自己的意义。我们必须通过提问走进对方的世界,从而达到访谈目的。所以,一切的前提是:对方容许我们进入他的思想世界。情感上的被理解绝对更能给人安慰,比任何语言都有用。

何炅采访主持,能力自然没的说,但是也有人会有这样的疑惑,那就是何炅为什么那么喜欢哭? 感觉何炅确实是特别容易在参加节目的时候哭出来的主持人,每次主持着就开始热泪盈眶,直接导致有人看到他哭就吐槽:何炅怎么又哭了。在《舞蹈风暴》节目录制中,短短的相处,舞者就愿意向何炅敞开心扉,为什么? 原因就是何炅的共情式的采访,何炅将自己代入到了这些舞者的生活中,以一个朋友的身份去相处去采访,自己去理解舞者的悲伤或者绝望,可以让舞者觉得自己得到了采访者的尊重。当何炅在这个时候因为他们的经历而哭时,舞者内心是绝对触动的,因为这个时候他们知道:哦,他是理解我的。

主持人孟非在节目中说过一段话,"我觉得我们每一个人,在这个世界上,除了你的父母可以没有条件地容忍你之外,在所有的人际交往当中,我们都要学会克制自己,拿更好的自己的一面去和别人交往。这个和虚伪没有关系,我们都要在和别人的关系当中,尽可能地考虑别人的感受"。共情和同情有什么不同? 同情是为了安慰别人,共情是为了理解他人。同情意味着跟别人一起感受痛苦或体验情绪;共情则是到他人的内心里去感受痛苦或体验情绪。

总之,主持人采访嘉宾,自己不应该是一个置身事外的旁观者,处处以隔岸观火的心态看待对方身上发生的事情。主持人的提问,不是走过场,而是走心。

一旦开始了对话,主持人要积极融入对方的角色,"神游"事件发生的场景,"走进"对方的内心世界,摆正自己的心态,要得到好的答案,不管你应用什么技巧,情感真挚、真实、发自内心为对方考虑是第一位的。

(三)把握变化　发现细节

心理活动是复杂而微妙的。提问是一种特殊的人际活动,也是一种特殊的心理交互。主持人的谈话对象涉及社会各阶层,由于生活环境、职业需要、受教育程度、道德修养、性格习惯等不同,心理状态各不相同。既要把握群体心理,又要关注个性心理。群体心理,即某一群体在信息传播和互动过程中形成的共有的意识。对此主持人在对话的时候比较容易把握,容易做准备。采访对象的个性心理,则是每个人在特定的条件下所独有的状态反应,这是对话中的难点所在。

首先,每个受访者的心理状态、心理动机都不尽相同。其次,在对话过程中,受访者心理一直在动态的变化当中。再次,你的提问内容,以及你的一举一动都会引起受访者的心理变化。作为提问者,你有时要保持这种心理平衡状态,而有时却要打破这种心理平衡。在这种情况下,了解一些采访心理学的基本原理,对主持人顺利展开对话、完成高质量的提问非常重要。

主持人的工作是典型的"台上十分钟,台下十年功"。我们常说"日久见人心",可是,主持人的提问时间往往就是十分钟、二十分钟,不可能花很长时间去了解一个嘉宾。那么,如何在这么短的时间内"见人心",把握嘉宾的心理,以达到自己的目的呢?

其实,一个无心的眼神,一个不经意的微笑,一个细微的小动作,都有可能是一个人心理的反应。熟练地掌握人的身体语言,面部语言,就能够迅速、深入地揣摩出对方的心态和意图,从而在谈话过程中掌握主动权。主持人要善于利用观察到的细微信息,来把握对方的心理状态,做出有效的提问,把控整个对话的方向。

在一些心理学的教材中,曾经提到过下面这些原理:

眉毛上扬并挤在一起,那是害怕、担忧和恐惧。

说话时眨眼睛——隐瞒了什么。

真正的吃惊表情转瞬即逝,超过一秒钟便是假装的。

当面部表情两边不对称的时候,极有可能表情是装出来的。

撒谎者不像惯常理解的那样会回避对方的眼神,反而更需要眼神交流来判断你是否相信他说的话。话语重复,并且声音上扬——撒谎。"你去过她家吗?""不,我没有去过她家。"这样生硬的重复是典型的谎言。

叙事时眼球向左下方看,这代表大脑在回忆,说的是真话,谎言不需要回忆的过程。

人在害怕时会出现生理逃跑反应———血液从四肢回流到腿部(做好逃跑准备),因此手的体表温度会下降。

如果对方对你的质问表示不屑,通常你的质问会是真的。

摩挲自己的手,是一种自我安慰的表现。

抿嘴两次,典型的模棱两可。

说话时倒退一步,代表对自己所说的观点没有信心。

鼻孔扩大、嘴唇绷紧——发火了,但还在控制当中。

······

以笔者所从事的股市节目提问为例,往往分析师在说出自己观点时,在表情管理上已经有所表达。看涨者表情轻松、看跌者面带谨慎。如果观察到这些细节,在多人采访中可以迅速建立不同观点的碰撞;如果在单人访谈中可以在逻辑上进行加码追问,层次节奏会有比较好的效果。做好访谈节目对主持人的要求非常高。首先要求主持人一定是一个自身心理素质很高的人,同时也是一个能把握对方心理的人。所谓知彼,一方面是对受访者背景的了解,另一方面则是对受访者心理状态的了解。对受访者背景的了解,设身处地从他的角度考虑,了解他参与节目的目的和诉求,这是在对话之前的工作,功夫在台下。对受访者心理变化的了解,以做到提问精准,直击心灵深处,这才是台上的高质量访谈。

结　语

沉默地听、认真地看、用心感受、共情交流。尊重被访者认真聆听、体察对方试图隐藏的某种难于言表的情绪、设身处地从感性的层面去理解对方,做到感同身受,对被访者和事实表达尊重,最终实现共情交流。当然,未曾经过他人的遭遇,或许很难理解他人的情绪和感受。所以说共情不仅仅是认知层面的事情,更需要丰富的人生阅历和一颗发现生活发现真善美的心。这个过程的呈现就是一档高质量的访谈。

参考文献:

[1] 亚瑟·乔拉米卡利.《共情的力量》,中国致公出版社第 106 页.

[2]《新闻前哨》,《共情的艺术——广播节目主持人在节目中如何共情》,2008 年第 1 期.

［3］《新闻窗》,《论共情和应变能力在记者采访中的作用》,2010 年第 4 期.

［4］星八客网站《何炅共情式采访：他欣赏艺术与青春,也让人赞叹他与人为善的艺术》,
2019－10－09.

作者简介：

杨连霞（播音名阳子）,上海第一财经电视节目八点档《公司与行业》主持人。

论广播广告的记忆点

曹 筠

提 要：当今各种媒体广告五花八门，广播作为传统媒介，面对收听主群体——大量的移动人群，在分秒必争的短短几秒钟内，如何抓住人们的听力，引起人们的关注，乃至记住这个品牌，这是广播广告竞争力的关键。笔者作为一名23年广告从业者，依据多年实操，提出了"广播广告记忆点"这个概念。主张广播广告从文案策划、播音、音乐、音效各方面要具有强烈的个性，在创意中融入戏剧性、逆向思维逻辑、声音美学来增强传播效果，营造广播广告的记忆点，达到真正的品牌到达效率。

关键词：广播广告创意记忆点　个性化趋势

引　言

当今媒体广告竞争激烈，广播作为传统媒介，要和新媒体争夺广告份额，自身要有独特的魅力。笔者从事广播广告创意策划制作23年，多年来每年有广告荣获"广播电视公益扶持项目、北京广告创意节、设计之都深圳公益广告大赛"等国家级、城市级的奖项。依托长期的从业经验，今天就广播广告的创意制作提出"记忆点"这个概念与"增强记忆点"的方法，与各位从事广告工作的友人们共同探讨。

互联网＋时代，信息快速传播，人口流动频繁，产品迭代迅速，作为传统媒体的广播，除了和众多新媒体争抢市场，自身也不断升级，创新，寻找新的增长点。

广播广告与商品流通是密切相关的。通过广播广告，企业可以向目标客户传递关于其产品的信息，以提高对这些产品的兴趣，并最终促进产品的销售和流通。比如季节性促销,短时间内的优惠,政府组织的大型商圈活动,广播广告都能用极快的速度策划文案,配音和音乐音效设计,制作并立即发布。

当前广播广告仍占传统媒体平台创收相当大一部分,但是广告创意缺少精心构思。当然这部分跟客户也有关系,金主总希望在短短十几秒里,把他的产品特点全部罗列进去,殊不知面面俱到等于没有特点;还有就是经费不足,配音演员的选择有限,大都是台里的播音主持担当广告主播,拘泥于传统的制作和播出程序,广告的实际意义不大。

据调查,车载广播成为广播广告最大的载体。通过在汽车上安装播放音频的设备,提供驾驶者和乘客在行驶过程中,接受信息和娱乐的手段。其中又可以分以下几种人群:

1. 驾驶者,他们需要在驾车时获得路况,天气,突发信息,也需要音乐和娱乐节目缓解疲劳。

2. 乘客,通常这类人群比较关心新闻,娱乐,音乐和文化节目,通过车载广播了解当地的文化和风土人情,以及旅游信息。

3. 商业人士,包括销售,快递员,货车驾驶员等,他们通过车载广播了解当地的商业和经济环境,市场趋势和竞争状况。

4. 家庭用户,他们更关心教育,健康,家居装修和购物消费等方面的信息。

5. 老年人和残疾人,此类人群对新闻,音乐,健康,戏剧,休闲等内容更感兴趣,车载广播可以为他们提供一些健康养生之类的信息。

针对大部分车载用户,短、平、快是广播广告独具的特点。

所谓"短",指的是广播广告的时长,一般分为 5 秒、10 秒、15 秒、30 秒,以一秒 4 字计算,普通商业广告最长也就 120 字左右,最短大概 20 字。要在这短短数十秒内把商品的特点介绍清楚,我们必须"取其精华,去其糟粕",在创意时就要按上记忆开关。

所谓"平",指的是广播广告讲究通俗易懂,语言尽量口语化,文字避免行文化,做到"老少咸宜"。

所谓"快",指的是从制作到发布,只需半小时,当然这指的是大部分常态化播出的促销广告,有些精品商业和公益广告还是需要时间反复琢磨。

因此,广播广告是促进商品流通的重要因素,它可以帮助企业提高产品的知名度和销售额,并在市场上获得更好的地位。但是广播广告有声无形,稍纵即逝。一般分成 1—2 分钟段落播出,称为"整点,半点套装广告"。那么短短几分钟里一大串广告出现,每一个停留的时间非常有限。如何做到在瞬间捕捉受众的注意力,使广告所要传播的信息至少有一两点到达,这需要我们在文案策划时就要植入记忆点。

一、在科技日益发展的今天，广播广告制作的趋势在不断变化

现今广播广告制作的发展趋势有如下变化：

1. 数字化制作的广泛应用，越来越多的广告制作人开始使用数字工具，如音频编辑软件和数字音频工作站来制作广告。

2. 跨媒体制作：用在线视频和社交媒体来制作广告。

3. 音频设计：在制作前进行音频设计，用声音，音效和配乐来制作广告。在文案的设计中，已经提前把关于声音，音乐，音效的预期体现在稿子里，力求最终达到怎样的效果，都写成诉求。

4. 内容营销：内容营销正成为广告制作一个重要趋势，广告制作人员正在使用内容营销来吸引目标受众。

5. 运用人工智能：人工智能正在成为广告制作的重要工具，广告制作人员正在使用人工智能技术来研究目标受众，提高制作效率和技能。

这些趋势正在不断发展和变化，因此广告制作者需要密切关注最新技术和趋势，以确保制作出高质量、有吸引力的广播广告。

二、什么是广播广告的记忆点

广播广告通常以音频的形式呈现，因此声音和音乐在广告中起到重要的作用，可以增强人们对广告的记忆。广告的内容和语言也很重要，应该具有吸引力和让人难忘的特点。有趣、有意义的文案设计，并通过生动形象的语言呈现，人们就会记住它，这就产生广告的记忆点。因此，广播广告的记忆点是指生动形象有意义有吸引力的广告内容与语言，对听众产生难忘的瞬时记忆。

广播广告的瞬时记忆指的是人们对广播广告收听后瞬间保留的印象和记忆。瞬时记忆是广告效果的关键因素，它决定了人们是否会继续关注广告的内容，并对广告发布的信息产生兴趣。当今社会，人们接受信息的渠道多而杂，人口流动又加剧了信息的传播速度。怎样让受众在包罗万象的凌乱信息中捕捉到广告信息，怎样让广告抓住人们的瞬时记忆，这是广告传播产生效益的关键。

瞬时记忆的形成受到广告的多种因素的影响，包括广告的内容，语言，图像，声音等。如果广告吸引人们的注意力，具有吸引力和生动形象的语言和图像，瞬时记忆就可能产生。

为了增强广播广告的瞬时记忆效果，广告制作者应该仔细考虑广告内容，语言等因素，以确保广告具有吸引力和富有记忆价值。只有充分利用这些因素，广

告才能产生瞬间深刻的记忆效果,从而达到最佳的广告效果。

笔者曾经制作一个《一带一路 Rap》,在开头就用了"海关大钟,黄浦江畔汽笛,南京路小商小贩叫卖"等音效,代入强烈浓厚的地域感,用流行的 Rap 节奏,配合反复用半句上海话提问"一带一路做啥",然后上海老克勒,时髦阿姨,上海阿婆,外国友人用上海话表演等方式,生动展现出一带一路给普通老百姓带来的实惠,用"造大桥,有劲道,蒸蒸桑拿,奶盖要哦"等诙谐幽默的语言和音乐宣传比较深奥的公益项目,用上海的风土人情来激发听者的认同感,营造记忆点。此篇获得 2018 年度 SMG 广播人奖包装类创意奖。

附文案:

一带一路 Rap 第二版

男:(唱)

如果你在上海滩,你会发现世界真不大,

一带一路做啥? 让天下千变万化!

利国利民十九大,让世界变一家!

男:(唱)

一带一路做啥? 造起高楼大厦。

造大桥,开航道,中国建设有一套,互帮互助有劲道。

修公路,建铁路,中欧班列开到家,贸易从此更畅通!

女:(老年)一带一路组撒?

男:(老年)走遍江山如画。

背景音:(女沪语)老头子啊,阿拉去乘游轮咧~

男:(唱)西伯利亚,喜马拉雅,眼睛一眨,四通八达。

男:(唱)

一带一路做啥? 尝遍海角天涯。

俄国老爹,烤鸭配伏特加。(沪语:米道哈嗲)

上海阿婆,蒸蒸桑拿,锡兰红茶(沪语:奶盖要哦?)

男(唱):

一带一路做啥? 买遍八门五花。

花露水雪花膏,Made in China,人人夸。(背景音沪语:老灵额)

通直邮逛海淘,刷刷手机,全买到。

男(唱):

一带一路做啥? 让世界变一家,

利国利民十九大,全面小康,生活幸福如花~

三、怎样营造广播广告的记忆点

广播广告的记忆点具体指的是广告中最引人收听、最易记住的特征或要素。广义的广告记忆点可以通过广告的播音语言、文字、图像、音乐音响等元素来体现。

例如，广告可以通过使用特殊的语言、简洁的口号、有趣的故事情节等手段来形成记忆点。同样，广告也可以通过使用特殊的音乐、动画效果等手段来制造记忆点。

对于广播广告来说，因为光凭听觉感受、声音传播一瞬即逝，记忆点的重要性不言而喻。它不仅有助于吸引消费者的注意力，而且还有助于提高广告的效果和影响力。因此，制作广告时应该特别注意创造记忆点，以增强广告的记忆效果。

广播广告的瞬时记忆也离不开声音美学。声音美学指的是声音的艺术性和审美价值。它涉及如何利用声音来制造情绪、吸引注意力和传递信息。声音美学对于许多不同的领域都很重要，包括广播、音乐、电影和电子游戏等。

在广播中，声音美学通常指语音的技巧、音乐和音效的使用，以制造情绪和吸引注意力。在音乐中，声音美学涉及如何利用声音来创造音乐的旋律和节奏。在电影和电子游戏中，声音美学涉及如何使用声音来制造氛围和传递信息。

声音美学不仅涉及声音本身，还涉及声音的排列和配置，以及它们如何影响听众的情绪和反应。因此，声音美学是创作者和听众之间沟通的重要工具，并在制作音乐、电影、游戏等项目时起着重要作用。人耳对声音频率的感觉从 20 Hz 到最高的 20 KHz，各个部分所具有的功能不同。其中 6 KHz—16 KHz 部分，控制着音色的明亮度、宏亮度和清晰度。该频段适合还原人声。

此外，广告语言也是美学的重要组成部分。广告人员需要清晰、简洁地传达信息，并使用具有吸引力的语言和修辞来影响消费者的想法和行为。

因此，广告中的美学是品牌和消费者之间沟通的重要工具，并在广告营销中起着至关重要的作用。

笔者曾制作的广告
公益：《卡路里改编——干湿垃圾版》40 秒
（前奏约 5 秒）
女：垃圾分类开始咯，你准备好了吗？
（音效）Ready Go!
（歌曲部分约 35 秒）
每天起床第一句：
垃圾分类要牢记！

每次分错了垃圾，

都要说声对不起。

四类垃圾怎么分？

分类规则要学习。

朋友一起努力，

美丽上海靠自己！

餐盒胶带橡皮泥，

陶瓷器皿废纸巾，

干垃圾要能分清。

来来，湿垃圾：

药渣蛋壳和果皮，

剩饭剩菜和锅底，

能做肥料了不起。

不同垃圾要分清，

分类回收我无敌！

　　这是一个商用公益广告，品牌方"爱回收"用少女团活泼的演唱形式，动感十足，唱出了各种垃圾的识别和分类，简单易懂，朗朗上口，让人一听就记住，而且因为节奏活跃动感，让人百听不厌。此广告获得第 26 届中国国际广告节黄河奖优秀奖。

　　广播广告除了声音需要精心设计，广告的逻辑性也需要逆向思维。

　　笔者的同事，上海东方广播公司广告制作人孙飞制作的"AI 电梯"荣获了 2021年度广播电视公益广告扶持作品一类奖。这个创意很讨喜，乘客坐电梯，智能电梯机器人询问乘客要上几楼，乘客回答后，机器人又问乘客边上的她要上几楼，乘客吓出来一身汗，因为电梯里只有他一个人。这个时候，听众的思维方式有两种：一是 AI 机器人坏了，明明电梯里只有一个人；二就是电梯闹鬼了，人眼看不见第二人。往往在此时，剧情也达到了巅峰，听众的思维被高度集中。原来机器人说的是乘客身边的电动车要去几楼，然后普及为了消防安全，电动车不允许带上楼充电的公益理念。整个制作一开始用配音演员的惊恐和声效营造出恐怖氛围感，随着机器人的发问，接着又呈现出喜剧画面，在一惊一乍中，听众不由自主记住了"电动车不带上楼充电"的宣传主题。所以，我们的广播广告设计要逆向思维，剑走偏锋，颠覆人们传统的思维方式，这样的广告往往能获得很好的传播效应。

　　"AI 电梯"文案：

　　（电梯门打开声）AI 自动语音：先生您好，欢迎乘坐 AI 电梯，请问你要去几楼？

男乘客：请帮我按一下8楼，谢谢啊。

AI自动语音：先生，请问"她"要去几楼呢？

（惊恐音效音乐）

男乘客：什么她呀，电梯里就我……一个人……你别吓我哦！

AI自动语音：我是请问你旁边的电动车要去几楼呢？

男乘客：呵呵，当然跟我一起啊，也是去8楼啊！

AI自动语音：它应该去B1层电动车指定停放点。

（电梯开门声）

AI自动语音：地下1层到了，请将电动车推出，以后不要再把电动车推上楼了哟！

男乘客：切，这一天天的，比演电视剧还精彩呢！

旁白：电动车严禁带到楼上充电，充电请前往指定充电区域，并定期检查电池和充电器。

此外，广告必须具有鲜明的个性，这也是营造广播广告记忆点的重要方面。

众多周知，现在广告文案越做越华丽，谈古论今，取天地之精华，甚至有很多生造字；广告配乐越来越磅礴，电影交响音乐气吞山河，给人如雷贯耳的震撼。殊不知，这种豪华套装，此品牌适合，彼品牌也适合，换个牌子绝无违和。这样的品牌宣传其实是失败的，因为产品的个性没有体现，在一分多广告时段里，15秒匆匆而过（广播广告普遍时长15秒），任你地动山摇，听众什么也没记住。

因此，广播广告要有效投放，在短短15秒起爆，须经过精心设计，抓产品最重要的特点，用各种戏剧化、逆思维手法打造，塑造个性定制，才能达到有效传播，闪现瞬时记忆。

最后，还原生活中的真情实景也能让广告产生记忆点。

情感共鸣：注重情感共鸣，通过触动人们的内心深处来传递信息和引发关注。这种情感共鸣可能来自于家庭、友情、爱情等方面，能够引起人们的共鸣和共同体验。

独特创意：广告的创意往往简单易懂，但是很有趣，可以让人们感到惊喜和启发。

剧情性：通常采用剧情性的叙事方式，通过讲述一个有情节的故事来传递信息。这种方式能够吸引人们的兴趣和注意力，同时也更容易让人们理解广告所要传递的信息。

社会问题：关注社会问题，比如环境保护、道德伦理、家庭关系等。这些广告通过传递正能量和道德观念来引导人们的行为和价值观。

四、创意和创新是记忆点的创作前提

创意是创造你所参与的游戏,而不是参与你所发现的游戏。真正有创意的人和公司拥有看穿现实的想象力,可以创造新的,用不同而且更好的方法来做事。摄影大师玛格丽特·维内斯说:"创意是用来建设我们世界的资源。创意人学习用新的观点去看这个世界,用新的视野去看平凡的事物,并在各种想法、事件和物理现象中寻找相似和不同之处;更近距离观察事物,保持好奇心,寻找可寻踪迹,并善用机会,创造联结,建立脉络等,这些都是创意的过程。"

由乔治·托马斯发明的滚珠式体香剂就是这样的例子。体香剂,是他已知的,圆珠笔,也是已知的东西。他将两个概念结合起来,想到可以像圆珠笔通过旋转滚珠将墨水写在纸上那样,将体香液通过滚珠涂到皮肤上的发明。创意是在联结思考中产生新的想法,创新则是将创意付诸实现产生新发明,如产品、服务、流程或者政策。

要在各种声音中抓住听众的心,需要从以下几个方面入手:

创造吸引人的内容:内容是吸引听众的关键因素,因此要确保内容具有吸引力、实用性和可记忆性。像以上的"AI智能电梯",就是用逆向思维,戏剧性地抓住了听众的好奇心和注意力,用幽默风趣的方式讲述了"电瓶车不带上楼充电"的道理。

选择合适的声音:声音的选择很重要,应该选择适合目标受众的声音,并确保声音的质量高。

使用有效的语言:语言的使用需要考虑语言的准确性、生动性和易懂性。如"爱回收"所创作的垃圾回收歌,旋律轻快,动感十足。老少咸宜,听者听着就记住了里面的内容,创造了营销的记忆点,形成了很强的辨识度。

创造记忆点:使用特殊的语言、简洁的口号、有趣的故事情节等手段来形成记忆点,以增强记忆效果。

保持声音的一致性:保持声音的一致性,以便听众对声音进行辨别和识别。

注意声音的氛围:创造适合的声音氛围,以吸引听众的注意力。

通过以上几点的综合实施,可以在各种声音中抓住听众的心,从而达到最佳的效果。

五、近年来国际大赛上广播广告的获奖趋势有所变化

以下是近年来国际广播广告一些有代表性的获奖趋势:

创意性：获奖的广告在创意性方面表现卓越，吸引了观众的注意。

社会责任：越来越多的获奖广告强调社会责任，如环保、人权等话题。

品牌故事：获奖的广告更注重品牌故事，展示品牌的价值观和文化。

视觉效果：获奖的广告在视觉效果方面表现出色，通过动态图像、特效等手段吸引观众。

数字技术：数字技术在广告中的应用越来越多，如虚拟现实、增强现实等，为广告带来了更多可能性。

这些都是近年来国际大赛上广播广告的一些获奖趋势，随着技术的不断发展，这些趋势可能还会有所变化。

这些特点让广告更加生动有趣，同时也更容易让人们接受和关注。

结　语

"广告源于生活，又高于生活"是一句经典的广告名言，它的含义是广告创意的灵感来源于日常生活，但是广告的表现形式和效果却要高于日常生活。

广告的目的是向潜在客户推销产品或服务，因此广告的创意和表现形式应该更具有吸引力，更富有创意，更能够引发人们的共鸣。广告不仅要反映人们的生活，还应该在形式上更加生动有趣，更具有视觉和听觉的冲击力，从而吸引更多的人群，提高广告的传播效果。

因此，广告不仅要源于生活，还要高于生活，不断创新，不断进步，以更好地满足人们的需求和期望，为企业带来更好的市场效果。

参考文献：

［1］韦恩·罗特林顿：《打开创意的脑》［M］，北京：中国市场出版社 2008 年版。

［2］诺伯舒兹：《场所精神——迈向建筑现象学》［M］，武汉：华中科技大学出版社 2010 年版。

［3］皮埃尔·诺拉：《记忆之场》［M］，南京：南京大学出版社 2017 年版。

［4］薛红平：《培养良好的声音审美观》［J］，《交响》1999 年第 3 期。

［5］孙钦敏：《广播广告创意技巧和表现手法》［J］，中国知网 2021－04－03。

作者简介：

曹筠，上海东方广播中心广告制作经理。

试论新媒体时代电视新闻节目的后期编辑制作策略

蒋慧燕

提　要： 新媒体时代纸媒与传统的电视节目，不再是人们接受信息的唯一来源，传统媒体行业受到了新媒体的巨大冲击。因此，电视新闻节目更要紧扣时代的脉搏，必须符合受众的审美与需求，对电视新闻节目的后期编辑制作也提出了更高的要求。本文分析了新媒体时代下电视新闻节目的定位及品位提升方向，提出了新媒体时代下电视新闻节目后期编辑制作工作的要求，并分析当前电视新闻节目的后期编辑制作存在的问题并提出改进策略，包括重视内容策划，突出节目重点；端正工作态度，提升技术能力；加强工作交流，不同专业合作等。以期给电视新闻节目制作同人们提供改进工作参考。

关键词： 新媒体时代　电视新闻节目　后期编辑制作　策略

引　言

新媒体时代下，人们接收信息的方式和载体有着翻天覆地的变化。纸媒与传统的电视节目，不再是唯一来源，传统媒体行业受到了新媒体的巨大冲击。在这种情况下，电视新闻节目更要紧扣时代的脉搏，必须符合受众的审美与需求，并切合时代的发展。因此，电视新闻节目的制作也应该与时俱进。电视新闻节目的后期编辑和制作，作为提高电视新闻节目真实性和节目效果的重要环节，对从业人员的素质提出了很高的要求。笔者认为，在当前新媒体时代环境下，电视新闻节目的后期编辑人员应当努力提高自身素养，并对编辑内容和形式进行创新,使节目在新媒体环境下仍然获得人群的广泛关注,增加电视新闻节目收视率。因此,新媒体时代如何做好电视新闻节目的后期编辑制作,成为了媒体界的一个重要课题。

一、新媒体时代下电视新闻节目的定位及品位提升方向

(一)新媒体时代下电视新闻节目的定位

电视新闻节目,是通过电视技术手段传播新闻信息的一种组合形式,通过采访、摄录(或转播)、剪辑、解说等环节制作而成。传统媒体时代,信息的传播渠道与传播符号要素主要有文字、声音、图像三类。人们选择看电视新闻的目的是为了获取信息,因此一档好的电视新闻节目应当用简洁凝练的语言、真实生动的画面进行叙述,给予人们事实真相的还原,同时直击社会热点。

新媒体时代,各类新闻载体形式层出不穷,都以与观众紧密互动和形式的多样活泼,受到了观众的热情追捧。基于此,电视新闻节目在真实传递信息的基础上,又增添了一项品位提升的定位要求。那就是以新媒体为标杆,注意扩展节目的多样性以及增强与观众的互动性。电视新闻节目的编辑制作,不但需要过硬的专业素质,大量的人力物力,还要通过团队协作,由不同的技术人员默契合作来共同完成新闻节目品位提升工作。

(二)新媒体时代下电视新闻节目的品位提升方向

1. 吸引不同年龄的观众

新媒体时代下电视新闻节目的改进方向,首先是要吸引不同年龄段的观众。当前新媒体环境下多种媒体形式并行发展,对传统的电视新闻节目最大的冲击在于电视收视率。电视新闻节目的编导人员想提高收视率,最直接的方法是在后期编辑上下功夫。在后期编辑上创新,能够提升观众的感官体验,满足观众的文化需求,提升电视新闻的收视率,吸引不同年龄的观众,对传统的电视新闻节目进行内容和形式上的丰富,让电视新闻节目受新媒体的影响程度降低。如一些电视新闻节目在披露新闻现象的同时,着力于分析其背后的原因和社会问题,加深新闻的深度,从而使该新闻节目更受媒体受众的欢迎。

例如:第一届中国国际进口博览会于 2018 年 11 月 5 日在上海举行。

作为进博会所在地的青浦电视台着力进行全方位的深度报道，开幕式当天我台进行了综合报道，同时转播上级台开幕式的直播画面。本届进博会共有172个国家、地区和国际组织参会，3 600多家企业参展，展览总面积达30万平方米，超过40万名境内外采购商到会洽谈采购。我台对于进博会还进行了系列专题报道，向观众介绍了进博会的筹备过程和背景，以及展览的亮点和特色。

2. 确保精湛的后期编辑制作能力

电视新闻节目的质量与后期编辑制作的质量是息息相关的，好的电视新闻节目离不开后期编辑的努力。想要电视新闻节目在众多节目中脱颖而出，那就要依赖于后期编辑阶段的去粗取精，去伪存真。如把收集到的新闻素材进行剪辑，把收集到的数据进行分析和整合。在这过程中要筛选出与本期新闻主题相关的内容，进行有针对性的加工，并完成对新闻节目整体的设计布局。使观众在观看这期新闻节目后感觉有收获，有深度，能得到在别的电视节目和新媒体中得不到的东西。这就要求后期编辑人员不但要顾及观众的喜好，还要对电视新闻有着深刻的理解，保持新闻的真实性、完整性和纵深性。除了在新闻中突出重点，让观众了解到事件的来龙去脉以外还要对事件本身的社会价值和文化价值，对价值观的导向进行深入挖掘，在后期编辑中加入引起观众思考的内容。例如2020年捕鸟案件，某些村里人由于对违法行为认识不足，误以为捕鸟最多就是罚款，不会被追究刑事责任，因此滥用捕鸟网捕杀各种鸟类。所以在报道此类案件时，后期编辑会多用相关资料画面以及采访专业人士进行普法教育，不仅给观众普及了鸟类知识，也增加了老百姓的法律常识。

3. 增强从业人员专业素养

比起社会上流行的娱乐节目和综艺节目，电视新闻节目有其严肃特质和严谨性。这就要求在后期编辑中，相关工作人员都要谨慎对待，用认真求实的态度去对待每一期的电视新闻。既要保证新闻内容的真实性、严谨性，又要保证新闻价值导向符合社会主义价值观，对观众有正向的引导作用，这就对后期编辑人员的职业素养提出了较高的要求。因此后期编辑人员应当有宏大的视角，满足各个年龄段各个层面的观众对新闻节目的不同需求。而每一期电视新闻节目中新闻本身与价值导向的呈现，都离不开后期编辑人员的努力。大量的实践使后期编辑人员的能力和素养有了很大的提高，也有助于提升电视新闻节目的价值和内涵。

二、新媒体时代下电视新闻节目后期编辑工作的要求

（一）把握新闻素材要点

观众观看电视节目时，对感官影响最大的是画面和声音。声画并茂，这正是电视节目传播的优势。新媒体虽然也能保证新闻的时效性，但是在音效和画面的处理上，却不如传统电视新闻节目细致。而要突出电视新闻节目的画面与声音，也考验后期编辑的能力，要求后期编辑人员要充分发挥电视新闻节目在画面与声音中的处理技巧，给观众感官上的刺激优势。把新闻素材和现代编辑手段相结合，让观众得到电视新闻节目的视听享受的同时，也能得到有深度的思考。2023年"我们的节日·元宵"游园会在上海曲水园举行。傍晚，活动开始，游园会分为"曲径通幽、余音袅袅、赏心悦目、欢聚一堂、仙乐雅韵"等板块，后期通过添加现场背景声及画面的精细组合，不但让观众能够身临其境地感受到活动的氛围，也丰富和活跃了观众的精神文化生活，满足观众精神文化需求。

（二）调动观众多种感官

在新媒体时代下，网络信息层出不穷，观众能在保证时效性的情况下看到新媒体上新闻视频或新闻评论的同时，接收到的信息也良莠不齐，甚至连真实性也难以把握和保障。基于上述情况，电视新闻节目的后期编辑人员要在把握新闻要点的同时，对符合社会主义主流价值观的部分做出重点阐述，在已有的素材中做出筛选，选出符合新闻要点和社会主义价值观的素材，避免新闻节目出现价值观偏差的问题。而对新闻节目的价值观保证和把关，能够让观众在观看新闻节目时得到正向引导和反馈，发挥新闻节目的正向引导作用。例如2020年深秋，城北新村居民楼失火，自媒体、手机用户等一时谣传四起，我们及时采写编辑制作发布了公安警务人员的官方声明，顷刻间，"杂七杂八"的声音销声匿迹。

（三）对已有素材创新优化

在日常工作实践中，我们不难发现，许多新闻的后期编辑只做到了对新闻本身最基本的阐述，甚至有些新闻只是机械模仿了最新发布的信息，并没有体现新闻制作者的思想。基于这种情况，电视新闻节目要在众多新闻节目形式中出众，就要抛开对现场的依赖，在后期编辑中做到推陈出新，要求后期编辑人员对已有的素材进

行剪辑,打乱和重塑,用创新的手法再次找出新闻的重点,并且重新排版布局整个新闻表述。在这个过程中需要对已有的素材进行创新和优化,同时要保证新闻的时效性。通过多种表现手法引发观众对新闻事件的强烈兴趣和深入思考,也有助于全社会了解该新闻内容并引起热议。比如每年年底的汇总报道,要给这一年来本区发生的经济、民生、城市建设等方面的成就进行系列报道,后期编辑就在这时把当年相关内容的所有素材进行汇总,随后重塑,进行创新,把比较枯燥的年终系列报道通过画面和图表的新形式展现给广大观众,提高了收视率。

三、新媒体时代下电视新闻节目后期编辑制作存在的问题

(一)节目重点不够突出

当下,许多电视新闻节目之所以收视率不高,一个重要的原因是因为重点不突出,降低了节目的新闻价值。究其原因,是因为该节目只注重新闻的表达形式,而忽略了新闻节目的整体设计和价值导向。有的节目只突出了新闻画面,而对整体内容的描述却较为模糊。有的后期编辑人员关注的是节目画面的表达,而对新闻的重点内容却没有表现出来。这样的后期编辑就降低了电视新闻节目的新闻价值,容易让观众看了以后还一头雾水,没有表达出该节目的观点,不利于电视节目的收视率,也不利于新闻披露、引导价值和目标的完成。

电视新闻节目重点不突出,表现在电视会议新闻"多而空";经济新闻见物不见人,"机器转""稻穗摇"的万能镜头多,平民百姓关注的与国计民生相关的重要内容少。早在1992年春天,邓小平同志在南方讲话中曾一针见血地指出:"现在有一个问题,就是形式主义多。电视一打开,尽是会议。会议多,文章太长,讲话也太长,内容重复,新的语言并不很多。重复的话要讲,但要精简。形式主义也是官僚主义。"这种状况屡见不鲜。

(二)制作者责任意识不强

在实际工作中,我们常常发现一些新闻节目出现粗制滥造的情况。如有些新闻热点比较火爆,各媒体就一窝蜂地跟风报道,甚至在电视新闻节目中也出现了跟风报道以及直接剪辑其他电视节目画面的情况,缺乏新闻制作人员自己的思考和价值观表达。这个问题很大程度上是新闻节目制作人本身责任意识不强,工作态度不端正造成的。有的新闻制作者,为了减轻工作负担,甚至不按规定走完流程,在工作中偷工减料,态度敷衍以至于在新闻节目中出现语言表达误

差、字幕上出现错别字、画面模糊等情况,大大影响了观众的观感,也影响了节目的收视率。观众们观看这样的新闻节目容易抓不住要点,甚至直接丧失了往后观看的兴趣,造成该档电视新闻节目的社会形象受损。

(三)团队合作缺乏默契

新时代的新闻往往离不开团队协作,但是在实际工作中,传统报社团队往往缺乏良好的沟通形式和支撑。需要电视新闻后期制作时,团队成员仍然保持口头和书面文本的沟通方式,缺乏对视频 PPT 等新媒体资源的运用,造成许多灵感,不能及时记录,给后期工作造成障碍。因此虽然报社新闻制作团队成员往往多年共事,又配合默契,但是在实际工作中,尤其在后期剪辑与编辑工作中缺乏思想碰撞和默契,因此节目的效果也不温不火,中规中矩,很难体现电视新闻节目的新颖之处,不能给人以耳目一新的印象。

四、新媒体时代下电视新闻节目后期编辑制作的优化对策探讨

(一)重视内容策划,突出节目重点

在新媒体环境下,各类新媒体形式层出不穷,人们对节目和信息的接收有了更多的选择,电视新闻节目不再是唯一的信息源,这大大影响了电视新闻节目的收视率。为了提高电视新闻节目的收视率,更好的吸引观众,除了要在内容上走在时代前列,多挖掘人们喜闻乐见的社会新闻素材和独家报道素材以外,更要在后期编辑方面推陈出新,这非常考验工作人员后期编辑与制作的功力。不少后期编辑人员在新闻形式中突出表现新闻重点,对一些重要的镜头和对话以特写和台词字幕等形式来表现,这就会在短时间内吸引观众的注意,抓住观众的眼球,同时也使电视新闻节目更加主次分明有层次感。另外为了解决一些电视新闻节目中层次不足的问题,以及因过分注重新闻纪实性而使表现形式单一的通病,有的后期编辑人员还会根据日常生活事件,进行创新式、生活化的表达。使人们收看电视新闻节目的同时,也对披露的事件和背后的生活化问题进行深入的思考和讨论,从而引发社会关注,增强电视新闻节目的社会影响力。历届进博会的举办,都受到全世界的关注,因此青浦融媒体中心集合采访部、专题部、总编室、电视部等部门联合,共同协作,从各部门自己的专业角度群策群力,为进博会策划了一系列报道,包括现场直播,相关企业背景报道,记者实地采访,后期资料配备等,取得了很好的传播效果。

（二）端正工作态度，提升技术能力

随着时代的发展，对电视新闻节目的制作提出了越来越高的要求。作为电视新闻节目的后期编辑人员，不但要求有良好的技术能力，更要有端正的工作态度。首先电视新闻节目的后期编辑人员要在新媒体时代环境下，具备敏锐的时代意识和优秀的新闻嗅觉，并对传统的电视新闻制作深入了解。在熟练运用传统制作技术的基础上，渗透加入最新的技术和手段，增强新闻节目的视觉效果。并根据时代的最新提法和社会热点，来实施个性化的新闻制作方案，在新式技术的平台中发挥信息的新闻价值最大化。让观众可以多角度地了解新闻的内容，并让电视新闻节目紧跟时代发展，奏响时代的最强音。这其中需要编辑与制作，每一个新闻素材都有不同的处理手法，后期编辑人员应当熟练运用多个技术平台，进行新闻的布局制作。

作为新闻单位，应当多安排后期编辑人员的培训与学习，一方面让后期编辑人员多了解如今新闻后期编辑制作的形式与重要性，以及当下新媒体发展给新闻媒体带来的冲击，树立起学习新闻节目后期编辑的重要性和必要性思想。另一方面，创造尽可能多的机会，让后期编辑人员，学习最新的编辑技术。

另外，除了端正态度和学习技能以外，还要重视新闻制作团队与观众的互动，以便让新闻制作工作特别是后期编辑工作，在群众的监督下有所提升。比如新闻制作单位可以设立"意见互动""我有话说"板块，让观众看完新闻节目后可以上 App 小程序评论。这样既可以了解到观众的所思所想，也能了解到节目急需改进的地方，明确下一步要改进的方向。日常工作中，后期编辑工作也应当与前线记者加强沟通和互助学习分享，了解观众喜爱和关心的事情。并从观众角度审阅电视节目的制作是否还有需要改进之处，避免中间过程中出现失误。在整个过程中，无论是前台记者和后期编辑，都要以为人民服务和不忘初心的精神，在节目过制作的过程中精益求精。

（三）加强工作交流，不同专业合作

在实践过程中，为了突出新闻节目的专业性与价值性，往往靠的不是个人的单打独斗，而是整个团队的合作。因此，一个单位的新闻制作团队，要满足人民群众不断增长的对电视新闻节目的信息需求和期望值，要依靠整个团队的精诚合作来实现。这不仅仅是前线记者与后期编辑人员的合作，更是团队分专业的合作。如一些社会新闻中披露的涉及法律的案件，为了增强电视新闻节目中的法律专业性,可以邀请新闻制作单位内部的法务,甚至外部的法律专业人士进行讲解。也可以在节目后面加入一些法律条文以及法律知识的内容文字和图像。这能够给电视新闻节目注入新的形式和表达,优化新闻节目的表现力和价值感。新闻单位也应当结合现阶段新闻节目后期编辑的压力以要求在单位内举行头脑风暴,鼓励不同的专业人员积极讨论合作,为新闻节目做好专业性的、个性化的、科学的后期编辑工作。另一方面,后期编辑人员也应当在和同事们的思想碰撞中延伸思路,拓展想法,积极学习新领域知识,利用新闻的信息互通性,让新闻事件背后的评论方向具象化展开。例如《中国式过年》这一类的新闻采访节目,就可以联系人们日常生活化的素材,和日常可能发生的种种事件,适当进行艺术加工,设置新桥段,在保证节目真实性的前提下,用人们喜闻乐见的方式表达出来,扩大节目的受众范围。后期编辑人员应当在工作中集思广益,多吸取同事与他人的意见和想法,在工作中充分拓展思路,并定期以头脑风暴等方式召开后期编辑工作会议,在讨论中进行思想碰撞,提升个人对后期编辑工作的认识,以及整个单位的新闻后期编辑制作水平。

结　语

综上所述,当前的新媒体时代下,虽然给传统电视新闻节目造成了较大冲击,但是同时也给电视新闻节目的后期编辑水平的提高提供了可参考的前进方向与路径。作为电视新闻节目后期编辑人员,应当在了解新闻重点和当下最新节目编辑与制作技术的基础上,把两者融合,创新电视新闻节目的表达形式,丰富新闻节目思想内涵。后期编辑人员应当不断学习当下的最新节目编辑与制作技术,并在实践中不断运用和加强,提升自身对该项技术运用的熟练程度,并且多吸收同事与他人的意见和看法,加强小组讨论和团队协作,增强新闻节目的观看价值,提升电视新闻节目的传播质量。

参考文献:
[1] 肖闵.后期编辑在电视和新闻节目制作中的作用[J].电视技术,2021,45(5):50-52.
[2] 秦芳超.新媒体时代电视新闻节目后期编辑与制作[J].新闻研究导刊,2020,11(14):68-69.
[3] 郑宇丹.电视新闻节目后期编辑与制作[J].采写编 2019(6):97-98.
[4] 中共中央文献编辑委员会.邓小平文选(第3卷)[M].北京:人民出版社,1993:381.

作者简介:
蒋慧燕,上海市青浦区融媒体中心后期编辑。

试论 8K 技术在舞台电影中的运用

——以 8K 歌剧电影《这里的黎明静悄悄》为例

姚　晨

提　要： 科技的迅猛发展和广泛应用深刻影响了电影艺术，8K 技术的兴起将电影美学带入超高清时代。同时，以电影为载体记录和传播舞台之美的潮流也方兴未艾。全球首部 8K 电影长片、歌剧电影《这里的黎明静悄悄》是舞台艺术与现代电影技术成功融合的案例之一。本文以此为例，阐述 8K 技术在舞台电影中的运用，浅谈其技术难点与拍摄实践，希望为未来的超高清舞台电影制作积累一些思考。

关键词： 8K 技术　电影与舞台　技术与艺术

引　言

2020 年 1 月 22 日，在国际电影先进影像协会第 11 届年度颁奖典礼上，由滕俊杰导演执导的 8K 全景声歌剧电影《这里的黎明静悄悄》（以下简称《黎明》）荣获最佳 8K 制作"金卢米埃尔"奖。该奖项是目前国际公认的 3D、4K、8K 等影像技术领域最主流的奖项。《黎明》实现了一次"零"的突破——作为世界上首部 8K 长篇电影，它的出现打破了这一领域此前只有 10 多分钟形象短片的窘境，引起世界电影科技行业广泛关注。

随着 5G、8K 时代的到来，新技术不断助力艺术的多元化、丰富化表达。笔者作为 8K 舞台电影《黎明》的主摄影师，在 8K 影视拍摄和制作过程中，既遇到了新技术带来的新挑战，也探索了实践办法、积累了一定新的经验。本文将以 8K 歌剧电影《黎明》为例，阐述和总结 8K 技术在舞台电影中的应用，力求较为详细地展现各个环节的技术难点、重点、实现方法以及思考。

一、8K 概述：先进与困境

1. 8K 及其优势

8K 是一种数字视频标准，也是现代影视技术演进的新趋势，其核心指标首先是超高清分辨率，即 8K 分辨率。视频分辨率是指每一幅画面所含像素的数量，而像素是记录图像的最小单位。将一幅画面放大到一定程度后出现的点，即为像素。我们所说的分辨率就是"水平方向的像素数量"乘以"垂直方向的像素数量"。因此，通常视频分辨率越高，包含像素越多，图像就越清晰。

从分辨率上来看，4K 的分辨率是 3 840×2 160 像素，而 8K 分辨率达到 7 680×4 320 像素，即每一幅画面从上到下的垂直方向有 4 320 行，每一行在水平方向有 7 680 个像素，共 3 300 万个像素组成一幅画面。在其他技术参数不变的情况下，8K 图像的分辨率达到 4K 图像的 4 倍、1 080P（全高清）图像的 16 倍。

除了分辨率，8K 还有着色位宽度广、画面帧率高等指标特点。

一直以来，技术都在追赶人眼的光学体验——分辨率、解析度、宽容度、色域深度、帧速率等。8K 带来的不仅仅是分辨率的提升，而是将所有感官体验提升至更接近于人眼。

2. 8K 的应用发展

如上所述，8K 是迄今为止最接近人眼真实视觉的超高清视频技术，是现行超高清晰度电视标准中的最顶级规格。8K 视频具有更加细腻清晰的画面、丰富逼真的细节。但与之相伴而来的，是对制作提出的种种更高的要求。

在很长时间里，8K 技术的应用陷入困境。由于长度为 1 分钟左右的 7 680×4 320 分辨率视频，就需占用 194 GB 存储空间，因此 8K 视频的整体制作成本和传输成本相对较高；8K 对拍摄与剪辑的要求更高，难度也更大，相关影视人才、设备与应用均处在较为初级的发展阶段；种种限制造成 8K 内容在国际市场上的供应严重不足，即使在影视产业发达的国家，8K 影视也只是被当作一种实验作品，始终停留在短片阶段。

这一情况在 2018 年取得了突破。2018 年，上海广播电视台（以下简称 SMG）受国家大剧院邀请，由滕俊杰导演率队对原创歌剧《这里的黎明静悄悄》进行 8K 长篇电影的录制，上海电影人先行一步尝试 8K 长篇电影全流程制作。2020 年，《这里的黎明静悄悄》作为世界首部 8K 全流程电影，获得了国际先进影像协会(AIS)颁发的"金卢米埃尔奖"。

此后到来的 2021 年被定为"8K 元年"。这一年年初,中央广播电视总台开通了 8K 频道,并在此后的春晚、全国两会、冬奥会期间都采用了 8K 技术转播。2021 年 9 月中国第一家 8K 电影院在上海自然博物馆挂牌开幕。可以预见的是,在硬件准备不断充分的当下,8K 内容的市场将不断扩大,其生产与制作经验也需要不断积累和交流。

二、舞台电影:新技术之下的艺术形态

1. 电影艺术与舞台艺术

电影与舞台表演,两种艺术形态的渊源颇深。1905 年,北京丰泰照相馆的照相师任景丰,将京剧演员谭鑫培主演的京剧《定军山》中的片段拍成了影片。这部短片成为第一部由中国人自己摄制的电影,而它恰巧就是一部"舞台电影"。

分开来看,电影艺术和舞台艺术各具优点和局限。电影,由于影像记录和景别的丰富,往往能带给观众更多的细节。而舞台表演,以现场表演的方式,在舞台空间里展示剧情,观演之间可以交流互动,具有一定的开放性。电影包罗万象,灵活性好,纪实度高,舞台艺术鲜活但短暂易逝。但当两者碰撞结合,彼此的优势就能相互加持、扬长避短。舞台电影应运而生,并让艺术内容迸发了新的生命力。

2. 新技术为舞台电影带来二创表达

电影艺术是很典型的技术与艺术结合的产物,在其发展的百年历史中,新技术的普及和应用深刻影响着电影艺术,推动着电影的发展。如果说短片《定军山》的出现,是由早期摄影技术的发展催生了"舞台电影"的基本形态,那如今的"舞台电影"中,新技术就成了更为关键的推手,以突破性的形式重新诠释舞台内容。

以《黎明》为例,"歌剧电影"不仅仅是对舞台表演的简单记录,它更需要将电影语言融入其中,用 8K 超高清的细节还原表演本身,利用景别的交替、选取,构成情绪与节奏,完成对歌剧作品的二度创作。创作时,为了更好地融合电影和舞台这两种艺术形式,电影导演根据原版歌剧的整体构思、情节编排及其中所蕴含的情感表达,以"诗化、油画、生命化"来定位拍摄。

"诗化、诗意"是对电影节奏的把控,落实到实操中,电影就是通过长镜头、丰富周边镜头元素等方式来展现这种"诗的节奏"。"油画"则是整体在影调上的追

求,电影在拍摄时便有意识地控制和呈现,加上后期调色的配合,从而实现这种"油画感"。"生命化"则是电影呈现的核心目标,即在追求视听逼真的同时,还原情感的本真。通过电影语言的二创,歌剧电影《黎明》以写意、诗化的笔调烘托浪漫主义精神,油画般地勾勒出大自然的辽远壮阔、人性的美丽温暖与战争的残酷无情,呈现出充满诗意的电影质感。

三、8K 在舞台电影中的探索实践与成功应用

引入新技术绝非更换更先进的设备如此简单,而是涉及全流程的配套调整。《黎明》的电影化拍摄使用 4K、8K 兼容的高规格,采用当下最先进的 8K 摄影机(兼容 4K 影片制作)拍摄。相应地,工作组也采用了全电影 8K 制作流程。

8K 拍摄对前期拍摄的质量、技术的灵活性、大量素材的整理以及整套系统的流畅运转等都提出了极高的要求。为此,团队提前抵达北京,进行现场分析、数据分析、光的分析和角度分析等准备工作,并将 HDR(高动态范围图像技术)等考虑在内,构思了一整套契合歌剧艺术的前期摄制方案,系统性地搭建核心运转流程。

除了确保各 8K 摄影机的拍摄质量及素材高效轮转,满足导演对于现场摄影位置的调度以及对实时画面的美感把控也是重中之重。因此,摄影组还根据导演的两个工作台本(即分镜头剧本和 CG 特效台本)以及拍摄计划,对实景拍摄场景与绿幕特效都做好了相应的摄制方案。

为了确保打通 8K 影视制作的全流程,在项目进行期间,各个阶段都进行了专业的全方位准备。

1. 8K 拍摄时的挑战与实现方式

要避免将舞台电影拍成舞台表演的电视录像,就要突破 180 度的平面,综合运用多种设备来体现电影的蒙太奇效果和艺术特性。

在拍摄《黎明》时,除了首次使用的 8K 摄影机,大摇臂、伸缩炮、GF 轨道等电影拍摄设备也一一被搬上舞台,多种设备的联动才能更好地形成电影画面。为了寻找有效的拍摄角度、全方位多角度来呈现舞台,摄影组还必须对舞台作品本身有深入的了解、熟悉每一位演员的调度走位,用镜头打破舞台的局限性。

8K 摄影机方面,《黎明》摄影组使用了 4 台当下全球最先进的 RED Helium 8K S35 摄影机。该摄影机分辨率最高可达到 8 129×4 320,这台超高分辨率的机型拥有极大的潜力,包括浅景深、超宽视角以及广泛的镜头选择。

首次使用 8K 摄影机,对任何摄影组来说,都是一次巨大的挑战。摄影组需

重点关注的问题包括：影像的整体宽容度、噪点情况，以及拍摄时的焦点控制等。

由于舞台演出的特性，舞台整体存在照度不足且光比反差大的情况，这对摄影机的动态范围和低照度噪点控制能力挑战极大。面临这样的情况，可采用的办法包括：在不影响演员表演的前提下，摄影团队在一些较暗的位置适当补充光源融入场景，从而提升整体的光影效果。《黎明》的基本录制格式为 8KRAW、25 帧、800ISO，与此同时，几乎每台摄影机的光圈都维持在 F4 左右。

准确聚焦，本是对摄影师最基础的要求，但在 8K 拍摄时它却成了最艰难的挑战之一。摄影组需要反复测试，根据每场戏演员的走位测算焦距范围，最大限度保证焦点的精度。拍摄《黎明》时，为了抓拍到每个演员的表情和走位，摄影团队选用了富士 S35 变焦电影镜头，其中包括 FUJINON 14 - 35、19 - 90、25 - 300 等焦段，同时安装电动的变焦和聚焦伺服，从而使摄影师能够精准迅速地控制焦点和焦距。

之所以采用 S35 而不是全画幅，也是基于焦点考量。尽管 35 mm 全画幅的弱光表现优势更大，但其景深也更浅。如果焦点出现问题，后期基本无法补救。因此对于现场类节目，画面清晰、焦点准确，相比于景深更为重要。正是基于实际使用考虑，S35 画幅的 8K 摄影机和镜头相比全画幅更适合此次制作。与此同时，摄影机使用的常规 7 寸小屏取景器，在弱光下的特写是不容易看清焦点的，这就需要现场外接 24 寸大型 4K 监视器来确认焦点的精度。

2. 8K 拍摄对 DIT 技术的新要求

8K RAW 数据量之庞大，不仅给 DIT（数字影像工程师）工作带来巨大压力，同时也对剪辑、调色和套底的软硬件基础提出了更高的要求。

在《黎明》8K 超高清原素材全程记录下，单台摄影机 1 分钟的素材量就达到了 16G 左右，1 小时即是 960G，单日素材量合计高达 7T。面对如山的素材量，如何确保素材的安全稳定，是 DIT（数字影像工程师）首先面临的考验。

《黎明》的实践经验表明，DIT 团队有条不紊地梳理出素材流向脉络，于现场高效轮转素材将极大提高后期效率。具体操作包括：8K 摄影机卡记录 8K RAW 文件，同时输出给予后期剪辑使用的 Proxy 小样文件，由 DIT 整理归档；小样使用正确命名、帧速率，对画面烧录正确 TC 信息，保证拷贝数据的准确性；同时，使用专业 DIT 软件进行双备份确保素材的万无一失；小样全部采用 709 色域，方便衔接后续剪辑。《黎明》拍摄完成时，DIT 组完美保证了双备份合计近 100T 的素材量。

各工种的有效衔接也能提高整体工作效率。如：在拍摄过程中，DIT 团队通过摄影机 SDI 输出 HD 高清信号传输到监视器,满足现场实时监看和回放的功能;调色师根据舞台效果做出一级调色方案供导演给画面定调;剪辑师编辑当日拍摄素材供导演参考进行查漏补缺,同时灵活调整后续拍摄计划。

3. 8K 拍摄中须关注的演员细节

在电影中,演员表演往往是电影故事表达、主题升华的重要载体。8K 拍摄与在高清环境下的拍摄相比,需要更关注细节、关注 HDR 和宽色域带来的变化。

超高清对细节的表现力更强,特别是长焦镜头会展现人眼都未必能注意到的细节,这使得创作者必须更加关注服装、化妆、道具的精致程度,关注画面背景的每一个布局。为此舞台电影相比原本的舞台表演,必须做出更细致的调整。

首先,在超高清环境中,服化道需要更精致、更真实。比如舞台表演的妆容,相对浓艳的妆容利于现场观众看清,也更有戏剧性,但是对于超高清拍摄,镜头能够轻松捕捉演员特写,就像把演员带到观众面前,此时过于夸张的妆容带给观众的感官冲击会被放大,反而会影响观众的欣赏。

其次,8K 拍摄对演员的舞台表演提出了更高的要求。普通的剧场表演更舞台化,电影表演需要的分寸感则不同。在超高清镜头下,演员眼神的细微变化、眉宇间轻微的抖动、肌肉的细小颤动都将一览无遗、在 8K 影像中被放大,因此演员需更注重细节表达。例如《黎明》中,为了展现更真实的军人形象,歌剧演员们提前一个月便开始准军事化训练管理,使其能具备一定的军人气质。

由于歌剧表演的特性,大多数演员在进行连续表演的过程中会不自主地"偷瞄"指挥,以随时保持与乐队同步。这一细小的眼神流转,在剧场演出时观众往往察觉不到,但在电影化过程中,这一"小动作"就成了"大破绽",会破坏表演情绪的连贯性。

正因为 8K 超高清的分辨率将会让所有细节暴露无遗,舞台电影中,演员实现舞台演绎到影视表演的转变,也至关重要。

4. 不可或缺的全景声录音工程

如概述中介绍,8K 技术除了分辨率,还有其他重要参数。8K 频道和影厅支持 22.2 声道沉浸式环绕声,因此 8K 舞台电影要想最大程度真实还原现场舞台效果,除影像外,声音也是不可或缺的一部分。

在全景声声学设计中,针对舞台艺术特色,需要融入更多巧思,提出创新性的构想。《黎明》的音频采用的是全世界最先进的杜比全景声。在录制现场,录音师对于每一个声道、每一种音色做了针对性的录制及采用,最终交由全景声进行立体的声学合成。屏幕前的观众因此能比坐在剧场中时听到更富有细节和层次的声音,享受到全方位浸入式的观影体验。

结语:8K 技术应用的新时代

正如滕俊杰导演在《黎明》斩获"金卢米埃尔"奖时所说:"电影的内容是支点,最新的科学技术是杠杆,只要在一个硬核的故事内容的支点上,充分运用最新电影科技的杠杆,就能撬动未来。两者的结合,能给当代电影带来无穷的想象和生命力。"

从 VCD 时代的 352×288 分辨率到 8K 时代的 $7\,680 \times 4\,320$ 分辨率,科技的进步给大众带来了前所未有的视听感受。在全面推进"全球影视创制中心"建设的上海,众多从业者正在勇为 8K 技术的"弄潮儿"。对科技保持高敏锐度,是影视工作者的必备素质,也是一种"革新向未来"的使命。

"5G+8K"的大幕正在拉开,新技术在越来越广泛地被应用:2022 年北京冬奥会、首部 8K 全景声实景话剧电影《前哨》都运用了 8K 技术;2022 东方卫视跨年晚会也尝试了 8K 拍摄,现场使用 6 台 8K 电影机,同时搭建数据高速共享制作网,实现了现场同步剪辑、调色,并使用 5G 技术实现了远程电影全景声棚同步混音。越来越多的 8K 试验,为未来 8K 电视制播的标准提供了参考样本。

相信在不远的将来,8K 全景声 HDR 技术在各领域的运用能让观众在体验8K 视频高分辨率的同时,也能享受到逼真的成像还原、全沉浸式的临场感觉和近距离"人眼观看"的真实感。上海正在这条对接未来的前沿赛道上,在"前期制作拍摄+后期全制作+终端播放"三大环节率先谋篇布局、层层推进,着力探索、打造完整的 8K 超高清电影电视产业生态圈。更多从业者的投身其中也将为国家在这一领域的"跨前一步"发展,做出自己的贡献。

参考文献:

[1] 黄曦炜.电影纪实美学的新探索——以 8K 歌剧电影《这里的黎明静悄悄》为例[J].上海艺术评论,2020(4):70 - 72.

[2] 赵云红.《让歌剧走进大众　让大众走进歌剧——歌剧电影浅析》[J].当代音乐,2020(4):139 - 140.

作者简介:

姚晨,东方卫视生产制作中心制作部副总监。

数字舞美设计在媒体艺术中的应用与展望

倪　军

提　要： 数字化技术的应用，让舞美设计进入新的历史阶段，数字舞美在媒体艺术中的应用迎来一个广阔的前景。舞美设计在艺术领域里与计算机技术结合，促进了技术的发展，为数字舞美设计在媒体艺术中的应用提供了技术支撑。本文主要论述数字舞美设计对媒体艺术创作产生的影响和意义，以及对未来数字舞美设计发展趋势进行展望。

关键词： 数字舞美设计　媒体艺术　应用

引　言

　　数字化技术是近年来发展起来的一门新兴学科，它的出现改变了传统的艺术创作理念。传统的舞美设计通过用手工绘制图案、画稿，再将其印制在画纸上，形成单一且固定的画面，不仅费时费力且不能体现出画面中所要表达的艺术效果。随着数字技术在舞美设计中应用范围的不断扩大，创作人员可以通过计算机对素材进行编辑处理，使之变成各种各样的虚拟画面，然后再把这些画面通过各种数字化方式（如动画、三维视频、3D 动画、混合现实、3D 虚拟场景等）展现在屏幕上，使观众身临其境。这些虚拟画面不仅使观众有一种身临其境的感觉，而且能够把现实中无法表现出的东西表现出来，并且赋予观众想象的空间。"利用灯光和投影，代替颜料的布景就是未来"，著名的捷克舞台设计家约·斯沃博达（Josef Svoboda）在 20 世纪 50 年代初的这个预言，正在舞台综合创造中全方位地得到展现。科技的魅力，越来越展示自己创造的生命力，越来越成为艺术创造不可或缺的伙伴。

一、从传统舞美到数字舞美

1. 舞美的源起

舞台美术简称"舞美",在德国被称为"舞台装置",在英语国家被称为"舞台设计",在法国被称为"舞台装饰",最早被应用于现场演出中,后因塞巴斯蒂亚诺·塞利奥(Sebastiano Serlio)等意大利戏剧设计师的努力,人们才认识到如果没有舞美,意大利的戏剧也会失去强大的感染力。如果说戏剧是动作的艺术,那么舞美总是直接或间接地结合着动作来发挥作用的。如今,舞美已经成为了舞台演出的重要组成部分,舞美可以对剧情起到很好的烘托,使观众更有代入感。舞美师包括舞台的布景、灯光、化妆、服装、效果、道具等分项设计的综合设计。作为一种特殊的艺术创作,舞美涉及的艺术门类相当广泛,其独特的技术要求和呈现方式区别于一般的美术创作。舞美可以让舞台艺术本身的艺术表达更加生动,更具代入感。

2. 舞美发展的三个历史时期

舞美的每一次转型都与技术的进步息息相关。舞台美术设计由来已久,最早从传统舞美到机械舞美再到数字舞美,未来还有可能发展到元宇宙舞美。时代的发展,带来了各种类型的舞美,既有迭代、又有共存和融合。但不管如何,人们对信息的需求、学习的需求、娱乐的需求、社交的需求、情感的需求以及深层次的精神需求都是不变的。

传统舞美时代。从演艺史的角度看,最初的舞美是化妆、造型、面具等,如中国戏曲表演前,演员要抹面、涂红、穿戴戏服等。根据演出需要,布景由最初用来遮蔽杂乱无章后台的道具布帘,逐渐演变成与剧情和演员相结合的装饰性场景。

机械舞美时代。随着技术的快速发展,一些技术逐渐开始在传统舞台中被使用,例如旋转升降、移动等机械装置、现代化灯光系统以及创新性的舞台布景、道具制作等。机械舞美设计存在着一些问题,比如占地面积大、耗费人力多、布景造型不美观、可重复利用率低等。随着科技的快速发展,这一时期已经逐渐被取代。

数字舞美时代。在数字技术的推动下,社会、经济、文化数字化的全面深入,数字舞美应运而生。数字舞美是指对传统舞美进行数字化技术处理后所呈现出来的视觉效果,比如屏幕、灯光、音响、摄像机,等等。数字媒体技术应用赋予了传统舞美一种新的艺术形态，取得了人们意想不到的艺术效果，也在更大限度上满足了人们的艺术审美需求。数字舞美设计，是利用数字技术在舞美设计中的应用，将各种数字媒体技术与计算机相结合，对其进行编排，并加入了各种高新技术辅助手段的一种舞美设计。

20世纪初，摄影、动态影像技术的出现，打破了传统艺术的权威，使未来主义、达达主义、激浪派艺术进一步关注"感官"。像艾伦·卡普罗、约翰·凯奇这样的艺术家，通过运用不同的艺术形式，有意识地把观众拉入演出情境中，20世纪50年代，捷克斯洛伐克舞台艺术家约·斯沃博达（Josef Svoboda）创造了多屏、多层次、多角度投影技术，为舞台表现提供了一种全新的表现方式，打破了舞台设计的局限。20世纪60年代后期诞生了计算机艺术，融合了人文和科学之间的鸿沟。这种现象不仅使艺术家对艺术和生活、艺术和设计重新思考，而且对艺术和科技进行了重构。很明显，舞台艺术观念的进步和当代新媒体艺术的发展是同步的。在这一时期，舞台设备得到了极大程度的发展，越来越多的演出场所开始采用现代化舞台设备，包括数控机械升降舞台、现代数控化灯光系统等，这些现代化设备一方面给演员和观众带来了极大的便利，另一方面也给舞美设计提出了更高的要求，即如何更加高效地完成节目需求。

在国外，欧洲舞台艺术界比较早地接受了数字舞美的理念，数字技术、数字图像和数字影像已经成为舞台艺术创作的基本工具。德国当代舞美大师尼基·劳尔（Nikki Rouge）和英格·波登（Inger Boden）于2013年联合创立了德国舞台艺术研究基金会，以"数字舞美"作为其学术研究课题。目前，欧洲各国已有30余家高校和研究机构从事数字舞美设计的教学和科研工作。

在国内，20世纪80年代，国内老一辈的舞台艺术家如胡妙胜在舞台风格等方面进行了探索与实践。20世纪90年代到2010年，国内引进了电脑灯和帕尼灯，解决了舞台成像问题；数字轨道镜投影灯则解决了无缝拼接的难题。自2011年起，LED技术开始与舞台机械装置相结合，解决了虚与实、意与象的转换问题，使数字舞美具有多种创作手法与表现方式。这些理论与实践探索引领着中国舞台艺术整体的发展，逐渐由剧场艺术向活动、展览、影视等多种形式延伸。随着近几年数字技术的飞速发展，中国的舞台艺术家也逐步认识到它的优势所在，开始探索将传统舞美与数字化技术相结合的方式。

总之，进入21世纪，舞美的数字化、网络化和数字化舞台技术得到了进一步的发展，形成了一个完整的数字舞美设计体系。运用计算机虚拟技术、计算机合成技术、视频动态捕捉技术等多媒体技术，把传统的舞台设计和数字信息紧密结合起来，用数字虚拟场景代替真实场景，用数字合成代替传统舞台效果。从而使节目创作在内容和形式上有了质的飞跃。舞蹈、行为、装置、绘画、影像等艺术形式,甚至手机、无人机等设备,都为舞美设计提供了创制内容的工具和灵感。此外,电脑特效软件的应用也出现了一些新的制作方法和理念,如采用多层动画制作虚拟画面等。

综上所述,数字舞美是利用特效、动画、投影等数字技术赋能传统舞台美术的一种艺术形态。数字舞美可以丰富传统舞台美术的创制内容与展示媒介,打造沉浸式视听体验。数字舞美为传统舞美技术带来了变革性的呈现方式、艺术观念,但数字舞美作为传统舞美技术的一种表现形式,其在舞台美术设计的本质上还是传统舞美的继承和发展。

二、数字舞美在媒体艺术节目中的应用

数字舞美赋能节目创意表达。传统媒体艺术在创作上追求更多的视觉震撼和更强烈的视觉冲击,而新媒体技术使这些要求变得更为现实。数字舞美设计的加入增强了舞台的吸引力,数字舞美在媒体艺术创作中的应用,使媒体艺术的舞台场景、空间环境、表现手段以及节目内容都得到了极大的丰富,尤其是在重大主题活动、原创媒体艺术、网络垂类节目中,数字舞美设计对提高画面效果和观众参与感的作用更为明显。艺术与科技融合、双向赋能极大拓展了舞台的功能,开创影像呈现的新境界。

1. 全舞美设计阶段的预演

数字舞美设计具有多种优势,使媒体艺术的呈现更加生动。预演作为最初的舞台设计概念推演,是制作方和舞台设计方对一台完整演出进行观察和后期调整的依据。为了使演出尽善尽美,演出前设计师和导演组要做非常细致的总体规划和预演。目前使用的舞台预演方式主要有搭建实体模型、观看预演视频和电脑软件预演三种。搭建微缩实体模型进行推演是第一代舞台预演方式。这种方式虽然可以更为精确和直观地看出实际舞台的轮廓和细节,但成本较高,需要投入非常多的人力、物力和时间。第二代舞台预演方式是观看预演视频。但是这种较为二维的视觉观感,很难看出实际舞台效果。最常用的是第三代舞台预演方式——电脑软件预演,将舞台与表演内容后期合成,通过视频的方式进行展示。但这种形式只能在显示器显示,缺乏临场感,难以直观感受舞台效果。随着技术的不断进步,VR 舞台预演,使用头戴式 VR 设备,让导演戴上眼镜置身于舞台空间,让 VR 里的虚拟动画模拟舞台最终呈现效果,以此证明导演对于舞台设计的设想及可行性。通过 VR 舞台预演,导演组和演出方前期在虚拟环境中模拟创建舞台,演职人员排演走位,甚至观众都可以提前感知舞台效果,了解

舞台剧情和演出流程。可以说,虚拟现实技术带给舞台演出领域全新的尝试,也作为第四代舞台预演方式闯入人们视野。

2. 全演艺空间光影设计

在数字技术的加持下,舞美设计存在着无限可能的设计创新空间,使之更具开放性和包容性、虚拟性和灵活性、文化性与时代性、科学性与艺术性。无论是从大数据平台获取观众喜好还是从多角度去开发受众群体心理都将会给我们带来意想不到的跨界合作模式和发展理念。这些都为融媒体环境下空间舞美设计理念变革带来了无限可能。

真人秀节目《超感星电音》是 2022 暑期档上线的一档电音垂类网络综艺,为观众呈现多元包容的电音舞台的同时传播电音文化价值。该节目采用声光电等新技术的多元化数字舞美设计,全方位、多层次地呈现了一个视觉奇观。节目中,舞美设计师在灯光和视频的渲染下将现场打造成了一个时空交错的"未来世界",在这个空间里可以看到演员表演、机器制作、全息投影等表演形态,同时可以看到选手在此空间中的成长经历和故事背景。该节目在舞美设计上通过构建一个独特的"星动"世界,将电子音乐、舞美科技、虚拟现实技术和动作捕捉技术相结合,实现了对现场环境与舞台道具的数字化呈现,并借助多角度呈现手段和技术手段,探索舞美设计更多可能。

3. 全沉浸式现场体验

虚拟现实技术(VR)、增强现实(AR)、混合现实(MR)技术等广泛应用于媒体艺术中,同时舞美设计也发生了巨大变化。

虚拟现实技术(VR)是指运用计算机软件建立虚拟的三维环境,由交互设备将使用者带入场景,再将使用者从虚拟环境中解放出来,可以实现在虚拟环境中对环境进行操作的一种技术。VR 技术使人们能够突破时间和空间的限制,进入一个完全真实的虚拟空间中。增强现实技术(AR)是指借助计算机辅助设备,使物理世界与虚拟世界相融合的一种技术。

如,在 2021 年东方卫视的《梦圆东方·2021 东方卫视跨年盛典》中有许多藏不住的精彩,而最值得期待的当属舞美。该台晚会以其美轮美奂的舞台设计和知名的明星阵容吸引着电视和手机屏幕前的无数观众一同跨年。在视觉呈现方面,舞台呈一个巨大的圆形,三面舞台的设计。XR 和 AR 技术将整个梅赛德斯奔驰文化中心舞台打造成虚拟空间,在 XR 和 AR 技术的应用下,虚拟偶像和歌手一起走上了现实舞台,演唱了一首"特别"的《九九八十一》,现实与虚拟效果的碰撞给观众带来了一场震撼的舞台表演。XR 技术在直播中的首秀打通了一道传送门,让歌手跨过传送门进入虚拟世界,并利用传送门从虚拟世界反哺现实世界景象,使得艺人仿佛置身一个梦幻遐想空间,让观众得以领略全新的体验。

2022 年东方卫视原创人文书信体节目《我相信》,节目选择用视听语言的升级,不仅精心打造了多景别沉浸式舞台,更引入 XR 技术丰富观众视听体验。在节目场景的设计上,以书信、秋叶、火车、钢琴、画卷等细节的衬托,着力体现"复古"韵味。舞台中央的嘉宾采访区外圈还设计了水流,水面倒映出天空的影子,寓意"镜花水月",带给观众穿梭时光沉浸式的感官体验。

在 2022 东方卫视中秋特别节目《朤月东方·中秋露营会》中,全程以影视化手段拍摄,并充分应用 XR(扩展现实)技术,营造超现实国潮幻境,打造海派风格的东方特色元宇宙世界。双生舞蹈《水调歌头》运用国风元宇宙的全新表达方式,跨时空还原苏轼、苏辙隔空写诗的景象。该节目将时下先进的 XR 扩展现实技术(Extended Reality)融入三个节目的视觉呈现中。结合节目的不同主题,月与中秋的团圆寓意,专属设计沉浸式观感的多维"无界"舞台,通过实时图形渲染打造虚拟视效,突破了现实与虚拟的边界,无缝转换时空,让观众在节目里真切地感受到技术创新的魅力。数字舞美设计改变了传统的数字舞美审美观念,赋予传统舞美以不同的效果。数字媒体技术在舞美设计中的应用极大地提升了渲染舞台表演气氛的视觉感受,也真正成就了数字舞美。

4. 全媒体生态构建

近年来,SMG 提出"从媒体融合走向构建全媒体生态"理念,即实施全媒体发展战略,全媒体不仅是传播传统意义的新闻、娱乐等信息的业务功能型载体,而是要传播数据、通过连接提供服务等的融合服务型平台。媒体是生产内容,传播精神的重要媒介。全媒体生态就是从各层级、各领域、各平台中持续发力,完成信息在任意时间、空间条件下,通过任意媒介到达需要到达的任意节点,在任意场景中都可以实现效果。如何在媒体艺术中将数字化技术发挥到极致,将是未来媒体艺术制作所要重点研究的问题。2022 年 4 月 23 日晚在抖音平台直播的《莫言的奇妙故事会》,由笔者所在公司负责舞美设计。竖屏在场景构图、景别语言、元素选择、整体氛围上都与电视横屏设计有颇多不同。设计师需要更多地关注布景的高度比例、摄像机的取景角度,多层次分布元素,而流媒体平台审美风格更需要设计师打破固有理念、创新设计,呈现出集"玄幻、潮酷、温暖"于一体的现场舞美效果。大量数字化技术在全媒体生态节目制作中的应用,在给节目带来更多创新性与艺术性的同时,也给观众带来了更多感官上的享受。舞美设计工作发展需要紧跟业态迭代,始终与全媒体生态建设紧密融合。"从大屏到小屏,从小屏到大屏"的终端平台切换,舞美工作者需要通过不断创新设计理念、突破定式思维、打破舞台边界,呈现出多渠道、多平台、多手段的传播形式。通过资源云端化、内容垂直化、服务场景化和产业智能化,将舞台打造成秀场,将文化融入到作品设计中,使互联网这个最大变量变成舞美事业发展的最大增量。

三、数字舞美设计在媒体艺术中应用的展望

如前文所述,现在舞美进入了"数字舞美"的阶段,数字舞美有着浑宏广阔的前景,其进一步的发展,会不会进入到元宇宙舞美的新阶段呢?这是值得我们思考的一个问题。韩生教授在《融入生活的舞台艺术观念和形态》中说:"随着技术进步和社会的深刻转型,我们经常面临的是艺术本体的根本性问题——戏剧在哪里?剧场在哪里?"传统的标准的镜框式舞台剧场,在元宇宙面前遭受了最大的挑战。元宇宙作为人类运用数字技术构建的,由现实世界映射或超越现实世界,可与现实世界交互的虚拟世界,可以说打破了现实和虚拟的此疆彼界。《庄子·齐物论》中说:"昔者庄周梦为蝴蝶,栩栩然蝴蝶也。自喻适志与!不知周也。俄然觉,则蘧蘧然周也。不知周之梦为蝴蝶与?蝴蝶之梦为周与?周与蝴蝶,则必有分矣。此之谓物化。"《列子》中说,"郑人有薪于野者,……真得鹿,妄谓之梦,真梦得鹿,妄谓之实。"这种梦境与现实"齐物而归一"的状态,在元宇宙状态下得以广泛出现。戈夫曼《日常生活的自我呈现》中提出的拟剧理论,认为"人生就是一场表演,社会就是舞台,全体成员都是这个舞台上扮演不同角色的演员",其"人生如戏"一语泯灭了现实和虚拟世界的疆界。元宇宙是对历史上一切泯灭虚拟与现实、舞台与生活思想的继承。元宇宙时代需要我们对舞台空间从观念层面进行新的审视,鄙弃镜框式舞台剧场,代以新的剧场观和舞台观,泛梦境带来的是泛剧场、泛舞台。随着艺术数字媒体技术广泛应用,舞台艺术的创新空间就延伸到更宽阔的空间。

数字化发展为舞台艺术的创造性发展提供了动能和机遇。基于"场景视觉设计"的能力,笔者所在公司与"遇见馆藏"IP深度合作、共同打造的浪漫国潮"遇见山海经"系列数字藏品,将陆续在中科艺数平台上发行销售。围绕"遇见山海经"系列藏品丰富的玩法,结合线上与线下、融合虚拟与现实,让一个绚丽多彩的山海经王国从史书中跃然而出,同时联动潮流、综艺、场馆、展会等多重元素,力图展现宏伟壮丽的东方文化。其中,代表"金木水火土"五行的守护神兽腓腓、骓吾、文鳐鱼、凤凰、乘黄分别驻守在位于"正西、正东、正北、正南、正中"五个方位的部落,它们分别是:皇城、林氏部落、氐人部落、厌火部落、白民部落。基于舞美设计"场景视觉设计"的核心能力"嫁接"更多数字化应用场景将在元宇宙的时代浪潮中得到进一步的价值认证。

在媒体艺术领域,无论是行业本身的发展所致,还是数字技术带来的新议题,当前的舞台美术更多成为了一种以"舞美设计"为出发点的综合性思维方式:熟悉当前的技术水平,对呈现效果有明确的掌握,善于运用设备、工具、环境实现对产品"氛围"的表述。技术的应用和学习本身并不是难事,如何充分理解技术,并利用技术为艺术创作、艺术传播、艺术消费赋能,才更为可贵。说到底,技术变革是生产工具的变革,生产工具如何激活创意、提升效率需要靠思想来带动。当技术难分伯仲,被共享,被拉平的时候,决定用户体验的是设计。对于舞台美术设计创新的突破口就是设计结合技术应用的创新和求变。舞台场景的数字化运用和数字化在舞台场景中的运用是现阶段设计创新的重点。

结　语

随着现代媒体艺术的发展,越来越多的媒体节目形式开始运用数字技术进行制作,使其更加富有科技感,具有更强的视觉冲击力和艺术感染力。融媒体时代,舞美灯光设计师,要懂的不仅仅是空间思维的概念,更要掌握新时代科技手段并加以运用。数字舞美设计可以大大提高媒体艺术创作的效率和质量,有效地节省人力物力资源,能够节省时间与成本,更好地提升媒体艺术的艺术效果与艺术性。同时数字舞美设计技术为媒体艺术的创作提供了更多可能,随着科技的不断进步和发展,媒体艺术中的舞美设计会有更多、更先进的表现形式,可以创造出更多新颖独特的媒体艺术。

参考文献:
[1][意]克罗齐著,朱光潜译.美学原理[M].北京:商务印书馆,2012.
[2][美]劳拉·德雷森·拉玛.数字影像与电影——从电影到电视[M].北京:中国电影出版社,2015.
[3]杨永胜.数字舞美技术的发展与现状[J].中国科技信息,2017(09):29-33.
[4]徐超.虚拟现实技术在媒体艺术中的应用与创新[J].北京广播学院学报(艺术与科学版),2020/05.
[5]王云帆.虚拟现实技术在媒体艺术中的应用研究[J].电影艺术研究.
[6]韩生.融入生活的舞台艺术观念和形态[J].戏剧艺术,2020/01.

作者简介:
倪军,上海广电影视制作有限公司总经理、党总支书记。

少儿艺术培训平台的数字化转型思考和实践

刘炫宇　陈畅捷　陆　趣

提　要：本文以小荧星集团的智慧美育平台搭建为例,针对艺术教育企业如何在既有线下业务的基础上,通过数字化转型来完善服务现有线下业务和提升用户体验,以及拓展线上业务展开探讨。包括:如何借助数字化来完成资源和数据的整合;利用移动终端实现更为实时和便捷的家校互动;与互联网进行更加有机的结合从而拓展线上教学业务;以及引入人工智能来赋能业务。本文是传统线下少儿艺术培训企业,在进行数字化转型方面的思考和实践。

关键词：少儿艺术培训数字化转型　智慧美育　家校互动　线上艺术教育　AI智能评测

引　言

随着时代的发展和互联网信息技术的发展,数字化转型成了所有行业近几年的热点。包括教育行业在内,也都纷纷开始了数字化转型的推动和发展。传统的少儿艺术教育,业务主要基于线下培训课程。其数字化转型建设,一方面需要整合内部各运营管理系统,形成体系统一的数据体系和完整高效的业务流程;另一方面需要借助互联网信息技术突破业务受限与线下校区教学,达成更为实时和良好的家校互动体验,并且拓展线上教学业务,发展出第二业务曲线。

上海小荧星集团,隶属于上海广播电视台(SMG),从1956年至今,致力于培养中国少年儿童的美育素质与综合能力。艺术培训设有歌、舞、演、艺四大教学板块,100 多种细分门类,涵盖了歌舞表演、吹拉弹唱、琴棋书画、艺术体育等艺术全门类,26 家小荧星艺校遍布上海各区。本文将结合小荧星集团的智慧美育平台搭建,提供少儿艺术培训平台数字化转型相关的思考和实践案例。

一、数字化转型建设智慧美育平台

(一)智慧美育平台总体建设思路

智慧美育平台建设的总体目标是为艺术教育企业达成业务扩展、高效安全和品牌友好的数字化平台。其中业务扩展指提升系统可靠性且满足扩张的需要;高效安全指提升教育管理效率和提高体系安全性;品牌友好指提升产品用户体验及提升平台 IP 影响力。数字化转型是一个长期的过程,可以根据企业现实业务情况进行分阶段推进。首期建设需达成其整体平台的结构、主体业务的数字化整合和贯通、基本线上产品的实现。后续再以此为基础逐步推进升级、拓展和优化。

传统的少儿艺术教育企业,课程培训主要在线下开展。在其业务发展过程中,通常会逐步建设一些信息系统来匹配业务运行的需要,如课程的编排管理、学员和老师的维护管理等。这些系统往往是依托于不同的业务板块,委托不同厂商进行的建设,系统多而松散,且相互割裂、数据无法互通,没有完整统一的业务和数据体系。同时,深耕于线下业务的传统教育企业,也需要打造适宜于业务发展的线上产品。

对于这样的现状和痛点,建设智慧美育平台,完成少儿艺术培训平台的数字化转型,首要是建设统一的数据中台,将所有数据进行互联互通,从而达成各系统的整合和打通,并定制打造 App、小程序等线上产品,达成家校互动、线上教育等线上功能。

在完成这样的基础建设后,即形成了基本的平台产品体系。再以此为基础,进行后续的拓展、升级和优化迭代,如 AI 辅助教学、推广营销等方面。

以小荧星智慧美育平台的建设为例,整体平台以数据中台为底座,汇聚整合各系统的业务数据,并以标准接口向前台(App、小程序等)、后台(业务操作管理系统)提供数据对接服务。

在数据中台的基础上,不同的业务系统专注于其专业板块,分别对外部和内部用户提供相应的功能和服务,包括课程和活动的运营管理、内容制作和发布等。各系统通过数据中台达成互联互通。

在面向市场用户端,面向用户打造以 App、小程序、服务号等移动端载体为核心的服务教学的功能产品矩阵;以及以订阅号、视频号、微博、抖音等新媒体渠道为核心的营销推广内容矩阵。

（二）数据中台——整体业务数据打通,为数字化转型打下基础

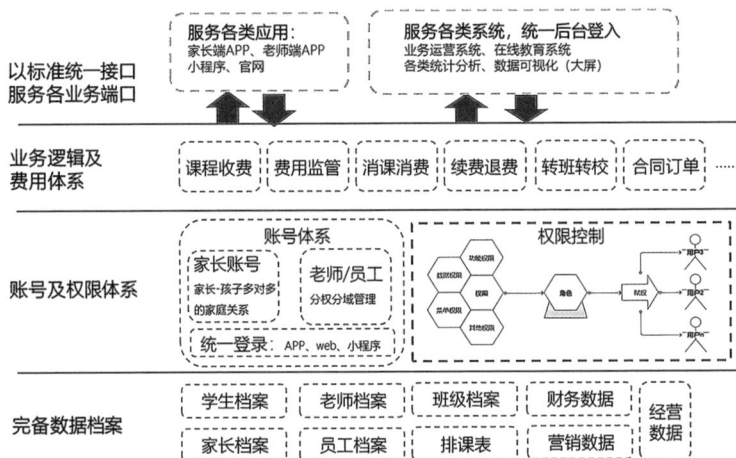

图 1　数据中台的基本结构

数据中台的建设目标是实现底层数据的统一和管理,包括业务数据、用户数据、日志数据、行为数据等全量数据,建立数据模型,实现数据的标准化。

其整体构建,首先会建立起包括学生、老师、学校、课程、活动、营销以及营收等不同维度的完备的数据档案;同时建立起不同的 B 端和 C 端的账号体系及其权限控制体系;另外不同的数据会通过业务流程和逻辑有所关联;最终以标准统一的接口向各业务系统和应用端口提供服务。

数据中台的搭建,将来自各处的元数据转化成数据资产,实现各业务的底层流程贯通,为整个智慧美育平台的建设工作提供了底层的数据支撑。并且基于数据中台的统一服务和标准接口,在建设新业务板块和系统时,又能规范地进行接入和拓展。

在业务过程中,数据中台内的数据资产可进一步发挥其价值,用于提高数字化运营业务能力。通过不断丰富的数据维度进行分析,挖掘业务潜能和扩展更多的业务可能性。以数据驱动业务,业务充实数据的闭环,为企业的数字化转型打下基础,提高企业的业务能力和竞争力。

（三）家校互动——为线下业务赋能

App 应用作为移动端服务教学的信息化产品矩阵中的核心，是对学员和家长提供线上互动和服务功能的主要载体。在 App 上开发家校互动功能，老师和家长可以使用对应的老师端/家长端 App 来达成互动，为现有的线下课业务提供更完整的家校连接和教学服务体验。通过 App 的使用，老师可以更加规范和精细地对学员的课前课后行为进行管理，包括回课、评价、激励等。使得线下课学员在家也能和老师进行充分沟通和互动，也可以辅助提升线下课的教学质量。同时在 App 中，通过企业相关的资讯发布以及资源展示，用户可以更加便捷地获取到学校的最新信息和资讯，以及共享利用学校积累沉淀的优质数字教学资源。

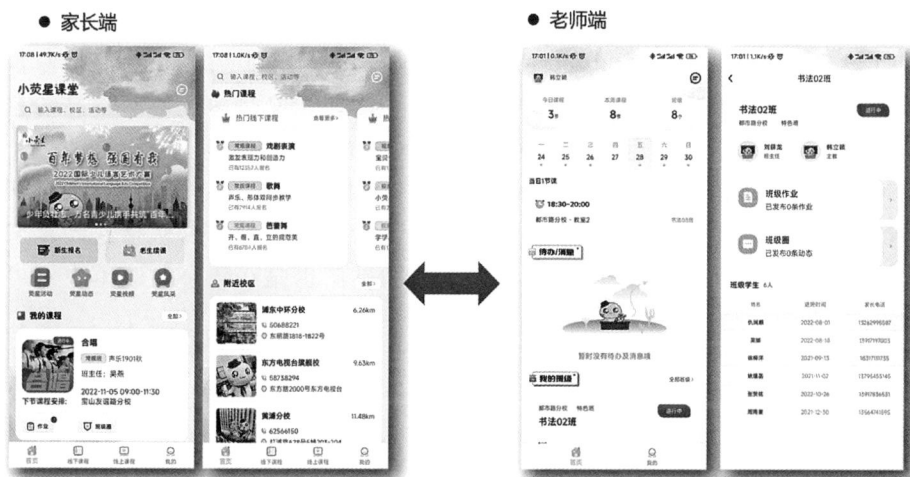

图 2　老师和家长通过 App 应用进行连接与互动

App 家校互动主要功能包括：课堂作业、班级圈、课后点评、班级公告等。以班级为单位，实现老师和班级学员的一对一和一对多的课后互动，家长能够更加清晰地了解到孩子在学习中的表现。课后作业以每节课的学习内容为主题，由老师自定义内容发布，作业的形式也不仅仅只限于文字，还包括视频、图片、语音等。老师和家长都可以用最快速高效率的方式，完成作业的发布和提交。学生作业提交后，老师可以对作业进行点评，家长也可以在作业中提交自己的想法。相较于传统的微信群或者线下交流，在相对独立的 App 中使用个人账号进行回课和点评,私密性和安全性会有非常大的提高。家长和老师的联系也会更加有效率,家长不需要再在一个个群聊中花费大量时间才能找到与自己相关的信息。

另外班级圈和课后点评的功能,也能够让家长更加清楚直观地了解到孩子在课中的表现。在班级圈中老师可以分享学生在课中的精彩照片或者视频,这对家长而言可以密切了解孩子在校的点滴学习状态,并参与互动。这既是老师和家长的互动,也是全体家长们之间的互动。优质信息的共享,既能够提高家长的积极性,也能够提高孩子的积极性。课后点评是老师对所有学生在每节课后进行的一对一点评功能。通过课后点评,家长可以更快地了解到孩子在学校的表现是否良好。另外还有班级公告通知等功能,相较于口头通知或者微信群,大大提高了公告通知的到达率,让家长们能够更加及时地获取来自学校官方的信息。

对于家长而言,家校互动中所关注的焦点,在于孩子在学校的学习效果有没有达到学习的目的,有没有符合自己的期望。借助手机终端,以 App 为载体的家校互动,帮助家长能够更快地获取来自学校和老师的信息,更好地监督和辅导孩子完成课后作业,同时也提高了家长的参与感,使家长能有更高的意愿去辅助完成孩子的课后学习管理。家校互动的流程和体验的优化,即是企业教育服务的体验优化。对于艺术类培训平台,以至于整个教育行业,家校互动都是需要持续关注的重点。伴随着移动互联网技术的发展,包括性能越来越好的手机、5G 网络的普及等,App 的使用和推广也是在数字化改革中不可或缺的一步。

(四)线上课程——发展线上第二曲线

传统少儿艺术培训一般基于线下业务,其发展会受限于校区及线下班级的铺设。在教育信息化的大背景下,拓展线上业务,发展出企业的第二业务曲线势在必行。小荧星在现有的线下业务基础上,进行线上课程业务的拓展,通过在线教育模式积累更多的学生和家长,最终打造成为一个开放式的艺术教育类的综合线上教育平台。

在建设过程中我们观察到,艺术素质类课程和传统的 k12 课程相比,它更具特色且更有难度。目前现有的主流的线上教育模式,无法满足大部分的艺术教育场景,艺术类课程的线上教学模式需要更多的研究和探讨。歌舞演几大专业,每个专业对于教学互动的体验要求都有较高要求,同时不同专业的教育侧重点和教育方式都不同。这些都是建设线上艺术类培训课程所要面对的挑战。

以声乐专业为例，声乐线上课对音质的要求，以及声音传输的实时性和质量都是非常高的。另外还需要对曲谱、歌词、音调等的展示功能。小荧星声乐线上教室实现了多人实时合唱，结合了互动白板、歌词同步组件，延时低至 64 ms，最大支持 15—20 人参与在线实时合唱。同时对声音进行了特殊处理，支持 48 kHz 采样率、192 Kbps 码率高度还原音质效果，提供音乐教学场景专用音频属性。另外，在网络较差或者环境噪声较多的场景中，实现了智能降噪处理，开启降噪模式，即可消除大部分平稳噪声，确保在线教室的使用质量。并对教室内的全部音源进行了 3A 处理，即 AEC（回声消除）、ANS（自动噪声抑制）、AGC（自动增益控制）。适合各种音频环境如桌面端、移动端、录播教室、普通教室、教学点教室等，在音频交互、降噪等场景下提供更好的声音质量。此外还包括了歌唱美声、虚拟立体声、频谱输入、设备音输入、鱼眼镜头画面校正和分离、广角畸变控制、课后录像、屏幕共享等功能。

从声乐教室的功能中可以看出，除了传统的线上教育教室内工具，包括白板、屏幕共享、课程录像等功能，艺术素质类课程的线上教室，出于本身的专业性考虑，需要更多的定制化的，针对专业的特殊功能。在满足线上教学需求的同

图 3　线上声乐教室

时，要尽力地贴近线下教学场景，保证老师和学生的使用体验。艺术类教学的线上模式扩展和探究，还是需要足够的技术和教学能力，才可以达到接近线下现场教学的类似效果。所以在进行线下课程的在线化、信息化的过程中，仍需要结合实际情况，做好充足的调研和准备工作，紧随教研教学的专业要求和用户体验需求，逐步建设和迭代调优。

（五）AI 智能评测——人工智能赋能业务

AI 对于业务的赋能，主要在于教学效率提升、趣味性的增强。传统的教育培训场景下，一个老师需要对应几十个，甚至几百个学生，对于老师的消耗实际是非常大的，而且很多工作内容都是重复性的。通过 AI 来帮助老师完成部分的工作，对于在有限资源的情况下，业务的拓展有着重大的提升作用。

小荧星 AI 智能测评模块是小荧星在 App 中搭建的针对小朋友的艺商能力测试模块。模块基于 AI 算法和代码逻辑，对小朋友进行多项艺术素质相关的综合能力测试，最终得出综合评分，并根据评分为用户做相关课程的智能推荐。模块运用了姿态估计技术、面部特征抽取和识别技术、语音识别技术等，在满足了功能趣味性的同时，又满足了对自动化打分的量化需求。并且在此基础上，后续可扩展题目的类型和范围，升级为更加全面的素质能力测试考评模块，为艺术类素质教育的数字化和多元化发展提供了良好的基础。

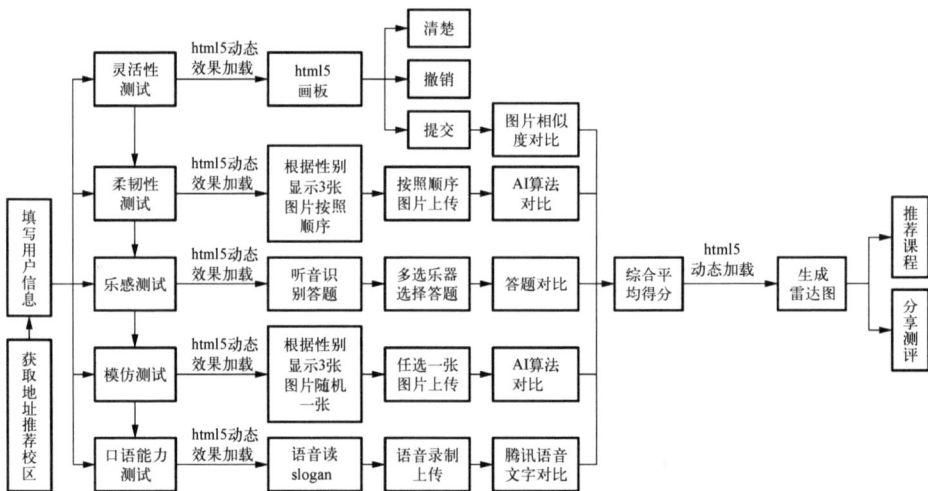

图 4　智能评测基本流程

在小荧星 AI 智能测评模块中，对孩子们依次进行灵活性测试（H5 画板的图片相似度对比）；柔韧性测试（人体姿态估计）；乐感测试（自定义题库）；模仿测试（面部构造特点特征抽取）；口语能力测试（语音识别对比），测试完成后由系统自动打分。其中柔韧性测试和模仿测试，分别使用了姿态估计和面部识别的 AI 算法技术。

在柔韧性测试中，系统根据用户姿态的标准程度进行自动打分。基于深度学习的人体姿态估计，获取人体主要关节点的坐标，计算舞蹈教学中，重要的关节夹角,从而量化评估学生的动作质量,更标准,更快速地给出学生和老师参考分数,提高教学的效率和质量。

在模仿测试中,通过抽取用户的面部特征与标准进行比对并自动打分;通过设计训练人脸检测模块,针对少儿面部构造特点特征抽取、面部表情特征识别,进而进行自动化评分。解决了在儿童演艺培训中,老师难以量化、统一并且自动评价学生表演能力的难题。

图5 智能评测过程及报告

智能测评的用户端交互,采用 HTML5 的方式进行动态效果展示,具有较强的互动性和趣味性,从而使孩子能在游戏体验感中完成测评过程。孩子在完成测评后,系统将根据 AI 评测的结果得出孩子艺术素质测试的得分,并自动生成报告。报告包括孩子各个维度的能力情况以及整体的分析结果,并根据孩子的兴趣和特长方向,进行相应课程的推荐,达成课程业务的拓展。同时测评报告也支持微信分享,达到营销传播的效果。

二、更多的建设思考

上述基础框架的搭建、底层数据平台建设、核心家校互动功能开发、线上业务拓展等,达成了小荧星基本业务的数字化整合。在此基础上,可以进行更为深入和丰富的业务建设。

在底层数据中台建设的基础上,可以进一步建设全局全貌的数据大屏供企业管理者进行整体业务情况的实时把握,为决策提供依据和支撑,同时也可以为不同的业务者如校区管理人员、教研人员提供相应的数据看板。

在现有互动功能建设的基础上,可以进一步打造激励体系,促进孩子的兴趣和参与度,坚持长期的练习;同时建立积分体系,设定积分规则,用户通过打卡、上课、分享等行为可累积积分,配套相应的互动,增强趣味性,提升 App 用户的黏性。激励和积分体系可以进行有机的结合,后续更可拓展到课程的转介绍等业务营销方面。

对于在线课程的建设,可以根据不同的课程类型进行拓展,如棋类、书法、绘画等。定制建设适配教研需求的不同教室,通过在线的课堂中互动的有机设计,来达到良好的、趣味的课程体验。

AI 评测可以进一步拓展应用于作业、考级等场景中。在标准化题库的基础上,升级拓展为素质类的智能回课,这样可以大大地减少人力成本,提高打分的效率和准确度。结合互动趣味性的实现,可以帮助孩子在学习过程中长期、持续、良好地参与到日常练习中。

此外,结合元宇宙的发展,可以打造虚拟课程。根据小荧星的 IP 形象定制虚拟人老师、制作虚拟场景。利用 Vicon 光学动捕综合空间、惯性动作捕捉设备与面部捕捉设备,让虚拟老师的中之人可进行课程的录制,录制完成再进行相应的课程制作,并以 App 为载体提供给用户。虚拟课程独特的课程体验,可以提升孩子的学习兴趣,也利于品牌的打造和传播。

结　语

少儿艺术培训平台的数字化转型,通过建设数字化的智慧美育平台,运用系统、网络、应用产品和 AI 等新技术达到少儿艺术培训企业线下和线上业务的赋能。这一转型建设是一个长期持续的过程,需要匹配业务的发展逐步进行。小荧星智慧美育平台的建设也在分阶段不断迭代发展中,后续还有更多宽广的空间供我们进一步探索和建设。

参考文献:

[1] 陈楚桥.数字化课程的范式与传播策略研究——以高等艺术教育数字化课程为例[J].今传媒,2021,29(12):148-152.

[2] 董萍,郭梓焱.我国在线教育的发展困境及其突破[J].国家教育行政学院报,2021(02):61-67.

[3] 邹太龙,向麟.教育培训行业中的 AI 应用:风险考量与伦理规约[J].教育理论与实践,

2022,42(01)：24-29.

［4］肖伟.数字时代下的舞蹈艺术教育现状与效率提升策略[J].艺术家,2022(04)：55-57.

作者简介：

刘炫宇,上海东方传媒技术有限公司产品中心副总监。

陈畅捷,上海东方传媒技术有限公司产品中心高级产品经理。

陆趣,上海东方传媒技术有限公司总经理助理兼产品中心总监。

析政府采购公共文化服务与广电创新构建

——以区台合作"电视过江项目"为例

张　平

提　要： 广电媒体由于传统业务购买者支出收缩、转移，收益持续减少，运行困难。党和政府高度重视深化公共文化服务高质量发展，支持政府购买广播电视供给的公共文化服务。上海广播电视台与浦东新区人民政府长期合作"电视过江项目"，为广电媒体的这条创新之路提供了可供参考的价值经验。广电媒体应握紧双拳抓牢政策红利，张开双臂培育市场主体，打造优秀经营品牌，以更灵活的市场机制经营媒体产业。

主题词： 政府采购　公共文化服务　广电创新构建

引　言

2022 年人社部等四部门公布《关于扩大阶段性缓缴社会保险费政策实施范围等问题的通知》，将广播、电视、电影、录音制作业等 17 个行业纳入"困难行业"。广电媒体的纾困之道也一直在探寻之中，近年来呈现两大动向：一是媒体融合发展，这是应用数字化科技引导新型市场主体；二是同级广电与政府部门的合作明显增多，这是广告市场弱化倒逼广电提供更多公共服务。近五年内，央视总台先后与上海、广西、江苏等签订合作框架协议；省级广电亦有北京广播电视台与顺义区，内蒙古广播电视台与内蒙古自治区政务服务局建立合作关系。广电与政府的合作其根本是引入财政资金，政府与广电的合作其根本是扩大更有效的服务外包。这些年来的实践可见,此类政府采购的服务外包基本是若干个项目的合作,一事一议,一项一商。上海市市长国际企业家咨询会议、顶尖科学家论坛、世界人工智能大会等均有部分论坛、视频制作等委托广电媒体承办的先例。

一个特例是,上海广播电视台与浦东新区人民政府 2015 年起建立长期合作关系,由东方财经·浦东频道执行"电视过江项目",区财政资金支持频道全年运营,并一直持续和深化。广电媒体长年来运用自营广告收入作为运维资金,在面临收入下滑困境之时,探寻一条将政府作为市场主体,合作公共文化服务供给模式,不失为广电媒体自我解困的创新驱动。

一、合作"电视过江项目"是区台改革与创新的共同需要

1. 浦东需要辐射面更广的电视媒体。1990 年 4 月,党中央、国务院批准开发开放浦东,在浦东实行经济技术开发区和某些经济特区的政策。经过若干年的探索,浦东越发需要通过更大范围的宣传报道,突出显示其在综合配套改革及自贸试验区建设与科创中心建设过程中所形成的改革开放成果。

浦东承载着国家战略,但长期缺少一个与之相匹配的,可以走出浦东,辐射全国的电视媒体。截至 2014 年底,浦东自办媒体仅为浦东电视台和《浦东时报》,均为区级媒体,覆盖面为浦东以及闵行和奉贤极小部分地区,电视覆盖用户138 万户,难以实现更大范围的宣传从而放大浦东声音的愿望。

2. 上海广播电视台正在探索体制机制的创新。这个创新,包括在转企改制基础上进一步探寻新的市场主体,通过资源聚合、跨界发展,激发广电内容生产机制和产业经营机制变革,营造新的生态圈。东方财经是第一财经品牌旗下的全国数字电视频道,承担着将第一财经电视内容上星传送,落地全国的功能。频道的全国收视用户达 6000 万家庭,但由于属于付费频道,东方财经不具备广告播发的资质,收视费"回补"极为有限,自我"造血"机能亟待开发。

在此背景下,经过多轮磋商,浦东文化主管部门于 2015 年 2 月代表新区人民政府和上海广播电视台正式签署合作协议,将东方财经频道更名为"东方财经·浦东频道",并定位为体现国家战略、具有财经特色、突显浦东元素的新闻综合性频道。频道每年运营资金由浦东方面承担,为此,双方共同出资成立上海浦东广播电视传媒有限公司,负责频道运营。同时,浦东方面立项"电视过江项目",通过政府采购公共文化服务模式,遵循一系列政府采购流程,由频道执行该项目。根据区台双方的协议,上海广播电视台每年亦对东方财经·浦东频道提供包括频道资源在内的各类非现金资源支持。

二、政府采购公共文化服务的理论与政策支持

公共文化服务,是指由政府主导、社会力量参与,以满足公民基本文化需求为主要目的而提供的公共文化设施、文化产品、文化活动以及其他相关服务。广播电视应该坚持传播具有公共价值,体现公共精神的信息,因而,承担公共服务职能,为广大群众提供有益身心健康的咨询和娱乐产品也就成了应尽之义。

"新公共管理理论"于20世纪70年代在英国发起。其代表人物戴维·奥斯本(DavidOsborne)在《改革政府》一书中提出"企业化政府"概念,即政府的角色是制定政策而不是执行政策,政府应广泛引入市场竞争机制,让更多私营部门参与公共服务的提供,提高公共服务供给的质量和效率。

改革开放以来,我国公共服务体系和制度建设不断推进。2015年,国务院办公厅转发了文化部等四部委关于《做好政府向社会力量购买公共文化服务工作意见的通知》(国办发〔2015〕37号),提出"公共文化服务实现标准化、均等化、社会化、数字化"的目标。在《国民经济和社会发展第十四个五年规划和2035年远景目标纲要》中,"公共文化服务体系和文化产业体系更加健全,人民精神文化生活日益丰富"被列为"十四五"时期经济社会发展主要目标之一。

过去,政府包办了各种类型的公共文化服务,集多种角色于一身,既是建设者、投资者,又是执行者、运营者,更是管理者、监督者。"建设一个文化单位"就要"养一批管理队伍""养一批文艺团队"。通过转变政府职能,文化行政部门从"办"文化转为"管"文化,社会效益显著提升。

党的十九大报告指出,要深化文化体制改革,完善文化管理体制,加快构建把社会效益放在首位、社会效益和经济效益相统一的体制机制。完善公共文化服务体系,深入实施文化惠民工程,丰富群众性文化活动。这既对新时代公共文化服务建设提出新的要求,也确立了政府向社会力量购买公共文化服务的重要机制。

三、政府采购公共文化服务在浦东的实践分析

政府采购公共文化服务,在我国经历了起步、探索、规范和全面发展四个阶段。笔者在本文中以浦东为例研究其实践脉络和采购范围。

起步阶段为1995年,试点"委托管理"。当年,浦东新区社会发展局将新建的罗山会馆委托给上海基督教青年会进行管理,这是第一次尝试。当时,我国"公共文化服务"的概念尚未提出,缺乏统一的法律法规指导。

探索阶段为 2005 年至 2012 年,尝试购买文艺演出。 2005 年 10 月,党的十六届五中全会通过了《中共中央关于制定国民经济和社会发展第十一个五年规划的建议》,其中提出"加大政府对文化事业的投入,逐步形成覆盖全社会的比较完备的公共文化服务体系"。这是"公共文化服务"一词首次见诸中央文件。从 2007 年起,浦东探索通过试行政府直接购买服务的方式,将高雅艺术送入基层,采用"竞标+配送""供需见面、双向选择"的方式,建立招投标机制,吸引上海歌剧院、交响乐团、越剧院等市级专业院团参与竞标,经费由政府承担。

规范化阶段从 2013 年至 2016 年,深化委托管理。 2013 年,国务院印发《国务院办公厅关于政府向社会力量购买服务的指导意见》,规范了社会力量的概念、购买服务的范围和购买服务的流程。2013 年,浦东发布招标信息,委托社会力量负责金海文化艺术中心的运营和管理。经过激烈竞标,最终"浦东上上文化服务中心"成功中标。金海文化艺术中心于 2015 年 4 月正式对外开放,成为全国第一家实行全部委托管理模式的区级公共文化设施。2016 年 10 月,浦东成功创建第二批"国家公共文化服务体系示范区",标志着浦东建成了覆盖城乡、便捷高效、保基本、促公平的现代公共文化服务体系。

2017 年起进入全面发展阶段,制度保障逐步健全。 2017 年 3 月 1 日,《中华人民共和国公共文化服务保障法》正式实施,为党政机关向社会力量购买公共文化服务提供了法律保障。浦东公共文化采购进入全面发展阶段。2020 年 2 月,财政部出台《政府购买服务管理办法》,更加明确了政府购买服务的购买主体、承接主体、购买机制。同时对于购买服务范围,进行了重大政策转变。首次以"负面清单"的方式,明确六种负面情形不得纳入政府购买服务范围。与此对应,浦东也先后于 2019 年 5 月和 2021 年 10 月开始施行《浦东新区政府采购实施办法》以及《浦东新区政府购买服务管理办法》,继续在实践层面进行公共文化服务供给模式创新。

四、浦东采购电视过江及衍生服务的路径分析

近八年来,东方财经·浦东频道不仅为浦东实现"过江"宣传,还实现落地全国,拥有全国收视人口 2.2 亿的"超预期"目标。经过长期的磨合,从认知到认可,双方的合作已经不止于电视传播,更扩展到党建、文化、文明实践等各个领域。

1. 单一来源采购"电视过江项目"

单一来源采购,是指采购人从某一特定供应商处采购货物、工程和服务的采

购方式。适用采购公共服务的有三种情形：一是使用不可替代的专利、专有技术，或者公共服务项目具有特殊要求，导致只能从唯一供应商处采购的。二是特殊领域的课题研究，需要委托该领域具有领先地位的学术机构或者自然人开展研究的。三是邀请具有特定专业素养、特定资质的文化、艺术专业人士、机构表演或者参与文化活动的。考虑到难以穷尽全部情形，仍规定了兜底条款，即"其他依法只能从唯一供应商处采购的"。单一来源采购属于非公开招标方式的一种，其特点在于采购内容的特殊性、专业性、不可替代性，因此往往只有一家供应商能够满足采购需求，采购程序较为简化，采购流程较短。

根据浦东方面的招标条件，东方财经·浦东频道完全满足"电视过江"的供给需求，成为该项目的唯一供应商。因而，浦东方面采用单一来源方式进行采购。具体操作流程是，区文化主管部门每年提出采购申请，经过浦东财政局批准，下达采购计划，区文化主管部门通过委托区府采购中心采用单一来源方式对项目实施采购，全程通过电子采购平台完成。采购内容包括七大服务需求：频道的覆盖范围、节目中浦东元素比例、首播及自制节目播出时长要求、频道影响力、新媒体发展、人才培养、安全播出要求等。为完善采购行为的合规性及监督财政资金使用的效率，浦东方面定期委托第三方会计师事务所对采购立项予以事前评估，项目执行过程中实施跟踪评估，当年项目执行完成后组织绩效评估。

2. 单个项目比价实施服务外包

对于政府集中采购目录以外或者限额标准以下的政府购买服务项目，采购人可按照各自部门预算安排和内控制度实施购买。实践中一般采用单个项目比价的方式。采购人从合格供应商库中挑选三家及以上就该项目进行报价，供应商根据项目需求提交项目方案及项目报价，需求方经过对供应商资质、价格、执行能力等进行评估，选定最终的供应商，双方直接签订合同。

"电视过江项目"的单一来源采购，属于集中性采购。东方财经·浦东频道仍可参与浦东文化领域的其他服务承包。区文化主管部门确定项目需求之后，根据内部流程启动项目比价流程，东方财经·浦东频道经比价胜出后，双方直接签订合同。这类项目具有需求多元、合同标的较小、内容明晰、执行周期短的特点。对于采购方来说，这种形式可以快速有效动员频道的服务能力进行项目对接，控制成本，提高项目整体执行效率。对于频道来说，此类项目验收及付款流程较为快速，合同风险较小，可为公司实现快速创收。目前，东方财经·浦东频道承接的这类公共文化服务项目包括：展览设计布置、活动策划执行、视频制作以及综合类的定制服务等。

3. 竞争性磋商委托运营文化空间

竞争性磋商是指竞争性磋商小组与符合条件的供应商就采购服务事宜进行磋商,供应商按照磋商文件的要求提交响应文件和报价,采购人从竞争性磋商小组评审后提出的候选供应商名单中确定成交供应商的采购方式。竞争性磋商适用于四种具体情形:一是政府购买服务项目;二是技术复杂或者性质特殊,不能确定详细规格或者具体要求的;三是因艺术品采购、专利、专有技术或者服务的时间、数量事先不能确定等原因不能事先计算出价格总额的;四是市场竞争不充分的科研项目,以及需要扶持的科技成果转化项目。竞争性磋商采购方式是财政部首次依法创新的采购方式,核心内容是"先明确采购需求、后竞争报价"的两阶段采购模式,倡导"物有所值"的价值目标。

从2018年开始,区文化主管部门每年通过竞争性磋商的采购方式,委托东方财经·浦东频道运营位于滨江的部分"望江驿"休闲空间,将其打造为"全媒体直播间"。2021年项目的服务标准是:在公共文化空间提供的功能和服务的基础上,结合建党一百周年和各驿站特色,通过网络直播、视频产品群、线下活动等,全方位全渠道持续输出品牌内容,进一步提升文化空间的品牌影响力,将浦江东岸建设成为上海的"世界会客厅"。通过竞争性磋商购买服务,一方面能够避免政府直接管理公共文化空间所带来的低效率等弊病,另一方面,东方财经·浦东频道通过其专业化能力,开展多元化和创新性公共文化服务,从而有效提高文化空间的利用率和服务功能,更好地保障公民文化权利,实现公益化与市场化的双赢。

五、东方财经·浦东频道提供的服务供给分析

1. 电视端内容供给

截至2022年底,东方财经·浦东频道已落地全国31个省、直辖市、自治区。通过东方有线、IPTV等渠道,覆盖全国约6 000万户收视家庭,2.2亿收视人口。频道每天20小时电视节目的制作、播出。节目内容涵盖财经、科创、自贸区、文化四大板块,呈现形式为新闻、专题、访谈、论坛、生活资讯等,其中含有浦东元素的节目内容占比达到了75%以上。

2. 新媒体端内容供给

频道打造"浦东TIME"视频号,每年发布短视频7 000余条,举办视频号直

播 80 多场,在抖音、今日头条、央视频、澎湃等 10 个同名账号上同步分发。全媒体矩阵全年共发布上万条短视频,总阅读量超 2.5 亿。其中,"浦东 TIME"视频号播放量占三分之一,已成为展示浦东日新月异面貌的新窗口。

3. 承办文化活动的服务供给

凭借频道专业的视频内容制作能力、活动策划执行能力以及优质的媒体发布渠道,频道近年来每年为浦东有关方面 20 多项文化展览、文化活动提供承办服务。包括"浦东公共文化服务采购大会""长三角美好生活公共文化空间大赛""'一带一路'电影周启动仪式"等。

4. 运维文化空间的服务供给

东方财经•浦东频道共运维了浦东图书馆、陆家嘴图书馆和 4 座望江驿文化休闲空间。在浦东图书馆开设以党建为主题的红色文化阅读书房,在陆家嘴图书馆开设以金融为特色的"城市书房",每周定期在两座书房内可举办读书分享活动并予以网络直播。在誉为"世界会客厅"的"望江驿"内,频道分别以党建、金融、文化、进博为主题展陈布展,接待参观及党建活动,每周同样定期举办网上直播。以 2019 年为例,全年举办 300 场网络直播。

5. 探索党建类文化服务供给新模式

"巴士党课"是频道经过实践而形成的党史学习教育品牌。2020 年 10 月,结合迎接建党 100 周年契机,频道推出"学习'四史'——重走浦东开发开放之路"巴士党课。红色巴士线路途经小陆家嘴地区共 9 个站点,全程 45 分钟,由讲解员全程讲解,讲解内容共分 9 个板块,涉及 20 余个地标建筑、30 多个浦东故事,通过边行车、边讲课、边互动的学习形式,实现沉浸式的党史学习教育情景体验。2022 年第四季度,频道依托东岸滨江丰富的地标资源,又推出"东岸滨江新时代文明实践带行走线路",同样以边行走边讲解方式,解读百年浦江东岸工业文化变迁,感受浦东开发开放磅礴力量。

六、政府采购公共文化服务的绩效评价

绩效评价是指运用一定的评价方法、量化指标及评价标准,对所安排预算的执行结果进行的综合性评价。东方财经•浦东频道在每一个运营年度结束之后,均要接受浦东方面委托的第三方会计师事务所实施的绩效评价。评价分别从项目立项背景和目的、项目实施完成情况、预算收支情况、组织管理和实施情

况、绩效目标完成情况等多维度予以指标分析,同时组织受众问卷调查,完成报告后组织专家小组进一步评审,最终给出评价结论,为持续优化"区台合作"提供指导性意见、建议。

对于"电视过江项目",央视市场研究股份有限公司(CTR)调研报告给予这样的价值判断——浦东新区人民政府和SMG以国家战略为牵引,进一步加强了合作的深度和力度,围绕文化体制改革、文化发展生态、新型文化业态,发挥各自优势,不断创新和探索区台合作的有效模式。东方财经·浦东频道依托浦东高水平改革开放的鲜活案例和宝贵素材,努力讲好中国故事,全面提升国际话语权,浦东依托上海广播电视台全媒体传播的融屏创新和技术支撑,奋力书写发展新奇迹,全力奏响时代最强音。

结 语

党中央和各级政府高度重视深化公共文化服务高质量发展,广电媒体各单位可以借此进一步放宽创新思路,培育相应供给能力,拓展市场主体。2021年1月,上海市公共文化建设工作会议指出,深化公共文化服务高质量发展先行区建设,是奋进新征程、再创新奇迹凝心聚力的需要,是满足人民群众新期待、建设新时代人民城市的需要,也是打响上海文化品牌、取得国际文化大都市建设新突破的需要[10]。同年出台的《上海市公共文化服务保障与促进条例》为政府扩大采购广电公共文化服务提供了新的坚实的保障。其第十条明确各级人民政府应当充分利用包括广播电视在内的公共文化设施提供文化服务;第五十四条明确,"本市采取政府购买服务等措施,支持公民、法人和其他组织参与提供公共文化服务"。在融媒体的大背景下,广电媒体既要尽快适应媒介融合的发展趋势,也要厘清多元化新思路,握紧双拳抓牢政策红利,张开双臂培育市场主体,打造优秀经营品牌,以更灵活的市场机制经营媒体产业。

参考文献:

[1] 曲洁,曾福华,董芳.《地方广电媒体应强化公共服务职能》,10.3969/j.issn.1006 - 3366. 2012.12.032.

[2] 戴维·奥斯本,特德·盖布勒.改革政府:企业家精神如何改革着公共部门[M].周敦仁等译,上海:上海译文出版社,2006:119.

[3] 新华社.中华人民共和国国民经济和社会发展第十四个五年规划和2035年远景目标纲要[S].2021 - 3 - 11十三届全国人大四次会议表决通过.中国政府网,2021:http://www.gov.cn/xinwen/2021 - 03/13/content 5592681.htm? pc

［4］新华社.习近平提出,坚定文化自信,推动社会主义文化繁荣兴盛[EB/OL].中国政府网,
2017；http：//www.gov.cn/zhuanti/2017－10/18/content 5232653.htm

［5］中共中央关于制定"十一五"规划的建议(全文)[EB/OL].中国政府网,2005；http：//
www.gov.cn/ztz1/2005－10/19/content 79386.htm

［6］首个公办民营区级文化机构金海文化艺术中心今开放[EB/OL].新民晚报,2015；
https：//china.huanqiu.com/article/9CaKrnJK746

［7］财政部.政府购买服务管理办法[S].2020.3.1实施,财政部官网,2020；http：//tfs.mof.
gov.cn/caizhengbuling/202001/t20200122_3463449.htm

［8］浦东新区人民政府.浦东新区政府采购实施办法[S].2019.5.1施行.浦东新区人民政府
网,2019；https：//www.pudong.gov.cn/006001003/20220108/458684.html

［9］财政部就政府采购竞争性磋商采购方式管理暂行办法、政府和社会资本合作项目政府
采购管理办法答问[EB/OL].中国政府网,2015；http：//ww.gov.cn/xinwen/2015－01/
21/content₂2807373.htm

［10］上海市人民政府网,https：//www.shanghai.gov.cn/nw4411/20210121/f1dc463feae
64f298b45ceb421b55126.html

作者简介：

张平,上海广播电视台东方财经・浦东频道总经理。

地面数字电视单频网技术的崇明实践与推广思考

王立波　盛志军

提　要： 随着国家地面数字电视发展规划不断推进和模拟电视有序关停,地面数字电视单频网技术(SFN)以其频谱利用率高、覆盖范围广、抗干扰能力强等优势获得了众多地区的关注,但在实际建设和运行过程中须根据具体需求和地形地貌等自然条件做进一步的细化和调整。本文通过阐述上海市崇明区地面数字电视单频网项目组网实践和系统调试过程中遇到码率过载问题的分析与解决方法,为地面数字电视单频网的设计和建设应用提供参考。

关键词： 地面数字电视　单频网　组网码率过载

引　言

崇明区位于长江入海口,由崇明、长兴和横沙三岛组成。区域地势平坦,平均海拔在 4 米左右,东西长约 100 千米,南北最宽约 30 千米,陆域总面积 1 413 平方公里。在崇明本岛现有南门和向化两座发射塔,两塔间距 32.5 千米,塔高都为 120 米。

根据广电总局 700 兆频率迁移和地面模拟电视关停的要求,崇明区融媒体中心对原有地面模拟电视发射系统进行改频发射和高清数字化改造,将原有两个模拟电视频率统一迁移到同一频率 DS-26(614—622 MHz),利用现有的南门发射塔和向化发射塔建成了由两套发射系统组成的地面高清数字电视单频网,实现了地面高清数字电视的全区域覆盖。

一、组网设计与实践

（一）单频网工作模式选择

地面数字电视单频网最大建站距离是单频网的重要参数,它决定了单频网发射站点的选取、建设成本以及建网的复杂程度。地面数字电视单频网的最大基站间距主要取决于地面数字电视系统抗回波干扰能力,系统如果可承受的回波延时越长,单频网基站间距离可以越大。目前国标地面数字电视单频网的 4 种帧头格式下建站理论最大距离 37.5 千米。

单频网的组网模式要根据帧头模式、前向纠错编码效率以及星座映射方式等参数进行组网模式的选择。因此,在进行方案的选取时要根据接收环境和各因素综合取舍。组建安全高效的单频网还必须解决"同步"问题,同步主要通过 GPS/BDS 同步时钟参考源和单频网适配器来解决。

表 1 地面数字电视单频网 10 种常用工作模式

序号	工 作 参 数	帧头模式	帧头相位变化	双导频插入	净码率 Mbps	抗回波时延 μs	最佳设台距离 km
1	C=3 780 16QAM 0.4 720	PN945	变化	—	9.626	125	37.5
2	C=1 4QAM 0.8 720	PN595	—	不插入	10.396	78.7	23.6
3	C=3780 16QAM 0.6 720	PN945	变化	—	14.438	125	37.5
4	C=1 16QAM 0.8 720	PN595	—	不插入	20.791	78.7	23.6
5	C=3780 16QAM 0.8 720	PN420	变化	—	21.658	55.5	16.7
6	C=3780 64QAM 0.6 720	PN420	变化	—	24.365	55.5	16.7
7	C=1 32QAM 0.8 720	PN595	—	不插入	25.989	78.7	23.6
8	C=3780 16QAM 0.8 720	PN945	变化	—	19.251	125	37.5
9	C=3780 64QAM 0.8 720	PN945	变化	—	21.658	125	37.5
10	C=3780 64QAM 0.8 720	PN420	变化	—	32.486	55.5	16.7

崇明区两座发射塔的距离为 32.5 千米,播出一套高清数字电视节目,所以只能在表 1 中模式 1、3、8、9 中选择。AVS＋高清编码模式具备编码效率高、抗干扰强的特点,因此选择净码率较低的模式 1,可同时满足移动接收和固定接收效果。

（二）数字前端系统

由播控中心提供主备两路 SDI 高清信号进高标清编码器，形成经 AVS+信源编码的原始 TS 流，两台编码器各输出两路信号分别到主备单频网适配器进行秒帧初始化插入和码率适配，形成包含秒帧初始化包（SIP）的 TS 码流。通过单频网适配器各输出两路信号后进入 ASI 切换器，再经 ASI 分配器一分四后通过光纤传送至两座发射台。

信号到达两座发射台后，发射机同步处理单元根据传送码流中的 SIP，解析出 TS 码流的时延信息，结合发射站点本地的 1PPS 信号同步 TS 码流信号后调制发射，从而实现不同站点同步发射信号。信号链路基本采用主备双路传输，主 GPS/北斗授时器同时对主备适配器进行授时，备 GPS/北斗授时器作为冷备设备。备路 ASI 切换器和备路 ASI 分配器做为热备信号输出。DTMB 机顶盒用于监看发射信号。

数据中心机房

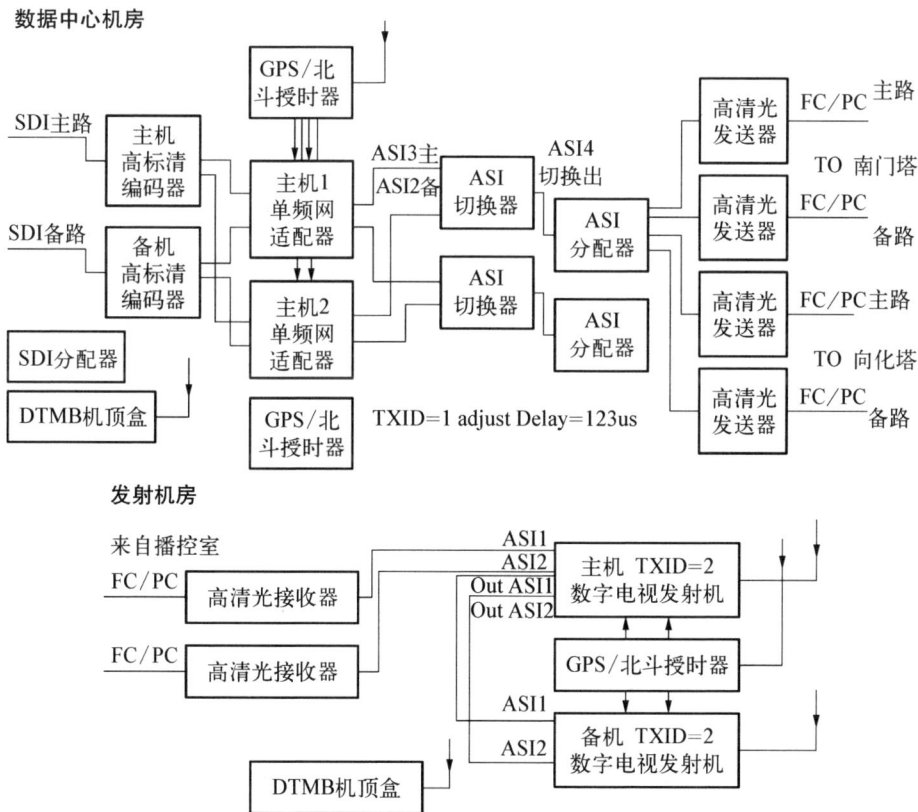

TXID=1 adjust Delay=123us

发射机房

图 1　数字前端系统

（三）发射系统和远程监控系统

南门和向化发射台的发射系统均通过购置安装一台新的数字电视发射机作为主机，将一台原模拟电视发射机改频改造为数字电视发射机作为备机，同时增加手动/自动1+1主备切换器和1台2.5 kW的CW假负载，实现本地手动/自动和远程多种控制方式。

为实现发射机的远程监控，从播出总控机房到发射塔需要预留4路光纤，两路用于主备视频信号的传送，另外两路用于数据的传输。通过专线网络实现对两座发射台发射机及其他设备工作状态的远程监控（工作参数、发射功率调整、发射机房温湿度监控），同时还实现两座发射台主备发射机的远程开关机、远程主备机切换等功能。

（四）发射天线布局

崇明区融媒体中心原有的天馈线系统已工作30多年，原发射天线采用对应工作频道的窄带天线，在新的频道上无法使用。此次数字化改造和频道改频后，将天馈线系统全部做了更新。按照本区特定的地理环境和覆盖需求，南门塔发射天线基本仍旧沿用原模拟电视发射天线的布局方式，向化发射塔的天线布局则做了相应调整，以覆盖崇明三岛全区域。

南门发射塔采用四面8-12-2-2（塔"东"向逆时针）层数的布局，各方向的下倾角设计如下：

表2 南门发射塔天线布局参数表

列编号	相对角度	相对方向	层 数	下 倾 角	波束指向
A	0°	东	8	0.5°	13 km
B	90°	北	12	0.4°	16 km
C	180°	西	2	1.3°	5 km
D	270°	南	2	1.3°	5 km

向化发射塔，由于要增加向化西南方向的长兴、横沙的覆盖区域，设计为四面6-6-6-6，各方向的下倾角设计如下：

表3 向化发射塔天线布局参数表

列编号	相对角度	相对方向	层 数	下 倾 角	波束指向
A	0°	东	6	0.7°	9 km
B	90°	北	6	1°	7 km
C	180°	西	6	1°	7 km
D	270°	南	6	0.7°	9 km

两座发射塔具体天线方向布局和水平方向场型图见下列图示：

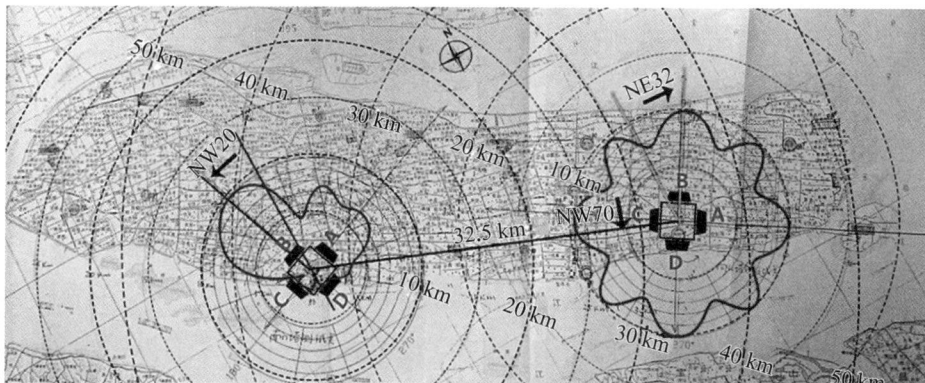

图2 南门发射塔和向化发射塔水平方向场型图

（五）建设实践

崇明区融媒体中心自2021年初开始，按照广电总局发布的地面数字电视单频网的规范要求和技术标准，对崇明地面数字电视单频网系统建设深入开展了前期调研、需求梳理、方案设计论证等相关工作。于2021年8月开始施工安装，2021年9月初完成了项目中全部设备的安装和调试，经过试运行后于2021年10月正式试播。

本项目在组网建设过程中主要完成了以下几个分项目改造。

1. 南门发射塔电视天馈线改造项目：安装一副新的26频道数字电视天馈线系统。

2. 向化发射塔电视天馈线改造项目：安装一副新的 26 频道数字电视天馈线系统。

3. 南门电视发射机系统数字发射升级改造项目：购置安装一台新的分米波电视发射机作为主机；将一台原模拟电视发射机改频改造为数字电视发射机作为备机；增加手动/自动 1+1 主备切换器。

4. 向化电视发射机系统数字发射升级改造项目：购置安装一台新的分米波电视发射机作为主机；将一台原模拟电视发射机改频改造为数字电视发射机作为备机；增加手动/自动 1+1 主备切换器。

5. 数字前端系统和远程监控项目：增加两座发射台单频网数字电视前端系统和远程机房温湿度、发射机监控系统(实现远程开关机、远程主备切换、远程功率调整及实时监控发射机工作指标参数等)。

二、运行调试与覆盖测试

崇明地面数字电视单频网选择了单频网常用工作模式中模式 1 的运行参数设置(C=3780,16QAM 0.4,720,PN945)，南门发射机延时 123 us，向化发射机延时 0 us，此时国标 DTMB 地面数字电视的净码率为 9.626 Mbps，可以满足目前只有一套高清数字电视节目的播出，同时也兼顾移动接收和固定接收效果。系统建设完成后，技术人员在组网运行调试过程中发现接收机屏幕上的画面会时不时出现马赛克现象。

(一)故障现象描述

系统加电开机后，连接 DTMB 机顶盒监测屏幕上时不时地出现整个画面的马赛克现象，时间间隔不定，有时十几秒钟，有时 1—2 分钟，伴音也伴随画面同时存在卡顿现象。

(二)分析与解决方法

首先查看 AVS+高清编码器编码率的设置：视频 8.7 Mbps、音频128 Kbps、总输出码率 9.625 Mbps，符合此调制模式的最高码率限制。

接下来经过确认 SDI 信号源正常，排除是信号连接线路的虚接问题；其次关闭南门塔的发射机，只保留向化塔发射机播出，故障依旧，排除了由于两台发射机同频发射的问题。因此判断此问题一定是出在数字前端设备；数字前

图 3　接收屏幕上出现马赛克现象

端设备皆为主备配置,切换到备用设备后,故障依旧,因此初步排除了设备出故障的问题。

　　经仔细检查信号链路中的 ASI 信号,激励器接收到的 ASI 码率为 9.625 6 Mbps,小于标准值 9.626 Mbps。

Input / ASI								
Input	**Lock**	**CD**	**Overflow**	**Word rate**	**Bit rate**	**Filtered**	**Format**	**Word errors**	**EQ Bypass**
ASI1				27,000,000	9,625,600	9,625,600	188	0	OFF
ASI2				27,000,000	9,625,600	0	188	0	OFF
ASI3				-	-	-			OFF
ASI4									OFF

图 4　激励器接收到的码流数值

　　码流切换器监测显示有效码率时而接近或等于最大码率值 9.625 Mbps,说明有效码率已经达到也可能超过编码器设置的最大输出码率。

　　由切换器监测到的有效码率是 AVS+高清编码器输出的动态码流,最大码流是有效码流经过单频网适配器插入秒帧初始化包(SIP)和码率适配空包后的总码流,也是激励器监测到的码流,总码率符合标准。但经过仔细监测,当接收

输出状态

#	溢出	码率 有效/最大(Mb/s)
1	●	9.625/9.625

图 5　切换器监测到的码流值

机屏幕上出现马赛克时,此时有效码率达到最大值 9.625 Mbps,这一现象表明有一部分视音信号经编码后的码流,由于码率过载,而被系统截除了,因而在视频播出过程中出现了整个画面的马赛克现象。

通过修改 AVS+高清编码器的视频编码码率和包含音频的总码率,监测各主要设备的码流和机顶盒接收效果,见下表:

表 4　单频网中各设备的数字电视信号 ASI 码流

序号	AVS+高清编码器			切换器监测到的码流		激励器收到	机顶盒接收画面	机顶盒接收伴音	编码器码流状态信息
	视频 [Mbps]	音频 [Kbps]	总输出码率 [Mbps]	有效码率(动态) [Mbps]	最大码率 [Mbps]	ASI 码流 [bps]			
1	9.0	128	9.625	—	—	—	无画面	无伴音	溢出
2	8.9	128	9.625	9.625	9.625	9,625,600	马赛克	断续	溢出
3	8.8	128	9.625	9.625	9.625	9,625,600	马赛克	断续	溢出
4	8.7	128	9.625	9.625	9.625	9,625,600	马赛克(偶尔)	断续(偶尔)	溢出(偶尔)
5	8.6	128	9.6	9.446	9.625	9,625,600	正常	正常	正常
6	8.6	128	9.0	—	—	—	无画面	无伴音	溢出
7	8.5	128	9.625	9.439	9.625	9,625,600	正常	正常	正常
8	8.5	128	9.0	—	—	—	无画面	无伴音	溢出
9	8.2	128	9.6	9.073	9.625	9,625,600	正常	正常	正常

续　表

序号	AVS＋高清编码器			切换器监测到的码流		激励器收到	机顶盒接收画面	机顶盒接收伴音	编码器码流状态信息
	视频[Mbps]	音频[Kbps]	总输出码率[Mbps]	有效码率（动态）[Mbps]	最大码率[Mbps]	ASI码流[bps]			
10	8.2	128	9.0	9.001	9.625	9,625,600	马赛克（偶尔）	断续（偶尔）	溢出（偶尔）
11	8.0	128	9.5	8.891	9.625	9,625,600	正常	正常	正常
12	8.0	128	9.0	8.891	9.625	9,625,600	正常	正常	正常

注：由于切换器码流显示有效位数只有4位，实际上最大码率应与激励器显示的码率相同。表中有效码率（不包含空包）取一段观察时间内动态画面码率的最大值。

调整编码器参数后的监测结果可见原先编码器设置的参数值（视频8.7 Mbps，音频128 Kbps，总码率9.625 Mbps）与表4第4项中参数对应。此时画面偶尔出现马赛克现象，编码器码流状态偶尔显示溢出。如果继续提高视频码率设置，画面和伴音都会出现各种异常现象。通过适当降低视频码率，播出画面和伴音恢复正常。由此可以判断，在系统调试过程中出现的故障现象基本可以确定是由编码器码流过载引起的，通过适当降低编码器视频码率，确保最大有效码率低于总输出码率（低于净码率9.626 Mbps），播出画面和伴音恢复正常。技术人员用备用编码器接入系统，设置表中同样的参数，得到了相同的结果。

为了保证高质量地安全播出，技术人员将AVS＋高清编码器编码参数设置为视频8.0 Mbps、音频128 Kbps、总码率9.5 Mbps，自正式播出至今，未发现节目发射过程中出现马赛克现象。

（三）覆盖测试

系统调试完成后，技术人员对地面数字电视单频网系统实际接收效果做了全区覆盖测试，测试分为固定接收、定点测试和移动测试。

固定接收：技术人员关闭向化发射机，在向化发射塔接收来自32.5千米外的南门发射塔发出的信号，此时数字电视机顶盒画面显示接收的"相对强度"为32％，正常接收。向化和南门发射机都开机后，接收来自两塔的同频数字电视信号，此时接收"相对强度"为71％，正常接收，无干扰现象，表明在向化发射塔，能够正常接收到同频发出的地面数字电视信号。

定点测试：技术人员选取了崇明环岛和长兴环岛江堤的 28 个测试点进行定点测试，经测试，27 个测试点信号接收主观评价优秀，1 个测试点主观评价一般，信号接收主观评价优秀率达到 96.4％。在信号重叠区，技术人员分别测试了两座塔各自方向的接收效果，测试结果主观评价皆为优秀。

移动测试：技术人员在去往定点测试的路程中也同时进行了移动测试，范围包括信号覆盖区域的主要快速道路和地面数字电视单频网交叠区域，测试结果表明在无遮挡的快速路上车速为 80—100 km/h 的移动情况下，信号可以正常接收。

三、推广思考

崇明地面数字电视单频网系统严格依据总局相关技术规范和标准设计实施，在实际建设和运行调试过程中，技术人员结合本地区实际情况配置运行参数。该系统将崇明原有两个模拟电视频率整合为一个频率，实现了频谱资源综合利用，提高信号覆盖范围和覆盖均匀度，增强了抗干扰能力，对于完善崇明地区广播电视公共服务覆盖体系具有重要意义。崇明地面数字电视单频网的建设实践可以为其他地区推广应用提供一定参考。

值得注意的是，针对运行调试过程中出现码率过载的情况，技术人员认为依据调制标准，编码器总码率设置必须大于经编码器视音频混合后的最大有效码率，可以略小于或等于单频网工作模式的净码率。根据动态图像的特点，可适当增大压缩率，降低总输出码率，为后续码率适配留出余量，从而可以防止因编码器码率过载而出现播出画面和声音异常的现象。

结　语

随着地面数字电视的不断发展，单频网系统在实际规划实践中，可以根据当地应用场景，科学合理规划网络，选择组网模式，通过优化调整天线角度、发射时延和发射功率，提升单频网覆盖效果，有效控制覆盖交叠区的信号干扰。

参考文献：
［1］国家新闻出版广电总局.GY/T271—2013,AVS＋高清编码器技术要求和测量方法［S］.
［2］国家新闻出版广电总局.GB/T28434—2012,地面数字电视广播单频网适配器技术要求和测量方法［S］.

〔3〕国家新闻出版广电总.GY/T318—2018,地面数字电视广播单频网系统实施指南〔S〕.

〔4〕国家广播电视总局办公厅.地面数字电视单频网台站运行维护白皮书(2020)〔R〕.2021 - 1 - 25.

〔5〕张祖才.认识地面数字电视单频网广播〔J〕.西部广播电视.2019(7)209 - 211.

作者简介：

王立波,上海市崇明区融媒体中心工程师。

盛志军,上海市崇明区融媒体中心副主任(高级工程师)。

图书在版编目(CIP)数据

探究真谛：上海广播电视论文选.第十一辑 / 上海
市广播电视协会编.—上海：文汇出版社,2023.8
ISBN 978-7-5496-4111-6

Ⅰ.①探…　Ⅱ.①上…　Ⅲ.①广播工作－中国－文集
②电视工作－中国－文集　Ⅳ.①G229.2-53

中国国家版本馆 CIP 数据核字(2023)第 155435 号

探究真谛
——上海广播电视论文选·第十一辑

上海市广播电视协会　编

责任编辑 / 熊　勇
封面装帧 / 张　晋

出版发行 / 文匯出版社
　　　　　上海市威海路 755 号
　　　　　（邮政编码 200041）
经　　销 / 全国新华书店
排　　版 / 南京展望文化发展有限公司
印刷装订 / 上海颛辉印刷厂有限公司
版　　次 / 2023 年 8 月第 1 版
印　　次 / 2023 年 8 月第 1 次印刷
开　　本 / 720×1000　1/16
字　　数 / 700 千字
印　　张 / 38.25

ISBN 978-7-5496-4111-6
定　　价 / 98.00 元